国県対照表

左段

区分	国名	廃藩置県	都府県名
東山道	陸奥	青森	青森
	陸中	(秋田) 盛岡	(秋田)
	陸奥 陸前	水沢 仙台	
	磐城	磐前	
	岩代	福島 若松	福島
	羽後	秋田	秋田
	出羽 羽前	酒田 山形 置賜	山形
	下野	宇都宮 栃木	栃木
	上野	群馬	群馬
	信濃	長野	長野
	飛騨 美濃	筑摩 岐阜	岐阜
	近江	長浜 大津	滋賀
北陸道	越後	(若松) 新潟 柏崎	新潟
	佐渡	相川	
	越中	新川	富山
	能登	七尾	石川
	加賀	金沢	
	越前	足羽	福井
	若狭	敦賀	
東海道	安房 上総	木更津	千葉
	下総	(新治) 印旛	
	常陸	新治 茨城	茨城

中段

区分	国名	廃藩置県	都府県名
	武蔵	埼玉	
	甲斐	山梨	山梨
	三河	額田	愛知
	尾張	名古屋	
	伊賀	安濃津	
	伊勢		三重
	志摩	度会	
南海道	紀伊	(度会) 和歌山	(三重) 和歌山
	淡路		(兵庫)
	阿波	名東	徳島
	土佐	高知	高知
	伊予	宇和島 松山	愛媛
	讃岐	香川	香川
畿内	大和	奈良	奈良
	山城	京都	京都
	河内 和泉	堺	大阪
	摂津	大阪 兵庫	
山陰道	但馬 丹波	豊岡 (京都)	兵庫
	丹後		京都
	因幡 伯耆	鳥取	鳥取
	隠岐 出雲	島根	島根
	石見	浜田	

右段

区分	国名	廃藩置県	都府県名
山陽道	播磨	飾磨	(兵庫)
	美作	北条	
	備前	岡山	岡山
	備中	深津	
	備後		広島
	安芸	広島	
	周防		山口
	長門		山口
西海道	筑前	福岡	福岡
	筑後	三潴	
	豊前	小倉	
	豊後	大分	大分
	肥前	伊万里	佐賀
	壱岐	長崎	長崎
	対馬	(伊万里)	
	肥後	八代 熊本	熊本
	日向	美々津	宮崎
	大隅	都城	鹿児島
	薩摩	鹿児島	

注
・区分は、701年の大宝令の畿内七道の制による。
・国名は、927年の延喜式による(68国)。陸奥・出羽の分割は1868年に行われた。
・廃藩置県の欄は、県名の改廃が多いので、1871年末の3府72県を示した。
・県名は、1890年の府県制実施以後のものを示した。東京府は1943年に都制がしかれ、東京都となった。

編 者

長田　勝宏　　速渡　賀大
平林　明　　柳澤　哲

■表紙写真　村上　宏治
■本文写真提供（敬称略）　アマナイメージズ／コーベット・フォトエージェンシー／CPC photo／
TNM Image Archives Source:http://TnmArchives.jp/／PANA通信社／毎日フォトバンク／
悠工房

凡例

1　史料は、学習上の重要度に応じて①基本史料（語注＋史料＋通釈の3段組）、②発展史料（語注＋史料の2段組）、③参考史料の3つに分類し、位置付けた。

2　発展史料・参考史料中、史料の解釈が難解と思われる箇所については、発展史料の便宜をはかるため、部分的に通釈を付けた。

3　史料は、過去10年間にわたるセンター試験、共通テスト、主要国公立・私立大入試に出題された頻度に応じて★★★★★（非常に出題頻度が高い）・★★★★（特に出題頻度が高い）・★★★（比較的頻度が高い）・★★（時折出題される傾向がある）・★（頻度は低いもしくは出題されていない）の5段階で示した。

4　原文が、漢文・和様漢文・和漢混交文は、原則として書き下し文とし、必要に応じて句読点を付けた。送りがなは歴史的かなづかいにより、ふりがなは現代かなづかいを原則とした。史料文の省略は、中略と必要に応じ後略を……で表した。

5　史料の重要部分は、赤太字体で示した。

6　年代表記は、原則として西暦を優先し、日本の元号は（　）で示した。

解説は、単に史料のみの解説にとどまらず、その歴史的意義や時代の背景・動向についても言及し、史料が歴史の流れのなかでとらえられるよう充実させ、幅広い学習ができるよう配慮した。

8　重要史料の冒頭部分には、🔖要点ナビを設置し、要点を頭に入れてから史料を読むことで理解が一層深まるようにした。なお、（　）内に将軍や首相など主たる時の人物を示した。

9　重要史料には、入試の論述・記述式問題対策として🖊探究を設け、史料の意義や歴史の流れを確実につかめるようにした（別冊「探究の解説」があります）。

10　各テーマには適宜「Spot」を登載し、歴史事象を種々の角度からアプローチでき、歴史への関心が一層深まるようにした。

11　目次について、各史料を掲載した頁番号は（　）内に示した。

目次

第1編　原始・古代

史料年表

時代	西暦（元号）	政治・経済・社会・文化	関連史料	朝鮮	中国
旧石器	B.C.70万年頃から	旧石器文化	p.12		
縄文	B.C.1万1000年頃から	縄文文化	p.13		
	B.C.8世紀頃				
弥生時代	A.D.57年	奴国王、後漢に朝貢	p.15	漢の支配　三韓・高句麗	後漢
	239年	邪馬台国卑弥呼、魏へ遣使	p.17		魏・呉・蜀
古墳時代	372年	百済王、七支刀を日本に贈る	p.24		晋
	391年	朝鮮出兵	p.23	高句麗・百済・新羅	
		このころ漢字使用始まる	p.27		南北朝
	478年	倭王武、宋に上表	p.24		
	527年	磐井の乱	p.31		
		このころ仏教公伝	p.29		
飛鳥時代	603年	冠位十二階制定			隋
	604年	憲法十七条制定	p.34		
	607年	小野妹子を隋に派遣	p.36		
	〃	法隆寺創建	p.38		
	645（大化元）年	大化改新（乙巳の変）	p.40		
	646（〃2）年	改新の詔	p.41		
	663年	白村江の戦い	p.43		
	672年	壬申の乱	p.45		
奈良時代	701（大宝元）年	大宝律令	p.48	新羅　渤海	唐
	708（和銅元）年	和同開珎を鋳造	p.55		
	710（〃3）年	平城京遷都	p.55		
	711（〃4）年	蓄銭叙位令	p.55		
	712（〃5）年	『古事記』成立	p.66		
	720（養老4）年	『日本書紀』成立	p.68		
	723（〃7）年	三世一身法	p.58		
	741（天平13）年	国分寺・国分尼寺の建立の詔	p.61		
	743（〃15）年	大仏造立の詔	p.62		
		墾田永年私財法	p.58		
平安時代	792（延暦11）年	健児	p.71		
	794（〃13）年	平安京遷都	p.70		
	866（貞観8）年	応天門の変	p.79		
	894（寛平6）年	遣唐使停止	p.75		
	902（延喜2）年	延喜の荘園整理令	p.73		
	939（天慶2）年	平将門の乱	p.90	高麗　契丹（遼）	五代（北宋）
	1017（寛仁元）年	藤原道長、太政大臣となる	p.80		
	1051（永承6）年	前九年合戦	p.93		
	1083（永保3）年	後三年合戦	p.93		

関連地図

※年代は創建年。

延暦寺
長岡京(784年)
平安京(794年)(p.70)
大津宮(667年)
愛発関
紫香楽宮(742年)
不破関
鈴鹿関
平城京(710年)(p.55)
恭仁宮(740年)
誉田御廟山古墳
興福寺
難波長柄豊碕宮(645)
薬師寺
大仙陵古墳
石上神宮
金剛峯寺
纒向遺跡(弥生)
法隆寺(p.38)
飛鳥浄御原宮(672年)
藤原京(694年)
高松塚古墳

白滝遺跡(旧石器)
亀ヶ岡遺跡(縄文晩期)
砂沢遺跡(弥生前期)
垂柳遺跡(弥生中期)
三内丸山遺跡
(縄文中期)
秋田城(奈良・平安)
志波城(803年)
胆沢城(802年)
多賀城(724年)

磐舟柵(648年)
淳足柵(647年)
野尻湖遺跡(旧石器)
岩宿遺跡(旧石器)
(p.12)
稲荷山古墳(p.27)
大森貝塚(縄文晩期)
(p.13)

荒神谷遺跡(弥生中期)
出雲大社
板付遺跡(縄文晩期)
加茂岩倉遺跡(弥生中期)
菜畑遺跡
(縄文晩期)
和田峠
志賀島(弥生)
登呂遺跡(弥生後期)
浜北人(旧石器)
伊勢神宮
高野山
熊野
紫雲出山遺跡(弥生中期)
大宰府
吉野ヶ里遺跡(弥生)
江田船山古墳(p.27)
福井洞穴遺跡(旧石器)

山下町洞人(旧石器)
港川人(旧石器)

第1章　日本文化の黎明（れいめい）

①　日本の黎明

①　岩宿の発見　★☆☆☆

要点ナビ
相沢忠洋、岩宿遺跡の発見当時を語る。

①漢書地理志

　私は村々での商いの帰路を急いだ。丘陵地の畑道を歩きつづけるうちに、山と山とのすそが迫っている間のせまい切り通しにさしかかった。両側が二メートルほどの崖となり赤土[2]の肌があらわれているのに気づいたからであった。そのなかばくずれかかった崖の断面に、ふと私は吸いよせられた。私は手をのばして、荒れた赤土の地はだから、石片をひろいあげてみた。長さ三センチばかり幅一センチほどの小さなその石片は、てのひらのうえで、ガラスのような透明なはだを見せて黒光りしていた。その形はすすきの葉をきったように両側がカミソリの刃のように鋭かった。……私はなお崖の断面をつぶさに見ながら、三片だけだったが同じような石の剝片を採集することができた。そしてほかに何か土器片がないものかとよく見てみたが、それは見当らない。……

　山寺山[3]にのぼる細い道の近くまできて、赤土の断面に目を向けたとき、私はそこに見なれないものがなかば突きささるような状態で見えているのに気がついた。……じつにみごととというほかはない。黒曜石[4]の槍先形をした石器ではないか。……「ついに見つけた！定形石器、それも槍先形をした石器を。この赤土の中に……」……もう間違いない。赤城山麓の赤土（関東ローム層）のなかに、土器をいまだ知らず、石器だけを使って生活した祖先の生きた跡があったのだ。

※色文字は重要語

❶私　著者の相沢忠洋氏。岩宿遺跡の発見者。史料の前半は、一九四六（昭和二一）年に細石器と見られる石片を初めて発見した時のもので、当時彼は二〇歳の青年であった。

❷赤土　関東ローム層と呼ばれる火山灰層。更新世末期に関東周辺の火山の活動によって形成された。

❸山寺山に……　ここからは、槍先形との定形石器の発見について記したもので、一九四九（昭和二四）年七月のことである。

❹黒曜石　半透明ガラス質の火山岩。打ち割ると鋭利な刃ができるため、ナイフ、

1　原始・古代
原始

石槍、石鏃などの剥片石器の素材となった。

史料注
「岩宿」の発見——幻の旧石器を求めて　岩宿遺跡の発見者相沢忠洋氏の自伝。一九六九（昭和四四）年に刊行。

要点ナビ
モース、大森貝塚の発見当時を語る。

1 横浜に上陸……行ったとき　一八七七（明治一〇）年六月二〇日頃。
2 私　著者のE・S・モース（一八三八〜一九二五）アメリカの動物学者。来日後、東京大学で教鞭をとり、大森貝塚の発見で日本の考古学の基礎を築いた。
3 貝墟　貝塚。
4 メイン州　アメリカ合衆国北東部の州。
5 六マイル　約九・七キロ。一マイルは約一・六一キロ。
6 古代陶器　縄文土器。モースはこの土器をcord marked potteryと呼んだ。

② 大森貝塚　★☆☆☆☆

横浜に上陸して数日後、初めて東京へ行ったとき線路の切り割りに貝殻の堆積があるのを、通行中の汽車の窓から見て、私は即座にこれを本当の貝墟だと認識した。私はメイン州の海岸で貝塚をたくさん研究したから、ここにあるものの性質もすぐ認めた。私は数カ月間、誰かが私より先にそこへ行きはしまいかということを絶えずおそれながら、この貝墟を訪れる機会を待っていた。……われわれは東京から六マイルの大森まで汽車に乗り、それから築堤までの半マイルは、線路を歩いていった。……最後に現場に到達するやいなや、われわれは古代陶器のすばらしい破片を拾い始め、学生たちは私が以前ここへきたにちがいないといい張った。私はうれしさのあまり、まったく夢中になってしまったが、学生たちも私の熱中に仲間入りした。
『日本その日その日』

解説
約一万年前以降を地質学では、完新世と呼ぶ。それ以前（約二〇〇万年前から一万年前まで）は更新世といわれ、氷期と間氷期をくり返す氷河時代であったのに対し、地球全体が温暖化したため、地表をおおっていた氷河が解け出し海水面が上昇する時期である。日本列島が形成されたのは、このころのことであった。このような大きな自然環境の変化は、日本列島に新しい文化　縄文文化を生み出した。人々は、動物相の変化に対応する弓矢を発明し、食料を貯蔵、調理するため

15

解説
日本列島で人類が生活を始めたのは、いつなのだろうか。戦前までは、すなわち土器を伴う縄文文化が最古であったとされ、その以前の文化——すなわち旧石器文化の存在は認められていなかった。その定説をくつがえしたのが、行商で生計を立てながら考古学の研究を続けていた無名の一青年、相沢忠洋氏によるこの岩宿遺跡の発見である。
この発見を契機に、その後日本における旧石器文化の研究はすすみ、全国で五〇〇か所を超える遺跡が発見されるに至った。しかし、旧石器時代とはいえ、三万年前以前の古い段階の遺跡は、発見例は稀であるので、日本の旧石器文化がどこまでさかのぼれるのかは、今後の研究を待たねばならない。旧石器とともに、この時代の人類の存在を証明するのが、化石となった人骨である。戦後、浜北人、港川人などが発掘された。骨から推定される旧石器時代人の特徴は、著しく低身長で、男で一五〇センチ程度だったらしい。

『「岩宿」の発見——幻の旧石器を求めて』

に土器—**縄文土器**を製作した。石器も磨製石器が使用されるようになった。この縄文文化の存在は、一八七七（明治一〇）年のE・S・モースによる大森貝塚の発見、発掘により明らかとなった。縄文土器という名称も、発掘報告書の中でモースが「縄文土器（cord marked pottery）」と呼んだのが始まりである。約一万三〇〇〇年前から、およそ一万年間に及ぶ縄文時代は、土器の編年によって、草創期・早期・前期・中期・後期・晩期の六つの時代に区分される。草創期は土器製作の開始に意義があり、早期から前期にかけて定住化が促進し、竪穴住居の集落が形成された。前期から中期にかけて気候の温暖化による食料供給の増加で、縄文文化は中部山岳地帯を中心に華やかな時期を迎える。巨大な環状集落が現れ、豊かな食料採集民の文化が成熟する。後期以後は、地域的差異が拡大し、とくに亀ヶ岡式土器に代表される東日本の文化が注目される。

Spot

縄文人の食生活

農耕開始以前の狩猟・採集民の生活というと、不安定な食料供給、貧困な食生活というイメージが強いが、最近の研究で、縄文前中期頃の食生活はかなり多彩で豊かであることがわかってきた。主食として考えられるのは、クルミ、クリ、トチ、ドングリなどの木の実やヤマイモなど野生のイモ類だったらしい。アク抜きの必要なドングリなどは、水さらしや煮沸による処理を行っていたようだ。この主食に加えて、イノシシやシカなどの肉類、ハマグリ、カキなどの貝類、様々な魚類もメニューに加わっている。東日本では川を溯るサケ、マスも豊富だ。

縄文時代人は食料を貯蔵する技術も持っていたようだ。主食の木の実を保存するための貯蔵穴が全国各地で発見されているし、さらに驚くべきことにパンやクッキー状の保存食まで作っていたらしい。山形県押出遺跡出土のいわゆる「縄文クッキー」は、木の実のデンプンとシカやイノシの肉、野鳥の卵などに塩と野生酵母を加え、二〇〇～二五〇度ほどで焼いたものだという。

（小林達雄氏原図より作成）

❷ 小国家の分立

❶ 紀元前後の倭国 ★★★★☆

> **要点ナビ**
> 倭国内での立場を高めるため、中国王朝の権威を借らんとする小国の王たち。

夫れ楽浪❶ 海中に倭人❷有り。分れて百余国と為る。歳時を以て来り、献見すと云ふ。
『漢書』地理志

通釈
朝鮮の楽浪郡の海の向こうに住む倭人は、一〇〇余りの小国に分かれている。彼らは定期的に楽浪郡に使者を送り、貢物を持ってあいさつに来るという。

解説
中国の史書では、日本のことを倭（倭人・倭国など）と称している。古い例では、『山海経』という地理書に「蓋国は鉅燕の南、倭の北にあり、倭は燕（前一一〇〇頃～前二二二）に属す」とか、『論衡』（前〇四六頃～前七七一）にも「周の時、天下太平、越裳白雉を献じ、倭人鬯艸（ウコンのことか？）を貢す」などと記されているが、いずれも史実性は薄いと見られている。したがって、確実に日本に関する記事で最古のものは、やはりこの『漢書』地理志である。ここに描かれている紀元前後の日本は、弥生時代中期にあたる。農耕社会の発展によって、貧富の差が生じ、身分や階級が発生し、いくつかの集落が統合され小国が形成される。そして、それらの小国家のなかには、楽浪郡を通じて中国王朝と交渉を持つものも現れた。史料は、そんな状況を物語っている。ここでいう小国は、朝鮮半島に近い地理的環境や、当時の遺跡の出土状況からみて、北部九州を中心に分布していたと思われる。彼らが中国王朝との交渉を求めた理由は、その先進的な技術や文化を導入し、あるいはその権威によって政治的統合を進めようとする意図などが考えられる。

史料注
『漢書』地理志
『漢書』（全一〇〇巻）は、後漢の班固が一世紀後半に撰した前漢（前二〇二～後八）の正史。司馬遷の『史記』にならい、紀伝体で書かれている。巻二八「地理志」に倭人の記事が見られる。

※色文字は重要語
❶楽浪 紀元前一〇八年、前漢の武帝が朝鮮北部を征服して設置したという四郡（楽浪・臨屯・真番・玄菟）の一。現在の平壌付近。
❷倭人 古代日本人に対する中国の古称。

> **探究2**
> 日本古代史研究に中国史料が重視されるのはなぜか。

❷ 一～二世紀の倭国 ★★★★★

> **要点ナビ**
> 後漢の光武帝、奴国王に金印を与える。

建武中元二年❶、倭の奴国❷、奉貢朝賀❸す。使人自ら大夫❹と称す。倭国の極南界なり。光武 賜ふに印綬❺を以て...

通釈
建武中元二（五七）年、倭の奴国は、使者を都に送り、貢物を奉じてあいさつに来た。使者は自分を大夫

史料注
❶建武中元二年 後漢光武帝の時の年号。西暦五七年。
❷奴国 福岡県博多湾付近に

探究3
① 後漢に「奉貢朝賀」したのはなぜか。
② 一七八四年に発見された金印の意義を述べよ。

史料注

「後漢書」東夷伝　『後漢書』は、南朝の宋の范曄が五世紀に撰した後漢（二五～二二〇）の正史。倭に関する記事は、三世紀に成立した『魏志』に基くところが多いが、ここに示した二つの朝貢記事などは、『後漢書』独自のものである。

[10]桓・霊　後漢一一代の桓帝二代の霊帝（在位一六八～一八九。）
[9]生口　奴隷のこと。捕虜、留学生、捕魚者の説もある。
[8]帥升　他書には師升とある。
[7]永初元年　西暦一〇七年。
[6]安帝　後漢六代皇帝（在位一〇七～一二五）
[5]印綬　印とそれにつける組み紐。
[4]光武　後漢初代の光武帝（在位二五～五七）。
[3]大夫　中国古代の官名。漢代では論議をつかさどる官名で、一般に大臣をいう。
[2]「魏志」にも見られる。
あったと推定される小国。

てす。

安帝[6]の永初元年[7]、倭の国王帥升[8]等[ら]、生口[9]一六〇人を献じ、請見を願ふ。

桓・霊[10]の間、倭国大いに乱れ、更々相攻伐し、歴年主なし。

〔後漢書〕東夷伝

と称した。奴国は倭国の最南端にある。光武帝は奴国に印綬を与えた。

安帝の永初元（一〇七）年、倭国王帥升等は、奴隷一六〇人を献上し、皇帝に直接お目にかかりたいと願った。

桓帝と霊帝の時代（二世紀後半）に、倭国は内乱が続き、長期間統一されなかった。

④ 「漢委奴国王」金印
福岡市博物館蔵

全高　2.2cm

一辺　2.3cm（原寸大）

解説

倭の奴国の王が一世紀半ばに、後漢に対して「大夫」を自称する使者を送り、印綬を授かった。このとき光武帝が奴国王に授けた印は、天明四（一七八四）年に博多湾志賀島で発見された「漢委奴国王」の金印とされる。さらに二世紀初めには「倭国王帥升」らが奴隷一六〇人を献じた。

この史料からは、倭の小国内には、すでに「王」「大夫」「生口（奴隷）」などの階級が生じていたことがわかる。また、その王たちが中国に朝貢する目的には、小国の支配権を中国王朝に承認してもらう（その表れが印綬の授受など）、その権威を背景に小国内での権力を強めることにあったのだろう。また、二世紀後半にはいわゆる倭国大乱の記事があるが、これは一～二世紀に成長してきた小国が、さらに拡大・統合をめざして、隣接する小国との果てしない戦争をくり広げていた過程を物語っている。弥生時代の遺跡には、環濠集落や高地性集落が見られるが、これらは当時の果てしない小国間の抗争を知る貴重な史料だろう。

1　原始・古代
原始

❸ 邪馬台国　★★★★

※色文字は重要語

(1)邪馬台国

倭人は帯方の東南大海の中にあり、山島に依りて国邑をなす。旧百余国。漢の時朝見する者あり、今、使訳通ずる所三十国。

郡より倭に至るには、海岸に循つて水行し、韓国を歴て、乍は南し乍は東し、その北岸狗邪韓国に到る七千余里。始めて一海を度る千余里、対馬国に至る。その大官を卑狗といひ、副を卑奴母離といふ。……また南一海を渡る千余里、名づけて瀚海といふ。一大国に至る。……また

一海を渡る千余里、末盧国に至る。……東南陸行五百里にして、伊都国に到る。……世々王あるも、皆女王国に統属す。郡使の往来常に駐まる所なり。東南奴国に至る百里。……東行不弥国に至る百里。……南、投馬国に至る水行二十日。……南、

邪馬壹国に至る、女王の都する所、水行十日陸行一月。……その南に狗奴国あり、男子を王となす。……女王に属せず。郡より女王国に至る万二千余里。

語注

1 帯方 後漢末の建安年間（一九六〜二二〇）に遼東太守公孫康が楽浪郡の南半を割いて設置した郡。

2 韓国 朝鮮半島南部の三韓（馬韓・弁韓・辰韓）で、ここでは主に馬韓をさす。

3 狗邪韓国 弁韓の加羅。洛東江の河口地方をさす。

4 卑狗 対馬国の首長の呼称。

5 卑奴母離 首長を補佐する官の呼称。一支国、奴国、不弥国にも見られる。

6 瀚海 大海を意味する。対馬海峡にあたる。

7 一大国 一支国の誤りとする通説。壱岐のこと。

8〜12 これらの小国は、邪馬台国の位置をめぐる諸説により、その訓読も異なり、その比定地も一定でない。

13 邪馬壹国 通説では邪馬臺・（台）国の誤りとする。

通釈

倭人は帯方郡の東南方の大海の中にあって、山がちな島に国をつくっている。もと一〇〇余国があった。漢の頃には朝貢する者があった。今、使者（や通訳）を魏に遣わしてくる国は三〇国である。

帯方郡から倭に行くには、朝鮮半島の海岸沿いに航行して、韓国を経、あるいは南方へ、あるいは東方へ行くのであって、倭の対岸の狗邪韓国に至るまでで七〇〇〇余里ある。そこから、初めて海を渡り一〇〇余里で対馬国に着く。その国の長官を卑狗といい副官を卑奴母離という。……また南へ一〇〇〇余里海を渡るのだが、この海を瀚海と呼んでいる。この瀚海を渡ると一大国（壱岐）に着く。……また海を渡って一〇〇〇余里で末盧国に着く。……東南へ陸路で五〇〇里で伊都国に着く。……ずれも女王国（邪馬台国）に服属している。また、伊都国には、帯方郡から邪馬台国への使者が往復するとき、必ず立ち寄るところである。そこから東南へ一〇〇里行くと奴国である。さらに東へ一〇〇里行くと不弥国である。……さらに南へ船で二〇日行くと投馬国である。……そこから南へ船で一〇日または陸路一か月（船で一〇日または陸路一か月）で邪馬台国に着く。女王が都をおいているところである。……その南に狗奴国があり、男性を王としている。……この国は女王に服属していない。帯方郡より女王国に至る距離は一万二〇〇〇里である。

14　**黥面文身**　顔や体にいれずみをする。

15　**露紒**　冠をつけず髪を結う。みずらに結うことか。

16　**木緜**　緜は綿。ただし、木綿ではなく植物繊維を織って作ったもの。

17　**被髪屈紒**　髪をうしろで結う。まげに結うことか。

18　**衣を作る……これを衣る**　貫頭衣のこと。

19　**禾稲**　稲。

20　**紵麻**　麻の一種。

21　**蚕桑緝績**　蚕を養い、絹糸をつむぐ。

22　**縑緜**　かたく織った絹布と真綿。

23　**鵲**　かささぎ。

24　**徒跣**　はだし。

25　**籩豆**　高坏のような食器。

26　**槨**　外側の囲い。棺をおうために、粘土を固めたり石材を並べて作ったもの。

27　**令亀の法**　中国で古くから行われた卜占で、亀甲を焼いてできるひびを見て吉凶

(2)風俗

男子は大小となく、皆黥面文身す[14]。……諸国の文身各々異り、或は左にし或は右にし、或は大に或は小に、尊卑差あり。……その風俗淫ならず。男子は皆露紒[15]し、木緜[16]を以て頭に招け、その衣は横幅、ただ結束して相連ね、ほぼ縫ふことなし。婦人は被髪屈紒[17]し、衣を作ること単被の如く、その中央を穿ち、頭を貫きてこれを衣る[18]。

禾稲[19]・紵麻[20]を種ゑ、蚕桑緝績[21]して、細紵・縑緜[22]を出だす。その地には牛・馬・虎・豹・羊・鵲[23]なし。兵には矛・楯・木弓を用ゐる。木弓は下を短く上を長くし、竹箭は或は鉄鏃、或は骨鏃なり。……倭の地は温暖、冬夏生菜を食す。皆徒跣[24]。屋室あり、父母兄弟、臥息処を異にす。朱丹を以てその身体に塗る、中国の粉を用ゐるが如きなり。食飲には籩豆[25]を用ゐ手食す。その死には棺あるも槨[26]なく、土を封じて家を作る。……

その俗挙事行来に、云為する所あれば、輙ち骨を灼きて卜し、以て吉凶を占ひ、まず卜する所を告ぐ。その辞は令亀の法[27]の如く、火坼を視て兆を占ふ。その会同・坐起には、父子男女別なし。人性酒を嗜む。大

男子は、大人も子供も、顔や身体にいれずみをしている。……倭の諸国のいれずみは各々異なっていて、左右大小が相違し、また身分の尊卑によっても区別がある。……その風俗はみだらではない。男子はみな冠をつけず髪を結い、ゆう（こうぞの木の繊維から作った布）を頭に巻き、衣は横幅の広い布をただ結んで身にかけるだけで、あまり縫うことはしない。婦人は髪を束ねてまげを作り、単衣のような着物を作り、その中央に穴をあけ、頭をつっ込んで着ている。稲や麻の一種を栽培し、蚕を飼い糸を紡ぎ、細糸の絹布やかたく織った絹布、真綿を生産する。その地には、牛・馬・虎・豹・羊・鵲（かささぎ）はいない。武器としては矛・楯・木弓を使う。木弓は下の部分が短く、上の部分が長く、竹の矢は鉄製または骨製のやじりをつけている。……倭の地は温暖で、冬も夏も生野菜を食べる。住居は、父母兄弟がそれぞれ寝たり休んだりする場所を異にしている。朱を体に塗るが、これは中国で粉を用いるようなものだ。飲食には高坏のような食器を用い、手で食べる。人が死ぬと、死体を棺に納めるが、槨（そとばこ）はなく、土に埋めて塚を作る。……

その習俗として、何か事を始める時やどこかへ出かける時に、何か問題があれば、鹿の骨を焼いて吉凶を占い、告げるということがある。それは、令亀の法のように、焼いた時にできるひびを見て、吉凶を占うのである。人々の集会や立居振舞には、父子男女による差別はない。彼らは酒をたしなむ。身分の高い人に敬意を表すときは、ただ手を打つだけで、これが中国で

33 鬼道　一般に呪術の意。女王卑弥呼の巫女＝シャーマン的性格を現していると いわれ、祭政一致の支配体

32 大倭・一大率　いずれも官名。これらの官職の解釈には諸説がある。

31 宗族　一族。「門＝戸」（家族の意）よりも広い範囲の親類をさす。

30 跪拝　ひざまずいて拝む。

29 大人　身分の高い人。支配階級。身分の低い下戸との差に注意。

28 火坼　焼いてできるひび。を占うこと。

人の敬する所を見れば、ただ手を搏ち以て跪拝に当つ。……その俗、国の大人は皆四、五婦、下戸も或は二、三婦。婦人淫せず、妬忌せず、盗窃せず、諍訟少なし。その法を犯すや、軽き者はその妻子を没し、重き者はその門戸および宗族を没す。尊卑各々差序あり、相臣服するに足る。租賦を収む、邸閣あり、国国市あり。有無を交易し、大倭をしてこれを監せしむ。

女王国より以北には、特に一大率を置き、諸国を検察せしむ。諸国これを畏憚す。常に伊都国に治す。……下戸、大人と道路に相逢へば、逡巡して草に入り、辞を伝へ事を説くには、或は蹲り或は跪き、両手は地に拠り、これが恭敬を為す。対応の声を噫といふ、比するに然諾の如し。

(3)女王卑弥呼

その国、本また男子を以て王となし、住まること七、八十年。倭国乱れ、相攻伐すること歴年、乃ち共に一女子を立てて王となす。名づけて卑弥呼といふ。鬼道に事へ、能く衆を惑はす。年已に長大なるも、夫婿なく、男弟あり、佐けて国を治む。王となりしより以来、見る

いう跪拝（ひざまずいて拝む）にあたる。……その風習として、身分の高い者は皆四、五人の婦人を持ち、身分が低くても二、三人の婦人を持つ者がいる。婦人はかたく貞操を守り、焼きもちを焼かず、また盗みをする者もなく、訴訟も少ない。もし法を犯した場合は、軽罪の者は妻子を取り上げて奴隷とされ、重罪の者はその家族及び親類一族までも奴隷とされる。身分の上下によって差別、序列が明らかで、お互いにそれにふさわしく振舞う。租税を納め、それを収める倉庫があり、各国に市がある。ここで産物を交易し、大倭にこれを監督させている。

女王国から北には、特に一大率を置き、諸国を検察させている。諸国はこれをおそれはばかっている。彼は伊都国に常駐している。……下戸が大人と道路で会うと、後ずさりして草むらに入り、話をする場合は、うずくまるかひざまずき、両手を地につけ、恭敬の態度を示す。受け答えの声は噫（あい）というが、それは然諾（承諾）を意味する。

邪馬台国では、前は男王を立てて、七、八〇年過ごしたが、倭国内が乱れて、何年間も戦争が続いたので、共同で一人の女子を王として立てた。この女王の名は卑弥呼といい、呪術にたくみで、人民をうまく信頼させ支配している。年はとっているが、夫はなく、弟がいて政治を補佐している。王位についてから彼女を近侍させてから彼女を見た者は少なく、一〇〇〇人の婢を近侍させているが、

36 景初二年　景初三（二三九）年の誤りとするのが通説。二三八年に魏は公孫淵を滅して、楽浪・帯方郡を勢力下におさめた。

35 婢　女性の奴隷。

34 楼観　物見台。遠くを見渡すために高く築かれたやぐら。……

38 太守　郡の長官。

37 天子　魏の皇帝明帝。

39 班布　かすり模様が入った木綿の布。

40 金印紫綬　後漢の制では、玉印黄赤綬（皇帝）、金印朱綬、金印紫綬（最高の大臣級）、銀印青綬の順になっている。

41 銅鏡百枚　卑弥呼が下賜された銅鏡百枚が各地の前期古墳から出土し、「景初三年」銘を持つものもある三角縁神獣鏡に比定する説が

ある者少なく、婢千人を以て自ら侍せしむ。ただ男子一人あり、飲食を給し、辞を伝へ居処に出入す。宮室・楼観35・城柵、厳かに設け、常に人あり、兵を持して守衛す。……

(4)魏との交渉

景初二年36六月、倭の女王、大夫難升米等を遣はして郡に詣り、天子37に詣りて朝献せむことを求む。太守38劉夏、吏を遣はし、将って送りて京都に詣らしむ。

その年十二月、詔書して倭の女王に報じて曰く、「親魏倭王卑弥呼に制詔す。帯方の太守劉夏、使を遣はし汝の大夫難升米・次使都市牛利を送り、汝献ずる所の男生口四人・女生口六人・班布39二匹二丈を奉り以て到る。……今汝を以て親魏倭王となし、金印紫綬40を仮し、装封して帯方の太守に付し仮授せしむ。又、特に汝に……銅鏡百枚41……を賜い、……悉く以て汝が国中の人に示し、国家汝を哀れむと知らしむべし。……」と。

その八年42、太守王頎官に到る。倭の女王卑弥呼、狗奴

ただひとりの男子が、飲食を給仕し、女王の言葉を取りつぐため居室に出入りしている。宮室・物見台・城柵を厳重に設け、いつも人がいて、兵器を持って守衛している。……

景初三（二三九）年六月、倭の女王が大夫難升米らを帯方郡に派遣し、天子に謁見し朝貢することを求めた。帯方郡長官の劉夏は、郡の官吏を同行させ郡（洛陽）まで送らせた。

その年十二月、詔書によって倭の女王に報じられたのは「親魏倭王卑弥呼に詔を下す。帯方郡長官の劉夏が、使者を遣わし、あなたの派遣した大夫難升米や次使都市牛利を送り、あなたの献じた男の生口四人、女の生口六人、木綿の布二匹四丈を奉じてきた。……今、あなたを親魏倭王に任じ、金印紫綬を授けるが、これを封をして帯方郡長官にことづける。また、とくにあなたに……白絹五十匹……銅鏡一〇〇枚……を与え、それらのすべてをあなたの人民に示して、わが国があなたをいつくしんでいることを知らしめよ。……」というものだった。……

正始八年、帯方郡長官の王頎が着任した。倭の女王卑弥呼は、狗奴国の男王卑弥弓呼と元来不和であったが、卑弥呼は載斯烏越らを郡に派遣し、狗奴国との交戦状況を説明した。郡は、塞曹掾史張政らを派遣し、詔書、黄幢（軍旗）を難升米に授け、檄文を作ってこ

1　原始・古代
原始

国の男王卑弥弓呼[43]と素より和せず。倭の載斯烏越等を遣
はして郡に詣り、相攻撃する状を説く。塞曹掾史[44]張
政等を遣はし、因りて詔書・黄幢[45]を齎し、難升米に拝
仮せしめ、檄を為りてこれを告喩す。

(5)卑弥呼死後の状況

卑弥呼以て死す。大いに冢を作る。径百余歩[46]、徇
葬[47]する者、奴婢百余人。更に男王を立てしも、国中服せ
ず。更々相誅殺し、当時千余人を殺す。また卑弥呼の
宗女[48] 壹与[49]年十三なるを立て王となし、国中遂に定まる。

〔『魏志』倭人伝〕

75
80

れを告喩させた。

卑弥呼が死んで、大きな墓を作った。直径が一〇〇
余歩で、殉死した奴隷が一〇〇人を超えた。卑弥呼の
死後、もう一度男王が立てられていたが、国中が服従
せず、お互いに殺し合い、一〇〇〇人を超える死者が
出た。そこで、再び卑弥呼の一族の女で、一三歳の壱
与を立てて王として、ようやく国中がおさまった。

ある。しかし、日本では五
〇〇面以上出土するが、中
国では全く出土していない
ことから、中国から渡来し
た工人が日本で製作したと
いう説もある。

史料注

【魏志】倭人伝 『三国志』
魏書の東夷伝倭人の条を普
通「魏志倭人伝」という。
『三国志』は西晋の陳寿が
三世紀末に撰したもので、
そのうちの『魏志』(三〇
巻)は魏(二二〇~二六五)
の正史。『後漢書』よりも

42その八年 正始八(二四七)
年。この間に二四〇・二四
三・二四五年の対魏交渉記
事がある。
43卑弥弓呼 人名。
44塞曹掾史 郡の属官の称。
45黄幢 黄色い軍旗。
46径百余歩 一歩＝一・五
メートル説によれば、一五
〇メートル(一・八メート
ル、一〇・三メートル説もあ
る)。
47徇葬 貴人の死に従う者を
葬る殉葬のこと。
48宗女 一族の女。
49壹与 臺与(とよ) の誤り
とする説もある。

解説

「魏志倭人伝」の記述でまず注目に値するのは、倭
人の風俗や社会についての描写である。『魏志』撰
者の認識は、「会稽東冶」(現、福建省)や、「儋耳」「朱崖」(海
南島)などと比較しているように、倭をかなり南方のイメージ
で描いている。しかし、それらの記述のなかには、弥生時代の
社会の特色を表すものがいくつか見られる。まず「禾稲」(稲
麻)「紵麻」を植え、「生菜を食す」ような、稲作中心の農耕生活で
ある。植物繊維や養蚕による織物もあるようだ。第二に「鉄鏃」
に象徴される金属器の使用である。卑弥呼に贈られた「銅鏡百
枚」をめぐっては様々な議論があるが、青銅器、鉄器が使用され
た時代であることを、文献からも裏付けている。第三に、
「大人」と「下戸」の違いの記事や、刑罰において「尊卑各々
差序あり」の記事に見られるように、身分や階級が厳然と存在

している。これは、農耕による生活の安定で貧富の
差が増大し、また小国間の抗争のなかで奴隷が増加したり、専
門的技術者や戦士など社会的分業が進んだことによるのだろう。
そして、事あるごとに「骨を灼きてトし、以て吉凶を占う」よ
うな呪術的風習の強い社会では、それら社会階層の頂点に、
「鬼道」をよくする女王卑弥呼が君臨したのである。

『漢書』で百余国と記されていた倭は、『魏志』では三〇国
余に統合されている。しかも、それらは対立する狗奴国などを
除き、大半は邪馬台国を盟主とする小国連合を形成していたよ
うだ。シャーマン的女王卑弥呼の呪術的能力が国家支配の要で
あった反面、「大倭」「一大率」などの官職があり、何らかの刑
法的規範が存在し、租税制があるなど国家としての権能をしだ
いに整えつつあったことが推定できる。

古く成立し、倭を訪れた魏使の見聞に基づいてほぼ同時代に書かれたことで、貴重な史料となっている。

◆邪馬台国への行程図

```
帯方郡
 ↓南来元だ七千余里
狗邪韓国
 ↓千余里
対馬国
 ↓南行千余里
一支国
 ↓東南陸行五百里
末盧国
 ↓東南百里
伊都国
 ├→東南　奴国
 │  └→不弥国
 └→東行百里
不弥国
 ↓南水行二十日
投馬国
 ↓南水行十日陸行一月
邪馬台国
```

→ 魏志の行程
←- 榎一雄説(北九州説)
⇒ 近畿説
（一支国は壱岐のこと）

探究4

① 邪馬台国支配は、祭政一致の政治形態であった。これを示す部分を魏志倭人伝の史料から書き出せ。

② 邪馬台国の位置に関する両説について述べよ。

このように邪馬台国が魏に朝貢したのは、敵対する狗奴国に対し優位に立ち、同時に連合の盟主たる地位を確保することにあったのだろう。注目されるのは、魏の卑弥呼への厚遇である。

「親魏倭王」や金印紫綬、さらにはおびただしい下賜品などは、明らかに破格ともいえる厚遇である。それは、魏を取り巻く三世紀の東アジア情勢——江南に呉が勢力を張り、朝鮮北部に高句麗が台頭し呉と結び、魏と対立している——を敏感に反映したものである。

Spot

「邪馬台国論争」のゴールは見えた？

邪馬台国の所在をめぐる論争は、日本古代史研究上、最も長きにわたり、最も多くの人々が情熱を注ぎ、論議を重ねてきた。その理由は、近畿説をとれば、三世紀中頃には近畿から九州北部までの政治的統合が成立していたことになるのに対し、九州説では邪馬台国をヤマト政権の前身と考えて東遷したとするか、ヤマト政権に征服されたとみるかに分かれる。つまり、邪馬台国の所在に関心が集まるのは、それがその後のヤマト政権による統一といかなる関連があったのかという、日本の国家形成をめぐる論議の中で重視されているからである。この論争が決着を見なかったのは、史料がわずか二〇〇〇字程度の『魏志』倭人伝に限られ、そこに書かれた字句をめぐる解釈が一定しないことにあった。距離を信用して方位を疑えば近畿説に有利とされ、反対に距離を疑い、方位を信じれば九州説に有利とされてきた。しかし、近年のめざましい考古学的発見と、その研究の進展によって、近畿説が優勢となりつつある。

その理由として、成立年代が三世紀まで遡ると考えられるようになった前方後円墳の分布、有力な集落遺跡の存在（九州の吉野ヶ里遺跡は卑弥呼の時代には盛期を過ぎるのに対し、近畿説では纒向遺跡が注目されている）などがあげられる。いよいよ「邪馬台国論争」もゴールが見えてきたようである。

⬆箸墓古墳　卑弥呼の墓の可能性が指摘される。

第2章　律令国家の成立

❶ ヤマト政権と朝鮮・中国

❶ 朝鮮半島への進出　★★★★☆

※色文字は重要語

❶百残 百済のこと。「残」は悪い意味をこめた用字。

❷辛卯の年 西暦三九一年とされる。原文は「倭以辛卯年来渡海破百残□□新羅以為臣民」で、「渡海破百残」の主語は倭ではなく、高句麗だとする説もある。

❸六年丙申 高句麗の広開土王（好太王）（在位三九一〜四一二）の即位六年。三九六年にあたる。

❹平穣 現在の平壌付近か。

百残・新羅は旧是れ属民なり、由来朝貢す。而るに倭は、辛卯の年を以て来り海を渡り、百残□□新羅を破り、以て臣民と為す。六年丙申を以て王、躬ら水軍を率ゐ残国を討科す。……百残王困逼し、男女生口一千人・細布千匹を献出し、王に帰して自ら誓ふ、今より以後、永く奴客と為らむと。……九年己亥、百残誓に違ひ、倭と和通す。王平穣を巡下す。而して新羅、使を遣はし王に白して云く、倭人其の国境に満ち、城池を潰破し、奴客を以て民と為せり、王に帰して命を請はむと。……十年庚子、歩騎五万を遣はして、往きて新羅を救はしむ。男居城より新羅城に至る。倭、其の中に満てり。官兵方に至らむとし、倭賊退く、……。十四年甲辰、□倭不軌にして帯方界に侵入す。……倭寇潰敗し、斬殺無数なり。

〔高句麗広開土王碑文〕

通釈

百済、新羅は我が高句麗に古くから服属し、以前から朝貢してきたものである。しかし、倭が辛卯の年（三九一年）に渡海してきて、百済や新羅を破り、服属させてしまった。広開土王（好太王）の六年（三九六年）、広開土王自ら水軍を率いて、残国（百済）を討伐した。……百済王は困って、男女の奴隷一〇〇〇人と美細な布一〇〇〇匹を献上し、広開土王に帰順して、自ら誓った。「これからは、広開土王の奴隷となります。」……九年（三九九年）、百済がこの誓いに背いて、倭と通じているというので、王は平穣に巡幸した。これに対し、新羅が使者を派遣し王に申し上げた。「倭人が、新羅の国境地帯に充満して、城や池を破壊して、広開土王の奴隷である新羅を属民としようとさえしています。王に帰順して、救助を願うのみです」と。……一〇年（四〇〇年）、男居城から歩兵騎兵五万を新羅城へ進軍すると、倭人はその地に充満していたが、高句麗の官兵が迫り来ると、倭人の賊は退散してしまった。……一四年（四〇四年）倭は背いて帯方郡へ侵入してきた。……しかし、倭賊は潰滅し、斬り殺された者は数知れなかった。

⊕日本書紀（卜部本）
天理大学附属天理図書館蔵

⑤泰和四年　（三六九年）とする説が通説であるが、四六八年や四八〇年とする説もある。

史料注

高句麗広開土王碑　四一四年、広開土王の子長寿王が父の偉業をたたえるために都の丸都城（現、中国吉林省、鴨緑江北岸通溝）に建てた記念碑。高さ六メートルの方柱に約一八〇〇字が刻まれている。

石上神宮七支刀銘　奈良県天理市石上神宮（物部氏の氏神）の神宝となっている鉄剣。六つの突出部を持つ奇異な形をしており、七支刀と呼ばれている。表裏に六一文字が彫られている銘文。

要点ナビ

半島南部での立場を有利にするため、中国王朝の権威を借らんとする大王たち。

❶高驪　高句麗のこと。

---

❷倭の五王　★★★★

倭国は高驪❶の東南大海の中にあり、世々貢職❷を修む。――

通釈

倭国は高句麗の東南の大海の中にあって、代々中国

◉石上神宮七支刀

石上神宮蔵

📖**参考**

石上神宮七支刀銘　★☆☆☆☆

（表）泰和四年□月一六日丙午正陽に百練の□（鉄）の七支刀を造る。□（世）は百兵を辟け、宜しく侯王に供すべし。□（示）□作る。

（裏）先の世以来、未だ此の刀有らず。百済□（王）の世□（子）、生を聖音に奇す故に、倭王の旨によりて造り、□（後）世に伝□（示）す。

〔石上神宮七支刀銘〕

解説

巨大な前方後円墳が出現する古墳時代前期から中期は、日本の国家形成を考える上で重要な時期だが、中国史書に記述が見られない「空白の四世紀」でもある。この空白を埋める貴重な史料が、この広開土王碑文である。高句麗は四世紀初め、楽浪郡・帯方郡を滅ぼし、朝鮮半島北部に強大化し、広開土王（好太王）の時代に全盛期を迎える。一方、半島南部も諸族統一が進み、西に百済、東に新羅が成立し、最南部の加耶諸国には何らかの形で倭の勢力が存在したようである。この碑文から〝日本は四世紀前半までに政治的統一を成し遂げ、

その権力を背景に南下する高句麗と戦うため朝鮮に大規模な出兵をした〟と考えることもできる。また、石上神宮に伝世する七支刀の銘文も、当時のヤマト政権と百済の密接な関係を窺わせる史料である。しかし、史料中の「倭」の行動に対する異説（語注❷参照）もあり、ヤマト政権による半島〝進出〟という一面的な見方には批判も多い。いずれにしても、当時の朝鮮半島と日本はかなり活発に様々な交流をし――時として半島の政治情勢も反映や鉄などの資源をめぐって――それは先進的技術し戦争へと発展したと考えられるのではないか。

1 原始・古代

古墳

2 貢職 貢物の。みつぎもの。

3 高祖 南朝の宋の初代皇帝武帝(在位四二〇〜四二二)。

4 太祖 宋の三代皇帝文帝(在位四二四〜五三)。

5 使持節 三国時代以後置かれた軍政上の称号。「都督○○諸軍事」と続き、その地方の支配権を委ねられているという意味。

6 都督 諸州の軍政を統括する長官。

7 秦韓・慕韓 辰韓・馬韓をさす。両地域とも四世紀半ばに新羅・百済が成立して、当時は存在しない。

8 二十年 太祖文帝の即位二〇年の意。

9 加羅 弁韓地方。朝鮮半島最南部の地方。「魏志」にいう「狗邪韓国」である。

10 世祖 宋の四代皇帝孝武帝(在位四五四〜四六四)。

11 順帝 宋の八代皇帝(在位四七七〜四七九)。

12 封国 王として封ぜられた国の意。

13 祖禰 父祖の意。また、禰は彌(弥)の誤りだとし、梁書にいう武の祖父(宋書の珍)をさすという説もある。

高祖の永初二(四二一)年、詔して曰く、「倭讃、万里貢を修む。遠誠宜しく甄すべく、除授を賜ふべし」と。太祖の元嘉二年、讃、また司馬曹達を遣はして表を奉り方物を献ず。讃死して弟珍立つ。使を遣はして貢献し、自ら使持節都督倭・百済・新羅・任那・秦韓・慕韓六国諸軍事、安東大将軍、倭国王と称し、表して除正せられんことを求む。詔して安東将軍・倭国王に除す。……

将軍・倭国となす。二十年、倭国王済、使を遣はして奉献す。また以て安東将軍・倭国王となす。二十八年、使持節都督倭・新羅・任那・加羅・秦韓・慕韓六国諸軍事を加へ、安東将軍はもとの如く、ならびに上る所の二十三人を軍郡に除す。世子興、使を遣はして貢献す。世祖の大明六年、詔して曰く、「……宜しく爵号を授くべく、安東将軍・倭国王とすべし」と。興死して弟武立ち、自ら使持節都督倭・百済・新羅・任那・加羅・秦韓・慕韓七国諸軍事、安東大将軍、倭国王と称す。

順帝の昇明二(四七八)年、使を遣はして表を上る。曰く、「封国は偏遠にして、藩を外に作す。昔より祖禰躬ら甲冑を擐き、山川を跋渉し、寧処に遑あらず。東は

に朝貢をしてきた。高祖の永初二(四二一)年、詔が出された。「倭王の讃が万里を越えて貢物を献上してきた。遠方からの誠意にこたえるため、官職を授けよう」と。太祖の元嘉二(四二五)年に、讃はまた司馬曹達を派遣し、国書と産物を献上した。讃が死んで弟の珍が即位した。使者を派遣し、貢物を献上して、自ら「使持節都督倭・百済・新羅・任那・秦韓・慕韓六国諸軍事、安東大将軍、倭国王」と称し、上表文をたてまつり正式に任命されることを求めた。そこで詔を出して、「安東将軍・倭国王」に任命した。……元嘉二〇(四四三)年、倭国王済が使者を派遣し、貢物を献上してきた。そこでまた、「安東将軍・倭国王」とした。元嘉二八(四五一)年、済に「使持節都督倭・新羅・任那・加羅・秦韓・慕韓六国諸軍事」の官職を加え、「安東将軍」は以前と同じとし、また同時に上表してあった二三人も軍・郡の称号を与えられた。済が死んだ。その世子(あとつぎ、よつぎ)の興が使者を派遣し、貢物を献上してきた。世祖の大明六(四六二)年、詔が出された。「……(興に)爵号を授け、弟の武が即位し、彼は自ら「使持節都督倭・百済・新羅・任那・加羅・秦韓・慕韓七国諸軍事、安東大将軍、倭国王」と称した。

順帝の昇明二(四七八)年、武は使者を派遣して上表し、次のように述べた。「私の国は中国からはるか遠くに位置し、辺鄙な所を支配しております。昔から私の祖先は、自ら甲冑をつけ、山川を踏破し、休む暇もなく国土の平定に努めました。東は毛人を五五国、

史料注

[14]毛人　蝦夷をさすか。
[15]衆夷　熊襲などをさすか。
[16]海北　朝鮮半島をさす。

史料注

[宋書]倭国伝　南朝の宋（四二〇～四七九）の正史。

〔梁書〕梁の武帝の時代〔四八八（永明五）年〕に、沈約が撰したもの。唐代に書かれた『梁書』の中にも倭の五王の記事がある。

◆倭の五王

探究1
倭の五王が宋へ朝貢した目的を考えよ。

毛人[14]を征すること五十五国、西は衆夷[15]を服すること六十六国、渡りて海北[16]を平ぐること九十五国。王道融泰にして、土を廓き畿を遐かにす。……」と。詔して武を使持節都督倭・新羅・任那・加羅・秦韓・慕韓六国諸軍事、安東大将軍、倭王に除す。

『宋書』倭国伝

西は衆夷を六六国、海を渡り北方で九五国を平定しました。王権が行き届き睦まじく平安で、国土も広大です。……」と。そこで詔を出して武を「使持節都督倭・新羅・任那・加羅・秦韓・慕韓六国諸軍事、安東大将軍、倭王」に任命した。

解説

五世紀には、いわゆる「倭の五王」が相次いで中国南朝に朝貢している。この目的は、四世紀末以来の高句麗との抗争のなかで、朝鮮半島における優位な立場を確保するため、中国王朝によって朝鮮半島の各地域の支配をも認められた官位官職を得ることにあった。倭王武の上表文で、日本国内統一後、朝鮮半島まで征服した事情を述べ強く官位を求めているのは、逆に高句麗の強大化で半島における勢力後退を余儀なくされている実情を物語るものであろう。また宋王朝も、倭国王がたびたび要求した官職をすべて認めたわけではない。また、（中国）南朝の宋が対立する北朝（北魏）を封じるためには、その隣国高句麗との協調の方が重要であり、高句麗と対立する遠方の倭国をさほど優遇しなかったようだ。しかし、日本が中国の冊封体制という東アジア国際社会の舞台に登場したことと、それがヤマト政権の統一の画期とされる五世紀に行われたことの意義は大きいといえよう。ところで、倭の五王は漢字の意味や音の比較によって『記紀』の天皇に比定する試みがなされている。通説では済・興・武をそれぞれ允恭（雄朝津間稚子宿禰）・安康（穴穂）・雄略（大泊瀬幼武）に比定するが、讃・珍には諸説があり、例えば仁徳（大鷦鷯）を讃に、反正（瑞歯別）を珍に比定する説がある。

Spot

朝鮮半島と鉄

朝鮮との関係については、『三韓征伐』や「任那日本府による統治」のような日本側の一方的な軍事的優位を強調する論は影をひそめ、両者の経済的、文化的つながりに力点を置くようになったと思う。四～五世紀に、日本が朝鮮半島南部に求めたものは、まず様々な先進的技術であり、その技術を駆使する技術者集団だった。日本に初めて鉄器がもたらされたのは、稲作の伝来とほぼ同じだが、その本格的使用は紀元後になってからである。しかも、国内の砂鉄を原料に製鉄技術を持つのは六世紀といわれ、倭の五王の時代の甲冑や刀剣も、朝鮮半島から鉄材（鉄鋌と呼ばれる）や製品の形で持ち込まれたものだろう。この鉄鋌という鉄製品の素材が一〇〇〇枚以上も出土し、日本各地の古墳から多くの出土例があることが、このことを裏付けている。鉄ひとつ見ても、当時の日本が先進技術の面で朝鮮半島に依存していたことがわかる。

❷ 大陸文化の伝来とヤマト政権の動揺

❶ 漢字の使用 ★★★☆☆

> **要点ナビ**
> 北関東から九州中部までを統一した獲加多支鹵大王。

(1) 江田船山古墳 出 土鉄刀銘

天下治めす獲□□□鹵大王の世[1]、奉□典曹人[2]、名は无□弓、八月中、大いなる□釜と、幷せて四尺の廷刀[3]とを用い、八十たび練り、六十たび捲じたる[4]三寸上好[5]の□刀なり。此の刀を服する者は長寿、子孫注々三恩を得る也。其の統ぶる[6]所を失はざらむ。作刀者の名は伊太□(和)、書者は張安也。

東京国立博物館蔵（部分）

(2) 稲荷山古墳 出 土鉄剣銘

（表）辛亥年[7]七月中記す。乎獲居臣、上祖の名は意冨比垝[8]、其の児多加利足尼、其の児名は弖已加利獲居、其の児名は多加披次獲居、其の児名は多沙鬼獲居、其の児名は半弓比

（裏）其ノ児名は加差披余、其の児名は乎獲居臣、世々杖刀人[9]の首と為り、奉事し来り今に至る。獲加多支鹵大王の寺[10]、斯鬼宮に在る時、吾天下を左治し[11]、此の百練の利刀を作らしめ、吾が奉事せる根原を記す也。

所有：文化庁　写真提供：埼玉県さきたま史跡の博物館

※色文字は重要語

1 獲□□□鹵大王　獲加多支鹵大王と読み、雄略天皇か。

2 典曹人　文官。

3 廷刀　鉄刀の素材となる鉄鋌。

4 八十たび練り、六十たび捲じたる　精錬を重ねた。

5 三寸上好　長さ三寸のよく鍛えた。

6 統ぶる　支配する。

7 辛亥年　四七一年説が有力。

8 意冨比垝　記紀の伝承にある大彦命（崇神天皇が各地に派遣した四道将軍のひとりで、北陸道を征服した）とする説がある。大彦命は阿倍臣・膳臣の祖とされるので、この説では乎獲居臣は畿内豪族となる。

9 杖刀人　武官。

10 寺　ここでは朝廷の意。

11 左治し　お助けし。

(3)隅田八幡神社人物画像鏡銘

癸未年⑫八月十日、大王年、男弟王⑬ 意柴沙加宮⑭ に在りし時、斯麻⑮長寿を念じ、開中費直⑯の穢人、今州利の二人等を遣はし、白上同⑰二百早を取り、此の竟⑱を作る。

解説

四世紀末から五世紀にかけて、朝鮮半島との交流が活発になると、半島からの渡来人によって大陸の先進文化が次々ともたらされた。それまで固有の文字を持たなかった日本社会で、いつから漢字が使用されたのか確たる定説はない。四世紀以前にも、金印や銅鏡のように漢字が書かれた遺物が存在するが、それらは大陸で作られたものであり、日本での漢字使用の最古の例はいずれも五世紀のここにあげた三つの銘文である。平獲居臣・斯麻などの人名や意柴沙加宮などの表記でわかるように、固有の国語を漢字の音を用いて表現しているのである。また、**江田船山古墳出土鉄刀銘**の「獲□□鹵大王」は、従来「復□弥都歯大王」と読まれ反正天皇（瑞歯別）をさすとされていたが、これも「獲加多支鹵大王」と読んで雄略天皇（大泊瀬幼武）と考える説が有力になった。これによって、五世紀後半から遠い東国（稲荷山古墳は埼玉）や九州（江田船山古墳は熊本）にまで、ヤマト政権の勢力が及んでいたと解されるようになった。また、これらの史料から、**稲荷山古墳出土鉄剣銘**の発見で、これにまで、「大王」（のちの天皇）という他の一般首長層を超越する権力の称号が使用されている点や、「典曹人」「杖刀人」と呼ばれる何らかの官僚的機構が「大王」の権力を支えている点が注目される。

史料注

⑫癸未年　四四三年説と五〇三年説が有力。

⑬男弟王　五〇三年説では即位前の継体天皇（男大迹王）。

⑭意柴沙加宮　大和の忍坂宮。

⑮斯麻　シマという人名。

⑯開中費直　河内直。直は姓。

⑰白上同　上質の白銅。

⑱竟　鏡の略字。

江田船山古墳出土鉄刀銘　一八七三（明治六）年に熊本県玉名郡の江田船山古墳から出土した全長約九〇センチメートルの鉄製の刀に銀象嵌された七五文字の銘文。

稲荷山古墳出土鉄剣銘　一九六八（昭和四三）年に埼玉県行田市の稲荷山古墳から出土した全長七三センチメートルの鉄剣を、一〇年後にX線撮影したところ発見された金象嵌の一一五文字の銘文。

隅田八幡神社人物画像鏡銘　和歌山県橋本市の隅田八幡神社に伝わる直径約二〇センチメートルの仿製鏡（日本製の青銅鏡）の裏面にある四八文字の銘文。

Spot

日本最古の文字は？

日本人が文字を使い始めたのはいつ頃のことだったのだろうか。「漢委奴国王」の金印（五七年）や奈良県東大寺山古墳出土の「中平」銘刀（一八四～一八九年）の存在は、古くから倭人が漢字に触れていたことを示唆するものではあるが、これらはすべて中国で製作されたものであり、日本列島で漢字が使用されていた証拠とはならない。近年、三重県津市の大城遺跡から、「奉」の字とも読める刻書がある二世紀末頃の土器が出土したのをはじめ、漢字の刻書・墨書と思われるものがある三世紀代の土器の発見が相次いでいるが、中には文字であるか怪しいものや、文字であったとしても一字のみのものが多く、単なる「記号」として使用されたものとの見方が強い。したがって、文章を構成する「文字」としての使用が確認されるのは、やはりここに挙げた三つの史料ということになろう。

↑大城遺跡出土刻書土器
津市教育委員会提供

要点ナビ 百済の聖明王、欽明天皇に仏像・経典を伝える。

❷ 仏教の公伝 ★★★☆☆

語注

❶**志癸嶋の天皇** 欽明天皇。大和国の磯城島に金刺宮を置いたことによる。

❷**戊午の年** 五三八年。

❸**明王** 聖明王。

❹**天国案春岐広庭天皇** 欽明天皇。

❺**欽明天皇十三年** 五五二年。干支は壬申。

❻**聖明王** 百済の王（在位五二三～五五四）。このころ百済は新羅、高句麗の圧迫を受け、日本の援助を求め交流にも熱心だった。

❼**歴問ひ** 一人ひとり次々に問う。

❽**蘇我大臣稲目宿禰** 蘇我馬子の父。蘇我氏は渡来人と結んでいた。

❾**豊秋日本** 豊秋は実り豊かな秋の意で、日本の美称。

(1)戊午説（五三八年）

志癸嶋の天皇❶の御世、戊午の年十月十二日、百斉国主明王❸、始めて仏像・経教幷びに僧等を度し奉る。勅して蘇我稲目宿禰の大臣に授けて興隆せしむる也。

『上宮聖徳法王帝説』

大倭国の仏法は斯帰嶋宮に天下治しめしし天国案春岐広庭天皇❹の御世、蘇我大臣稲目宿禰仕え奉りし時より創まる。天下治しめすこと七年、歳は戊午に次りしとしの十二月に度り来たる。百済国の聖明王の時に太子像ならびに灌仏の器一具、および仏の起こりしを説く書巻一筐を度して言う、「まさに聞く、仏法は既に是れ世間無上の法なり。そのまた行い修むべし」と。

『元興寺伽藍縁起幷流記資材帳』

(2)壬申説（五五二年）

（欽明天皇十三年❺）冬十月に、百済の聖明王……❻釈迦仏の金銅像一軀・幡蓋若干・経論若干巻を献る。……

天皇 聞し已りて、歓喜び踊躍りたまひて、使者に

通釈

欽明天皇の治世、戊午の年（五三八）の一〇月一二日、百済の聖明王が初めて仏像・経典及び僧侶らを送ってきた。天皇は詔勅を下し、蘇我稲目にこれらを授け、仏教の興隆をはかったのである。

大倭の国の仏法は、斯帰嶋の宮で天下を治められた欽明天皇の御代、蘇我大臣稲目宿禰が仕えていた時に始まった。欽明天皇七（五四六）年、戊午の年の十二月に伝えられたのである。百済国の聖明王は、悉達太子（釈迦）像ならびに灌仏の器一式、および仏起を説く書巻一筐を贈られて仰られた。「まさに聞くところによれば、仏法はすでにこの世の最高の法であり、貴国もまたこれを修行すべきであろう」と。

（欽明天皇一三（五五二）年）冬一〇月に、百済の聖明王が……釈迦仏の金銅像一体、仏具の幡蓋を若干、経論若干巻を献上してきた。……欽明天皇は（使者の口上を）お聞きになって、喜びにたえず、使者に次のように仰せられた。「私は、これまでこのように優れた法を聞いたことはなかった。しかし、このことを私

⑩物部大連尾輿　物部守屋の父。物部氏は軍事氏族。蘇我氏と激しく対立。

⑪中臣連鎌子　中臣氏は朝廷の神事・祭祀を司った中央豪族。

⑫国家　ここでは天皇をさす。

⑬継体天皇即位十六年　五二二年。

⑭司馬達止（仏師）　鞍作鳥（止利仏師）の祖父。

史料注

上宮聖徳法王帝説　厩戸王（聖徳太子）の伝記集。七世紀半ば以降の古い史料を編纂し〔著者不詳〕、平安中期に集大成したもの。厩戸王の系譜、伝説、金石文集から成るが、記紀に対し異説が多く、これを補う貴重な史料。

元興寺伽藍縁起并流記資材帳　元興寺（もと飛鳥寺）の縁起と財産目録を記したもので、仏教伝来など『日本書紀』とは別の古伝をのせている。七四七（天平十九）年成立。

日本書紀　神代より持統天皇譲位（六九七）までを記した官撰の歴史書で、その編纂は天武朝に始められ七

詔して云はく、「朕、昔より来、未だ曾て是の如く微妙しき法を聞くことを得ず。然れども朕、自ら決むまじ」と。乃ち群臣に歴問ひて曰はく、「西蕃の⑦献れる仏の相貌端厳し。全ら未だ曾て有ず。礼ふべきか不や」と。蘇我大臣稲目宿禰⑧奏して曰さく、「西蕃の諸国、一に皆礼ふ。豊秋日本⑨、豈に独り背かむや」と。物部大連尾輿⑩・中臣連鎌子⑪、同じく奏して曰さく、「我が国家⑫の、天下に王とましますは、恒に天地社稷の百八十神を以て、春夏秋冬、祭拝りたまふことを事とす。方に今改めて蕃神を拝みたまはば、恐るらくは国神の怒を致したまはむ」と。天皇曰はく、「情願ふ人稲目宿禰に付けて、試に礼ひ拝ましむべし」と。

『日本書紀』

📖参考

継体天皇即位十六年⑬壬寅、大唐の漢人案部村人司馬達止⑭、此の年の春二月に入朝す。即ち、草堂を大和国高市郡坂田原に結び、本尊を安置し、帰依礼拝す。世を挙げて皆云ふ、是れ大唐の神なりと。

『扶桑略記』

解説　仏教の私伝

日本の古代国家や文化を考える上で、仏教の伝来は非常に重要な意味を持つ。その仏教の公伝については、(1)上宮聖徳法王帝説や元興寺縁起による戊午（五三八）年説と、(2)日本書紀による壬申（五五二）年説がある。しかし、日本書紀のこの部分の記述、特に聖明王の国書の部分には、「金光明最勝王経」（七〇三年唐の義浄翻訳、日本へは七一八年伝来）などの引用が多く、記事の史料的価値が低い、②百済は五三八年に熊津から扶余に遷都しており、高句麗、新羅の圧迫に対抗するため、日本との結びつきを強めたと考えやすい、などの理由で(1)説が有力である。一方、仏教の受容をめぐって

だけで決めることはできない。」そして、群臣の一人ひとりに次のようにお尋ねになった。「西の蕃国が献上した仏像の端正で壮厳な様子は、今まで見たこともない。この仏を礼拝するべきであろうか。」この下問に対し、蘇我稲目は「西方の諸国は皆これを礼拝しています。我が国だけが礼拝しないわけにはまいりません」と述べ、物部尾輿、中臣鎌子は「我が朝廷が、王として天下を統治する根拠は、（天皇が）諸々の多くの神々への春夏秋冬の祭礼を主宰することにあります。それなのに、今、隣国から移ってきた神を礼拝することとは、我が国の神々の怒りを招くことになりましょう」と述べた。（このように群臣の意見が分かれたので）天皇は、「礼拝を願っている蘇我稲目に仏像を授けて、試みに礼拝をさせてみることにせよ」と命ぜられた。

1 原始・古代

古墳

二〇（養老四）年に完了した。三〇巻、漢文の編年体で書かれる。皇室の系図、神話や物語、皇室の記録、官府の記録、諸氏の家記、寺院の縁起などが編纂材料となっている。

扶桑略記　平安末期に皇円（?〜一一六九）が著した史書。神武天皇から堀河天皇までの記事を漢文の編年体で記す。仏教関係の記事が多い。

探究2
① 仏教公伝以前、我が国の信仰はどのようなものであったか。
② 仏教公伝当時、我が国ではどのような問題が起こったか。

❶ **二十一年**　継体天皇の即位二一年。五二七年。

❷ **壬辰の朔甲午**　干支を用いた日付の表現。壬辰（十干十二支で二九番目）から数えて甲午（同三一番目）にあたる日なので、三日となる。（十干支順位表参照）

❸ **南加羅**　金官国（現、慶尚南道金海）とその付近。そ

Spot

仏教伝来からヤマト政権の実態を考える

『日本書紀』の記述によれば欽明天皇十三（五五二）年、百済の聖明王より、仏像と経典が献上されたという。仏教伝来を記した史料としてあまりにも有名なものだが、実はここにヤマト政権の実態が如実に示されていることに気付いたであろうか。百済の使者の口上を聞いた欽明天皇は小躍りして喜び、これまでこのように優れた教えを聞いた

ことがないとまで言っておきながら、私だけでは決められないとして、仏教を受け入れるか否かを豪族たちに問うているのである。これはまさに、国家の大事を大王（のちの天皇）が決める権限のなかったことを示している。そもそもヤマト政権はヤマトの王を中心とした連合政権であり、大王の地位は諸豪族の推戴によって保障されていた。したがって、大王は豪族の顔色を窺いながらことを進めざるを得なかったのである。

---

❸ 磐井の乱 ★★☆☆☆

要点ナビ
筑紫国造磐井、新羅と結んでヤマト政権に抵抗。

二十一年夏六月の壬辰の朔甲午に❷、近江毛野臣、衆六万を率いて、任那に往きて、新羅に破られし南加羅❸、喙己呑❹を為復し興建てて、任那に合せむとす。是に、筑紫国造磐井、陰に叛逆くことを謀りて、猶預して年を経。……新羅、是を知りて、密に貨賂を磐井が所に行りて、勧むらく、毛野臣の軍を防遏へよ❻と。是に、磐井、火・豊❼二つ国に掩ひ拠りて、使修職らず。

通釈

継体天皇二一（五二七）年、六月三日に、近江毛野臣は兵六万の大軍を率いて任那へ行き、新羅に征服された南加羅、喙己呑を奪還して任那に併合しようとした。この時、筑紫国造磐井は、ひそかに反逆を決意していたが、反乱を実行に移すことにはためらっていた。……新羅はこのことを知って、ひそかに磐井のもとへ賄賂を送り、毛野臣の軍を防ぎ止め（新羅に協力す）るよう求めた。そこで、磐井は、火・豊の二国に勢力

は、ヤマト政権内の主導権争いもあいまって崇仏派の蘇我氏と排仏派の物部・中臣氏の対立が激しくなった。物部氏は武将で蘇我氏との権力争いと勢力確立のため神祇信仰を固持し、中臣氏は職掌が祭祀であった関係から排仏を唱えたが、三蔵管理等などで多くの渡来人を掌握する蘇我氏は、早くから半島経由の大陸

文化に接しており、仏教受容に積極的であった。仏教公伝以前から、渡来人社会では仏教信仰は広まっていたと考えられ、そのことを物語るのが『扶桑略記』に書かれた司馬達等（止）の例である。

……　天皇、大伴大連金村・物部大連鹿火・許勢
大臣男人[10]等に詔して曰く、「筑紫の磐井反き掩
ひて、西の戎の地を有つ。今誰か将たるべき者」と。
大伴大連等奏さく、「正に直しく仁みて勇みて兵
事に通へるは、今鹿鹿火が右に出づるひと無し」と。
天皇曰はく、「可」と。

『日本書紀』

れに続く噁己呑は現、慶尚
北道慶山付近といわれる。
ただし、新羅によるこの二
国征服は、実際には毛野臣
の渡海よりあとのことであ
り、「日本書紀」編者によ
る修飾の部分と考えてよい。

4　猶預へよ　うらおもう〈心思ふ〉
の約。心で思いためらって
いて実行しないこと。

5　防過へよ　防ぎ止める。

6　火・豊　肥前、肥後と豊前、
豊後。

7　掩ひ拠りて　勢力を張る。

8　大伴大連金村　五世紀末か
ら六世紀半ばにヤマト政権
の軍事力を担う豪族として
活躍。欽明朝で朝鮮経営の
失敗を非難され失脚した。

9　物部大連鹿火　継体朝に
大伴金村とともに政治を主
導。武将としても重きをな
した。

10　許勢大臣男人　許勢氏は外
交・軍事をつかさどった新
興豪族。巨勢氏とも。

史料注
日本書紀　三〇頁参照。

探究3
中期古墳が巨大化した背
景は何か。

参考　屯倉の設置　☆☆☆☆

(安閑天皇元年 閏十二月) 武蔵国 造 笠原 直 使主と同族小
杵、……而して使主を殺さむと謀る。使主覚りて走げ出づ。京に詣でて、状を言す。朝庭臨断めたまひて、
使主を以て国造とす。国造使主……謹みて国家の為に、横渟・橘花・多氷・倉樔・四処の屯倉を置き奉
る。

(欽明天皇十六年) 秋七月 朔 壬午 に、蘇我大臣稲目宿禰・穂積磐弓 臣等を遣して、吉備の五郡に白猪
屯倉を置かしむ。

『日本書紀』

国造を相争ひて、年経るに決め難し。小

を張って、(ヤマト政権から求められた)職務を行わ
なくなった。……継体天皇は、大伴金村、物部鹿火、
許勢男人らヤマト政権の首脳に「筑紫の国造磐井が反
逆し、西国に勢力を張っている。誰か、磐井を征討す
る将軍はいないか」と言った。大伴金村らは皆、「人
間的にもすぐれ(正直で仁や勇の気持ちに満ち)、軍
事にも通じているといえば、今、物部鹿鹿火の右に出
る者はいないでしょう」と言った。天皇は、「そうし
よう」。」と言った。

解説

六世紀には、朝鮮半島では新羅が台頭して急速に国
家体制を確立し、百済や加耶諸国を脅かす。ヤマト
政権の拠点加羅(任那)も、五六〇年代(書紀では五六二年)
には完全に新羅の支配下に入った。このような国際情勢の変化
も影響し、六世紀前半にはヤマト政権に動揺がみられる。まず、
大王家をめぐる複雑な政治情勢がある。継体天皇の即位にも王
朝交替を暗示する要素があるが、それに続く安閑・宣化・欽明
の三代の天皇については「書紀」の紀年がかなり矛盾しており、
不安定な時代を象徴している。また、地方では、この史料の磐
井の乱のような大きな反乱が起こっている。近江臣毛野の遠征

とこの乱は、書紀編者が意図的に結びつけたもので、本来無関
係だとしても、この乱の背景には、朝鮮出兵の過重な負担に対
する首長層や民衆の不満があったに違いない。また、ヤマト政
権が各地に屯倉を設置し、地方豪族の地位を脅かす政策をとっ
たことも地方反乱の要因となった。五二四年の武蔵国造の内紛
──この地位をめぐり笠原直使主が同族の小杵と争い、小杵が上
毛野君小熊に救援を求めたので使主が朝廷と結んだ──の記事
も、結末は使主による四か所の屯倉献上で終わっている。反乱
を鎮圧したヤマト政権は、その地に屯倉を設置し、その支配を
より強化しようとしているのである。

❹ 渡来人　★☆☆☆☆

❶弓月君　渡来系の雄族秦氏の祖とされる。

❷帰化　君主の徳に感化されて服属すること。

❸加羅国　朝鮮半島南部(＝任那)の小国。

❹葛城襲津彦　初期対朝鮮外交上しばしば登場する有力将軍。彼の子孫葛城氏は五世紀に天皇家の外戚として繁栄した。

❺阿直岐　古事記では阿知吉師(あちきし)とある。

❻「キシ」は朝鮮語でも族長に対する敬称。

❼書首　西文氏。文筆専門で中心的役割を果たした。

史料注
日本書紀　三〇頁参照。

探究4
渡来人がやってきた理由を考えよ。

1　(応神天皇十四年)是歳弓月君❶、百済より来帰り。因りて奏して曰さく、「臣、己が国の人夫百二十県を領ゐて帰化す❷。然れども、新羅人の拒に因りて、皆加羅国❸に留れり」と。爰に、葛城襲津彦❹を遣して、弓月の

5　人夫を加羅に召す。

(十五年の秋八月)百済の王、阿直岐❺を遣ふ。……天皇、阿直岐に問ひて曰く「如し汝に勝れる博士、亦有りや」と。対へて曰さく、「王仁といふ者有り。是れ秀れたり」と。……仍りて王仁を徴

10　さしむ。……十六年の春二月に、王仁来り。是書首❼等の始祖なり。
『日本書紀』

解説

渡来人とは主として古代に海外から渡来して我が国に住みついた者、その子孫を含めていう。ヤマト政権による統一国家形成の段階に入ると、在来の氏族とは別の氏族として意識されるようになった。渡来人が目立ってくる最初の四～五世紀にかけて代表的な氏族は、王仁氏・弓月君・阿知使主などである。彼らの多くは畿内に居住地を与えられ、世襲制の地位を与えられる者も少なくなかった。また、大陸伝来の進んだ諸生産技術もほとんど彼らの専業であったことが知られる。五世紀後半以降も活発にその役割を果たした渡来人も七世紀後半に入るとほぼ終止符が打たれることとなる。平安初期に成立した『新撰姓氏録』によると、当時畿内に存在した中央氏族一〇六五氏のうち、渡来人系は約三〇％を占めている。

通釈

(応神天皇一四年)この年に、弓月君が百済からやって来た。そこで弓月君は、「私は、我が国の一二〇県の人々を率いて帰化してきた。しかし、新羅の妨害によって、皆まだ加羅国にとどまっております」と奏上してきた。そこで、葛城襲津彦を派遣して、弓月君に従ってきた人々を加羅国で召集しようとした。

(応神天皇一五年秋)百済王が阿直岐を派遣して、良馬二匹を献上してきた。……天皇は、阿直岐に「おまえに勝るような優秀な博士は、他にいるのか」と問われた。阿直岐は「王仁という者がおります。これは優秀です」と答えた。……そこで王仁を招くことになった。……一六年春二月に王仁はやって来た。……王仁は西文氏らの始祖である。

❸ 推古朝の政治

❶ 憲法十七条 ★★★★

要点ナビ
厩戸王（聖徳太子）が豪族たちに役人の心得を示す。

（推古天皇十二年❶）夏四月丙寅朔戊辰、皇太子親ら肇めて憲法十七条❷を作りたまふ。

一に曰く、和を以て貴しとし❸、忤ふること無きを宗とせよ。人皆党有り❹、亦達る者少し。是を以て、或は君父に順はず、また隣里に違ふ。然れども、上和ぎ、下睦びて、事を論ふに諧ふときは、則ち事理自らに通ふ。何事か成らざらむ。

二に曰く、篤く三宝を敬へ。三宝とは仏・法・僧なり。則ち四生❺の終の帰、万の国の極宗なり。何れの世、何れの人か是の法を貴ばざる。人尤だ悪しきもの鮮し、能く教ふるをもて従ふ。其れ三宝に帰りまつらずば、何を以てか枉れるを直さむ。

三に曰く、詔を承りては必ず謹しめ、君をば則ち天とす、臣をば則ち地とす。天覆ひ地載せて、四時❻順り行き万気❼通ふことを得。地、天を覆はむと欲するときは、則ち壊るることを致さむ。是を以て、君

※色文字は重要語

❶推古天皇十二年　六〇四年。「上宮聖徳法王帝説」では六〇五年のこととしている。

❷憲法　近現代の国の根本法規としての憲法ではなく、政治道徳的規範であり、官吏の心得を示したもの。

❸和を以て貴しとし（以和為貴）『礼記』や『論語』による引用。このような儒家思想による引用句が多い。

❹人皆党有り　管子、韓非子など法家思想では、朋党が国家に害あることを力説している。

❺四生　仏教（法華経）で、卵生・胎生・湿生・化生、など、すべての生物をさす。

❻四時　春夏秋冬（四季）。

❼万気　人畜草木すべての気。

通釈

（推古天皇一二（六〇四）年）夏四月三日に、皇太子厩戸王（聖徳太子）が親しく重要法令一七条を作成された。

一　和合を貴び、人と争うようなことが起きぬように心がけよ。人は、皆、党を作り、また道理を悟っていることも少ない。このゆえに、君父に逆らったり、隣里と争ったりする状態があるのである。しかし、上に立つ者が和合を大事にし、下の者がそれに応じ、双方の意見を十分に出し合えば、道理が自然に通っていって、すべての事がうまくいく。

二　三宝を深く敬え。三宝とは仏と法と僧である。つまり、一切の生物の最後のよりどころ、また、万国の窮極の教えのことである。いつの時代のどの人がこの教えを貴ばないであろうか。まったく悪いだけだという人は少ないから、よく教え導けば、従うものだ。その場合、三宝によらないで、どうやって悪人を正しく導けようか。

三　天皇の命令を受けたなら、必ず、誤りを犯さぬよう心を引き締めよ。君を天として、臣を地とすれば、天が地の上にあってこそ、季節が順調にめぐり、万物の気が通うことができるのである。逆に、もし地が天の上に立とうなどとすれば、すべては破壊されてしまう。このように、君が命ずるときには臣は従

❽群卿百寮　群卿は国政に参画する上級の官吏をさし、百寮は様々な役人をさす。

❾国司　律令制的国司制はこの当時成立していない。「国司」という言葉が使われていることから、憲法十七条は後世の偽作とする説(津田左右吉説など)もあったが、推古朝の時代のものであるとする説の方が有力となっている。(もちろん、用字などは書紀編者による改変がある。)

❿私向公　「背」「韓非子」による。公私の別を厳しく説くのも法家思想の特色。

⓫民を使ふに時を以てするは(使 民以 時)『論語』による。人民を使うには農閑期をみてすべきであるの意。

言ふとき臣承り、上行へば下靡く。故に詔を承りては必ず慎め、謹しまざれば自らに敗れなむ。

四に曰く、群卿百寮、礼を以て本とせよ。其れ民を治むるが本、要ず礼に在り。

八に曰く、群卿百寮、早く朝り晏く退でよ。……

九に曰く、信は是義の本なり。事毎に信有るべし。其れ善悪成敗、要ず信に在り。

十一に曰く、功過を明に察て、賞罰を必ず当てよ。日者、賞は功に在きてせず、罰は罪に在きてせず。事を執れる群卿、賞罰を明むべし。

十二に曰く、国司・国造、百姓に斂めとること勿れ。国に二の君非ず、民に両の主無し。率土の兆民、王を以て主と為す。所任官司は、皆是れ王の臣なり。何ぞ敢て公とともに、百姓に賦斂らむ。

十五に曰く、私を背きて公に向くは、是れ臣が道なり。……

十六に曰く、民を使ふに時を以てするは、古の良き典なり。……

十七に曰く、夫れ事は独り断むべからず、必ず衆と

い、上の行動には下がならうべきなのである。だから、天皇の命令を受けたなら、心を引き締めよ。そうしないと必ず自分で失敗してしまうだろう。

四　官吏は礼を基本としなさい。人民を統治する基本は礼である。

八　官吏はすべて、朝早く出仕して、遅く退出せよ。

九　信は義(人として行うべき道)のもとである。何事にもすべて信をもって行え。事の良し悪し、うまくゆくゆかないは、信にかかっている。

十一　功績と過ちをよく見て、それに応じて賞罰を与えよ。賞が功によらず、罰が罪によらないことがよくある。政務をとる官僚は、賞罰を明確に行え。……

十二　国司や国造は百姓を(私的に)収奪してはならない。国に二人の王はなく、民に二人の主人はいない。国中の民衆は、すべて王を主人としているのである。王によって任命された官人は、王の臣下に過ぎない。何で、彼らが公である王と並んで、百姓に税を賦課し収奪することができようか。

十五　私心を去って公に尽くすことが、臣下としての道である。

十六　民を労役に使うのを、民の生業の暇な時にすることは、昔からの良い慣行である。

十七　重大なことは独断してはならない。必ず、人々とともに議論せよ。

探究5　憲法十七条から、当時の政治と社会の状態を考えよ。

論　ふべし。

要点ナビ　中国皇帝に臣属しない形式をめざした新外交への転換。

② 遣隋使の派遣 ★★★★

開皇二十年❶、倭王あり、姓は阿毎、字は多利思比孤❷、阿輩鶏彌❸と号す。使を遣はして闕に詣る❹。……

大業三年❺、其の王、多利思比孤、使を遣はして朝貢❻す。使者曰く「聞く、海西の菩薩天子❼、重ねて仏法を興すと。故に遣はして朝拝せしめ、兼ねて沙門数十人、来りて仏法を学ばしむ」と。其の国書に曰く「日出づる処の天子、書を日没する処の天子に致す。恙無きや、云々」と。帝、之を覧て悦ばず、鴻臚卿❽に謂ひて曰く「蛮夷の書、無礼なる者有り、復た以て聞する勿れ」と。

明年、上❾、文林郎❿裴清を遣はして倭国に使せしむ。……

『隋書』倭国伝

（推古天皇十五年⓫）秋七月の戊申の朔、庚戌、大礼⓬小野妹子を大唐に遣はし、鞍作福利を以て通事とす。……

『日本書紀』

❶開皇二十年　六〇〇年。当時の隋の皇帝は文帝（在位五八一～六〇四）。

❷多利思比孤　天皇の諱には足彦が多いので、ここでは天皇一般の称号であろう。

❸阿輩鶏彌　「アメキミ」と読む説もある。

❹闕　隋の都長安をさす。

❺大業三年　六〇七年。当時の皇帝は煬帝（在位六〇四～六一八）。

❻使　小野妹子をさす。

❼菩薩天子　聖天子。煬帝をさす。

❽鴻臚卿　隋の外交事務を担当する高官。

❾上　煬帝をさす。

❿文林郎　裴世清のこと。文林郎は日本の令制では少初位上（三〇階中二九位）。

⓫推古天皇十五年　六〇七年。

通釈

開皇二〇（六〇〇）年、倭王の、姓はアメ、字はタリシヒコという者がオオキミを名乗り使者を都の長安に送ってきた。……

大業三（六〇七）年に、倭国の王が使者を遣わして、朝貢してきた。使者の口上には「海西の聖天子が仏法を興隆していると聞きます。（我が国より）使者が朝廷へ参上させられ、同時に僧侶数十人が仏法の研究のために遣わされたのです」と、国書には「日の昇るところの天子が、書を日の没するところの天子に差し出します。変わりはありませんか……」とあった。煬帝は、この国書を見て不機嫌になり、外務大臣に対し「蛮人の国書に無礼なものがあった。こういう国から、また何か言ってきても相手にするな」と命じた。翌年、煬帝は文林郎の裴清を倭国に使者として派遣した。

（推古一五〔六〇七〕）年）秋七月三日、大礼の小野妹子を隋に派遣し、鞍作福利を通訳にそえた。推古一六（六〇八）年夏四月、小野妹子が隋から帰国した。隋では、妹子を蘇因高と呼んだ。隋の使者裴

史料注・探究

⑫大礼　冠位十二階で第五にあたる位。

⑬蘇因高　蘇は小野の「小」、因高は妹子の音によるものか。

⑭辛巳　推古一六（六〇八）年の九月十一日。

⑮日文　旻（みん）。舒明四年八月条以降は僧旻と見える。高向玄理とともに、帰国後大化改新で国博士となる。

史料注

『隋書』倭国伝　『隋書』は隋の正史。六二二年唐の魏徴の撰。その東夷伝倭国の条には日本書紀にない貴重な史料が見られる。

日本書紀　三〇頁参照。

探究6

① 隋に使者を派遣した目的を述べよ。

② 厩戸王と倭の五王時代以前の外交の違いを述べよ。

十六年夏四月、小野臣妹子、大唐より至る。唐国、妹子臣を号けて蘇因高⑬と曰ふ。即ち大唐の使人裴世清、下客十二人、妹子臣に従ひて、筑紫に至る。……

辛巳⑭、唐の客裴世清、罷り帰りぬ。則ち復小野妹子臣を以て大使とす。……爰に天皇、唐の帝を聘ふ。……

其の辞に曰く、「東の天皇、敬みて西の皇帝に白す。……」と。是の時に、唐の国に遣はす学生倭漢直福因・奈羅訳語恵明・高向漢人玄理・新漢人大圀、学問僧新漢人日文⑮・南淵漢人請安・志賀漢人慧隠・新漢人広済等、并せて八人なり。

『日本書紀』

世清が一二人のしもべを伴い、妹子に連れられ筑紫に到着した。

九月一一日、隋の使者裴世清が帰国した。そこで再び小野妹子を隋に送った。……その時、天皇は隋の皇帝へのあいさつの書の中で「東の天皇が、つつしんで西の皇帝に申し上げる。……」と書いた。この時に隋に派遣された学生は、倭漢直福因・新漢人大圀・学問僧新漢人日文・奈羅訳語恵明・高向漢人玄理・南淵漢人請安・志賀漢人慧隠・新漢人広済ら、合わせて八人だった。

解説

六世紀のヤマト政権は、朝鮮外交や皇位継承問題などで豪族の対立が激しかったが、蘇我馬子は物部守屋を倒し、最終的に実権を握った。彼は、対立した崇峻天皇を暗殺し、この女帝のもとで皇太子として摂政したとされるのが厩戸王（聖徳太子）である。したがって、推古朝の政治では、厩戸王だけでなく実力者蘇我馬子の存在を忘れてはならない。

この時代には、冠位十二階制定、憲法十七条制定、遣隋使派遣、国史（天皇記、国記）編纂、仏教の奨励など様々な新政策が実施されるが、その目的は天皇中心の中央集権国家体制の樹立にあった。この理念を示したものが憲法十七条になるが、指導的役割を果たすことに注意したい。

「憲法」とはいえ、近代国家のそれとは異なり、官吏たる豪族に対する道徳的戒を示したものである。条文は、漢籍の字句を多く用い、儒教・仏教・法家思想の強い影響が見られる。

一方、朝鮮半島での政治的立場の回復や中国の文物導入のため遣隋使が派遣された。倭の五王の時代と異なり、煬帝が怒りながらも答礼使を送った背景には、これから戦うであろう高句麗の存在がある日本を無視できない状況があったのだろう。ただし、隋の対日姿勢はうかがい知れよう。なお、遣隋使に同行した留学生たちが、帰国後大化改新の

④ 飛鳥文化

① 法隆寺の創建　★☆☆☆☆

池辺の大宮に天下治しめしし天皇大御身労づき賜ひし時、歳は丙午に次る年、大王天皇と太子❷❸とを召し誓願し賜ひ、「我が大御病太平ならむと欲坐が故に、将に寺を造りて薬師❹の像を作り仕へ奉らむ」と詔したまふ。然るに当時崩じ賜ひて造り堪へずありしかば、小治田の大宮に天下治しめしし大王天皇及び東宮聖王❼、大命を受け賜はりて歳は丁卯に次れる年、仕え奉る。

（天智天皇九年）夏四月の癸卯の朔、壬申に、夜半之後に、法隆寺災けり。一屋も余ること無し。大雨ふり雷震る。

〔法隆寺金堂薬師如来像光背銘〕

『日本書紀』

※色文字は重要語

❶池辺の大宮に天下治しめしし天皇　用明天皇のこと。「池辺の大宮」は用明天皇の大王宮である池辺双槻宮（現、奈良県桜井市阿部か）。

❷大王天皇　推古天皇をさす。

❸太子　厩戸王。

❹薬師　薬師如来は、仏教の東方浄瑠璃世界の盟主で、

❷ 仏教の興隆　★☆☆☆☆

1
（推古天皇）二年の春二月の丙寅の朔に、皇太子及び大臣に詔して、三宝を興し隆えしむ。是の時に、諸臣連等、各君親の恩の為に、競ひて仏舎を造る。即ち是を寺と謂ふ。

（推古天皇三十二年）秋九月の甲戌の朔丙子に、寺及び僧尼を校へて、具に其の寺の造れる縁、亦僧尼の入道ふ縁、及び度せる年月日を録す。是の時に当りて、寺四十六所、僧八百十

5
六人、尼五百六十九人、并て一千三百八十五人有り。

『日本書紀』

解説

六世紀から七世紀半ばにかけて、特に推古朝を中心として日本最初の仏教文化である飛鳥文化が開花する。蘇我氏の仏教帰依、厩戸王（聖徳太子）の保護奨励により、本格的な寺院も建立し始めた。世界最古の木造建築といわれる法隆寺もその一つである。

法隆寺の創建については『書紀』の六七〇年焼失記事をめぐり、明治以来再建・非再建の論争があったが、一九三九（昭和一四）年の若草伽藍の発掘により、再建説が有力となった。若草伽藍とは、現在の法隆寺（西院伽藍）の東南部にある遺構で、塔が南、金堂が北という四天王寺式の伽藍配置を持ち、その出土遺物から七世紀初頭のものと考えられている。しかし、焼失再建されたにしても、その年代については一定でなく、依然として法隆寺の創建には謎が多い。

推古朝の仏教興隆政策により、蘇我氏の飛鳥寺建立を初めとして、豪族による氏寺建立も盛んだったようである。『書紀』の寺四六所という数字は、寺院趾や出土瓦などから推定される飛鳥時代の寺院数（五〇余寺）にかなり近いものである。

⑤当時崩じ賜ひて　『書紀』では用命の崩御は五八七年で、この史料とは食い違う。

⑥小治田の大宮に天下治しめし大天皇　推古天皇。「小治田の大宮」は推古天皇の大王宮である小墾田宮（現、奈良県高市郡明日香村豊浦）。

⑦東宮聖王　厩戸王。東宮は皇太子のこと。

史料注
法隆寺金堂薬師如来像光背銘　法隆寺金堂の薬師如来像の光背（仏像のうしろにつける光をかたどった装飾）にある銘文。像と銘文は後世の偽作説が強い。
日本書紀　三〇頁参照。

❶法隆寺境内図　金堂：法隆寺の本尊を安置する建物。　大講堂：平安時代の再建。薬師三尊像と四天王像を安置する。　塔：日本最古の五重塔。　夢殿：八角形の殿堂。厩戸王（聖徳太子）の等身大といわれる救世観音像が安置されている。　食堂：僧侶が食事を摂るために使われた建物。

飛鳥

⑤ 大化改新（たいかのかいしん）

❶ 改新の要因　★☆☆☆☆

（大化元年九月丙寅の朔）甲申、使者を諸国に遣はして、民の元数を録す。仍りて詔して曰はく、「古より以降、天皇の時毎に、代の民を置き標して名を後に垂る。其れ臣連等・伴造・国造、各己が民を置きて情の恣に駆使ふ。又国県の山海・林野・池田を割りて、己が財として、争ひ戦ふこと已まず。或は数万頃の田を兼ね幷す。或は全ら針少地も無し。調賦進る時に、其の臣連・伴造等、先づ自ら収め斂りて、然して後に分ち進る。宮殿を修治り、園陵を築造るに、各己が民を率て、事に随ひて作れり。……方に今、百姓猶乏し。而るを勢有る者は、水陸を分け割いて、私の地とし百姓に売り与えて、年に其の価を素ふ。今より以後、地売ることを得じ。妄に主と作りて劣く弱きを兼ね幷すこと勿れ」と。

百姓大に悦ぶ。

『日本書紀』

※色文字は重要語

❶大化元年　六四五年。

❷代の民　名代の民。名代は天皇、皇子、皇后の名を付した大王家の私有民。「代」とは「糊代」の「代」と同じで「……のためのもの」の意。

❸己が民　豪族の私有民部曲のこと。

❹情の恣に駆使ふ　これと同様の状態が「十七条憲法」第一二条に見える。

❺頃　令制以前の田地の面積単位。一頃は令制の五歩（約一三二平方メートル）。

❻百姓　古代には「ひゃくせい」と読んですべての良民を指した。百（たくさん）の姓を持つ者たちの意味。

❼売り　貸すこと。土地を貸すことをその土地の生産物を売ることと考えていたための言い方。

史料注

日本書紀　三〇頁参照。

通釈

大化元（六四五）年九月一九日、使者を諸国に派遣して百姓の総数を調査、記録させた。（この人口調査に関連して）天皇は命令書を下して次のように言った。「古来より、天皇の世ごとに、名代の民を置き天皇の名を後世に残してきた。ところが今では、臣連・伴造・国造が、（あたかも王であるかのように）各々自己の民を持ち、私的に労役している。さらに、国県の山海・林野・池・田を分割して私財とし、互いに争うことが続いている。このため、ある人は数万頃の田を集積し、ある人は全然土地を持たないという状態である。それのみでなく、臣連・伴造たちは、百姓が（都に）税を納めにきた時、まず自分の取り分を取ってから、残りを国に納め、また天皇の宮殿や墳墓を造営する時も、様子をみて適当に作業する有様である。……現在、百姓は窮乏している。それなのに、有勢者は、田畑を分割して私地としてしまい、それを百姓に貸与して、毎年地代を請求している。今後は、田畑を貸与して私利を求めることは禁止する。また百姓の主人となって、弱い百姓を吸収し、奴婢として自分の所有物とすることも禁止する」と。この詔を聞いて百姓は喜んだ。

探究8
「改新の要因」の史料から、大化改新を必要とした理由を述べよ。

要点ナビ

孝徳天皇が難波宮で宣布した新政府の施政方針。

①大化二年　六四六年。
②子代の民　名代とともに皇室のための直属民。
③屯倉　皇室の直轄領。
④臣　以下の称号は、当時の豪族の代表的な姓や地位を

❷

改新の詔　★★★★★★

（大化）二年春正月の甲子の朔に、賀正礼畢りて、即ち改新之詔❶を宣ひて曰く、
其の一に曰く、昔在の天皇等の立てたまへる子代の民❷、処処の屯倉❸、及び、別には臣・連・伴造・

通釈

（大化）二（六四六）年正月一日に、新年の儀式が終わってから改新の詔を発し、次のように言われた。
その一は、昔の天皇たちが設置した子代の民、各地の屯倉、及び諸豪族が支配する部曲や各地の田荘を廃

Spot

「乙巳の変」が起こった本当の理由

中大兄皇子の政治的評価は焦点のあて方によって大きく分かれる。そもそも、中大兄皇子が乙巳の変で蘇我氏を倒した理由は何であろうか。蘇我氏が次期天皇として古人大兄皇子を推すのは明らかであった。つまり両親が天皇でありながら、中大兄皇子には天皇になれる可能性がほとんど

なかった。いや、それどころか場合によっては山背大兄王の二の舞になる可能性すらあったのである。それならばやられる前にやってしまえということになる。だからこそ、乙巳の変の直後に彼は即位することをためらった。「ここで即位したら人心を掌握することはできない」という中臣鎌足の忠告はまさに、「乙巳の変」の真相を如実に物語っているといえよう。

解説

この史料は、蘇我本宗家滅亡の三か月後に行われた新政府の現状分析という形で『日本書紀』に記されるためにも中央集権国家体制の樹立は急務となっていた。こう大化改新前のいわゆる氏姓制度の下で、豪族による土地・人民の支配が続き、しかもそれが増大する傾向にあったという。したがって、当然土地・人民の所有をめぐる豪族間の抗争は激しくなり、社会不安が増していたと想像できる。このように氏姓制度に基づく支配体制は次第に行きづまっていたのである。

一方、七世紀初め、隋を継いで中国を統一した唐は、律令に基づく強力な中央集権国家を完成させ、朝鮮半島へも進出した。この圧迫のなか、高句麗、百済、新羅の各国でも専制権力樹立

の政変が続く。このような東アジア世界の激変に迅速に対応するためにも中央集権国家体制の樹立は急務となっていた。こうしたなか、厩戸王の死後、実権を強化した蘇我氏は蝦夷・入鹿父子の時代には専横ぶりが目立ち、厩戸王の子山背大兄王も死に追い込むほどで、反蘇我氏の気運も生じてきた。そんななか、留学生僧旻、高向玄理らが帰国し彼らの理論的指導のもとで、中央集権国家体制樹立に障害となっていた蘇我氏を排除すべく、反蘇我氏勢力が結集し、蘇我氏を中心に断行されたのが乙巳の変——蘇我蝦夷・入鹿父子殺害によるクーデターであった。——中大兄皇子、中臣鎌足ら

脚注

表した慣用句。

⑤部曲の民　豪族の私有民。
⑥田荘　豪族の私有地。
⑦食封　皇族や官職にあるものに一定数の戸（封戸）を支給し、そこから納められる税の大部分を与える制度。
⑧大夫　国政審議に参画する高官。令制では五位以上の者をさす。
⑨畿内・国司　畿内国の司と読む説もある。
⑩郡司　郡は大宝令施行以前であったことが『藤原宮出土木簡』(Spot参照)で確認されている。それ以前は「評」の呼称。
⑪関塞　関所ととりで。
⑫斥候　北辺の守備兵か。
⑬防人　辺境、特に大宰府管内の守備兵。
⑭駅馬　官道（宿駅）に置かれた公用の馬。
⑮伝馬　郡に置かれた公用の馬。
⑯鈴契　鈴は諸国に、契は関に置いた、駅馬・伝馬使用のための証明。
⑰計帳　調庸を賦課するための台帳。
⑱旧の賦役　旧来の税制。
⑲絁　上質な絹に対し、粗末

史料

国造（くにのみやつこ）・村首（むらのおびと）の所有（たも）てる部曲（かきべ）の民⑤、処処（ところどころ）の田荘（たどころ）を罷（や）め止（とど）せよ。仍（よ）りて食封（へひふ）を大夫（まえつきみ）⑧より以上に賜（たま）ふこと、各（おのおの）差有（さあ）らむ。……

其の二に曰く、初めて京師（みさと）を修め、畿内・国司・郡司⑩・関塞（せきそこ）⑪・斥候（うかみ）⑫・防人（さきもり）⑬・駅馬（はゆま）⑭・伝馬（つたわりうま）⑮を置き、及び鈴契（すずしるし）⑯を造り、山河を定めよ。……

其の三に曰く、初めて戸籍（こせき）・計帳（けいちょう）⑰・班田収授之法（はんでんしゅうじゅのほう）を造り、……

其の四に曰く、旧の賦役（えつき）⑱を罷めて、田の調（みつぎ）を行へ。……凡そ絹・絁（あしぎぬ）⑲・糸⑳・綿㉑は、並に郷土（くに）の出せるに随へ。……別に戸別の調㉒を収れ。……凡そ調の副物（そわつもの）の塩と贄㉔とは、赤郷土（またくに）の出せるに随へ。……凡そ仕丁（しちょう）㉕は旧の三十戸毎に一人せしを改めて、五十戸毎に一人を以て諸司に充てよ。……凡そ釆女（うねめ）㉖は、郡（こおり）の少領（すけのみやこ）㉗より以上の姉妹（いろも）、及び子女の形容端正（かおきらきら）しき者を貢（たてまつ）れ。

『日本書紀』

現代語訳

止せよ。これによって、大夫以上には代わりに、身分に応じて食封を与えることとする。……

その二は、初めて都をつくり、畿内・国司・郡司・関塞・斥候・防人・駅馬・伝馬を設置し、鈴契をつくり、地方の行政区画を明確にせよ。……

その三は、初めて戸籍・計帳・班田収授の法を定めよ。……

その四は、旧来の税制を廃止し、田に課する税制を施行せよ。絹・絁・糸・綿は郷土の生産品を出せ。……それとは別に、一戸ごとに戸を単位とする税を徴収せよ。……調の付加税の塩と贄は、その土地の特産物を出せ。……仕丁は、旧来三〇戸に一人出させていたのを改めて、五〇戸に一人ずつ出させて諸官司に配属する。……釆女は、郡の少領以上の者の姉妹や子女で、容姿端麗な者を出すようにせよ。

解説

『日本書紀』によると大化改新の経過は次のようになる。六四五年六月、飛鳥板蓋宮（あすかいたぶきのみや）で蘇我入鹿を暗殺、翌日蘇我蝦夷自殺（乙巳の変）。軽皇子が即位し（孝徳天皇）、中大兄皇子が皇太子、阿倍倉梯麻呂（あべのくらはしまろ）が左大臣、蘇我倉山田石川麻呂（そがのくらやまだのいしかわまろ）が右大臣、中臣鎌足（なかとみのかまたり）が内臣、僧旻（みん）・高向玄理（たかむこのげんり）が国博士となり、新政府の陣容が整う。新政府は、大化の年号を立て、東国国司や使者を派遣し造籍・校田（田地調査）を命ずる一方、民の声を聞く鐘匱（かねひつ）の制、良賤の区別をする男女の法など

1 原始・古代

飛鳥

な絹織物。

⑳糸　生糸。

㉑綿　真綿。屑繭から作る。
木綿の生産が始まる以前、
綿とは真綿をさした。

㉒戸別の調　戸を単位として
賦課する税。

㉓副物　付加税。

㉔贄　天皇に献上する山野河
海の食料品。

㉕仕丁　諸官司に奉仕した雑
役夫。

㉖采女　後宮の女官。

㉗少領　令制下の郡司は、大
領・少領・主政・主帳の四
等官からなる。

史料注
日本書紀　三〇頁参照。

を定めた。また、皇位継承の有力候補古人大兄皇子を殺害し、大王宮を難波に遷した。翌六四六(大化二)年には、この史料の「改新の詔」を発布し改革に着手、薄葬令(四七頁参照)なども定めた。

この大化改新の記述をめぐっては『書紀』編纂時の脚色を含んでいるというのが今日の定説である。「改新の詔」についても、額面どおりには受け取れないものの、『書紀』の記述にみられるいくつかの改革理念は何らかの形で示されたと考えられている。

改新の詔は、第一条で皇室や豪族の私有地・私有民を廃止して、公地公民制とし、第二条で地方行政組織や軍事・交通制度を定め、第三条で公地公民制に基づき班田収授法を行い、第四条で古い税制を改め、調副物仕丁采女の貢進を定めている。これらの改革の基本方針は、のちの壬申の乱(六七二年)を経た天武・持統朝にほぼ達成され、さらに大宝律令制定で、律令体制の完成として実を結ぶのである。

Spot

郡評論争と木簡

大化改新の詔の第二条に登場する「郡司」などの「郡・評」をめぐり、戦後激しい論争があった。改新前の地方豪族(国造など)の支配領域に、中央集権的地方制度としての郡を設けるというのが『書紀』の記述であるが、他の史料に散見する「評」字(いずれもコホリ)との相違点から始まり、改新の詔の偽作、修飾などの諸説を生んだ。

この問題に一つの決着を与えたのが藤原宮出土木簡である。この「評」字を用いた木簡に「己亥年」という年代が記され、「郡」字が用いられるのは、大宝令制定以後ということが明らかとなったのである。

---

⑤水城　大宰府防衛のために
設置された堀と土塁。

④防と烽　防人とのろし。

③白村江　朝鮮半島にある錦
江が黄海に注ぐ河口付近。

②州柔　現在の忠清南道に
あった百済の城。百済の将
軍鬼室福信らが百済復興運
動の拠点とした。

①天智天皇二年　六六三年。

---

③ 白村江の戦い ★★☆☆☆
はくすきのえ

(天智天皇二年八月 壬午の 朔) 戊戌に、賊将 州柔に至りて、其の王城を繞む。大唐の軍将、戦船一百七十艘を率て、白村江に陣烈れり。戊申に、日本の船師の初づ至る者と、大唐の船師合ひ戦ふ。日本不利けて退く。……己酉に、日本の諸将と百済の王と、気象を観ずして、相謂りて曰く「我等先を争はば、彼自づからに退くべし」と。……大唐、即ち左右より船を夾みて繞み戦ふ。須臾之際に、官軍敗続れぬ。水に赴きて溺れ死ぬる者衆し。……(天智天皇三年)是歳、対馬嶋・壱岐嶋・筑紫国等に、防と烽とを置く。又筑紫に、大堤を築きて水を貯へしむ。名けて水城と曰ふ。

『日本書紀』

要点ナビ
天智天皇（中大兄皇子）が大海人皇子を通じて群臣に示した改革方針。

解説

六六〇年、唐・新羅の連合軍によって百済が滅亡、その後も遺民による抗戦が続き、倭に対して滞在中の王子余豊璋の帰還と援軍を要請してきた。これを承諾した女帝斉明天皇は自ら援軍を率い、筑紫へ向かうがそこで崩じてしまう。残された中大兄皇子の指揮の下、倭軍は海を渡るが、六六三年、白村江で唐・新羅の連合軍の前に大敗を喫した。『日本書紀』にみえる征西の記述はけっして好意的とはいえない。おそらく当時の宮廷内にも異論があったのであろう。では

斉明天皇をそこまで突き動かしたものは何であったのか。斉明天皇は息子中大兄に差し置いて重祚した。乙巳の変によって迫られた初の譲位という汚名をそそぎたかったのではないだろうか。そして、飛鳥の都を石で飾り、蝦夷征討をすすめ、朝鮮半島南部での復権をもくろむ。そんな老女帝の姿からは、あのヤマト政権の全盛期であった倭王武に自らをなぞらえたのではないかという思いが伝わってくる。

❹ 甲子（かっし）の宣　★☆☆☆☆

1

（天智天皇）三年の春二月の己卯の朔 丁亥に（九日）、天皇、大皇弟❷に命して、冠位の階名を増し換ふること、及び氏上、民部、家部等❸の事を宣ふ。……其の伴造等の氏上には干楯・弓矢を賜ふ。亦其の民部・家部を定む。

『日本書紀』

解説

「甲子の宣」である。その内容は、①冠位の改定、②氏上の制定、③豪族私有民（民部・家部）の制定の三つからなる。注目すべきは③である。一見「改新の詔」に示された公地公民制をめざす方向が後退したかのようにもみえる。しかし本当にそ

うなのだろうか。実際のところ「改新の詔」が発せられたのちも、豪族たちは依然として旧来の部曲を所有していた。それが、この「甲子の宣」によって、あらたに天皇から与えられた私有民という性格が明確になったのである。一見、改革や敗戦に不満をもつ豪族への妥協策と見えつつも、改革は着実に進められていく。公地公民制の確立まであと一歩である。

「国家の危機」を巧みに利用した中大兄皇子

白村江の敗戦は、中大兄皇子を敗軍の将としてしまう。水城や大野城・基肄城をはじめとする古代朝鮮式山城が西日本各地に築かれた。そして「甲子の宣」で氏上を定め、国家の危機を叫び、巧みに豪族を手中に納めている。そもそも、水城や古代朝鮮式山城の建設には豪族の動員が不可欠である。豪族に部曲を与え、さらには都を大津へと遷す。一見、改新政治が後退したかにみえるこれらの事実は見方を変えれば政治家中大兄皇子の真骨頂がうかがえる。

遷都

1 原始・古代

飛鳥

① 天武天皇元年　六七二年。のちの天武天皇。
② 大皇弟　大海人皇子。のちの天武天皇。
③ 男依　村国連男依。壬申の乱最大の軍功を上げた大海人の舎人。
④ 安河の浜　滋賀県守山市野洲川。
⑤ 瀬田　滋賀県大津市唐橋町。
⑥ 大友皇子　天智天皇の子。明治時代に弘文天皇の名が贈られる。
⑦ 山前　滋賀県大津市長等山付近か。

① 天武天皇四年　六七五年。
② 部曲　甲子の宣で定められた民部・家部の一部を指していると考えられる。

⑤ 壬申の乱　★☆☆☆☆

1 （天武天皇元年■）六月辛酉の朔……甲申（二十四日）是の日に、途発ちて東国へ入りたまふ。……（丙戌（二十六日））是の時に、近江朝、大皇弟②東国に入りたまふことを聞きて、其の群臣、悉くに愕ぢて、京の内震動ぐ。……（秋七月）壬寅（十三日）男依③等、安河の浜④に戦ひて大きに破りつ。……辛亥（二十二日）男依等瀬田⑤に到る。

5 壬子に、男依等、羽田公矢国・出雲臣狛、合ひて共に三尾城を攻めて降しつ。……（二十三日）に、男依等、近江の将犬養連五十君及び谷直塩手を粟津市に斬る。是に、大友皇子⑥、走げて入らむ所無し。乃ち還りて山前⑦に隠れて、自ら縊れぬ。時に左右大臣群臣皆散り亡せぬ。

『日本書紀』

⑥ 律令国家への道──天武・持統朝の政治　★☆☆☆☆

(1)部曲の廃止
（天武天皇四年■二月乙亥の朔）己丑に、詔して曰く「甲子の年に諸氏に給へりし部曲②は、今より以後、皆除めよ。又親王・諸王及び諸臣、幷て諸寺等に賜へりし山沢・嶋浦・林野・陂池は、前も後も並に除めよ。

飛鳥

3 天武天皇十年　六八一年。

(2)飛鳥浄御原令 の編纂

（天武天皇十年3二月庚子の朔）　甲子に(二十五日)、天皇・皇后、共に大極殿に居しまして、親王・諸王及び諸臣を喚して、詔して曰く、「朕、今より更律令を定め、法式を改めむと欲ふ。故、倶に是の事を修めよ。然も頓に是のみを務に就さば、公事欠くこと有らむ。人を分けて行ふべし」と。

(3)八色の姓 の制定

（天武天皇十三年4）冬十月の己卯の朔に、(一日) 詔して曰く「更諸氏の族姓を改めて、八色の姓を作りて、天下の万姓を混す。一つに曰く、真人。二つに曰く朝臣。三つに曰く、宿禰。四つに曰く、忌寸。五つに曰く、道師。六つに曰く、臣。七つに曰く連。八つに曰く、稲置」。

『日本書紀』

4 天武天皇十三年　六八四年。

史料注
日本書紀　三〇頁参照。

⑦ 天皇の神格化　★☆☆☆☆

壬申の年の乱を平定しぬる以後の歌二首1

大君は神にし坐せば赤駒の匍匐ふ田井を都となしつ

大伴御行3

天皇、雷岳に御遊しし時、柿本人麻呂の作る歌

一首

大君は神にし坐せば天雲の雷の上に廬せるかも

柿本人麻呂4

『万葉集』

1 壬申の年　六七二年。

2 都　飛鳥浄御原宮をさす。この二首の大君はいずれも天武天皇。

3 大伴御行　（?―七〇一）壬申の乱で天武天皇を助けて功があり、天武・持統朝に仕えた官人。

4 柿本人麻呂　（生没年不詳）持統・文武朝に仕えた、万葉集最高の歌人といわれる。

通釈

壬申の乱を平定した後の歌二首

大君（天皇）は神でいらっしゃるので、栗毛の馬が腹ばいになるようなたんぼでも、都になさった。

大伴御行

天皇が雷岳に行幸した時に柿本人麻呂が作った歌一首

大君は神でいらっしゃるので、空の雲の上に仮の宮をつくっていらっしゃる。

柿本人麻呂

1 原始・古代

飛鳥

史料注

万葉集　全二〇巻には約四五〇〇首の歌が収録されている。現在の形に近いものは、大伴家持の編集によるとされ、天皇から庶民までの幅広い作者と、素朴な感情表現を持つ上代文学の宝庫である。

❶大化二年　六四六年。
❷西土の君　中国の皇帝。
❸封かず　土を盛り上げず。

史料注

日本書紀　三〇頁参照。

解説

壬申の乱に勝利し即位した天武天皇と次の持統天皇の時代は、中央集権的な国家体制を確立する重要な時期となった。皇族で政府の中枢を固める皇親政治や諸豪族にいくつか見られる八色の姓の制定などにより、天皇の権威権力は高められ、その地位は次第に絶対的なものとなった。こういった天皇の絶対化、神格化を象徴するものが『万葉集』にいくつか見られる、宮廷歌人による「大君は神にし坐せば」で始まる天皇讃歌である。

参考　❶大化の薄葬令 ★☆☆

（大化）二年三月癸亥の朔）甲申（二十二日）みことのり。詔して曰く、「朕聞く、西土の君❷、其の民を戒めて曰く、『古の葬は、高きに因りて墓とす。封❸かず樹うえず。……』と。爰に其の制を陳べて、尊卑別あらしむ。夫れ、王より以上の墓は、其の内の長さ九尺、濶さ五尺。其の外の域は、方九尋、高さ五尋。役一千人、七日に訖しめよ。……上臣の墓は、其の内の長さ濶さ及び高さは、皆上に准へ。其の外の域は、方七尋、高さ三尋。役五百人、五日に訖しめよ。　『日本書紀』

解説

大化改新の際に制定された公葬の制度。従来の古墳に比べて造墓の規模が大きく縮小し、全体として著しく簡素化された薄葬の規定となっている。この葬制で注目すべきは、使用すべき役夫の人数と日数を一々規定していることである。この葬制は、改新によって公地公民制が採用された結果、諸氏族がその私民と私財を投じてきた従来の私葬方式が不可能になったため、それに代わるべき政府による葬送方式を新たに制定したもので、公葬制とも呼ぶべきものである。

Spot

ホップ・ステップ・ジャンプの七世紀

七世紀は中央集権国家建設に邁進した百年間であった。国内外の政治危機を打開するため、氏姓制度を基盤とするヤマト政権の構造改革をスタートさせた推古朝だったが、推古天皇、厩戸王、蘇我馬子によるトロイカ体制は、三人の相次ぐ死によってバランスが崩れ、ヤマト政権は動揺する。こうして突出した権力を握った蘇我氏が、乙巳の変によって滅亡、構造改革のスローガンともいうべき「改新の詔」が発せられる。しかし、依然として豪族たちは氏姓制度に基づく伝統的な力を温存しており、改革は進まなかった。こうしたなか迎えた白村江の戦い。敗戦の将となった中大兄皇子は国家的危機を利用して中央集権をさらに進める。そして壬申の乱。敗れた近江朝廷側についた中央豪族が没落、ここに強大な権力を手にした天武天皇により、中央集権国家は確立する。これを制度として完成させたのが七〇一年の大宝律令であった。こうして、七世紀の我が国は乙巳の変（ホップ）、白村江の戦い（ステップ）、壬申の乱（ジャンプ）を経ることによって中央集権国家を確立したのである。

飛鳥　奈良

6 律令制度

❶ 令の諸制度 ★★★★

要点ナビ
計帳…毎年作成。
戸籍…六年ごとに作成。
口分田…六歳以上に班給。兵役…衛士は一年、防人は三年。

(1)戸令第八

凡そ戸は、五十戸を以て里と為よ。里毎に長一人を置け。……

凡そ戸主は、皆家長を以て為よ。戸の内に課口有らば課戸と為よ。課口無くば不課戸と為へ。具に家口、年紀を注せ。

凡そ計帳を造らむことは、毎年六月の卅日以前に、京・国の官司、所部の手実を責へ。

凡そ戸籍は、六年に一たび造れ。十一月上旬より起して式に依りて勘へ造れ。……

凡そ戸籍は、恒に五比を留めよ。其れ遠き年のは次に依りて除け。近江の大津の宮の庚午年籍は除かず。

『令義解』

(2)田令第九

凡そ田は、長さ卅歩・広さ十二歩を段と為よ。十段を町と為よ。段の租稲二束二把、町の租稲廿二束。

凡そ口分田を給はんことは、男に二段、女は三分の一を減ぜよ。五年以下には給はざれ。其の地に寛狭有らば、郷土の法に従れ。……

凡そ田は、六年に一たび班へ。……若し身死したるを以て田を退すべくんば、班年に至らん毎に、収り授ふに従れ。

即ち、収り授ふに従れ。

凡そ官戸奴婢の口分田は、良人と同じ。家人奴婢は郷の寛狭に随ひて、並びに三分之一を給へ。

『令義解』

※色文字は重要語

❶里 律令制下の地方行政区画の最小単位で、上に郡、国がある。七一五（霊亀元）年には郷と改められ郷の下に里が設けられた。

❷家長 嫡系の長子。ただし、戸内の長老を家長と呼ぶこともある。

❸課口 律令制において課役を負担する者。

❹式 律令の施行細則をいい、ここでは造籍式をいう。

❺歩 一歩は当時の五尺で約一・八メートル。

❻五歳以下 五歳以下。

❼寛狭 寛とは水田が十分で規定の口分田を与え得る地方をいい、狭とはそれが少なく規定通りにできない地方をいう。

❽収り授ふ いわゆる班田収授法の骨子をなす規定であるが、六年ごとに収授するといっても、死亡など、変動がない限りは、同じ田を継続して耕作し得た。

❾調 律令制の物納課税。地方の産物を納める。

⑩ 絁 粗製の絹。
⑪ 糸 絹糸。
⑫ 綿 真綿のこと。木綿では ない。
⑬ 布 麻の布。
⑭ 正丁 二一〜六〇歳の良民 男子で身体上の障害のない 者。
⑮ 歳役 一年に一〇日間上京 して中央政府に使役される 義務。
⑯ 庸 歳役の代わりに納める 麻布。
⑰ 雑徭 地方国衙に対する労 役。
⑱ 三丁毎に一丁を取れ 実際 には一国の正丁の総数の三 分の一を兵士にした。

史料注
令義解 養老令の官撰註釈 書（一〇巻）で律令再建時 代にあたって令の解釈混乱 に対し従来の諸解釈を取捨し、 定説をつくったもの。八三 三年清原夏野・小野篁な ど。

探究9
① 律令制度において、 造籍が重要であるのは なぜか。
② 律令制下の農民の負 担には、どのようなも のがあったか。

---

(3)賦役令第十

凡そ調⑨の絹・絁⑩・糸⑪・綿⑫・布⑬は、並に郷土の所出に随へよ。

正丁一人に絹・絁八尺五寸。

正丁一人に庸を収るの例に在らず。

凡そ正丁の歳役⑮は十日。若し庸を収る須くば布二丈六尺。……京・畿内は庸を収るの例に在らず。

凡そ調庸の物は、年毎に、八月中旬より起りて輸せ。……其の運脚は均しく庸調の家に出さしめよ。

……布は二丈六尺。……京及び畿内は、皆正丁一人に、調の布一丈三寸……。

凡そ令条の外の雑徭⑰は、人毎に均しく使へ。総て六十日を過ぐることを得ざれ。

『令義解』

(4)軍防令第十七

凡そ兵士の簡び点む次は、皆比近にて団割せしめよ。……さして軍に入るべきは、同戸の内に三丁毎に一丁を取れ⑱。

凡そ兵士の上番せむは、京に向はむは一年、防に向はむは三年、行程を計へず。……凡そ兵士の

凡そ兵士の上番せむは、京に向ふをば衛士と名づく。辺を守るをば防人と名づく。

『令義解』

解説 律令は国家体制を規定する基本法で、律は刑法、令は今日の行政法・民法にあたる。基本的には唐から導入されたものであるが、令についてはわが国の実態に即して改められた部分もあった。七世紀の一〇〇年を中央集権国家建設に向かって邁進してきたわが国にとって、これを制度として補強するものが律令であり、七〇一年の大宝律令の制定によって名実ともに中央集権国家体制が完成したのである。なお律令制定後、これらを補うものとして格式が制定された。律令の追加修正法が格であり、律・令・格の施行細則として制定されたのが式である。

1 原始・古代

飛鳥　奈良

Spot

小学一年生にテニスコート九面分の口分田？

六歳以上の男子に与えられた口分田二段は二三三一・八㎡であるから、テニスコート約九面分にあたる。小学一年生がこれを耕作すると考えれば少々広すぎないだろうか。

しかしながら、実態はかなり違っていた。そもそも、班田は造籍開始から二年後であり、実際は早くても数えで九歳、遅ければ十五歳まで支給されなかったのである。さらに口分田の班給には租の徴収という目的のほかに、農民の最低限度の生活を保障する目的があった。そうでなければ調庸をはじめとした租税や労役を確保できなかったからである。また当時は、当然のことながら米の生産効率も悪く、租＝二束二把という負担もけっして楽ではなかった。さらには出挙による負担も考えれば生活の糧を得るのに最低限のものであったのである。

Spot

史料を読み解くポイント

史料を読み解く上でポイントになるのが、誰が、誰に伝えようとしているのかという点である。みなさんも古典で尊敬語や謙譲語について学んでいることと思うが、現代と違って身分社会においては自分より身分の高い人に対しては必ず敬意を表さなければならない。したがって、主体の身分や動作の方向によって使用される言葉が限定されているものがある。それを以下にまとめてみた。ただし、あくまで原則であり、時代による変化や史料によっては例外もあるので注意してほしい。

宣(のたま)う、曰(のたま)う…天皇が臣下に発する場合（30・32・33・34・35・40・41・42・44・45・46・47・53・54・56・58・61・62・63・64・70頁参照）。

奏(もう)す…臣下が天皇に意見を述べる場合（58頁参照）。

奉(たてまつ)る、上(たてまつ)る…臣下が天皇に文書を差し出す場合（29頁参照）。

符(ふ)す、付(ふ)す…上級官庁から下級官庁に命令する場合（71・73・88頁参照）。

解(げ)す…下級官庁から上級官庁へ上申する場合（83頁参照）。

下(げ)す…上位の者（官）が下位の者（官庁）に命令を与える場合（111頁参照）。

申(もう)す、言(もう)す…下位の者が上位の者へ意見を述べる場合（33・64・76・79頁参照）。

1　原始・古代

奈良

⑦ 農民の生活

① 貧窮問答歌（ひんきゅうもんどうか）　★☆☆☆☆

要点ナビ
貧者と窮者の問答をとおして民衆生活を垣間見る。

※色文字は重要語

1 **堅塩** きたしともいう下等な固形の塩。当時塩は高価で米価の半分位であったので貧乏人は上等の白塩を用いることができなかった。

2 **取りつづしろひ** 少しずつかじり。

3 **しはぶかひ** しきりに咳をし。

4 **麻衾** 麻の粗末な夜具。

5 **わくらばに** 偶然に。

6 **我もなれるを** 自分も成人しているのに。

7 **わわけさがれる** ずたずたに裂けてたれ下がっている。

8 **襤褸** ぼろ。

9 **伏せ廬** 低く伏したような小屋。

10 **曲げ廬** 曲がった小屋。廬とは当時の庶民の竪穴住居を示す言葉。

11 **直土に** 地面に直接に。

12 **憂ひさまよひ** 嘆きうめいて。

13 **こしき** 米をむして炊く器。

14 **ぬえ鳥** トラツグミのこと

本文

1　風まじへ　雨降る夜の　雨まじへ　雪降る夜は　術も
なく　寒くしあれば　堅塩を　取りつづしろひ　糟湯酒
うちすすろひて　しはぶかひ　鼻びしびしに　しかとあ
らぬ　鬚かきなでて　我をおきて　人はあらじと　誇ろ
5　へど　寒くしあれば　麻衾　引き被り　布肩衣　有り
のことごと　着そへども　寒き夜すらを　我よりも　貧
しき人の　父母は　飢ゑ寒ゆらむ　妻子どもは　吟び泣
くらむ　この時は　いかにしつつか　汝が世は渡る
天地は　広しと言へど　吾がためは　狭くやなりぬる
10　日月は　明しと言へど　吾がためは　照りや給はぬ　人
皆か　吾のみや然る　わくらばに　人とはあるを　人な
みに　我もなれるを　綿もなき　布肩衣の　海松のごと
わわけさがれる　襤褸のみ　肩にうちかけ　伏せ
廬の　曲げ廬の内に　直土に　藁解き敷きて　父母は
15　枕の方に　妻子どもは　足の方に　囲みゐて　憂ひさ
まよひ　かまどには　火気吹き立てず　こしきには　蜘

通釈

風が雨にまじって吹き、さらに雪も加わってくる夜は、どうしようもなく寒い。塩の固まりを肴にして少しずつかじりながら、酒糟を湯でといて飲む。そして、咳払いをして、鼻水をすすりあげ、あるかなきかの鬚をなでて、俺だって捨てたものではないんだとは思ってみる。しかし、やはり寒いので、麻ぶとんをひっかぶり、麻布の肩衣をありったけ着たりしてもまだ寒い。こんな寒い夜には、俺よりも貧しい人の父母は飢えと寒さに痛めつけられ、妻子は力無い声で泣いているのだ。俺は考え、問いかけずにはいられないのだ。「こういう時は、どうやって生きているのだ。お前たち貧しい人々よ」と。（以上が問、以下がその答。作者の自問自答である。）

世界は広いものなのでしょうが、私たちには狭い苦しいものでしかありません。日月は明るいものなのでしょうが、私たちを照らしてはくれません。誰にとってもこんななのでしょうか。それとも私たちにとってだけこうなのでしょうか？ たまたま人に生まれ、人並みに大人になりましたのに、綿も入っていない麻布の肩衣が、濡れた海草のように破れて下ってボロボロなのを、肩に打ちかけ、ひしゃげ、かしいだ小屋の土の床に藁を敷いて、父母は枕の方にいて頂き、妻子たちは足の方にと（この頼りにもならない自分を）囲ん

探究10
「貧窮問答歌」の史料から、班田農民の衣・食・住の様子を考えよ。

で、「のどよふ」の枕詞。
15 いとのきて　副詞。そうでなくてさえ。以下端切るまでは当時のことわざ。
16 しもと　罪人を打つために用いる木の枝で作ったむち。
17 里長　令の規定で五〇戸を一里とし里長一人置いた。
18 寝屋処　寝室の入口。
19 恥し　恥ずかしい。

蛛(も)の巣(すか)懸きて　飯炊(いひかし)ぐ　ことも忘れて　ぬえ鳥の　呷吟(のどよ)
14 ぬえ鳥の
ひ　をるに　いとのきて　短きものを　端(はし)切ると　言へる
15 いとのきて
しもと取る　里長(さとをさ)が声は　寝屋処(ねやど)まで　来立
16 しもと
17 里長が声は
18 寝屋処まで
ち呼ばひぬ　かくばかり　術(すく)なきものか　世の中の道
20 ち呼ばひぬ
世の中を憂しと恥しと思へども飛び立ちかねつ鳥にしあらねば
19 恥(やさ)しと

『万葉集』

で、嘆き悲しみながら眠ります。かまどには湯気が吹くことはなく、釜にはクモの巣が張り、飯の炊き方も忘れられて、トラツグミのようにか弱く泣くほかなくなっていますのに、「特別に短い物は端を切ってさらに短くされるものだ」という諺(ことわざ)のように、（悪い上にも悪いことが重なって）答を持った里長の（労役への召集や税の徴収の）声が寝屋処の前まで来て呼びたてるのです。こんなにまで、やるせないことが、世の中のきまりでなくてはいけないのでしょうか。
世の中は、つらく恥ずかしいことばかりだと思うけれど、飛び立つこともできず、自分は鳥ではなかったのだと思い知る。

---

1 金門出に　門出に。
2 手放れ惜しみ　握りあった手を離すのを惜しんで。
3 言葉ぜ　方言。「ことばぞ」と同じ。
4 韓衣　衣服に関する語の枕詞。
史料注
万葉集　四七頁参照。

② 防人(さきもり)の歌　★☆☆☆☆

1 防人に　立ちし朝けの　金門出(かなとで)に　手放れ惜しみ　泣き
し児らはも
父母が　頭かきなで　幸(さ)くあれて　いひし言葉(けとば)ぜ　忘れ
かねつる
5 韓衣(からころむ)　裾(すそ)に取りつき　泣く子らを　置きてぞ来ぬや
母なしにして

『万葉集』

通釈
防人に立った朝の門出に、握った手を離すのを嫌がって泣き叫んだ私の子供たちよ。父と母が私の頭を抱きしめ撫でながら、「無事でいるんだよ」といった言葉が忘れようとしても忘れられない。
旅立つ私の着物の裾にすがりついて泣く子供たちを置いてきたのだ。子供たちには母親もいないというのに。

解説
律令制下の農民は、租・調・庸のほかにも雑徭、兵役、運脚等さまざまな負担を強いられており、
……………
その生活の実態は非常に厳しい状況にあったと考えられる。こ
ここでは、その農民の思いを『万葉集』から探ってみたい。史料

❸ 農民の労苦 ★★☆☆☆

1
和銅五年春正月乙酉①、詔して曰く、「諸国の役民、郷に帰るの日、食糧②絶へ乏しくして、多く道路に饉ゑて、溝壑に転塡すること、其の類少なからず。国司等宜しく勤めて撫養③を加へ、量りて賑恤④すべし。如し死する者有らば、且く埋葬を加へ、其の姓名を録して、本属に報ぜよ。」と。

5
（和銅六年三月壬午⑤）また、詔したまはく「諸国の地、江山遐かに阻りて、負担の輩、久しく行役に苦しむ。資粮⑥を具備へむとせば、納具⑦の恒数を欠き、重負を減損さむとせば、路に饉う。各々一嚢の銭⑧を持ち、当炉の給と作し、永く労費を省き、往還便

語注

①乙酉 七一二年一月一六日。
②食糧 貢納や都での労役のための旅費は、公民の自弁が原則だった。
③撫養 なでやしなうこと。
④賑恤 あわれみ救うこと。
⑤和銅六年 七一三年三月一九日。
⑥資粮 物資・食料。
⑦納具 納入すべき貢物。
⑧一嚢の銭 一袋の銭。

通釈

和銅五（七一二）年正月一六日に天皇が詔書で言われることには「諸国から（京へ上った）労役民が、郷里へ帰る途中で、道路で飢え、路傍の溝などに転げ落ちることが多い。諸国の国司たちは彼らに保護を加え、必要に応じて食料などを施せ。飢死したものについては、埋葬し、その姓名を記録しておいて、本籍地に連絡してやれ。」と。

❶の「貧窮問答歌」は、筑前国守だった山上憶良が在任中の七三一（天平三）年頃作ったものといわれ、当時の農民生活やその心情を知る貴重な史料である。遣唐使の経験もあり、漢文学に精通した憶良が唐詩をもとに作歌したともされるが、この作品にあるような農民の惨状を在任中の憶良が実際に見聞したと考えた方がよいだろう。彼は、下級とはいえ貴族に属する人間なのだから、実際の庶民の生活は、彼の表現力をしてもまだ言い尽くせないほど悲惨なものだったのかもしれない。

史料❷の防人の歌は、『万葉集』に百余首収められている。

防人は、唐、新羅など外敵の侵入を防ぐために、北九州に配置された警備兵で、七三〇（天平二）年以後は東国の兵士に限るようになった。彼らの歌は稚拙ではあるものの、遠く離れた故郷の家族への思いを切々と歌ったものが多い。また、東国方言を使ったものもあり、東歌とともに東国農民の生活歌として注目される。ところで、なぜ九州の沿岸を守る防人は東国から徴発されたのだろうか。畿内を中心に西日本一帯の勢力によって形成された政治連合であるヤマト政権に対し、その後にヤマト政権に組み込まれていった東国はヤマト政権への服属が強く、豪族の子弟が大王のもとに舎人として出仕した。この伝統を受け継ぐ東国は衛士や防人を供給し、律令国家にとって重要な軍事基盤となっていたのである。

奈良

❹ 浮浪人の増加 ★☆☆☆☆

1
（霊亀元年）五月辛巳 朔。諸国の朝集使に勅して曰く、「天下の百姓、多く本貫に背き、他郷に流宕して、課役を規避す。其の浮浪逗留して、三月以上を経る者は、即ち土断して調庸を輸せしむること、当国の法に随へ。……」と。

（養老元年五月）丙辰。詔して曰く、「率土の百姓、四方に浮浪し、課役を規避して、遂に王臣に仕へ、或は資人を望み、或は得度を求む。王臣本属を経ずして、私に自ら駈使し、国郡に嘱請して、遂に王臣に仕へ、或は資人を望み、或は得度を求む。……」と。

5 に仕へ、或は資人 を望み、或は得度 を求む。……」と。

して、或は資人 の志 を成す。……」と。

『続日本紀』

『続日本紀』

10を得しむべし。国郡司等、豪富の家に募りて、米を路の側 に置き、その売買を任すべし。……」と。

『続日本紀』

1辛巳 七一五年五月一日。

2朝集使 律令制下で一年間の国郡の政治を中央に報告する使い。

3本貫 本籍地。

4丙辰 七一七年五月一七日。

5王臣 皇族や臣下の上級官人。

6資人 「つかいびと」と訓じ、親王や上級官人の護衛や雑務に従事した。

7得度 政府の許可による正式の出家。

【史料注】
続日本紀 七九七（延暦一六）年、菅野真道らによって編まれた歴史書。『日本書紀』に続く六国史の二番目の書で、六九七年から七九一年までの編年体史書。奈良時代の根本史料である。

🖊 **探究11**
浮浪人の増加は、律令体制にどのような影響を与えたか。

【解説】 律令制下の農民は過重な負担を強いられていた。『続日本紀』には農民の労苦をうかがい知る数多くの史料があるが、史料❸はその一つである。調庸の運搬（運脚）にあたったと思われる農民の悲惨な最期を示している。また、こういった過重な負担を嫌った農民たちが、その消極的な抵抗手段として、戸籍に登録された地（本貫地）を逃れて各地に浮浪した実態を示している。

これは口分田の荒廃の一因でもあった。当初、彼らを本貫地へ戻すことを原則としていた律令国家も、浮浪先で浮浪人帳に登録して調庸を賦課するようになる。しかし、浮浪した農民の中には有力な貴族や寺社に寄食し、その私有地の開墾に従事する者もいた。こうして貴族・寺院の大土地所有が進展し（初期荘園）、律令制下の土地制度は貴族と農民双方から次第に突き崩されていくことになった。

🔵 **「長屋宮鮑大贄十編」と記された木簡**
奈良文化財研究所蔵

⑧ 青丹よし寧楽のみやこ

① 和同開珎　★☆☆☆☆

1
和銅元年春正月乙巳（きのとみ）❶、武蔵国秩父郡（ちちぶ）、和銅❷を献ず。詔（みことのり）して曰（のたま）く、「……東方武蔵国に自然作成和銅出づと奏（そう）して献（たてまつ）れり。……故、慶雲五年を改めて和銅元年として御世（みよ）の年号と定め賜ふ。……」と。……二月甲戌❸始めて催鋳銭司（さいじゅせんし）❹を置く。……五月壬寅（みずのえとら）❺始めて銀銭を行ふ。……八月己巳（つちのとみ）❻始めて銅銭を行ふ。
『続日本紀』

② 蓄銭叙位令　★☆☆☆☆

1
（和銅四年冬十月甲子（きのえね）詔（みことのり）して曰（のたま）く、「夫（そ）れ銭の用たる、財を通じて有無を貿易する所以（ゆえん）なり。当今、百姓なお習俗に迷ひて、未だ其の理を解せず。僅かに売買すと雖（いえど）も、猶ほ銭を蓄（たくわ）ふる者無し。其の多少に随ひて節級して位を授けむ。其従六位以下、蓄銭十貫以上有らむ者には、位一階を進めて叙す。廿（二十）貫以上には二階を進めて叙す。
『続日本紀』

解説
中国を範とする律令国家建設をめざす日本では、七世紀の天武朝に鋳造された富本銭に続き、唐にならって出土した和同開珎（史料❶）は翌年廃止されたものの、銅銭はその後も継続して発行された。しかし、当時の経済は物々交換の域を脱せず、稲や布などの物品による取り引きが行われていたので、政府は種々の政策をとり、銭貨の流通をはかったが、流通範囲は畿内に限られていたと考えられる。こうした中、出されたのが蓄銭叙位令（史料❷）である。銭貨を一定額蓄えた者に、その銭の政府への納入を条件として位を与える制度であったが、畿内以外では役人や庶民による銭貨の死蔵を招くに至り、八〇〇（延暦一九）年に廃止された。

参考
平城京　★☆☆☆☆
青丹よし　寧楽（なら）の京師（みやこ）は　咲く花の　薫（にお）ふがごとく　今盛りなり
大宰少弐小野朝臣老
『万葉集』

※色文字は重要語

❶乙巳　七〇八年一月一一日。
❷和銅　精錬した銅。
❸甲戌　七〇八年二月一一日。
❹催鋳銭司　銭の鋳造をつかさどる鋳銭司に、和同開珎の鋳造を促すために設置された官司。
❺壬寅　七〇八年五月一一日。
❻己巳　七〇八年八月一〇日。

❶甲子　七一一年一〇月二三日。
❷一十貫　一貫は一〇〇〇文で銅銭一〇〇〇枚にあたる。一〇貫は和同開珎一万枚。

史料注
続日本紀　五四頁参照。

📖 **史料注**
万葉集　四七頁参照。
続日本紀　五四頁参照。

📖 参考　造都の困難 ★☆☆☆

（和銅四年九月）丙子、勅したまはく、「頃聞かく、『諸国の役民、造都に労きて、奔亡すること猶多し。禁むと雖も止まず』ときく。今、宮の垣成らず、防守備はらず。権に軍営を立て兵庫を禁守すべし」とのたまふ。

『続日本紀』

解説

平城京は七一〇（和銅三）年から七八四（延暦三）年までの都である。元明天皇の時、藤原京から遷都され、中国の都城制にならった東西約四・三キロメートル、南北約四・七キロメートル（外京を含めて六・三キロメートル）の都市には約一〇万人の人々が生活していたとされる。平城京への遷都が行われた理由はいくつかの複合的要因が考えられる。天皇の代替わりごとに宮を移す伝統がまだ根強く残っていたこと、大宝律令の制定による諸制度の円滑な運用の場の必要性が求められていたこともあった。一方で粟田真人ら大宝の遣唐使がもたらした長安城との構造上の相違については衝撃だったに違いない。しかし、忘れてはならないのが

すでに政界の第一人者となっていた藤原不比等の存在である。平城遷都が彼の主導によって行われたことは、不比等やその一族の邸宅や彼らの氏寺が平城京の一等地を占めていることからも伺える。そしてなによりも、藤原一族の命運をかけた首皇子、つまりのちの聖武天皇のために営まれた舞台、それが平城京であった。だが造都のための工事は全国から動員された農民は雇役（一人一日一文（和同開珎一枚）の支給を受ける）とはいっても強制労働に近いものであった。過酷な労働に耐えきれず、逃亡する者が続出したことは、七一一（和銅四）年九月の『続日本紀』の記事が伝えている。

📖 参考　出羽国・大隅国の設置 ★☆☆☆

（和銅五年九月）己丑、太政官議奏して曰さく「国を建てて疆を辟くことは武功の貴ぶるところなり。その北道の蝦狄、遠く阻険を憑みて、実に狂心を縦にし、屢辺境を驚かす。……是に始めて出羽国を置く。

『続日本紀』

（和銅六年四月乙未）日向国の肝坏・贈於・大隅・始羅の四郡を割きて、始めて大隅国を置く。

『続日本紀』

❸ 藤原氏の進出と政界の動揺

📖 参考　長屋王の変と光明子の立后 ★★☆☆

（天平元年）二月辛未、左京の人従七位下漆部造君足、無位中臣宮処連東人ら、密を告げて称さく、「左

1 原始・古代

奈良

1 三関 不破関(美濃国)、鈴鹿関(伊勢国)、愛発関(越前国)。九世紀以降は逢坂関(近江国)が愛発関に代わる。政変の際など畿内と東国を遮断するため閉じられた。

2 六衛 六衛府。令制下では五衛府であったが改変を経て九世紀初頭、六衛府体制となった。

3 藤原夫人 光明子。藤原不比等の娘で聖武天皇の皇后となった。

1 内相 紫微内相。藤原仲麻呂を指す。

1 内大臣 内臣藤原鎌足。

2 平城朝 平城京遷都以後の朝廷。

3 紫微令 紫微中台の令(長官)。

4 紫微内相 紫微中台の内相。

5 大保 右大臣。

6 太師 太政大臣。

1 宇佐八幡 大分県宇佐市にある神社。応神天皇を祀る。全国の八幡宮の総本社。

大臣正二位長屋王私かに左道を学びて国家を傾けむと欲す」とまうす。その夜、使を遣して固く三関❶を守らしむ。因て式部卿従三位藤原朝臣宇合、……らを遣して長屋王の宅に就きてその罪を窮問せしむ。癸酉、王をして自ら尽くしむ。*自ら命を絶たしめた 戊辰、詔して正三位藤原夫人❸を立てて皇后としたまふ。

『続日本紀』

📖**参考 藤原広嗣の乱と恭仁京遷都** ☆☆☆

(天平十二年八月)癸未、大宰少弐従五位上藤原朝臣広嗣、表を上りて時政の得失を指し、天地の災異を陳ぶ。因て僧正玄昉法師、右衛士督従五位上下道朝臣真備を除くと以て言とす。

九月丁亥、広嗣遂に兵を起して反く。……戊子、勅して、従四位上大野朝臣東人を大将軍とし、従五位上紀朝臣飯麻呂を副将軍としたまふ。……是の日、右大臣橘宿禰諸兄、在前に発ち、山背国相楽郡恭仁郷を経略す。遷都を擬ることを以ての故なり。

『続日本紀』

📖**参考 橘奈良麻呂の変** ☆☆☆

(天平宝字元年七月)勅使また奈良麻呂に問ひて云はく、「東大寺を造りて、人民苦び辛む。*ことに辛い 氏々の人等も亦、是れ憂とす。……また問はく、「政を無道しと称ふは、何等事を謂ふか」ととふ。款して云はく、「政を行ふに、甚だ無道きこと多し。……」ととふ。是に奈良麻呂辞屈りて、服ふ。

『続日本紀』

📖**参考 恵美押勝の乱** ☆☆☆☆

(天平宝字八年九月)壬子、軍士石村村主石楯、押勝を斬りて、首を京師に伝ふ。*京(平城京) 押勝は近江朝の内大臣藤原朝臣鎌足の曾孫、平城朝❷の贈太政大臣武智麻呂の第二子なり。……宝字元年、橘奈良麻呂ら謀りてこれを除かむと欲す。……その年、紫微内相❹に任せらる。二年、大保❺を拝す。……独り権威を擅にして*ほしいままに 時に道鏡常に禁掖に侍ひて*猜疑心が日々と甚だし。……四年、太師❻に転ず……独り権威を擅にして

『続日本紀』

📖**参考 宇佐八幡神託事件** ☆☆☆☆☆

(神護景雲三年九月)大宰主神習宜阿曾麻呂、旨を希ひて*関心を引こうと 道鏡に媚び事ふ。因て八幡神の教と矯りて言はく、「道鏡をして皇位に即かしめば、天下太平ならむ」といふ。道鏡これを聞きて、深く喜びて自

負す。……清麻呂行きて神宮に詣づるに、大神託宣して曰はく、「我が国家開闢けてより以来、君臣定りぬ。臣を以て君とすることは、未だ有らず。天の日嗣は必ず皇緒を立てよ。無道の人は早に掃ひ除くべし」とのたまふ。清麻呂来帰りて、奏すること神の教の如し。是に道鏡大きに怒りて、清麻呂が本官を解きて、出して因幡員外の介とす。

『続日本紀』

2 **大宰主神** 大宰府の祭祀を主宰する官職。
3 **因幡員外介** 因幡国の定員外の介（次官）。

史料注 **続日本紀** 五四頁参照。

⑨ 班田制の動揺

> 🔖 要点ナビ
> 長屋王政権下、太政官が求めた土地制度改革を元正天皇が許可。

① 三世一身法 ★★☆☆☆

※色文字は重要語
1 **辛亥** 七二三年四月一七日。
2 **田疇** 田地。
3 **開闢** 開墾のこと。
4 **三世** 田令の規定からすれば、三世は子・孫・曽孫の三代と考えられるが、本人・子・孫の三代とする説もある。

1 （養老七年夏四月）辛亥。太政官奏すらく、「頃者百姓漸く多くして、田池窄狭なり。望み請ふらくは、天下に勧め課せて田疇を開闢かしめむ。其の新たに溝池を造り、開墾を営む者有らば、多少に限らず給して三世に伝へしめむ。若し旧の溝池を逐はば、其の一身に給せむ」と。奏可す。

『続日本紀』

通釈
養老七（七二三）年四月一七日、太政官は（元正）天皇にこう奏上した。「このごろ、人口が次第に増加し、田や池が狭く不足しています。国中に奨励して、田地の開墾をさせたいと思っています。新たに灌漑設備をつくり開墾した者には、その面積の多少にかかわらず三代の間所有を許し、もし旧来の設備を利用して開墾した者には、本人一代のみ所有を許したいと思います」。と。この奏上は許可された。

② 墾田永年私財法 ★★★★★

要点ナビ
橘諸兄政権下、聖武天皇が発布した土地制度改革。

1 **乙丑** 七四三年五月二七日。
2 **養老七年の格** 七二三年の三世一身法をさす。格は律令の修正・追加の法令。
3 **一品** 親王（天皇の兄弟や皇子）の位階は一品から四

1 （天平十五年五月）乙丑。詔して曰く、「聞くならく、墾田は養老七年の格に依るに、限満つるの後、例に依りて収授す。是に由りて、農夫怠倦し、開ける地復た荒る、と。今より以後は、任に私財と為し、三世

通釈
天平十五（七四三）年五月二七日、（聖武）天皇が命令書を下して言うことには、「聞くところによると、墾田が養老七年格によって、開発田ののちは、恒例によって公有地となり収授されるので、農民が耕作を怠り、一度開発されてもすぐまた

1 原始・古代

奈良

要点ナビ
道鏡政権下、称徳天皇が発布した土地制度改革。

探究12
① 墾田永年私財法は、土地制度の上でどのような影響があったか。
② 大規模な開墾を営むことができたのは、どのようなものか。

④一位　官人の位階は一位から八位及び初位まで三〇階があった。
⑤大領　郡司の四等官の長官（かみ）。

史料注
続日本紀　五四頁参照。

❶丙申　七六五年三月五日。
❷天平十五年の格　七四三年の墾田永年私財法をさす。

5 一身を論ずること無く、咸悉く永年取る莫れ。其の親王の一品及び一位には五百町、二品及び二位には四百町、……初位已下庶人に至るまでには十町、但し郡司には、大領⑤・少領に三十町、主政・主帳に十町。若し先より地を給ふこと茲の限より過多なるもの有らば、便即ち

10 公に還せ……」と。
『続日本紀』

荒れてしまうということである。今後は開発田を意のままに私財として所有させ、三世一身という期限に関係なく、没収して公有化することは永久にやめよ。一品の親王と一位の貴族は五百町、二品と二位は四百町、……初位から庶民までの範囲で私有を許す。ただし郡司は、その長官・次官に三十町、三等官・四等官に十町とする。もし、以前から田地を与えられていて、この限度を超えているものは、すぐに国に返還させよ……」と。

❸ 加墾の禁止　★☆☆☆☆

1 （天平神護元年三月）丙申❶。勅すらく、「今聞く、墾田は天平十五年の格❷に縁るに、今より以は、任に私財と為し、三世一身を論ずること無く、咸悉く永年取る莫れ、と。是に由りて、天下の諸人競ひて墾田を為し、勢力の家は百姓を駈役し、貧窮の百姓は自存するに暇なし。今より以後は、一切禁断して加墾せしむること勿れ。但し寺は、先来の定地開墾の次は、禁ずる限に在らず。又、

5 当土の百姓、一、二町は亦これを許すべし。
『続日本紀』

解説
奈良時代初め、平城京造営等により労役が増え、負担に耐えかねた農民が浮浪・逃亡し、口分田の荒廃が起こった。また、人口増加による口分田不足という問題も生じ、政府は開墾奨励策をとらざるを得なくなる。七二三（養老六）年の百万町歩開墾計画（この意義については見解が分かれる）に引き続き、翌年には史料❶の三世一身法が出された。さらに、その二〇年後には、三世一身法の効果が不十分であると、史料❷の墾田永年私財法を発したのである。従来、墾田永年私財法は（新規に開墾された田）の永世私有を認めた墾田永年私財法は政府自らの手で公地公民の原則を放棄したものであるという点

が強調されてきた。たしかに、開墾の主体は十分な財力のある貴族や寺院等に限られ、彼らによる土地の占有すなわち荘園制発達の端緒となった。しかし、わが国が模倣した唐の均田制は、本来、口分田以外にある程度の大土地所有を許容しつつもそれに制限を加えようとする永業田の制度を持っていた。永業田は墾田を含む世襲の田である。ところが、わが国では均田制を取り込んだとき、永業田の制度を切り捨ててしまった。このため

政府が墾田を把握することが出来なかったのである。この欠点を補うための法が墾田永年私財法だったのである。道鏡政権の七六五（天平神護元）年には過熱しすぎた開墾を押さえるため史料❸にみえる加墾禁止令が出される（但し寺院は除外）が、道鏡失脚後の七七二（宝亀三）年には撤回され、同時に墾田永年私財法にあった位階による開墾面積の制限も撤廃され、墾田の開発はさらに進むことになった。

Spot

班田制の変遷をアルバイトで考えてみよう

みなさんの学校ではアルバイトは認められているだろうか。大宝律令制定時、生徒がアルバイトをすることは想定されていなかった。ところが、学校に内緒でアルバイトをするものが次から次へと出てきた。学校としては実態を把握しなければならない。そこで、三世一身法によって長期休みの期間のみという限定付きでアルバイトを許可制にした。

しかし、長期休み以外にも学校に内緒でアルバイトをする生徒が跡を絶たない。学校もやむを得ず、墾田永年私財法によってアルバイトを届出制にした。つまり、届出さえすればアルバイトを認めることにしたのである。これによって、学校はアルバイトをしている生徒を把握し、指導できるようになった。しかし、勉強時間がとれなくなった生徒の学力は低迷、学校として立て直しが迫られてくる。以上のうち、学校を律令国家、アルバイトを開墾、生徒を豪族・寺社と置き換えてみよう。いささか強引のような気もするが、班田制の変遷の一面が理解できるのではないだろうか。

1　原始・古代

奈良

⑩ 国家仏教の発展

要点ナビ
聖武天皇が恭仁京において鎮護国家思想に基づき諸国に命じる。

① 国分寺建立の詔　★★★☆

※色文字は重要語

1　乙巳　七四一年三月二四日。ただしこれは誤りで、正しくは二月一四日。
2　寤寐　寝てもさめても。
3　疫癘　流行病。七三七(天平九)年には藤原四子が天然痘のため死亡している。
4　慙懼　心に恥じること。
5　蒼生　人民。
6　景福　大いなる幸福。
7　金光明最勝王経　「本経を持する国王人民は、諸天これを擁護すべし」とされる鎮護国家の仏教経典。
8　妙法蓮華経　釈迦の王舎城での八年間の説法を結集したとされる仏教教典。この経の霊験功徳はいかなる重障をも克服できると信じられた。
9　各一部　各一〇部とした書もある。
10　擁護の恩　仏法が我々をかばってくれる恩恵。
11　幽明　あの世とこの世。
12　封　封戸のこと。

15

（天平十三年三月）乙巳❶、詔して曰く、「朕薄徳を以て忝く重任を承け、未だ政化を弘めず、寤寐❷に慚ず。……頃者、年穀豊かならず、疫癘❸頻りに至る。慚懼❹交々集りて、唯り労して己を罪❺。是を以て広く蒼生の為に遍く景福❻を求む。……宜しく天下の諸国をして各々敬んで七重塔一区を造り、幷びに金光明最勝王経❼・妙法蓮華経各一部❾を写しむべし。朕又別に金字の金光明最勝王経を写して、塔毎に各一部を置かしめむと擬す。冀ふ所は、聖法の盛なること、天地と与に永く流へ、擁護の恩❿、幽明⓫に被らしめて恒に満たむことを。……又国毎の僧寺には封五十戸⓬、水田十町を施せ。尼寺には水田十町。僧寺には必ず廿僧有らしめ、其の寺の名を金光明四天王護国之寺⓭と為し、尼寺には一十尼ありて、其の寺の名を法華滅罪之寺⓮と為せ。

『続日本紀』

通釈

天平一三（七四一）年三月二四日に、（聖武）天皇が命令書を下して言うことには、「私は仁徳が薄いにもかかわらず、天皇の重任につき、いまだに政治の力で民を教導することが少ないので、寝てもさめても自己を責めることが多い。……近年、穀物の実りが豊かでなく、流行病がはやり、（これも私の不徳のいたすところだと）慚愧の念に耐えず、ひとり自分を責めている状態であるが、ここに、広く人民のために幸福を招くために、全国に命じて、各々七重塔一区画を建立し、金光明最勝王経と妙法蓮華経を一部ずつ写させよ。私も、それとは別に、諸国の塔ごとに一部ずつを置こうと思う。（この造塔と写経の功徳により）願うことは、仏法の繁栄が、天や地のように永く続き、仏恩が、あの世でもこの世でも、豊かに満ちているように、ということである。……また、各国は、僧寺（国分寺）には封戸五〇戸・水田一〇町を寄進し、尼寺（国分尼寺）には水田一〇町を寄進せよ。僧寺には必ず二〇人の僧を置き、その寺の名を金光明四天王護国之寺とせよ。尼寺には必ず一〇人の尼を置き、その寺の名を法華滅罪之寺とせよ」と。

解説

国ごとに寺院を設けることは、唐から帰国した玄昉らが先例（則天武后の大雲寺建立）にならい、諸国一寺ずつ創建することを勧めたことが契機となる。おりしも聖武……疫病や凶作、あいつぐ政争などの社会不安の増大を背景に、聖

1　原始・古代

奈良

史料注

続日本紀　五四頁参照。

⑬金光明四天王護国之寺　国分寺の正式名称。

⑭法華滅罪之寺　国分尼寺の正式名称。

①辛巳　七四三年一〇月一五日。

②菩薩の大願　仏教興隆の悲願。菩薩とは、衆生救済をし、仏になるため修行する者をいう。

③盧舎那仏　元来太陽を意味し、光明のように全世界に広がる仏とされる。奈良時代には、華厳宗の中心仏とされた。

④法界　世界。

⑤知識　仏教興隆のため金品を寄附すること。または、その人自身、寄附の金品そのものをさす。

⑥菩提　無上の正しい悟り。

武天皇と光明皇太后によって実現された。その計画は、藤原四子が病死した七三七（天平九）年、各国に釈迦像をつくり、大般若経を写すことを命じたことにはじまる。その後、国ごとに写経や七重塔の建立が命じられ、藤原広嗣の乱の翌年、これまでの命令を集大成したものが七四一（天平一三）年二月にあらためて出された、いわゆる国分寺建立の詔である。詔では、造仏とともに金光明最勝王経など護国経典の書写にあたるとされており、金光明最勝王経には四天王が四方鎮護にあたるとされ、仏の力で国家を護持する鎮護国家の思想が展開されている。造営は難航したが、官職との引き替えによる郡司らの寄進などによって奈良時代末にはほぼ全国で二寺の完成をみた。しかし、律令体制の衰退とともに国家の支援を失い、その多くが衰退した。中世以降、宗派を変えながらも庶民の信仰を集めた寺院として生まれ変わることで今日まで維持しているところもあるが、当時の壮麗な伽藍や宗派を今に伝えている寺院は皆無である。国家権力によって造営された寺院のままでは、生き残ることが出来なかったのである。

② 大仏造立の詔 ★★★☆☆

1　（天平十五年）冬十月辛巳、詔して曰く、「……

粵に天平十五年歳癸未に次る十月十五日を以て、菩薩の大願を発して盧舎那仏の金銅像一軀を造り奉る。

5　国銅を尽して象を鎔し、大山を削りて以て堂を構へ、広く法界に及ぼして朕が知識と為す。遂に同じく利益を蒙らしめ、共に菩提を致さしむ。夫れ天下の富を有つ者は朕なり、天下の勢を有つ者も朕なり。此の富勢を以て此の尊像を造る。事や成り易く、心や至り難し。但だ恐らくは、徒らに人を労することありて、能く聖を感ず

10　ることなく、或は誹謗を生じて反て罪辜に堕せむこと

通釈

（天平一五（七四三）年冬一〇月一五日、聖武天皇が詔を出され、「ここに天平一五（七四三）年一〇月一五日、菩薩の大願を立てて、盧舎那仏の金銅像一体の鋳造を開始しようと思う。国中の銅のすべてを使って仏像を鋳、大きな山を削って平地を作って仏殿を建立し、（その功徳を）広く世界に及ぼして、私の仏への捧物としよう。（そして、天下万民も）同じように仏像の利益を受けて、一緒に悟りを開くようにさせよう。そもそも、天下の富を持っているのは私だし、天下の権勢を握っているのも私なのだ。だから、この富と権勢によって仏像を造ろうとすれば、その事自体は簡単である。しかし、真心はこもらないことになるだろう。それだけでなく、無益に人の労力を使うだけで仏の尊さが実感されず、また、（造営事業の過程で、担当者たちが）中傷し合って、返って罪人を生み出してしまうことになりはしないかと恐れるのである。……もし、一枝の

1 原始・古代

奈良

---

7 情願　心から願うこと。

探究13　国分寺建立、大仏造立の目的を述べ、さらに農民に与えた影響を考えよ。

1 天皇　孝謙天皇。

史料注
続日本紀　五四頁参照。

を。……もし更に人、一枝の草一把の土を持ちて像を助け造らむと情願する者有らば、恣にこれを聴せ。国郡等司、この事に因りて百姓を侵擾して、強ひて収斂せしむること莫れ。……」

『続日本紀』

解説

草や一つかみの土のようにわずかな物でも仏像の造立を助けるために捧げたいという人がいたら、それを許せ。だからといって、国司や郡司たちは、この造立事業のために百姓を困らせ、強制的に（寄附を）収奪してはならない。……」

📖 **参考　大仏開眼**　★★☆☆☆
（天平勝宝四年）

天皇、親ら文武の百官を率ゐて、設斎大会したまふ。その儀、一ら元日に同じ。五位已上は礼服を着る。六位已下は当色。僧一万を請ふ。既にして雅楽寮と諸寺との種々の音楽、並に咸く来り集る。復、王臣諸氏の五節・久米儛・楯伏・蹋歌・袍袴等の歌儛有り。東西より声を発し、庭を分けて奏る。作すことの奇しく偉きこと、勝げて記すべからず。仏法東に帰りてより、斎会の儀、嘗て此の如く盛なるは有らず。

『続日本紀』

解説

七五二（天平勝宝四）年四月九日、僧一万人の読経が響く中、聖武太上天皇、光明皇太后、孝謙天皇以下、文武百官が居並ぶ中、バラモン僧菩提僊那を導師として盛大に開眼供養会が営まれた。その様子を『続日本紀』は「仏法東に帰りてより斎会の儀、嘗て此の如く盛なるは有らず」と誇示したこの大仏開眼供養会ではあったが、真に人々の救済にどれだけ貢献したものだったのだろうか。だが、その偉容をはじめて現した盧舎那仏を仰ぎ見る人々の心に去来したものは何だったのだろうか。少なくとも、現実には政界での暗闘や政変は止むことなく、疫病の流行もはたと無くなったという兆候もない。あらゆる困難を乗り越えて鎮護国家思想を具現化しようとした律令国家の国力を誇示したこの大仏開眼供養会ではあったが、真に人々の救済にどれだけ貢献したものだったのだろうか。

---

❸ 行基の活動　★☆☆☆☆

1 （養老元年四月）壬辰、詔して曰く、「……凡そ僧尼は、寺家に寂居して、教を受け道を伝ふ。令に准ずるに云く、其れ乞食する者有らば、三綱連署して、午前に鉢を捧げて告げ乞へ。方今、小僧行基幷に弟子等、街衢に零畳して妄に罪福を説く。朋党を合せ構へ、指臂を焚き剥ぎ、歴門仮説して余の物を乞ひ、詐りて聖道を称して百姓

---

1 三綱　古代、各寺院に置かれた僧尼統制の機関。

2 行基　六六八〜七四九。初め官寺に法相宗を学んだが、のち民間布教に従事し、信者の力で池溝、道橋などを各地に築いた。彼の行動は

史料注
続日本紀
五四頁参照。

探究14
奈良時代の政争の渦中における聖武天皇の政治は、どのようなものであったか。

❸歴史仮説　家々を訪れ、偽りの教えを説くこと。
❹釈経　仏教の教え。
❺皇帝　聖武天皇。
❻紫香楽宮　現、滋賀県甲賀市信楽町。聖武天皇は七四五年一月ここに遷都（五月には平城京に戻る）。

当初、僧尼令違反とされ弾圧された。

❶天平五年　七三三年。
❷沙門　僧侶。
❸天宝元載　唐の玄宗の時代の年号。七四二年。
❹大和上　和上は僧の尊称。ここでは鑑真のこと。
❺律　仏法の戒律。
❻頂礼　頭を地につけて拝むこと。
❼滄波淼漫　青い波が立つ海が果てしなく広がること。

解説
諸国における国分寺の創建は、都における総国分寺である東大寺とその本尊盧舎那大仏の造立事業へと発展していった。強力な中央集権国家に君臨する、専制君主としての聖武天皇の自信の一端が、史料❷の「天下の富を有つ者は朕なり。」からうかがえる。だが、七四三年に発願されたこの事業は凶作や疫病流行による民力の疲弊もあって、必ずしも順調に進まなかった。このため、政府は広く民間に協力を求めることとなり、かつては僧尼令違反として弾圧してい

た行基の力をも利用するのである（史料❸）。大仏造立には莫大な量の銅や錫、金と延べ二二八万人の労働力が徴発され、当時の朝廷の収入の五分の一以上が毎年使われたという。これほどまでの多くの労苦を要した大仏鋳造は七五二年に完成するが、動揺し始めた律令体制（**大仏造立の詔**の発布と同年であることに注意）を仏教の力で維持しようとする聖武天皇の願いは成就せず、むしろ民衆の負担増大は律令国家の崩壊を早めることになったのである。

5を妖惑す。道俗擾乱し、四民業を棄つ。進みては釈経❹に違ひ、退きては法令を犯す。……」と。
（天平十五年十月）乙酉、皇帝❺、紫香楽宮❻に御す。盧舎那仏の像を造り奉らむが為めに始めて寺地を開く。是に於て、行基法師、弟子等を率ゐて衆庶を勧誘す。
（天平十七年正月）己卯、詔して行基法師を以て大僧正と為す。
『続日本紀』

❹ 鑑真の来日　★☆☆☆☆

1
日本国天平五年❶歳癸酉に次ぐ、沙門❷栄叡・普照等、聘唐大使丹墀真人広成に随ひて唐国に至り、留りて学問す。……（天宝元載冬十月）時に大和上❸揚州大明寺に在り、衆僧のために律❺を講ず。栄叡・普照師大明寺に至り、……大和上❹に頂礼❻して具に本意を述べて曰く、「仏法東流して日本国に至る。其の法有りと雖も、法を伝ふるの人無し。……願はくは和上東遊して化を興して欲しい」と。大和上答へて曰く、「……誠に此れ仏法興隆有縁の国なり。今我が同法の衆中、誰かこの遠請に応じ、日本国に向ひて法を伝ふる者有るや」と。時に衆黙然として一の対ふる者無し。しばらくして僧祥彦有り、進みて曰さく、「彼の国は太だ遠く、性命存じ難し。滄波淼漫❼、百に一も至ること無し。……」と。和上曰く、「是法事のためなり。何ぞ身命を惜しまむ。諸人去か

史料注

唐大和上東征伝 『鑑真過
海大師東征伝』ともいう。
淡海三船が七七九（宝亀一
〇）年に著した伝記。鑑真
の弟子思託の『大和上伝』
を参照し、鑑真が日本に戒
律を伝えた因縁や経路、唐
招提寺の縁起などを記した
もの。

1 熟崑崙

人。 唐に帰順した崑崙

史料注

続日本紀 五四頁参照。

ざれば、我即ち去くのみ」と。

解説

六三〇年以来の遣唐使の派遣は、大陸の先進文化伝
来にはたした役割は大きいが、特に仏教はその重要
な柱であった。聖武天皇の国家仏教政策が展開された時期にも、
日本では正式な授戒を行うことができずにいたが、日本に戒律
を伝えた有名な鑑真の来日も、遣唐使の同行僧の要請が契機と
なっていた。彼は、史料にあるように強い使命感から日本への
渡航を決意し、その後五度の渡航失敗やその間の失明をも乗り
越え、七五三（天平勝宝五）年に来日を果たした。彼は東大寺
に戒壇を設立し、七五九（天平宝字三）年には唐招提寺を開
いた。聖武天皇（当時は上皇）や皇族も彼によって受戒し、鑑
真は日本の国家仏教政策の展開の上で大きな役割を果たしたの
である。

『唐大和上東征伝』

参考 遣唐使渡航の苦難 ★☆☆☆

（天平十一年）十一月辛卯、平郡朝臣広成ら拝朝す。初め広成は天平五年に大使多治比真人広成に随ひ
て入唐す。六年十月、事畢りて却帰るに、崑崙国に漂着す。賊兵有りて来り囲み、遂に拘執る。悪しき風忽ちに起りて
彼此相失ふ。広成の船一百一十五人、自余の九十余人、瘴に着かれて死亡ぬ。賊人、或は殺され、或は迸り散る。
るること得。仍て升根を給ひて悪処に安置せらる。七年に至りて、唐国欽州の熟崑崙有りて彼に見ゆ
便ち儵かに載せられて、出で来りて既に唐国に帰る。本朝の学生阿倍仲満に逢ひ、便奏して将に入朝し、
渤海の路を取りて帰朝せむことを請ふ。天子これを許し、船粮を給ひて発遣す。十年三月、登州より海に
入りき。五月渤海の界に到る。適その王大欽茂の使して我が朝を聘はむと欲するに遭ふ。即時同じ
く発つ。沸海を渡るに及びて、渤海の一船浪に遇ひ傾き覆りぬ。大使胥要徳ら冊人没死す。広成ら、遣れ
る衆を率ゐて出羽国に到り着く。

『続日本紀』

解説

遣唐使は六三〇（舒明天皇二）年から八九四（寛
平六）年まで、日本側史料によると一九回任命さ
れたが、そのうち中止になった四回と唐使を送るためだけの目
的のものを除き、一二回に実際に派遣された正規の遣唐使とな
る。遣唐使の派遣は、唐のすぐれた文物・制度の導入を目的と
しており、奈良時代の律令制度や仏教文化に貢献した役割はは
かりしれない。しかし、得るものも大きいかわりに、渡海の危
険も大きく、特に新羅との関係が悪化した七世紀半ば以降の遣
唐使は、朝鮮半島経由ではなく直接大洋を越える航路を選択せ
ざるを得ず、遭難が多発することになった。このような渡航の
危険が、のちの遣唐使廃止の一因となっている。

※色文字は重要語

1 賫る　諸家の伝える。
2 帝紀　皇室の記録。
3 本辞　古記録や古伝。後出の先代の旧辞と同じか。
4 旨　正しい帝紀と本辞。
5 邦家の経緯　国家の組織、本辞。
6 王化の鴻基　天皇統治の基本。
7 旧辞　本辞と同じか。
8 討覈　たずね明らかにする。
9 後葉　後世。
10 日継　皇室の系図のようなものか。
11 誦習　暗誦させた。または成文について訓法を習わせた。
12 先紀　前出の帝紀、帝皇の日継をさす。
13 和銅四年　七一一年。
14 勅語　天武天皇の勅。
15 者　「てへり」と読み「といへり」の意。

史料注

古事記　稗田阿礼が誦習し、太安万侶が撰録した歴史書。七一二（和銅五）年一月完成。神代より推古天皇に至る帝紀（皇室の年代記、系

⓫ 天平文化

❶ 古事記の編纂　★★☆☆☆

要点ナビ
編者の太安万侶。『古事記』編纂の経緯を述べる。

1
臣安万侶言す。……是に天皇詔す。「……朕聞く。諸家の賫る所の帝紀及び本辞、既に正実に違ひ、多く虚偽を加ふ。当今の時其の失を改めずんば、未だ幾年を経ずして其の旨滅びなむとす。斯れ乃ち邦家の経緯、王化の鴻基なり。故れ惟に帝紀を撰録し、旧辞を討覈し、偽を削り、実を定め、後葉に流へんと欲すと。時に舎人有り、姓は稗田、名は阿礼。年は是れ廿八、人と為り聡明。目に度れば口に誦み、耳に払れば心に勒す。即ち阿礼に勅語して帝皇の日継及び先代の旧辞を誦み習はしめたまひき。……

10
はしめたまひき。……焉に於て旧辞の誤り忤へるを惜み、先紀の謬り錯れるを正さむとして、和銅四年九月十八日を以て、臣安万侶に詔して、稗田阿礼が誦む所の勅語の旧辞を撰録して、以て献上せしむ者。

『古事記』序

解説
律令国家は、中央集権の達成に伴って、政権成立の由来を述べ、その正統的権威を確立させるためにも、国家事業として天武天皇の頃から国史の編纂に着手したとみられる。それらは八世紀初めに、『古事記』三巻（七一二年）、『日本書紀』三〇巻（七二〇年）として完成し、普通『記紀』と略称されるが、それぞれの内容、成

また対外的な意味からも、

通釈
天皇の臣の（太）安万侶が申し上げます。「……天武天皇が命令されて「私の聞くところによると諸々の貴族の家に伝わる天皇の年代記や古い物語などの記事は、真実と相違し、虚偽の部分も多いという。今、その誤りを改めなければ、幾年も経ないうちに本当の事がわからなくなってしまうだろう。このような歴史の記録は、国家組織の原理を示すものであり、天皇の教化を広めていくための基礎である。よって、帝紀を撰び記録し、旧辞をよく検討して、真実を定めて、後世に伝えるように」と言われたことがあった。その時、舎人という、語部が天皇に近侍していた。彼は当時二八歳で、人柄が賢く、一見しただけで暗誦してしまい、一度開いただけでしっかりと心に記憶する能力を持っていた。そこで天皇は、阿礼に命じて、累代の天皇の地位の継承関係や、昔の物語を暗誦させたのであった。……それゆえ、今、（元明天皇は）旧辞の誤りを残念に思われ、帝紀の誤りや不統一を正そうとされて、和銅四（七一一）年九月一八日に、天皇の臣である私安万侶に命じて『稗田阿礼が天武天皇の命令により暗誦した旧辞を撰び記録して、献上せよ』と命令されたのです。」

1 原始・古代

奈良

譜〕と旧辞（神話、伝説など）から成る。歴史書としては、日本現存最古のもの。

探究15
記・紀編集以前の修史事業をあげよ。

立の過程は異なっている。ここに示したのは、初の正史である『日本書紀』が本格的な漢文で記述された史書であるのに対し、『古事記』が口誦そのものを独特な音訓を交えた文章で書かれた成立事情が述べられている。

② 風土記 ★ ☆☆☆☆

1（和銅六年）五月甲子、制すらく、「畿内七道諸国の郡郷名は好き字を着けよ。其の郡内に生ずる所の銀・銅・彩色・草木・禽獣・魚虫等の物は、具に色目を録せしむ。及び土地の沃塉、山川原野の名号の所由、又古老の相伝旧聞異事は、史籍に載せて亦宜しく言上すべし」と。　　『続日本紀』

解説　この史料は七一三年畿内七道諸国に出された官命で、全国に地誌の編纂、撰上を命じたものである。これに基づいて諸国の国司が提出した報告が、のちに風土記と呼ばれたものである。《常陸国風土記》は、「常陸国司、解す。古老の相伝ふる旧聞を申す事。」で始まるが、下級官庁から上級官庁への上申文書である解〈解文〉の形式をとっていることに注意）。風土記の編纂は、恐らく『古事記』や『日本書紀』の撰上といった修史の編纂と軌を一にした事業であろう。現在、常陸・出雲・播磨・肥前・豊後の五か国のもののみが『風土記』としてまとまって残されているが、これらには地名の由来を述べた説話が多く含まれ、単なる地誌にとどまらずに、当時の地方民衆の風俗、習慣、文化などを知る貴重な史料となっている。

③ 万葉集 ★ ☆☆☆☆

1 茜草指　武良前野逝　標野行　野守者不見哉　君之袖布流　額田王

あかねさす　紫　野行き　標野行き　野守は見ずや　君が袖振る

東　野炎　立所見而　反見為者　月西渡　柿本人麻呂

ひんがしの　野に炎の　立つ見えて　かへり見すれば　月かたぶきぬ

語注
1 甲子　七一三年五月二日。
2 彩色　絵具の原料となる鉱物の類。
3 色目　品目。
4 沃塉　肥えているか、またはやせているかの状態。
5 史籍　『風土記』をさす。
史料注　続日本紀　五四頁参照。

1 紫野　ムラサキ草を植えてある禁園。
2 標野　上代に皇室、貴人が領有した野原。
3 野守　立ち入りを禁じられている野の見張り人。
4 炎　明け方のほのかな光、

曙光。

田児之浦従　打出而見者　真白衣　不盡能高嶺尓　雪波零家留　山部赤人
田子の浦ゆ　うち出でてみれば　真白にそ　富士の高嶺に　雪は降りける

宇良々々尓　照流春日尓　比婆理安我里　情悲毛　比登里志於母倍婆　大伴家持
うらうらに　照れる春日に　ひばり上がり　心悲しも　ひとりし思へば

『万葉集』

史料注

万葉集　四七頁参照。

解説

『万葉集』二〇巻には、仁徳天皇から七五九（天平宝字三）年までの総数四五〇〇余首の長歌、短歌、施頭歌などが載せられている。『万葉集』の成立年代を知る史料がないためその時期は不明だが、およそ宝亀年間（七七〇年代）に大伴家持によって編まれたものと推定されている。万葉集の歌は大きく四期に分けられる。第一期は壬申の乱までの激動期で、斉明、天智、天武、有間皇子、額田王など皇室歌人の歌が中心である。第二期は平城遷都までの約四〇年で、皇室の讃歌などが目立って増え、柿本人麻呂ら宮廷歌人の活躍期、第三期は七三三（天平五）年までの二〇年余で、山部赤人、大伴旅人、山上憶良など個性的な歌人が登場した時期である。そして第四期は、七五九年までの約二五年間で、この天平文化の爛熟期には大伴家持らが活躍した。史料には、それぞれの時期を代表する歌人の作品を掲げた。

④ 日本書紀の成立　★☆☆☆☆

1 （天武天皇十年三月）丙戌〔十七日〕、天皇、太極殿に御して、川嶋皇子❶・忍壁皇子❷・……に詔して、帝紀及び上古の諸事を記し定めたまふ。

5 是より先、一品舎人親王❸、勅を奉けたまはりて日本紀❹を修む。是に至りて功成りて奏上ぐ。紀卅巻系図一巻なり。

（養老四年五月癸酉〔二十一日〕これ）

『日本書紀』
『続日本紀』

通釈

天武一〇（六八一）年三月一七日、天皇が大極殿で、川嶋皇子・忍壁皇子・……等に、帝紀及び過去の諸事を記すように詔を出した。

これより先に舎人親王が天皇の詔勅を受け『日本書紀』の編纂にしたがっていたが、このたびそれが完成し、奏上した。紀（編年体の記録）三〇巻と系図一巻である。

養老四（七二〇）年五月二一日、

1 川嶋皇子　天智天皇の皇子。天武朝でも天武天皇の諸皇子と伍して活躍した。

2 忍壁皇子　天武天皇の第九皇子。「刑部」「忍坂部」とも書く。のちに文武朝で大宝律令の撰定も主宰した。

3 舎人親王　天武天皇の第三皇子。日本紀編纂を主宰した。淳仁天皇は彼の子。

4 日本紀　他の文献ではすべて『日本書紀』とある。

5 系図一巻　現存しない。

1　原始・古代

奈良

史料注
日本書紀　三〇頁参照。
続日本紀　五四頁参照。

1　橿原建邦の時　神武天皇即位の時。
2　淡海先帝　天智天皇。
3　藤太政　藤原不比等。

史料注
懐風藻　我が国最古の漢詩集。七五一年成立。

探究16
① 天平文化の特色を述べよ。
② 『古事記』・『日本書紀』を比較せよ。

解説

『日本書紀』の編纂の経過は、六八一（天武一〇）年三月、川嶋皇子らが『帝紀』及び『上古諸事』の記定を命ぜられたことに始まり、七二〇（養老四）年の完成に至るとするのが一般的である。ただし、あまりに長すぎる歳月を考え、天武朝の修史事業はそこで一旦終了し、その史料が『古事記』『日本書紀』の編纂に用いられたとする説もある。

『日本書紀』に「日本」という国号が冠せられているのは、中国王朝を強く意識し、日本という国家の由来を語るという性格を反映しているとされる。『日本書紀』が編年体というスタイルをとったため、上代の記事にも年代が必要となり、中国の讖緯説により紀元前六六〇年が神武即位の年となったことなどは、明らかに中国への対抗意識のあらわれである。

参考　懐風藻〈序文〉　★☆☆☆

逖く前修に聴き、遐に載籍を観るに、襲山降蹕の世に、橿原建邦の時に[1]、天造草創にして、人文未だ作らずありき。……淡海先帝[2]の命を受けたまふに及びて、帝業恢開し、皇猷を弘闡したまふ。……此の際に当り、宸翰文を垂らし、賢臣頌を献ず。雕章麗筆、唯に百篇のみに非ず。但し時に乱離を経、悉く煨燼に従ふ。……茲れ自り以降に、詞人間出す。龍潜の王子、雲鶴を風筆に翔らせ、鳳翥の天皇、月舟を霧渚に泛かべたまひ、神納言が白髪を悲しび、藤太政[3]が玄造を詠める。……遠く淡海自り、云に平都に暨ぶまで、凡て一百二十篇、勒して一巻と成す。作者六十四人、具に姓名を題し、幷せて、爵里を顕はし、故懐風を以ちて名づくる云爾。時に天平勝宝三年歳辛卯に在る冬十一月なり。

『懐風藻』

Spot

現代の文化は劣っているのか

花咲く奈良の都。一三〇〇年の時を超え、いまなお奈良は私たちを訪れるものを魅了してやまない。薬師寺、興福寺、東大寺、唐招提寺など長い風雪に耐え、今日に伝えられた仏像や建築を目にした時、先人たちのすぐれた文化の高さを実感せずにはおられない。だが一方で現代の我々の文化を考えた時、一〇〇〇年後に果たして平成の文化として語り継がれていくものを生み出しているだろうか。そう考えがちだが、実はこれを比べる事はできないのである。つまり物差しが違うのだ。近代に至るまで、わが国は格差社会であった。富や権力は極めて限られた権力者に集まり、享受されていた。そして、それらを惜しみなく使って残したのが天平文化である。一方で現代は大衆社会。今、格差社会といわれるが近世以前とは比べ物にならない。そういう意味で、国民一人一人が文化を創造する時代である。我々は胸を張って一〇〇〇年、二〇〇〇年後に伝えられる大衆文化を残していきたいものである。

12 平安初期の政治

❶ 平安遷都　★★☆☆

1　（延暦十三年十月）丁卯、……都を遷す。詔して曰く、云々。「葛野の大宮の地は、山川も麗しく、四方の国の百姓の参出で来む事も便りにして云々。」……十一月丁丑、詔す。「……此の国山河襟帯、自然に城を作す。斯の形勝に因り、新号を制すべし。宜しく山背国を改めて山城国と為すべし」と。又子来の民、謳歌の輩、異口同辞、号して平安京と曰ふ。

『日本紀略』

❷ 平安京造都の中止——徳政相論　★★★★☆

1　（延暦）二十四年十二月壬寅　是の日、中納言近衛大将従三位藤原朝臣内麻呂、参議右衛士督従四位下藤原朝臣緒嗣と参議左大弁正四位下菅野朝臣真道とをして、殿上に侍す。勅有りて、参議右衛士督従四位下藤原朝臣緒嗣と参議左大弁正四位下菅野朝臣真道とをして、政を相論せしむ。時に緒嗣、議して云く、「方今、天下の苦しむ所は軍事と造作なり。此の両事を停めば百姓安んぜむ」と。真道、異議を確執して肯えて聴かず。帝、緒嗣の議を善しとし、即ち停廃に従ふ。

『日本後紀』

❸ 平安京の実情　★☆☆☆

1　予二十余年以来、東西の二京を歴く見るに、西京は人家漸くに稀らにして、殆に幽墟に幾し。人は去ること有りて来ること無く、屋は壊るること有りて造ること無し。……或は幽隠亡命を楽しび、当に山に入り田に帰るべき者は去らず。……賤貧に憚ること無き者は是れ居り。

※色文字は重要語

1 延暦十三年十月丁卯　七九四年一〇月二八日。

2 葛野　山城国葛野郡。

3 子来の民・謳歌の輩　天子の徳を慕う人々やたたえる人々。

要点ナビ　軍事と造作継続の是非をめぐり、桓武天皇は中止を主張する藤原緒嗣の意見を採用。

1 延暦二十四年十二月壬寅　八〇五年一二月七日。

2 軍事と造作　蝦夷征討と平安京造営をさす。

3 帝　桓武天皇。

1 予　著者慶滋保胤（?～一〇〇二）。

2 移徙　移り住むこと。

3 往年　過ぎ去った年。昔。

1原始・古代

平安

探究17　平安遷都が行われた歴史的背景について述べよ。

史料注

日本紀略 平安末期に成立した編年体の歴史書。著者不詳。前半は六国史の抄録に基づき編集されており、六国史の欠を補う重要史料。

続日本紀 『続日本紀』に続き、七九二(延暦一一)年から八三三(天長一〇)年までの編年史。藤原緒嗣らによって八四〇(承和七)年に完成。

池亭記 慶滋保胤が九八二(天元五)年に著した随筆。

日本後紀 六国史の一つ。

本朝文粋 (藤原明衡が編纂した漢詩文集)に収録されている。

史料注

■4 東閣　貴族の邸宅。
5 主人　源高明。「左転」とは彼が安和の変(九六九)で左遷され、大宰府に行ったことを示している。

1 符　上級官庁から下級官庁に下す文書。
2 健児　従来の徴兵制による軍団を廃止し、郡司の子弟から弓馬にすぐれた者を募集。

自ら財貨を蓄へ奔営に心有るが若き者は、一日と雖も住むことを得ず。往年一つの東閣有り。華堂の門客の近地に居る者数十家、相率て去りぬ。其の後主人帰ると雖も、重ねて修はず。子孫多しと雖も、永く住まはず。荊棘門を鏁し狐狸穴に安むず。夫れ此の如きは、天の西京を亡すなり。人の罪に非ざること明らかなり。高き家は門を比べ堂を連ね、少さき屋は壁を隔てて簷を接ぬ。東隣に火災有れば、西隣余炎を免れず。南宅に盗賊有れば、北宅に流矢を避り難し。

5 朱戸、竹樹泉石、誠に是れ象外の勝地なり。東京四条以北、乾・艮の二方は、人々貴賤と無く、多く群聚する所なり。

『池亭記』

解説

奈良時代後半の政界は、相次ぐ政変と僧侶の政治介入で混乱を極めたが、光仁天皇即位後、藤原氏の主導で政治の刷新がはかられた。桓武天皇は七八一年即位し、七八四年には長岡京遷都を断行した。しかし、翌年造宮長官藤原種継の暗殺事件が起こり、それを契機に再遷都が模索された。かくして、七九四年和気清麻呂の建言を入れて、史料❶に見るように山背国葛野の地に都が遷され、平安京が造営されるのである。

桓武朝の政治は、この新都の造営と蝦夷征討という二大事業を軸に展開されることになるが、これらの政策は雑徭半減など公民負担軽減策にもかかわらず、民衆の疲弊を招いたことは否めない。史料❷は、そのような状況下で、造都も中止せざるを得ない苦しい事情を物語るものである。また、その後の平安京は、史料❸に見るように右京の荒廃が顕著となった。朱雀大路の西側の右京は、自然条件(桂川の湿地帯)の悪さに加え、政変に絡む社会的な条件(桂川の湿地帯)の悪さに加え、政変に絡む社会的な条件、次第に荒廃する一方で、左京は人口が増え、特に鴨川流域から東山山麓が発展していったのである。

---

❹ 健児

★★☆☆☆

要点ナビ
桓武天皇の意向を受け、太政官が諸国に通達した兵制改革。

太政官符す[1]
応に健児を差すべき事[2]
大和国卅人、河内国卅人、……

以前、
右大臣(藤原継縄)[3]の宣を被るに、勅を奉るに、今諸国の兵士、辺要の地を除くの外、皆停廃せよ。其れ兵庫・鈴蔵及び国府等の類は、宜しく健児を差して以て守衛に充つべし。宜しく郡司に従へ。

2 健児を差す　徴発すること

③以前　右について。

④兵庫・鈴蔵　兵器庫と駅鈴をしまう倉庫。

⑤国府　国衙の所在地。

史料注

類聚三代格　弘仁・貞観・延喜の三代格のうち重要なものを分類・編集したもの。編者未詳で三〇巻。一〇〜一一世紀に成立した。

探究18　格式が編纂された理由を考えよ。

❶大宝元年　七〇一年。
❷弘仁十年　八一九年。

史料注　類聚三代格　七二頁参照。

の子弟を簡び差し、番を作りて守らしむべし。

解説

延暦十一年（七九二）六月十四日

解説

農民生活の疲弊は、税収入の減少という国家財政の面での影響のみならず、軍団の兵士の質の低下を招いた。桓武天皇は、辺境の地（陸奥、出羽、佐渡と西海道（九州）諸国）を除く諸国の軍団を廃止し、農民負担の軽減をはかるとともに、代わって健児を募集し軍事力の少数精鋭化をはかった。この制度は、国ごとに定数があり、（史料の大和国では三〇）最大は常陸・近江の二〇〇人、最少は和泉の二〇人であった。この制度は、崩壊してゆく律令体制を現実に応じて再編成していこうとする政策の一環であったが、一〇世紀以後は私兵である武士（兵）の台頭によって存在の意義を失っていった。

『類聚三代格』

❺ 格式の編纂　★★☆☆☆

1　蓋し聞く、律は懲粛を以て宗と為し、令は勧誡を以て本となす。格は則ち時を量りて制を立て、式は則ち闕けたるを補ひ遺れるを拾ふ。……律令は是れ政に従ふの本たり、格式は乃ち職を守るの要たり。方今、律令は頻りに刊修を経たりと雖も、格式は未だ編緝を加へず。……上は大宝元年❶より起こし、下は弘仁十年❷に迄る、都て式卌巻、格十巻と為す。

『類聚三代格』

解説

これは『類聚三代格』に収められた『弘仁格式』の序文である。格とは、社会事情に対応して行われる律令の改廃や補足で、詔・勅や太政官符などの形で発令されたものであり、式とは律令や格の施行細則である。平安時代初期には、律令体制崩壊の中で格式が頻繁に発布された。政府は、増大する事務処理を円滑にするためにも、また相互に矛盾した法体系の施行を意味し、それは律令制再建をめざす政府に迫られた急務だったのである。

することもある膨大な格式によって混乱を招かないためにも、格式の整理、編集を余儀なくされた。こうして編纂されたのが、弘仁、貞観、延喜の三代格式である。これらを編纂し、施行するということは、新たな律令の制定に匹敵するぐらい、新しい

歴代随一の帝王、嵯峨天皇

平安京を定めたのは桓武天皇である。しかし、当の平安京に住む人々はそう思っていなかったようである。少なくとも鴨長明はそうであった。それは『方丈記』の記述で明らかである。治承四（一一八〇）年の福原遷都の記述に、「おほかた、この京のはじめを聞けることは、嵯峨の天皇の御時、都と定まりにけるより後、すでに四百余歳を経た

1　原始・古代

平安

要点ナビ
醍醐天皇の意向を受け、太政官が諸国に通達した土地制度改革。

---

1 勅旨開田　勅旨田の開発のこと。勅旨田とは律令制度の解体期に多く設置された皇室領荘園で、特権的な免税地であった。

2 諸院諸宮　院宮に住む上級の皇族などの皇族。

3 黎元　人民。班田農民。

4 庄家　荘園管理の建物。

5 奸濫　よこしまな心。

6 京師　都。ここでは平安京をさす。

7 牒　牒とは上下関係にない役所の間で取り交わされる文書で、この場合は、貴族の家の牒＝家牒を示す。

8 負作　賃租で貸して耕作させること。

---

⑥ 延喜の荘園整理令　★☆☆☆☆

1 太政官符す
応に　勅旨開田**1**、幷びに諸院諸宮及び五位以上、百姓の田地舎宅を買取り閑地荒田を占請するを停止すべき事

右、案内を撿するに、頃年勅旨開田**2**遍く諸国に在り。空閑荒廃之地を占むと雖も、是れ黎元**3**の産業の便を奪ふ也。加之、新に庄家**4**を立て、多く苛法を施す。課責尤も繁く、威脅耐へ難し。且つ諸国の奸濫**5**の百姓、課役を遁れんが為に動もすれば京師**6**に赴き、好んで豪家に属し、或は田地を以て詐りて寄進と称し、或は舎宅を以て巧みに売与と号し、遂に使を請うて牒**7**を取り、封を加へ牓を立つ。……宜しく当代以後、勅旨開田は皆悉く停止して民をして負作せしめ、其の寺社百姓の田地は各公験に任せて本主に還し与ふべし。……但し元来相伝して庄家たること券契**10**分明にして、国務に妨げ無き者は此の限りに在らず。仍て須らく官符到る後百日の内に弁行し、状を具して言上すべし。

6　事情を調べると。
7　土地の境域を拡大し、境界には標識を立てる。おのおの売却したと称し売却したと称し
8　実施し。報告せよ。
9　本来の所有者に返却せよ。
10　相続してきた

通釈　太政官命令　勅旨田を開発すること、また、諸院諸宮と五位以上の貴族が、百姓の田地や屋敷を買い取って、（それを中心に）空閑地や荒廃田の（開発のための）囲い込みを申請すること、以上の二形態の開発を禁止する。

り」とある。つまり、平安京が定まったのは嵯峨天皇の時であると書いてあるのだ。なぜ、桓武天皇ではないのだろうか。桓武天皇の後を継いだのは平城天皇である。しかし、四年足らずで病気のため弟の嵯峨天皇に譲位する。ところが、平城京に戻った平城太上天皇との間で「二所朝廷」とよばれる政治的混乱が生じ、平城太上天皇は平城京遷都を宣言するに至る。結局、機先を制した嵯峨天皇によって事態は収拾されるのだが、この「平城太上天皇の変」を経てようやく平安京が都としての地位を確立することになる。そういう意味では、嵯峨天皇の時に平安京が定まったといっても過言ではない。さらにこの後、（後を継）いだ嵯峨天皇によって、律令制度の立て直しが図られ、蝦夷征討も完了するのである。ところで、この嵯峨天皇、他にも三筆の一人として名高いほか、漢詩の名手として知られる。また、確認されているだけで皇子・皇女の数実に五五人。まさに夜の帝王でもあった。

❾公験　官庁から交付する公式の証明書。

❿券契　公験と同じ。土地の所有権を証明する文書。

⓫延喜二年　九〇二年。

史料注　類聚三代格　七二頁参照。

要点ナビ
備中介となった三善清行が醍醐天皇に上奏した地方の実態。

解説
菅原道真が大宰府に左遷された翌年九〇二年、藤原時平の主導で醍醐天皇の勅により発せられたのが延喜の荘園整理令である。荘園の乱立は、公領の減少を招き財政基盤を損なうものであったから、これ以後政府はたびたび荘園整理令を発しこれを規制しようとした。延喜の荘園整理令はその最初のものであるが、不正手段による非合法な荘園の禁止にとどまり、券契（証拠類）が明らかなもので国務を妨げない荘園は認めたので、有効なものとはなり得なかった。皮肉なことに、最初の荘園整理令がだされた九〇二年が、記録に見える最後の班田が実施された年となった。

延喜二年⓫三月十三日

『類聚三代格』

⑦ 税制の破綻──意見封事十二箇条　★★★☆☆

臣❶、去る寛平五年❷、備中介に任ず。彼の国の下道の郡❶に、邇磨郷❸有り。爰に彼の国の風土記を見るに、皇極天皇六年❹に、大唐の将軍蘇定方、新羅の軍を率ゐて百済を伐つ。百済使を遣はして救はむことを乞ふ。天皇筑紫に行幸して、将に救兵を出さむとす。……路に下道郡に宿りたまふ。一郷を見るに戸邑甚だ盛なり。天皇詔を下し、試みに此の郷の軍士を徴す。即ち勝兵❺二万人を得たり。天皇大いに悦びて、此の邑を名づけて二万郷と曰ふ。後に改めて邇磨郷と曰ふ。……天平神護年中❻、右大臣吉備朝臣❼、大臣を以て本郡の大領を兼ぬ。試みに此の郷の戸口を計るに、纔に課丁❽千九百余人有るのみ。貞観❾の初め、故民部卿藤原

❶臣　三善清行。

❷寛平五年　八九三年。

❸邇磨郷　現在の岡山県倉敷市真備町。吉備真備の出身地。

❹皇極天皇六年　六六〇年。実際には、皇極が重祚した斉明天皇六年。

❺勝兵　すぐれた兵士。

❻天平神護年中　七六五〜七六七年。

❼吉備朝臣　吉備真備。七六七年以後右大臣。ただし、郡司兼任はしていないと思

通釈
私は、去る寛平五（八九三）年に備中国の介（国司の次官）に任ぜられました。その国の下道郡に邇磨郷があります。この国の風土記を見ますと、皇極天皇六（六六〇）年に、唐の将軍蘇定方が新羅軍を率いて百済を討ったので、百済は日本に使者を派遣して救援を求めてきました。天皇は筑紫に行幸して、援軍を派遣しようとされました。……途中、下道郡に宿営しましたが、ある郷を見ると家々が非常ににぎわっていました。そこで天皇は詔を出され、試みにこの郡から兵士を徴発すると、すぐれた兵士二万人を得ることができました。そこで、天皇は大いに喜び、この村を二万郷と名付けました。のちに邇磨郷と改められたのです。……天平神護年間（七六五〜七六七）に、右大臣吉備真備が、大臣のままこの郡の大領（郡司の長官）を兼ねました。当時、この郷の人口を調べると、課丁はわず

1　原始・古代

平安

要点ナビ
遣唐大使に任命された菅原道真が諸公卿に求めた遣唐使中止の建議。

探究19
「意見封事」の提出された延喜の治とよばれる時代の実状を述べよ。

史料注

本朝文粋　平安中期（一一世紀半ば）に藤原明衡が編纂した漢詩文集。平安初期以来の学者、文人六六七人の詩文四二九編を収める。

❶公卿　太政大臣・左右大臣を公、大中納言・参議・三位

❽課丁　調庸を負担する農民。
❾貞観　八五九～八七七年。
❿大帳　大計帳。年毎の戸口の異動や当年の徴税額を計上したもの。
⓫閲する　調査する。
⓬老丁　六一～六五歳の男子。
⓭正丁　二一～六〇歳の男子。
⓮中男　一七～二〇歳の男子。
⓯延喜十一年　九一一年。
⓰虚耗　すり減ってなくなってしまうこと。

❽ 遣唐使の中止 ★★☆☆☆

1　諸公卿❶をして遣唐使の進止を議定せしめんことを請ふの状

われる。

保則朝臣、彼の国の介たりし時、……大帳❿を計るの次で、其の課丁を閲するに、七十余人有るのみ。某、任に到り又此の郷の戸口を閲するに、老丁二人⓬、正丁四人⓭、中男三人有るのみ。去る延喜十一年⓯、彼の国の介藤原公利、任満ちて都に帰る。清行問ふ、「邇磨郷の戸口当今幾何ぞ」と。公利答へて曰く、「一人も有ること無し」と。謹みて年紀を計るに、皇極天皇六年庚申⑳より、延喜十一年辛未に至るまで、纔に二百五十二年、衰弊の速かなること亦既に此の如し。一郷を以て之を推すに、天下の虚耗⓰、掌を指して知るべし。

『本朝文粋』

解説

大化改新以来、朝廷では時に諸臣に勅し（天皇が命じ）て社会の状態や政治について、密封した封書により意見を上奏させることがあった。そのなかで最も有名なものが、九一四年醍醐天皇に上奏した三善清行のものである。彼は平安前期の代表的漢学者であるとともに、歴任した学識高い官僚でもある。史料の意見封事十二箇条では、備中・介・参議を歴任した時代の欠陥を鋭く突き、古代律令制国家の衰退を政治、社会等の多方面から指摘している。備中国邇磨郷では、斉明天皇の時...

二万人の兵士を徴集するぐらいであったのが、その二五〇年後には豊かだった戸口が廃絶し、ついに調庸負担者が零になったことを述べ、律令制下の重い税負担が農民の逃亡につながったことを物語っている。これに続く十二か条の意見では、中央政府の改革や経費節減・地方政治の改革などを提唱している。しかし、彼のめざした律令制再建は制度の手直しではもはや達成できず、それほどまでに社会が変動してきたことを物語っている。

通釈

公卿の人々によって遣唐使を派遣するか中止するかが討議決定されるように請う書状

か一九〇〇余人になっていました。貞観年間（八五九～八七七）の初め頃、亡くなった民部卿の藤原保則がその国の介だったついでに、この郷の課丁を数えると七〇余人いました。私が赴任してこの人口を調べたところ、老丁二人、正丁四人、中男三人しかいませんでした。去る延喜十一（九一一）年、この国の介藤原公利が任期を終え都に帰ってきました。私が邇磨郷の人口は現在何人かと問うと、公利はひとりもいないと答えました。初めからの年代を数えてみますと、皇極天皇六年から延喜十一年までは、わずかに二五二年間です。しかし、（この郷の）衰退が急速であることは今述べたとおりです。一郷の例から推察するに天下が疲弊していることは、自らの掌をさすように明らかです。

位以上の朝官を卿という。

②去年三月 八九三（寛平五）年三月中瓘が唐の国勢の疲弊を報じた。太政官は翌年七月二二日返牒（返事）を送ってこれを賞し砂金一五〇両を下賜した。

③大唐の凋弊 唐は安史の乱（七五六～七六三）で衰退し、黄巣の乱（八七五～八八四）で混乱を極めた。結局、遣唐使中止後一三年で滅亡するに至った（九〇七）。

④大使 遣唐大使。

⑤参議 大臣や大中納言とともに国政を議する高官。

⑥勘解由次官 勘解由使局（官吏交替の監察）の次官。

⑦守 官位が相当せず、官は高いが位の低い場合に記す。

⑧行 官位が相当せず、官は低いが位の高い場合に記す。

⑨式部権大輔 式部省の権官の次官。権官は令制の正官以外の官。

⑩春宮亮 春宮坊の次官。

史料注
菅家文草 菅原道真の作った詩文を集めたもの。九〇〇（昌泰三）年成立した。

右、臣某謹んで、在唐の僧中瓘、去年三月商客王訥等に附して到る所の録記を案ずるに、大唐の凋弊これに載することを具なり。……臣等伏して旧記を撿するに、度々の使等、或は海を渡りて命に堪へざる者あり。或は賊に遭ひて遂に身を亡ぼす者ありしも、唯未だ唐に至りて、難阻飢寒の悲しみありしことを見ず。中瓘申し報ずる所の如くば、未然の事、推して知るべし。臣等伏して願くは、中瓘録記の状を以て、遍く公卿・博士に下し、詳かに其の可否を定められん事を。国の大事にして独り身の為のみあらず。且は款誠を陳べて伏して処分を請ふ。謹んで言す。

寛平六（八九四）年九月十四日 大使参議④⑤ 勘解由次官⑥
従四位下兼守⑦ 左大弁行⑧ 式部権大輔⑨ 春宮亮⑩
菅原朝臣某

『菅家文草』

右のことについて、私（菅原道真）は、唐に滞在中の僧中瓘が去年三月に唐の商人王訥らに託して送ってきた記録を見ましたが、そこには、大唐国の衰退の様子が詳細に載せられていました。……私どもがこれまでの古い記録を調べてみたところ、何回にもわたった遣唐使の記録のなかには、海を渡っても使命を果たせなかった者や、賊難にかかって身を滅ぼす者はいましたが、唐で通行困難や飢え寒さの目にあったりした者はありませんでした。それに対し、中瓘の報告によれば、これからは、遣唐使がどんなひどい目にあうか、まったく予断を許しません。そこで、中瓘の記録を写して、すべての公卿や博士に配って、遣唐使派遣の可否を具体的に審議し決定することをお願いします。このことは国家の大事なので上申しているのでありまして、ただ（遣唐使の任務を仰せつかっている）私個人の身の安全のために上申しているのではございません。ここに、私の誠心を述べて、謹んで処置を請うものです。謹言。

寛平六（八九四）年九月十四日 大使参議勘解由次官従四位下兼守左大弁行式部権大輔春宮亮菅原朝臣某

解説

遣唐使は一面では律令制度の繁栄を支える役割を果たしてきた。使節団は大使、副使、判官、録事以下水手に至る多数の職員と留学生、留学僧を加え、初期は一〇〇～二〇〇人、のちには五〇〇人以上に達し、船も初めは一隻であったが、八世紀以後は四隻となり『四の船』とよばれ遣唐使の別称ともなった。博多津を出港した船団は、初めは北路を通ったが、半島を統一した新羅との関係悪化による危険の増大と、南西諸島の開拓により、八世紀以後は南路をとるようになった。しかし、遣唐使の派遣には航海の危険がつきまとい、六三〇年からの十数回の派遣のうち全船が無事帰国できた例はほとんどみられない。史料は八九四年に遣唐大使の菅原道真の建議で派遣が中止された事情を物語るが、その直前の遣唐使派遣（八

1 原始・古代

平安

探究20
遣唐使派遣の理由、およびその中止が日本に与えた影響について述べよ。

史料注
日本紀略　七一頁参照。

三八年）からすでに五十数年間を経ていたのである。遣唐使の中止の理由は、史料にあるような唐の衰退、海上の遭難、入唐後の危険だけでなく、派遣の費用捻出が困難になった財政上の問題が大きかったのだろう。なお、東アジア世界が変動期を迎えており、従来の遣唐使のような公式の国交や貿易以外の私貿易船の往来があったことにも注意したい。また、唐以外にも

渤海との交流（七二七年から九二〇年までに三四回にわたる渤海使の来日がある）も忘れてはならない。このように、遣唐使の中止は確かに中国との公式の交流を断ち日本の文化にも大きな影響を与えたものの、その後一切の大陸との交流を断絶したというわけではなく、刀伊の入寇（一〇一九年）もそのような大陸とのつながりの一事件としてとらえたい。

参考
刀伊の入寇 ★☆☆☆☆
（寛仁三年四月十七日）公卿参入し、小除目行はるるの間、大宰府の飛駅使馬に乗りて左衛門陣に馳け入る。是、刀伊国の賊徒五十余艘起り来たり、壱岐嶋を虜め、守藤原理忠を殺害し、幷びに人民を虜掠し、筑前国怡土郡に来たる、者。
『日本紀略』

Spot

道真の悲劇

藤原基経が世を去った八九一年、宇多天皇は菅原道真を蔵人頭に抜擢した。ここから道真の異例の出世がスタートする。八九七年、宇多天皇は愚子の醍醐天皇に譲位するが、その際にも道真を基経の子、時平とともに重用するよう諭している。八九九年、時平が左大臣、道真が右大臣に任じられた。学者の家柄としては破格の出世である。事実、「意見封事」で知られる三善清行などは、分をわきまえよと右大臣の辞職勧告さえ送りつけている。一方、譲位後も政治に介入する父宇多に対する醍醐天皇の心情も複雑であった。こうした中、九〇一年、突如として道真は大宰権帥に左遷される。時平が、道真は醍醐天皇を廃し娘婿の斉世親王擁立をはかっていると讒言したためである。宇多はただちに宮中に駆けつけたが、宮前は固く閉ざされたままであった。道真失脚の背景には時平とのライバル関係の他に、宇多・醍醐親子の確執、そして周囲の反感があったのである。そのような政治状況を理解できなかったことが、道真の政

治家としての限界でもあった。道真は二年後、大宰府にて不遇の死を遂げた。それからまもなく、道真失脚にかかわった者たちはあいつぐ不幸に見舞われることになる。時平が九〇九年に三九歳の若さで死去、四年後には右大臣源光が鷹狩に出た際、泥沼にはまって溺死した。源光は道真の後任の右大臣であった。さらに九二三年には時平の妹穏子と醍醐天皇の間に生まれた皇太子保明親王が二一歳で死去、二年後にはその保明親王と時平の娘との間に生まれた幼い新皇太子慶頼王まで亡くなってしまう。さらには九三〇年に清涼殿に落雷があり、道真追放に関わった大納言藤原清貫ら多数の死傷者を出す。醍醐天皇は心労から病に倒れ、三ヶ月後に四六歳で崩じた。これらが道真の祟りとされ、やがて道真を雷神とする信仰が人々の間に広まった。天神信仰で、京都と大宰府に天満宮が創建され、中世以後流行し、さらには生前、道真が優れた学者・詩人であったことから学問の神様として信仰されるようになり、今日に及んでいるのである。

第3章　貴族政治と国風文化

① 摂関政治

① 摂政・関白のはじめ　★★★☆☆

(1) 摂政のはじめ

天安二年❶戊寅　摂政　従一位　藤原良房　五十五　十一月七日宣旨❷にて摂政と為す。

『公卿補任』

(2) 関白のはじめ

（貞観八年八月❸）十九日辛卯、太政大臣❹に勅して天下の政を摂行せしむ。

『日本三代実録』

摂政太政大臣❺に万機を関白せしむるの詔ふ。詔して、「朕❻凉徳を以て茲に乾符❼を奉ず。（徳の薄い身でありながら帝位についた。）鳳扆❽に臨みて薄氷を履むが如く、龍軒を撫して淵水を渉るが若し。（天子の車で川を渡るような〈不安な〉状態だ。）朕の沖眇、重ぬるに弧煢を以てす。（私は無力であり、さらに孤立で頼る者もない。）嗚呼、三代❾政を摂り、一心に忠を輸す。先帝❿聖明にして、其の摂録⓫を抑ぐ。

何ぞ宝命を黄図に恢め、（どうして天命を広め天子の使命を正しく行うことができようか。）旋機を紫極に正しうするを得むや。

細、百官己に総べ（官職について）、皆太政大臣に関白⓬し（太政大臣が）、然る後奏下すること一に旧事の如くせよ」と。

仁和三年⓭十一月廿一日（二十）

『政事要略』

※色文字は重要語

❶天安二年　八五八年。
❷宣旨　天皇の命を伝える文書の一形式で、綸旨と並んで簡単な形式で出された。
❸貞観八年　八六六年。
❹太政大臣　藤原良房。
❺摂政太政大臣　藤原基経。
❻朕　宇多天皇。
❼乾符　天皇であるしるし。
❽鳳扆　天子の座。玉座。
❾三代　清和・陽成・光孝の三代をさす。
❿先帝　光孝天皇。
⓫摂録　摂政。
⓬関白　「あずかりもうす」。（太政大臣を）経由し奏上する。
⓭仁和三年　八八七年。

史料注
公卿補任　神武天皇代から一八六八（明治元）年に至るまでの公卿の氏名、官歴

解説
律令制が変質するなかで政治的に台頭したのは、あらゆる手段で他氏を排斥し、外戚の立場に立って高位を占めた藤原北家である。藤原良房が摂政に就任したのは、正式には『日本三代実録』のように八六六年のことである

●御堂関白記
陽明文庫蔵

1　原始・古代

平安

を年代順に記したもの。一〇世紀半ばに成立していた『公卿伝』に代々書き継いだといわれる。

日本三代実録　九〇一（延喜元）年、藤原時平らの撰で成立した歴史書。六国史の最後で、清和・陽成・光孝三代（八五八〜八八七年）について記す。

政事要略　一〇〇八（寛弘五）年頃惟宗允亮が著した法制書。当時の政務全般に関する制度、事例を広く集め類別したもの。

るが、彼の娘明子が産んだ清和天皇が即位した八五八年には事実上摂政の任にあったことが『公卿補任』の記事から知れる。また、**藤原基経**は、「関白」の初見記事である八八七年に正式に宇多天皇から関白に任命されたが、事実上は彼が擁立した光孝天皇の即位（八八四年）以後その任にあった。このような摂政・関白の職は、本来臨時のものでその天皇一代限りのものであったが、やがて**安和の変**（九六九年）で他氏排斥を完了した藤原氏は以後それを常置し、権勢を極めることとなった。

❷ 応天門の変　★ ☆☆☆☆

今は昔、水尾の御門[1]の御時に、応天門[2]焼けぬ。人の付けたるになんありける。それを伴善男[3]といふ大納言、「これは信の大臣[4]のしわざなり」と大やけに申ければ、その大臣を罪せんとさせ給ひけるに、忠仁公[5]、……この事を聞きおどろき給ひて……御前に参り給て、この事申す。「人の讒言にも侍らん。大事になさせ給事、いと異様の事也。かかる事は返々よくただして、まこと、そらごとあらはして、おこなはせ給べきなり」と……とあらはしてから、

応天門を焼きて、信の大臣におほせて、かの大臣を罪させて、一の大納言なれば、大臣にならんとかまへける事の、かへりてわが身罪せられけん、いかにくやしかりけむ。

『宇治拾遺物語』

❶ **水尾の御門**　清和天皇。

❷ **応天門**　平安京大内裏の朝堂院の南面の門。応天門炎上は八六六（貞観八）年閏三月のこと。

❸ **伴善男**　八六四（貞観六）年に大納言となったが、応天門の変で伊豆に配流された。

❹ **信の大臣**　源信。嵯峨天皇皇子で、左大臣の地位にいた。

❺ **忠仁公**　藤原良房。太政大

臣。

史料注

宇治拾遺物語　鎌倉初期の説話集。作者不詳。『今昔物語集』などと重複する話が多い。庶民性に富んだ親しみやすい作品。

史料注

続日本後紀　八六九年、藤原良房らによって編まれた歴史書。『日本後紀』に続く六国史の四番目の書で、仁明天皇一代（八三三〜八五〇）の編年体歴史書。

日本紀略　七一頁参照。

解説

八六六（貞観八）年に発生した応天門炎上事件に端を発する疑獄事件が応天門の変である。大納言伴善男は、左大臣源信に疑いをかけたが、太政大臣藤原良房が無実を主張したため逮捕を免れた。その後、善男の従者が息子の中庸に命じて放火させたという疑いが出てきた。善男が犯人という男が訴えでて、

藤原良房は善男をとらえ訊問をしているさなかの八月一九日、孫の清和天皇から正式に摂政に任ぜられたのである。結局、古来の名族伴氏（大伴氏）即位に伴い、大伴氏は天皇の諱（八二三年、淳和天皇（大伴親王）即位に伴い、大伴氏は天皇の諱を避けるため、伴氏と改称）と紀氏は、この事件によって完全に没落し、藤原北家による政権独占が進むこととなった。なお、この一件を描いた絵巻物が有名な『伴大納言絵巻』（院政期の作）である。

参考

承和の変　★☆☆☆☆

（承和九年七月己酉）是の日、春宮坊帯刀伴健岑・但馬権守従五位下橘朝臣逸勢等謀反し、事発覚す。六衛府をして宮門並びに内裏を固守せしむ。……是より先、弾正尹三品阿保親王、書を縅し、后に上呈す。……其の詞に曰はく、「今月十日、伴健岑来り語りて云はく、嵯峨太上皇今将に登遐せんとす。国家の乱れ、待つべきに在るなり。請うらくは皇子を奉じて東国に入らん ことを。」

*崩御されよう としている。
*皇太子（恒貞親王）を東国へお移し申し上げる ことを。

『続日本後紀』

参考

安和の変　★★☆☆☆

（安和二年三月）二十五日壬寅、左大臣兼左近衛大将源高明を以て、大宰員外帥と為す。大納言同在衡を以て左大臣と為す。大宰助源満仲・前武蔵介藤原善時等、中務少輔源連・橘繁延等の謀反の由を密告す。……禁中の騒動、殆ど天慶の大乱の如し。

右大臣藤原師尹を以て右大臣と為す。

『日本紀略』

要点ナビ

右大臣藤原実資が日記に記した道長の権勢。

③ 藤原道長の栄華　★★★★☆

1 寛仁二年　一〇一八年。

2 女御　天皇の后妃の一つ。初めは地位が低かったが、このころには皇后に次ぐ。摂関家の娘も女御を経て皇后に上がる。

3 前太政大臣　藤原道長。

4 三后　道長の長女・彰子が

1（寛仁二年十月）十六日乙巳、今日、女御藤原威子2を以て皇后に立つるの日なり。前太政大臣3の第三の娘なり。一家にして三后4を立つ、未だ曾つて有らず。……太閤5下官6を招き呼びて云ふ、「和歌を読まんと欲す。必ず和すべし者7、」答へて云ふ、又云ふ、誇りたる歌になむ、何ぞ和し奉らざらんや。

通釈

（寛仁二〔一〇一八〕）年、一〇月）一六日今日、女御の藤原威子が皇后の位につかれた。（藤原道長の三女の藤原威子が皇后になった。）これで道長の家からは三人の皇后が出たことになるが、全く先例のないことだ。……（この立后の儀式の後の宴席で）道長が私を招き呼んで「和歌を詠もうと思うが、是非返歌を頼みたい」と言うので、「なぜ返歌しないことがありましょうか」と答えた。

一条中宮、次女の妍子が三条中宮となっていた。

有る。但し宿構[8]に非ず者。此の世をば我が世とぞ思ふ望月[9]の虧たる事も無しと思へば。余申して云ふ、御歌優美なり。酬答するに方無し。満座只此の御歌を誦す可しと。……

『小右記』

道長は、「自慢気な歌だが、この場の座興で、別に前から作っておいたわけではないよ」と軽く弁解して「この世をば我が世とぞ思う望月の欠けたることもなしと思えば」と詠んだ。私は「歌の見事なのに感嘆して、うまい返歌が出てきません。皆で、この歌を唱和することにしましょう」と答えておいた。……

注
1 丹生使　丹生神社への使者。
2 棟仲　平棟仲。
3 能信　藤原道長の五男。
4 一の家　摂関家のこと。
5 太閤　前関白の唐名をさす卑称。道長。
6 下官　自分をさす卑称。
7 和す　返歌を詠む。
8 宿構　あらかじめ作る。
9 望月　十五夜の満月。

史料注
小右記　小野宮右大臣藤原実資の日記で九七八（天元元）～一〇三二（長元五）年の記録。彼の祖父実頼や伯父頼忠が摂関となった名門ながら、道長一門の政権独占により頂点に立てなかった不満からか、権力者道長に対しても批判的な見方で描いている。

探究1
① 藤原氏の政権獲得の手法について述べよ。
② 公私混同の政治の実例を調べよ。

❹ 摂関家への荘園集中　★☆☆☆☆

1
（万寿二年七月）十一日辛卯、……去る九日丹生使[1]、蔵人検非違使棟仲[2]、大納言能信[3]卿の山城国庄の雑人に、小舎人の頭打ち破らる。濫行極まり無し。仍て使の官人を差し遣はすと云々。天下の地、悉く一の家[4]の領となり、公領は立錐の地も無きか。悲しむべきの世なり。

（立錐…錐を立てるほどのわずかな土地もない）

『小右記』

解説
藤原北家一門の繁栄は道長・頼通に至ってその頂点に達した（一一世紀の前半約七〇年の間、藤原氏の全盛時代）。道長の代に甥の伊周を退けたのは、一門の中で特に対立するものもなく、他氏の有力なものはすでにまったく排除されてしまっていたから、朝廷の実権を完全に掌握して専制的な政治を行うこと二〇余年に及んだ。彼自身は従一位摂政太政大臣に昇り、その七男八女のうち五男が公卿の列に加わり六女が中宮・女御になり、その勢威は一〇一七（寛仁元）年長子頼通に受け継がれた。『小右記』にある威子の立后はその翌年のことで、その栄華と権力を「満月が欠けたところのないのない」とたとえるように、満ち足りた幸福に浸っている有様をよくうかがうことができる。道長はまた御堂関白の名で知られているが、その御堂の建立に示された人々の協力の様子は、『栄華物語』巻一五「うたがひ」や『小右記』寛仁三年七月一七日の条にその勢威のすばらしさを知ることができる。なお御堂法成寺は一〇二二（治安二）年七月一四日完成し盛大な供養が営まれたが、以後しばしば火災にあい、鎌倉末期に廃絶し、今はその跡形もとどめていない。

参考　法成寺の造営　★☆☆☆☆
かくて世を背かせ給へど、御急ぎは「浦吹く風」にや、御心地今は例ざまになり果てさせ給ぬれば、御堂の事おぼし急がせ給。摂政殿国々までさるべき公事をばさるものにて、先づこの御堂の事を先に仕ふまつるべき仰言給ひ、……日々に多くの人々参りまかで立ち込む。さるべき殿ばらを始め奉りて、宮々お御封・御庄どもより、一日に五百人、千人の夫どもを奉るにも、人の数多かる事をばかしこき事に思ひお

史料注

栄花(華)物語　宇多天皇より堀河天皇までの約二〇〇年を藤原道長までの栄華を中心に記した編年体の歴史物語。一一世紀頃の作。作者は赤染衛門ともいわれる。

ぽしたり。国々の守ども、地子・官物は遅なはれども、ただ今はこの御堂の夫役、材木・檜皮(ひわだ)・瓦(かわら)多く参らす業を、我も〳〵と競ひ仕まつる。

『栄花(えいが)物語(ものがたり)』

Spot

道長は極楽往生できたのか?

一〇二七(万寿四)年一二月四日、藤原道長は没した。享年六二歳。自ら建てた法成寺阿弥陀如来から五色の糸を自らの手に結び、一族の公卿、国々の有力国司らに看取られ、まさに大往生をとげた感がある。しかし、彼は晩年、胸を病み(心臓病か)、白内障に悩み、死去の年の六月頃から食事をほとんど受けつけなくなったようだ。一一月には下痢が続き、失禁状態となり、背中に大きな腫れ物までできている。胸の痛みに腫れ物の激痛、……阿弥陀如来はこの苦しみから彼を救うことができたのであろうか。

---

❷ 地方政治の乱れ

❶ 尾張国郡司百姓等解❶　★★★★☆

要点ナビ
尾張国郡司、百姓らから太政官に提出された国司弾劾の嘆願書。

1　尾張国の郡司百姓❷　等解し申す官裁を請ふの事
裁断せられんことを請ふ、当国守藤原朝臣元命❸、三箇年内に責め取る非法の官物❺、幷びに濫行横法卅一箇条の愁状

5　一、裁断せられんことを請ふ、例挙の外に三箇年内に収納せる加徴❻の正税❼ 冊三万千二百冊八束の息利十二万九千三百七十四束四把一分の事……

一、(七条)裁断せられんことを請ふ、交易と号して誑ひ取る

通釈

尾張国の郡司と百姓が太政官の裁判を請願すること
国守の藤原元命が、今まで三か年の間に行った非法な税の収奪と無法行為、しめて三一か条に関する私たちの嘆願書を裁いて頂くようお願いします。

一、定例の出挙以外に、この三年間正税四三万一二四八束の利息として一二万九三七四束四把一分を徴収したことについて裁断して頂きたい。

一、国への買上げだといって、(実はひどく値切って)だまし取った、絹・手作布・信濃布・麻布・漆・油・苧・茜・綿等について裁断して頂きたい。

※色文字は重要語

❶解　令制で下から上へ差し出す文書形式。

❷百姓　古代では百姓(ひゃくせい)と読み、奴婢等以外の国家に直接隷属する身分を示す。

❸元命　藤原魚名(北家房前の子)の子孫。

❹三箇年内　国司の任期は、このころ通常四年。この訴訟は任期切れの時期を狙って起され、再任を阻止した。

❺官物　官に納められた税の総称。

1 原始・古代

平安

史料注

6 **例挙** 恒例の出挙稲貸付。国ごとにその額が決まっており、その利息が地方官衙の主要財源。

7 **正税** 国郡の正倉に備蓄された租税(種籾)の高利強制貸付)の元本。出挙(種籾)

8 **交易** 交易雑物のこと。国司が正税の一部でその地方の産物を買上げて中央に送る制度。

9 **苧** イラクサ科の多年草。

10 **茜** 赤い染料。

11 **綿** 絹の一種で蚕の繭を煮て引き伸ばし、綿状にしたもの。真綿。

12 **庁務** 当時の国司は、政庁で百姓の訴訟を聞く義務があった。

13 **有官散位** 有位者で官についているものを有官、いないものを散位という。

14 **不善の輩** 元命は彼らに、検田、納税、百姓の弾圧などの仕事をさせた。

史料注
尾張国解文 『平安遺文』などに収められている。一条天皇(在位九八六〜一〇一一)の時に尾張国の郡司百姓が一致して国司藤原元

絹・手作布・信濃布・麻布・漆・油・苧⑨・
茜⑩・綿等⑪の事……

(二六条)
一、裁定せられんことを請ふ、守元命朝臣、庁務無き⑫に依つて、郡司百姓の愁ひを通じ難きの事……

(二七条)
一、裁断せられんことを請ふ、守元命朝臣の子弟郎等、郡司百姓の手自り乞ひ取る雑物の事……

(三〇条)
一、裁断せられんことを請ふ、守元命朝臣、京自り下向するに、毎度引率する有官散位⑬の従類、同じく不善の輩⑭の事……

以前の条々の事、憲法の貴きを知らんがため言上することこと件の如し。……望み請ふらくは件の元命朝臣を停止し、改めて良吏を任じ、以て将に他国の牧宰をして治国優民の褒賞を知らしめんことを。仍りて具さに三十一箇条の事状を勒し、謹みて解す。『尾張国解文』

一、元命が、国の政庁で執務をとらないので、郡司百姓が嘆願する権利を奪われていることについて裁断して頂きたい。

一、元命の子弟や従者が、郡司百姓の手からいろいろな財物について裁断して頂きたい。

一、元命が京から下向の度に引率してくる有官・散位の従者とよからぬ者たちについて裁断して頂きたい。

以上のことは、正しい法がこの世にも存在することを教えて頂くために言上するものです。……この元命朝臣を罷免して頂き、良い官吏を任命して頂き、諸国の国司に良い国政をすればその賞があることを知らせたいのです。……よって、細かに三十一か条にわたって述べて、謹んで申し上げます。

解説

地方政治の乱れは、辺境における農民の反乱のなかとともに、国司の暴政とこれに対する農民の反乱のなかに顕著にみられる。このころ地方の郡司・百姓が国司を訴えるために上京する事実がしばしばあったことは、『御堂関白記』などにも見えているが、国司の非法の内容を詳しく述べた史料はほかにほとんどないので、この解文は当時の地方政治の実状を示す史料として、極めて重要視されている。

元命は花山天皇のときの権臣藤原惟成の叔父であった。したがって、一条天皇即位とともに摂政となった藤原兼家にとっては、非常に警戒を要する人物だったから、これを失脚させるために中央の人の手でこの解文が作為されたのではないかという説もあるが、内容は非常に具体性を持っていて、いかにも当時の国司が行いそうなことを詳細に述べている(ここで特に注意すべきことは、尾張国全体が元命という国司一家の私領という

命の悪政を朝廷に訴え、その停任を申請した文書。

探究2　当時の国司は、自分の任国をどのように考えていたか。

性格を持ってきていることである）。こうした暴政は、当時受領、と呼ばれた任国の間では一般的で、「きさき（后）がね　もし然らずばよき国の　若き受領の妻がねならし」（為頼朝臣集）と羨望されたごとく彼らが一代にして財をなしたこととは、いかに農民の収奪をこととしていたかを示すであろう。

なお参考までにこの提訴の結果を付け加えると、翌九八九（永祚元）年二月五日に朝廷で元命の停任を議定し、後任者が任命された。しかし元命の政治的生命は失われたわけでなく、解文の中で非難されている息子も一〇二三（治安三）年に石見守に任命されたことが知られている。

② 受領ハ倒ル所ニ土ヲ摑メ　★☆☆☆☆

要点ナビ『今昔物語集』に記された受領の貪欲さ。

1　今ハ昔、信濃ノ守藤原ノ陳忠ト云フ人アリケリ、任国ニ下テ国ヲ治テ任畢ニケレバ、上ケルニ御坂ヲ越ル間ニ、多ノ馬共ニ荷ヲ懸ケ、人ノ乗タル馬員知ラズ次キテ行ケル程ニ、多ノ人乗タル中ニ、守ノ乗タリケル馬シモ、懸橋ノ鈹ノ木ヲ後足ヲ以テ踏折テ、守逆様ニ馬ニ乗乍ラ落入ヌ。……

数ノ人懸リテ絡上タルヲ見レバ、守旅籠ニ乗テ絡上ラレタリ。守片手ニハ縄ヲ捕ヘ給ヘリ。今片手ニハ平茸ヲ三総許持テ上リ給ヘリ。引上ツレバ懸橋ノ上ニ居エテ、郎等共喜合テ、「抑モ此ハ何

ゾノ平茸ニカ候ゾ」ト問ヘバ、守ノ答フル様、「落入ツル時ニ馬ハ疾ク底ニ落入ツルニ、我レハ送テ上ニツル也。未ダ残リヤ有ツラム。……

レテフタメキ落行ツル程ニ、木ノ枝ノ滋ク指合タル上ニ不意ニ落懸リツレバ、其ノ木ノ枝ヲ捕ヘテ下ツルニ、……其ノ木ニ平茸ノ多ク生タリツレバ見棄難クテ、先ツ手ヲ及ビツル限リ取テ、旅籠ニ入レ

ト云ヘバ、郎等共「現ニ御損ニ候」ナド云テ、其ノ時ニゾ集リテ散ト咲ヒニケリ。守、「僻事ナ云ヒソ。汝等ヨ宝ノ山ニ入テ手ヲ空シクシテ返タラム心地ゾスル。受領ハ倒ル所ニ土ヲ摑メトコソ云

ヘ」ト云ヘバ、……此レヲ聞ケム人争ニ憎ミ咲ヒケルトナム語リ伝ヘタルトヤ。『今昔物語集』

1　御坂　今の神坂峠。東山道の官道で美濃から信濃に越える峠。

2　懸橋　険しい崖に沿って通行するために板を棚のようにさしかけて造った道。桟道。

3　鈹　端（はた）の意か。

4　旅籠　旅行用の駕籠（かご）。

5　平茸　きのこの一種。

6　受領　任国に実際に赴任している国司。

史料注
今昔物語集
今昔物語集　一一〜一二世

紀に成立した説話集で、インド、中国、日本の三国にわたる古今の仏教・世俗説話を所収。著者は源隆国とする説もあるが不詳。

解説

摂関政治のもとで、中央の政治が紊乱していた頃、地方では都から下った中・下流の貴族が、受領となって農民の搾取に狂奔していた。史料中の「受領ハ倒ル所ニ土ヲ摑メ」という言葉は、こうした受領の貪欲さを如実に描いている。律令制によれば、国司に任ぜられた者は六年ないし四年の間任地に下って政務をみることになっていたが、遙任制度が成立してくるとともに、国司は任地に下らないのが普通になった。受領は遙任国司に対して実際に任地に赴いて実務をとる国司の称であったが（解由状を受領するところから起こったという）、この受領もただ徴税に任地に行くことが多くなった。これらの受領層は収入の多い地方官を重任して財力を蓄え、摂関政治を構成していた上流貴族に対する一つの階層を形成して、やがて院政が出現するとその権力の主要な一支柱になったとみられている。

❸ 荘園の発達

❶ 大名田堵の経営　★☆☆☆☆

1　三の君の夫は、出羽権介田中豊益、偏に耕農を業と為し、更に他の計なし。数町の戸主❶、大名の田堵❷なり。兼ねて水旱の年を想ひて鋤・鍬を調へ、暗に膄え瘦せたる地を度りて馬把・犂を繕ふ。或は堰塞・堤防・溝渠❸・畔畷❹の忙に於て、田夫農人を育み、或は種蒔・苗代・耕作・播

5　殖❺の営に於て、五月男女❻を労ふの上手なり。作るところの植種❼・粳・糯❽・苅穎❾他人に勝れ、蕎麦・胡麻・員を尽して登熟す。しかのみならず、園畠に蒔くところの麦・大豆・大角豆・小豆・粟・黍・稗・春法❿毎年に増す。春は一粒をもて地面に散すといへども、秋は万倍をもて蔵の内に納む。

『新猿楽記』

※色文字は重要語

❶戸主　土地所有者。
❷大名の田堵　大きな名を請作する有力な農民。「田堵」の堵は垣の意。
❸溝渠　みぞ。(用水路)。
❹畔畷　あぜやあぜ道。
❺播殖　種まきや植え付け。
❻五月男女　田植を行う農夫・五月乙女。
❼植種　早稲と晩稲。
❽粳糯　うるち米ともち米。
❾対穎　稲穂を刈る(収穫)。
❿春法　もみを臼でつくこと。

史料注

新猿楽記　一一世紀初め頃藤原明衡が著した往来物（初級教科書）。猿楽を見物する右衛門尉一家（妻三人、娘一六人、男子九人）に託し、各種の職業階層の生活様式を滑稽に描いた。史料の田中豊益は、右衛門尉の三番目の娘の夫という設定である。

１四至　東西南北の境界。

２津守　桂川の津の管理者だろうが、明確な伝記は不詳。

３院　ここでは東三条院藤原詮子（兼家の娘で、円融天皇女御、一条天皇の母）。

４女房　皇居や院の御所で部屋を賜わる高位の女官。女房は父兄の官職（この場合大納言）で呼ばれた。

５中司職　荘官の名称の一つ。

６長徳三年　九九七年。

解説

七四三年の**墾田永年私財法**は、それ以後の土地制度を大きく変えていった。これによって、開墾やそれによる土地の私有が公認されていったのだが、その後開墾上の制約（位階による面積の制限、三年不耕の原則など）が撤廃され、九〜一〇世紀には開墾が広範に行われるようになった。このような開墾の主力となった有力な農民が**田堵**である。史料に登場する田中豊益は、架空の人物ではあるが、当時の田堵の実態、すなわち荘園や公領での農業のプロフェッショナルとしての姿が生々しく伝えられている。田堵は、荘園領主（公領の場合は国衙）との間に一年ごとに契約し、一定の土地を請作し、地

子を貢納する。請作地の大きい有力な者は大名田堵と呼ばれ、小さい者は小名田堵と呼ばれた。田堵は請作地に自分の名（**負名**）を冠して名田を形成したが、初期には土地所有権は持たず領主的性格はほとんどみられない。しかし、班田制崩壊により新たな租税徴収の単位となったこの名に対する国衙からの圧迫は強く、その圧力のなかで耕作者を確保する必要がある荘園領主は、次第に田堵の権利を広範に認めるようになった。このようにして、田堵はやがて在地領主化して名主と呼ばれるようになる。

❷ 荘園の寄進──上桂荘の例　★☆☆☆☆

寄進し奉る　所領の事

合はせて壱所者

山城国上桂に在り

四至❶

東は桂川東堤の樹の東を限る　西は五本松の下路を限る　南は他領の堺（入り交る）を限る　北は□河の北梅津堺の大榎木を限る

右当所は、桂の津守❷建立の地なり。津守津公・兼枝❸・則光❹と次第知行相違無し。爰に御威勢を募り奉らんが為めに、当庄を以て永代を限り、院❸の女房❹　大納言殿御局に寄進し奉る所なり。中司職❺に至りては、則光の子々孫々相伝すべきなり。後日のため寄進の状件の如し。

長徳三年❻九月十日

玉手則光　判

玉手則安　判

『東寺百合文書』

注

1 鹿子木の事 鹿子木荘のことで肥後国飽田郡にあった。

2 当寺 東寺。空海が嵯峨天皇より下賜され、真言密教の根本道場として繁栄、多くの荘園を領有した。

3 開発領主 その地を最初に開いた本来の領主（根本領主とも呼ばれた）。

4 沙弥 入門直後の正式に僧侶にならないものをいう。

5 高方 中原高方。寿妙の孫。

6 実政 藤原実政。寿妙を受けた一〇八六年には、大宰大弐従二位であった。

7 預所職 現地を掌握する荘官の名称の一つ。

8 願西 刑部大輔藤原隆道の法名、実政の曽孫。

9 高陽院内親王 鳥羽天皇の娘。

10 美福門院 高陽院内親王の母得子。

11 御室 京都御室の仁和寺。

史料注

東寺百合文書 東寺所蔵の文書のうち、一六八五年頃金沢藩主前田綱紀が寄進した一〇〇合の箱に収められた

❸ 荘園の寄進——鹿子木荘の例 ★★☆☆☆

史料

鹿子木の事 **1**

一 当寺 **2** の相承は、開発領主 **3** 沙弥 **4** 寿妙 嫡々相伝の次第なり。

一 寿妙の末流高方 **5** の時、権威を借らんが為めに、実政 **6** 卿を以て領家と号し、年貢四百石を以て割き分ち、高方は庄家領掌進退の預所職 **7** となる。

一 実政の末流願西 **8** 微力の間、国衙の乱妨を防がず。この故に願西、領家得分二百石を以て、高陽院内親王 **9** に寄進す。件の宮薨去の後、御菩提の為めに、勝功徳院を立てられ、かの二百石を寄せらる。其の後、美福門院 **10** の御計として御室 **11** に進付せらる。これ則ち本家の始めなり。……

『東寺百合文書』

通釈

鹿子木のこと

一 この荘園を東寺が伝承しているのは、開発領主の沙弥寿妙の子孫が代々継承してきたからである。

一 寿妙の子孫の高方の時、権威を借りようとして藤原実政卿を領家として、年貢四〇〇石を上納することとし、高方は現地を管理支配する預所職となった。

一 実政の子孫の願西は力がなかったので国衙の干渉を防げなかった。そこで願西は領家の得分のうち二〇〇石を高陽院内親王に寄進した。内親王が亡くなったあと、菩提を弔うために勝功徳院が建てられ、その二〇〇石を寄進された。その後、美福門院のはからいで仁和寺に寄進された。これがこの荘園の本家の初めである。

解説

田令の規定によると、墾田は田租を納める義務を持つ輸租田であったが、九世紀半ば以後、貴族・寺社はその地位を利用し、**不輸**の特権を認めさせ、さらに検田のための国衙勢力の立ち入りを拒む**不入**の権も獲得した。これらの荘園の権限を獲得したり、さらに強化するために行われたのが寄進であり、それは一〇世紀末にはすでに行われており、一一～一二世紀に本格化し**寄進地系荘園**を成立させる。その典型的な例が鹿子木荘（史料❸）であり、「**権威を借**」り、「**国衙の乱妨を防**」ぐため寄進が繰り返され、**預所**の重層的領有関係が成立している。このような荘園の乱立は、公領の減少を招き財政基盤を損うものであったから、政府はたびたび荘園整理令を発しこれを規制しようとしたが、不正手段による非合法な荘園の禁止にとどまり、有効なものとはなり得なかった。

1 原始・古代

平安

たもの。

なお、これは『東寺百合文書』に収められた『鹿子木荘事書』という史料で、鎌倉時代後期の一三世紀末に書かれたものである。そのため、のちに領主権を得た東寺が、領有権をめぐる訴訟の中でその正当性を主張するために書かせたものであり、開発領主の立場や権限が強調されているとの見解がなされており、寄進地系荘園の形成時期も含めて今後の研究が待たれるところである。

④ 官省符荘　★☆☆☆☆

要点ナビ　太政官や民部省が不輸を公認した荘園。

1 太政官符す　伊勢国司

応に醍醐寺所領の曾禰庄❶を不輸租田と為し、幷びに庄司❸・寄人❹等の臨時雑役❺を免ずべき事壱志郡に在り

右、彼の寺去る七月七日の解❻状を得るにいはく、「件の庄の租税と雑役を免除せらるべきの由、具さに事状を注し言上すること先に畢ぬ。しかるに、いまだ裁下❼を承らず。しかる間、彼の庄司今月九日の解状にいはく、件の庄いまだ租税を徴するの例あらず、しかるに当任の守藤原朝臣国風にはかに前例にそむきて庄田を収公して雑役を付科す。望み請ふらくは、早く言上せられて官符❽を給はり、全く地子を運納せむ者。望み請ふらくは先の解状に任せて、早く官符を給せられて、租税・雑役を免除せられ、将て庄務を済さむ」者ば、左大臣❾宣す、「勅を承るに請に依れ」者。国司宜しく❿承知し、宣に依りてこれを行へ。符到らば奉行せよ。

地子のすべてを寺に納入したい
庄務を円滑に行いたいと思います
申請通りにせよとの天皇の仰せである。

天暦五年九月十五日

『醍醐寺雑事記』

❶醍醐寺　八七四（貞観一六）年に創建の真言宗寺院。醍醐天皇時代に勅願寺となった。

❷曾禰庄　九四八（天暦二）年に朱雀院から醍醐寺に寄進されて成立した荘園。伊勢国壱志郡（現在の三重県松阪市付近）にあった。

❸庄司　荘官の名称の一つ。

❹寄人　荘官だが、本家の貴族・寺社の人的支配のもとにある奉仕者身分。

❺雑役　雑物と夫役。

❻解　下から上への上申文書。

❼裁下　許可。

❽官符　太政官符。

❾左大臣　藤原実頼。

❿宜

史料注

醍醐寺雑事記　僧慶延が醍醐寺の所領・行事・資財など荘園のことで、最も特権的な荘園として他と区別された。

解説　官省符荘とは、国家が太政官符や民部省が発した符によって、荘田の不輸租やその領有を公認した荘園として他と区別された。律令制以来荘園の不輸租と領有を公認するのは太政官だけであったが、領有者が自ら荘と称した荘園や国司が認めた国免荘も、平安時代中期以降多く出現する。もともと律令制下では神田・

どについて撰した書。平安末期成立。

寺田などの不輸租田を除いて一般に荘田の不輸租は認められなかったが、有力な諸家・諸寺社はその地位を利用して種々の口実を設け、荘園の不輸租権を得ようとした。なお、九世紀末までは、官省符荘において新たに付加されてきた田地も既存の官省符荘田と同質に取り扱われ不輸租となったが、一〇世紀初め頃からは、官省符荘の不輸租の範囲は当初の官省符に記載された荘田だけに限定され、それ以外の荘田は輸租とされるのが原則となった。しかし、中頃には耕作民の臨時雑役を免除された荘園も出現する。醍醐寺伊勢国曾禰荘がその早い例である。そして一一世紀後期に入ると、官省符荘田では官物も臨時雑役もともに不輸とされ、平安時代にしばしば発せられた荘園整理令は、官省符荘田を対象としたものではなく、収公されることはなかった。

④ 武士勢力の台頭

① 僦馬の党　★☆☆☆☆

1　此国頃年強盗蜂起し、侵害尤も甚し。静かに由緒を尋ぬるに、皆僦馬の党より出ず。何となれば、坂東諸国の富豪の輩ただ駄を以て物を運ぶ。其の駄の出ずる所は皆掠奪による。山道の駄を盗みて以て海道に就き、海道の馬を掠めて以て山道に赴く。爰に一疋の駑に依りて百姓の命を害ひ、遂に群盗を結び既に凶賊と成る。玆に因りて当国隣国共に以て追討し、解散の類、件等の堺に赴く。

『類聚三代格』

通釈

上野国ではこのごろ（八九九年頃）強盗が多発し、被害ははなはだしい。強盗の素性を調べると、皆、「僦馬の党」から出ている。というのは、東国の富豪層は馬で物を輸送するが、その馬は皆掠奪したものである。東山道で馬を強奪しては東海道でその馬を使って輸送し、東海道で馬を奪っては東山道で使っている。一匹の馬によって多くの人命が奪われ、彼らは群盗化し恐しい盗賊となっている。そこで当国（上野国）や周辺諸国がその取り締まりをしたため、逃亡した彼らは、東国の境となる峠の方へ向かっている。

※色文字は重要語
1 此国　上野国。
2 僦馬の党　馬を用いて運送業を営み蓄財した土豪。
3 富豪の輩　地方豪族や有力農民（大名田堵など）。
4 山道　東山道。
5 海道　東海道。
6 駑　のろい馬。
7 件等の堺　東国の境。東山道の碓氷峠や東海道の足柄峠をさす。

史料注
類聚三代格　七二頁参照。

1 天慶二年　九三九年。
2 玄明　藤原玄明。常陸国の有力者。
3 牒　公文書の一形式。上下関係にない役所の間で取り交されるもの。
4 権守　権官（正官以外の官）の一種。正式の国守の定員外の国守。
5 坂東　足柄・碓氷峠以東の地。関東地方。
6 虜掠　人をとりこにし、物をかすめ取ること。
7 利帝　帝王の血筋。
8 苗裔　子孫。
9 三世の末葉　将門が、高望

❷ 平将門の乱　★☆☆☆☆
たいらのまさかど

1
天慶二年十一月廿一日を以て常陸国に渉る。国、兼ねて警固を備へて、将門を相待つ。将門陳じて云ふ。件の玄明等を国土に住ましめ、追捕すべからざるの由、而るに承引せず、合戦すべきの由、牒を国に奉る。仍りて彼此の合戦の程、国の軍三千人員の如く討取らる也。……時に武蔵権守興世王、竊に将門に議して云ふ、「案内を検ぜしむるに、一国を討つと雖も、公の責め軽からず。同じくは坂東を虜掠して暫く気色を聞かむ」てへり。将門報答して云ふ。「将門が念ふところも宰これのみ。……苟しくも将門、利帝の苗裔、三世の末葉なり。同じくは八国より始め

通釈

天慶二（九三九）年一一月二一日に〔将門は〕常陸国に進軍した。常陸国府は、すでに警固をかためて将門軍を待ち受けていた。将門は「問題の藤原玄明などが常陸国で生活することを認め、彼らを追討することをやめよ」という最後通牒を国府に突き付けたが、国府側は承諾せず、宣戦布告を返答としてきた。そこで合戦となったが、常陸国府の軍勢三〇〇〇人は総勢ことごとく討ち取られてしまった。……この時武蔵権守の興世王がひそかに将門に、「調べてみると、一国を討ったに過ぎないといっても、朝廷の処罰は軽くない。どうせ同じことなら関東全体を奪い取って、しばらく様子をうかがったらどうか」と言った。将門は、「私が思うところも同じだ。……いやしくも私は天皇の血を引く、高望王の三世の子孫である。同じくは八国より始め

解説

史料は八九九（昌泰二）年に、上野国から出された解をうけて発布された太政官符の一節である。「僦馬の党」という名辞はこの史料以外に見られないため、必ずしもその詳細な実態を検証できないが、九〜一〇世紀に東国に広く分布した運送業者で、有力な農民や土豪が盗賊化しながら台頭してきた勢力かとみられる。ここで注目すべきは、まず律令制の解体や運脚のような物資輸送の仕組みも崩壊し、馬などを駆使して運搬を請け負う者が登場したことである。瀬戸内海では同様に海運業を担う者が出てきただろう。そして、これらの勢力は非合法のものとして国司による取り締まりの対象となり、それに対抗するために武装し、相互に結束していったものと思われる。そのような国司との対立抗争が、**天慶の乱**（平将門の乱・藤原純友の乱）という形であらわれる。将門は多くの農民を隷属下に置いた僦馬の党の糾合に成功し、反国衙闘争を展開したとみられるのである。九世紀末〜一〇世紀は、中央政界においては藤原氏の台頭が著しく、一時的に菅原道真の登用や醍醐・村上天皇の親政も行われたが、大きな流れは藤原氏の政権独占、摂関政治の完成へと向かっていた。貴族政治が最盛を迎える前に、もうすでにその貴族に代わって次代を担う**武士**勢力の萌芽がみられるところに注目したい。

1 原始・古代

平安

王（桓武平氏の祖、九世紀末に上総国に土着）の三世孫であることをさす。

10印鑑 印は国印。鑑は鍵。（国印の入った櫃の鍵、または国の税を納めた倉庫の鍵）これを奪うとは、国守の実権を奪うことを意味する。

11官堵 官都。京都。

12上毛野 上野国。

13亭南 将門の拠点のあった猿島郡石井郷亭南をさすか。

史料注
将門記 九四〇（天慶三）年成立した戦記物の先駆的作品。著者不詳。平将門の乱の経過を知る根本史料である。

14六弁八史 太政官弁官局の弁官、史官の総称。左右弁官の大・中・少各一人の六弁と左右の大・少各二人の史（八史）をさす。

15内印外印 内印は天皇印で、外印は太政官印のこと。

て、兼ねて王城を虜領せむと欲ふ。今すべからく諸国の印鑑10を奪ひ、一向に受領の限りを官堵11に追ひ上げむ。然れば且つは掌に八国を入れ、且つは腰に万民を附けむ」てへり。……また数千の兵を帯して、天慶二年十二月十一日を以て、先ず下野国に渡る。……将門、同月十五日を以て上毛野12に遷る。……将門を名づけて新皇と曰ふ。……且つ諸国の受領を点定し、且つ王城を建つべきの議を成す。その記文に云ふ、「王城は下総国の亭南13に建つべし。兼ねて橛橋を以て、号けて京の山埼と為し、相馬郡大井津を以て、号けて京の大津とせむ」と。便ち、左右大臣・納言・参議・文武百官・六弁八史14皆以て点定し、内印外印15の鋳るべき寸法、古文の正字を定め了んぬ。

『将門記』

同じこととならば、関東八か国から始めて、都まで征服しようと思う。今はまず、諸国の国印と正倉の鍵を奪い、すべての国司（受領）を都へ追い返そう。そうすれば八国を支配下に置き、万民を支配することになろう。」と言った。……また、数千人の兵を従えて、天慶二（九三九）年十二月一日に、まず下野国に進軍した。……将門は、同（十二）月一五日に上野国に進んだ。……将門を新皇と呼んだ。……（将門は）諸国の受領を決定し、また新皇の皇居を建てようとはかった。その文書に「皇居は下総国の亭南に建てる。橛橋を京の山崎と名付け、相馬郡の大井津を京の大津と名付けよう」とある。そして、左右大臣・納言・参議・文武百官・六弁八史（などあらゆる官吏）を任命し、天皇印・太政官印も、鋳造する寸法や古式にのっとった字体などを定めた。

解説 九〜一〇世紀以後、地方政治の混乱によって治安が乱れると国衙の役人や荘園の荘官を初め有力農民は治安維持のためにも、また支配下の土地や人民を確保するためにも武装しなければならなかった。彼らは家子と呼ばれる同族や郎等（郎党）と呼ばれる従者を率いて武士団を結成し、上京して滝口の武士や諸国の追捕使、押領使等に任命されて、中央・地方の治安維持の分担をしながらその地位を利用して発展を遂げていった。大武士団の統率者は棟梁と呼ばれたが、彼らは国司として現地に下ったものの子孫で現地に土着して地方豪族となったものが多かった。なかでも桓武平氏と清和源氏が有力であった。

　東国に早くから根をおろしていたのは桓武平氏であった。その一族で下総の猿島を根拠とする平将門は、若年で都に上り藤原忠平に仕えた。帰国後所領問題で伯父の国香や良兼らと絶えず争い、九三五（承平五）年国香を殺したためその子の貞盛をも敵にしていた。この地方の騒動も、史料に見られる九三九（天慶二）年二月に、常陸の国府を攻略して以来、下野・上野の国府を攻め落として反乱を起こし、関東の大半を征服して新皇と称するようになった。

　平将門の乱は、同じ東国の武士団である平貞盛、藤原秀郷ら

によって、わずか二か年で鎮圧されたが、ほとんど同時に起こった西海の藤原純友の乱と合わせて天慶の乱と呼ばれ、京都の宮廷貴族を驚かせ恐怖に陥れた。この乱によって、中央貴族の無力が明らかになるとともに地方武士団の組織は一層強化され、武士たちは自己の力を自覚していくようになったのである。

探究6　天慶の乱の歴史的意義を述べよ。

参考

藤原純友の乱　★☆☆

（天慶二年十二月二十一日）今日、伊予国解状[1]を進る。前掾藤原純友[2]、去んぬる承平六年、海賊を追捕すべきの由、宣旨を蒙る。而るに近来相驚く事有り。紀淑人朝臣、制止を加ふと雖も承引せず。……前掾藤原純友、年来彼の国に住み、党を集め、群れを結び、東西に警固使[3]を遣わす。……平将門と謀を合わせて心を通じ、此事を行うがごとし。……純友を召上げ、国郡の騒ぎを鎮めんと云々。……前掾藤原純友、随兵等を率い、巨海に出でんと欲す。……暴悪をおこなう。……

『本朝世紀』

解説

1　解状　下級身分の者が上申する際に用いる文書の書式。
2　前掾藤原純友　前の伊予掾であった藤原純友。
3　警固使　天慶の乱に際して臨時に設けられ、諸国の要衝警備にあたった。

史料注
本朝世紀　平安時代末期、後鳥羽上皇の命により信西（藤原通憲）が編纂。六国史を継ぐ史書として宇多天皇（八八七年）から近衛天皇（一一五五年）までを記す。

③

源　義家の権勢　★☆☆☆☆

（寛治五年[1]）六月十二日、宣旨を五畿七道に給ひ、前陸奥守義家兵を随へて京に入ること、并びに諸国百姓、田畠の公験[2]を以て好みて義家朝臣に寄する事を停止す。件の由緒は、藤原実清[3]と清原則清[4]と河内国の領所を相論するの間、義家朝臣と舎弟義綱と権を互にし、両方威を争ふの間、攻伐を企てむと欲すなり。天下の騒動、此より大なるは莫し。

『百錬抄』

解説

一一世紀後半から一二世紀の院政期には、地方社会……その力を見せつけることとなる。特に清和源氏は、平忠常の乱（一〇二八年）で源頼信・頼義父子が活躍して東国に地盤を……で実力を蓄えた武士が中央政界へも進出し、大いに……

1　寛治五年　一〇九一年。
2　公験　官府から下付する証明書。私有地の所有権移転を公認する文書が多い。
3　藤原実清　源義家の郎等。
4　清原則清　義家の弟義綱の郎等。

史料注
百錬抄　鎌倉末期に成立し……

1　原始・古代

平　安

た編年史。九六八年から一二五九年までの約三世紀にわたる雑事を記録。

探究7
平忠常の乱の歴史的意義を述べよ。

史料注

陸奥話記　一一世紀後半の成立。前九年合戦の経過について記した軍記物語。

康富記　室町時代中期の学者中原康富の日記。武家の動静を詳しく記述。

❶**六箇郡**　陸奥国の胆沢・和賀・江刺・志波・稗抜・岩手の六郡。安部氏は父祖三代の間に北上川流域を支配。

❷**安部頼良**　安部頼時のこと。

❸**源朝臣頼義**　源頼信の長男。

❹**頼信**　河内源氏の祖。平忠常の乱を鎮圧。

❺**光頼并に舎弟武則**　出羽国の俘囚長清原光頼・武則兄弟。武則は鎮守府将軍となり奥羽二州の基礎を築く。

築き、前九年合戦（一〇五一〜六二）を経て源義家（頼義の子）の時代には東国武士との間に強固な主従関係を確立した。史料は、その義家が弟義綱との争いから合戦を始めようとしたため、驚いた政府が義家の入京と義家への荘園寄進を禁止したものである。一個人への寄進禁止という前代未聞の法令を見ても、当時の義家の権勢はうかがい知ることができるし、その権勢を頼って荘園集中がかなり進んでいたことがわかる。しかし、この武門の棟梁の繁栄は長くは続かなかった。弟義綱との対立、白河上皇の態度の変化（義家のあまりの人気への不安）などで勢力後退を余儀なくされた。代わって、義家の子義親の乱行を出雲に討った平正盛が重用され始め、彼の孫清盛の時代には平氏の極盛期を迎えるのである。

❹　前九年合戦　★☆☆☆☆

1
六箇郡❶の司に、安部頼良❷といふ者ありき。……自ら酋長を称し、威権甚しくして、……賦貢を輸さず、遙役を勤むることなかりき。（貢納せず、雑役を勤めることもしなかった。）……ここに朝廷議ありて、追討将軍択びぬ。衆議の帰りしところは、独り源朝臣頼義❸にあり。頼義は河内守頼信朝臣❹の子なり。……

代々己を恣にし、蔑にすといへども上制することの能は（先祖代々／朝廷をないがしろにしていたが、ひとつに朝廷はこれを上制＝制することはできなかった）

5
求めつ。ここに武則同年の秋七月をもて、子弟と万余人の兵を率るて、陸奥国に越へ来りぬ。将軍大に喜びて、三千余人を率る、七月廿六日をもて発しぬ。……（九月十七日）賊徒潰え乱れて、或は身を碧潭に投げ、或は首を白き刃に刎ねつ。

「各　村落に入りて屋舎を壊ち運び、城の隍を塡みよ。」（城の周囲の溝を埋めよ。）……（康平五年春）源頼義朝臣、頼に兵を光頼并に舎弟武則❺に

『陸奥話記』

参考

後三年合戦　★☆☆☆☆

出羽の秀武と云ふ者、七旬老屈（七十歳の老体）に及び、砂金を捧げて庭上に跪きし時、真衡は或る僧と囲碁に忽に忿嗔を起し、……火を我が館に放ち、潜かに出羽に馳せ下り了んぬ。然る間真衡進発して秀武を討ち止めんと欲する処、……秀武は清衡家衡と相語るの間、清衡家衡は真衡館に押し寄せ放火す。真衡は途中にて之を聞き引き返せしと雖も既に敵に合はざるの間、重ねて出羽に発向せんと欲すの刻、*八幡殿*奥州に任ぜられ給ひ国に入るなり。真衡は太守八幡殿

探究 8　諸乱の鎮定者は、どのような人びとであったか。

の為に給仕を致し、礼儀を厚くせしの後、又出羽に進発せしめ了んぬ。……この間真衡は出羽発向の路中に於て病に侵され頓死了んぬ。この後清衡家衡は太守に対し野心存せず死亡の由之を陳ぶ。降を請ふの間、太守之を免じ許し、六郡を割き分けて、各三郡を充て清衡家衡に補せられし処、家衡を謗し申すと雖も、太守許さず、……家衡は清衡館に同居せしの時、……清衡を害せんと欲す。清衡先づ之を知り、叢中に隠れ居りしの処、家衡火を放ち清衡宿所を焼き払い忽に清原妻子眷属を殺害し了んぬ。

『康富記』

解説　前九年合戦

前九年合戦（一〇五一～六二）は陸奥の俘囚（蝦夷に対する呼称の一つ）の長だった安部氏が起こした反乱である。安部頼時は、隣郡を攻略したため、朝廷は源頼義・義家父子にこれを討たせた。頼時は一時帰順したものの、その後再び態度を硬化させ反乱を起こし、一〇五七（天喜五）年敗死した。しかし、その後もその子貞任・宗任らの抵抗に苦しむこととなり、出羽の俘囚長清原氏の援軍を得てようやく一〇六二（康平五）年に源頼義は鎮圧に成功した。この乱で活躍した清原氏は、鎮守府将軍として陸奥国六郡にも勢威をふるうことになる。しかし、清原真衡（前九年合戦で活躍した武則の孫）は義弟清衡・家衡と内紛を起こした。真衡が頓死しても争いはやまず、今度は清衡と家衡の対立を生んだ。清衡の要請に応じ陸奥国司として下向した源義家の介入によって、ようやく一〇八七（寛治元）年この乱は終結した。これにより、源氏は**東国武士団**とのつながりを深め、確固たる勢力基盤を築き上げた。

Spot

羅城門で老婆を剥ぐ盗人の話

今は昔、盗みを働こうと思って摂津国から上京して来た男がいた。日暮れには間があるので羅城門の下に隠れていたが、朱雀大路にはまだ人通りがある。人影が絶えるまでと、そっと門の二階に登った。見れば、奥の方にかすかに灯がともっている。不思議に思い連子窓を通して覗くと、若い女の屍体が横たわり、枕元におかれた灯のわきに白髪の老婆が座って死人の髪を一本一本抜いている。一瞬ぎょっとしたが「まてよ、この老婆は鬼だろうか。いや、死霊かもしれぬ。ひとつおどしてみよう」と気をとり直し、そっと戸を開けるや刀を抜き大喝して走りかかった。老婆は手をすり合わせて狼狽する。「ささまは何者だ。何をしている」と男が叫ぶと、老婆は、「このお方が私の主人ですが、亡くなられても葬ってくれる人がなく、やむをえずここに置いたのですが、おぐしがたいそう長いので、抜き取って鬘にしようと思っただけです。どうかお許しください」と言う。男はそれを聞くや、死人の衣裳と老婆の着衣、それに抜き取った髪を奪って二階から駆けおり、どことも知れず逃げ去った。

……以上が後年、芥川龍之介が著した短編小説『羅生門』の題材となった『今昔物語集』の「羅城門登上層見死人盗人語第一八」のあらすじである。

1 原始・古代　平安

⑤ 国風文化と浄土教

要点ナビ──編者の紀貫之が仮名文で記した和歌の神髄。

① 古今和歌集仮名序 ★★☆☆☆

1
やまとうたは、ひとのこゝろをたねとして、よろづのことの葉とぞなれりける。世中にある人、こ
とわざしげきものなれば、心におもふことを、見るもの、きくものにつけて、いひいだせるなり。花
になくうぐひす、みづにすむかはづのこゑをきけば、いきとしいけるもの、いづれかうたをよまざり
ける。ちからをもいれずして、あめつちをうごかし、めに見えぬ鬼神をも、あはれとおもはせ、おと
5 こ女のなかをもやはらげ、たけきものゝふのこゝろをも、なぐさむるは歌なり。

『古今和歌集』

（注）よろづのことの葉＝多くの言葉となってあらわれている。／世中にある人＝生きている人間は、いろんなことに／いきとしいけるもの、いづれかうたをよまざり＝歌を詠まないものがいようか。／あめつちをうごかし＝天地の神々を動かし／めに見えぬ鬼神＝目に見えぬ鬼神をも感動させ、

史料注
古今和歌集 九〇五（延喜五）年、醍醐天皇の命で成立した最初の勅撰和歌集。撰者は紀貫之、凡河内躬恒ら。全二〇巻で約一一〇〇首を収める。

② 土佐日記 ★☆☆☆☆

1
をとこもすなる日記といふものを、をむなもしてみんとてするなり。それのとしのしはすのはつか
あまりひとひのひのいぬのときに、かどです。そのよし、いさ、かものにかきつく。

『土佐日記』

（注）をとこ（男）／をむな（女）／ひ（日）／いぬ（戌）／かど（門出）／それのとし（某年）[1]／しはす（十二月）／はつか（二〇日）

解説
文化の国風化を示すものにかな文字の発達がある。かな（仮名）とは、本来『真名』（漢字）に対するあるが、公的な文書の文字としてはなじまないものであった。仮名は、既に九世紀に私的な和歌の贈答や書簡に使用されているが、その公的な地位を高めたのが『古今和歌集』仮名序である。
仮の字の意味で、万葉仮名の草書体を簡略化した平がなと漢字の偏・旁・冠などの一部を表音符号として用いた片かなが り、『土佐日記』である。

史料注
土佐日記 紀貫之が土佐守の任期を終えて帰京するまで（九三四年一二月二一日～翌年二月一六日）の日記風の紀行文。

※色文字は重要語
1 やまとうた 和歌のこと。
2 ことわざ 行い。
3 かはづ かえる。
4 ものゝふ 武士。

史料注
1 それのとし 九三四（承平四）年。
2 いぬのとき 午後七時から九時の間。

1 原始・古代

平安

❸ 末法思想の流布　★☆☆☆☆

1

永承七年壬辰正月廿六日癸酉。……今年始めて末法に入る。

（永保元年）九月十五日戊戌　未時、山僧数百の兵衆を引率して三井寺に行き向ふ。重ねて残りの堂舎僧房等を焼き畢ると云ふ。……門人上下各々皆山林に逃げ隠れ、或は三井寺に行き向ふ。重ねて黄泉に入り、或は愁を懐きて蒼天を仰ぐ。今年末法に入りてより三十年を経たり。

『扶桑略記』

❹ 空也の活動　★☆☆☆☆

1

沙門弘也は、父母を言はず、亡命して世にあり。或は云く、潢流より出でたりといふ。故に世に阿弥陀聖と号づく。或は市中に住して仏事を作し、また市聖と号づく。口に常に弥陀仏を唱ふ。嶮しき路に遇ひては即ちこれを鏟り、橋なきに当りてはまたこれを造り、井なきを見るときはこれを掘る。号づけて阿弥陀の井と曰ふ。

『日本往生極楽記』

解説　浄土信仰の民衆への布教に大きな役割を果たしたのが、聖と呼ばれる民間の宗教者である。その先駆者と評価される空也は、若い頃から在俗の修行者として諸国をめぐり、「南無阿弥陀仏」を唱えながら道路・橋・寺などを造り、社会事業を行い、念仏を広めていった。空也ゆかりの京都六波羅蜜寺には、念仏を唱える口から六体の阿弥陀仏が現れたといわれる伝承のままにあらわされた『空也上人立像』があり、運慶の四男康勝の手になる鎌倉彫刻の傑作として名高い。

↑空也上人立像　六波羅蜜寺蔵
（康勝作・鎌倉時代）

---

❶永承七年　一〇五二年。この年が釈迦入滅後、二〇〇一年目にあたるとされた。

❷山僧　比叡山延暦寺の僧。三井寺と対立していた。

❸焼き畢る　既に六月にも山僧による焼き打ちがあった。

❹門人　三井寺の僧。

史料注　扶桑略記　三一頁参照。

探究9　末法思想流布の上で僧兵の横暴がどのように影響したか。

❶沙門　僧。

❷弘也　空也（九〇三─九七二）。

❸亡命　本籍地から離れること。

❹潢流　皇室。

史料注　日本往生極楽記　慶滋保胤著。十世紀後半に成立した最初の往生伝。聖徳太子をはじめとして、皇族から僧・庶民にいたる計四五人の極楽往生の伝記を収録している。

1　原始・古代

平安

❺　往生要集　★★☆☆☆

1　夫れ往生極楽の教行は、濁世末代[1]の目足[2]なり。道俗貴賤、誰か帰せざる者あらん。但し、顕密[3]の教法は、其の文一に非ず。事理の業因[4]は、其の行惟れ多し。利智精進の人は、未だ難と為さず。予の如き頑魯の者[5]、豈に敢てせんや。是の故に念仏の一門に依りて、聊か経論の要文を集む。之を披き之を修するに、覚り易く行ひ易し。総じて十門[6]あり、分ちて三巻と為す。一に厭離穢土[7]、二に欣求浄土[8]、三に極楽の証拠、四に正修念仏、五に助念の方法、六に別時念仏、七に念仏の利益、八に念仏の証拠、九に往生の諸業、十に問答料簡なり。之を座右に置きて廃忘[10]に備へよ。

『往生要集』序

要点ナビ

1　濁世末代　濁った末世。
2　目足　道標、導き。
3　顕密　顕教と密教。
4　事理の業因　悟りを開き成仏するために必要な修行。
5　頑魯の者　頑固で愚かな者。
6　十門　『往生要集』は一〇の章からなる。
7　厭離穢土　娑婆、すなわち現世を厭い離れること。
8　欣求浄土　浄土に往生することを願い求めること。
9　問答料簡　問答してはかり比べること。
10　廃忘　信心を忘れること。

史料注

往生要集　源信(恵信僧都)が九八五(寛和元)年著した仏教経論集。多くの経論をひき、極楽往生するために念仏すべきことを説いている。

探究10　摂関・院政期になって浄土教は、なぜ急に勃興したか。

通釈

極楽に往生するための教理と修行は、濁った末世に生きるものにとっての導きの糸である。僧・俗人・貴族・庶民を問わず、皆、それに帰依していくのは当然だ。ただ、顕教・密教の教えは、その内容が多岐にわたり、往生するために必要な行いもいろいろと多い。それでも、智力にすぐれていて精進できる人にとっては困難でないだろうが、私のように愚かな者は、ためらわざるを得ない。だから、念仏の宗派の立場から、経論の中の重要部分の抜き書きを、ここに集めてみた。この本(往生要集)を開いて学べば、教理も覚り易く、修行も容易になるだろう。この本は一〇章からなり、三巻に分けてある。一章は穢れた現世を厭い離れることと、二章は浄土に往生することを願い求めること、三章は経文による極楽の(実在の)証明、四章は正しい念仏の修め方、五章は念仏を助ける方法、六章は日時を定めて念仏すること、七章は念仏による利益、八章は念仏すれば往生できることの証明、九章は往生するための種々の行い、一〇章はほかの宗派との問答体による比較である。この本を座右に置いておき、忘れそうになったら、読まれるとよい。

解説

平安後期の浄土信仰の流行は、末法思想によるところが大きい。釈迦入滅後一〇〇〇年で像法の世、さらに一〇〇〇年で末法の世に入り、絶え間ない天災地変と戦乱が人々を苦しめると信じられていた。当時の世相はまさに末法……を感じさせるものであったため、人々の不安は増し、阿弥陀如来によって救われ極楽往生することを願う浄土信仰が盛んになったのである。源信の『往生要集』は浄土教学の確立に大きな影響を与える著作となった。

第2編　中世

史料年表

時代	西暦（元号）	政治・経済・社会・文化	関連史料	朝鮮	中国
平安時代	1069（延久元）年	延久の荘園整理令	p.100	高麗	北宋（宋）
	1086（応徳3）年	院政の開始	p.101		
	1156（保元元）年	保元の乱	p.106		南宋 金
	1159（平治元）年	平治の乱	p.106		
	1167（仁安2）年	平清盛、太政大臣になる	p.106		
	1180（治承4）年	福原遷都	p.107		
		治承・寿永の乱（～85年）			
	1185（文治元）年	守護・地頭の設置	p.108		
		壇ノ浦の戦い			
		平氏滅亡			
		このころ鎌倉幕府成立	p.108		
鎌倉時代	1192（建久3）年	源頼朝、征夷大将軍となる			
	1221（承久3）年	承久の乱	p.111		
	1232（貞永元）年	御成敗式目制定	p.117		
	1274（文永11）年	文永の役 ┐元寇	p.128		元
	1281（弘安4）年	弘安の役 ┘			
	1297（永仁5）年	永仁の徳政令	p.129		
		このころ悪党の活躍	p.131		
建武の新政	1333（元弘3）年	鎌倉幕府滅亡			
	1334（建武元）年	建武の新政	p.143		
南北朝・室町時代	1336（建武3・延元元）年	建武式目制定	p.149		
		南北朝の動乱	p.151		
	1338（延元3・建武5）年	足利尊氏、征夷大将軍になる			
	1352（文和元・正平7）年	半済令発布	p.154		
	1392（元中9・明徳3）年	南北朝の合体	p.152	朝鮮	明
	1401（応永8）年	足利義満、日明貿易の開始	p.158		
	1428（正長元）年	正長の徳政一揆	p.162		
	1429（〃2）年	播磨の土一揆	p.162		
	1441（嘉吉元）年	嘉吉の変	p.164		
		嘉吉の徳政一揆	p.165		
戦国	1467（応仁元）年	応仁の乱	p.167		
	1485（文明17）年	山城の国一揆	p.170		
	1488（長享2）年	加賀の一向一揆	p.172		

関連地図

中世の東アジアと日本の通交

1404年から室町幕府による朝貢形式で貿易を開始。

順天府(北京)

朝鮮

明

黄河

漢城

京都

富山浦 塩浦

三浦の乱(1510年)
朝鮮居留日本人による暴動事件。この結果朝鮮の通交は制限を受けることになった。

乃而浦 博多 堺

日本

日朝貿易の航路

応天府(南京)

長江

坊津

日明貿易の航路

寧波

琉球王国

寧波の乱(1523年)
大内氏と細川氏が勘合貿易をめぐって紛争。

中国や東南アジア、朝鮮、日本との中継貿易で発展した。

道南十二館

十三湊

平泉
中尊寺

足利学校

白水阿弥陀堂

清浄光寺

鎌倉
円覚寺
建長寺

加賀の一向一揆(1488〜1580年)(p.172)

六波羅探題(1221年)
正長の徳政一揆(1428年)(p.162)
嘉吉の徳政一揆(1441年)(p.165)
知恩院
建仁寺

吉崎御坊

春日山

永平寺

一乗谷

大輪田泊
福原(1180年、計画のみ)(p.107)
播磨の土一揆(1429年)(p.162)

伯耆国東郷荘

小田原城

久遠寺

府中

川中島の戦い

壇ノ浦の戦い(1185年)

山城の国一揆(1485〜93年)(p.170)

吉野(南朝)(p.151)

堺(p.177)

博多

山口

石山本願寺
(戦国初期)

紀伊国阿氐河荘
(p.133)

厳島神社

備前国福岡市

府内

屋島の戦い(1185年)

草戸千軒町

琉球王国
(1429年成立)

第4章　中世社会の形成

① 院政

① 延久の荘園整理令 ★★★☆☆

要点ナビ
後三条天皇が発令し、かなり徹底。

※色文字は重要語

1 寛徳二年 一〇四五年。この年には、寛徳荘園整理令で、新立の荘園を停止した。

2 立券 国家による荘園設立許可書の発行手続のこと。

3 閏二月 延久元年の閏月は二月ではなく一〇月であるため、史料の日付は疑問。

4 記録庄園券契所 各荘園の証拠書類（券契）の調査機関。

5 寄人 記録荘園券契所の職員。

6 宣旨 天皇の命令書。

7 官符 太政官の命令書。

8 宇治殿 藤原頼通のこと。

9 一ノ所 最上の座にすわる者。摂関のこと。

延久元年二月廿三日、寛徳二年以後の新立荘園を停止すべし。たとひ彼の年以往と雖も、立券分明ならず、国務に妨げある者は、同じく停止の由宣下す。
　……
閏二月十一日、始めて記録庄園券契所を置き、寄人等を定む。

『百錬抄』

延久ノ記録所トヘハジメテヲカレタリケルハ、諸国七道ノ所領ノ宣旨官符モナクテ公田ヲカスムル事、一天四海ノ巨害ナリトキコシメシツメテアリケルハ、スナハチ宇治殿ノ時、一ノ所ノ御領〳〵トノミ云テ、庄園諸国ニミチテ受領ノツトメタヘガタシナド云ヲ、キコシメシモチタリケルニコソ。サテ宣旨ヲ下サレテ、諸人領知ノ庄園ノ文書ヲメサレケルニ、宇治殿ヘ仰ラレタリケル御返事ニ、「皆サ心得ラレタリケルニヤ。五

通釈

〔『百錬抄』の〕延久元（一〇六九）年二月二三日

「寛徳二（一〇四五）年以後に新立された荘園を廃止し、またそれ以前に設立されたものでもその証拠書類が明瞭でなく、国司の地方行政の障害になるものは同じく廃止せよ」という（後三条）天皇の命令が下された。
　……
閏二月十一日、初めて記録荘園券契所を置き、その職員を決めた。

（後三条天皇が）延久の記録所を初めて置かれたのは、全国の荘園が宣旨や官符等の証拠書類もないのに公有地を占拠している状態は、天下の害悪であると考え続けておられたからである。これは、宇治殿（藤原頼通）の権勢の時期に「摂関家の領地と称する荘園が諸国に充満して、国司の（租税上納などの）任務の遂行が困難だ」などという人々の意見を聞いたころから、天皇がお考えであったことである。そこで宣旨を下して、貴族たちに荘園設立の証拠文書を提出させたのだが、頼通からの返事は、「（私の家の荘園のことについては）皆が了解していたことだと思うのですが……私は五〇余年も天皇の御後見にお仕えしましたので、

🔴源頼朝下文
東京大学史料編纂所蔵

2 中世

平安

要点ナビ
院政の開始について、北畠親房が批判。

⑩君ノ御ウシロミ　天皇の後見。摂関のこと。頼通は三代の天皇の後見をつとめた。
⑪強縁　権力者との縁故。
⑫前太政大臣　前太政大臣の中国的言い方。

史料注
百錬抄　九二頁参照。
愚管抄　天台座主慈円（九条兼実の弟）が一二二〇（承久二）年著した、神武から承久の乱前までの歴史書（一四〇頁参照）。

探究1
① 延久の荘園整理令はだれがどのような目的で出したものか。
② 延喜と延久の整理令に対する藤原氏の態度に、どのような違いがあるかを述べよ。

① 御一期　御一生。
② 此御代　白河上皇の御代。
③ 執柄　摂政・関白の別称。
④ 宣下　詔勅より簡単な手続で出される天皇命令。

❷ 院政の開始 ★☆☆☆☆

十余年君ノ御ウシロミヲツカウマツリテ候⑩シ間、所領モチテ候任者ノ強縁⑪ニセンナンド思ヒツツヨセタビ候ヒシカバ、サニコソナンド申タルバカリニテ、マカリスギキ。ナンデウ文書カハ候ベキ。……」ト、サハヤカニ申サレタリケレバ、アダニ御支度サウイノ事ニテ、ムゴニ御案アリテ、別ニ宣旨ヲクダサレテ、コノ記録所へ文書ドモ〔召す〕メスコトニハ、前大相国⑫ノ領ヲバノゾク〔除く〕ト云宣下アリテ、中〳〵ツヤ〳〵ト御沙汰ナカリケリ。『愚管抄』

解説
藤原氏を生母にもたない後三条天皇は、摂関家から距離を置いて親政を開始した。国家財政の再建のためには、従来不十分であった荘園整理を徹底する必要があった。
延久の荘園整理令は一〇六九（延久元）年二月二三日と三月一三日の二回に出された。その概要は①一〇四五（寛徳二）年以後の新立荘園は認めない、②一〇四五年以前であっても証拠文書のない荘園は整理する、③文書があっても国司行政の障害にな

る荘園は整理する、という内容である。
後三条天皇は、太政官に記録荘園券契所をもうけ、反摂関家の立場にある大江匡房らを職員に起用した。そこでは、国司提出の書類を審査し詳細な調査の上で荘園整理を判断した。当時最大の荘園領主であった摂関家の所領について『愚管抄』は、藤原頼通の所領だけは特例とされたと述べている。しかし、実際には特例はごく一部にとどまり頼通の荘園も整理された。

所領を持つ人々が縁故を求めて寄進してきた。ただ『そうか、そうか。（解った）』と言うだけで今まで過ごしてきました。何で証拠文書などありましょうか。……」ということだった。こうはっきり言われては、計画が狂ってしまい（天皇は）いつまでも御思案された末に、結局、別に宣旨を下して、記録所への文書提出については、頼通の荘園を除外すると命ぜられた。こんなことで、すっきりとした処置にはならなかったのである。

白河院……天下ヲ治給コト十四年。……世ノ政ヲハジメテ院中ニテシラセ給①。後ニ出家セサセ給テモ、ソノマ、ニテ御一期ハスゴサセマシ〳〵キ。……此御代②ニハ院ニテ政ヲキカセ給ヘバ、執柄③ハタ、職ニソナ

通釈
白河上皇が……天皇として国を治められたのは一四年間であった。……その後、初めて、政治を院中から指導され、出家して法皇となられても、そのまま亡くなるまで院政を続けられたのである。この時は、院で政治が処理されたので、摂関はただ名前だけのものと

2　中世

平安

要点ナビ（語注）

5 御受戒　出家するものが受戒する制度。

4 神社仏事封家の納　寺社に与えられた封戸。封戸とは、民戸を与え、そこからの税の大部分を与える制度。

3 定任　重任。国司の任期後も交代せずに留任すること。

2 万石万足　石は米を、正は織物を数える単位。

1 受領の功　受領（国司）任官を求めた成功。成功は売官の一種。

史料注

神皇正統記　一三三九（延元四）年南朝の中心人物北畠親房が著し、のちに後村上天皇に献じた歴史書。神代から後村上天皇までの天皇の事蹟、歴史の推移を述べ、南朝の正統性を強調した。

7 御下文　院庁下文。院庁から出す公式文書。

6 院宣　院の命令を下達する公文書。院司が院の仰せを受けて出す奉書の形式。

5 官符　太政官から命令を下達する文書。

❸ 院政の実態 ★★☆☆☆

史料

一 法皇の御時初めて出来せる事

受領の功❶、万石万足❷ 進上の事

十余歳の人、受領と成る事

我が身より始めて子三四人に至り、同時に受領と成る事

卅余国定任❸の事

神社仏事 封家の納❹、諸国の吏全く弁済すべからざる事

天下の過差日を逐うて倍増し、金銀錦繍、下女の装束と成る事

（白河法皇が）

通釈

白河法皇の時に新たにはじまったこと。

受領への任官を求めた成功（じょうごう）として、多くの米や絹を献上すること。

一〇歳余りの子供が受領になること。

本人も含めて子供三・四人が同時に受領に重任していること。

全国で三〇国以上の国司が重任していること。

寺社の封戸としての支給分を、諸国の受領が全く納めないこと。

世の中が贅沢になり、金をちりばめた豪華で美しい衣装が下女の装束にも使われるようになったこと。

（白河法皇が）出家した後でも受戒しないこと。

史料

ハリタルバカリニナリヌ。サレドコレヨリ又フルキスガタハ一変スルニヤ侍ケン。執柄世ヲオコナハレシカド、宣旨❹・官符❺ニテコソ天下ノ事ハ施行セラレシニ、此御時ヨリ院宣❻・庁御下文❼ヲオモクセラレシニヨリテ、在位ノ君又位ニソナハリ給ヘルバカリナリ。世ノ末ニナレルスガタナルベキニヤ。

『神皇正統記』

解説

後三条天皇の死後、白河天皇は十数年にわたる親政を行った後、一〇八六（応徳三）年、位を堀河天皇に譲り、上皇となって院政を開始した。その最大の目的は上皇が確実に自分の子孫に皇位を継承することにあり、摂関家から皇位継承の主導権を奪うことになった。史料は南北朝時代の南朝をささえた北畠親房の『神皇正統記』である。藤原氏などの上級貴族が補佐する天皇親政を理想と考えていた北畠親房は、院政には批判的で、天皇や藤原氏の権威の低下を嘆いている。史料の記述とは異なり、あくまでも太政官をはじめとする朝廷が依然として政治の中心であったが、院から出される院庁下文や院宣が太政官を動かし、国政一般に影響を及ぼすようになった。

通釈

なった。（この点だけみると摂関の存在しない昔に戻ったかのようだが）しかし、実はこの時から古い政治の姿が一変していったのである。というのは、以前は、摂関が政治を指導していても、天皇の宣旨や太政官符によって天下の政治が行われていたのに、この時から、院宣や院庁下文の役割が重くなって、天皇自身も、形式的に位におられる名前だけの存在になられてしまたからである。世も末になったというべきであろう。

❶九品 西方浄土に往生する

要点ナビ
後白河法皇が、民間歌謡を編纂。

探究2
① 『神皇正統記』の筆者北畠親房は、院政についてどのように考えていたのだろうか。
② 摂関政治・院政で律令体制はどう変化したか、経済的基盤・政治機関・職員・命令文書などに注目して考えよ。

史料注
中右記　中御門右大臣藤原宗忠の日記。記事は一〇八七年から一一三八年に及び、院政期の政治、社会情勢を詳述している。
源平盛衰記　一三世紀半ばに成立した軍記物。著者不詳。源平の争乱を描き、平家物語の異本とみるべきか、平家物語が語りを対象としているのに対し、読みを対象とした文体をとっている。

けるべき戒め。
御出家の後、御受戒なき事

白河の院は、賀茂川の水、双六の賽、山法師、是ぞ朕が心に随はぬ者と、常に仰せの有りけるとぞ申し伝へたる。
『中右記』

参考 天下三不如意　★☆☆☆

解説
院政は、天皇に譲位した上皇（出家後は法皇）が院庁において、「治天の君」として、子や孫の天皇に代わって政治を行う政治形態である。
白河上皇以来、後醍醐天皇が親政を回復するまで院政は続き、中世の朝廷では一般的な政治形態となるが、院政期とは、一二世紀末の白河・鳥羽・後白河上皇の治世を指すことが多い。
院政を支えていたのは、院近臣と呼ばれる院の側近である。院近臣は上皇の外戚を含む中・下級貴族に加えて、地方で勢力を蓄えた受領層や実務官僚など中・下級貴族である。

『中右記』の掲載箇所では、特に受領に関する新たな状況が語られている。受領やその一族が成功などの手段で国司に任官されたり、重任されたりする様子がわかる。
またこの頃は、知行国制度や院分国制度が急速に拡大し、公領が上皇や知行国主、受領などの私領地化し、院政を支える経済的基盤となった。そうした中、院政を行う上皇に絶大な権力が集中したことが、「天下三不如意」の史料からうかがい知ることができる。
そして、院政期の天皇家の後継争いや、院近臣同士の主導権争いなどは、やがて保元・平治の乱の火種となっていく。

Spot

僧兵と強訴

僧兵とは、武装した僧の集団のことである。平安時代に急激に増大した寺領荘園や末寺の組織化をめぐって、大寺院は朝廷への訴訟などを自衛するために組織された。僧兵は、主に雑役を担当し、大寺院の僧侶集団では下位に位置する堂衆と呼ばれる人々が中心であった。特に奈良法師と呼ばれた興福寺、山法師と呼ばれた延暦寺、寺法師と呼ばれた園城寺の僧兵が勢力が大きかった。僧兵という呼び名は近世以降のもので、当時は悪僧と呼ばれた。大寺院同士の抗争や各国国司との衝突などをめぐり、大寺院は日吉社の神輿、興福寺は春日社の神木という宗教的シンボルを押し立て、僧兵を中心に実力行使を行った。これを強訴といい、白河院政期以降急速に増加する。

僧兵の横暴

---

❹ **梁塵秘抄 ── 今様**　★☆☆☆☆

浄土は数多あむなれど、弥陀の浄土ぞ勝れたる、九―

通釈
浄土にもいろいろあるというけれど、阿弥陀様の浄

2 中世

平安

人には九段階がある。

②十悪五逆の人　罪深い凡夫。

③蝸牛　「まいまいつむり」ともいう。触角を振って歩く姿が「舞う」と見られた。

史料注
梁塵秘抄　一二世紀末、後白河法皇が撰した今様など流行歌謡集。現存するものは約五七〇首。

品なむなれど、下品下にてもありぬべし①

弥陀の誓ぞ頼もしき、十悪五逆②の人なれど、一たび御名を唱ふれば、来迎引接疑はず

5

舞ゑ〜　蝸牛③舞はぬものならば、馬の子や牛の子に蹴させてむ、踏破せてむ、真に愛しく舞うたらば、華の園まで遊ばせむ

『梁塵秘抄』

解説

平安末期には、武士や田堵・名主などの有力農民が台頭し、貴族文化に新たな要素が加わった。今様でこの頃白拍子という遊女を中心に民間で流行した歌謡が今様である。後白河法皇はみずから今様を白拍子らに学んで、『梁塵秘抄』として編纂した。掲載の歌謡から、浄土教の影響が庶民に広がっていることがわかる。

土がいい。その中でも九品あるというけれど、一番下の下品下でもよいから往生したい。十悪五逆の悪業を積んでいても、一度仏を念じて御名を唱えれば、臨終のとき、浄土から来迎され、浄土へ引き導いてくださる。

阿弥陀様の誓願は頼もしい。

（頭上の触角を振って）舞え舞え、蝸牛。舞わないなら（僕らが番している）馬や牛の子に蹴らせて殻を破らせるぞ。美しく舞ったら、お花畑まで連れてって、真に愛しく舞ったら、お花畑まで連れてって、

Spot

中世の飢饉

歴史学は、人びとの営みを学ぶ学問である。そこで忘れてはならないのは、人びとの暮らしは自然環境の中でなりたっていることである。現在でも天候が農作物の収穫に大きく影響し、人々の暮らしを左右するが、とくに中世に生きる人びとにとっては、気候の変化は生死に直結する大問題であった。七・八月の平均気温二十一度の岩手県三陸地方を例にとってみると、平均気温が一度下がると、稲の収穫量が半分以下になるような大冷害の確率が五倍にはね上がり、一度上がるだけでその確率は七分の一になるという試算がある。

十二世紀のはじまりは、ここ千年のなかでも最暖期にあたっていたと考えられている。奥州藤原氏による平泉の繁栄も温暖な気候が作り上げたものであった。しかしこの温暖な気候は、西日本ではしばしば高温・干ばつの被害を引き起こした。養和の大飢饉は、平氏の基盤の西日本で起きた高温・乾燥が原因の大飢饉であり、この時豊作の東日本から攻め上った源義仲軍に有利であったと見られている。鎌倉時代には、冷害をきっかけに寛喜の大飢饉が一二三一年におこって、大量の犠牲者がでた。その結果、流民になったり下人化したりした人びとが増え、身分をめぐる裁判が各地で起こされたことが、一二三二年に御成敗式目制定の一つのきっかけになったと考えられている。

❷ 平氏政権

❶ 治承三年の政変 ★☆☆☆

1 十五日、子の刻人伝えて云く、天下の大事出で来すと云々。委しき事を聞かざるの間、寅の刻、大夫史隆職注し送りて曰く、

関白藤基通、内大臣同じ、氏の長者同じ。

関白を止む、藤基房、権中納言・中将等を止む。同師家。

十七日、今日解官・徐目等あり。左に載す。

治承三年十一月十七日解官、

太政大臣藤原朝臣、権大納言按察使源資賢、春宮大夫

藤原兼雅、右衛門督平頼盛、……

『玉葉』

史料注

❶十五日 治承三（一一七九）年十一月十五日。
❷子の刻 午前零時前後。
❸寅の刻 午前四時前後。
❹大夫史隆職 小槻隆職。
❺藤基通 藤原基通。
❻氏の長者 一族の首長。氏寺や所領を世襲した。
❼藤基房 藤原基房。
❽師家 藤原師家。
❾解官・除目 解任や叙任を行う人事。
❿藤原朝臣 藤原師長。

玉葉 親幕派の公卿九条兼実の日記で、一一六四（長寛二）年から一二〇三（建仁三）年までを記録。当時の政治情勢に関する貴重な史料。兼実は摂政・関白を歴任した。『愚管抄』の著者慈円の兄である。

通釈

（治承三（一一七九）年十一月）十五日、午前零時頃、人からの伝聞では天下の一大事が起こったという。詳しいことは聞けなかったが、午前四時頃に、小槻隆職が書き送ってくれた内容は、

藤原基通を関白・内大臣・氏長者とする。藤原基房の関白を解任し、藤原師家を権中納言・中将等から解任するというものである。

十七日、今日解任、叙任の人事があった。左の通りである。

治承三年十一月十七日に解任された者
太政大臣藤原師長、権大納言按察使源資賢、東宮太夫藤原兼雅、右衛門督平頼盛……

解説

平氏一門が繁栄する一方で清盛と後白河法皇の対立が表面化し、一一七七（治承元）年、後白河法皇の院の近臣や僧らによる鹿ヶ谷の陰謀事件が起こった。さらに摂関家の氏長者や摂関家領の継承をめぐり、藤原基実・基通を推す清盛に対し基房を支援する後白河法皇との対立が深まった。

清盛は大軍を率いて福原から入京し、一一七九（治承三）年十一月十五日基房の関白罷免や師家の権中納言解官を断行し、十七日には後白河法皇や基房に近い官人を大量に解官した。さらに後白河法皇を鳥羽殿に幽閉し、後白河院政を停止させ高倉天皇親政を実現させた。そしてこの政変後、諸国の受領の多くが交代し、平氏一門の知行国は倍増したのである。

2 中世

平安

❷ 平氏の繁栄　★★★☆☆

要点ナビ
『平家物語』に見る平清盛の権勢。

六波羅殿の御一家の君達といひてしかば、花族も栄
耀も、面をむかへ肩をならぶる人はなし。されば入道相
国のこじうと、平大納言時忠卿ののたまひけるは、「此
一門にあらざらむ人は皆人非人なるべし」とぞのたまひ
ける。かゝりしかば、いかなる人も相構て其ゆかりに
むすぼゝれむとぞしける。……吾身の栄花を極るのみ
ならず、一門共に繁昌して、嫡子重盛、内大臣の左大
将、次男宗盛、中納言の右大将、三男知盛、三位中将、
嫡孫維盛、四位少将、惣じて一門の公卿十六人、殿
上人川余人、諸国の受領、衛府、諸司、都合六十余
人なり。世には又人なくぞみえられける。……
日本秋津嶋は纔に六十六箇国、平家知行の国卅余箇
国、既に半国にこえたり。其外庄園園田畠いくらといふ
数を知ず。綺羅充満して、堂上花の如し。軒騎群集し
て、門前市をなす。
　　　　　　　　　　　　　　　　　　　　　『平家物語』

通釈

六波羅殿（平清盛公）の一族の貴公子たちといえば、上級貴族の家柄の人でも対等につきあえる人はいなかった。そこで、清盛の妻の弟、平時忠は「この平家一門でなければ人ではない」と言ったものだ。そんな訳で世間の人はどの人も、なんとかしてこの一門の縁につながろうとした。……清盛は、自分自身がこの一門の栄花をきわめただけでなく、一門全体が繁栄し、嫡子重盛は内大臣兼左大将、次男宗盛は中納言兼右大将、三男知盛は三位中将、嫡孫（重盛の子）維盛は四位少将となり、すべて合わせると、一門の公卿が一六人、殿上人が三〇余人、諸国の受領や衛府、諸司の長官が六〇余人にも上った。世の中には、平家一門以外には人がいないように思われた。

日本は、わずか六六か国なのに、平家の知行国は三〇余か国で、半分以上を占めている。そのほか、荘園や田畑の領有はどのくらいあるのかわからない。きらびやかな服装の人々が満ちあふれて、屋敷には花が咲いたようである。その門前には、車や馬が群がって市場のようなにぎやかさである。

解説

保元の乱と平治の乱の勝利により、平清盛は後白河法皇の信任のもと勢力を伸ばした。太政大臣に就任した平清盛は後白河谷の陰謀（一一七七年）をきっかけに、清盛は治承三年の政変を起こし、法皇を鳥羽殿に幽閉し、院政を停止した。史料にある、全国の半分を超える三〇余箇国の知行国を領有した、というのは全国の半分を超える三〇余箇国のことである。また、平家一門が就いた公卿・殿上人以下中央・地方官庁の上級官人も飛躍的に増えたことも事実だが、史料にある数字は、ある時点の数ではなく、延べ人

史料注

平家物語　平氏一族の盛衰を仏教の無常観を基調にして描いた軍記物語で、鎌倉前期の成立とされる。作者は信濃前司行長などの説が有名である。

色文字注

※色文字は重要語

❶**六波羅殿**　平清盛のこと。京都六波羅に屋敷があったための呼称。

❷**花族・栄耀**　花族は公家、栄耀は英雄の誤り。両方とも清華の別称。清華とは、貴族のうち摂関家に次ぐ家柄のこと。

❸**入道相国**　出家した太政大臣。ここでは清盛をさす。

❹**公卿**　朝廷の最高機関の構成員。公とは大臣、卿とは大納言・中納言・参議及び三位以上の上級官人をさす。

❺**殿上人**　清涼殿の殿上の間に昇ることの許された四位・五位の廷臣の通称。

❻**知行の国**　一国の支配権が、特定個人に与えられるもの。与えられた知行国主は国司（守）を推薦する権利を持ち、朝廷へわずかな額を納めるほかは、自分の収入とできた。

探究3 平氏政権の性格を述べよ。

あるが不詳。琵琶法師によって語られたため異本も多い。

平氏政権は、経済的基盤が多くの荘園や知行国であったこと、外戚となることに力を注ぎ、一族で律令官制の高位高官を占めた点など、貴族的性格を強く残していた。一方で、西国の武士を家人として組織したり、荘園、公領の一部に地頭として在地

数と考えた方が良い。

武士を任命するなど、武家政権的な側面も見いだせる。さらに、大輪田泊（現在の神戸港）を修築し、音戸の瀬戸の開削による瀬戸内航路の開発によって日宋貿易を活発に行ったことも、斬新な面である。史料後半では、宋からの輸入品が平氏の屋敷を飾っていたことがうかがえる。

要点ナビ
鴨長明が記す公家の反発。

史料注
方丈記　鴨長明が京都郊外の日野山の方丈庵（一丈つまり約三メートル四方）で書いた随筆。無常観を基調として著され、一二一二（建暦二）年成立。

❶この京　平安京。
❷嵯峨天皇の御時　桓武天皇の平安京遷都より、平城太上天皇の変（八一〇）を経て都が確定した認識が強かったのである。
❸四百余歳を経たり　誇張した表現で、実際は四〇〇年に満たない。
❹帝　安徳天皇。
❺淀河　淀川。京都から流れ大阪湾に注ぐ。

❸ 福原遷都　★★★☆☆

治承四年水無月の比、にはかに都遷り侍りき。いと思ひの外なりし事なり。おほかた、この京のはじめを聞けることは、嵯峨の天皇の御時、都と定まりにけるより後、すでに四百余歳を経たり。ことなるゆゑなくて、たやすく改まるべくもあらねば、これを世の人安からず憂へあへる、実にことわりにも過ぎたり。されど、とかく言ふかひなくて、帝より始め奉りて、大臣、公卿みな悉く移ろひ給ひぬ。……軒を争ひし人のすまひ、日を経つつ、荒れゆく。家はこぼたれて淀河に浮び、地は目のまへに畠となる。……古京はすでに荒れて、新都はいまだ成らず。

『方丈記』

解説　一一八〇（治承四）年、以仁王や源頼政による平氏打倒の挙兵後の六月、平清盛は福原遷都を断行した。それは反平氏勢力の動きを恐れたためだが、日宋貿易の拠点とした平安京から離れ、日宋貿易の拠点である大輪田泊に近く、平氏支配下の福原で政権の確立をはかった面もある。史料には誇張もあるが、あわただしい遷都の様子、旧都の荒廃、人心や気風の変化が述べられている。当初から公家たちの反対に加え、こうした平氏独裁に対する諸国の反乱の拡大の中、富士川の合戦の敗戦後、一一月には平安京に還都された。

通釈　治承四（一一八〇）年六月頃、突然遷都が行われた。まったく思いもかけないことであった。だいたい、この都の始まりについて聞くところによれば、これは嵯峨天皇の御代に都と定まったもので、その後すでに四〇〇年余りを経過している。（都は）特別の理由もなしに簡単に変えてよいはずのものではないから、この遷都を人々が不安がり、心配したのもまことに当然すぎることであった。しかし、あれこれいっても仕方がなく、安徳天皇を始めとして、大臣や公卿たちもみな日に日に荒れていった。……豪華を競っていた京の住宅はすべて移転された。家は取り壊されて、その材木は筏に組まれて淀川に浮かび、宅地はまたたくまに畑となった。……平安京はすでに荒れ果てて、新しい都はまだ完成していない。

2中世

❸ 鎌倉幕府の成立

鎌倉

❶ 東国支配権の獲得　★☆☆☆

要点ナビ
源頼朝が受けた「寿永二年十月宣旨」。

1　（寿永二年閏十月❶）十三日、……東海・東山・北陸三道の庄園、国領❷本の如く領知すべきの由、北陸道許りは義仲を恐るるに依り、宣下せらるべきの旨、頼朝申し請ふ。仍って宣旨を下さるるの処、北陸道許りは義仲を恐るるに依て其の旨を成されず。頼朝これを聞かば、定めて鬱を結ぶか。……

5　寿永二年閏十月二十二日、……東海・東山道等の庄公服さざるの輩あらば、頼朝に触れ沙汰を致すべしと云々。

『玉葉』

解説

源頼朝が朝廷から東国支配権を獲得したのは、一一八三年の「寿永二年十月宣旨」によってである。宣旨そのものの原文は伝わっていないが、この『玉葉』の記事からその内容を推測することができる。同宣旨は、八月に頼朝が行った申請を、十月に後白河法皇が許可する形で出されたものだが、要旨は、①東海・東山両道の荘園や国衙領は、もとのように荘園領主や知行国主が知行すること、②その命令に従わない者に対する武力行使権は頼朝に与える、というものであった。頼朝が求めた地域のうち北陸道は、源義仲に配慮し除外されたが、義仲にとってみれば、苦労して得た自己の東国支配権が否定される内容で、承服できるものではなかった。義仲は法皇に迫り、頼朝追討の院庁下文を手に入れるが、逆に翌一一八四（寿永三年）一月、源義経、範頼に攻撃され敗死した。

※色文字は重要語
❶寿永二年閏十月　一一八三年閏十月。閏月は太陰暦において、季節と暦のずれを調整するため設けられた月。
❷国領　国衙領。
❸宣旨　天皇の命令を伝える公文書。
❹庄公　荘園と国衙領。

史料注
玉葉　一〇五頁参照。

探究4
「寿永二年十月宣旨」の歴史的意義を述べよ。

❷ 守護・地頭の設置　★★★☆☆

1
（文治元年十一月）十二日……凡そ今度の次第関東の重事たるの間、沙汰の篇、始終の趣、太だ思し食し

通釈

（文治元（一一八五）年十一月）十二日……およそこの度の事態は、鎌倉幕府にとって重大なことなので、処理の仕方や見通しについて、（頼朝が）非常に心配

❶今度の次第　頼朝の叔父行家と弟義経が反逆したこと、または、二人の申請で後白

2 **因幡前司広元**　大江広元。
当時は公文所の別当であっ
た。

河法皇が頼朝追討の院宣を
出したこと。

3 **東士**　関東武士。

4 **二品**　二品とは二位のこと
で、頼朝をさす。頼朝はこ
の年四月に従二位となって
いた。

5 **兵粮米**　戦乱の際に将兵の
食料として徴収した米。

6 **北条殿**　北条時政。頼朝の
妻の父で、頼朝の代理とし
て入京していた。

7 **藤中納言経房**　藤原経房。

8 **北条丸**　北条時政。「丸」
とは、時政を見下した呼び
方。

9 **五畿……西海**　東海・東山
北陸道がないのは、これ以
前に頼朝の支配権が確立し
ていたからであろう。

煩ふの処、因幡前司広元❷申して云く、「世已に澆季、
梟悪の者尤も秋を得、天下反逆の輩あるの条、更
に断絶すべからず。而るに東海道の内に於ては御居所た
るによって静謐せしむと雖も、奸濫定めて他方に起ら
んか。これを相鎮めんが為に、毎度東士❸を発遣せらる
るは、人々の煩なり。国の費なり。此の次を以て、諸
国に御沙汰を交へ、国衙・庄園毎に、守護・地頭を補せ
らるれば、強ち怖るる所有るべからず。早く申し請は
しめ給ふべし」と云々。二品❹殊に甘心し、此の儀を以
て治定す。本末の相応、忠言の然らしむる所なり。

(文治元年十一月)廿八日……諸国平均に守護地頭を補
任し、権門勢家庄公を論ぜず、兵粮米❺段別五升を宛て
課すべきの由、今夜北条殿❻藤中納言経房❼卿に謁し
申すと云々。
『吾妻鏡』

(文治元年十一月)廿八日……又聞く、件の北条丸❽以
下の郎従等、相分ちて五畿・山陰・山陽・南海・西海❾
の諸国を賜はり、庄公を論ぜず、兵粮段別五升を宛て
催すべし。啻に兵粮の催しのみに非ず、惣じて以て田
地を知行すべしと云々。凡そ言語の及ぶ所に非ず。
『玉葉』

していたところ、大江広元が申し上げるには、「世は
すでに末世で、悪人にとっては活躍の好機ですので、
天下の反逆者の出現は今後もなくならないでしょう。
東海道の地域内は頼朝公がおられる所(幕府の根拠地)
なので穏やかですが、反乱はきっと他の地方で起こる
ことでしょう。これを鎮圧するためにその都度、関東
武士を派遣するのは、人々の負担となり、国費の無駄
づかいです。ですからこの機会に、諸国に命令を出し
て、国衙領・荘園ごとに守護・地頭を置くことにすれ
ば、それほど恐れることもなくなるでしょう。この案
を早急に朝廷に申請されたらいかがですか。」とのこ
とであった。二品(頼朝公)はずいぶんと感心し、そ
のように決定した。このことが最初から最後までうま
く落着したのは、広元の忠義の言葉によってである。

(文治元年十一月)二十八日……諸国に一様に守護・
地頭を任命し、有力貴族の荘園とか国衙領とかに関わ
りなく、兵粮米として一段につき五升ずつ課すべきで
ある旨を、今夜北条時政が中納言の藤原経房卿に面会
し申し入れたとのことである。

(文治元年十一月)二十八日……さらに聞くところに
よると、北条時政以下の(頼朝の)家来たちが、「五
畿・山陰・山陽・南海・西海の諸国を分割して賜り、
荘園、国衙領を問わず、兵粮米を五升ずつ賦課すると
のことである。とはいっても、単に兵粮米の徴収だけ
にとどまらず、全面的に田地を支配することになるだ
ろう」という。まったく言語道断である。

史料注

吾妻鏡 鎌倉時代の出来事を幕府自身で記録した歴史書。一一八〇（治承四）年四月源頼政の挙兵から、一二六六（文永三）年七月の六代将軍宗尊親王帰京までを、幕府の公用記録、幕府役人の手記、公卿の日記などを資料として編纂される。幕府や鎌倉時代史研究の重要史料である。

玉葉 一〇五頁参照。

沙汰未練書 鎌倉幕府の訴訟手続きの解説書。一三一九（元応元）〜二三（元亨三）年頃の成立とみられる。作者は不詳。

探究5

守護・地頭の設置が公家政権に及ぼした影響について考えよ。

参考　鎌倉幕府の諸制度 ★☆☆☆

一 将軍家トハ、右大将家＊以来、代々関東政務の君の御事なり。
＊源頼朝のこと

一 両国司トハ、武蔵相模両国ノ国司の御名なり。

一 六波羅トハ、洛中の警固并びに西国の成敗の御事なり。

一 地頭トハ、右大将家以来、代々将軍家に奉公し、御恩を蒙る人の事なり。

一 新補地頭トハ、承久兵乱の時、没収の地を以て、所領等を充給はる事なり。地頭得分率法の御事書これなり。

一 御家人トハ、往昔以来、開発領主として、武家の御下文を賜はる人の事なり。
執権トハ、政務……ノ御代官ナリ……
開発領主トハ、根本私領なり。又本領トモ云ふ。

『沙汰未練書』

解説

後白河法皇が、源義経の求めに応じて、一一八五（文治元）年、頼朝追討の宣旨を与えると、大いに反発した頼朝は北条時政の大軍を入京させた。『吾妻鏡』によれば、頼朝は法皇に迫り、源義経・行家追討の宣旨を得るとともに、二人の捜索・逮捕を目的として、守護・地頭設置の宣旨を得る（『吾妻鏡』）と荘園・公領から一段につき五升の兵粮米を徴収する権利を要求した。この申請が認められたことで、頼朝は公的な裏付けのもとに地方武士を組織化できることになり、さきの「寿永二年十月宣旨」で確立した東国政権から、全国的政権へ飛躍する重要な転機となる。

地頭はそれ以前から設置されており、「守護」の用語は後年編集の『吾妻鏡』以外には見られないことから、守護・地頭の実態は多くの論争の的になっている。守護は惣追捕使や国地頭などとも呼ばれたが、次第に守護という名称に統一された。一方の地頭（荘郷地頭）は平家没官領や謀叛人の没収地におかれ、権限も次第に整えられていった。

守護・地頭の設置は、公家や寺社などの反発を招くことになる。まもなく頼朝と同盟関係を結ぶことになる九条兼実でさえ『玉葉』の中で「言語道断」と記しているのは、まさに公家や寺社の声を反映してのことであろう。

Spot

「養和」の年号を使わなかった頼朝

年号の使用は、中国の前漢（前二世紀）に始まり、日本・朝鮮などで採用されたが、現在では日本のみとなっている。ところで、年号を使用するということは、その時の政権へ帰属することを意味している。例えば南北朝時代、二つの朝廷が存在し、年号も同時に二つあったとき、そのいずれを使っていたかでどちらの勢力下にあったかもわかるのである。

源頼朝は、以仁王の令旨をかかげて挙兵したが、以仁王の死後もその生存を主張し、平清盛の擁立した安徳天皇の年号「養和」を認めず、次の寿永二年まで、「治承」を使い続けた。そして後鳥羽天皇即位を一つの契機に再び朝廷の年号を使用したのである。こうした例は南北朝時代、九州を支配した足利直冬が実父尊氏との対立から「観応」を採用せず、「貞和」を使っていたことなどが知られている。

2 中世

鎌倉

※色文字は重要語

史料注
小松氏所蔵文書　京都府の小松家に伝わる文書。史料は、太政官の書記局である右弁官から出された官旨。

探究6
承久の乱での後鳥羽上皇の意図と鎌倉幕府の対応について述べよ。

❶平義時朝臣　北条義時。
❷内大臣　久我通光。
❸将軍　一二一九（承久元）年に九条家から迎えられた摂家将軍頼経。
❹教命　将軍の命令だが、ここでは北条政子の命令を示す。
❺皇憲　律令の法秩序。
⑥謀反　律の八虐の筆頭。天皇を殺し国家を危うくする犯罪。

④ 承久の乱
① 北条義時追討の宣旨　★★☆☆☆

要点ナビ　後鳥羽上皇が発令させた守護・地頭への命令。

宰府

右弁官下す。　五畿内・諸国東海・東山・北陸・山陰・山陽・南海・大

応に早く陸奥守平義時朝臣❶の身を追討し、院庁に参り裁断を蒙らしむべき、諸国庄園守護人地頭等の事。

右、内大臣❷宣す。勅を奉るに、近曾関東の成敗と称し天下の政務を乱る。纔に将軍の名を帯ぶると雖も、猶以て幼稚の齢に在り。然る間、彼の義時朝臣❸、偏へに言詞を教命❹に仮り、恣に裁断を都鄙に致す。剰へ己が威を耀かし、皇憲❺を忘れたるが如し。

政道に論ずるに、謀反⑥と謂ふべし。早く五畿七道の諸国に下知し、彼朝臣を追討せしめよ。兼て又諸国庄園守護人地頭等、言上を経べきの旨あらば、各々院庁に参り、宜しく上奏を経べし。……

承久三年五月十五日

〔小松氏所蔵文書〕

通釈

右弁官は五畿内（山城国・大和国・河内国・和泉国・摂津国）と諸国（東海・東山・北陸・山陰・山陽・南海・大宰府）に命令する。

諸国庄園守護人地頭等は早急に陸奥守平義時朝臣（北条義時）を追討し、院庁に出頭して裁断を受けなければならない事。

このことについて、内大臣（久我通光）が広く告げる。天皇の命令を次の通り受けるに、近ごろ鎌倉幕府の裁きと称して、天下の政治を乱している。かろうじて将軍の名はついているものの、（九条頼経は）まだ幼齢である。その間に、かの北条義時は、むやみに将軍の言葉をかりて、勝手に国中に裁定を下している。それのみか自己の威勢を誇り、朝廷の定めた法令を忘れているかのようである。これは正しい政治のあり方からすれば謀反というべき行いである。早急に諸国に命令を下し、かの朝臣（＝義時）その人を追討せよ。また、諸国の荘園の守護・地頭たちは、申し立てることがあれば、院庁に出頭して申し立てなさい。

承久三（一二二一）年五月十五日

解説

源頼朝の死後、二〇年余の幕府の内紛は、朝廷側の……勢力を回復に向かわせた。後鳥羽上皇は、良好な関係にあった三代将軍源実朝が暗殺されたこともあり、次第に討幕の意志を強めていった。実朝の後継者として、後鳥羽上皇の皇子を皇族将軍に迎えたいとする北条義時の要請と、上皇の関係者を領家とする荘園の地頭罷免の要求を、お互いに拒否し

2 中世

鎌倉

② 尼将軍北条政子の演説　★★☆☆☆

たことで、朝廷と幕府の対立は、決定的になった。上皇は西面の武士を置き、僧兵や在京の御家人を味方に引き入れ、一二二一（承久三）年五月十五日、諸国の守護・地頭に対し、義時追討の院宣や宣旨を発した（史料の宣旨は、仲恭天皇の意向を受けた形式をとっているがもちろん上皇の意志である）。また「討幕」ではなくて、「義時追討」を命令しているところにも注目したい。幕府統制下の武士たちの分裂に期待していたことがわかる。

（承久三年五月）十九日、……二品❶ 家人等を簾❷下に招き、秋田城介景盛❸を以て示し含めて曰く、皆心を一にして奉るべし。是最期の詞なり。故右大将軍❹、朝敵を征罰し、関東を草創❺してより以降、官位と云ひ、俸禄と云ひ、其の恩既に山岳よりも高く、溟渤❻よりも深し。報謝の志浅からんや。而るに今逆臣の讒に依り、非義の綸旨❼を下さる。名を惜しむの族、早く秀康❽・胤義❾等を討ち取り、三代将軍の遺跡を全うすべし。但し院中❿に参ぜんと欲する者、只今申し切るべし者、群参の士悉く命に応じ、且つは涙に溺れ返報申すに委しからず。只命を軽んじて恩に酬いんことを思ふ。

『吾妻鏡』

語注

❶ 二品　北条政子。当時従二位であった。
❷ 簾下　簾はすだれ。当時身分の高い人は直接顔を見せず、簾を隔てて対面した。
❸ 秋田城介景盛　安達景盛。政子の側近
❹ 故右大将軍　源頼朝。
❺ 関東を草創　鎌倉幕府の開設。
❻ 溟渤　大海。
❼ 綸旨　宣旨より簡単な手続きで蔵人から出される天皇の命令だが、ここでは義時追討の宣旨（一二一頁参照）をさす。
❽ 秀康　北面の武士藤原秀康。
❾ 胤義　有力な御家人三浦義村の弟で、京都大番役で在京中朝廷方に参加した。
❿ 院中　後鳥羽上皇の御所。

史料注
吾妻鏡　一一〇頁参照。

通釈

（承久三〔一二二一〕年五月）十九日、……二品（北条政子）は御家人等を近くに招集し、安達景盛を通じて「皆心を一つにして聞きなさい。これが最後の言葉です。故頼朝公が、朝敵を征討し鎌倉幕府を開いて以来、皆が得た官位や俸禄など考え合わせると、その恩は山よりも高く海よりも深いものです。それに感謝し報いようとする気持ちは、決して浅いはずはありません。ところが今、反逆者による偽りの告げ口で、誤った綸旨が下されました。名誉を重んじる者は、早く藤原秀康や三浦胤義らを討ち取り、頼朝公以来三代にわたる将軍のあとを守りなさい。ただし上方に味方したい者は、今ははっきりと申し出なさい」と言うと、集まった家来たちはすべて政子の命令に従い、感激の涙で返事もできないほどであった。ひたすら命をかけて、御恩に報いようと思うばかりであった。

解説

後鳥羽上皇は祭礼である流鏑馬を口実に、西国武士らを鳥羽城南寺に招集し、討幕の行動を開始した。上皇の挙兵、そして「義時追討命令」の報に触れた北条義時が……最も心配したのは、御家人たちの動揺であった。……の結束を守ったのは、実朝の死後「尼将軍」と呼ばれた、源頼朝の夫人北条政子であった。政子は義時の姉であり、事実上将……

2 中世

鎌倉

要点ナビ
北畠親房が後鳥羽上皇の企てを批判。

軍の地位にもあった（摂家将軍頼経の正式就任は一二二六年）。政子は頼朝以来の幕府の御恩を御家人に説いて、幕府を守ることとを訴えた。御家人に自分たちの利益を代表し、要求を実現できるのは公家政権ではなく、幕府であると再認識させるのに効果が大きかったのであろう。幕府は北条泰時、時房を中心とした京都遠征軍を送り、約一か月で勝利を収めた。

③ 承久の乱の評価 ★★★☆

1後室ノ尼公 頼朝の未亡人で出家した北条政子。征夷大将軍は朝廷の家来で、北条はさらにその家臣という意味。

2陪臣 家来の家来。

3フルキスガタ 具体的には天皇を摂政・関白が補佐する体制。

4兵革 保元・平治の乱、治承・寿永の乱のこと。

5奸臣 藤原頼長・信頼、源義朝・義仲、平清盛などをさす。

6塗炭 泥にまみれ火に焼かれるような非常に苦痛な境遇。

7一臂 片腕のこと。

8九重 皇居。ここでは都。

9堵 かきね。

頼朝勲功ハ昔ヨリタグヒナキ程ナレド、ヒトヘニ天下ヲ掌ニセシカバ、君トシテヤスカラズオボシメシケルモコトワリナリ。況ヤ其跡タエテ後室ノ尼公陪臣ノ義時ガ世ニナリヌレバ、彼跡ヲケヅリテ御心ノママ、ニセラルベシト云モ一往イヒナキニアラズ。シカレド白河・鳥羽ノ御代ノ比ヨリ政道ノフルキスガタヤウヤウオトロヘ、後白河ノ御時兵革オコリテ奸臣世ヲミダル。天下ノ民ホトンド塗炭ニオチニキ。頼朝一臂ヲフルヒテ其乱ヲタヒラゲタリ。王室ハフルキニカヘルマデナカリシカド、九重ノ塵モヲサマリ、万民ノ肩モヤスマリヌ。上下堵ヲヤスクシ、東ヨリ西ヨリ其徳ニ伏セシカバ、実朝ナクナリテモソムク者アリトハキコエズ。是ニマサル程ノ徳政ナクシテ、イカデヤスクツヅカヘサルベキ。縦又ウシナハレヌベクトモ、民ヤスカルマジ

通釈

頼朝の功績は今まで例を見ないほどのものであったにしても、天下の実権を一手に握ってしまったことは、天皇家としては内心穏やかでないのは無理もない。まして頼朝の子孫が絶え、未亡人の政子と、陪臣の北条義時の治世になったのだから、頼朝の遺した所領を削減して、後鳥羽上皇の思いのままにしたいと考えたのも、一応はもっともなことである。

しかし、白河・鳥羽院の時代の頃から、（院政の開始により）従来のあるべき政治の形態は次第にすたれ、後白河院の世になると、うち続く兵乱とよこしまな悪だくみをする臣下のため世は乱れた。全国の民衆は極めて苦痛な境遇を味わうことになったのである。

この時現れて、一身の力で兵乱を鎮めたのが頼朝であった。皇室は古き姿にまで戻れなかったが、都の戦さはおさまり、民衆の負担も軽くなった。上も下も安心して暮らし、頼朝の徳に全国各地がなびいたので、実朝暗殺後も幕府に背く者があったとは聞かない。幕府にまさる善政なくして、朝廷はどうして容易に幕府を倒すことができようか。たとえ滅ぼすことができたとしても、民心を安定させることができなければ、天

2 中世

鎌倉

15 クバ、上天ヨモクミシ給ハジ。次ニ二王者ノ軍ト云ハ、トガアルヲ討ジテ、キズナキヲバホロボサズ。頼朝高官ニノボリ、守護ノ職ヲ給、コレミナ法皇ノ勅裁也。ワタクシニヌスメリトハサダメガタシ。後室ソノ跡ヲハカラヒ、義時久ク彼ガ権ヲトリテ、人望ニソムカザ
20 リシカバ、下ニハイマダキズ有トイフベカラズ、一往ノイハレバカリニテ追討セラレンハ、上ノ御トガトヤ申ベキ。謀叛オコシタル朝敵ノ利ヲ得タルニハ比量セラレガタシ。カ、レバ時ノイタラズ、天ノユルサヌヨコトハウタガヒ・ナシ。

『神皇正統記』

通釈

の味方も得られないだろう。次に、王者の軍というものは、罪のある者を討つのであって、罪のないものを滅ぼすことはしない。頼朝が高官にのぼり、守護の職を与えられたのは、すべて後白河法皇自らの裁定によるものである。これを勝手に盗み取ったものだとはいえない。政子がその跡を受け継ぎ、義時も長く権力を握って、人望に背かなかったものだから、臣下として欠点があったとはいえない。(源家将軍の断絶など)ひととおりの理由だけで追討するのは、君主として後鳥羽上皇の過ちだと言わざるを得ないだろう。謀叛を起こした朝敵が利益を手に入れるのとは比較できない。このように見てくると、時機も熟さず、天も許さないことは疑いのないことである。

解説

南北朝時代、南朝方の中心的人物として活躍した**北畠親房**が、『神皇正統記』の中で**承久の乱**について評した部分である。親房は後醍醐天皇の側近として知られるが、建武の新政の天皇独裁には批判的で、天皇のもと摂関家や北畠氏のような上流貴族などの臣下が補佐する政治形態を理想と考えていた。

鎌倉幕府の成立も朝廷の裁定によるもので、源頼朝や北条義時の政治も結果的には天皇政治を補う善政であると評価している。

一方、院政が親房の政治理念とは相容れないこともあり、承久の乱を「(上皇の)御トガ」(上皇の過ち)とまで言い切って批判している。

4 新補地頭 ★★☆☆☆

去々年の兵乱後、諸国の庄園郷保に補せらるる所の地頭の沙汰の条々

1 去々年の兵乱以後、諸国の庄園郷保に補せらるる所の

通釈

一昨年の承久の乱以後、諸国の荘園や国衙領に任命された地頭についての決定のこと

③宣旨　一二三三（貞応二）年六月一五日に出された後堀河天皇の宣旨。

④加徴　地頭に与えられた土地（地頭給田）以外の田畑から地頭の収益として徴収できる年貢米。

⑤加増　新補率法と同等のレベルまで得分を増やす。

⑥本司　ここでは、上皇側について土地を没収された荘官。

⑦勘注　調査し記録すること。

⑧前陸奥守　執権北条義時。

⑨相模守　六波羅探題北条時房。

一　得分の事

右、宣旨の状の如くば、仮令、田畠 各 拾一町の内、十町は領家国司の分、一丁は地頭の分、広博狭小を嫌はず、此の率法を以て免給の上、加徴④は段別に五升を充て行はるべしと云々。尤も以て神妙。但し此の中、本より将軍家の御下知を帯し、地頭たる輩の跡、没収の職として改補せらるるの所々に於ては、得分たると雖も、今更加増⑤の限りに非ず。是れ旧儀に依るべきの故なり。しかのみならず、新補の中、本司⑥の跡、得分尋常の地に至っては、又以て成敗に及ばず。只得分無き所々を勘注⑦し、宣下の旨を守って計らひ充てしむべきなり。

貞応二年七月六日

相模守殿

前 陸奥守⑧　判

『新編追加』

一　地頭の収益について

右のことについて、宣旨によると「たとえば田畑一町あるとすれば、一〇町は領家・国司の取り分、一町は地頭の分とし、土地の広い狭いにかかわりなく、この比率によって土地を地頭に支給し、さらに加徴米を一段につき五升を与えよ」ということである。ただ新しく任命された地頭の中でも、以前から将軍の下知状を与えられて地頭であった者が罪によって没収された所領に、代わりとして任ぜられた場合には、たとえ収益が先に述べた比率（新補率法）より少なくても、新しく加増してはならない。先例がある場合はそれに従うべきだからである。そればかりでなく、新しく地頭が置かれた地で、前任者が（地頭ではなく）荘官であった場合、比率が世間一般の水準ならば、これも特に問題にしない。ただ得分のない所を調べあげて、宣旨の趣旨に従い取り計らっていくべきである。

貞応二（一二二三）年七月六日

前 陸奥守（北条義時）判

相模守（北条時房）殿

解説　一二二一（承久三）年六月、承久の乱に勝利した幕府軍は、上皇側に味方した公家・武家の所領を六波羅探題に命じて調査させ、三〇〇〇余か所を没収した。それらは、功績のあった御家人に地頭職任命という形で恩給された（新恩給与）。これにより、多くの新恩地頭が生まれたが、その得分（地頭の収益）や土地支配権が不明確な地も多く、新恩地頭の非法や荘園領主との紛争も頻発した。そこで幕府は、得分のきわめて少ない所や得分の先例のない場合について、新たな基準作りを行った。この基準を新補率法という。その内容は、①地頭の支配地域の十一町毎に一町の給田（免田）を与える、②一段につき五升の加徴米を徴収させる。従来の得分を引きついだ地頭は折半する、などであった。従来の得分を引きついだ地頭（本補地頭）に対し、新補率法の適用を受けた地頭は新補地頭（本補地頭）と呼ばれた。このように厳密には承久の乱後の新恩地頭にも、本補・新補の両方が存在するわけだが、これ以後の地頭をすべて新補地頭と呼ぶことが多くなった。

史料注

新編追加

御成敗式目を補充する幕府法を「追加法」とか「式目追加」と呼び、それを編集した追加法令集の一つが『新編追加』である。室町時代中期に成立。

他の法令集が年代順なのに対し、項目別に分類され、所収条文数も多いので重視された。この史料は、幕府より六波羅に宛てた御教書（幕府の執権・連署が将軍の命をうけて、下位の者に対して出す奉書形式の文書）である。この史料のような御成敗式目制定以前のものも含めて、御成敗式目以外の幕府法令を「式目追加」と呼ぶことが多い。

探究7

新補地頭の設置は、幕府勢力（北条氏）の伸張にいかに役立ったか。

●本補地頭と新補地頭

本補地頭	設置	・1185年以降、幕府により以前からの所職や所領を地頭職の内容として保証されたもの
	得分	・以前からの荘官や郷司としての得分を継承〔得分の先例がある場合はそれに従う〕
新補地頭	設置	・承久の乱（1221）後、幕府が没収した朝廷方の所領に新地頭として任命される ・以前、地頭不設置の所領などでは新地頭の得分をめぐって領主・新地頭間で紛争が生じた ・幕府は1223年、それらの地頭の得分率法（新補率法）を制定
	得分	・新補率法の適用 ①11町につき1町の免田（地頭の収益となる田） ②1段につき5升の加徴米（地頭の収益）の徴収権 ③山・野・川・海からの収益の半分（地頭の収益） 〔新補地頭とは新補率法の適用を受けた地頭のこと〕

⊕後鳥羽上皇
水無瀬神宮蔵

北条政子⊕
安養院蔵

Spot

北条政子の真の姿は？

源頼朝の妻北条政子は、実家北条氏の繁栄のため子供の源頼家が犠牲になることを黙認したり、頼朝の愛人宅を破壊させたりして「気丈な尼将軍」とか「嫉妬深い女性」のイメージが強い。しかし、多くのエピソードは後世になってつくられたもので、都育ちの流人頼朝と関東武士の間にたっての苦労も見え隠れする。その一面では非常に優しい面もあらわれている。

頼朝の弟源義経は頼朝にそむき追討の対象になったが、その愛人静御前が吉野で捕らえられて鎌倉へ送られた時、頼朝の命令で舞を披露させられた。静は「吉野山峯の白雪踏み分けて、入にし人の後ぞ恋しき」と義経への思いを歌って頼朝を激怒させたが、この時、頼朝をなだめ静の窮地を救ったのは北条政子であった。政子は、頼朝自身の流人時代、駆け落ち同然で頼朝のもとへ走ったこと、頼朝挙兵の後の石橋山の戦い（大敗）での政子の不安な気持ちなどを切々と訴えた。あるいは「優しい強さ」を持った女性と評する人がいる。夫頼朝、愛息の頼家・実朝らを失った晩年には、鎌倉幕府において将軍政治から執権政治への橋渡し役が、彼女に課せられることになった。

⑤ 御成敗式目

❶ 式目制定の趣旨　★★★☆☆

> **要点ナビ**
> 執権北条泰時から六波羅探題北条重時への説明。

※色文字は重要語

❶本説　依りどころとなる法　理上の原典。
❷謗難　非難。
❸本文　本説と同じ意味。
❹道理　武家社会の倫理。
❺御裁許ふりたる事　判決の下った事例。
❻御成敗　訴訟の裁決。
❼まなをしりて……ごとし　分かりにくい表現だが、漢字を例にとって律令格式が法律の専門家のみを対象にしていることを言おうとしている。
❽まな　「真名」。漢字のこと。
❾京都の御沙汰　朝廷の政治。

さてこの式目をつくられ候 事は、なにを本説として 被三注載二之由、人さだめて謗難❷を加 事候歟。ま事にさ せる本文❸にすがりたる事候 はねども、たゞ道理❹のおす ところを記され候者也。 かやうに兼日に定め候はずして、 或はことの理非をつぎにして其人のつよきよはきによ り、或は御裁許ふりたる事❺をわすらかしておこしたて候。 かくのごとく候ゆへに、かねて御成敗❻の躰を定めて、人 の高下を論ぜず、偏頗なく裁定せられ候はんために、子 細記録しをかれ候者也。この状は法令のおしへには違する ところなど少々候へども、たとへば律令格式は、まな をしりて候物のためには、やがて漢字を見候がごとし。か なばかりをしれる物のためには、まなにむかひ候時は人 の目をしいたるがごとくにて候へば、この式目は只かな をしれる物の世間におほく候ごとく、あまねく人に心え やすからせんために、武家の人への、はからひのためば かりに候。これによりて京都の御沙汰❾、律令のおきて

通釈

さて、この式目をつくったことに対して、なにを原典にしたのかと、きっとそしり非難する人もあるだろう。たしかにこれというべきほどの典拠によったことはないが、ただ道理のさし示すことを記したのである。このようにあらかじめ定めておかないと、あるいはことの正しいか誤りかを二の次にして、その人が強いか弱いかという勢力で判決を下したり、あるいは前に判決したことを忘れてまた（訴訟の場で）問題にすることが起こる。こんなわけであらかじめ裁決のあり方を定めて、当事者の身分の高低にかかわらず、公平に裁定が下されるよう、こまかに記録しておかれたのである。この式目の内容は律令格式の説くところとは少し異なっているが、律令格式は、例えば漢字を知っている人を対象に書かれたものが、そういう人にはすんなりと漢字を見て理解できるようなものだ。仮名しか知らない者にとっては、漢字に向かうと目が見えなくなってしまうように理解できない。そこでこの式目は、仮名だけはわかる者が世間には多いように、広く人々が納得できるために、武家の人々の便宜となるよう定めたものである。これによって朝廷の御裁断や、律令の規定が少しも変更されるものではない。律令格式の条文は立派なものではあるけれど、武家や民間の者で、それを知っている者は、一〇〇分の一・一、〇〇〇分

探究8
① 御成敗式目の対象はどのような人びとかとか、「式目制定の趣旨」の史料からそれを示す言葉を書き出して説明せよ。
② 御成敗式目を制定した意図の背景も考慮し説明せよ。

史料注
貞永式目　唯浄裏書本　六波羅探題の役人斎藤唯浄が著した式目の注釈書。一二八九（正応二）年成立。

⑩法令　律令格式。
⑪法令の官人　朝廷の裁判の実務にたずさわる明法家などの官僚。
⑫勘録　判決文の草案や意見書。
⑬恐々謹言　書状の終わりに記して、相手に対して敬意を表す文言。
⑭武蔵守　執権北条泰時。
⑮駿河守　六波羅探題北条重時。

聊（いささ）かもあらたまるべきにあらず候也。凡（およ）そ法令⑩のおしへめでたく候なれども、武家のならひ、民間の法、それをうかゞひしりたる物は百千が中に一両もありがたく候歟。仍（すなわち）諸人しらず候処に、俄（にわか）に法意をもて理非を勘（かんが）へ候時に、法令の官人⑪心にまかせて軽重の文どもを、ひきかむがへ候なる間、其勘録⑫一同ならず候故に、人皆迷惑と云々。これによりて文盲の輩（ともがら）もかねて思惟し、御成敗も変々ならず候はんために、この式目を注置れ候者也。京都人々の中に謗難を加事候はゞ、此趣（このおもむき）を御心え候て御問答あるべく候。恐々謹言⑬。

　　貞永元九月十一日
　　　　　　　　　　駿河守⑮殿
　　　　　　　　　　　　　武蔵守⑭　在

『貞永式目　唯浄裏書本』

の一もいないだろう。そこで、人々のわからぬ状態の中で、いきなり律令の規定を適用して判断するような時に、法律をつかさどる役人が気ままに罪の軽重についての法文を引用するので、判決文は一定せずに人々は皆迷惑しているという。こういうことなので、字の読めない人もあらかじめ考えることができ、裁定もあれこれ変わることのないよう、この式目がつくられたのである。京都の人々の中で非難するものがあったら、この趣旨を心得て対処なさるように。恐々謹言

　　貞永元（一二三二）年九月十一日
　　　　　　　　　　駿河守（北条重時）殿
　　　　　　　　　　　　　武蔵守（北条泰時）　判

解説

北条義時のあと執権に就任した北条泰時は、政所別当の大江広元や「尼将軍」北条政子の死に直面する。幕府が始まって以来、御家人結束の中心人物であった二人を失ったことで、幕府には新たな規範作りが必要であった。それが、一二三二（貞永元）年の御成敗式目の制定である。式目制定は、承久の乱後、幕府が西国へ支配拡大した結果、御家人と荘園領主や西国農民との紛争が増加したことや、寛喜の大飢饉で所領訴訟が増えたことや、庶民の下人化も背景にあった。さらに、連署や評定衆を設置して執権政治を推進しようとする泰時にとって、合議制を行う一定の基準づくりも急務であった。泰時は、朝廷の明法道の研究を土台に律令格式を検討しつつ、評定所の審議を経て、式目を制定した。この史料は、泰時が弟で六波羅（はら）探題の北条重時に宛てた消息文（手紙）である。この消息文によって、①式目制定の趣旨を知ることができるが、要旨は、式目が、①武士社会における生活の倫理である「道理」と、源頼朝以来の先例によってつくられた、②公平な裁判を行うため、訴

要点ナビ
執権北条泰時が初の幕府法として制定。

❶奉行 職務として遂行すべき事柄。
❷右大将家 源頼朝。
❸大番催促 御家人が交代で京都警備をする京都大番役を、守護が催促・指揮する権限。
❹公事 年貢以外の雑税。
❺庄保 荘園と国衙領を構成する単位としての保。
❻地利 その土地から生ずる収益。
❼沙汰 行為。
❽所当 年貢とセットになり、年貢と同じ意味に使われる。
❾結解 決算。
❿御口入 干渉。
⓫進止 土地や人間に対する最も強力な支配権。

② 御成敗式目 ★★★★★

（第三条）
一 諸国守護人奉行❶の事
右、右大将家❷の御時定め置かるる所は、大番催促❸・謀叛・殺害人 付けたり、夜討、強盗、山賊、海賊 等の事也。而るに近年、代官を郡郷に分ち補❹し、公事❺を庄保に充て課せ、国司に非ずして国務を妨げ、地頭に非ずして地利❻を貪る。所行の企、甚だ以て無道也。……早く右大将家御時の例に任せて、大番役幷びに謀叛・殺害の外、守護の沙汰❼を停止せしむべし。

（第五条）
一 諸国地頭、年貢所当❽を抑留せしむるの事
右、年貢を抑留するの由、本所の訴訟あらば、即ち結解❾を遂げ勘定を請くべし。犯用の条若し遁るる所なくば、員数に任せてこれを弁償すべし。

（第六条）
一 国司・領家の成敗は関東の御口入❿に及ばざる事
右、国司・国衙・庄園・神社・仏寺領、本所の進止⓫たり。沙

訟のあり方を定めた、③教養のない武士にもよくわかるような内容にした、④幕府の勢力範囲にのみ適用し、朝廷の政治や律令の系統を引く公家法には一切変更はない、などである。また荘園領主の支配下では依然として本所法が効力を持っていた。

このように朝廷との摩擦は避けながら、「律令格式とは異なる」ことを明示し、幕府の勢力範囲においては公家法からの独立を宣言している。

通釈

一 諸国の守護が遂行すべき職務のこと
このことについて、右大将家（頼朝公）の時に定められたのは大番催促、謀叛人・殺害人（夜討・強盗・山賊・海賊を付け加える）の取り締まりなどのことである。にもかかわらず、近年になって（守護は）代官を郡や郷に配置し、公事を荘園・公領に割りあて、国司でもないのに国務に介入しては（国司を）妨害したり、地頭でもないのに土地からの収益をむさぼっている。このようなふるまいはきわめて道理からはずれたものである。……ただちに頼朝公の時の先例にならって、大番役と謀叛・殺害人の取り締まり以外の守護の行為をやめさせよ。

一 諸国の地頭が（荘園領主に送るべき）年貢をおさえとどめること
このことについて、年貢をおさえとどめていると、荘園領主の訴えがあれば、すぐに決算をし、荘園領主側の監査を受けなければならない。その結果不正が明らかで弁解の余地がない場合は、所定の数量を弁償せよ。

一 国司や領家の行う訴訟裁決に幕府は干渉をしないこと

2 中世

鎌倉

⑱評議　評定会議。

⑰都鄙の例　一般に行われている慣習。幕府の不易の法に対比する語。

⑯不易の法　ある年代を限って、それ以前の決定や裁決を変更しない法令のこと。ここでは武家の慣習法のこと。

⑮進退　土地や人間の支配をさし、「進止」とほぼ同義語。ここでは、悔い返すか否かも親の意のままという意味。

⑭悔い還す　所有権が移ったあと、それを後悔して自己に取り返すこと。「悔い返す」とも書く。

⑬年序　一定の年数。二十年を意味することが多い。

⑫知行　実際に支配すること。

15
汰出来するにおいては、今更御口入に及ばず。若し申す旨有りと雖も敢へて叙用されず。
（第八条）
一　御下文を帯すと雖も知行せしめず年序を経る所領の事

20
右、当知行の後、廿ヶ年を過ぎば、右大将家の例に任せて理非を論ぜず改替する能はず、而るに知行の由を申し、御下文を掠め給はるの輩、彼状を帯ぶると雖も叙用に及ばず。
（第一八条）
一　所領を女子に譲り与ふるの後、不和の儀あるに依りて其の親悔い還すや否やの事

25
右、男女の号異なると雖も、父母の恩惟れ同じ。女子若し向背の儀有らば、父母宜しく進退の意に任すべし。……
（第二三条）
一　女人養子の事

30
右、法意の如くばこれを許さずと雖も、大将家御時以来当世に至るまで、其の子無き女人等、所領を養子に譲り与ふる事不易の法あげて計ふるべからず、しかのみならず都鄙の例先蹤これ多し。評議の処、尤も信用に足れるか。

このことについて、国衙領・荘園・神社・仏寺領は本所の支配権の下にある。訴訟が起きても幕府が今更口をはさむことはしない。もし幕府に訴え出る者がいても一切取り上げない。

一　将軍の下文を持っているにもかかわらず、実際の支配をしないままに一定の年数を経た所領のこと

このことについて、現実の土地支配をして二〇年を過ぎれば、頼朝公の先例によって権利の正当性のいかんにかかわらず、土地支配をやめさせることはしない。しかし、現実に土地支配をしていると偽って下文を得た者が、その文書を盾に主張しても取り上げない。

一　所領を女子に譲った後、親子の不和があったとき、その親が取り戻すことができるか否かのこと

このことについて、男と女の名称は違っていても父母の恩は同じである。……女子が親に背くことがあれば、悔い返すかどうかも親の自由にすべきである。

一　女子が養子を迎えること

このことについて、律令の見解では許されないが、頼朝公以来現在まで、子供のない女子が所領を養子に譲り与えることは、変わることのない武家の法で、数えきれない程先例がある。それぱかりか、一般の慣習でも例は多い。評定会議の審議内容は大変信用できるであろう。

一　所領を子供に譲り、所領安堵の下文をいただいた後、所領を取り返して他の子供に譲り与えること

このことについて、父母の意向に任せるべきことが、以前の条文に詳しく載っている。したがって、前に書かれた譲状によって所領安堵の下文をいただいていて

2 中世

鎌倉

⑲安堵の御下文　所領相続を承認するため幕府から発給された下文。

⑳先条　一八・二〇条をさす。

㉑先判の譲　前に書かれた譲状をさす。判は譲状にある花押のこと。

㉒逃散　農民が、領主に対する抵抗として集団で行う耕作放棄。この時代では付近の山野へ逃げることが一般的であった。

㉓逃毀　逃亡者の残した財産を破壊したり奪い取る行為。

㉔逃脱　逃散と同じ。

㉕去留　逃散の百姓が、そこに留まるか、元の地へ去るかということ。

探究9
①守護の任務を示す語句を「御成敗式目」の史料から書き出して説明せよ。
②「右大将家の御時」という文句が、史料中にしばしば見られるが、それは何を意味するか。

（第二六条）
一　所領を子息に譲り、安堵の御下文⑲を給はるの後、その領を悔い還し、他の子息に譲り与ふる事

右、父母の意に任すべきの由、具（つぶさ）に以て先条⑳に載せ畢（おわ）んぬ。よって先判の譲㉑につきて安堵の御下文⑲を給はると雖（いえど）も、その親これを悔い還し、他子に譲るにおいては、後判（こうはん）の譲に任せて御成敗あるべし。

（第四二条）
一　百姓逃散（ちょうさん）㉔の時、逃毀（にげこぼち）㉓と称して損亡（そんもう）せしむる事

右、諸国の住民逃脱㉔の時、其の領主ら逃毀㉓と称して、妻子を抑留し、資財を奪ひ取る。所行の企は甚だ仁政（じんせい）に背（そむ）く。もし召し決せらるるの処、年貢所当の未済（みさい）有らば、その償（つぐな）ひを致すべし。然（しか）らずば、早く損物（そんもつ）を糺（ただ）し返さるべし。但（ただ）し、去留（きょりゅう）㉕においては、宜しく民の意（こころ）に任すべきなり。

『御成敗式目』

解説

御成敗式目とは

式目の式は法式、目は条目をさし、御成敗は成敗（裁断）のための式目という意味である。御成敗式目は、本来御家人が関係している裁判にのみ適用され、所領関係が最も多く、その他、寺社関係、守護地頭の権限に関するもの、訴訟手続関係などに分類できる。史料中の重要条文として第八条に、二十年以上継続して支配した所領は、事情にかかわらず支配権を認める知行年紀法があり、御家人の現有する権利を保護している。また、公家法との差異を見せる条文としては、親の悔返（くいかえし）権を認めた第一八条及び二六条、子のない女性が養子をとって所領を譲る権利を認めた第三条がある。式目は必要に応じて補足・修正され、「式目追加」と呼ばれた。室町幕府も御成敗式目を基本法としたほか、戦国大名の分国法にも多大な影響を与えるなど、武家法の根本法典としての地位を長く保った。本来は幕府の勢力範囲を対象としていたが、次第に公家領や寺社領にも適用された。また、一般にも広く読まれ、江戸時代の寺子屋では読み書きの手本として普及する。

も、その親が取り返し、他の子供に譲与する場合には、後の譲状によって裁断しなさい。

一　百姓が農地を捨てて逃散した時、領主が逃毀だといって財産などを奪い取ること

このことについて、住民が逃亡した時、領主が逃毀だといって妻子を捕らえたり、資財を奪い取る。このやり方は情深い政治に反する。双方を召集して対決させて、幕府が裁定した結果、年貢で未納のものがあれば、百姓は弁償しなければならない。が、そうでなければ領主は奪い取った財物を調査し、返さなければならない。ただし百姓がその居所を去るかとどまるかは、百姓自身の判断に任せること。

2 中世

鎌倉

探究10

北条氏が専制的権力を強めるためにとった手段を述べよ。

史料注

葉黄記 鎌倉時代の公家、権中納言葉室定嗣の日記。書名は名字と中納言の唐名「黄門」のそれぞれ一字からなる。

❶去ぬる五日 一二四七（宝治元）年六月五日。

❷時頼 北条時頼。

❸将軍家 将軍藤原頼嗣。

❹頼朝卿墓堂 源頼朝の墓のある法華堂。

❺巳・午・未三箇時 午前十時頃から午後二時頃まで。

❸ 宝治合戦 ★★☆☆☆

　去ぬる五日❶、前若狭守泰村（三浦これなり）、すでに旗を掲げ打ち立つ。よって時頼❷将軍家❸に参り、また打手等を遣わし合戦す。また放火す。風吹きおおうの間、泰村落ち了んぬ。おのおの頼朝卿墓堂❹に追い入り自害す。巳・午・未三箇時❺、勝負を決しおわんぬ。泰村・光村（泰村弟）以下三浦一族皆誅せられ了んぬ。惣じて自害の輩三百人に及ぶと云々。

『葉黄記』

通釈

（宝治元〔一二四七〕年六月）五日、三浦泰村が旗揚げし挙兵した。そこで北条時頼が将軍藤原頼嗣の元へ参上し、軍勢を遣わして合戦になり、放火もおこなった。風が吹き荒れる中、三浦泰村は逃げた。三浦方は、おのおの頼朝の墓所がある法華堂に入り自害した。午前十時頃から午後二時頃まで勝負は決した。三浦泰村や弟の光村以下三浦一族は成敗され、自害の者は三百人に及んだという。

解説

　北条義時・泰時のもとで強化されてきた執権政治は、泰時の孫時頼に受け継がれた。一二四六（寛元四）年、彼は力をつけてきた将軍藤原頼経を都に追放するとともに、一族の名越流北条氏を処罰した。これを宮騒動という。翌一二四七（宝治元）年には、頼経とつながる三浦泰村を攻撃して滅ぼした。これを宝治合戦と呼ぶ。源頼朝以来の有力御家人であった三浦氏を滅ぼしたことで北条氏の地位は万全なものとなった。

Spot

ようやく人間扱いされた奴婢

　中世の隷属民である下人・所従は御成敗式目で「奴婢・雑人」と記載された。下人の産んだ子供はだれのものになるかについて、御成敗式目では「奴婢・雑人」の子は父親に、女の子は母親に帰属する」としている。一方、律令の規定では「別の家に所属する公奴婢・私奴婢・官戸・家人が逃亡中に子供を産んだとき、その子供は母親の主人の所有となる」と定められていた。また別の条項では、奴婢は家畜や財物の類と同じに処理することが決めら

れており、律令制では、奴婢が人間扱いではなく物として考えられていたことがわかる。鎌倉時代でも下人・所従が譲与の対象になるかに、人の財産としての身分からは抜け出せていない。しかし、律令が制定されて五〇〇年余にして、ようやく奴婢を人間扱いする側面が生まれてきたのである。

2 中世

鎌倉

6 地頭勢力の進展

① 分割相続 ★☆☆☆☆

所領配分の事

嫡男大炊助入道分①

次男宅万別当分

大和太郎兵衛尉分⑥

八郎分⑦

九郎入道分⑧

女子犬御前分

女子美濃局分

帯刀左衛門尉後家分⑩ 数子これ在り

相模国大友郷地頭郷司②職③

豊後国大野庄内志賀村半分地頭職④ 別に注文在り

同庄内上村半分地頭職⑤ 別に注文在り

同庄内志賀村半分地頭職 別に注文在り

同庄内下村地頭職⑨ 但し故豊前々司墓堂寄附院主職なり

同庄内中村地頭職

同庄内上村半分地頭職 別に注文在り

同庄中村内保多田名

右、くだんの所領等は、故豊前々司能直朝臣、代々将軍家御下文を賜はり、相違無く知行し来たる所なり。而るに尼深妙、亡夫能直之譲りを得て将軍家御下文を賜はり、領掌⑪せしむる所なり。それに依りて能直の遺言に任せ、孚数子⑫等の為に、此の如く配分する所なり。但し関東御公事⑬仰せ下さるる時は、嫡男大炊助入道の支配を守り、所領の多少に随ひて、其の沙汰を致すべきなり。仍って後日の証文として惣配分の状の件の如し。

延応弐年四月六日⑭ 尼 深妙 （花押）

『志賀文書』

※色文字は重要語

①嫡男大炊助入道 大友能直の子で、家督の相続者である親秀。

②郷司 国衙領を構成する単位である郷の徴税責任者。

③職 職務に付随した権益。

④宅万別当 託磨能秀。

⑤注文 詳細を記した文書。

⑥大和太郎兵衛尉 一万田景直。

⑦八郎 志賀能郷。

⑧九郎入道 大友能基。

⑨故豊前……院主職 父能直の墓を守る堂に寄進された所領の住職としての収益権。

⑩帯刀左衛門尉後家 大友時直の未亡人。

⑪領掌 所領を現実に支配すること。

⑫字数子 孚は育くむ、養うの意。ここでは自分の子が数人いるということ。

⑬関東御公事 鎌倉幕府が御家人に課した負担。主として幕府の経費にあてられた。

史料注

4延応弐年 一二四〇年。

志賀文書 鎌倉〜室町期に豊後国の守護として、のちに戦国大名として活躍する大友氏の支族、志賀氏に伝わる文書。志賀氏は史料中の「八郎」能郷が、大野荘志賀村半分の地頭職を相続し、土着して志賀氏を称したことに始まる。

解説

鎌倉時代の武士団は、惣領制という血縁的統制により、一族が強く結びついていた。

惣領制において宗家(主家)の長を惣領、ほかを庶子といった。荘園領主や国衙から課せられる年貢・公事を納めたり、幕府の大番役や軍役を務める際には、惣領が庶子に割り当て、一括して奉仕したりした。また、氏神の祭祀も惣領が取り仕切った。本拠地を惣領が、ほかは庶子が分割して支配することが多かった。

史料では惣領の大友能直の死後、いったん未亡人の尼深妙がすべて領有した後、次の惣領(大友親秀)が決まると、本拠地の相模国大友郷を惣領に、次男(詫間能秀)以下に豊後国大野荘をほぼ均等に相続している。また、この時期女子にも同様に相続されたことも読み取れる。

鎌倉幕府の御家人支配はこの惣領制に基づいて行っていたので、惣領の力量が一族の浮沈を握っていた。

●大友氏の相続

惣領の相続

(赤字は女子の相続)

相模国 大友郷 (惣領分) / 大和 太郎 / 美濃局 / 八郎 / 志賀村 七三町 / 宅間別当 / 犬御前 / 中村 六七町 / 帯刀 / 後家 / 豊後国 大野荘 三〇〇町 / 上村 五一町 / 下村 一〇〇町 / 九郎入道 / 大炊助入道

庶子の相続

要点ナビ

荘園領主が地頭に、年貢の請負納入を依頼。

1 茜部御庄 岐阜市南部にあった荘園。

2 地頭請所 地頭が荘園領主に納める定額の年貢を請け負った荘園。

3 預所 荘園領主(茜部荘では東大寺)が任命した荘官。

4 百定・千両 年貢として納

2 地頭請（じとうけ）★☆☆☆☆

下す　茜部御庄住民等[1]

早く地頭請所[2]として御年貢を進済せしむべき事

右、当御庄は、これ預所[3]の沙汰として、百定・千両[4]を弁じ難きに依り、地頭の沙汰[5]として、請文[6]の状に任せて、御年貢を進済せしむべきなり。住民等宜しく承知し、

通釈

茜部荘の住民に下す

早く地頭請所として、年貢を納入すべき事。

この荘園は従来、預所の指示で年貢を納めてきた。この荘園は絹百定、真綿千両の納入が困難になってきたので、今後は地頭の指示により、請文記載の年貢を納めなさい。住民たちはこのことをよく承知し、間違いのないようにすること。以上命ずる。

要点ナビ
荘園領主と地頭で荘園を分割支配（和与中分）。

探究11
地頭請が行われたのはなぜか。またどのような方法がとられたか。

めるべき絹百疋・綿（まわた）千両。

5 地頭　茜部荘では、承久の乱後没収された下司職に代わって配置された、長井氏。

6 請文　地頭請について記した文書。

7 別当僧正前法務　東大寺別当成宝。

史料注

東大寺文書　奈良東大寺に伝わる古文書。

1 和与　和解の契約。

2 神崎庄　広島県世羅郡世羅町にあった荘園。

3 下地　所領において、田畑山林・塩浜等すべての収益の対象となる土地そのもの。

4 所務　所領の管理、荘園の収益にかかわる事務。

5 雑掌　ここでは、荘園領主の代理として訴訟事務を行う者。

違失すべからざるの状くだんの如し。故に下す。

貞応二年八月　日

別当僧正前法務⑦（在判）

『東大寺文書』

貞応二（一二二三）年八月　日　別当僧正前法務

（成宝）（在判）

解説

鎌倉幕府は、従来、荘園公領の下司職や郡郷司職を地頭職として御家人に給付した。この結果、地頭の任免権は幕府に属したが、領主への年貢の納入義務は地頭に受け継がれた。しかし、荘官等の任免権を失った荘園公領の領主たちは、支配拡大をはかる地頭に次第に劣勢に立たされた。地頭は、本来荘園公領に納めるはずの年貢をおさえたり、荘園・公領の農民を下人にしたりして勢力を拡大した。新補地頭設置後は特に諸権限を巡る争いが頻発した。荘園領主らはしばしば幕府や六波羅探題に訴えたが、荘園領主側が勝訴したり、和与（和解）が成立したりしたとしても、現地に根をおろした地頭を拘束することは困難であった。このとき毎年契約した年貢を地頭に請け負わせる代わりに、現地の支配を委ねた。これを地頭請といい、請負の対象地を請所と呼ぶ。

この史料は茜部荘で、一二世紀初頭に定められた年貢の納入が、東大寺荘官の預所では果たせなくなってきており、一二二三年、長井氏の地頭請とする旨を住民に周知したものである。

---

③ 下地中分（したじちゅうぶん）　★☆☆☆☆

1 和与（わよ）①

備後国（びんご）神崎庄（かんざきのしょう）②　下地（したじ）③以下所務条々④の事

右、当庄領家高野山金剛三昧院内遍照院雑掌（へんじょういんざっしょう）⑤　行盛（ゆきもり）、地頭阿野侍従殿季継（すけつぐ）御代官助景と相論（そうろん）する当庄下地以下下所務条々の事、訴陳（そちん）を番ふと雖も（いえど）⑥、当寺知行（ちぎょう）之間、別儀（べつぎ）を以て和与せしめ、田畠・山河以下の下地、中分せしめ、おのおの一円の所務を致すべし。仍（よ）って和与

通釈

和解契約

備後国神崎荘の土地の管理及び収益事務のこと

このことについて、当荘園の領家である高野山金剛三昧院内の遍照院の荘官行盛と、地頭である阿野季継の代官助景との間で土地の支配などをめぐって裁判をし、訴状と陳状を交換したが、金剛三昧院の支配地という特別の事情によって和解することとし、田畠・山河などの土地は（領家と地頭で）二分し、それぞれ独占的に支配することとする。そこで和解の契約を以上のように決めた。

⑥訴陳を番ふ　訴訟に際し、訴人（原告）の訴状と論人（被告）の論状の通常三度にわたるやりとり。

⑦中分　荘園を二分し、それぞれの領有権を持って土地を支配すること。

史料注

金剛三昧院文書　高野山金剛峯寺の塔頭の一つ金剛三昧院に伝わる文書。金峯寺の古文書を高野山史編纂所が蒐集し、高野山内各寺院、高野山旧領各地の文書を家わけとして刊行したものの一つ。

探究12
地頭請と下地中分の違いを述べよ。また、その歴史的意義を考えよ。

10

の状、件の如し。
文保弐年二月十七日
　　　　地頭代左衛門尉助景　在判
　　　　雑　掌　行　盛　在判
　　　　　　　　『金剛三昧院文書』

文保二（一三一八）年二月十七日
　　　　地頭代左衛門尉助景　在判
　　　　雑　掌　行　盛　在判

解説　地頭請とともに、領家などの荘園領主と地頭との紛争解決として行われたのが、下地中分である。それは、領家（史料では金剛三昧院）と地頭（阿野季継）が荘園の土地そのものを二分して、土地と住民の支配権を分ける方法である。史料の神崎荘のような、和解による和与中分のほか、荘園領主の申請をうけて幕府が強制的に中分命令を出すこともあった。下地中分の結果は中分絵図として描かれ、伯耆国東郷荘の絵図などが有名である。下地中分は鎌倉時代の後半に多く見られる。これによって複雑な領有関係を克服し、地頭が一円的な支配権を獲得していく契機となった。

Spot

鎌倉武士西へ

現在でさえ、東日本と西日本は言葉や食生活の習慣などで違いがあるが、鎌倉時代は東国と西国とにより鮮明な色分けができる。例えば、承久の乱は東国に見られるような朝廷と幕府の勢力範囲、裁判管轄に表れるような朝廷と六波羅探題の地域的な分担などである。その他、原始から続く、「畠作の東国、水田の西国」の図式や、民俗的な差異ももちろんである。このように、東国と西国の間にはかなり高い壁がそびえていたといえる。

一方で鎌倉時代を通じて、この壁を乗り越える東国御家人の「西遷」も続いた。例えば、相模国毛利荘（神奈川県）から安芸国吉田荘（広島県）へ移った毛利氏、武蔵国熊谷郷（埼玉県）から安芸国三入荘へ移動した熊谷氏である。「惣領制」（一二三頁）で見た大友氏は、承久の乱後に豊後国大野荘近辺に庶子（託磨・志賀氏）が移動したのに続き、モンゴル襲来に際し、一二七一（文永八）年の幕府の下向命令を受け、惣領の大友頼泰（能直の孫）が本拠を豊後に遷した。ところで、毛利氏も熊谷氏もさらに大友氏も新たな本拠ではなく、東国の本領の名を名字とし続けた。このことは、西国へ移りながらも観念的には鎌倉から離れられなかった鎌倉武士の姿を表している。

7 モンゴル襲来と幕府の衰退

要点ナビ
元のフビライが朝貢を要求。

① 蒙古の牒状 ★☆☆☆☆

※色文字は重要語

1 牒状 上下関係のない役所間で用いられた文書。

2 上天の眷命せる 天帝の恩籠（目をかけられ、いつくしみ）を受けていること。

3 皇帝 フビライ。

4 日本国王 亀山天皇。

5 朕 皇帝の自称。

6 祖宗 現在までの歴代の君主。

7 区夏 区は区域で夏は中華。天下をさす。

8 藩 一地方の鎮圧を任されている属国。

9 不宣 「すべてを語り尽くしてはいないが」という意味で、友人間の書簡に使われる止め句。

10 至元三年 元の年号で一二六六年。

上天の眷命せる大蒙古国皇帝書を日本国王に奉る。

朕惟ふに、古より小国の君、境土相接するは尚講信修睦に務む。況んや我が祖宗は天の明命を受け、区夏を奄有す。遐方異域の威を畏れ徳に懐く者数限りなし。……高麗は朕の東藩なり。日本は高麗に密邇し、開国以来、亦時に中国に通ず。朕の躬に至つて一乗の使も以て和好を通ずること無し。尚王の国これを知ること未だ審ならざるを恐る。故に特に使を遣はし、書を持して朕が志を布告せしむ。冀くは、今より以往、問を通じ好を結び、以て相親睦せん。且つ聖人は四海を以て家と為す。相通好せざるは豈一家の理ならんや。兵を用ふるに至るは、夫れ執か好む所ならん。王其れ之を図れ。不宣

至元三年八月　日

『東大寺尊勝院蔵本　蒙古国牒状』

通釈

天のいつくしみを受ける大蒙古国の皇帝が、書を日本国王に差し上げる。朕が考えるには、昔から小国の国王も、国境が接すれば音信を交わし友好に努めてきた。まして、わが祖先は天の命令を受け天下を領有してきた。はるか遠方の異国から、その威をおそれ、徳になついてくる者は数限りない。……高麗は朕の東方の属国である。日本は高麗に近接し、開国以来、時には中国にも使いを遣わしてきた。が、朕の代になってからは、親交を結ぶ一人の使者も送ってこない。まだ、王の国（日本）がこうした事情をはっきりとは知らないのではないかと心配している。そこで特に使いを派遣し、文書で朕の意志を知らせる。今後は、互いに訪問して友好を結び、親睦を深めていくよう願うものである。また、聖人は全世界を一つの家だという。互いに通好しないで、どうして一つの家とするのか。兵を用いることは誰が望もうか。王はそのことをよく考え対応されたい。不宣。

至元三（一二六六）年八月　日

史料注
東大寺尊勝院蔵本　奈良の東大寺尊勝院に伝わる文書。この史料は東大寺僧宗性が国書を書写したもの。

探究13
モンゴル襲来について、フビライの意図を考えよ。

解説
一三世紀初頭、チンギス゠ハンによりユーラシア大陸の東西にまたがる大帝国となったモンゴルは、チンギスの孫フビライ（クビライ、忽必烈）の代に至り、日本に高麗を通じて朝貢を要求してきた。その最初のものが、史料の国書である。朝貢要求の目的としては、東アジア世界に君臨するためには形のいかんを問わず日本をも支配下に置く必要があったこと、また当面の大目標の南宋征服のため、緊密な日宋関係を断絶させることなどが考えられる。国書の形式は、当時の中国の文面には見られぬほど丁重であったともいわれるが、その内容は、武力行使をにおわせながらの通交要求である。一

二六八（文永五）年国書は大宰府に到着したが、幕府はその要求に侵略の意図ありと判断し、返牒（返書）を拒否した。以後再三にわたり使者が来日し、朝廷は返牒を出すことを決定したが、幕府の反対で結局中止となった。幕府が外交権をも握っていたのである。

要求を拒否したことで、フビライが「兵力を用いる」ことを覚悟した幕府では、高齢の北条政村から北条時宗へと執権職を交代し、モンゴル襲来（蒙古襲来、元寇）に備える対策をとった。

❷ 御家人・非御家人の動員　★★☆☆☆

蒙古人対馬・壱岐に襲来し❶、既に合戦を致すの由、覚恵注し申す所なり。早く来る廿日以前に安芸に下向し、彼の凶徒寄せ来たらば、国中の地頭御家人ならびに本所・領家一円の地の住人等を相い催し、禦戦わしむべし。更に緩怠あるべからざるの状、仰せによって執達件の如し。

文永十一年十一月一日
（一二七四）

　　　　相模守❺ 在判
　　　　武蔵守❹ 在判

武田五郎次郎殿❻

『東寺百合文書』

解説
一二七四（文永一一）年、フビライは、元及び服属させた高麗から徴発した軍隊を混成し、約三万人の兵で日本に来襲した。元軍は、対馬・壱岐を侵し、博多湾に上陸した。一〇月二〇日の事である。次の参考史料『八幡愚童訓』に見られるように、幕府軍は不慣れな、元軍の集団戦法や毒矢、さらには「鉄放（てつはう）」と呼ばれる火器などにより苦戦をしいられた。しかし元軍が受けた損害も大きく、内部の対立もあって日本から撤退した。これが文永の役である。

史料注
東寺百合文書　八七頁参照。

❶蒙古人対馬・壱岐に襲来　文永の役のこと。
❷覚恵　小弐資能。
❸本所・領家一円の地の住人　荘園領主が独占的に支配している所領の住人（非御家人）。
❹武蔵守　連署北条義政。
❺相模守　執権北条時宗。
❻武田五郎次郎　安芸国守護の武田信時。

2 中世

鎌倉

探究14 モンゴル襲来に対する幕府の対策を調べよ。

東寺百合文書の史料、安芸国守護で関東武士の武田信頼宛の書状《関東御教書》に示されるように、元軍襲来の報に接した幕府は、西国の守護を総動員したほか、西国に所領を持つ東国御家人に西国への下向を命じたり、従来は幕府の支配の及ばなかった荘園領主一円地の非御家人を動員している。幕府の受けた衝撃の大きさがわかるが、同時に、この機を捉えて、従来の支配地域を拡大している点も見落とせない。モンゴル襲来の後、西国守護の多くが更迭され、北条氏やその縁者に代えられているなど、北条支配を強めようとする動きも出てくる。

史料注

八幡愚童訓 『八幡愚童訓』は二種類あるが、史料のものは、モンゴル襲来に際しての八幡大菩薩の霊験について述べている。

参考 元軍の戦法 ★☆☆☆

十一月廿日〔二十〕（実際は一〇月二〇日）、蒙古船ヨリ下リ、馬ニ乗リ旗ヲ挙ゲテ責懸ル。入道覚恵が孫縅、十三ノ者、箭合セ為トテ小鏑ヲ射タリシニ、蒙古一度ニ誂ト咲フ。太鼓ヲ叩キ銅鑼打チ紙砲鉄砲ヲ放シ時ヲ作ル。其ノ声唱立ニサニ、日本ノ馬共驚テ進退ナラズ。……胄軽ク馬ニハ能乗リ、力強ク命ハ惜マズ、強盛勇猛自在無窮ニ馳引ク、大将軍高キ所ニ居上リ、引クベキ所ニハ逃鼓ヲ打チ、懸ベキニハ責鼓ヲ叩キ、夫ニ随テ寄引、逃ル時ハ鉄放ヲ飛バシテ暗ク成シ、鳴リ高ケレバ心ハ迷ハシ肝ヲ失ヒ、目クレ耳塞テ、亡然トシテ東西ヲ知ラズ、日本ノ軍ノ如ク相互ニ名乗リ合ヒ、高名不覚ノ一人宛ノ勝負ト思フ処、此合戦ハ大勢一度ニ寄合テ、足手ノ動ク処ニ我モ〳〵ト取付テ押殺シ生捕ケリ、是故懸入程ノ日本人、一人トシテ漏者コソナカリケレ。

『八幡愚童訓』

要点ナビ 執権北条貞時のもとで、御家人の救済のため発令。

❸ 永仁の徳政令 ★★★★★

関東御事書の法■

一 質券売買地の事

永仁五年三月六日

右、地頭御家人の買得地においては、本条■を守り、廿〔二十〕箇年を過ぐるは、本主■取返すに及ばず。非御家人弁びに凡下の輩■の買得地に至りては、年紀の遠近を謂はず、

❶関東御事書の法 鎌倉幕府から出された、「一 何々の事」と箇条書の体裁で書かれた法規。

❷本条 御成敗式目の第八条（二一〇頁参照）の時効規定。

❸本主 土地を売った元の持

通釈

鎌倉幕府から出された箇条書の法

一 質入れされたり、売買された土地のこと

このことについては、地頭御家人が買い取った所領は、御成敗式目の規定の通り、二〇年を経過したものは売り主が取り返すことはできない。が、御家人以外の武士や一般庶民が買い取った土地については、経過

2 中世

鎌倉

注

④凡下の輩　武士身分に属さない一般庶民。借上などをさす。

⑤越訴　判決を不服とする者が起こす再審請求。

ち主。

⑥領掌　領有し、現実に支配権を行使すること。

⑦御下文・下知状　いずれも幕府から発給された公文書。ここでは土地の売買・譲渡を認めたもの。

⑧年紀　②と同様、御成敗式目に定められた二〇年のこと。

⑨利銭出挙　利息の付いた金銭の貸借。

⑩甲乙の輩　特定の階層でないすべての人々。

⑪成敗　訴訟の受理。

史料注

東寺百合文書　八七頁参照。

本主之を取返すべし。

関東より六波羅へ送られし御事書の法

一　越訴⑤を停止すべきの事……

一　質券売買地の事

右、所領を以て或は質券に入れ流し、或は売買せしむるの条、御家人等侘傺の基なり。以前沽却の分に至りては、向後に於ては停止に従ふべし。但し或は御下文・下知状⑦を成し給ひて今更相掌せしむべし。以前沽却の分に至りては、公私の領を論ぜず今更相違有るべからず。若し制符に背き濫妨を致すの輩有らば、罪科に処せらるべし。次に非御家人、凡下の輩④質券買得地の事、年紀⑧を過ぐと雖も売主をして知行せしむべし。

一　利銭出挙⑨の事

右、甲乙の輩⑩要用の時、煩費を顧みず負累せしむるに依りて、富有の仁其の利潤を専らにし、窮困の族弥々侘傺に及ぶ歟。自今以後成敗⑪に及ばず、縦下知状を帯び、弁償せざるの由訴へ申す事有りと雖も、沙汰の限りに非ず。次に質物を庫倉に入るる事は禁制する能

した年数に関わりなく、元の売り主が取り戻すことができる。

鎌倉幕府から六波羅探題に送られた簡条書の法

一　再審の請求は受けつけないこと……

一　質入れされたり、売買された土地のこと

このことについて、所領を質に入れ流したり売買したりすることは、御家人の困窮の基である。今後はしてはならない。以前に売った土地は、本主（御家人）が領有し支配すべきである。ただし、（売った相手が御家人である時は）幕府が売買を認めた下文や下知状を下されていたり、その所領を知行して二〇年を過ぎている場合には、その土地が幕府から恩賞として与えられたのか先祖相伝の私領なのかにかかわらず、今さら取り返そうとする者は罪に処せられるだろう。ただ、御家人以外の武士や一般庶民が御家人から買い取った土地は、二〇年を過ぎていたとしても、御家人の売り主が知行すべきである。

一　利息つきの金銭貸借のこと

このことについて、誰かれとなくすべての人が出費のある時、利息の累積などで困ることも考えず借金をするので、金持の者はその利潤をますます増やし、貧乏人はいよいよ困窮するのであろう。今後は、金銭貸借の訴訟は一切取り上げない。たとえ幕府の下知状を持って、弁償しないと訴え出る場合でも、一切取り上げない。ただ、品物を質に入れて借金することは、禁制の限りではない。

永仁五（一二九七）年七月二二日

2 中世

鎌倉

探究15　永仁の徳政令の出された目的は何か。またその効果と影響について述べよ。

はず。……

要点ナビ　鎌倉後期、播磨国での悪党の成長。

❶問云フ　筆者が住職と語り合った問答を示している。
❷当国　播磨国。
❸正安・乾元　一二九九〜一三〇三年。
❹寄取　襲撃。

永仁五年七月廿二日

『東寺百合文書』

解説

御家人制度は鎌倉幕府の基盤であった。御家人は鎌倉・京都での中央文化との接触や貨幣経済の浸透により生活水準を向上させた半面、経済的な窮乏に追い込まれる者が増加した。領の細分化とともに、分割相続の繰り返しによる所領の細分化も相まって、またモンゴル襲来では多大な犠牲を払っても、没収地のない防衛戦だったため恩賞が十分でなく、その後の防備への負担も相まって、困窮の傾向は一層助長された。窮乏した御家人のなかには所領を質入れしたり、売却して御家人役を全うできないものもおり、幕府体制を根底から揺るがす問題となった。幕府はたびたび新恩地の質入れ・売買の禁止を行ったり（先祖相伝の本領については式目も認めていた）、段階的に無償取り返し令を出したが、実効が上がらなかった。そのために執権北条貞時により発せられたのが、一二九七年の永仁の徳政令と呼ばれる一連の法令である。

その中心となっているのが、三月の関東御事書の法令と、六波羅探題に送られたものの第二条項である。それは、御家人所領の一切の売買・質入れ・質流しを禁ずるとともに、買い主が御家人でない土地は何年たっていようが、返還させることができるという規定である。また、第一条項では越訴（判決後の再審請求）を禁止し、第三条項では、金銭貸借に関する訴訟を一切受けつけないとの内容であった。第二の条項は御家人に有利な規定であるが、その背景には〝本来領有していた土地は、あくまでもその家に属する〟という当時の一般通念があったことも見落とせない。しかし逆に金融の道を閉ざされた御家人の反対意もあり、売買・質入れの禁止や越訴制廃止の条項は翌年廃止された。それは強引に得宗（北条氏嫡流）専制をおし進めようとする執権北条貞時に対する、御家人層の反発でもあった。

徳政令の施行は御家人ばかりでなく、庶民にも拡大していった。以後の土地売券には、「全国一斉に徳政令が出されてもこの売地には適用されない」といういわゆる徳政担保文言が見られるようになる。また、売券とは別に譲渡を示す渡状が同時に作成されることも行われた。

---

④ 悪党の活躍　★★☆☆☆

❶問云フ[諸国]同事ト申ナカラ当国ハ[2]殊ニ悪党蜂起ノ聞ヘ候。何ノ比ヨリ張行候ケルヤラム。

答云、……正安・乾元ノ比ヨリ[3]、目ニ余リ耳ニ満テ聞候シ。所々ノ乱妨、浦々ノ海賊、寄取[4]・強盗・山賊・追ヒ落シヒマ無ク[5]、異類異形ナルアリサマ人倫ニ異ナリ柿帷ニ[6]六方笠ヲ[7]著テ[8]烏帽子・袴ヲ著ス。人二面ヲ合セス忍タル躰ニテ、数々不具ナル高シコヲ負ヒ、ツカサヤハゲタル大

史料注

⑤追ヒ落シ　路上での強盗。
⑥柿帷　柿色の単物。
⑦六方笠　女性用の日傘。
⑧高シコ　竹矢籠（たかしこ）。矢を入れる竹製の筒。
⑨サイホウ　堅い木の棒。
⑩博打博エキ　賭け事。
⑪正仲・嘉暦　一三三四〜二九年。
⑫引馬　通常は貴人などが外出の際、飾り立て連れて行く予備の馬。

峰相記　播磨国峰相山鶏足寺（兵庫県姫路市、現在は廃寺）での老僧との問答という形式を通じて、播磨の地誌を記したもの。

探究 16
① 史料を読み、悪党がどのように変化しているかを考えよ。
② 悪党が鎌倉末期・南北朝時代に現れた理由を考えよ。

5　刀ヲハキ、竹ナカエ、サイホウ杖ハカリニテ、鎧・腹巻等ヲ著マテノ兵具更ニ無シ。カ、ル類十人・二十人、或ハ城ニ籠リ、寄手ニ加ハリ、或ハ引入・返リ忠ヲ旨トシテ更ニ約諾ヲ本トセス。博打博エキヲ好テ、忍ヒ小盗ヲ業トス。……正仲・嘉暦ノ此其ノ振舞先年ニ超過シテ、天下ノ耳目ヲ驚ス。武方ノ沙汰守護ノ制ニモカ、ハラス日ヲ逐テ倍増ス。吉キ馬ニ乗リ列レリ。五十騎百騎打ツ、キ、引馬・唐櫃・弓箭・兵具ノ類金銀ヲチリハメ、鎧・腹巻テリカカヤク計也。　　『峰相記』

解説

一三世紀後半になると、畿内や周辺地域を中心に悪党と呼ばれる集団の活動が見られるようになる。この地域は、荘園領主の影響力が比較的強く残っており、地頭など在地勢力との対立が激しかったところである。在地の対立の中で、荘官・地頭・有力領主がそれぞれ支配を目指して荘園領主と敵対し、悪党と呼ばれた者も多い。その他、商人や寺社に属して商業活動を行っている者が、さらに利益をあげようとして悪党化した例、また、天災・飢饉や貨幣経済についていけず、本業や本拠地を離れなければならなかった農民など、悪党と呼ばれた者の階層や発生原因も多種多様である。

『峰相記』によると、正安・乾元の頃の悪党は〝異類・異形〟の恰好で奔放にふるまうまだ小規模な集団であったが、正仲・嘉暦といった鎌倉時代末期になると、大変羽振りがよい悪党が出現してくる様子が見える。さらに彼らには武士団として地域的な結合をするようになる。

幕府の得宗専制化の過程で、悪党の蜂起が幕府支配への反抗という意味合いを持つようになった。そのために悪党の禁圧令を出しなんとか討伐しようとも苦心するが、そのために悪党の蜂起が幕府支配への反抗という意味合いを持つようになった。後醍醐天皇の討伐行動に悪党が参加する時が迫ってきているのである。

Spot

モンゴル襲来を失敗に終わらせた東アジア民衆の抵抗

モンゴル襲来が結果的に失敗した理由はいくつかあるが、高麗を中心とした東アジアの民衆の抵抗もその大きな要因である。一二六〇年、高麗がモンゴルに服属した後も、民衆はモンゴルに抵抗した。特に正規軍の精鋭部隊である三別抄の根強い抵抗により、日本遠征準備中のモンゴル軍が襲われ、用意された戦艦が焼かれるなどで、日本侵攻は遅れに遅れた。また三別抄は耽羅島（いまの済州島）に拠って抗戦した時、共同戦線をはるため何と日本にも援軍を要請してきたのである。が、日本にはその意味がわからず、そのうちに文永の役が始まってしまった。文永・弘安の役の高麗・南宋の民衆は、造船にも戦闘にも士気が上がらなかった。風雨で多くが沈船したのは、その劣悪な造船条件のためともいわれる。その後もフビライは何度も日本遠征を企図したが、旧南宋地域での民衆の蜂起がそれを断念させたのである。

2 中世

鎌倉

⑧ 産業の発展と農民の成長

① 地頭の非法に抵抗する農民 ★★★★☆

要点ナビ
阿氐河荘民が地頭湯浅氏の横暴を荘園領主に訴える。

※色文字は重要語

1 阿テ河ノ上村 紀伊国阿氐（氐）河荘。現在の和歌山県有田郡にあった。

2 フセタ 検注（領主による土地調査）の際、隠田は没収されることが通常だが、この場合は「臥田」と承認し、臥料を徴収したケースであろう。

3 リヤウケ この時期の領家は京都の寂楽寺。のちには高野山領となる。

4 チトウ 地頭は紀伊の湯浅氏。

5 フセレウ 臥料は **2** の通り。荘民が問題にしているのは、領家と地頭に二重に課せられたことと地頭が検注に関係なく毎年課したこと。

6 キヤウシヤウ 大番役などで上京すること。

7 チカフ 近夫。近所での使役。

8 テウマウノアト 農民が逃亡して耕作する者のいなく亡して耕作する者のいなくなった役。

本文

１ 阿テ河ノ上村百姓ラ（謹）ウッシテ言上（ごんじょう）

一　フセタノコト、リヤウケノヲカタエ、フセシツメラレテ候ヲ、ソノウエニチトウノカタエ、マタ四百文フセラレ候ヌ、マタソノウエニトシヘチ二一タン二二百文ツツノフセレウヲセメトラルルコトタヘカタク候。

一　ヲンサイモクノコト、アルイワチトウノキヤウシヤウ、アルイワチカフトマウシ、カクノコトクノ人フヲ、チトウノカタエセメツカワレ候ヘハ、ヲマヒマ候ワス候、ソノコリ、ワツカニモレノコリ候人フヲ、サイモクマケト候テ、ヰイモトシ候イヌ、ヲレラカコノムキマカヌモノナラハ、メコトモヲヰコメ、ミミヲキリ、ハナヲソキ、カミヲキリテ、アマニナシテ、ナワホタシヲウチテ、サエナマント候ウテ、セメセンカウセラレ候アイタ、ヲサイモクイヨ〳〵ヲソナワリ候イヌ、ソノウエ百姓ノサイケイチウ、チトウトノエコホチトリ候イヌ。

（臥田）（領家）（地頭）（年別）（段）（臥料）（御材木）（近夫）（使）（貴）（逃亡）（跡）（人夫）（京上）（耳）（女子供）（鼻）（髪）（尼）（縄絆）（苦）（責）（遅）（昼取）（在家一字）（地頭殿）

通釈

阿氐河荘上村の百姓らが謹んで申し上げます。

一　臥田のことにつきましては、すでに領家側の承認で臥田とされていますのに、その上さらに地頭方にも四〇〇文の臥料をかけられました。またその上に、毎年一段当たり二〇〇文ずつの臥料を地頭に取られてはがまんできません。

一　（年貢として領家に納入する）御材木の（貢進が遅れている）ことにつきましては、地頭が京へ上るからとか、近夫だといって、かように人夫として地頭にこき使われますと、全く暇などありません。その残りのわずかな人を材木の山出しに出しますと、逃亡した百姓の畑に麦をまけとむりやり連れ戻します。お前たちがこの麦をまかなければ、女子供を捕えて押し込め、耳を切り、鼻をそぎ落とし、髪を切って尼にし、縄でしばって虐待するといって責められますので、御材木の貢進はますます遅くなってしまいました。その上、百姓の家屋一軒が地頭によって解体して取られてしまいました。

建治元（一二七五）年一〇月二八日
百姓等が申し上げます。

ケンチカン子ン十月廿八日

百姓ラカ　上（等たてまつる）

『高野山文書』

解説

地頭は地頭請・下地中分などによって荘園侵略を強行して在地領主化していく半面、農民に対する収奪、横暴もまた激しくなっていく。「泣く子と地頭には勝てぬ」といわれた地頭は、年貢のほかに、年貢運送のことなど種々の夫役を課し、武力を背景に農民の財物を奪い取り、圧政の結果として逃亡した農民の家屋、田地などを吸収したりしていった。

この史料は、一二七五（建治元）年紀伊国の阿氏河荘の農民が、地頭湯浅氏の横暴を荘園領主の寂楽寺に訴えた文書の一部である。阿氏河荘では当時地頭と領家との間で、支配をめぐって係争中であった。この訴えは、領家側が裁判を有利に導くため、農民を指導して書かせたものとも言われるが、そうした側面はあるにせよ、「ミミヲキリ、ハナヲソギ」という生々しい表現など、地頭の暴力的性格が十分うかがえる。一方で農民は地頭と荘園領主の二重支配に苦しみながらも、それを口実に団結して対処するという強さを身につけてきている面も見落とすことができない。さらに畿内近国の荘園では、荘園領主の影響力が強く、なかなか地頭の在地支配が実現できないでいた。このことが、この地域に悪党（一三一頁参照）を生み出す土壌ともなっている。

⑨ なった土地。

⑩ メコトモ　妻子。

⑩ サイケイチウ　ここでは農民の家一軒。

史料注

高野山文書　高野山金剛峯寺の所蔵する古文書を、東京大学史料編纂所が収集し、『大日本古文書』の一部として刊行したもの。

探究17　農民は地頭や荘園領主からどのような支配を受けていたか。

要点ナビ　麦を裏作とする二毛作の拡大。

② 二毛作の普及　★★☆☆☆

諸国の百姓田の稲を苅取るの後、其の跡に麦を蒔く。田麦と号して、領主等、件の麦の所当❶を徴取すと云々。租税の法豈然るべけんや。❷自今以後、田麦の所当を取るべからず。宜しく農民の依怙たるべし。❸この旨を存じ、備後・備前両国の御家人等に下知せしむべきの状、仰せに依って執達件の如し。

文永元年（一二六四）四月廿六日

武蔵守❹判

相模守❺判

❶ 所当　年貢のこと。

❷ 租税の……べけんや　のち

❸ 執達件の如し　上位の意向を受けて下位に発給する書状の結びに使われる。

❹ 武蔵守　執権北条長時。

◆阿氏河荘民訴状

金剛峯寺蔵

2 中世

鎌倉

---

5 相模守　連署北条政村。
6 因幡前司　護長井泰重。備前・備後の守

史料注
新編追加　一一六頁参照。

因幡前司殿6

解説

鎌倉時代には農業生産が飛躍的に増大した。その要因として、史料に見えるような米と麦の二毛作による土地生産性の増大がある。二毛作は平安時代末に伊勢国(三重県)で始まったとされ、鎌倉時代には西国にかなり広まっていたものと考えられている。また、度重なる飢饉対策として行われた面もある。この史料は、米の裏作として栽培された麦を、備前・備後両国の御家人に課税することを幕府が禁止し、備前・備後両国の御家人に命じたものである。

『新編追加』

農業生産増大の背景には、刈敷・草木灰などの肥料の使用、**牛馬**を使用した農耕の普及、中稲など米の品種改良、手工業・商業の発達による鉄製農具の全国流通などがあった。このような技術の発達や生産力の拡大を基礎として、畿内周辺では、小作を行っていた作人が名主に成長したり、名主に隷属していた下人・所従が作人として独立したりするなど、農民の地位向上がみられた。

---

❸ 商業の発達　★★☆☆☆

1

凡そ京の町人、浜の商人、鎌倉の誂へ物、宰府の交易、室・兵庫の船頭、淀河尻の刀禰、大津・坂本の馬借、鳥羽・白河の車借、泊々の借上げ、湊々の替銭、浦々の問丸、同じく割符を以て之を進上し、俶載に任せて之を運送す。

『庭訓往来』

解説

一三世紀、年貢の銭納化が普及し始めた。その原因は、日宋貿易による宋銭の流入で貨幣経済が発達し、荘園領主層が銭貨を必要とするようになったからである。元が紙幣専用政策をとったことも東アジア全域に銅銭が流出する要因となった。貨幣は、現物輸送に比べてコスト面や安全性に有利さがあり、荘官や地頭にとっても、年貢・公事を現金化する際に市場の相場を操作し、中間利潤を得るメリットがあった。やがて実際に送金せずに割符あるいは為替と呼ばれた手形で、遠隔地取引の決済が行われることも始まり、高利貸業者の借上も生まれる。当初荘園領主のために年貢物の保管・運送を担当していた問(問丸)は、各地の港湾を本拠として、船運による商品の中継・輸送・委託販売に携わるようになる。陸上では馬借・車借といった専門業者が主として水陸交通の接点で成長し、京都・奈良への運輸に従事した。商品貨幣経済の発達は定期市の開催をも促し、各地に月三度開かれる三斎市が誕生した。そして後に常設化していくことで、地方都市の一つのルーツになっていく。史料の『庭訓往来』にはこの時期の商業の発達の状況と、具体的な地名が短い手紙文の中に羅列されている。

史料注

庭訓往来　手紙の往信、返信をまとめた手本とした往来物で一四世紀半ばの成立。二五通の手紙で構成され、武士の子弟教育に用いられた。

1 **宰府**　大宰府。
2 **馬借**　馬による輸送業者。
3 **車借**　荷車による輸送業者。
4 **借上げ**　高利貸業者。
5 **替銭**　為替取引。
6 **問丸**　商品中継・運送業者。
7 **割符**　為替手形。
8 **俶載**　俶載の誤りか。俶載なら車や船を雇って物を載せること。

🖊 **探究18**　『庭訓往来』から読み取れる、鎌倉期の商業や流通の発達をまとめよ。

9 鎌倉文化

① 法然の思想 ★☆☆☆☆

一

もろこし我が朝に、もろもろの智者達のさたし申さる、観念の念にも非ズ。又学文をして念の心を悟リテ申念仏ニモ非ズ。たゞ往生極楽のためニハ、南無阿弥陀仏と申て、疑なく往生スルゾト思とりテ、申外ニハ別ノ子さい候ハず。但三心[2]四修[3]と申事ノ候ハ、皆決定して南無阿弥陀仏にて往生スルゾト思フ内ニ籠り候也。此外ニをふかき事を存ぜバ、二尊[4]ノあはれみニハヅレ、本願[5]もれ候べし。念仏ヲ信ゼン人ハ、たとひ一代ノ法ヲ能々学ストモ、一文不知ノ愚とんの身ニナシテ、尼入道ノ無ちノともがらニ同シテ、ちしゃノふるまひヲせずして、只一かうに念仏すべし。

『一枚起請文』

要点ナビ
親鸞の悪人正機説を弟子唯円が解説。

史料注
一枚起請文　一二一二(建暦二)年死期の迫った法然が念仏往生の意義を一枚の紙に書いて、弟子の源智に与えたもの。主著『選択本願念仏集』に比べて一般民衆にわかりやすく平易に述べられている。

※色文字は重要語
❶念の心 ひたすら思いを集中させること。
❷三心 至誠心・深心・廻向発願心。
❸四修 中国の善導が説く恭敬修・無余修・無間修・長時修。
❹二尊 釈迦如来と阿弥陀如来。
❺本願 阿弥陀仏が一切衆生を救済するためおこした願。

解説
浄土宗の祖法然(一一三三～一二一二)は美作国(岡山県)に武士の子として生まれ比叡山で学んだ。やがて源信と中国の善導の思想から大きな影響を受け、浄土信仰を深めていった。旧仏教が多くの行を求め、複雑な学問の理解、財物の布施、厳しい修行を必要としていたのに対し、ひたすら阿弥陀仏を信じ「南無阿弥陀仏」と念仏を唱える(専修念仏)行のみで誰でも救われると説いた。また、女性にも完全に救済の道を開いたことは、日本の仏教史の上でも画期的なことである。法然の思想は新興の武士層、都市・農村の民衆から受容され、勢力を増すにつれて、旧仏教側の攻撃を受け、朝廷により彼は讃岐国(香川県)に流された。

② 親鸞の思想 ★☆☆☆☆

一　『善人なをもて往生をとぐ、いはんや悪人をや。しかるを、世のひとつねにいはく、『悪人なを悪人を往生

❶1善人 造寺・造仏・写経など善行を積もうと努めて

通釈
一　「善人ですら極楽往生することができる。まして悪人が極楽浄土へ行くのは当然である。にもかかわ

2 中世

鎌倉

探究19　親鸞の悪人正機説について説明せよ。

いる人。つまり、「自力作善の人」のこと。

❷悪人　煩悩に狂わされて善行を積む力もない人。つまり、「煩悩具足の人」のこと。

❸本願他力　念仏する者を救済しようという本願を立てた阿弥陀如来にすがる。

❹自力作善　自分の修行や努力で善行を積み往生しようとすること。

❺真実報土　まことの浄土、阿弥陀如来の浄土のこと。

❻煩悩具足　心身を煩わし、悩ますあらゆるものを持っていること。

❼生死　生まれたり死んだりという輪廻に苦しむこと。

史料注
歎異抄　親鸞の弟子唯円が著したもの。親鸞の死後彼への異説が盛んになることを嘆いた唯円が全一八条のうち、第九条までを親鸞自身の言葉の聞書で、また第一〇条以降を唯円の言葉で異説を正そうとした。史料の悪人正機説は第三条である。

す、いかにいはんや善人をや』と。この条、一旦そのいはれあるににたれども、本願他力の意趣にそむけり。そのゆへは、自力作善❹の人は、ひとへに他力をたのむこ

⁵ろかけたるあひだ、弥陀の本願にあらず。しかれども、自力のこゝろをひるがへして、他力をたのみたてまつれば、真実報土❺の往生をとぐるなり。煩悩具足❻のわれらは、いづれの行にても生死❼をはなるゝことあるべからざる

¹⁰を哀たまひて、願をおこしたまふ本意、悪人成仏のためなれば、他力をたのみたてまつる悪人、もとも往生の正因なり。よりて善人だにこそ往生すれ、まして悪人は」と、仰さふらひき。

『歎異抄』

解説　一一七三（承安三）年京都郊外で生まれた浄土真宗の祖親鸞も当初比叡山で学んだが、やがて法然の専修念仏に傾倒した。法然の弾圧と同時に越後へ配流された親鸞は赦免後も東国に留まり、次第に法然の教えを乗り越えていく。法然は念仏の行を重視し、念仏者には一日六万遍といる莫大な量を求めたが、親鸞は阿弥陀仏の本願から生じた信によってただ一度の念仏で極楽往生ができると説いた。しかも史料に見えるように、自力で善行を積み、無数の念仏を唱えられる人ではなく、漁撈や狩猟などで殺生を重ね、あらゆる煩悩から遁れられないような一般庶民こそが阿弥陀仏の本願によって救われるとした。これを悪人正機説と呼んでいる。彼は自分の立場を非僧非俗（僧でも俗人でもない）とし、信仰を通じて集まる者は同朋・同行と呼ぶ立場をとった。

らず、世間の人はいつも『悪人でさえ極楽へ行くのだから、善人が行くのは当然ではないか』という。この考えは一応もっともなようにみえるけれども、実は（阿弥陀如来の）他力本願の教えの趣旨に背いている。そのわけは、自ら修行や善行を積むことができる人は、ひたすら阿弥陀如来の力にすがろうという心に欠けているために、阿弥陀如来の本来の救済の対象ではない。しかし、そういう人でも自力を頼む気持ちを改めて、まことの阿弥陀浄土に往生をとげることができる。あらゆる煩悩を持つ我々のような者は、どのような修行をしても、苦悩に満ちた迷いの世界を離れることができない。そのことを哀れに思われて、阿弥陀如来は悪人を成仏させようとするのであり、その真意は悪人におすがりしようとする悪人こそが、最も救済されるにふさわしい。だから善人でさえ極楽往生できる、まして悪人が往生できるのは当然だ』と（親鸞が）仰せになった。

2　中世

鎌倉

③ 日蓮の思想　★☆☆☆☆

要点

1 **現当**　現世と来世。

2 **薬師経の七難**　人衆疾疫（人々の病気）・他国侵逼・星宿変怪（星の運行異常）・日月薄蝕（日蝕月蝕）・非時風雨（時ならぬ風雨）・過時不雨（時が過ぎても雨降らぬ）の七災難。

3 **大集経の三災**　穀貴（穀物の払底）・兵革・疫病の三災害。

4 **仁王経の七難**　日月・星宿・衆火（火災）・時節・悪風・亢旱（日照り）・賊の各難。

5 **悪法**　悪い教え。

6 **四表**　国の四方、周囲。

史料注

立正安国論　日蓮が、法華経こそ唯一の正法であるとし、国の平和・繁栄を築くために、念仏などの邪法を退ける必要を主唱した問答体の書。一二六〇（文応元）年成立し、前執権で得宗の北条時頼に提出された。

史料

1　若し先づ国土を安んじて、現当を祈らんと欲せば、速かに情慮を廻らし、恐いで対治を加へよ。所以は何ん。薬師経の七難の内、五難忽ちに起り二難猶残せり。所以「他国侵逼の難、自界叛逆の難」なり。大集経の

5　三災の内、二災早く顕はれ一災未だ起らず。所以「兵革の災」なり。金光明経の内、種種の災過一一起ると雖も、「他方の怨賊国内を侵掠する」、此の災未だ露はれず、此の難未だ来らず。仁王経の七難の内、六難今盛にして一難未だ現ぜず。所以「四方の賊来つて国を侵す

10　の難」なり。……

先難是れ明かなり、後災何ぞ疑はん。若し残る所の難、悪法の科に依つて並び起り、競ひ来らば、其の時何ん為んや。帝王は国家を基として天下を治め、人臣は田園を領して世上を保つ。而るに他方の賊来つて其の国を侵

15　逼し、自界叛逆して其の地を掠領せば、豈驚かざらんや。豈騒がざらんや。国を失ひ家を滅ぼせば、何れの所にか世を遁れん。汝須らく一身の安堵を思はば、先づ四

通釈

もしも、第一に国土の平和と自分の現生・後世の安楽を願おうというのならば、すみやかに考えをめぐらして、（災難の）対策を立てるのがよい。なぜなら、薬師経の説く七つの難のうち、五つの難が相次いで起き、まだ二つの難を残している。その二難とは、「他国に侵略される難」と「国内で反乱の起きる難」のことである。また、大集経の説く三つの災いのうち、二つはすでに現れたが、一つはまだ起こっていない。それは「戦乱の災」である。さらに、金光明経の説くいろいろの災害がすでに起きているが、「他国の賊が国内を侵し掠奪する」という災難はまだ現れていない。仁王経の説く七難の内の六難は今盛んに起きているが、一難だけはまだ現れない。それは、「四方から賊が国を襲い侵略する、という難」である。……

すでに先に災難が起こっている以上、続いてくる災難も起こることに疑いはないではないか。もしも、まだ起きていない災難が、悪い教えがはびこっている罪のため競い合うように同時に起こってきたならば、一体どうすればよいのか。帝王は国家を基として天下を治め、臣下は田園を領有して世の中を保っている。そうであるのに、国外から賊が襲ってきて国を侵略したり、国内で反乱が起き土地を奪い取るようなことがあれば、驚かずにいられようか。騒がずにいられようか。国を失って、家を滅ぼせば、一体どこに逃れてゆけばよいのだろうか。あなたがもし自分自身の平穏を望むならば、そのためにもまず周囲の平穏を祈るべきもの

2 中世

鎌倉

要点ナビ
懐奘が道元の只管打坐を説く。

1 奘　筆者の孤雲懐奘。
2 叢林　修行僧の集まる道場。
3 行履　日常の一切の行為。
4 只管打坐　ただひたすら坐禅をすること。

史料注

正法眼蔵随聞記　道元が折に触れて門下に説いた教えを、弟子孤雲懐奘が筆録、編集したもの。極めて難解な『正法眼蔵』に比べて平易な言葉で書かれ、道元の思想と日常の修行生活を知る上で格好な史料である。一二三五〜三八年のことが記されているが、刊行されて流布するようになるのは一

④ 道元の思想　★☆☆☆☆

一日奘❶問云、叢林❷ノ勤学ノ行履❸ト云ハ如何。
示云、只管打坐❹也。或ハ閣上、或ハ楼下ニシテ、聾者ノ如ク瘂者ノ如クニシテ、常ニ独坐ヲ好ム也。
常坐ヲイトナム。人ニ交リ物語ヲセズ、

『正法眼蔵随聞記』

通釈

ある日、私（懐奘）が「修行の道場で、骨身惜しまずに仏道を学ぶ行いとはどのようなものですか」と質問した。
道元禅師が答えられたのは「ひたすら坐禅を組むことである。高殿の上でも下でも、寺院で適当な場所を見つけて、常に坐禅をするのだ。人といっしょになっておしゃべりせず、耳や口の不自由な人のようになって、いつもひとり坐禅を組むことを好きになるのだ。」との教えであった。

表⑥の静謐を祷るべきものか。　　　『立正安国論』　――　ではないだろうか。

解説

日蓮は安房国（千葉県）の漁師の子として生まれ、一二歳の時、地元の清澄山に入り、出家の身となった。少年時代の日蓮は、日本一の智者になりたいと一心に願ったという。その後、比叡山で天台教学を学びたいかたわら、京都・奈良の寺院で諸宗にも触れる中で、仏教の真髄を法華経であると確信した。一二五三年、三一歳で故郷に戻った日蓮は、法華経の題号「妙法蓮華経」に宇宙の究極の真理が凝縮されていると考え「南無妙法蓮華経」と題目を唱えることで、釈迦の悟りと功徳を自然に譲り受け、救済されると説き、日蓮宗を開いた。この法華経至上主義の立場から念仏・禅・真言・律の各教えを排撃し、「念仏無間・禅天魔・真言亡国・律国賊」という四箇格言をも唱えた。この史料は『立正安国論』の第九段である。この中で日蓮は、災難の続発を法華信仰の沈滞、邪法（念仏）の流行が原因であるとし、幕府にも法華経への帰依を求めた。そのことで、念仏・禅信者などの怒りを買い、幕府の弾圧により伊豆や佐渡に流罪となった。しかし、この中で予言した内乱と外寇はモンゴル襲来などの形で現実のものとなってくる。

解説

禅宗の一派曹洞宗を伝えた道元は二二〇〇（正治二）年、名門貴族の子として生まれたが、幼くして両親の死に直面し、無常を感じて一三歳で出家した。初め比叡山で天台宗を学び、のちに禅を修めた後、二四歳で宋に渡り、四年間曹洞禅を学んで帰国した。彼は京都で草庵を営んで坐禅本位の修行につとめた。道元の運動が活況を呈するに従い、比叡山衆徒の迫害を受けたため、越前国の豪族の援助のもと永平寺を開いて隠棲し、もっぱら坐禅と庶民への布教に努力した。

2 中世

鎌倉

探究21
① 道元が最も強調したものを、「道元の思想」の史料から書き出して説明せよ。
② 栄西と道元との布教の違いを述べよ。

七世紀のことである。

栄西が伝えた公案中心の臨済宗とは異なり、曹洞宗の禅は史料から読み取れるように、ひたすら坐禅を行うこと（只管打坐）で、悟りの境地に到達するとした。このとき、坐禅などの修行を悟りの手段と考えるのではなく、修行そのものが悟りであると説いていることに注意したい。

⑤ 慈円の歴史観 ★☆☆☆☆

要点ナビ
公武融和の立場で、道理と末法思想から歴史を見る。

1　年ニソヘ日ニソヘテハ、物ノ道理ばかりを考え続け、年老いてふとめざめがちな夜半のなぐさめなどにしたりして、いよいよ生涯も終わりに近づこうとしているが、世間を随分長く見てきたので、世の中が移り変わってきた道理も心にしみじみと感じられる。神々の時代のことはわからないが、人間の天皇の代となった神武天皇の時代以来、王は百代といわれているのに、今はすでに八十四代の天皇の代になり残り少なくなってしまった中で、保元の乱以後のこと（を書いた人）も「世継の物語」のあとを書き継いだ人はいない。少しはいるとか聞いてもいるが、まだお目にかかっていない。それというのも、どの人も皆、良いことだけを書き記そうとするので、保元の乱以後のことはすべて乱世のことで、悪いことばかりになるのを嫌って語り伝えないのであろうか。それも馬鹿げたことに思えるので、世の中が一途に推移し衰退してきた一本の道理の道を、申し述べてみたいとずっと考えつ

通釈

老ノネザメヲモナグサメツヽ、イトヾ、年モカタブキマカルマヽニ、世中モヒサシクミテ侍レバ、昔ヨリウツリマカル道理モアハレニオボエテ、神ノ御代ハシラズ、人代トナリテ神武天皇ノ御後、百王トキコユル、スデニ八十四代ニモ成ニケルナカニ、保元ノ乱イデキテノチノコトモ、マタ世継ガモノガタリ申ノコリスクナク、少々アリトカヤウケタマハレドモ、イマダエミ侍ラズ。ソレハミナタヾヨキ事ヲモノモカキツギタル人ナシ。ミシルサントシテ侍レバ、保元以後ノコトハミナ乱世ニテ侍レバ、ワロキ事ニテノミアランズルヲハバカリテ、人モ申ヲカヌニヤトヲロカニ覚テ、ヒトスヂニ世ノ中ヲヲシナベテヒトスヂニクダリマカル道理ノ道ヲ、申サバヤトヤウヤウ

語注

1道理　意味は、避けることのできない必然、人の守るべき規範などだが、慈円はそこに歴史の推移を見い出そうとし、また仏教的な「道理」の考え方も取り入れた。

2神ノ御代　神武天皇より前の神話の時代。

3百王　本来は数多くの王、代々の君主の意味だが、末法思想の影響で、天皇が百代になると滅亡するという考え方が広まっていた。

4八十四代　順徳天皇の代。

5世継ガモノガタリ　『今鏡』『大鏡』などのこと。

6少々アリ　『今鏡』などをさす。

7法　存在。真理。

史料注

❽ヒガゴト 道に外れたこと。間違っていること。

❾劫初 この世の初め。

愚管抄 一〇一頁参照。

探究22

慈円の歴史観とその背景にある思想について述べよ。

慈円の考えた歴史の段階

一、道理が道理として通用する。（神武〜成務）

二、道理が人に理解されない。（仲哀〜欽明）

三、人が道理と思っても、神仏の心にかなわない。（敏達〜道長）

四、道理と思うことが、いわれないものと反省する。（頼通〜鳥羽）

五、議論が二分しても、威徳ある人に従うのが道理にかなう。（武士の世の頼朝まで）

六、間違った道も道理となる。（後白河〜後鳥羽）

七、道理を知らず、成り行きまかせ。（現在）

ミ覚ユルヲ、カクハ人ノオモハデ、道理ニソムク心ノミアリテ、イトヾ世モミダレヲダシカラヌコトニテノミ侍レバ、コレヲ思ッヅクル心ヲモヤスメント思テカキツケ侍ル也。……

（巻第三）

コノヤウニテ世ノ道理ノウツリユク事ヲタテムニハ、一切ノ法ハタヾ道理ト云二文字ガモツナリ。其外ニハナニモナキ也。ヒガゴトノ道理ナルヲ、シリワカツコトノキハマレル大事ニテアルナリ。コノ道理ノ道ヲ、劫初ヨリ劫末ヘアユミクダリ、劫末ヨリ劫初ヘアユミノボルナリ。コレヲ大小ノ国〴〵ノハジメヨリハハリザマヘクダリユクナリ。……

（巻第七）

『愚管抄』

解説

『愚管抄』の著者慈円は一一五五（久寿二）年、摂関藤原忠通の子として生まれ、鎌倉初期公家政治の支持で関白についていたり、鎌倉幕府の摂家将軍を九条一族から送り込んだこともあり、慈円も公武融和の立場をとった。『愚管抄』は後鳥羽上皇に討幕の企てを思いとどまらせ、九条家を守る意図から書かれた側面が強い。しかし、「道理」という歴史観を前面に押し出し、歴史の推移を見据えていこうとしており、日本の思想史上画期的なものである。

舞台で活躍した九条兼実・基実はその兄にあたる。のち出家し、四度までも天台座主の地位につくが、歌人としても名をはせ、のち後鳥羽上皇の設置した和歌所の一員ともなり、『新古今和歌集』にも九一首（第二位）載せられている。兼実が頼朝の

づけているのである。本当にすべてのことが道理に当てはまっていると思えてくるのに、世間の人はそう考えずに道理に反する心ばかりあるので、いよいよ世の中も乱れ、穏やかならぬことばかりになってしまう。この乱世のことを案じ続けている自分の心を安らかにしたいと思って、この書物を書き記しているのである。……

（巻第三）

このように世の道理というものが移り変わっていくことを明らかにしようとするならば、すべての存在は道理という二文字によってのみ支えられている。それ以外には何もない（ことがわかってくる）。間違った悪事もまた道理が支えていることを理解し、分別することも、至極大事なことである。この道理の移り変わる過程を、この世の初めから終わりまで下りながらたどり、また終わりから初めへとさかのぼっていくので

ある。そしてこの道理の道を、大小の国々の歴史の中で、初めより終わりへとたどり下っていくのである。……

（巻第七）

（そのことで道理の移り変わりが、理解できる。）

2 中世

鎌倉

⑥ 鎌倉時代の和歌集　★☆☆☆☆

1 ほのぼのと春こそ空に来にけらし　あまのかぐやま　霞たなびく
　　　　　　　　　　　　　　　　　太上天皇❶

さびしさは其の色としもなかりけり　まき立つ山の秋の夕暮
どの色がそうだというのではない　　　　　　　　　　　　寂蓮法師❸

心なき身にもあはれはしられけり　鴫立つ澤❹の秋の夕暮
ものの情緒を解しない出家の身　　　　　　　　　　　　西行法師❺

5 み渡せば　花ももみぢもなかりけり　浦の苫屋❻の秋の夕ぐれ
　　　　　　　　　　　　　　　　　　　　　　　藤原定家❼

来ぬ人を　まつほの浦の　夕なぎに　焼くや藻塩の　身もこがれつつ
　　　　　　　　　　　　　　　　　　　　　　　　　　同右

『新古今和歌集』

咲しよりかねてぞをしき梅　花散りの別れは我身とおもへば

箱根路をわが越えくれば伊豆の海や沖の小島に波のよるみゆ

『金槐和歌集』

史料注

新古今和歌集　一二〇五（元久二）年成立。その後も後鳥羽上皇の手で改訂が続き、一二一〇（承元四）年頃現在の形となる。

金槐和歌集　源実朝作。金は鎌倉の鎌を、槐は「槐門」（中国では大臣を表す。実朝は右大臣）を意味する。一二一三（建保元）年成立。

❶太上天皇　後鳥羽上皇。
❷まき　真木。杉・檜・松など堅くて建材に適する木。
❸寂蓮法師　『新古今和歌集』の撰者の一人。
❹鴫立つ澤　鴫の飛び立つ沢。
❺西行法師　『新古今和歌集』に最多の九四首載せられている代表的歌人。
❻苫屋　粗末な仮小屋。
❼藤原定家　『新古今和歌集』の撰者の一人。

解説

鎌倉時代、政治の面では武士階級の成長に押され続けた公家が、文化面では優位を保った。特に和歌の世界は代々天皇や院による勅撰の歴史を持つ権威ある伝統芸能として、公家社会の実力者に保護・奨励された。『新古今和歌集』は後鳥羽上皇の命で、和歌所の寄人六人を撰者として成立した。西行と慈円の歌が数では群を抜くが、いわゆる新古今調を代表するのは、藤原定家・家隆・寂蓮法師らで、本歌取りや初句切れ・三句切れ、体言止めなどの技法を取り入れ、幽玄を基調とする優雅で印象的な歌風を持つ。公家文化の流入で鎌倉の武家にも和歌が広まり、定家に学んだ源実朝は、『金槐和歌集』に万葉調の個性的な歌を残した。

⑥新古今和歌集
筑波大学附属図書館蔵

第5章　武家社会の展開

❶ 建武の新政と南北朝の動乱

要点ナビ　天皇親政を目指した後醍醐天皇の新政。

❶ 新政の成立　★★★☆☆

※色文字は重要語

保元平治治承より以来、武家の沙汰として政務を恣にせしかども、元弘三年の今は天下一統に成しこそめづらしけれ。君の御聖断は延喜天暦❶のむかしに立ち帰り、武家安寧に民屋謳歌し、いつしか諸国に国司守護を定め、卿相雲客各 其位階に登りし躰、実に目出度かりし善政なり。……御聖断の趣、五畿七道八番❷にわけられ、卿相を以て頭人として決断所❸と号して新たに造らる。是は先代引付❹の沙汰の所也。……今の例は昔の新儀なり、朕❺が新儀は未来の先例たるべしとて新なる勅裁漸くきこえけり。……

爰に京都の聖断を聞奉るに、記録所決断所を、かるといへども、近臣臨時に内奏❼を経て非義を申し行間、綸言❽朝に変じ暮に改りしほどに諸人の浮沈❾掌を返すがごとし。……又、天下一同の法を以安堵の綸旨❿を

❶延喜天暦　一〇世紀の醍醐・村上天皇の治世。天皇親政の理想的な時代とされていた。

❷五畿七道　律令制下、畿内の五国とそれ以外の七道に分けた地方行政区画。

❸決断所　雑訴決断所。所領に関する訴訟を扱った。

❹引付　鎌倉幕府で、裁判の公平・迅速化のために置かれた役職。

❺朕　天皇の自称で、後醍醐天皇自身。

❻記録所　後三条天皇設置の記録荘園券契所がその起源。その後、断続的に存続したが、後醍醐天皇は一三二一年に親政とともに設置、政務の中心機関としており、建武の新政にあたり、一三三四年、再興し拡充した。

通釈

保元・平治や治承の乱の時より、武家が思いのままに政治を行ってきたが、元弘三（一三三三）年の今、天下が（朝廷によって）統一できたことは、すばらしいことである。天皇のお考えは、延喜・天暦の時代にたち返り、武家も民衆も声をそろえ平和をほめたたえる政治を行うことである。やがて諸国に国司や守護を定め、公卿や殿上人がそれぞれの位階にのぼった様子はまことに立派な善政である。……天皇の裁断により、畿内と七道を八つの組に分けられ、公卿を長官として決断所と呼ぶ役所が新たにつくられた。これは鎌倉時代の引付が（土地関係の）訴訟を扱ったのと同様である。……「今、先例となっているものは、そもそも昔は新しい事柄であった。私の新しい方法は未来の先例となるであろう。」と、新しい政治が次々と行われていった。……

さて京都の天皇の方法について聞くところによると、記録所や雑訴決断所を置いたけれども、側近が内々に天皇に奏上しては臨時の裁断を受け、道理にはずれたことを行うので、天皇の命令も朝令暮改で、人々の浮き沈みもまるで手のひらを返したようである。……又

⊕勘合　妙智院蔵

2 中世

建武

7　内奏　側近の蔵人や天皇の側室などを通じ、天皇と直接連絡をとること。

8　綸言　天皇の言葉。

9　天下一同の法　一三三三年七月の「諸国平均安堵法」をさす。

10　綸旨　天皇の意向を受けた蔵人によって発給される文書。天皇の意志を最も直接的に伝えるものとして後醍醐天皇は重用し、絶対・万能とした。

11　直義　足利尊氏の弟で、相模守に任命され、後醍醐天皇の子成良親王と鎌倉へ下り、鎌倉将軍府で関東を支配していた。

史料注
梅松論　一四世紀中期〜後期成立とみられる軍記物語。細川一族など足利氏家臣の作といわれる。室町幕府の正当性と足利一門の繁栄を梅と松になぞらえて命名した。

探究1　❶・❷の史料から建武の新政での後醍醐天皇の理想と混乱の状況を考えよ。

下さるといへ共、所帯をめさる、輩 恨を含時分、公家に口ずさみあり。尊氏なしといふ詞を好みつかひける。

15　抑累代叡慮を以て関東を亡ぼされし事は武家を立らるまじき御為なり。然るに直義❶朝臣大守として鎌倉に御座有ければ、東国の輩是に帰服して京都へは応ぜざりしかば、一統の御意今にをいて更に其益なしと思召ければ、武家して又公家に恨をふくみ奉る輩は頼朝卿の

20　ごとく天下を専にせむ事をいそがしく思へり。故に公家と武家水火の争にて元弘三年も暮にけり。
『梅松論』

解説
　一三三三（元弘三）年鎌倉幕府の滅亡後、後醍醐天皇は建武の新政を開始した。天皇は摂関政治開始以前の「延喜・天暦の治」への復帰を掲げ、天皇親政を目指すものであった。『朕が新儀は未来の先例』と言い切った言葉や、元号を後漢の光武帝が王莽から政権を奪回したときの「建武」から選んだことにその意気込みを見ることができる。

　天皇は院・摂関・将軍など天皇親政と対立する機関も一切綸旨で決定するとした（その際の混乱ぶりは次の「二条河原書」参照）。しかし、鎌倉幕府が百数十年積み上げてきた現実との衝突は避けようがなく、七月には「諸国平均安堵法」が出された。所領関係の訴訟担当を雑訴決断所に移したりと、直接裁決は後退していった。地方では国司・守護を併置し、武家政権の復活につながる征夷大将軍に子の護良親王を任命したり、小幕府的な陸奥・鎌倉将軍府を設置したりするなど、妥協策が次々ととられた。

　なによりも、「討幕」という共通目標で集まった改革派の公家、悪党や商人的武士層、有力御家人などその後の夢はそれぞれが違っていた。新政に期待した農民たちの支持も失い、支持勢力が次々と新政を離れた。「尊氏なし」の言葉が暗示するように、武士層の多くは新たな棟梁として足利尊氏に期待し始め

（北条方に味方した者以外は）一律に現在の知行を安堵する綸旨が出されたが、所領を没収された人々が恨みを持ち始める頃、公家の間にひそかな噂があり、「尊氏なし」ということばがはやった。……
鎌倉幕府を滅ぼしたことは武家政権が考えていたように、天皇には従おうとしない。それなのに、足利直義が相模守として鎌倉にいるので、東国の人々は彼に服して、京都には従わない。結局、天下を一つにするという天皇の願いはもはや、何の利益もなく思え、武家の中で公家に対して恨みをもっている人々は、頼朝のように政権を掌握することをしきりに願った。このために、公家と武家との水火のような争いの中で、元弘三年は暮れていった。

2 中世

建武

❷ 二条河原の落書　★★★★★

語句解説（右側欄）

1 口遊 噂。

2 二条河原 当時内裏が置かれていた二条富小路に近い賀茂川の河原。

3 綸旨 天皇の意向を受け、蔵人が出す文書。後醍醐天皇が好んで使用した。

4 召人 捕われた犯罪者。

5 生頸 辻斬りや斬首刑によるもの。

6 安堵 土地の領有権や知行権を確認してもらうこと。

7 下克上 下剋上。下のものが上のものをしのぐこと。

8 決断所 雑訴決断所。

9 上ノキヌ 束帯用の上衣。

10 笏 正装した時に手に持つ薄い板。

11 伝奏 奏請を天皇に取り次ぐ公家の職名。

12 為中美物 為中は田舎、美物はおいしいもの。

13 ウカレメ 娼婦。

14 ハサラ 婆娑羅は派手な振る舞いや無法な行為。南北朝期に流行した風俗。

15 下衆上﨟 低い身分と高い身分の者。

本文（中央）

1
此比都ニハヤル物、夜討強盗謀綸旨、召人早馬虚騒
動、生頸還俗自由出家、俄大名迷者、安堵恩賞虚
軍、本領ハナル、訴訟人、文書入タル細葛、追従

5
讒人禅律僧、下克上スル成出者、器用堪否沙汰モナク、
モル、人ナキ決断所、キツケヌ冠上ノキヌ、持モナ
ラハヌ笏持テ、内裏マシハリ珍シヤ、賢者カホナル伝
奏ハ、我モ〳〵トミユレトモ、巧ナリケル詐ハ、
ヲロカナルニヤヲトルラム、為中美物ニアキミチテ、マ

10
ナ板烏帽子ユカメツ、、気色メキタル京侍、タソカ
レ時ニ成ヌレハ、ウカレテアリク色好、イクソハクソ
ヤ数不レ知、内裏ヲカミト名付タル、人ノ妻鞆ノウカレ
メハ、ヨソノミルメモ心地アシ……ハサラ扇ノ五骨、
ヒロコシヤセ馬薄小袖、日銭ノ質ノ古具足、関東武士ノ

15
カコ出仕、下衆上﨟ノキハモナク、大口ニキル美精
好、鎧直垂猶不レ捨、弓モ引ヱヌ犬追物、落馬矢数ニマ
サリタリ、誰ヲ師匠トナケレトモ、遍ハヤル小笠

通釈（左欄）

去年八月の二条河原の落書云々
（建武）元（一三三四）年か
このごろ都ではやっているものは、夜討ち、強盗、にせの綸旨。囚人、急使の早馬、理由のない騒動。生首が転がり、僧が還俗し、俗人が勝手に出家する。急に大名になる者、一方で路頭に迷う者。恩賞欲しさに、戦争をでっち上げる者。本領を没収された者が、証拠文書を入れた細い籠を持って上京する。おべっかを使う者、他人の悪口を言う者、政治に介入する禅宗や律宗の僧。下剋上で成り上がった者。才能の有無にかかわらず、誰でも構わず寄人に任用する雑訴決断所。着なれない冠や烏帽子をつけ、持ちなれない笏を持って、内裏に出入りするようすも珍しい。利口ぶった伝奏はみんな自分こそはという態度だが、口のうまい嘘つきよりも、愚直な人のほうがずっとましだ。田舎のおいしいものに食べ飽きて、烏帽子を特異な形にゆがめてかぶり、得意になっている京侍。その京侍で、たそがれ時になると、女性を求めて浮かれて歩く好色な者も数多い。内裏参拝と称する人妻たちの娼婦は、はた目にも不愉快だ。……ばさら絵の五本骨の扇を持ち、やせ馬にしか乗れない薄小袖を着る姿は、幅広の輿に乗る者から、古い鎧を質に入れ、関東武士が馬でなく駕籠で出仕するかと思えば、身分の上下を問わず美しい精好織の大口袴をはく。鎧直垂をまだ手離さず、ろくに弓も引けぬのに犬追物をし、落馬の方が射る矢数より多い。

2中世

史料注

[16]大口　正装の下にはく大口袴。

[17]美精好　緻密に織った上等な織物。

[18]犬追物　走る犬を的として馬上から射る競技。

[19]小笠懸　笠を掛けて的とし馬上から射る競技。

[20]京鎌倉ヲコキマゼテ　当時の連歌のルールは、京都、鎌倉で異なっていた。

[21]点者　連歌で作品の優劣を判断する人。

[22]譜第非成　代々の名門と成り上がり者。

[23]右大将家　源頼朝。

[24]京童　京都の若者あるいは京の人々全般。

史料注
建武年間記　著者も成立年代もはっきりしないが、建武年間（一三三四〜三七）直後の成立と見られる。雑訴決断所に関する条規や各機関の役割や構成、二条河原の落書など二六項目の記事を載せ、建武の新政の実態を知るのに重要な史料。

懸[19]、事新キ風情也。京鎌倉ヲコキマゼテ[20]、一座ソロハヌエセ連歌[22]ノ、在々所々ノ歌連歌、点者[21]ニナラヌ人ソナキ、……四夷ヲシツメシ鎌倉ノ、右大将家[23]ノ掟ヨリ、只品有シ武士モミナ、ナメンタラニソ今ハナル朝[25]ニ牛馬ヲ飼ナカラ、夕ニ賞アル功臣ハ、左右ニオヨハヌ事ソカシ、サセル忠功ナケレトモ、過分ノ昇進スルモアリ、定テ損ソアルラント、仰テ信ヲトルハカリ、天下一統[参]メサマシヤ、御代ニ生テサマ〳〵ノ、事ヲミキクソ不思議トモ、京童[24]ノ口スサミ十分一ソモラスナリ。

『建武年間記』

解説

『建武年間記』に載せられているこの有名な落書は、新政が始まってまもない建武元年八月の都の騒然たる世相を歌って、新政の混乱ぶりを伝えている。そこには本来を師匠とするのでもなく、小笠懸がはやるのも新しい風潮だ。京風と鎌倉風の方式が混じり合って、一座がばらばらな怪しげな連歌の会が行われ、誰も彼もが点者になる。あちらこちらで連歌の会が行われ、誰も彼もが点者になる。名門も成り上がりも区別のない、自由狼藉の世の中である。……四夷をしずめて天下を統一した頼朝の世があって、気品だけは持っていたあの武士たちも、今の世では皆だらしなくなってしまった。朝には牛馬の世話をして主人に尽くしていた者が、夕方には恩賞を受けるという、けたはずれの昇進をする者もあれば、そういう人はあとできっとよくないことがあるんだと、天を仰いで思い込もうとする者もいる。天下の統一はめでたい。今の世に生まれたおかげで、さまざまな事を見聞きしたが、何とも不思議なことが多いと思い、京童の噂話の内容を十分の一ほど伝えるのである。

綸旨の朝令暮改ぶり、地方武士の進出と奢侈、公武の風俗の混交、都の乱雑さとその荒廃の様子などがとめどなく記される。この落書は、後醍醐天皇の内裏近く、鴨川の二条河原に掲げられていたとされ、新政に批判的な下級の公家によって著されたと見られる。

世相を歌って、新政の混乱ぶりを伝えている。本来…領安堵の不安、後醍醐天皇によって絶対性を持たせたはずの

2 中世

建武

③ 新政下の農民の動向——若狭国太良荘民申状　★☆☆☆☆

❶東寺　京都市にある真言宗大本山。教王護国寺ともいう。莫大な寺領を持つ荘園領主であった。

❷太良御庄　太良荘は現在の福井県小浜市の一部。

❸愁ひの状　愁状で、荘園の住人・百姓らが困窮や迷惑を訴願するために提出した上申書。

❹御所務　荘園等の経営や、年貢等の収取の執行など。

❺正安年中　一二九九〜一三〇二。

❻関東御領　本来は鎌倉幕府の将軍の荘園のことだが、当時には得宗領と混同して用いられ、この場合は後者。

❼御内御領　得宗領。

1　東寺御領❶若狭国太良御庄❷百姓等謹みて言上す。

早く前例に因准せられ、根本の御例に任せて、御哀憐を垂れられ、御免の御成敗を蒙らんと欲する条々愁ひの状❸

5　右、明王聖主の御代と罷り成り、随つて諸国の御所務❹は旧里に帰し、天下の土民百姓等皆以て貴き思ひを成すの条、その隠れなきものなり。就中、当庄の領家職に於ては、根本より当寺御領として、地頭の非法を致さるるの時は、御沙汰を経られ、地頭の非法を停止せられ、百姓等を不便に思し食さるるものなり。ここに至る正安年中❺より以来、地頭職に於ては、関東御領❻と罷り成り、非法横法を張り行せらると云々。本所の御年貢御所務悉く相違せしむ。随つて百姓等責め損ぜられ、衰微せしむるの条、計ふるに勝ふべからざるのところ、15　関東御滅亡、今は当寺御領と罷り成り、百姓等喜悦の思ひを成すの処、御所務かつて以て御内御領❼の例に違わず、当時濃（農）業剰へ新増せしめ、巨多の御使を付けられ、当時濃（農）業

通釈

東寺御領である若狭国太良荘の百姓一同が謹んで申し上げます。

早く前例に従い、本来の基準によって、あわれみを持って免除の裁定をお願いしたいと書き連ねた愁状。

右のことについては、今度、聡明で立派な（後醍醐）天皇の代となり、諸国の土地支配は昔の形に戻り、天下の土民百姓たちはすべてありがたいことだと思うことは、明白なことです。なかでも、この太良荘の領家職は、本来東寺の所職であり、（東寺は）地頭の横暴に対しては、裁定を下し、地頭の非法を禁止し、百姓たちをあわれに思ってくれたものです。正安年中より現在に至るまで、地頭職については関東御領となり、不法行為が容赦なく行われたということです。そんな訳で本所（東寺）の年貢の徴収は思い通りにいきません。そこで百姓たちが責め取られ、衰微してしまうことは数え切れないほどでしたが、関東幕府も滅亡してしまうところが、年貢の賦課もかつての得宗領の時と変わらないばかりか、新たに負担も増え、あまたの使節を命ぜられ、しかも今のように農業の忙しい最中に責め使われますので、新しいに絶えず、事細かに整理して申し上げます。

建武元（一三三四）年五月　日

2中世

建武

❽手作り田畠　地頭や代官の直営地（佃）で、自己の下人らを使役して耕作するほかに、領内の農民に夫役労働をさせた。

❾一味神水　百姓が「一味起請文」を書いて団結を誓い、それを焼いた灰を神水に混ぜ、皆でそれを飲むこと。

史料注
東寺百合文書　八七頁参照。

の最中呵責せらるるの間、愁吟に絶えざるにより、子細を勤ろくして言上す。……
建武元年五月　日

一　当御代官の御手作り田畠❽に及び御耕作の間、召し仕はるるところの農夫六百余人なり。古今かくの如く百姓を責め仕はるるの事、全く以てこれなし。……関東御領の時は、御年貢備進のほかは、百姓等責め仕はるるの事これなし。当地頭御代官の御所行は、百姓らの損亡を顧られず。苛責せらるるの条、堪へがたき次第なり。……

百姓等❾一味神水❾仕り、恐々言上件の如し
建武元年八月　日
『東寺百合文書』

解説　農民も**建武の新政**に淡い期待をいだいていたのだが、現実は思い通りにはいかなかった。鎌倉時代後半から北条得宗家が地頭をつとめその支配に苦しんでいた若狭国太良荘の百姓は、新政が開始され、一三三三（元弘三）年九月には地頭職も東寺のものとなり、太良荘は東寺の一円支配地となった。

この結果、百姓等は二重の支配がなくなり負担も軽減するものと、「明王聖主の御代」の到来を喜んだが、実際は東寺の代官脇袋彦太郎の厳しい支配が待っていたのである。新たな課役や代官に提供する使役などで、負担は増大した。太良荘の百姓は史料にあげた五月のほか、六月、七月にも申状を東寺に送って代官の非法を訴えた後、八月には一味神水をしてさらに申状を提出し抗議をした。このように新政は農民の支持をも失うことになるのである。そして農民たちも、団結して苛政に立ち向かう強さを身につけ始めた。

一　今の御代官の直営地である田畑は三町の広さにも及び、これの耕作に召し仕われる農夫の数は六〇〇人にもなります。昔からこのように多くの百姓をこき使う例はありません。……関東御領の時には、年貢を運ぶこと以外には百姓等がこき使われることはありませんでした。今の御代官のやり方は、百姓の損失を配慮していません。このようにひどい責め方をなされることには、がまんができません。

百姓一同、一味神水をして、恐れながら申し上げますところは、以上の通りでございます。
建武元年八月　日

2 中世

室町

要点ナビ

足利尊氏の諮問に中原是円らが答申。

※色文字は重要語

① 柳営　幕府のこと。

② 他所　具体的な地名をあげていないが、ここでは京都が考えられていた。

③ 文治　文治元（一一八五）年の守護・地頭の設置を示しているのであろうか。

④ 右幕下　右大将源頼朝。

⑤ 義時朝臣　北条義時。

⑥ 武家全盛　北条氏の執権政治の全盛時代をさす。

⑦ 宿老・評定衆・公人　正式

④ 室町幕府の政治方針——建武式目 ★★★★

　鎌倉元の如く柳営たるべきか①。他所②たるべきや否やの事……

　就中鎌倉郡は、文治③に右幕下④はじめて武館を構へ、承久に義時朝臣⑤天下を秉る。武家に於ては、もっとも吉土と謂ふべきか。……居処の興廃は、政道の善悪によるべし。

　……ただし、諸人もし遷移せんと欲せば、衆人の情にしたがふべし。

　政道の事

　右、時を量り制を設くに、和漢の間、いずれの法を用いらるべきか。先づ武家全盛⑥の跡を逐ひ、もっとも善政を施さるべきか。しからば宿老・評定衆・公人⑦

通釈

　鎌倉を以前のように幕府の所在地とすべきか、他所へ移すべきか否かのこと……

　特に鎌倉郡は文治年間に、右大将頼朝公が初めて幕府の館を構え、承久の乱で義時が天下を統一した武家にとっては最も縁起のよい土地といえるであろう。……政権所在地が栄えるのもすたれるのも政治のよしあしにかかっている。……ただし、多くの人々は他の場所へ移りたいと望むなら、その気持ちに従うべきであろう。

　政治の方法のこと

　時代に対応した制度を作るのに、日本、中国のどのような法を参考にすべきか。まず（北条執権政治という）武家政治全盛時代の先例にならって善政を行うべきであろう。それなら、鎌倉幕府からの官僚が数多く

Spot

戦闘の変化

　正中・元弘の乱から始まる南北朝内乱期は、合戦の方法が大きく転換した時期である。鎌倉武士は自らが騎馬に乗り、弓矢で武装して河原や野原で合戦したのに対し、南北朝期には山城の攻防を中心とした歩兵の戦闘が徐々に多くなっていく。『太平記』に見える楠木正成のゲリラ戦法は有名である。歩兵による接近戦が多くなると武器にも変化がみられ、槍が出現し、胄や大鎧に代わって軽量な胴丸・腹巻が用いられるようになる。こうした武器の出現で、武士以外の甲乙人と呼ばれた下層農民や非農業民、賤民などの経済力のない者も戦闘に参加するようになった。

の職名ではなく、鎌倉幕府の評定衆や引付衆などのメンバーで、建武政権その後の室町幕府特に足利直義の下に参集した実務系の役人。

8 故実 古法や先例。

9 私宅の点定 建武の新政の際、京都へ入った武士が多数の民家を収用したが、それを禁止した。

10 京中の空地 元弘の変以来、京都市街の多くが焼失していた。

11 無尽銭土倉 質物を預って金融を行う業者。次第に単に「土倉」と呼ぶようになる。無尽銭は貸付金のこと。

12 政務の器用 政治的能力のすぐれたもの。

13 権貴 権門（官位が高く権勢のある家柄の）貴族。

14 禅律僧 禅宗と律宗の僧。

15 延喜天暦両聖 醍醐・村上天皇。

16 真恵 是円の弟。

17 是円 中原是円。

史料注
建武式目 足利尊氏が幕政の基本方針として、鎌倉幕府の評定衆並びに建武政府の評定衆並びに建武政

等済々たり。故実を訪はんに於て、なんの不足あるべきか。古典に曰く、徳は是れ嘉政、政は民を安んずるにありと云々。早く万人の愁を休むるの儀、速かに御沙汰あるべきか。其の最要粗左に註す。

一　倹約を行はるべき事

一　群飲佚遊を制せらるべき事

一　私宅の点定[9]を止めらるべき事

一　京中の空地[10]、本主に返さるべき事

一　無尽銭土倉[11]を興行せらるべき事

一　諸国の守護人、ことに政務の器用[12]を択ばるべき事

一　権貴[13]幷に女性禅律僧[14]の口入を止めらるべき事

　……以上十七箇条、大概斯の如し。……遠くは延喜天暦両聖[15]の徳化を訪ひ、近くは義時泰時父子の行状を以て近代の師となす。ことに万人帰仰の政道を施されば、四海安全の基たるべきか。

建武三年十一月七日

真恵[16]

是円[17]

『建武式目』

解説　一三三五（建武二）年七月、中先代の乱を鎮圧するため鎌倉へ下った足利尊氏は、鎮定後、新政に反旗を翻した。さらに後醍醐天皇の派遣した新田義貞を箱根竹ノ下の戦いで破り、翌年一月には京都へ攻め上った。しかし北畠顕家（親房の子）率いる奥羽軍に敗れ、いったん九州まで逃げ、そこで態勢を立て直して、五月湊川の戦いで楠木正成

健在である。古法や先例をさぐろうとするのに何の不足もありはしない。古典には「徳とはよい政治であり、政治とは民衆を安定させることだ」とある。早くみんなの不満や不安を取り除くため、早急に手段を講ずる必要があるだろう。その要点を大まかに書いておく。

一　倹約につとめること

一　大勢集まって酒を飲んだり、勝手気ままな遊興は禁じること

一　個人の住宅の徴発をやめるべきこと

一　京都市中の空地は、もとの持ち主に返すべきこと

一　無尽銭土倉といった金融業を盛んにすること

一　諸国の守護には、特に政治の実務にすぐれた人物が登用されるべきこと

一　権門貴族、女性や禅宗・律宗の僧の政治への干渉をさせないようにすること

　……以上の一七か条、概略はこの通りである。……古くは延喜・天暦の治の両天皇の徳に学び、最近では北条義時・泰時父子の業績を模範として、特にすべての人が仰ぎ服するような政治を行うことが、世の中の平和のための基礎となるであろう。

建武三（一三三六）年一月七日　真恵

是円

を破り、再度入京した。尊氏は八月に持明院統の光明天皇を擁立し、後醍醐天皇は比叡山に逃れたが、一一月に一時講和が成立し、後醍醐天皇が光明天皇に譲位する形がとられた。その後の一一月七日、尊氏は幕府政治の基本方針である「建武式目」を中原是円らの答申どおりに発布した。この時点が室町幕府の成立と考えられている。

建武式目は幕府の所在地をどこに置くべきかという第一項と、当面の政治の基本政策一七か条からなる第二項からなっている。第一項では省略部分も含め、北条氏が滅んだのも政治が悪かったためには縁起のよい地ではないと鎌倉にこだわりながらも、「多くの人が京都を望めばそれに従うべき」というやや不明確な結

論となっている。この式目の制定には尊氏の弟直義の影響力が強かった。のちに幕府内では軍事面を尊氏が、政務面を直義が担当する二頭政治が展開されるが、直義は関東に根拠を持ち、鎌倉に幕府を設置したかったものの、結局は、幕府の主力が畿内の武士団であったことや後醍醐天皇の動向に対抗するために、京都に幕府を置くことになる。そのため鎌倉を希望する人への妥協として、第二項の「政道」に関する一七か条に、たとえば第七条の「軍事面より」政治面にすぐれた人を守護にせよ」などと直義の政治思想を強く出しているのである。また醍醐・村上天皇の親政や北条執権政治に学ぶとした、中原是円の公武折衷的な法思想も見ることができる。

の雑訴決断所の職員であった中原は円を初め、弟真恵、藤原藤範、玄恵ら八名に諮問し、その答申を一三三六（建武三）年一一月七日に発布したもの。なお八名はこののち足利直義の支配下に入る人々である。

探究2
建武式目と御成敗式目を比較して、その性格の違いを考えよ。

参考　南北朝の動乱　★☆☆☆☆

サテモ旧都二ハ、戊寅ノ冬改元シテ、暦応トゾ云ヲケル。芳野ノ宮二ハ、モトノ延元ノ号ナレバ、国々モオモイ〜ノ号ナリ。モロコシニハカ、ルタメシ多ケレド、此国二ハ例ナシ。サレド四トセニモナリヌルヲニヤ。大日本嶋根ハモトヨリノ皇都ナリ。イヅクニカ都二アラザルベキ。内侍所・神璽モ芳野二オハシマセバ、サテモ八月十日アマリ六日ニヤ、秋霧二オカサレ給テカクレマシ〜ヌトゾキコエシ。ヌルガ中ナル夢ノ世ハ、イマニハジメヌ ナラヒトハシリナガラ、カズ〜メノマヘナル心地シテ、老泪モカキアヘネバ、筆ノ跡サヘゾコホリヌ。

『神皇正統記』

解説

神皇正統記　後醍醐天皇の没後、南朝の中心となった北畠親房が、不利な情勢を打開するため東国を転戦中、常陸の小田城で執筆。南朝の正統性を説き、去就を決...

後醍醐天皇は一三三六（建武三）年一二月京都を脱出して吉野に赴き、南朝を樹立した。以後約六〇年間にわたり、京都の持明院統（北朝）と吉野の大覚寺統（南朝）がそれぞれの正統性を主張して争う、南北朝の動乱が続く。『神皇正統記』では、南朝の正統性が説かれるとともに、南北朝の動乱が続く。南朝は

後醍醐天皇の死や相次ぐ敗戦で弱体化したが、それでも内乱が長期化した最大の要因は、北朝を支えた室町幕府内部の内紛である。まず、足利尊氏の執事の高師直を中心とした急進派と、保守派の直義の対立から、骨肉を分けた尊氏と直義の争いが展開した（観応の擾乱・一三五〇〜五二）。さらに直義の養子直冬も別の勢力として抗争に加わり、尊氏派・

めかねている関東武士、特に結城親朝の帰順を求める目的もあった。一三三九（暦応二・延元四）年成立。

直義派・直冬各派とも時に南朝方と手を組んで内乱を複雑にした。内乱は貴族や武士に加えて広く民衆を巻き込んだが、その過程で、惣を基盤とした農民の成長、天皇権威を背景とした公家社会の失権で荘園公領制の衰退と民衆文芸の形成など社会の変貌を導いた。

❷ 室町幕府の確立と守護大名

❶ 南北朝の合体　★☆☆☆☆

> **要点ナビ**
> 足利義満の斡旋で、一三九二年合体。

御合体の事、連々兼熙卿❶を以て、申し合せ候の処、入眼の条、珍重に候。三種の神器❷帰座。自今以後、両朝の御流相代々御譲❺長講堂領に於ては諸国分一円持明院殿の御進止たるべく候。あるべきの上は、御譲国の儀❸たるべきの旨、其の意を得候。就中諸国国衙、悉く皆御計ひたるべく候。位❹治定せしめ候ひ畢んぬ。

十一月十三日
（実原は（明徳）三年十月十三日）
阿野前内大臣殿❻
義満

『近衛家文書』

❶兼熙卿　吉田兼熙。
❷三種の神器　皇位の象徴として伝えられてきた宝物。
❸御譲国の儀　譲位の儀式。
❹両朝の御流相代々御譲位　持明院統と大覚寺統が交互に皇位につく「両統迭立」。
❺長講堂領　後白河法皇の持仏堂長講堂に寄進された荘園群。持明院統の経済基盤。
❻阿野前内大臣　阿野実為。

史料注
近衛家文書　五摂家の一つ近衛家に伝わる文書。

解説　南北朝の合体

南北朝の動乱は、三代将軍足利義満の時代になると、幕府・北朝の優位が決定的となり、一三九二（明徳三）年南北朝の合体が実現した。史料によるとその条件は、①譲国の儀式をもって南朝の後亀山天皇から北朝の後小松天皇に神器を渡す、②以後は両統が交互に皇位につく、③国衙領は大覚寺統の管轄とする、④長講堂領は持明院統が支配する、の四点であった。しかし、北朝には、約束を守る意思などなかった。現実には①は行われず、②は、結局後小松の後はその子称光天皇が即位し反故にされ、③は、当時の諸国国衙領はほとんど守護領化しており無意味であった。結局その条件のうち実行されたのは、北朝に有利な④のみである。従って、その条件は「南北朝の合体」というより実態は「北朝による南朝の吸収」にほかならなかった。

2 中世

室町

※色文字は重要語

❶ 同じく　一三四六（貞和二）年一二月一三日に出された「諸国狼藉条々」の「諸国」を受ける。

❷ 大犯三カ条　御成敗式目に定められた守護の権限。大番催促、謀叛人・殺害人の検断。

❸ 苅田狼藉　田地をめぐる紛争のさい、所有権を主張して一方的に立稲を刈り取ること。

❹ 使節遵行　幕府の裁判の判決を強制執行する権限。

❺ 所務　荘園の管理。

❻ 請所　一定の年貢を本所・領家に納める約束で下地支配の全権をまかせる請負制。ここでは守護請。

❼ 仏神用　寺社造営や祈禱用途などの費用のこと。

史料注
建武以来追加　室町幕府も『御成敗式目』を基本法としており、必要に応じて追加が出された。それを編集したのが『建武以来追加』であり、建武年間以後の追

---

❷ 守護の国内支配　★★☆☆☆

1 同じく守護人非法の条々　同日
一　大犯三箇条❷付けたり苅田狼藉❸使節遵行❹の外、所務以下❺に相綺
ひ、地頭御家人の煩ひを成す事。……
一　請所❻と号し、名字を他人に仮り、本所寺社領を知
5 行せしむる事。
一　国司領家の年貢譴納と称し、仏神用❼の催促と号し
て、使者を所々に放ち入れ、民屋を追捕するの事。……
一　自身の所課を以て、一国の地頭御家人に分配せしむ
る事。……
一　新関を構へ津料と号して、山手河手を取り、旅人
10 の煩ひを成す事。
以前の条々の非法張行の由、近年普く風聞す。一
事たりと雖も、違犯の儀有らば、忽ち守護職を改易
すべし。若し正員存知せず、代官の結構たるにおいては、蹤
15 跡分明たらば、則ち彼の所領を召し上ぐべし。所帯無
くば、遠流の刑に処すべし。　　『建武以来追加』

通釈

諸国守護人の非法の条々　同日

一　大犯三カ条（刈田狼藉の取り締まりと使節遵行とをこれにつけ加える）のほか、地頭の所務などに干渉し、迷惑をかけること。……

一　請所と称して、他人の名義で本所・寺院・神社などの所領を支配させること。

一　国司・領家から年貢取り立ての厳しいとがめがあったと称し、また仏事・神事の用途の催促だといって、使いをあちこちに派遣して民家を差し押さえること。

一　守護自身に割り当てられた課役をその国内の地頭御家人らにその肩代わりさせること。……

一　新しく関所をつくり、また津料といって、山手・河手などの関銭を取り、旅人に迷惑をかけること。

以上にのべた条々について、違法が行われているときには、代官の所領が最近盛んに聞こえてくる。以上のうち一つでも違反があれば、その守護は解任する。もし守護本人が知らず、代官のしわざであることの証拠がはっきりしているときには、代官の所領を没収する。その者に所領がなければ、流罪に処する。

解説

室町幕府が南朝と対抗する中で、権力を確固たるものにするためには、勢力を拡大してきた地方武士を……　組織化する必要があった。そのために守護の権限を大幅に拡大し、鎌倉時代以来の大犯三カ条に加えて、刈田狼藉の取締り権

2 中世
室町

加集の意味。『建武式目』に対する追加ではない。

探究3
① 守護が守護大名に成長していく過程を述べよ。
② 鎌倉時代と室町時代の武士の荘園侵略のしかたをまとめよ。

要点ナビ
観応令は三カ国限定で年貢折半。
応安令で地域拡大し、土地の分割へ。

と使節遵行権の二項目を確認している。語注❶に示したように、この史料は国人らが勝手な行動をとり、幕府に反抗することを禁止する法令とともに出されており、守護に国人らの統制を期待しつつも、守護の権限を越えて領主化することは禁じている。南北朝内乱開始後一〇年にて、幕府の制限にもかかわらず守護が急速に領主化していったことを物語っている。たとえば、悪党の苅田狼藉に対して、それを取り締まるどころか逆に保護し、自分の軍勢に組み込む守護の行動も見られ、幕府の権威は低下していった。

❸

半済令（はんぜいれい）★★★☆☆

一　寺社本所領の事、
観応三年七月廿四日の御沙汰

諸国擾乱❶に依り、寺社の荒廃、本所の牢籠❷、近年倍
5 増す。而してたまたま静謐の国々も、武士の濫吹❸未だ休
まずと云ふ。仍つて守護人に仰せ、国の遠近に依り、日
限を差し、施行すべし。承引せざる輩に於ては、所
領の三分一を分ち召すべし。若し遵行❹の後立帰り、
違乱致さば、上裁❺を経ず、不日に在所に馳せ向ひ、雑掌❻を下地に居え、上裁を経す
国中の地頭御家人を相催し、不日に在所に馳せ向ひ、
10 細を注申すべし。将又守護人緩怠の儀有らば、其の職
治罰を加へ、元の如く沙汰し、雑掌を下地に居え、子

❶諸国擾乱 足利尊氏と弟直義の対立に端を発した観応の擾乱（一三五〇〜五二）。
❷牢籠 所領を失って苦しみ困ること。
❸濫吹 乱暴や非法の行為。
❹遵行 判決の執行。ここでは幕府の横領停止命令を守護が執行すること。
❺上裁 将軍の命令・裁定。
❻雑掌 荘園領主に代わって荘園の年貢徴収などの所務を行う者。

通釈

一　寺院、神社、公家などの荘園に関すること、観応三（一三五二）年七月二四日の御命令

諸国の戦乱のために、寺院、神社の荒廃や荘園領主の困窮は最近ますますひどくなっている。たまたま平穏な国々でも、武士の非法（騒乱に巻き込まれずに）がまだやんでいないという。そこで守護人に命じ、京都からの遠近に応じて期限を決め、武士の非法停止命令を実行させる。それに従わない者については所領の三分の一を没収する。所領がなければ流罪とせよ。もし執行後に現地へ舞い戻り、命令に違反したなら、将軍の裁定を待つまでもなく、国中の地頭・御家人を動員して、すぐに現地にかけつけ制裁を加えるとともに、元の状態に戻し、雑掌を現地に置き、事情を詳細に報告せよ。もし守護がこうした職務を怠ったときは、守護職を解任する。次に近江・美濃・尾張の三箇国の

2 中世

室町

史料注

7 近江・美濃・尾張 滋賀・岐阜・愛知県で、尊氏方の佐々木・土岐らの守護国。
8 兵粮料所 兵粮米にあてるため武士に給与した土地。
9 禁裏仙洞の御料所 皇室領。禁裏とは天皇の御所、仙洞は上皇の御所のこと。
10 寺社一円の仏神領 地頭職の設置されていない寺社領荘園。
11 殿下渡領 藤原氏の氏長者が代々伝承している荘園。
12 本所領 一般の荘園。
13 向後 今後、これから。
14 濫妨人 違反して侵略する者。

史料注
建武以来追加 一五三頁参照。

を改易すべし。次に近江・美濃・尾張7三箇国、本所領半分の事、兵粮料所8として、当年一作、軍勢に預け置くべきの由、守護人等に相触れおわんぬ。半分に於ては、宜しく本所に分け渡すべし。若し預人事を左右に寄せ、

15 去り渡さざれば、一円本所に返付すべし。

一 寺社本所領の事、応安元年六月十七日……
禁裏仙洞の御料所9・寺社一円の仏神領10・殿下渡領11等、他に異なるの間、かつて半済の儀あるべからず。固く武士の妨げを停止すべし。そのほか諸国の本所領12は、しばらく半分を相分ち、下地を雑掌に沙汰し付け、向後13の知行を全うせしむべし。この上もし半分の預り人、或いは雑掌方に違

20 乱し、或いは過分の掠領を致さば、一円本所に付けられ、濫妨人14に至っては、罪科に処すべきなり。
『建武以来追加』

解説

半済（はんぜい）とは国内の荘園国衙領の年貢の半分を兵粮料として守護が獲得する制度である。史料の前半は、室町幕府が初めて法令として出した「観応令」（一三五二年）である。これは足利尊氏による弟直義毒殺という観応の擾乱終結後に、二代将軍義詮の名で発せられた。この擾乱に乗じて軍事行動が活発化した南朝に対抗するために出され、内容は、近江・美濃・尾張の三か国のみで、一年限り年貢を折半するというものであった。この三か国は室町幕府の頼みとする佐々木・土岐らの守護国でもあり、南朝の軍事行動の盛んな地域でもあった。半済の利益を国内の武士に再配分することで、彼らの軍事力を得るねらいを持っていた。そして、翌年には三か国が八か

国に拡大される。その後、何度かの変更を経て、一三六八年として守護が獲得する制度である。史料の前半は、「応安令」となる。「応安令」は、幼少の三代将軍義満に代わり政務を執った管領細川頼之によって出されたものである。「観応令」では限定された地域が拡大され、戦時という条件が廃され期間の規定もないこと、年貢の半分ではなく、下地（土地そのもの）の折半であることなどの特徴を持っている。これにより、それまでの荘園侵略という武士の非法が、半分の土地については合法化されることとなった。一方で、「応安令」には寺社一円領・皇室領・殿下渡領等の半済を解消し、荘園の押領を抑えようとする側面もあった。

半済の地を国人たちに分け与えることで、守護は彼らを家臣

荘園については、その半分を兵粮米を徴収する所領と指定し、本年一年の収穫に限り、（守護の）軍勢に預け置くことを守護人にはすでに知らせておいた。残り半分は必ず荘園領主側に渡すこと。もし兵粮米を割り当てられた者が、あれこれ言い訳をして、（残りの半分を）渡さなければ、荘園領主にすべてを返させる。

2中世

室町

団に組織したが、国人の側も、支配する農民や他の国人との対立があり、在地領主としての地位を安定させるためには、守護……の力を必要としていたのである。

❹ 守護請　★☆☆☆

高野領備後国太田庄➊ 幷 桑原方➋ 地頭職尾道倉敷➌以下の事、下地に於ては知行致し、年貢に至りては毎年千石を寺に納むべきの旨、山名右衛門佐入道常熙➍に仰せられ畢んぬ。早く存知すべきの由、仰せ下さるる所なり。仍て執達件の如し。

応永九年(一四〇二)七月十九日

沙弥➎　(花押)

当寺衆徒中
金剛峯寺

『高野山文書』

高野山金剛峯寺

現地の支配は守護が行い、年貢については毎年一〇〇〇石を寺に納め、山名時熙に命じられた。

理解し徹底するように。

史料注

高野山文書 一三四頁参照。

❺**沙弥** 管領畠山基国。

❹**常熙** 備後の守護山名時熙。

❸**尾道倉敷** 現広島県尾道市にあった、年貢物を輸送する際に一時納めておく太田荘の倉敷地(倉庫・敷地)。

❷**桑原方** 太田荘は太田郷と桑原郷から構成された。

❶**太田庄** 広島県世羅郡にあった荘園。

解説

守護請とは、荘園・国衙領の年貢を守護に請け負わせる制度である。荘園・国衙領では半済令による国人の家臣化など守護の力が強まる中、守護に荘園の経営を一任し、一定の年貢は確保しようとしたものである。史料の太田荘では、幕府の口入(斡旋)により高野山への年貢納入を、備後国の守護山名時熙が年一〇〇〇石で請け負うことが契約された。同荘の年貢はもともと一八〇〇石であったので、山名はその差額の八〇〇石を収益に算入できることになる。しかし現実にはその契約さえも履行されなかった。その後の三九年間に高野山が収納した年貢を平均すると、契約の半分にも満たないありさまであった。守護請は寺社本所領が比較的多く残っていた備後国などの中間地帯を中心に、この時期行われたが、結局荘園領主の意図通りには事が運ばないことも多かった。

この時期は守護請の他に、荘園経営や年貢の納入などを代官に請け負わせる代官請の方式が一般化した。代官には禅僧、土倉や酒屋などの金融業者も任命された。

守護請によって、守護は任国内の荘園・国衙領を一円的に支配できるようになり、**段銭**・棟別銭・夫役の賦課など国衙機能も吸収していった。こうして職権が拡大した守護を守護大名と呼び、守護大名の作り上げた支配体制を守護領国制ともいう。

**❶ 能登国得田勘解由左衛門尉
章長**　明徳の乱に幕府方と
して参戦した武士の名。

❷ 軍忠　戦場での働き。恩賞
を受けるため自らが軍忠状
の形で提出した。

❸ 山名陸奥守　山名氏清。

❹ 同播磨守　山名満幸。

❺ 畠山右衛門佐殿　畠山基国。

❻ 内野　平安京の大内裏の
あった跡地。

❼ 亀鏡　証拠。

史料注

尊経閣古文書纂　旧加賀藩
前田家が尊経閣に所蔵する
資料などのうち、明治二十
年代から古文書を編纂して成
立した史料群。

応永の乱

---

❺ 明徳の乱 ★ ☆☆☆☆

能登国得田勘解由左衛門 尉章長申す軍忠の事[1][2]

右、去る（明徳二）十二月、山名陸奥守[3]・同播磨守[4]以下の
凶徒のために、京都に責め上らるるの間、大将畠山右
衛門佐殿[5]の御手に属し、内野[6]の御合戦に随分の忠節を致
し了んぬ。これらの次第御見知の上は、御証判を下し賜
わり、向後の亀鏡[7]に備えんがため、よって恐々言上く
だんの如し。

明徳三年正月　日

『尊経閣古文書纂』

解説　南北朝の動乱期に守護が権限を強化されたが、動乱
が終結に向かうと足利義満は強固な幕府体制を構築
するため、有力守護大名の勢力削減を図った。まず美濃・尾張・
伊勢の守護を務める土岐氏を一三九〇（明徳元）年土岐康行の
乱で討った。翌年には、全国六十六か国のうち西国を中心に十
一か国の守護職を持ち「六分ノ一殿」の異名で知られた山名氏

通釈　能登国の得田章長が軍忠を申し上げます。
このことについて、去る明徳二（一三九二）年、山名
氏清・満幸以下の謀叛人を討つため、京都へ進攻され
た時、大将畠山基国殿の軍に属し、内野の合戦で存分
の忠節をいたしました。
　これらのいきさつをご覧になっておられたら、軍忠を
証明する印をいただいて後日の証拠としたいと思いま
す。恐れながら申し上げることは以上の通りです。

明徳三（一三九二）年正月　日

清を、一家の家督相続を巡る内紛に乗じて滅ぼした。また周防・
長門・豊後などの守護を兼ね、朝鮮貿易でも利益を上げていた
大内義弘も、明徳の乱後に山名氏の旧領も併せるなどで強大化
したため、足利義満が挑発し、一三九九（応永六）年応永の乱
で討伐した。義満は太政大臣の地位も昇り、出家後は京都の北
山殿に移って幕府と朝廷に対し絶大な権力をふるった。

③ 室町時代の対外関係

要点ナビ
三代将軍足利義満から明の皇帝・恵帝へ。

① 義満の対明国書 ★★★★☆

1
日本准三后[1]　某、書を大明皇帝陛下[2]に上る。日本国開闢以来、聘問を上邦[3]に通ぜざることなし。某、幸に国鈞を秉り、海内虞なし。特に往古の規法に遵ひ、肥富[4]をして祖阿[5]に相副へ、好を通じて方物[6]を献ぜ
5 しむ。金千両、馬十匹、薄様[7]千帖、扇百本、屏風三双、鎧一領、筒丸[8]一領、劔十腰、刀一柄、硯筥一合、同文台一箇。海島に漂寄の者[9]幾許人を捜尋し、之を還す。某誠惶誠恐、頓首々々謹言。

『善隣国宝記』

② 明の国書 ★★☆☆☆

1
朕[1]大位を嗣ぎてより、四夷[2]の君長朝献する者、十百をもって計ふ。苟くも大義に戻るに非ざれば、みな礼をもってこれを撫柔するを思ふ。茲に爾日本国王源道義[3]、心王室に存し、君を愛す……朕甚だ嘉す。……今使
5 者道彝・一如を遣し、大統暦[4]を班示し、正朔を奉ぜしめ、錦綺[5]二十匹を賜ふ。……至らば領すべし。
建文四年(一四〇二)二月初六日

『善隣国宝記』

通釈

日本国の准三后である私（足利義満）が、国書を大明国の皇帝陛下に差し上げます。日本は国が始まって以後、あいさつの使いを貴国に送らないことはございませんでした。私は幸いにも国政をつかさどり、国内の平和を保っております。特に昔からの方式に従って、肥富を祖阿に同行させ、日本の土産物を献上させます。それは、金一〇〇〇両、馬一〇匹、薄い鳥の子紙一〇〇〇帖、扇一〇〇本、屏風三双、鎧一領、胴丸一領、剣一〇腰、刀一柄、硯箱一合、文机一箇です。また、日本に漂着した人を何人かさがし出したので、送還します。恐れ謹み、敬意を表して申し上げます。

※色文字は重要語

1 **准三后**　皇后・皇太后・太皇太后に準ずる位。
2 **大明皇帝陛下**　明の第二代皇帝の恵帝。
3 **上邦**　明に対する敬称。
4 **肥富**　副使の博多商人。
5 **祖阿**　正使の禅僧。
6 **方物**　その地方に産する物。
7 **薄様**　ごく薄くすいた鳥の子紙（優良紙の名称）。
8 **筒丸**　胴にあてる丸い鎧。
9 **漂寄の者**　倭寇が中国沿岸から奪い連れて来た者。

探究4　日明貿易の形式と推移を述べよ。

1 **朕**　明の恵帝の自称。
2 **四夷**　中国の中華思想に基づく周囲の野蛮人。東夷・西戎・南蛮・北狄。
3 **源道義**　足利義満。道義は義満の号。
4 **大統暦**　明の暦。
5 **錦綺**　錦と綾絹。

2 中世

室町

史料注

善隣国宝記　京都相国寺の僧、瑞渓周鳳の著作。古代より一四六六（文正元）年頃までの日本と中国・朝鮮との関係、書状などを年次を追って記したもの。そのなかで義満の対明外交を批判する。一四七〇（文明二）年成立。

遣明船

解説

一四〇一（応永八）年、足利義満は僧祖阿、商人肥富を明に派遣して貿易開始を交渉し、一四〇四年明との正式貿易が開かれた。明の恵帝による倭寇禁圧要求に応じたのである。

日明貿易は、勘合貿易とも呼ばれる。勘合は「日本」の二字を分けて日字号勘合と本字号勘合とし、日本から行く貿易船は本字勘合に幕府の勘合印を押したものを持って行き、明ではそれを備えつけてある本字底簿と付き合わせて、合えば公認の貿易船として貿易を許した。日字勘合は明船が日本へくる時に持参することになっていた。（実例は確認されていない。）

当時、明は諸外国の貿易船を属国からの進貢船と見なし、朝貢貿易しか許していなかった。貿易上の取引は外交上の答の形式をとり、使節団の滞在費・運送費・帰国費を負担し、かつ多くの頒賜物をあたえたからである。義満は明の正朔を奉じ（明の皇帝から大統暦を授与され、属国の礼をとること）、明からは「日本国王源道義」と呼ばれ、自らは「日本国王臣源」と署名し朝貢した。義満にとって、貿易の利益に加えて朝廷の外交権を奪うことに大きな意味を持っていた。また、貨幣経済の進展に対応するため、銅銭獲得を大きな目的としたが、これは幕府による貨幣発行権の独占ともいえ、政治権力を高める働きを持っていた。四代将軍足利義持は朝貢形式は国辱であるとして貿易を中止したが、一四三二年六代将軍足利義教は再び実利主義をとり貿易を再開した。

勘合貿易の初めの頃は、幕府・寺社・大名が商人の資力を利用しながら貿易船を経営したが、義教の時代頃から政治力の減退とともに自ら貿易船を調達できなくなり、大商人から、抽分銭をとって請け負わせるようになった。抽分銭は商品売却総額の一〇％で、幕府や大名・寺社の重要な財源となった。一四六八年以後、貿易船の経営は幕府の手から離れ、堺商人と結んだ細川氏と博多商人と結んだ大内氏との間で主導権が争われ、応仁の乱で両氏が敵対したこともあり、一五二三年には両氏の貿易船が寧波で衝突する事件が起きた。これは、寧波に遅れて到着した細川氏の船が明の高官に賄賂して先に取り引きを開始したため、大内氏は細川氏の船を焼き、沿岸を荒らし、明の指揮官を捕えて逃走するという事件で、寧波の乱という。この乱後、明は貿易の規制を強め、大内氏が貿易を独占した。

Spot

倭寇

倭寇とは、鎌倉末期から室町時代に朝鮮半島や中国沿岸を荒らした日本の海賊行為を、中国や朝鮮で呼んだ言葉である。それは一四～一五世紀の前期倭寇と、一六世紀の後期倭寇に分けられる。

前期倭寇は、対馬・壱岐・肥前松浦地方や瀬戸内に根拠地を持ち、朝鮮半島から山東半島を中心に進出して私貿易を行っていた武装船団が、時に海賊化したものが多い。高麗は倭寇によってその滅亡を早めたといわれる。そして、明からの室町幕府への禁圧要求が、勘合貿易の開始にもつながるのである。

一方、勘合貿易の断絶後の一六世紀には、利益を失った西国武士らの海賊化があった。また明の「海禁」政策により、明国内にも多数の密貿易者がおり、略奪行為も行われていた。これらを後期倭寇と呼び、活動範囲も中国中南部沿岸へ移るが、日本人の割合は多くなかった。

2 中世

室町

4 惣村の発達と土一揆

① 惣の規約　★★☆☆☆

要点ナビ　日常生活、祭祀や自検断の基準などを寄合で決定した惣掟。

原文

定今堀①地下掟之事

合 延徳元年己酉十一月四日

1　一 薪・すミハ、惣ノヲタクヘシ。

　一 他所之人を地下ニ請人候ハて、置クヘカラス候事。②

　一 惣ノ地ト私ノ地ト、サイメ相論ハ、金ニテすますへ③シ。

5　一 犬かうへからす事④。

　一 二月・六月サルカクノ六ヲ⑤、壱貫文ツヽ、惣銭ヲ出⑥スヘキ者也。

10　一 家売タル人ノ方ヨリ、百文ニハ三文ツヽ、壱貫文ニハ丗文ツヽ、惣へ出スヘキ者也。此旨ヲ背ク村人ハ、座⑦ヲヌクヘキ也。

　一 堀ヨリ東ヲハ、屋敷ニスヘカラス者なり。⑧

『日吉神社文書』

通釈

定める、今堀郷の郷内の人々が守るべき掟のこと

寄合で決定、延徳元（一四八九）年一一月四日

一 薪や炭は、惣で用意したものをたくこと。

一 よその人は、この郷内に身元保証人がいなければ置いてはならないこと。

一 惣で管理する共有地と私有地との境界の訴訟は金銭で処理すること。

一 犬を飼ってはいけないこと。

一 二月と六月に行われる猿楽能の一座に出す祝儀は、一貫文ずつ惣の費用から出すこと。

一 家を売った場合は、売った人が一〇〇文につき三文ずつ、一貫文については三〇文ずつ惣へ出すものとする。このことに違反する人は、宮座から追放する。

一 堀より東側は屋敷としてはならないものとする。

色文字は重要語

1 **今堀** 近江国蒲生郡得珍保今堀郷。現、滋賀県東近江市あたりにあった延暦寺領荘園の一郷村。

2 **請人** 身元保証人。

3 **サイメ相論** サイメは際目、境界のこと。相論は訴訟や論争のこと。

4 **犬かうへからす事** 犬を飼うことを禁じた理由は、①今堀郷の鎮守である日吉神社の使いが、犬を天敵とする猿であるため、②狂犬病の流行を防ぐため、③犬が畑を荒らすため、④倹約のため、⑤犬を飼える特殊な優越者の出現を防ぐためなどと考えられる。

5 **サルカク** 神事の際に行う猿楽能。

6 **禄** 猿楽に対する報酬。

7 **座** 村の神社を中心に神事を行う組織。宮座。

8 **堀** 今堀が環濠集落であったことを示す。

2 中世

史料注
日吉神社文書　今堀郷の鎮守、日吉神社に伝わった文書。中世の宮座や商業に関する史料の宝庫である。

探究⑤①　惣村の特徴を考えよ。

解説
室町時代には荘園公領制が次第に解体し、守護大名の一円支配が進行する。その中で、水稲農業の著しい進歩や商工業の発達などを背景として、小百姓以下の小農民経営が自立化する一方で、特に畿内やその周辺部を中心に農民による**惣**または**惣村**という自治的村落組織が成立した。惣の結成の目的は、入会地や用水の利用、領主・地頭の不当な要求に対する対抗、村の自衛などであるが、村の鎮守の祭祀に関わる宮座と一体になることが多かった。惣の指導者は番頭・沙汰人・おとな（乙名）などであり、構成員も最初の名主層に加え、次第に小農民も参加できるようになった。
　史料の今堀地下掟は、惣の寄合で決定したものであり、村人の日常生活全般に及ぶ細かな規定や、今堀日吉神社の祭祀について決められている。当時の農民の暮らしぶりや意識を読み取ることができるが、罰則を決めて警察権を行使（地下検断・自検断）したり、惣自体が財産を持って活動していることなど、その強固な活動を示している。なお今堀郷では一五世紀から一七世紀初頭にかけて約二〇通の地下掟を残している。

②　村の結合　★☆☆☆☆

1　契約　桂川要水今井の事❶
　右契約の旨趣は、此の要水の事に就き、自然煩い、違乱等出来の時は、久世❷、河嶋❸、寺戸❹尤も面々私曲なく其の沙汰有
5　るべし。若し同心の儀に背く郷においては、要水之を打止むべし。……
　此の流水を受くるの上は、彼の三ヶ郷一身同心せしめ、合体の思を成し、
　暦応□年❺七月　日
　　　　　　　　　上久世季継（花押）
　　　　　　　　　河（革）嶋安定（花押）
　　　　　　　　　寺戸親智（花押）
　　　　　　　　　　　　　　『革島文書』

史料注
❶桂川要水今井　京都西郊の西岡一二か郷の用水路で、松尾神社近くで桂川から取り入れられ、その地名から今井溝と呼ばれた。
❷久世　現、京都市南区。上久世荘は東寺領荘園。
❸河嶋　河（革）嶋荘は三条・西園寺・山科の三領家の荘園。現、京都市西京区。
❹寺戸　寺戸荘は仁和寺領荘園。現、京都府向日市。
❺暦応年間は、一三三八〜一三四一年。

革島文書　革島文書　京都市革島家に伝わる文書。同家は御家人、下司、公文、名主、庄屋を

解説
惣村はその目的の実現のため、互いに協力したり、惣荘・惣郷を形成することもあった。こうした新しい農村社会の構造としての村が成立したことを意味する惣村は、近世的な郷村の基礎としての村と呼ぶこともある。それは、近世の郷村とは大きく違って

が、惣村の持つ自治的な性格は、近世の郷村が成立したことを意味する

いる。一方惣村には自治組織の面に加えて、微税など支配機構の末端となっている側面もあったことに注意したい。史料の上久世・河（革）嶋・寺戸を含む西岡一か郷は、荘園領主が錯綜し、桂川から取水する灌漑用水をめぐっての流血騒ぎが起きていた地域である。そこで三つの郷民が団結して、

室町

経て現在に至る。

✏探究5②
この時期成立した惣村は近世の村へとどのように変化するか。それぞれの違いや共通する部分を調べよ。

今後予想される水争いに対処することを神に誓ったのである。この地域の惣村は、強力な地侍が支配する形で存在し、起請文に署名しているのも、用水開発者の流れをくむ、各荘園の荘官級の地侍であり、彼らの意志で団結が行われている。し

かし、この地域でも、一四六二（寛正三）年の用水についての協力は村落の代表者たちが主体となって行うようになる。さらに、荘郷の枠を越えた惣民の結合が、やがて広範な**土一揆**の展開へとつながっていくのである。

❸ 土一揆 ★★★★

(1)正長の徳政一揆

正長元年九月■日、一天下の土民■蜂起す。徳政と号し、酒屋、土倉、寺院等■を破却せしめ、雑物等恣にこれを取り、借銭等■悉くこれを破る。官領これを成敗す。凡そ亡国の基、これに過ぐべからず。日本開白以来、土民蜂起れ初めなり。

『大乗院日記目録』

(2)農民の徳政宣言

正長元年ヨリ
サキ者カンへ四カン
カウニヲ(前)ハ
ヘカラス
(負目)

『柳生の徳政碑文』

(3)播磨の土一揆

（正長二年正月二十九日）……或人日はく、播磨国の

1正長元年　一四二八年。
2土民　下級武士を含む農民。
3徳政　金銭の貸借関係を破棄すること。
4寺院　寺院も寄進された祠堂銭を運用し、高利貸を営んでいた。
5官領　管領畠山満家。
6日本開白以来　小規模のはこれ以前にもあった。
7旧冬の京辺の如く　徳政一揆をさす。正長の

通釈

正長元（一四二八）年九月 日天下の土民が暴動を起こした。徳政だと言って、酒屋・土倉・寺院などに質入れした品物を奪ったり、借用証文などを破った。管領はこれを成敗した。そもそも国が滅びる原因でこれ以上のものはない。日本が始まって以来土民の暴動は初めてである。

正長元（一四二八）年以前は、神戸四カ郷に負債は存在しない。

正長二（一四二九）年正月二九日……ある人が次のように語った。「播磨国の土民が去年の冬の京都周

2 中世

室町

⑧諸庄園代 荘官の現地代官で地侍層。
⑨守護 播磨守護赤松満祐。
⑩赤松入道 ⑨に同じ。

史料注

大乗院日記目録 奈良興福寺大乗院に伝わる記録の中から筆者の大乗院門跡尋尊が重要事項を抜き出したもの。一一世紀からの記録があるが、一四二六（応永三三）年以降の社会政治事件や興福寺、春日社について特に詳しく記載される。尋尊は一条兼良の子。

柳生の徳政碑文 奈良市郊外の柳生にある鎌倉時代の地蔵石に刻まれた農民の徳政宣言。一九一四（大正三）年郷土史家の杉田定一によって発見。

薩戒記 室町中期の上級貴族中山定親の日記。一四〇八（応永一五）～四三（嘉吉三）年までを記録。定親は武家伝奏として公武の折衝に努めた。

🖊探究6 土民が求めている徳政とは何か。また、徳政令の歴史もまとめよ。

土民、旧冬の京辺の如く蜂起す。国中の侍⑦を悉く攻むるの間、諸庄園代⑧之加守護方の軍兵、彼らの為に或いは命を失ひ、或は追落さる。凡そ土民侍をして国中に在らしむべからざる所と云々。乱世の至りなり。仍て赤松入道⑩発向し了んぬ者。

『薩戒記』

解説

荘園や郷保ごとに年貢や夫役の減免を要求する農民の行動は、南北朝期頃から見られ、荘家の一揆とよばれた。そして惣の結合が進むなかで、畿内を中心としてより広範囲で組織的な武装行動に発展したのが土一揆である。土一揆の多くは、地侍・馬借なども参加し、土倉や酒屋など高利貸への債務を破棄する「徳政」の実施を目指す徳政一揆の側面も持っていた。そこには、困窮した武士や都市民なども参加していた。

一四二八（正長元）年は激動の年であった。三年前の五代将軍足利義量の病死後、将軍空位の中で実権を握っていた四代義持が死去、後継者選びが難航し、ようやく義教がクジで六代将軍に決まった。将軍を狙っていた鎌倉公方足利持氏の不穏な動きが関東であり、伊勢では南朝残党の反乱が起こっていた。また飢饉や疫病の流行もあって、民衆の生活難は深刻であった。中世では、支配者の代替わりに徳政が行われることがあり、農民らの徳政要求をより切実なものとしていた。

正長の徳政一揆は同年八月、近江の馬借から始まった。馬借は交通業者という性格上、貨幣経済の前面に立ち、機動力もあり、京都や奈良の情報をいち早く得ることができ、しばしば一揆の先駆けとなる。徳政一揆は九月に京都の醍醐方面へと拡大し、土倉・酒屋・寺院を襲撃して、質物を奪い返し借用証文を破棄した。さらに山城国から、大和、伊賀、河内など周辺諸国に波及していった。

幕府自体は徳政令を出さなかったが、大和では一揆の攻勢を抑えきれず、大和最大の荘園領主でもあり、事実上の守護職権限を持っていた興福寺が、各郷村の実情に合わせた徳政（在地徳政・私徳政）を実施した。最初の史料『大乗院日記目録』は、「亡国の基」とか「日本開白以来」というセンセーショナルな言葉で正長の徳政一揆を記しており、筆者尋尊が属する興福寺の衝撃の大きさを物語っている。次の「柳生の徳政碑文」は、在地徳政を勝ち取った大和国添上郡柳生郷の農民が負債破棄を宣言し、地蔵石に刻んで喜びを伝えたものである。

さらに『薩戒記』によると、翌一四二九（正長二）年一月、播磨で土一揆が勃発した。ここで土民が「侍を国中に置かない」と豪語したと記すが、その侍とは守護赤松満祐の家臣であり、国人たちが農民と連携して守護大名の支配を排除しようとしたもので、徳政一揆というより、国一揆の性格が色濃かった。

辺のように蜂起して国中の侍をことごとく攻撃したので、荘園の現地代官だけでなく、守護方の武士は、命を失ったり、追放されたりした。一国の騒動としては、とてもまれな例だ」という。そもそも、土民たちは「侍たちを国中には居させない」と言っているとのことだ。乱世の極みである。そのため赤松満祐が軍勢を進発させたと。

2 中世

室町

要点ナビ
守護赤松満祐、六代将軍足利義教を暗殺。

史料注

1 嘉吉元年　一四四一年。
2 三条　三条実雅。
3 公方　六代将軍足利義教。
4 細川下野守　細川持春。
5 大内　大内持世。
6 管領　細川持之。
7 細川讃州　細川持常。
8 一色五郎　一色教親。
9 赤松伊豆　赤松貞村。
10 赤松　赤松満祐。

史料注

看聞日記　後花園天皇の父、伏見宮貞成親王の日記。一四一六（応永二三）年〜一四四八（文安五）年を記録。朝幕関係を中心とした政局の動きのほか、同時代の文化・庶民生活などに記事が及ぶ。「看聞御記」と呼ばれることが多いが、本来は「看聞日記」である。

④ 嘉吉の変 ★★★☆☆

1（嘉吉元年[1]六月）廿五日、晴。昨日の儀粗聞く。……猿楽初時分、内方とどめく。何事そと御尋ねあり。雷鳴かなと三条[2]申さるるの処、御後の障子引あけて、武士数輩出て則ち公方[3]を討ち申す。管領[6]・細川下野守[4]・大内[5]等腰刀許二て振舞ふと雖も、敵を取るに及ばず、手負て引き退く。……

5　細川讃州[7]・一色五郎[8]・赤松伊豆[9]等ハ逃走す。其の外の人々は右往左往し逃散す。御前に於て腹切る人なし。赤松[10]落ち行き、追懸て討つ人なし。未練謂はん量なし。諸大名同心か。其の意を得ざる事なり。所詮、赤松討ちたるべき御企露顕の間、遮て討ち申すと云々。自業自得、果して無力なだ。将軍此の如き犬死、古来其の例を聞かざる事なり。

『看聞日記』

解説

六代将軍足利義教の時代は、次第に専制政治へと転じてゆく。その背景には、一四二九（永享元）年三月の将軍就任当初から、少弐・大友氏を中心とした九州の反乱が飛びかうなか、鎌倉公方足利持氏との対立が続き、土一揆の嵐が吹き荒れ、鎌倉府との抗争は一四三八〜三九年の永享の乱での持氏の滅亡、その遺児を擁した結城氏朝の打倒（結城合戦一四四〇〜四一年）に発展する。さらに、一色義貫、土岐持頼、畠山持国らの有力守護大名を殺害し、他の守護大名の家督相続にも強引に介入した。その他、管領の権限を抑制したり、公家や延暦寺の僧侶、神官、女性らを大小さまざまな理由で処罰する恐怖政治が続き、史料の伏見宮貞成

親王は別の部分で「万人恐怖、口に出してはいけない」と声をひそめている。一四四一（嘉吉元）年に起きた嘉吉の変の主人公赤松満祐は義教から疎外され、「次は赤松が討たれる」の噂がとびかうなか、結城合戦勝利の祝宴にこと寄せ、義教を自邸に招いて暗殺した。同席して脱出した管領細川持之らはようやく翌七月になって、本国播磨へ下った赤松満祐の追討軍を組織し、九月山名持豊や細川持常らにより乱は鎮圧された。『看聞日記』では「このような将軍の犬死は聞いたこともないという自業自得の結果だ」と酷評している。義教の将軍権威の失墜と、幕府内での細川・山名の発言力拡大を招いたのである。

2 中世

室町

❺ 嘉吉の徳政一揆　★★★☆

1

（嘉吉元年九月三日）近日四辺の土民蜂起す。土一揆と号し御徳政と称し、借物を破り、少分を以て質物を押し請く。……綷は江州より起る。……今土民等、代始めにこの沙汰は先例と称すと云々。侍・所・多勢を以て防戦するも猶及ばず。土民数万の間防ぎ得ずと云々。

『建内記』

解説　嘉吉の変で六代将軍義教を暗殺した赤松満祐を討伐するために、山名持豊らの幕府軍が都を離れたすきをついて、一四四一（嘉吉元）年近江の馬借から土一揆（徳政一揆）が起こった。この結果、近江では在地徳政が行われ、その情報を得た山城国の地侍や農民が、義教暗殺後の「代始めの徳政」を求めて九月に蜂起した。赤松死後の播磨支配をめざす山名持豊の帰京の遅れや、一揆勢に配下の国人・土豪を抱える畠山持国が一揆鎮圧に消極的だったため、情勢は一揆勢有利に推移し、彼らは九月一二日山城一国内の徳政令を獲得したのち、閏九月一〇日幕府の徳政令を引き出した。土一揆による徳政令はこれが最初である。しかし山門（延暦寺）の特に永領地（永久売買地）に徳政を行うことへは反発もあり、幕府は同一八日、この部分への適用を除外した徳政令を発布した。

❶嘉吉元年　一四四一年。
❷江州　近江国（滋賀県）。
❸代始め　新しい将軍の治世の初め。同年六月の嘉吉の変で六代将軍義教が暗殺され、義勝が就任する（正式には翌年一一月）。

史料注
建内記　内大臣万里小路時房の日記。その号（建聖院）から「建聖院内府記」というのが正式名称。一四一一（応永二一）年～一四五五（康正元）年までを記録するが、欠年も多く現存するのはそのうち一九年分。

探究7
❸・❺の史料を読んで、この時代に徳政一揆が起こった社会的状況を考えよ。

●おもな一揆

年	一揆名・内容
1428年	**正長の徳政一揆**　近江坂本の馬借が蜂起。畿内の都市民衆や農民に波及。高利貸を襲い、私徳政を行った
1429年	**播磨の土一揆**　矢野荘国人が中心となり守護大名赤松氏の軍勢の国外退去を要求。赤松満祐により鎮圧
1441年	**嘉吉の徳政一揆**　1441（嘉吉元）年、嘉吉の変直後の幕府に対して、将軍義勝の「代始めの徳政」を要求して数万人が京都を包囲した。幕府は初めて正式に徳政令を発令した。徳政は代始めや改元に際して要求された
1485〜1493年	**山城の国一揆**　家督争いのため、南山城に畠山義就・政長両軍が長期対陣。国人らが一揆を結んで両軍の撤兵を要求。両軍は撤兵。以後南山城を8年間にわたり自治支配
1488〜1580年	**加賀の一向一揆**　加賀国では一向宗の勢力が強く、門徒である国人や農民が、1488年守護の富樫政親を攻め滅ぼし、以後約100年間一向宗僧侶や国人・農民の合議による自治支配を行った
1532年・1536年	**法華一揆・天文法華の乱**　京都の町衆が日蓮宗寺院を中心に一揆を結び、一向一揆に対抗し、1532（天文元）年山科本願寺を焼き打ち（法華一揆）。1536（天文5）年延暦寺と抗争し、多くの日蓮宗寺院が焼き払われた（天文法華の乱）
1570〜1574年	**長島の一向一揆**　本願寺の命令で、長島の一向宗信徒が信長に対抗
1570〜1580年	**石山合戦（石山戦争）**　全国統一をめざす織田信長と対立した本願寺が10年にわたり抗戦したが敗れ、堂舎は焼失した

⑥ 関東の情勢 ★☆☆☆☆

(1)永享の乱

二十二日、……関東また物忩と云々。鎌倉の若公[1]の元服の時、管領[2]（上杉）申沙汰として、公方より執り御沙汰[3]のこと、その儀を改め、治定のところ、鶴岡八幡宮において御沙汰すと云々。京都御敵対露顕し、管領は面目を失う。已に合戦に及ぶと云々。結句討たるべしと云々。

十七日、……武衛[4]の居所に押し寄せ焼き払う。

『看聞日記』

二日、……武衛の事、「已に緑鬢を除き黒衣を着すの上[5]は恩免あり、子息においては相続を聴さるべき」の由、房州頻りに執り申す。しかるに時宜[6]許さず。

十五日、……関東のこと、已に無為に属す。鎌倉左兵衛督持氏卿切腹の由、注進の故なり。

『建内記』

通釈

（永享十〔一四三八〕年八月）二十二日、……関東がまた騒然としているという。鎌倉の足利義久公元服の時、管領上杉憲実が申すところでは、本来将軍が烏帽子親として執り行うところ、その慣例を変え、鶴岡八幡宮で行ったという。これで幕府との敵対が明らかになり、管領は面目を失うということになり、すでに合戦に及んでいるという。……

（十一月）十七日、……足利持氏の館を攻撃し焼き払った。

（永享十一〔一四三九〕年二月）二日、足利持氏について、「すでに髪を下ろし黒衣をまとい出家しているので、赦免し子息への相続を許してほしい」と上杉憲実が何度も願い出たが、将軍は許さなかった。

十五日、……関東の件は決着した。足利持氏が切腹したとの急ぎの報告があった。

解説

室町幕府六代将軍義教へ反発を強める鎌倉公方足利持氏は、それを諫める関東管領上杉憲実と対立した。持氏は嫡男義久の元服に際して、従来の方式を勧める憲実の助言を聞かず、幕府と反目していく様子がわかる。一四三八（永享十）年八月、幕府は諸大名からなる追討軍を送り、持氏を鎌倉から追い落とした。持氏は出家したが許されず、翌年二月切腹した。これ以後約十年、鎌倉公方の不在が続くことになる。

1鎌倉の若公　鎌倉公方足利持氏の嫡男義久。

2管領　関東管領上杉憲実。

3公方より執り御沙汰　将軍が烏帽子親として元服の儀式を行い、名前の一字を与えることで、代々の鎌倉公方が慣例としていた。このときの将軍は六代足利義教。

4武衛　足利持氏。

5緑鬢を除き黒衣を着す　髪を下ろして黒衣をまとい出家すること。

6時宜　時の権力者の意向。

史料注
看聞日記　一六四頁参照。
建内記　一六五頁参照。

2 中世

室町

---

❶管領上杉右京亮 関東管領上杉憲忠。

❷房州入道 上杉憲実。上杉憲忠の父、関東管領。

❸故鎌倉殿 前鎌倉公方の足利持氏。

史料注
康富記 九三頁参照。

探究8
この時期の関東の情勢を述べよ。

※色文字は重要語

❶五畿七道 畿内五か国と東海、東山道等の七道、すなわち全国。

❷御台所 将軍義政の妻日野富子。

❸香樹院・春日局 ともに義

⑴(2)享徳の乱 ★ ☆☆☆☆

（享徳四年正月）六日壬子、晴れ、或ひと語らいて曰く、昨日関東飛脚到来す。鎌倉殿[成氏、持氏御子]、去年十二月廿[二十]日、管領上杉右京亮❶[房州入道子]、鎌倉殿❷御所に召し出され誅伐せらるると云々。これ故鎌倉殿❸御生涯の事とあわせて、父房州の申し沙汰の御憤か。これによって御所方と上杉の手、合戦ありと云々。

『康富記』

解説

永享の乱で敗死した足利持氏の遺児成氏は、一四四九（宝徳元）年鎌倉公方となったが、幕府と良好な関係を持つ関東管領上杉憲忠と対立し、一四五四（享徳三）年十二月憲忠を成氏邸に誘い出して殺害した。この後、幕府の征討軍からのがれた成氏は下総古河に移り古河公方と呼ばれた。

この間成氏は京都の改元を認めず、一貫して享徳の年号を使い続けた。室町幕府は関東管領上杉氏（山内上杉、扇谷上杉氏）を支持し、東国武士も成氏方と上杉方に分かれたので関東一円に戦いが拡大した。これを享徳の乱という。のちに成氏と上杉氏の和睦を経て、幕府と成氏も一四八二年に和睦する。

（享徳四[一四五四]年正月）六日壬子、晴れ、ある人が言うには、昨日関東から飛脚が到着した。鎌倉公方足利持氏が去年十二月二十七日、関東管領上杉憲忠（鎌倉西御門邸）に召し出して誅殺したとのことだ。これは、故足利持氏の殺害事件が、憲忠の父房実の提起によるものであったことへの、成氏による報復であろうか。これによって成氏方と上杉方の合戦になったという。

---

⑤ 応仁の乱と下剋上の時代

❶ 応仁の乱 ★★★☆☆

1

応仁丁亥ノ歳、天下大ニ動乱シ、ソレヨリ永ク五畿七道❶悉ク乱ル、其起ヲ尋ルニ、尊氏将軍ノ七代目ノ将軍義政公ノ天下ノ成敗ヲ有道ノ管領ニ不任、只御台所❷、或ハ香樹院❸或ハ春日局❸ナド云、理非ヲモ

通釈

応仁元（一四六七）年、天下は大動乱となり、それ以来長期にわたって全国各地が戦争状態となった。その原因を求めると、（以下のような事柄である。）足利尊氏から数えて七代目（将軍としては八代目）の将軍義政公は政治を有能な管領に任せず、ただ夫人や香樹院、春日局などの善悪の判断もつかず、裁判や政治のこともわからない若い女房や尼たちが自分たちのやり

2 中世

室町

〔語句〕

4 公事　訴訟。

5 青女房比丘尼　青女房は若い女性のことで春日局、比丘尼は尼のことで香樹院をそれぞれさす。

6 伊勢守貞親　伊勢貞親。政所執事として実権を握る。

7 鹿苑院蔭凉軒　禅宗寺院行政を管轄する僧録司が相国寺鹿苑院にあり、その一画の蔭凉軒主であった季瓊真蘂をさす。

8 論人　論人は被告、訴人は原告で、この文章は、裁判の判決が晶屓や賄賂次第であることを非難している。

9 本主安堵　本来の領主の知行権を確認すること。

10 鹿苑院殿　足利義満のこと。

11 倉役　土倉にかかる公事。

12 普広院殿　足利義教。

13 大嘗会　天皇の即位後初めて行われる新嘗祭のこと。ここでは、一四六五（寛正六）年十二月の後土御門天皇のそれをさす。

14 徳政　これは応仁記の誇張で、これまで確かめられているところでは、義政の出した徳政令は四回であるとされる。

5

不レ弁、公事政道ヲモ不レ知給、青女房比丘尼達計ヒトシテ、酒宴婬楽ノ紛レニ申沙汰セラレ、亦伊勢守貞親、鹿苑院ノ蔭凉軒ナンド評定セラレケレバ、今迄贔負ニ募ツテ論人ニ申与ベキ所領ヲモ、又恥ニ賄路ニ訴人ニ理ヲ付、又奉行所ヨリ本主安堵ヲ給レバ、御台所ヨリ恩賞ニ被レ行。……若此時忠臣アラバナドカ不レ奉レ諫之哉、然レドモ只天下ハ破レバ破ヨ、世間ハ滅バ滅ヨ、人ハトモアレ、我身サヘ富貴ナラバ、他

10

代ニ倉役四季ニカカリ、普広院殿ノ御代ニ成、一年ニ二度カカリケル、当御代臨時ノ倉役トテ大嘗会ノ有リシ十一月八九ヶ度、十二月八ヶ度迄ニ、又彼借銭ヲ破ラントテ、前代未聞徳政ト云フ事ヲ此御代ニ二十三ヶ度迄行レケレバ、倉方モ地下方モ皆絶ハテケリ、……

20

不レ計万歳期セシ花ノ都、今何ンゾ狐狼ノ伏土トナラントハ、適々残ル東寺北野サへ灰土トナルヲ、古ニモ治乱興亡ノナラヒアリトイヘドモ、応仁ノ一変ハ仏法王法トモニ破滅シ、諸宗皆悉ク絶ハテヌルヲ不レ堪ニ感歎一飯尾彦六左衛門尉、一首ノ歌ヲ詠ジケル、

たいように、宴会やみだらな遊楽の席で政務を処理していた。また、伊勢貞親や鹿苑院の蔭凉軒（季瓊真蘂）などの合議によって決めたので、これまで自分が肩入れしている被告にひいきで与えようとしていた所領を、今度は賄賂に心を奪われて、原告の側に理由をこじつけて与えてしまったり、ある時には、奉行所で本来の所有者が所領の安堵を給ったのに、奥方から同じ土地が別の人に恩賞として与えられたりということもある。……もしこの時忠臣がいれば、どうして（この乱れた政治を）いさめることがなかろうか。しかし、天下の平和が破れても、世の中が滅びてもどうでもよい。他人はどうもあれ、自分さえ豊かであれば他の者よりきらびやかに振舞おうという風潮になってしまったのである。……義満公の時代には、土倉役が年に四度季節ごとにかかり、義教公の時代になってそれが年に二度かかるようになり、今の代になって臨時の土倉役として大嘗会のあった年の十一月にはひと月に九度、十二月には八度もかかったのである。また前代未聞のことだがこの義政公の時代には借金を破棄してしまおうと、前代未聞のことがこの御代に二十三回も行われたので、幕府御用の土倉も一般の土倉もみなつぶれてしまった。……思いがけない結果であった。永遠に栄えるはずの花の都が今、狐や、狼のように、荒くれ者のすみかになってしまい、またわずかに焼け残っていた東寺や北野神社まで灰ないになってしまうとは。昔から世の中が治まったり乱れたり、栄えすたれたりは世のならいというが、今度の応仁の乱では仏教も政治も破滅し、各宗派もことごとく絶えはててしまった。その歎きに堪えきれず、飯尾彦六左衛門尉が一首歌を詠んだ。都はすっかり焼けあなたは知っているでしょうか。

2 中世

室町

要点ナビ

一条兼良が足利義尚への意見書の中で足軽を糾弾。

❶足がる　徒歩で戦闘に参加

⑮倉方　幕府御用の土倉。
⑯地下方　幕府御用でない土倉。
⑰仏法王法　仏教と政治。
⑱飯尾彦六左衛門尉　室町幕府の評定衆のひとりか。

史料注
応仁記　応仁の乱を記した戦記文学。乱後まもなくの成立とみられるが著者不詳。

探究9
『応仁記』の作者が義政の失政と考えていることを述べよ。

汝(なれ)ヤシル都ハ野辺(のべ)ノ夕雲雀(ゆうひばり)
アガルヲ見テモ落ル涙ハ

『応仁記』(おうにんき)

野原となってしまい、（以前は都で見なかった）ヒバリが飛び立っている。そのヒバリがあがるのを見るにつけても、落ちるのは涙ばかりです。

解説

専制政治を行った足利義教が嘉吉の変で倒れた後、七代将軍義勝も一〇歳で若死にし、一四四九（宝徳元）年八代将軍足利義政が就任した。その間、有力守護大名の権力が復活し、細川・畠山氏が交互に管領に就任する時代を経て、畠山氏の内紛に乗じた細川勝元が一二年間も管領を独占する時代があった。

義政は成長とともに側近の伊勢貞親や季瓊真蘂、義政夫人の日野富子が実権を握った。頻発する土一揆に対し幕府は徳政令を出すが、やがて徳政令の見返りに借り主から一割～二割の分一銭を幕府に納入させる分一徳政や、逆に徳政禁制を出さない条件で貸し主から分一銭を出させる分一徳政禁制を発するようになる。いずれも幕府収入の増加をねらったものだが、これで土倉の没落や社会不安を招いた。

有力大名では畠山氏に代わって山名持豊が台頭し、細川勝元と対抗するようになった。また、畠山政長と義就、斯波義敏と義廉の家督争いなど、守護大名家の内紛や大名と国人の対立などがしきりに起こった。惣領制の変質に伴い、単独相続制で惣領の権限が絶大となると、その就任をめぐる争いが激化し、国人たちも惣領選びに介入してきたのである。畠山・斯波のそれぞれ一派が細川勝元と山名持豊を頼り、義政の弟義視と子義尚の将軍後継をめぐる問題も加わって対立が深まり、一四六七（応仁元）年、京都における畠山両派の衝突から一一年に及ぶ応仁の乱が始まった。細川勝元・畠山政長・斯波義敏の東軍も、山名持豊・畠山義就・斯波義廉の西軍も、将軍家や将軍候補、天皇や上皇、南朝系の皇子などを権威として味方にし、守護大名らを巻き込みながら、京都周辺での戦闘を断続的に繰り返した。

当初は、将軍義政や義尚・義視を手中に収めていた東軍が優勢だったが、一四六八（応仁二）年、義視が西軍に走り、「西幕府」を組織化したことで、将軍家の対立構図が明確になり、大内政弘の参戦もあって西軍有利に転じた。その後、膠着状態が続いたが、一四七三（文明五）年、両軍の病死を契機に講和が成立し、散発的な戦闘を経て一四七七（文明九）年十一月、大乱は一応終わる。

この乱により幕府の権威は失墜し、その勢力範囲は京都一国に限られた。京都の荒廃は激しく、寺社・公家は大きな打撃を受け、荘園公領制もほぼ壊滅した。また、守護大名が参戦している間に守護代や国人に乗っ取られる領国も現れた。まさに「下剋上の時代」(げこくじょう)の到来である。

❷ 足軽の活動　★★☆☆☆

一　足がるといふ者ながく停止せらるべき事

通釈

一　足軽というものは長く禁止されるべきこと

史料注

②旧記　古い記録。

③五山十刹　室町時代に制定された禅宗寺院の格式で、ここでは京都五山とそれに次ぐ十か寺のこと。

④門跡　皇族や摂関家子息らが住まる格式の高い寺院。

史料注

樵談治要　一条兼良が九代将軍足利義尚の要請にこたえ、政治上の意見書として著作。一四八〇（文明一二）年成立。「樵夫（きこり）の政治談議にも聞くべきものがある。」との巻末の語句からの書名。

むかしより天下のみだる、事は侍れど、足がるといふ事は旧記②などにもしるさゞる名目也。……此たびはじめて出来れる足がるは、超過したる悪党なり。其故は洛中洛外の諸社・諸寺・五山十刹③・公家・門跡④の滅亡はかれらが所行也。かたきのたてん籠りたらん所にをいては力なし。さもなき所々をうちやぶり、或は火をかけて財宝をみさぐる事は、ひとへにひる強盗といふべし。かゝるためしは先代未聞の事也。
『樵談治要』

解説

足軽という名称は『平家物語』などにも見られ、早くも源平争乱期に出現していることがわかる。その点では史料『樵談治要』の一条兼良の認識とは違うが、組織的な活動をして合戦に重要な役割を果たすようになるのは応仁の乱であった。この時期は騎馬戦より歩兵戦が戦闘の主流となり、戦争の行方を左右するようになる。当然足軽には、混乱に乗じて戦場へ紛れ込んだ盗賊の集団も含まれていたであろうが、多くは、山城国の惣の農民などが馬や食料とともに徴発され、傭兵として東西両軍に取り込まれた者である。足軽には、かつて「弓馬の道」といわれた武士のモラルは通用しない。放火・略奪を繰り返し、寝返りや逃亡なども日常であった。関白として伝統的権威の頂点にいた一条兼良には許しがたい存在で、足軽として邸宅や財宝を焼かれたうらみも手伝って、「長く停止」することを求めている。なお兼良は、子尋尊が門跡をつとめる奈良興福寺大乗院へ避難をする。父の『樵談治要』をあまり評価しない尋尊も、その日記の中で足軽については「亡国の因縁（原因）」と同じ見方をしていて興味深い。

昔から世の中が乱れたことはあるが、足軽ということは古い記録などにもない呼び名である。……このたび（応仁の乱で）初めて現れた足軽は、並はずれた悪党である。その理由は、都の内外の神社・寺院・五山十刹・公家・門跡寺院が荒れ果てたのは彼らのしわざである。それが敵のたてこもった所なら仕方がない。そうでないところを破壊したり、放火したりして財宝を略奪することは、まるで白昼強盗とでもいうべきだ。こんな例は今まで聞いたこともない。

要点ナビ
山城国人が守護畠山義就・政長を追放し、八年間自治支配。

❶文明十七年　一四八五年。

❷国人　領主的な在地武士。

❸両陣　南山城でにらみ合いを続ける、畠山政長方と畠山政長方と畠

❸ 山城の国一揆 ★★★★★

1　（文明十七年十二月十一日①）……今日山城国人②集会す。上は六十歳下は十五六歳と云々。同じく一国中の土民等群集す。今度両陣③の時宜④を申し定めんが為と云々。然るべきか。但し又下極上の至りなり。両陣の返事問答の様如何、未だ聞かず。……

2 中世

室町

山義就方の両軍。

4 時宜 対応、処置の対応策。

5 本所領 本所が支配する荘園。

6 新関 新しい関所。両畠山氏ばかりでなく国人らも関所を設けていた。

7 平等院 南山城、宇治の平等院。

史料注

大乗院寺社雑事記 興福寺大乗院の門跡、尋尊・政覚・経尋によって書き継がれた日記で、興福寺及び春日社に関係する事柄を記すが、広く政治、経済、文化、社会情勢に記述が及んでいる。一四五〇（宝徳二）年から一五二七（大永七）年の記事を収める。

探究10
山城の国一揆とはどのような一揆だろうか。

十七日……両陣の武家衆 各 引き退き了んぬ。山城一国中の国人等申し合わす故なり。今後は

5 於ては両 畠山方は国中に入るべからず。本所領 共は各々本の如くたるべし。新関等一切これを立つ

べからずと云々。

（文明十八年）二月十三日……今日山城国人、平等院 に会合す。国中の掟法 猶以て之を定むべしと

云々。凡そ神妙なり。但し興成せしめば天下 の為然るべからざる事か。　『大乗院寺社雑事記』

解説

国一揆とは、国人と呼ばれる在地の武士を中心とした一揆で、国人たちのヨコの連帯とともに、各国人の支配基盤の惣村ごとに百姓（土民）も要求を掲げて集まって来るタテのつながりも持っていた。国人、百姓らはその自治的組織「惣国」をもって守護勢力と対抗することが多く、山城の国一揆は国一揆の代表的な例として知られている。応仁の乱の口火を切った畠山義就・政長の争いは乱終結後も大和、山城、河内などで続いた。一揆は一四八五（文明一七）年一〇月から南山城に両派の軍勢が対陣しにらみ合っているなか、起こったのである。

南山城三郡（久世・綴喜・相楽）の国人と百姓は二月二日集会し次の三点を惣国の掟法として取り決めた。①両畠山軍の撤退を要求する、②寺社本所領は荘園領主の直接支配に戻す、③新しく立てた関所の廃止、である。この三点をもって畠山と交渉し、要求を実現するが、②の荘園領主の支配という方針は、国人たちは荘園領主でもあったという側面があり、特に荘園領主が他国の国人を代官として派遣するのを敬遠したこと、百姓にとっても守護大名の支配に比べて夫役等が軽く、惣が年貢・公事を請け負う地下請けが許されることが多いという利点があったためである。また、③の新関は寺社の立てた関所は含まれない場合が多く、②を通じて寺社勢力や貴族との妥協がみえる。だから興福寺大乗院の尋尊も「下剋上のきわみ」とする一方、史料の随所で好意や同感の言葉も発しているのである。

翌一四八六（文明一八）年二月十三日、平等院で会合し、掟法が充実された。検断（警察・裁判）を中心として惣国の支配は三十六人衆といわれる国人が担当し、実際の政務は三人ずつの月行事が交代で行った。また惣国内で半済を実施し、国一揆確立の財政基盤とした。こうして、両畠山及び他国の国人を排除した自治的支配が、一四九三（明応二）年まで八年間続く。

しかし、国人同士の対立や、国人と百姓の思惑の差を内部に抱えていた上に、国人の多くは細川政元の被官であり、当初からその影響力を受けていた。細川政元は、一四九三年一〇代将軍足利義植を失脚させ、畠山政長を滅し、義澄を将軍にするクーデターを成功させた。そして山城国守護職を伊勢貞陸に与え、南山城に強引に代官を派遣してきた。一部国人の抵抗もむなしく国一揆は崩壊する。

要点ナビ

一向門徒が守護富樫政親を倒し、一〇〇年間加賀国支配。

❶文明六年　一四七四年。

❷無碍光宗　中国元代に流行した宗派。

❸こすき　小杉氏。

❹鶴童　富樫政親で幼名は鶴童丸。

❺長享二年　一四八八年。

❻叔和西堂　禅僧の名。

❼越前合力勢　将軍義尚の命で出動した隣国越前の朝倉貞景の援軍。

❽富樫城　加賀国守護富樫政親の居城高尾城（金沢市）。

❾富樫一家の者　富樫泰高。

史料注

大乗院寺社雑事記　一六三頁参照。

蔭凉軒日録　京都相国寺内蔭凉軒の公用日記。京都五山や幕府政治の動向などを記す。

実悟記拾遺　本願寺八代門主蓮如の一〇男実悟の書いた本願寺に関する記録『実悟記』からもれたものを編集したもの。

④ 加賀の一向一揆 ★★★★

（文明六年十一月一日❶）……加賀国の一向宗土民、無碍光宗❷と号す侍分と確執す。侍分悉く以て、土民方より国中を払はる。守護代、侍方を合力の間、守護代こすき❸打たれ了んぬ。国中焼失し了んぬ。東方の鶴童❹八国中へ打ち入るといえども、一向宗方二千人計持ち得ずと云々。土民蜂起は希有の事なり。（珍しいことである。）

『大乗院寺社雑事記』

（長享二年❺六月二十五日）……叔和西堂❻語りて云く、今月五日、越前府中に行く。其以前、越前合力勢❼賀州に赴く。而して富樫一家の者❾一人これを取立つ。皆生害す。然りと雖も、百姓ノウチツヨク成リテ近年ハ百姓ノ持タル国ノヤウニナリ行キ候コトニテ候。

『蔭凉軒日録』

百姓トリ立テ富樫ニテ候間、一揆衆二十万人、富樫城❽を取回く。故を以て同九日城を攻落せる。

『実悟記拾遺』

解説

一揆は一向一揆である。特に加賀の一向一揆は一〇〇年もの間、浄土真宗本願寺派の信者を中心とする人々が起こした一揆勢力による国内支配が続いたことで注目される。北陸地方における浄土真宗本願寺教団の発展は、一四七一（文明三）年、蓮如が加賀、越前国境の吉崎に道場を開いて布教を行ったことによる。門徒の組織は惣村を単位としたから、惣村の発展した畿内及び中間地帯が教団の発展地域であり、また一向一揆の舞台ともなるのである。また国人のなかに門徒農民と対決するよりは、自らその組織に参加することで、自己の地位の保全と成長をはかろうとする者もいた。加賀国では応仁の乱に連動して

領国支配を強化しようとする守護大名に対して、守護富樫氏のなかで、政親（東軍）と幸千代（西軍）がそれぞれ国人らに擁せられ家督争いをしていた。そのうち政親が蓮如と手を結び本願寺門徒の協力を得て、一四七四（文明六）年幸千代方を国内から追い、守護代小杉氏を討ったのである。その後、本願寺門徒ら一向一揆が政親と対立し、一四八八（長享二）年高尾城に立てこもる政親を攻め、自害に追い込んだ。一向一揆が守護に勝利したのである。一揆は富樫泰高を守護とした が、次第に一揆が国を支配するようになり、加賀国は「百姓ノ持タル国」のようだと言われた。その体制は一五八〇（天正八）年織田信長の征服まで続いてゆく。

2 中世

室町

探究11　一向一揆の結果、加賀国の支配体制はどうなったか。

要点ナビ
山名宗全が主張する「例より時」。

1 山名金吾入道宗全　山名持豊（宗全）。

2 門家　家の収入といった意味。

3 匹夫　身分の低い男。

4 同輩の談　身分の同じ者同士のような会話。

史料注
塵塚物語　古代から中世末までの歴史上の故事逸話六五話を載せる説話集。一五五二（天文二一）年成立と見られるが作者名は不明。塵のような雑多な話をかき集めたことによる書名。

参考　下剋上の風潮　★☆☆☆

山名金吾入道宗全、いにし大乱の比ほひ、或大臣家にまいりて、当代乱世にて諸人これに苦しむなど、さまざまの物語りして侍りける折ふし、亭の大臣ふるき例をひき給ひて、さまざまかしこく申されけるに、宗全たけくいさめて、あながちそれに乗じて例をひかせらるる事しかるべからず。一往はきこえ侍れど、向後は時といふ文字にかへ御心えあるべし。字をば、大法不易政道は例を引て宜しかるべし。其外の事、いささかにも例をひかるる事心得ず。凡そ例と言ふは其の時が例也。一概に例になづみて、此だ時を知らざるゆへに、或ひは衰微して門家とほしく、或ひは官位のみ窺望して其智節をいはず。古来の例の文字を今沙汰せば、是則ち時なるべし。此の如くにして終に武家の恥かしめられて天下うばはれをなす。若しし宗全ごときの匹夫君に対して此の如き同輩の談をのべ侍らんや。

『塵塚物語』

解説　この史料は、応仁の乱の頃、西軍の大将山名持豊（宗全）とある大臣が会話した内容である。大臣が公家の有職故実の先例を引用して賢者ぶり、得意になっているのに対し、持豊は反論している。公家は「例」にこだわり思考が硬直したため、臨機応変に「時」（時勢）に対応していったのに対し、先例が絶対なら、このように身分の違う大臣と宗全の対談など有り得ないと断じている。

山名氏は、かつて一一か国の守護職を占め「六分の一衆」といわれていたが、一三九一年明徳の乱で衰えてしまった。その苦況から、嘉吉の変による赤松氏の没落や畠山氏の内紛に乗じて復活し、細川氏と覇を争うまでになったのは山名持豊の行動力によるところが大きい。それだけに彼の言には説得力が感じられる。下剋上の風潮は村々や守護の領国ばかりでなく中央政界でも広がっていく。

Spot

一向一揆の結束

一向一揆は戦国大名を大変苦しめたばかりか、一大独立勢力として織田信長の統一過程で、最も長い間抵抗を続けた相手である。その一つの原因は信仰に基づく結束の固さである。一五七〇（元亀元）年から一五八〇（天正八）年の石山本願寺一揆に参加したという安芸国（広島県）の一揆衆の軍旗には「進むは往生極楽、退くは無間地獄」とスローガンが書かれ、悲壮な決意とその団結力をみることができる。結束の固さは一向宗信仰の形態によるところが多い。つまり、その集団は惣村を単位としたため、信徒としての脱落はそのまま惣村からの脱退を意味し、死に直結する問題となった。近江国（滋賀県）の本福寺に伝わる『本福寺跡書』によれば、本願寺から勘気（破門）された者は他の門徒との交際を絶たれ、「飢死、乞食死此処ヤ彼処ニ倒死、凍死、冷ヨリノ病ヲウケ病死、カヽル死ニ様ヲスルゾ」というような状態に追い込まれたという。

2 中世

6 産業・都市の発達

① 撰銭令 ★☆☆☆

一　商売の輩、以下撰銭の事、
近年恣に銭を撰ぶの段、太だ然るべからず。所詮、日本新鋳の料足■に於ては、堅くこれを撰るべし。根本渡唐銭■・永楽・洪武・宣徳■等に至りては、向後これを取り渡すべし。但し自余の銭の如き相交ふべし。若し違背の族あらば速かに厳科に処せらるべし。
明応九・十
『建武以来追加』

■日本新鋳の料足　渡来銭を真似した粗悪な私鋳銭。
■根本渡唐銭　日本の標準通貨となった中国からの輸入銭。
■永楽・洪武・宣徳　いずれも明からの輸入銭。日明貿易の結果、多量の明銭が輸入され、標準通貨の地位を占めた。

探究12
史料にある撰銭令は、何を命じているのか。また、撰銭令の出された背景について考えよ。

史料注
建武以来追加　一五三頁参照。

通釈

一　商売にたずさわる人々が撰銭をすること。最近、好き勝手に撰銭をしていることは大変よくないことである。結論として、日本で最近鋳造した粗悪な私鋳銭については厳しく撰銭せよ(通用禁止)。標準的通貨としての輸入銭(例えば永楽・洪武・宣徳銭)などは、今後これを通用させよ。(ただし、それ以外の輸入銭などはそれに混ぜて使用せよ。)もし違反者がいれば厳しい罰に処すべきである。
明応九(一五〇〇)年十月

解説

鎌倉時代から盛んになった貨幣経済は、室町時代には一段と進展する。日本では本朝(皇朝)十二銭以降銭貨の鋳造はなく、宋銭・元銭などの輸入銭が一般に使用されたが、日明貿易により永楽通宝などの明銭が大量に流入し、国内で広く使用されるようになった。しかし貨幣経済の発展速度に良質の精銭だけでは追いつかず、中国からの私鋳銭や国内で造られた粗悪な貨幣(悪銭)も流通するようになった。そうなれば当然、商工業者は悪銭を排除し精銭を要求するようになり、一方精銭を持つ者は私蔵し、他人に渡さなくなる。また、悪銭との交換比率を市場が決めてしまうこともあった。これらの行為を撰銭と呼ぶが、室町幕府や守護大名は民間の撰銭や租税

止し、自ら精銭や悪銭の種類を定めたり、その交換比率や租税

史料の撰銭令は一五〇〇(明応九)年、室町幕府より出された最初のものである。明の永楽通宝などを精銭とし、それに準ずる渡来銭は混ぜて使用させる。明から朝貢貿易を許された幕府が自ら発行する代わりに明銭を標準的貨幣とし、その他の輸入銭も広く使用させることで、日明貿易の利益を守る意図もあった。その後も、幕府、戦国大名や織田信長から種々の撰銭令が出されたが、貨幣の絶対量の不足のため効果は薄かった。江戸幕府が寛永通宝の大量鋳造を実施するに至って撰銭行為はなくなり、明銭の役割も終わる。

室町

2 中世

室　町

要点ナビ

大山崎の油座、本所は石清水八幡宮。

2 座の発達　★☆☆☆☆

1 大山崎神人　石清水八幡宮の末社、大山崎離宮八幡宮に属する神人。神社を本所とする座の商人たち。

2 公事　室町幕府の課す雑税。

3 土倉役……所なり　土倉役が免除されていることは、彼らが高利貸を行っていたことを示す。

4 荏胡麻　シソ科の一年草、灯油の原料。

5 油器　油をしぼる道具。

6 沙弥　管領斯波義将。

史料注

離宮八幡宮文書　京都府乙訓郡大山崎町にある大山崎離宮八幡宮に所蔵される古文書で、とくに大山崎油座や荏胡麻の油営業に従事した神人に関する史料は有名である。

探究13

① 座の組織を説明せよ。
② 座が発達した社会的背景を考えよ。

1

石清水八幡宮大山崎神人等、公事**2** 幷びに土倉役の事、免除せらるる所なり。将又摂州 道祖小路 天王寺・木村・住吉・遠里小野幷びに江州 小秋散在土民等、恣に荏胡麻を売買せしむと云々。向後は彼の油器**5**を破却すべきの由、仰せ下さるる所なり。仍つて下知件の如し。

応永四年五月廿六日

沙弥**6**（花押）

『離宮八幡宮文書』

通釈

石清水八幡宮の大山崎神人たちに対し、公事と土倉役とを免除されるものである。さらに、摂津国の道祖小路・天王寺・木村・住吉・遠里小野や近江国の小秋といった所々の住民たちが、勝手に許しを受けず、荏胡麻を売買しているというが、今後、彼らの油器は破棄されねばならないとの仰せが将軍家から下された。

よって、以上の通り命令するところである。

応永四（一三九七）年五月二六日斯波義将

解説

座とは、中世に商工業者や交通業者などが天皇家や寺社など本所として特権を得た同業者組織である。

そもそも平安時代末に、公家や大寺社に労役を奉仕する供御人、寺社の雑役をする神人、天皇の行事や祭礼に際して駕輿丁らが労役の代償として商品生産や販売を特権として認められたことが起源である。やがて都市部の商人や職人が課役を逃れるために寺社や公家に身を寄せることで、商工業者の座が結成された。鎌倉中期以降には建築業者、小売商人、手工業者をはじめ能楽・田楽・琵琶法師など芸能の座も結成された。中心となる商工業者の座としては、早い段階に油座と麴座があらわれて地方に普及し、紺座・魚座がこれに続いた。

座の密集地域は、商品経済の発達していた山城、大和、摂津、近江といった畿内近国で、室町時代には、興福寺に所属する大乗院と一乗院であわせて二一〇を超える座を抱えていたことが確認された。座の構成員は座衆と呼ばれ、史料の石清水八幡宮を本所とする大山崎油座では、六〇人あまりがいた。座の特権とは①商品仕入れや販売に関する独占権、②営業税や市場税、関銭などの免除である。史料では、座の商人が幕府の公事と土倉役を免除されていることと、摂津・近江の農民層が灯油の原料の荏胡麻を販売していることを理由に、農民の油器を破却する許可を幕府から得ていることがしるされ、大山崎神人は油座の独占的特権を維持しようとしたことがわかる。

2 中世

室町

●中世の有名な座と本所

国名	場所	座名	本所
大和	奈良	油座	興福寺大乗院・春日神社
		塩座	興福寺大乗院・同一乗院
		素麺座	興福寺大乗院
		漆座	春日神社
		葺工座	興福寺大乗院・同一乗院
		駕輿丁諸座	興福寺大乗院・同一乗院
		薬商売座	興福寺大乗院
		綿座	左右近衛・左右兵衛（壬生・中原）
		材木座	施薬院
山城	京都	酒麹座	北野社
		油麹座	祇園社
		麹座・米座	祇園社
		青苧座	三条西家
	大山崎	油座	石清水八幡宮（離宮八幡宮に所属）
	男山	材木座	石清水八幡宮
	木津	青苧座	興福寺一乗院
摂津	天王寺	魚座	三条西家
	今宮	麹座	祇園社・内蔵寮
和泉	貝塚	魚座	貝塚本願寺
近江	粟津	紙座	山科家等
	枝村	紙座・塩座	宝慈院
	保内	紙座	延暦寺（村落座）
美濃	大矢田	紙座	三条西家

要点ナビ
朝鮮使節宋希璟が、日本の三毛作を記録する。

❸ 農業生産力の発達　★☆☆

1
（応永二十七年①）六月　阿麻沙只②に宿して日本を詠む

日本の農家は、秋に畓を耕して大小麦を種き、明年初夏に大小麦を刈りて苗種④を種え、秋の初めに稲を刈りて木麦を種き、冬の初めに木麦を刈りて大小麦を種く。一番に一年三たび種く。秋の初めに稲乃ち

川塞がれば則ち畓と為し、川決すれば則ち田となる。⑤

川の流れをせきとめ灌漑すれば

川のせきって田の水を流せば

『老松堂日本行録』

史料注
①応永二十七年　一四二〇年。
②阿麻沙只　現兵庫県尼崎市。
③畓　水田。
④苗種　稲の種もみ。
⑤田　陸田（乾田）。

老松堂日本行録
（応永一六）年の応永の外寇の真相究明のために幕府...

解説
朝鮮使節宋希璟が摂津国尼崎付近の農業を観察し、灌漑排水施設のもとに稲、大小麦とそばの三毛作が……行われている様子を記している。実際は三毛作か、稲の生長とともにそばがその間に播かれた二種二毛作か判明していない

2 中世

室町

が朝鮮へ送った使節に対し、朝鮮が大蔵経（仏教の経典）とともに回礼使として派遣した宋希璟の記録で、一四二〇（応永二七）年閏正月ソウル出発から一〇月帰国という京都までの往復の見聞と行動を記す。

が、いずれにしても室町時代の農業生産力の向上を物語る。灌漑水のためには、龍骨車、投げつるべなどの道具が用いられたことにもよる。また二毛作は一五世紀には関東にも畠二毛作が広まったが、その普及率は畿内でも二〇〜三〇％と推定されている。稲作の発

達は大唐米と呼ばれるインディカ種の赤い米が中国から輸入されたことにもよる。この品種は虫害や旱害に強く、多収穫なうえ、早稲で炊き増えがするなどの利点を持ち、一五世紀には西日本に広まっていった。

❹ 自由都市堺　★★★☆☆

堺の町は甚だ広大にして、大なる商人多数あり。此の町はベニス市の如く執政官に依りて治めらる。

〔一五六一年ガスパル゠ヴィレラ書簡『耶蘇会士日本通信』〕

日本全国、当堺の町より安全なる所なく、他の諸国において動乱あるも、此の町にはかつてなく、敗者も勝者も、此の町に来住すれば皆平和に生活し、諸人相和し、他人に害を加ふる者なし。市街においてはかつて紛擾おこることなく、敵味方の差別なく、皆大なる愛情と礼儀をもつて応対せり。市街には悉く門ありて番人を付し、紛擾あれば、直ちにこれを閉づることも一つの理由なるべし。

紛擾をおこす時は、犯人其の他悉く捕へて処罰す。然れども互ひに敵視する者町壁外に出づれば、仮令一投石の距離をこえざるも、遭遇するときは互ひに殺傷せんとす。町は甚だ堅固にして、西方

は海を以て、又他の側は深き堀を以てかこまれ、常に水充満せり。

〔一五六二年同『耶蘇会士日本通信』〕

---

1 堺　現大阪府堺市。
2 ベニス　イタリアの都市。
3 執政官　堺で合議制により市政を担当した会合衆（解説参照）。
4 ガスパル゠ヴィレラ　ポルトガルのイエズス会宣教師。一五五六（弘治二）年来日。一五六二〜六七年の間、堺を拠点として伝道。

5 海　現大阪湾。
6 堀　環濠。

史料注
耶蘇会士日本通信　一六世紀後半、日本で布教していた耶蘇（イエズス）会宣教

解説
堺は一六世紀の自由都市の代表的存在とされる大阪湾口最大の経済都市である。堺は鎌倉時代から港町として発展し、室町時代には細川、山名、大内など有力守護のもと交通の要衝として兵庫港と肩を並べるほどに重要性を増

2 中世

室町

町

師が、インドやヨーロッパの会員に送った書簡集の一部。

探究14 堺の市政は、どのように行われていたか。

した。そして一五世紀半ばから**日明貿易**、一六世紀には**南蛮貿易**の中心地として堺商人が実権を握り富力を蓄えていった。堺はもともと摂津国堺北荘と和泉国堺南荘に属し、まったく別の行政支配を受けていたが、室町初期に荘域を越えて住民が結集し自治的休制が作られ地下請を実現していた。しかし、応仁の乱から引き続く畠山の内紛や、細川家臣の三好長慶、その家臣松永久秀の下剋上による戦乱から自衛しようと、その経済力を背景に自治の体制を整えていった。ヨーロッパから伝来した鉄砲を生産し、町を城壁で囲み兵を雇って武装化し、周辺の大名と外交交渉をして、常に堺を戦火の外におく努力をした。自治的統制の中心にいたのが、三六人の会合衆と呼ばれる豪商である。ヨーロッパ中世の自由都市を知るキリスト教宣教師は、それをベニスの執政官にたとえ、堺を治外法権的存在だとその自治的組織を高く評価するが、豪商ら有力町衆は一握りで多くの貧困な住民はその下におり、堺を構成する町にも上下秩序が存在し、中世の自由都市としての限界も見落せない。しかも、この都市の自立の歴史はきわめて短く、織田信長の入京に際し屈服させられてその直轄地となり、「自由都市」は消滅する。

Spot

琉球王国の貿易

按司(あじ)と呼ばれる有力な在地首長を中心に、城(グスク)という城塞を本拠に沖縄で対立抗争が繰り広げられたのは一二～一四世紀で、「グスク時代」と称されている。そして、有力な按司のもと、沖縄本島には北から山北(北山)・中山・山南(南山)の三つの小国家が並び立ち、各々が明に入貢する時代を経て、一四二九年中山の尚巴志により三山が統一され、さらに奄美・宮古・八重山諸島なども合わせ琉球王国が成立した。

尚氏による統一王国の樹立は、それまで各首長が持っていた明との外交・貿易権を唯一独占するものであったが、

明との外交・貿易関係とは、明の冊封体制の一員となり、明に進貢船を出し朝貢貿易を行うことであり、国産品の乏しい琉球は進貢貿易を積極的に利用した。明への進貢回数は琉球が一七一回で二位の安南(ベトナム)の八九回に大差をつけている。ちなみに日本(勘合貿易)は一九回(一三位)である。琉球は進貢貿易を軸に、日本、朝鮮やシャム(タイ)、マラッカを初めとする東南アジアとの貿易も積極的に乗り出し、中継貿易を行った。尚氏の首府首里の外港である那覇の港は、諸国の船舶と物産で大変なにぎわいであったという。こうして琉球王国は東アジアから東南アジアにわたる通商圏の主人公であり、平和な貿易立国として存在していた。

2 中世

室町

7 室町文化

1 蓮如の布教　★☆☆☆☆

要点ナビ
親鸞の教えを平易に説明。教団拡大に役割。

※色文字は重要語

1浮生　はかない人生。
2相　姿。かたち。
3始中終　すべて。
4一期　一生。
5形体　人間の体。
6もとのしづく、すゑの露　葉の先の露も、もとの方のしづくも、早かれ遅かれいずれは消えていくこと。人の寿命についてのたとえで使用される。
7無常の風　風が花を散らすように無常が人の命を奪う。
8六親眷属　一切の親族。

1　夫、人間の浮生なる相をつら〴〵観ずるに、おほよそはかなきものは、この世の始中終まぼろしのごとくなる一期なり。されば、いまだ万歳の人身をうけたりといふ事をきかず。一生すぎやすし。いまにいたりて、た

5　れか百年の形体をたもつべきや。我やさき、人やさき、けふともしらず、あすともしらず、をくれさきだつ人は、もとのしづく、すゑの露よりもしげしといへり。されば、朝には紅顔ありて、夕には白骨となれる身なり。すでに無常の風きたりぬれば、すなはちふたつのまなこたちまちにとぢ、ひとつのいきながくたえぬれば、紅顔むな

10　しく変じて、桃李のよそほひをうしなひぬるときは、六親眷属あつまりて、なげきかなしめども、更にその甲斐あるべからず。さてしもあるべき事ならねばとて、野外におくりて、夜半のけぶりとなしはてぬれば、たゞ白骨

15　のみぞのこれり。あはれといふも中〴〵をろかなり。されば、人間のはかなき事は、老少不定のさかひなれば、

通釈

人間のはかない一生の様子をよくよく観察すると、何がはかないといって、この世のすべてのものが幻のように思われる人間の一生ほどはかないものはない。だから万年もの寿命を持った人間が生まれたということは聞いたことがない。一生はたちまち過ぎてゆく。この今の時代に誰が百年も生きられよう。自分が先に死ぬかあるいは人が先なのか、今日死ぬのか明日なのかもわからない。生き残る人と先に死んでいく人のようすは、たとえにいう、「本のしづく、末の露」よりもせわしいといえる。だから、朝には血色のよい紅顔の若者が、夕には死んで白骨となるのである。無常の風が吹いてくれば、すぐに両目を閉じ、息も絶えてしまうので、紅顔もむなしく変わり、桃や李の花のような美しい姿もなくなってしまった時にはもう、すべての親族が嘆き悲しんだところでどうしようもない。そこで、そうもしていられないことと野辺の送りをし、夜の（茶毘の）煙と変わってしまえば、ただ白骨が残るのである。これをあわれだといってみてもはじまらない。だから人間の命ははかなく、老人であろうが少年であろうが必ず死ぬ境遇にあるので、誰もが早く来世の極楽往生を心にかけ阿弥陀仏にすがって、念仏を唱えるべきである。あなかしこ　あなかしこ

史料注

9後生　死後の世界のこと。

御文　蓮如が諸国の門徒に対して平易な文章の手紙を送り、正しい信心や門徒の心得を教えたもの。講の中で繰り返し読まれ、大切に保存された。編纂は蓮如の五男実如の発案で、その子円如が中心となって行ったとみられる。

たれの人もはやく後生の一大事を心にかけて、阿弥陀仏をふかくたのみまいらせて、念仏まうすべきものなり。

『御文』

解説

一四五七（長禄元）年四三歳で、浄土真宗本山本願寺第八世門主となった蓮如は、親鸞の教えを戦国乱世に即して農民らに伝え、布教をすすめた。その際、阿弥陀仏の救いを信じれば、誰でも極楽往生できるという教義を平易に説明した「御文」という文章が大きな役割を果たした。その結果、京都・近江一帯という比叡山延暦寺の膝元で、同領荘園に属する農民が本願寺門徒として組織化されていったため、延暦寺の圧迫を激しく受け、一四七一（文明三）年越前国吉崎に移った。吉崎進出にあたっては、支配者の朝倉氏と領主の興福寺大乗院の援助を得て道場を建設し、北陸門徒組織化の拠点とした。本願寺教団の発展は、郷村ごとに結集した中小名主らの農民の団結を基盤としており、在地の地侍などが加わって一向一揆という農民闘争にまで高まってゆく。しかし、蓮如自身は既成の体制との協調をはかりながら教団の発展をめざしたから、むしろ一向一揆に対しては常にブレーキ的役割を果たしていた。その後加賀の一向一揆の前段階で、門徒と加賀国半国の守護富樫幸千代との衝突を契機に、一四七五（文明七）年蓮如は吉崎から畿内に移り、山科・石山本願寺で布教を続けた。

❷ 連歌　★☆☆☆☆

1　それ連歌はやまとうたの一体として、そのかみよりつたはりて人の世にさかりなり。……しかはあれど代々をかさねてことにあつめえらばれたる事は其跡なかりしを、なにがしのおとゞ外にはまつり事をたすくる契をわすれず、うちには道をもてあそぶ心ざしのあさからざりしゆえにひろくまなび、とほくもとめて、いにしへ今の連歌をあつめて菟玖波集となづけしめ、おほやけごとにになずらふことをもとめて、みことのりを下されしより、此みちいよいよひろまりてさかりにと、のぼりける。

『新撰菟玖波集』

雪ながら山本かすむ夕べかな　宗祇

1**やまとうた**　和歌。

2**なにがしのおとゞ**　ある大臣。二条良基のこと。

3**まつり事をたすくる**　二条良基は摂政・関白をつとめた。

4**道**　歌の道。

5**雪ながら……**　後鳥羽上皇の『新古今和歌集』「見渡せば山もと霞む水無瀬川、夕べは秋と何思ひけん」が

2 中世

室町

本題。

6 宗祇　飯尾宗祇。『新撰菟
玖波集』の編者。

7 行く水……雪から雪解け
水を連想。雪と梅も関連。

8 肖柏　牡丹花肖柏。

9 川風に……梅と柳が関連。

10 宗長　柴屋軒宗長。

11 舟さす……川と舟が関連。
季節は春から秋へ。

12 月や猶……前句の聴覚的
な秋から視覚にも訴える。

13 霜をく……霧を受けて霜。

14 なく虫……前句の霜と
「草枯れ」を関連。

史料注

新撰菟玖波集　飯尾宗祇ら
が編纂した連歌集。一四九
五（明応四）年成立。作者
は天皇、庶民を含む二五五
人。

水無瀬三吟百韻　宗祇・肖
柏・宗長による連歌百韻。
摂津国水無瀬神宮の後鳥羽
院御影堂に奉納されたもの。
一四八八（長享二）年成立。

探究15
「二条河原の落書」など
の史料も参考にして、連
歌の歴史を簡潔に述べよ。

10

行く水とをく梅にほふさと ⑦　祇

川風に一むら柳春見えて ⑨　肖柏 ⑧

舟さす音もしるきあけがた ⑪　宗長 ⑩

月や猶霧わたる夜に残るらん ⑫　祇

霜をく野はら秋は暮れけり ⑬　柏

なく虫の心ともなく草枯れて ⑭　長

……

解説
連歌

平安時代末から歌の世界で、五・七・五の長句と七・七の短句を、複数の人々によって即興的につなぎ合わせる連歌が始まり、やがて中世を代表する詩文として、『古今和歌集』以後低迷する和歌を凌いでいった。その主流は長句と短句を鎖のように長く連ねる長連歌（鎖連歌）であり、集団（座）で楽しめることから社交の手段ともなり興隆した。南北朝期に連歌の地位を確立したのが二条良基である。彼は『応安新式』によって連歌の作法を定め、准勅撰連歌集『菟玖波集』を編纂するなどの業績を残した。室町時代後半に二条良基を受け継ぎ連歌を大成したのが飯尾宗祇である。宗祇は地方を巡って連歌の普及につとめる一方、第二の准勅撰連歌集『新撰菟玖波集』を編纂した。連歌（長連歌）は、長句と短句を種々の作法で交互に連鎖させていく百韻の方式がよくとられたが、史料の『水無瀬三吟百韻』はその代表作である。ちなみにこの最後の句を挙句といい、慣用句ともなっている。しかし連歌が大衆化するにつれ、規則づくめに固定化した連歌より、発生期の滑稽性を取り戻した俳諧連歌に人気が移り、戦国時代末期、山崎宗鑑により『犬筑波集』が成立した。これが近世の談林派の俳諧に影響を与える。

『水無瀬三吟百韻』

要点ナビ
世阿弥の能楽論。「花」の理論。

❸ 能楽論 ★☆☆☆☆

(1) 風姿花伝

1 （秘義）云、抑、芸能とは、諸人の心を和らげて、上下の感をなさむ事、寿福増長の基、遐齢延年❶の方なるべし。極めては、諸道悉く寿福延長ならんとなり。殊更この芸、位を極めて、家名❷を残す事、是、天下の許されなり。是、寿福増長なり。

……この芸とは、衆人愛敬❸を以て、一座建立の寿福とせり。故に、あまり及ばぬ風体❹のみなれば、又諸人の褒美欠けたり。此のために、能に初心を忘れずして、時に応じ、所によりて、愚かなる眼にもげにもと思ふやうに能をせん事、これ寿福也。

『風姿花伝』

(2) 花鏡

幽玄の風体の事、諸道・諸事において、幽玄なるを以て上果とせり。ことさら、当芸❼において、幽玄の風体をもて第一とせり。……

抑、幽玄の堺❽と者、まことにはいかなる所にてあるべきにやらん。先、世上の有様を以て、人の品々を

語注

1 遐齢延年 長寿。

2 家名 よい評判。

3 衆人愛敬 大衆に愛されること。

4 風体 芸風。

5 幽玄 優雅で、柔らかく整っていて美しいこと。和歌の世界では最高の美的観念として確立されていた。

6 上果 理想的な境地。

7 当芸 能楽。

8 堺 境地。

9 品々 身分、品格。

通釈

（秘伝の中に）いわれていることには、そもそも芸能とは、多くの人心を和らげ、上下貴賤の別なく感動を与えることで、（観客の）幸福を増し、長寿の方法を知ることにある。きわめ尽くせば、どのような芸能においても、ことごとく幸福を増すことになる。特にこの能楽では、最高の芸位を極めて家名を後世に残すことは、天下の人々に名人と認められることであり、（芸人も）幸福を増すことになる。

……この芸能は、広く大衆に愛されることが、一座繁栄のためのしあわせ事である。だからあまり大衆に理解しにくい芸能ばかり見せると、みんなほめたたえはしない。このため、能では初心を忘れることなく、時に応じ所に応じて、能を知らない大衆の眼にもなるほど面白いものだと感じさせるような能を演ずることが、しあわせ事である。

幽玄の芸風のことであるが、あらゆる芸能において幽玄であることを理想の境地としている。とりわけこの能楽においては幽玄の芸風を第一としている。……

では幽玄の境地とは本当はどのようなものであろうか。まず世間一般の有様を例として、人の身分や品格を考えてみると、公家の立ち居振る舞いが上品で、人々から群を抜いた尊敬を集めている様子は幽玄の品格と

⑩したて　装束。身ごしらえ。
⑪物まね　しぐさ。
⑫一かゝり　一つの手がかり。

史料注

風姿花伝　通称『花伝書』とも呼ばれ、世阿弥が父観阿弥の遺訓を自分自身の体験や意見で整理した能楽の理論書で、能役者の修行・演出上の注意、能の歴史などが述べられている。一四〇〇（応永七）年～一〇年代に完成。

花鏡　世阿弥が嫡男元雅に与えた能楽の秘伝書。一四二四（応永三一）年成立。

見るに、公家の、御たゝずまひの位高く、人望余に変れる御有様、是、幽玄なる位と申すべきやらん。しからば、たゞ美しく柔和なる体、幽玄の本体なり。……言葉の幽玄ならんためには歌道を習ひ、姿の幽玄ならんためには、尋常なる⑩したての風体を習ひ、一切、ことごとく、⑪物まねは変るとも、美しく見ゆる一⑫かゝりをもつこと、幽玄の種と知るべし。

『花鏡』

いうべきであろう。とすれば、ただ美しく物柔らかな風情が幽玄の本質である。……言葉を幽玄とするには和歌の道を習い、姿が幽玄であるためには品のよいふん装の仕方を習い、あらゆることにおいて演ずる種目は変わっても、どこかに美しい姿が見える手がかりを持つことが、幽玄の根本である。

解説　鎌倉末から室町時代の前期にかけて、田植えの神事から発展した田楽が全盛期を迎えていたが、一方、奈良時代に唐から伝わった散楽は、平安時代の猿楽を経て鎌倉時代までに、対話形式の劇的要素が加味されて成立していた。猿楽能は寺社を本所とする座によって興業されたが、南北朝時代には、結崎・円満井・坂戸・外山（のち観世・金春・宝生・金剛）の大和猿楽の四座と、近江猿楽三座が活躍した。このうち、大和の結崎座から観阿弥が出て、物まね本位の芸に田楽や曲舞など諸芸を取り入れ、優美な能へと発展させた。その子世阿弥はさらに優雅に洗練させて能を大成し、現在の能の基礎を作った。今日演ぜられる二四〇番のうち約半数が世阿弥の作とされる。観阿弥・世阿弥父子は将軍義満の後援を受けて猿楽の地位を確固たるものとし、寺社の手よりも武士階級の保護により発展することとなった。世阿弥は能楽論の著作にもつとめ、史料の『風姿花伝』と『花鏡』では、「衆人愛敬」をめざすことや、「幽玄」を尊重することを主張している

ことが読みとれる。題名にもつけられているように、世阿弥の能楽論の中核は「花」の理論である。「花」とは観客の感動を呼び起こした状態をいう。

提供：観世宗家

◉風姿花伝（花伝書）

2 中世

室町

8 戦国大名

① 分国法 ★★★★

🖈 要点ナビ
戦国大名が領国支配のために制定。さまざまな起源を持つ。

※色文字は重要語
❶当家塁館　朝倉氏の居城。
❷大身の輩　有力な家臣。
❸下司　下級役人。
❹一乗の谷　朝倉氏の居城があった一乗谷。現、福井市。
❺私領の名田　先祖伝来の領地や買得地。
❻恩地領　恩賞として与えられた領地。
❼沽却　売却。
❽駿府　今川氏の居城地で現在の静岡市。
❾不入地　守護不入地で、守護の警察権や段銭賦課権などの及ばない地。

一　当家塁館❶の外、必ず国中に城郭を構へさせらる間敷候。総て大身の輩❷をば、悉く一乗の谷❹へ引越さしめて、其の郷其の村には、ただ代官下司❸のみ据置かるべき事。
　　　　　　　　　　　　　　　『朝倉孝景条々』

一　私領の名田❺の外、恩地領❻左右無く沽却❼せしむること、停止せしめ訖んぬ。……
　　　　　　　　　　　　　　　『甲州法度之次第』

一　内儀を得ずして他国へ音物書札を遣はす事、一向これを停止せしめ畢んぬ。

一　喧嘩口論堅く停止の事。……此の旨に背き、互に勝負に及ばば理非に寄らず双方成敗すべし。若し一方手出仕るにおいては、如何様の理たりと雖も、其の者罪科に行はるべき事。
　　　　　　　　　　　　　　『長宗我部元親百箇条』

一　駿府❽の中、不入地❾の事、之を破り畢んぬ。　各異儀に及ぶべからず。

一　駿遠両国の輩、或はわたくしとして他国より嫁を取、或は婚に取、娘をつかはす事、自今以後之を停止し畢

通釈

一　朝倉家の居城のほかに、決して国中には城を作ってはいけない。すべて有力な家臣たちは残らず一乗谷の城下に引っ越させて、村々には代官や下級役人だけを置くようにすること。

一　もともとの自分の所領を除いて、主君から恩賞として与えられた領地を理由もなく売ることは禁止する。

一　あらかじめ許可を得ずに他国へ贈り物や手紙を送ることは一切禁止する。

一　喧嘩や口論は堅く禁止する。……この命令に反して、お互いに勝負するようなことがあれば理由のいかんを問わず両方とも処罰する。もし一方が手出しするような時は、どんな理由でもその者を処罰する。

一　駿府の中では、守護不入地の取り決めは破棄した。みんな反対してはならない。

一　駿河・遠江両国の今川氏の家臣は、勝手に他の国から嫁をもらったり、婿を迎えたり、娘を嫁にやっ

2 中世

室町

頭注

⑩駿遠　駿河・遠江（ともに現、静岡県）で今川氏の領国。

⑪談合　話し合い。

⑫時宜　その時々にふさわしい処置をすること。

⑬年貢所当　年貢及びその他の雑税。

⑭許容のかた　逃亡した百姓がかくれかくまわれているところ。

史料注

朝倉孝景条々　越前守護朝倉孝景（敏景）が制定した家訓。

甲州法度之次第　武田信玄の定めた法令を中心に二六カ条本と五五カ条本がある。

長宗我部元親百箇条　土佐の長宗我部氏の分国法で、家法と領国法の二つの性格を合わせ持つ。今川仮名目録の影響を強く受ける。

今川仮名目録　今川氏親の定めた「仮名目録」と子義元の「目録追加」から構成

史料

『今川仮名目録』

一　盗賊に付て、親子の咎の事、親の咎は子にかけべし。たゞし子たりとも、遠き境談合⑪なすべきやうなくば、これをかけべからず。同子の咎、親にかけべからず。たゞし一家に候はゞ同罪たるべし。又時宜⑫によるべきなり。

一　百姓、地頭の年貢所当⑬相つとめず、他領へ罷り去る事、盗人の罪科たるべし。仍かの百姓許容のかた⑭へ、申届くるのうへ、承引いたさず候はゞ、格護候族、同罪たるべきなり。

『塵芥集』

現代語訳

…たりすることは今後禁止する。

一　盗賊についての親子の罪については、親の罪は子にもかける。ただし子であっても、遠く離れていて、相談して示し合わせたりできなければ、罪とはしない。同様に子の罪は親にかけてはいけない。その他、ただし親子が同居している時は同罪である。その時々の場合に適した処理をするように。

一　百姓が地頭の年貢や雑税を納めず、他領へ逃げ込んだ時は盗みの罪とする。従ってその百姓をかくまった所に通告しても、引き渡さないならば、百姓をかくばった者も同罪である。

解説

応仁の乱を境として**戦国大名**が各地に出現し始めた。戦国大名の出自は、①守護の家臣（守護代など）②国人・土豪から成長したもの（朝倉、織田、長尾など）③守護大名から転身したもの（今川、島津、武田など）がある。守護大名が幕府の権威を背景にして、荘園制の所職を経済的基礎としており、国内の武士との主従関係も守護としての軍事指揮権に基づくなどの特徴を持っていたのに対し、戦国大名は幕府の権力を排除し、荘園公領制を完全に否定して領国内における唯一で絶対の支配者となった。戦国大名の支配体制は千差万別であるが、領国内の国人・土豪層を家臣団に編成し、指出方式の検地を行い、所領を知行として家臣に再配分したりもした。また城下町を建設して楽市楽座を実施し、富国強兵策をとるものが多かった。

戦国大名が領国支配や家臣団統制のために制定したのが分国法（戦国家法）である。支配体制にも大きな違いがあるように、分国法の内容にもそれぞれ個性がみられるが、取り上げた史料に即して代表的な内容を上げてみると、①家臣団の城下町集住（朝倉孝景条々）、②恩給地の売買禁止、③他領との私的通信の禁止、④喧嘩両成敗（以上、甲州法度之次第）、⑤守護不入地の廃止、⑥他領との私的な婚姻縁組の禁止（長宗我部元親百箇条）、⑦犯罪者の縁座制、⑧年貢未納農民の逃亡禁止（以上、今川仮名目録）、⑦犯罪者の縁座制、⑧年貢未納農民の逃亡禁止（以上、塵芥集）である。分国法は大別して、一家の子孫に遺す家訓、大名家の家臣団全体を対象にした家法、領国全体に向けた領国法の三つの系統が考えられる。領国法を出すことができたのは、主として、守護出身の大名と有力家臣が起請文を交換た、「六角氏式目」のように六角氏と有力家臣が起請文を交換

2 中世

される。東国の分国法の先駆である。

塵芥集　東北・伊達稙宗の制定で、分国法中で最大の一七一条。

> **探究16**
> 分国法に多く見られる特色をあげよ。

して成立したり、「相良氏法度」のように有力家臣らの審議によって決定されたり、領主がそれを承認して発布するという国人一揆の契約状の流れをくむものもあった。しかし多くは、戦国大名自身が法規定を超えた絶対的権威として位置づけられていた。

室町

●分国法一覧

大名	勢力範囲	分国法名（通称）	条数	制定者	制定年代
今川	駿河・遠江	今川仮名目録（今川仮名目録追加）	33（21）	今川氏親（今川義元）	一五二六（一五五三）
伊達	陸奥南部・出羽南部	塵芥集	171	伊達稙宗	一五三六
武田	甲斐・信濃一部	甲州法度之次第（信玄家法）	26（55）	武田晴信（信玄）	一五四七
結城	下総北半部	結城氏新法度（結城家法度）	106	結城政勝	一五五六
六角	近江南半部	六角氏式目（義治式目）	67	六角義賢・義治	一五六七
長宗我部	土佐	長宗我部元親百箇条（長宗我部氏掟書）	100	長宗我部元親・盛親	一五九七
大内	周防・長門・豊前・筑前	大内氏掟書（大内家壁書）※	50	大内持世〜義隆	一四三九〜一五二五
相良	肥後南半部	相良氏法度　※	41	相良為続・長毎・晴	一四九三〜一五五五
三好	阿波・讃岐・淡路	新加制式	22	三好長治	一五六二〜七三（？）
朝倉	越前	朝倉孝景条々（朝倉敏景十七箇条）	16	朝倉敏景（孝景）	一四七一〜八一（？）
北条	伊豆・相模	早雲寺殿廿一箇条	21	北条早雲（伊勢長氏）	不明

※　逐次に発布された法令を集録したもの。

❷ 指出検地　★☆☆☆☆

（二十）廿六日、当国中寺社・本所[2]・諸寺・諸山・国衆[3]、悉く以て一円に指出すべきの旨、悉く以て相……

残らずすべてを指出しなさい

1

■廿六日　一五八〇（天正八）年九月二六日。

②本所　荘園の実質的領主。
③国衆　大和国土着の国人。

史料注

多聞院日記　奈良興福寺学侶の多聞院英俊の日記。一四七八（文明一〇）年～一六一八（元和四）年までの記述がある。

触れられおはんぬ。沈思沈思。……前代末聞、是非なき次第。

解説

指出検地とは、戦国大名が一般的に行ったもので、太閤検地やのちの徳川検地のように、大名権力が直接検地を行うのではなく、家臣や寺社・村に対し、土地・屋敷・山林の面積・年貢・耕作者などについての土地台帳を指し出させ、報告させたものをいう。年貢高も銭何貫文として表示する貫高制が採用されることが多かった。

信長も、この指出検地を各征服地で行った。この史料は、特に、荘園領主である大和国に指出検地を命じたものであるが、り依然として大和国に段銭等の賦課権を保有していた興福寺と国人との関係を断ち、国人らの在地領主を信長のもとに軍事的に統一しようとする目的があったと考えられる。

このように、信長による指出検地は、統一政権としての織田信長が、指出検地により荘園領主・在地領主・土豪らの複雑な土地所有関係を統一的に再編成しようとした点に意義がある。こうした土地政策の統一的再編成がさらに徹底的に行われるのが、太閤検地なのである。

『多聞院日記』

Spot

『おあむ物語』と戦国の実態

『おあむ物語』という、戦国時代末期から江戸初期に生きた女性「おあむ」からの聞き書きをもとにした物語がある。彼女は、父母とともに一四歳の頃大垣城で関ヶ原の戦いを経験するが、物語には、城内の悲惨な様子がつづられている。城内での女性たちはせっせと、鉛を溶かして鉄砲の玉を作っていた。また、味方がとってきた敵の首に名札をつけたり、高い身分にみせるため、お歯黒や化粧を施すこともやっていたという。なによりも、そんな血なまぐさい生首の中で寝起きすることが怖く思わなくなったと語っていることは、戦国時代の生活が、現代からは想像もつかない極限状態だったことを物語っている。

また一三歳の頃の服を一七歳まで着たきりで過ごし、せめて膝小僧の隠れる帷子がほしいとも述べている。中級以上の武士の娘であった彼女でさえそんな状況なのだから、庶民たちの生活の実態はいかに厳しいものであったかがうかがえる。

戦国時代の戦闘が、主に食料の端境期に行われ、食料を奪う目的もあったこと。雑兵が生活のため戦闘に参加したのは、農村にとっていわば口べらしであったことにも注目されている。またいったん戦争に敗れると、住民たちが連れ去られ、売買されることも日常であった。

戦国時代は、時代劇やテレビドラマにもなったり、最近はゲームになったりと、日本人にはなじみが深い。また、戦国武将があこがれの対象や地域の英雄にもなっていて、戦国ブームなどとも言われている。しかし、実際の戦国時代は生きるか死ぬか、奪うか奪われるかの時代だった。けっして身近でロマンに満ちた時代などとは言えないのである。

第3編　近世

史料年表

時代	西暦（元号）	政治・経済・社会・文化	関連史料	朝鮮	中国
室町 / 戦国時代	1543（天文3）年	鉄砲の伝来	p.190		明
	1568（永禄11）年	織田信長が入洛			
	1575（天正3）年	長篠の戦い			
安土・桃山時代	1582（〃10）年	本能寺の変			
		太閤検地始まる	p.196		
	1585（〃13）年	刀狩令	p.198		
	1590（〃18）年	豊臣（羽柴）秀吉、天下統一			
	1592（文禄元）年	文禄の役（～1596）	p.204		
	1597（慶長2）年	慶長の役（～1598）	p.204		
江戸時代	1600（〃5）年	関ヶ原の戦い			
	1603（〃8）年	徳川家康、征夷大将軍となり江戸幕府を開く			
	1615（元和元）年	武家諸法度制定	p.209		
		禁中並公家諸法度制定	p.211		
	1627（寛永4）年	紫衣事件	p.213		
	1639（〃16）年	ポルトガル船の来航禁止		朝	
	1641（〃18）年	オランダ商館を長崎出島へ移設（鎖国の完成）	p.226		
	1643（〃20）年	田畑永代売買の禁止令	p.215		
	1651（慶安4）年	慶安の変			
	1665（寛文5）年	諸宗寺院諸法度制定	p.212		
	1685（貞享2）年	最初の生類憐みの令を公布	p.231		
	1715（正徳5）年	海舶互市新例	p.234		
	1716（享保元）年	徳川吉宗、享保の改革（～1745）	p.246	鮮	
	1719（〃4）年	相対済し令	p.246		
	1722（〃7）年	上げ米の令	p.247		
	1723（〃8）年	足高の制	p.248		
	1742（寛保2）年	公事方御定書を制定	p.249		
	1772（安永元）年	田沼意次、老中となる（～1786、田沼時代）	p.251		清
	1787（天明7）年	松平定信、寛政の改革（～1793）	p.255		
	1792（寛政4）年	ロシア使節ラクスマンが根室に来航			
	1808（文化5）年	間宮林蔵を北方探検に派遣			
	1825（文政8）年	異国船（無二念）打払令	p.282		
	1837（天保8）年	大塩の乱	p.264		
	1841（〃12）年	水野忠邦、天保の改革（～1843）	p.265		
		株仲間解散令	p.265		
	1843（〃14）年	人返しの法	p.267		
		上知令	p.267		

関連地図

江戸時代の国外への窓口

松前藩
アイヌが暮らす蝦夷地との交易統制権が認められた。

蝦夷地

松前

対馬藩
朝鮮通信使を先導し、朝鮮との外交貿易を一手に担った。

北京

朝鮮

清

漢城

対馬

京都

江戸

日本

長崎
1641年にオランダ商館が出島に移り、オランダ・中国との貿易拠点となった。

長崎

鹿児島

薩摩藩
1609年に琉球王国を侵略して以来、琉球使節の窓口となり、琉球を通した密貿易で大きな利益を得た。

オランダ
（東南アジアより）

琉球王国

シャクシャインの戦い（1669年）

松前

酒田

会津

生田万の乱（1837年）

岐阜城

関ヶ原の戦い（1600年）

安土城（信長の本拠地）（p.193）

本能寺の変（1582年）

日光東照宮

江戸（p.236・253）

箱根関

伊豆韮山（反射炉）

平戸（オランダ商館、1613～41年）

石見大森銀山

萩

伊万里

長篠の戦い（1575年）

桶狭間の戦い（1560年）

延暦寺（p.192）

下関

名護屋城（朝鮮出兵）

有田

島原の乱（1637年）

鹿児島（p.191）

大坂城
大塩の乱（1837年）（p.264）

長崎・出島（オランダ商館、1641～1859年）

種子島（鉄砲伝来、1543年）（p.190）

第6章　幕藩体制と文化の動向

① ヨーロッパ人の来航

① 鉄砲の伝来 ★☆☆☆☆

🔖要点ナビ
禅僧文之玄昌が記述。種子島時堯が鉄砲を購入。

※色文字は重要語

❶天文癸卯　一五四三（天文一二）年。
❷小浦　種子島の港。
❸船客百余人　アントーニオ=ガルバンの『諸国新旧発見記』には、中国人の船（ジャンク）に三人のポルトガル人が乗って一五四二年ジャポエス（日本）の一島に漂着したとある。
❹長さ二三尺　約六〇〜九〇センチメートル。
❺時堯　種子島時堯（一五二八〜七九年）。種子島の島主。

史料注
鉄炮記　種子島に漂着したポルトガル人によって鉄砲が伝わった状況を記した日本側の唯一の史料。一六〇六（慶長一一）年、薩摩の大竜寺の禅僧文之玄昌が著した記録。

天文癸卯秋八月二十五日丁酉❶、我が西村小浦❷に一大船あり。何れの国より来るか知らず、船客百余人❸、其の形類せず、其の語通ぜず、見る者以て奇怪となす。……手に一物を携う。長さ二三尺❹、其の体たるや中通り外直く、重きを以て質となす。其の中常に通と雖も其の底は密塞を要す。其の傍に一穴あり、火を通ずるの路なり。形象物の比倫すべきなきなり。妙薬を其の中に入れ、添ふるに小団鉛を以てす。先に一小白を岸畔に置き、親ら一物を手にして其の身を脩め、其の目を眇にして其の一穴より火を放つ。則ち立ち中らざるところなし。……時堯❺其の価の高くして及び難きを言はずして、蛮種の二鉄炮を求め、以て家珍となす。

『鉄炮記』

解説　鉄砲の伝来については、一五四三（天文一二）年中国人倭寇の船に同乗してきたポルトガル人によるものとするのが通説である。鉄砲は、最大射程約五〇〇メートル、一分間に四、五発の発射が可能であり、刀・槍・弓が主要な武器であった戦国社会に急速に普及した。一五五〇年前後には島津、織田、武田などの諸侯が実戦に使用し始めた。鉄砲の製造を容易にした背景には、すでに高い技術を持っていた刀鍛冶たちの存在と、鉄の採鉱、精錬技術の進歩などが挙げられる。伝来後一〇年余りで、早くも九州から畿内にかけて鉄砲鍛冶が出現している。堺や紀伊根来・近江国友はその代表的な例であった。史料に見られるように、鉄砲はその銃身をネジによって塞ぐ必要があったが、こうした技術も当時の日本ではまだ知られていなかった。

鉄砲の大量生産・使用は従来の戦闘体形を根本的に変化させ

🔷解体新書
神戸市立博物館蔵

3 近世

た。ヨーロッパで火器の普及が騎士の没落を推進したのと同様、侵略において、初期の急速な進軍を可能にしたのも、当時の朝鮮にはなかった鉄砲の威力が大きく寄与したからである。その後、幕末まで鉄砲（先込式火縄銃）は用いられるが、開国に伴い欧米から大量の元込式小銃が輸入され、鉄砲の地位は低下していく。

個人戦闘はますます意味を失い、集団的に組織された鉄砲足軽隊が大きく浮かび上がり、戦術、築城術に大変革をもたらした。なお、この鉄砲を最も効果的に活用したのが織田信長であり、鉄砲隊三〇〇〇人を配した一五七五（天正三）年の長篠の戦いでは、武田勝頼の軍に勝利した。また、のちの秀吉による朝鮮

❷ ザビエル来日　★☆☆☆☆

要点ナビ
ザビエルの書簡。日本人の文化水準の高さを評価。

1　一五四九年八月、聖母の祝日❶、サンタ＝フェーのパウロ❷の故国なる鹿児島に着きたり。彼の親戚その他は大なる愛情を示して我等を迎へたり。……日本に付きては我等が見聞して知り得たる所を左に述ぶべし。第一我等❸が今日まで交際したる人は新発見地中の最良なる者にして、異教徒中には

5　日本人に優れたる者を見ること能はざるべしと思はる。此国の人は礼節を重んじ、一般に善良にして悪心を懐かず、何よりも名誉を大切とするは驚くべきことなり。

日本人より優れている人々を見い出すことは不可能である

『耶蘇会士日本通信』

解説
一五四九（天文一八）年フランシスコ＝ザビエルの来日により始まるキリスト教の布教は、イエズス会士の布教がポルトガル船による南蛮貿易と密接な結び付きを持っていたことなどにより、九州北部を中心とする西日本一帯に急速に広まった。ザビエルは当初、信仰の内容を日本人に理解しやすいように伝えるため、「デウス」を「大日（如来）」と訳して布教活動に臨んだが、このことは当時の人々にキリスト教を真言宗の一派と誤解させる結果をもたらしたとされる。そもそも日本に広く受け入れられていた大乗系の仏教では利他

精神が説かれており、隣人愛を重視するキリスト教の考え方と相通じるところがあった。そのため、当時の日本人にとって、キリスト教と仏教は必ずしも相反するものではなかったと考えられている。しかし、ゆえにキリスト教本来の信仰のあり方がなかなか理解されないというジレンマも抱えていた。その後、ルイス＝フロイスやヴァリニャーノらの宣教師が活発に布教活動を展開した。フロイスが織田信長に初めて面会したのは、ちょうど信長が本願寺や比叡山など宗教勢力と対峙しているさなかのことで、仏教勢力を抑制する意図もあってキリスト教を保護

室町

探究2
日本にキリスト教が伝来した背景は何か。

史料注
❶聖母の祝日　八月一五日。
❷サンタ＝フェーのパウロ　ザビエルに日本への渡航及び布教を決意させたといわれる、マラッカで出会った日本人アンジロー（ヤジロウ）の洗礼名といわれる。
❸我等　ザビエルら数名のイエズス会宣教師。

耶蘇会士日本通信　ザビエル来日以降のイエズス会宣教師によって、ヨーロッパ等へ送られた書簡報告集。

② 信長の統一事業

した信長のもとで最盛期を迎えた。

> **要点ナビ**
> 宣教師ルイス=フロイスの書簡。

① 宣教師の見た信長像 ★☆☆☆☆

1 此の尾張の王[1]は、年齢三十七歳なるべく、長身痩躯[2]、髭少し。声甚だ高く、非常に武技を好み、粗野なり。正義及び慈悲の業を楽しみ、傲慢にして名誉を重んず。決断を秘し、戦術に巧みにして、殆ど規律に服せず、部下の進言に従ふこと稀なり。彼は諸人より異常なる畏敬を受け、酒を飲まず、自ら奉ずること極めて薄く、日本の王侯は悉く軽蔑し、下僚に対するが如く肩の上より之に語る。

5 諸人は至上の君に対するが如く之に服従せり。善き理解力と明晰なる判断力を有し、神仏其の他の偶像を軽視し、異教一切の卜を信ぜず、名義は法華宗なれども、宇宙の造主なることなく、死後何物も存せざることを明に説けり。

『耶蘇会士日本通信』

解説 イエズス会宣教師のルイス=フロイスは、一五六九年に本国ポルトガルに送った書簡の中で、信長の人物像を以上のように記している。それを読むと彼の優れた判断力と先見性、そして極めて合理的で革新的な性格であったことがわかる。この人物をして、はじめて天下統一事業が可能になったことを理解してほしい。

② 延暦寺の焼打ち ★☆☆☆☆

1 九月十二日[1]叡山[2]を取詰、根本中堂 三王廿一社を初 奉 り、霊仏霊社、僧坊 経 巻、一宇も残さず、時に雲霞の如く焼払灰燼の地となるこそ哀れなれ。……僧俗・児童・智者・上人一々に頸をきり、信長公の御目に懸け、是は山頭において其の隠れなき高僧・貴僧・有智の僧と申、其外美女・小童 の員知れず召捕り、御前へ召つれ参り、悪僧の儀は是非に及ばず、是は御扶け成され候へと声々

※色文字は重要語

１九月十二日　一五七一（元亀二）年九月十二日。

２叡山　比叡山延暦寺。九世紀初頭、最澄が天台宗を開山。仏教教学の中心で、南

１尾張の王　織田信長。

２長身痩躯　背が高く痩せている。

史料注
耶蘇会士日本通信　一九一頁参照。

都（興福寺）と並び、北嶺と称された。

❸根本中堂　延暦寺の本堂。現在のものは一六四〇（寛永一七）年に再建された。

史料注
信長公記　祐筆太田牛一資房の著。編年体で一五六八（永禄一一）年から一五八二（天正一〇）年までの信長の動静およびその時代の出来事を記している。

探究3
信長がそれまでの支配者と異なった点は何だと考えられるか。

●越前一向一揆文字瓦
越前市味真野史跡保存会蔵

5に申上候といへども、中々御許容なく、一々に頸を打落され、目も当られぬ有様なり。数千の屍、散乱し算を乱し候、哀れなる仕合なり。

『信長公記』

解説

一五六八（永禄一一）年、将軍足利義昭を擁して上洛（入京）した織田信長は、一五七〇（元亀元）年に浅井長政・朝倉義景を姉川の戦いで破り、天下統一への道を歩み始めた。しかし、その事業は必ずしも順調に進んだわけではなかった。姉川の戦いの直後から本願寺を中心とした一向宗門徒との戦いも始まり、また浅井・朝倉軍は再挙し近江に進出した。これに対し、信長軍は反撃し約三万といわれる浅井・朝倉軍を比叡山に立てこもらせるに至った。信長と対立していた比叡山延暦寺は、浅井・朝倉軍を庇護し反信長の立場を鮮明にした。この背景には、信長家臣団によって延暦寺荘園が押領されるという両者の経済的な対立も関わっていた。こうして天下統一をめざす信長の前に寺院勢力と戦国大名が、連携しつつ立ちはだかったのである。以上の経過から一五七一（元亀二）年、信長は自ら軍を率い比叡山に総攻撃をかけた。九月一二日、根本中堂をはじめとする建物をすべて焼き払い、僧俗問わずすべての人々をみな殺しにしたのである。

信長の天下統一事業に抵抗する宗教勢力としては、石山本願寺を中心とする一向一揆勢力も大きな存在であった。一向宗（浄土真宗）の門徒は、各地で侍・百姓・町人・職人等の身分を越えた講や組を結び、強い宗教意識によって結束していた。伊勢長島の一向一揆や信長の弟信興が自害させられるなど、信心と結びついた一向一揆で信長の抵抗は激しかった。それゆえに信長は、彼らに対し徹底した弾圧を行った。参考史料に示した瓦は、一向宗の寺で発見されたもので、一五七六（天正四）年の越前一向一揆弾圧の有様が記されている。それによると信長の武将前田利家が一〇〇〇余人の門徒を礫・釜ゆでという残虐な方法で殺したことがわかる。信長は、このように宗教的結束によって結合した在地の人々をも統一しなければならなかったのである。この信長が完全には達成できなかった天下統一は、豊臣秀吉を経て徳川政権に至り完成される。

📖参考
越前一向一揆文字瓦　★☆☆☆☆

此書物、後世二御らんしられ、御物かたり可有候。然者、五月廿四日、いきおこり、其まま前田又左衛門尉殿、いき千人はかり、いけとりさせられ候也。御せいはいハ、はつつけ、かまにいられ、あふられ候哉、如此候。一ふて、書きとめ候。

〔越前一向一揆文字瓦〕

要点ナビ
❶安土山下町中　安土山に築
織田信長が近江安土城下の町へ発令。

❸ 楽市令　★★★★☆

定　安土山下町中
一

通釈
安土城下の町中に対して定める

かれた安土城下の町々。

2 楽市　市での自由な商いを認め、市に関する制限や諸税をなくした。

3 諸座・諸役・諸公事　座に関する規制・役務・雑税など。

4 免許　免除。

5 上海道　中山道。

6 上下　京への上りと下り。

7 普請　土木工事への徴発の負担のこと。普請役。

8 伝馬　運搬用の馬を出す徴発の負担のこと。伝馬役。

9 徳政　債権・債務の破棄をいう。徳政令。

10 有り付き　住みつくこと。

11 課役　この場合は、租税一般をさす。

12 国質・所質　債権者が債務者に対して自己の返済要求に応じない場合、債務者と同じ集団（国や郷などが同一というだけでも同一集団とみなされる）で、実際には債務者と同国人の財産を私的に差し押さえる行為を国質という。所質は国質よるべき者なり。

一 当所中楽市**2**として仰せ付けらるるの上は、諸座・諸役**3**・諸公事等、悉く免許**4**の事。

一 往還の商人、上海道**5**はこれを相留め、上下共に当町に至りて寄宿すべし。但し荷物以下の付け下し**6**に於ては、荷主次第の事。

一 普請**7**免除の事。……

一 伝馬**8**免除の事。

一 分国中徳政**9**、これを行ふと雖も、当所中は免除の事。

一 他国并びに他所の族、当所に罷り越し有り付き候**10**はゞ、先々より居住の者と同前に、誰々の家来たりと雖も、異儀有るべからず。若し給人と号し、臨時課役**11**停止の事。

一 喧嘩口論**13**、并びに国質・所質**12**・押借以下、一切停止の事。

一 博労**13**の儀、国中の馬の売買、悉く当所に於て仕るべきの事。

右の条々、若し違背の族有らば、速かに厳科に処せらるべき者なり。

一 当地一帯に楽市を布告した以上は、さまざまな座の規制・座役などの役務・公事等の諸税、すべて免除する。

一 往来の商人は、上海道（中山道）の通行をやめ（下海道〔朝鮮人街道〕を通行させ）て、都へ上る（上りと下り）ともにこの町に宿泊すること。ただし、諸荷物の輸送に関しては荷主の思い通りとする。

一 普請役は免除する。……

一 伝馬役は免除する。

一 （信長の）領国内で徳政を施行することがあっても、当地一帯ではこれを実施しない。

一 他国や他の地の者が、当地にやってきて住みついた場合は、以前から住んでいた者と同様の取り扱いをする。誰の家臣であっても異議を唱えてはならない。もし（信長の）家臣と称しても、（臨時の課役を賦課しようとする者がいても）臨時の課役を賦課するようなことは禁止する。

一 喧嘩口論、また国質・所質・押し買い・押し売り・宿の押し借りなど、すべて禁止する。

一 博労に関しては、領国内の馬の売買はすべて当地において行うこと。

右の各条文に違反する者があれば、ただちに厳罰に処せられること。

天正五（一五七七）年六月　日

りも限定された地域の場合。

13博労　馬を売買する商人の場合。

14天正五年六月　日　一五七七年六月。

史料注
八幡町共有文書　滋賀県近江八幡市が所有する文書。

探究4
楽市・楽座の目的およびその歴史的意義を述べよ。

天正五年六月　日 ⑭

『八幡町共有文書』

解説　これは織田信長の楽市政策、すなわち市場において一切の特権を認めず、権威や武力による強制を排して自由な商取り引きを行わせる政策を実施したなかの一例である（その他の例としては、一五六六年今川氏真が駿河大宮に、一五六七年信長が美濃加納に、一五七六年柴田勝家が越前北庄にそれぞれ楽市を設けている）。近江安土の市場に下したものである。その目的は、領国の経済的繁栄、特に城下町の振興のため商人の往来を活発化させるところにあったから、この法令でも課役の免除と自由商売の二つが強調されている。楽市令の歴史的意

解説　義は、①城下町の繁栄をもたらし、それによって城下に集中させた家臣団の消費生活を維持し、兵農分離を完遂すること、②同時に、農村から商業的要素を除き去り、農民に現物貢租を負担する生活を固定すること、③座・市などに寄生していた公家・社寺などの中世荘園領主の基盤を根底からくずし、商工業を大名の支配下に繰り込むこと、などがあった。と同時に、商人の寄宿義務が規定されていることから、農村とは性格を異にする「都市」の形成を目指したものと考えることができる。

---

❹ 関所の撤廃　★☆☆☆☆

▲要点ナビ
太田牛一が記述。信長が関銭の徴収を停止。

1
且は天下の御為、且は往還の旅人御憐愍の儀を思しめされ、御分国中に数多これある諸関❷・諸役❸上させられ、都鄙の貴賤一同に忝と拝し申し、満足仕り候ひ訖んぬ❹。

『信長公記』

解説　中世以来、各地の寺社・荘園領主・在地領主・土豪らは、交通量が多い街道に関所を設け、減少しつつある荘園年貢等の代替財源として関銭を徴収していた。関銭は、通行人・船・物資等に賦課されており、それにより利益を受ける支配者層の勢力維持につながっていた。例えば、室町中期には伊勢一国で一二〇もの関所があった。

これらの関所は、交通・商品流通の妨げになるばかりでなく、関銭賦課による物価騰貴をも引き起こしていた。これに対し、戦国大名らは、領国内の市場発展のために関所の撤廃を、統一政権としての信長の関所撤廃は、こうした政策をさらに進め、商品流通の発展と政権の軍事的統一をめざしたという点で意義があったといえる。

史料注
信長公記　一九三頁参照。

1分国　信長が直轄支配する領国。
2諸関　関所のこと。
3諸役　関銭のこと。
4この記事は、一五六八（永禄一一）年一〇月のもの。

3近世

安土・桃山

❸ 秀吉の統一政策

要点ナビ
豊臣（羽柴）秀吉が検地を担当した浅野長政に命令。

❶ 太閤検地　★★☆☆☆

一　其許検地の儀、一昨日仰せ出され候如く、斗代❶等の儀、御朱印❷の旨に任せ、何れも所々、いかにも入念に申付くべく候。若しそさうに仕り候はば、各越度たるべく候事。……

一　仰せ出され候趣、国人❸并びに百姓共に合点行き候様に、能々申聞かすべく候。自然❹、相届かざる覚悟の輩これあるに於ては、城主にて候はば、其ものの城へ追入れ、各相談、一人も残し置かず、なできりに申付くべく候。百姓以下に至るまで、相届かざるに付ては、一郷も二郷も悉くなでぎり仕るべく候。六十余州堅く仰せ付けられ、出羽奥州迄そさうにはさせらる間敷候。たとへ亡所❺に成候ても苦しからず候間、其意を得べく候。山のおく、海はろかいのつづき候迄、念を入るべき事専一に候。自然各退屈に於ては、関白殿❻御自身御座成され候ても仰せ付けらるべく候。……

（天正十八年）❼　八月十二日　　秀吉朱印

通釈

一　その所（浅野長政担当）の検地に関しては、一昨日仰せ出されたように、段当たり石高等のことについては（秀吉公の命令である）朱印状の趣旨に従って、いずれの地域に対しても十分に念を入れて行うよう申しつけるものである。もし手ぬかりがあれば、その方たち検地担当者の過失である（ので、十分心しなさい）。……

一　仰せ出された検地命令の趣旨については、国人・百姓たちが納得できるように、よく申し聞かせなさい。もし、命令に従わない者たちがいた場合には、城主であればその者を城へ追い入れ、検地責任者らが相談の上、一人残らず斬りすてるよう命令しなさい。百姓以下の者たちまでが、命令を聞こうとしないようであれば、一郷でも二郷でもことごとく斬りすててしまいなさい。日本全国六〇余州全域にわたって仰せつけられた（検地命令である）ので出羽・陸奥に至るまで手ぬかりがあってはならない。たとえ耕作者がいなくなり、荒廃した土地になってしまってもかまわぬから、その旨を十分承知しておきなさい。山の奥まで、また海は櫓や櫂の続く限り、念を入れて実施することが肝心である。もし、（検地責任者であるその方たちが）怠けるようなことがあれば、関白（秀吉）殿御自身が出向かれてでも仰せつ

※色文字は重要語
❶斗代　一段（反）当たりの標準収穫量。石盛と同義。
❷朱印　秀吉の朱印状。
❸国人　在地領主や土豪。
❹自然　もしも、仮にの意味。
❺亡所　耕作者がいなくなり、荒廃して住む者のいない所。
❻関白殿　豊臣秀吉のこと。

秀吉は、一五八二（天正一〇）年に従五位下・左近衛権少将に任ぜられて以来、急速に昇進し、一五八五（天正一三）年には従一位・関白、一五八六（天正一四）年には太政大臣の位についている。また、姓も木下・羽柴姓から関白任官時には藤原姓と改め、その後勅許をもって豊臣姓を許された。
この後、秀吉は一五九一（天正一九）年に関白職を甥の秀次に譲るが、自らは太閤（関白を辞した人の意）と称し実権は握ったままであった。

❼天正十八年 一五九〇年。

❽浅野弾正少弼 浅野長政。のちの五奉行のひとり。

史料注

浅野家文書 広島（安芸）の旧藩主浅野家に伝来した文書。天正年間から江戸時代末期までの文書であるが、浅野長政が秀吉子飼いの武将であったことから、小田原征伐、文禄・慶長の役などの重要文書が多い。

探究5
① 石盛・石高を説明せよ。
② 太閤検地の歴史的意義は何か。

浅野弾正少弼どのへ ❽

『浅野家文書』

けられるところである。……

八月一二日

浅野弾正少弼殿へ

秀吉朱印

解説

　太閤検地は、秀吉が全国的規模で実施した検地のことで、明智光秀を山崎の戦いで破り、信長の統一事業の後継者として歩み出した一五八二（天正一〇）年七月、山城で実施した検地がその初めである。

　この史料は、小田原平定後の奥州総検地に際し、奉行を務めた浅野長政にあてたもので、非常に厳しい方針をもって臨むよう命じている。太閤検地により、田畑一筆（田畑の一区画のこと）ごとにひとりの耕作者を確定して検地帳に記し、耕作権を保証することと引き換えに年貢納入の義務を負わせて（**一地一作人の原則**）、兵農分離を徹底し、また有力百姓が小百姓から小作料を徴収したり、夫役を課したりすることを禁止し、中間搾取を否定した。その結果、中世の荘園制に見られる重層的な土地の所有関係は、完全に消滅していく。これにより、中世に土豪と呼ばれた人々は、武士として土地を支配する側の立場を取るか、百姓として耕作に従事し、年貢を納入する側の立場を取る必要に迫られることになった。こうして各自の所属する身分を区別・確定させていくのが、兵農分離と呼ばれる状態である。

　参考として示した史料は具体的な検地の様子がわかるものである。面積の単位も統一され、六尺三寸（約一九一センチメートル）四方を一歩、三〇歩を一畝、一〇畝を一段、一〇段を一町とし、また、枡は京枡に定め統一し、田畑屋敷に等級を定めて石盛（上田一段は一石五斗、中田一段は一石三斗のように）を設定した。

　このように、これまでの銭を基準とした貫高制とは異なり、土地の生産力を米の標準収穫高（**石高**）で表示するようになった（天正の石直し）。この石高は、百姓の年貢負担の基準となったばかりでなく、武士階級の家格や軍事動員（**軍役**）の基準ともなり、その後の近世社会体制の大きな柱となった。米を基軸とするこの体制は、一八七三（明治六）年の地租改正に至るまで継続する。

❶検地の実施（絵は江戸時代のもの）　松本市立博物館蔵

3 近世

安土・桃山

史料注

西福寺文書 福井県敦賀市にある浄土宗西福寺に伝わる文書。鎌倉時代から江戸時代までおよそ四百点の史料がある。

要点ナビ

豊臣秀吉が発令。一揆を防ぐことが真の目的。

① **刀** 刃渡りが二尺（約六〇センチメートル）以上のものをさす。

② **脇指** 刃渡りが一〜二尺未満のものをさす。

③ **年貢所当** 年貢及びその他の雑税。

④ **給人** 大名の下に服属し、家臣化した在地の支配者。江戸時代には、実際に領地を与えられている大名家臣をいう。

⑤ **今度大仏建立** 京都の六波羅の地において建立された方広寺の大仏をさす。一五

📖 **参考　太閤検地の方法** ★☆☆☆

右今度御検地を以て相定むる条々
一　六尺三寸の棹を以て、五間六十間、三百歩壱反二相極むる事
一　田畠弁二在所の上中下能々見届け、斗代相定むる事
一　京升を以て年貢納所を致す可く候、売買も同じ升為る可き事
一　年貢米五里、百姓として持ち届け可し、其外八代官給人として持ち届く可き事
　慶長三（一五九八）年七月十八日
　　　　　　　　　　　木村宗左衛門尉　（花押）
はら村次郎右衛門方　惣百姓中

---

❷ 刀狩令 ★★★☆☆

一　諸国百姓、刀、脇指❶、弓、やり、てつぱう其外武具のたぐひ所持候事、堅く御停止候。其子細は、入らざる道具をあひたくはへ、年貢所当❸を難渋せしめ、自然一揆を企て、給人❹にたいし非儀の動をなすやから、勿論御成敗あるべし。然れば、其所の田畠不作せしめ、知行ついえになり候の間、其国主、給人、代官として、右武具悉く取あつめ、進上致すべき事。

一　右取をかるべき刀、脇指、ついえにさせらるべき儀にあらず候の間、今度大仏建立❺の釘かすがひに仰せ付けらるべし。然れ者、今生❻の儀は申すに及ばず、来世においても百姓の救いとなるで

『西福寺文書』

通釈

一　諸国の百姓たちが、刀、短刀、弓、槍、鉄砲その他の武器武具の類を所持することを、堅く禁止する。そのわけは、不必要な武具類を百姓たちが手もとにたくわえていると、年貢やその他の雑税の納入をしぶったり、万一一揆を企てて領主に不法な行為をする者たちがあれば、当然処罰しなければならない。そうなれば、その所の田畑は耕作がなされず、年貢地でなくなってしまう。このようなわけだから、その土地の領主、給人、代官は、各々の責任で右のような百姓所持の武具類をすべて没収し、差し出すようにしなさい。

一　右のように取り上げた刀、脇指等は、無駄にしてしまうのではなく、今度の（京都方広寺）大仏造営に際し、その建立用の釘、かすがいの材料にするよう命ずるものである。そうすれば、現世のことは言うまでもなく、来世においても百姓の救いとなるで

八八（天正一六）年五月に着工し、一五九五（文禄四）年九月完成。一説には文禄二年完成。

⑥今生　現世。

⑦唐堯　中国古代の伝説上の名君で、陶唐（山西省）より起こった堯帝。

史料注

⑧天正十六年　一五八八年。

小早川家文書　安芸国の豪族・大名であった小早川家に伝来した文書。小早川家は、秀秋の時、一六〇二（慶長七）年備前・美作五〇万石を領していたが、嗣子がいないため改易。他家に伝えられた小早川家文書が『大日本古文書』に所収される。

来世までも百姓たすかる儀に候事。

一　百姓は農具さへもち、耕作専らに仕り候へば、子々孫々まで長久に候。百姓御あはれみをもって、此の如く仰せ出され候。誠に国土安全万民快楽の基也。

異国にては唐堯⑦のそのかみ、天下を鎮撫せしめ、宝剣、利刀を農器にもちひると也。本朝にてはためしあるべからず。此旨を守り、其趣を存知し、百姓は農桑に精を入るべき事。

右道具急度取集め、進上あるべく候也。

天正十六年⑧　七月八日

秀吉朱印

『小早川家文書』

解説　刀狩は、秀吉が一五八五（天正一三）年に紀伊の雑賀・根来衆を征伐した際、高野山僧徒から武器没収をしたことが初めとされる。寺社勢力や土豪・百姓が大量の武器を所有して一揆を起こしていた状況に対し、武器を没収し、一揆を鎮圧することに刀狩令の主要な目的があった。実際、刀狩令を発するきっかけの一つになったのが、九州平定後、佐々成政に与えられた肥後国での一揆である。

この史料で秀吉は、諸国の百姓の刀、脇差、弓、槍、鉄砲の所持を禁止し、没収された武具は造営中の方広寺大仏殿の釘・かすがいに用いるとしている。そして大仏殿造営により、武具を没収された百姓たちにも来世までも恩典があるとした。しかし

それはあくまで建前に過ぎず、真の目的はやはり参考史料に「大仏をつくる釘・かすがいに用いるので、現世のみならず来世においても百姓は助かるというのは方便で、真意は一揆を禁ずるためである」とある通り、当時の人々によっても見抜かれていた。刀狩の実際は、加賀江沼郡の例によれば、刀一〇七三腰、脇差一五四〇腰、槍一六〇本などが集められており、かなりの武具が実際に没収されていたようである。しかし研究の進展により、刀狩令のもう一つの側面は「百姓は農業に専念すべき」とあるように、年貢負担者である百姓と、支配者としての武士身分を明確にすることであったことが明らかにされている。すなわち兵農分離を促進することもねらいの一つであった。

あろう。

一　百姓は、農具だけをもって耕作に専念していれば、子々孫々に至るまで幸せに暮らしていけるであろう。百姓に対するいつくしみの御心から、このように命令されたものである。誠にこの命令は、国土の安全をはかり、万民が幸福に暮らすための基本である。

外国の例を見れば、中国の堯帝がその昔、天下を鎮め、宝剣、利刀を作り変えて農具に用いたということである。我が国においてはその先例はないが、この旨を守り、その意向を十分に承知して、百姓は農耕や養蚕に精を出すべきである。右の武器武具の類を必ず取り集めて、差し出すようにしなさい。

天正一六（一五八八）年　七月八日

秀吉朱印

状・朱印状などが多くこの期の政権の動向をみることができる。

ちなみに、一五九六（慶長元）年の大地震で倒壊した方広寺……れた巨大な鐘（高さ三メートル余）の銘文がきっかけとなって、のちに豊臣秀頼によって再建される。その再建時に鋳造さ大坂の役（陣）が勃発することになるのである。

探究6　刀狩令の歴史的意義を述べよ。

史料注

多聞院日記　一八七頁参照。

要点ナビ

豊臣秀吉が発令。武家奉公人が町人や百姓になることを禁止。

1 侍　武士一般ではなく、武家奉公人の最上位にある「若党」であるとする説が最近では有力。

2 中間　侍と小者の中間に位置する召使い。

3 小者　平時は雑役に従事し、戦時には従者として仕える武家奉公人。

4 あらし子　武家奉公人の最下級のもの。戦場では土木や炊事を行う。

5 去七月奥州え御出勢　一五九〇（天正一八）年の小田原攻めと奥州出征。

6 地下人　百姓。

7 天正十九年　一五九一年。

参考　興福寺僧侶の刀狩観　★☆☆☆

一　天下ノ百姓刀ヲ悉ク取ル、大仏ノ釘ニ遣フベシ、現ニハ刀故闘諍ニ及ビ身命相果ツルヲ助ケンガタメ、後生ハ釘ニ遣ヒ、万民利益、現当ノ方便ト仰付ケラレ了ンヌト云々。内証ハ一揆停止ノ為ナリト、種々ノ計略ナリ。

『多聞院日記』

---

③

人掃令(1)（身分統制令）　★★☆☆☆

一　奉公人・侍・中間・小者・あらし子に至る迄、去七月奥州え御出勢より以後、新儀ニ町人百姓ニ成り候者これあらば、其町中・地下人として相改、一切をくへからず。若かくし置ニ付ては、其一町・一在々百姓等、田畠を打捨、或はあきない、或は賃仕事ニ罷出る輩これ有らば、そのもの事は申に及ばず、地下中御成敗たるべし。幷に奉公をも仕らず、田畠をもつくらさるもの、代官給人にてかたく相改、をくへからず。……

天正十九年八月廿一日

秀吉朱印

『小早川家文書』

通釈

一　奉公人・侍・中間・小者・あらし子に至るまで、去年七月の奥州出征よりあとで、新たに町人や百姓になったものがあれば、その町や百姓が責任をもって調べ、そのような者をひとりも置いてはならない。もし隠し置くようなことがあれば、その町あるいは村全体の過失として処罰を行う。

一　村々の百姓たちで、田畑の耕作をせず、商売を営んだり、賃仕事に出る者がいたら、本人は申すまでもなく、村中全体を処罰する。また、（武家）奉公もせず、田畑の耕作もしていない者は、代官や給人がその責任において、きびしく取り締まり、（その者を村に）置いてはならない。……

天正一九（一五九一）年　八月廿一日

秀吉朱印

『多聞院日記』

3 近世

安土桃山

史料注　小早川家文書　一九九頁参照。

探究7　人掃令の目的を述べよ。

解説　これは、一五九一（天正一九）年に秀吉が発布した全三か条の人掃令（身分統制令）の一部である。内容は、①奉公人・若党・中間・小者・あらし子に至るまでの武家奉公人が新たに町人・百姓になることの禁止、②百姓が耕作を放棄して商業や賃仕事に従事することの禁止、③武家奉公人が無断で主人を変更することの禁止の三点である。この背景には翌年実行される朝鮮出兵計画に際し、武家奉公人が奉公先を変更したり身分を転じたりすることで役を逃れることを防ぎ、出征人員を確保するねらいがあった。また同時に百姓の転業と居所の自由な移動を禁じることによって、年貢収取を確実にするという意図も内包している。翌年、朝鮮出兵が開始されると、さらに踏み込んだ内容の人掃令が豊臣秀次の命で発令されることになる（人掃令(2)参照）。また、この法令は一五八八（天正一六）年の刀狩令のあとを受け、結果的に身分の固定化を促進する役割を果たすことになった。

要点ナビ　豊臣秀次が全国の大名に命じた。家数・人数などの一斉調査を指示。

❶当関白　豊臣秀次。秀吉の姉の子。一五九一（天正一九）年秀吉から関白を譲られる。のち、秀吉との関係が悪化し、一五九五年高野山で自殺。

❷書立案文　書式のひな型。

❸天正十九年　天正二〇（一五九二）年の誤りと考えられる。

史料注　吉川家文書　周防の岩国藩主であった吉川家に伝来する一四九〇通の文書。鎌倉時代から江戸時代中期まで及ぶ。

④ 人掃令(2)　★☆☆☆☆

一　急度申候。

一　当関白様❶より六十六ケ国へ人掃の儀仰せ出され候の事。……

一　家数・人数・男女・老若共ニ一村切ニ書付けらるべき事。
付、奉公人ハ奉公人、町人ハ町人、百姓者百姓、一所ニ書出すべき事。

但し書立案文❷別紙これを遣し候。

天正十九年三月六日❸

『吉川家文書』

解説　関白豊臣秀次が村ごとの家数・人数・老若・男女などの一斉調査を命じた人掃令である。史料は、毛利氏が領内に伝達したものの一部であるが、既に人夫などとして徴発された人数と、いまだ徴発可能な人数を区別して調査している点に特徴がある。既に太閤検地によって各地の石高を掌握し、土地の生産力を確認した豊臣政権が、朝鮮侵略を契機に民衆の動員可能な実態をとらえ、政権基盤を強化しようとしたものと考えられている。

3 近世

安土・桃山

④ 秀吉の対外政策

① バテレン追放令　★★★★☆

要点ナビ
豊臣秀吉が発令。貿易は奨励。

※色文字は重要語

①伴天連　ポルトガル語パードレのあて字。宣教師またはキリスト教の意。

②弐百町二三千貫　知行地二〇〇町または知行高二、三〇〇〇貫の意。

③公儀の御意　秀吉の許可。

④八宗九宗　八宗は南都六宗及び天台、真言宗を加えた八宗、それに禅宗を加えて九宗、と称す。

⑤大唐　明。

⑥南蛮　ポルトガル、イスパニアなど南欧のこと。

⑦高麗　朝鮮。

⑧牛馬を売買ころし食事　ポルトガルの影響によって、京都など西国では牛肉を食べる風習も普及した。

⑨天正十五年　一五八七年。

⑩きりしたん国　キリスト教国。

覚（抄）

一　伴天連門徒の儀は、其者の心次第たるべき事。

一　弐百町二三千貫より上の者伴天連に成り候

は、公儀の御意を得奉り次第に成りすべき事。

一　右の知行より下を取候者は、八宗九宗の儀候間、其主一人宛は心次第成るべき事。

付、日本におゐて人の売買停止候事。

一　大唐、南蛮、高麗え日本仁を売遣候事曲事。

一　牛馬を売買ころし食事、是又曲事たるべき者也。

右の条々、堅く停止せられおはんぬ、若違犯の族これあらば、忽厳科に処せらるべき者也。

天正十五年六月十八日　御朱印

『伊勢神宮文庫所蔵　御朱印師職古格』

定（抄）

一　日本は神国たる処、きりしたん国より邪法を授け候儀、太以て然るべからず候事。

通釈

覚

一　キリシタン信徒の件に関しては、その者の心のままにすべきである。

一　二〇〇町、二、三〇〇〇貫以上の知行を持つ者が、キリシタンになる場合には、公儀（秀吉）の意向をうかがい、許可を得た上で、信徒となるべきである。

一　知行高が右の高に達しない者に関しては、仏教宗派にも種々の宗派があることでもあり、その本人ひとりについては心のままにしてよい。

なお、日本では人身売買を禁止する。

一　中国、南蛮、朝鮮へ日本人を（奴隷として）売り渡すことは、もってのほかのことであり処罰を行う。

一　牛馬を売買し、殺して食用にすることは、いけないことであり処罰する。

右のことどもをきびしく禁止する。もし、違反する者どもがいたならば、きびしく罰する。

天正一五（一五八七）年　六月一八日

（秀吉）御朱印

定

一　日本は神国であるのに、キリスト教国から邪法（キリスト教）を授け広めるということは、まったくけしからぬことである。

史料注
松浦家文書 肥前の平戸藩

⑪邪法 ここではキリスト教の教えをさす。

⑫当座の事 一時的な処置として行っているだけであるとの意味。

⑬天下 ここでは秀吉のこと。

⑭下々として猥の義 具体的には、領地の一部をイエズス会に寄進した（一五八〇年、大村純忠は領国内の長崎をイエズス会に寄進した）ことなどをさしている。なお、長崎は一五八八（天正一六）年から秀吉の直轄地となっている。

⑮檀那 信者。

⑯日域 日本の領域、すなわち日本国内の意味。

⑰黒船 ポルトガル、イスパニアなどの南蛮船のこと。外装を腐食防止のため黒色塗料で塗っていたので黒船と呼ばれた。幕末のペリー艦隊等も黒船と呼ばれる。

⑱天正十五年 一五八七年。
※この法令では、宣教師の追放を命じているが、宗教と貿易を分離し、貿易はこれを推奨しているため、十分な効果を上げ得なかった。

一　其国郡の者を近付け、門徒になし、神社仏閣を打破るの由、前代未聞に候。国郡在所知行等、給人に下され候儀は当座の事に候。天下⑬よりの御法度を相守り諸事其意を得べき処、下々として猥⑭の義曲事の事。

一　伴天連其知恵の法を以て、心ざし次第に檀那⑮を持候と思召され候へば、右の如く日域⑯の仏法を相破る事曲事に候条、伴天連儀日本の地にはおかせられ間敷候間、今日より廿日の間に用意仕り、帰国すべく候。其中に下々伴天連に謂はれざる族申し懸くるものこれ在らば、曲事たるべき事。

一　黒船⑰の儀は商売の事に候間、各別に候の条、年月を経、諸事売買いたすべき事。

一　自今以後、仏法のさまたげを成さざる輩は、商人の儀は申すに及ばず、いづれにてもきりしたん国より往還くるしからず候条、其意を成すべき事。

天正十五年⑱　六月十九日

已上

『松浦家文書』

解説 キリスト教は、伝来後三〇余年の間に北九州をはじめ中国、畿内などの各地に広まり、特にフロイスが……信長によって布教を許可され、京都や安土城下に教会堂（南蛮寺）やセミナリオを建設するなど、のちのヴァリニャーノとと

一　（諸大名が）自分の領地の者を（キリスト教の教えに）導き、信者とし、神社仏閣を破壊しているとのこと、前代未聞の（秀吉の）家臣（である大名）に与えた知行地も、一時的な処置である。秀吉から出される法令の趣旨に従うべきであるのに、家臣としての勝手なふるまいは処罰する。

一　宣教師がその教えを広め、信者はその者の心のままに信者になると（秀吉は）考えていたが、右のように日本の仏教を破壊しているのは不届きであって、宣教師を日本の地に留めておくことはできない。よって、今日から二〇日間のうちに用意を整えて帰国しなさい。その期間中に、家臣たちが宣教師に対して非道な行為をなした場合は処罰する。

一　南蛮船の渡来は商売のためで、（キリスト教の問題とは別の）特別のことであるから、今後とも諸商売は行うがよい。

一　今後、仏教の妨害をしない者であれば、商人は言うまでもなく、誰であってもキリスト教国との往来は差しつかえないので、その意向を心得ておきなさい。

以上

天正一五（一五八七）年　六月一九日

もにその活躍はめざましかった。その結果、大村純忠、大友義鎮、有馬晴信や摂津の高山右近のようなキリシタン大名が登場したほか、一五八二（天正一〇）年には信徒総数が約一五万人にのぼるなど、信仰の拡大をみた。信長がキリスト教を保護したのは、第一に彼が遠来の異邦人や西欧に関心を持ち、その新知識を取り入れようとする積極性を示したこと、第二に、ポルトガルとの貿易による鉄砲・火薬などの輸入の必要を認めたこと、第三に、キリスト教を比叡山や本願寺に対抗させ全国統一に利用しようとしたことなどの理由によると思われる。秀吉は政権を握ると、信長の例にならってキリスト教に好意を示したが、一五八七（天正一五）年、突然宣教師の国外退去を布告するとともに、各地の教会堂の破壊を命じ、翌年教会領となっていた長崎を没収して直轄領とした。

この史料は、秀吉によるバテレン（宣教師）追放令で、伊勢神宮文庫に伝わる「覚」と、九州の肥前を治める松浦家に伝わる「定」の二つをセットとして考察されることが多い。ただ前者の史料の通り、この法令はキリスト教の信仰そのものを禁止

主であった松浦家に伝えられる文書。元弘期から慶長期までの九七通で、南北朝期の軍忠状や秀吉の印判物がある。

してはいないことに注意が必要である。後者の内容にあるよう に、当時はキリシタン大名による領民の強制的な改宗や、信徒による寺社仏閣の破壊活動が起きており、むしろそれを規制する意味合いが強かった。前者の「覚」がなぜ伊勢神宮に伝わるのかについても、当時伊勢信仰が盛んだった九州で特にキリスト教の拡大が著しく、何らかの形で伊勢神宮がこの法令発布に関与した可能性も指摘されている。秀吉が宣教師追放令を出した直接のきっかけは、大村純忠が長崎をイエズス会に寄進したことや、ポルトガル船が日本人を奴隷として買い取っていたことなどで、それらのことが、秀吉の全国支配権を侵すものと考えたのであろう。ただし、秀吉は、史料中にもあるように貿易は奨励している。布教の厳禁に対して、貿易の奨励という分離策であったため、結果的には不十分なものであった。なお、秀吉の晩年にはキリスト教への弾圧も厳しくなり、一五九六（慶長元）年のサン＝フェリペ号事件に伴うキリスト教徒二六聖人殉教も起こった。

❷ 秀吉の侵略計画　★☆☆☆☆

1

それから（以下のように）語った。❶予も（伴天連らが一つのことに専心しているように、）すでに（最高の）地位に達し、日本全国を帰服せしめたうえは、もはや領国も金も銀もこれ以上獲得しようとは思わぬし、その他何ものも欲しくない。ただ予の名声と権勢を死後に伝えしめることを望むのみである。日本国内を無事安穏に統治したく、それが実現したうえは、この（日本）国を弟の美濃殿（羽柴秀長）❷に譲り、予自らは専心して朝鮮とシナを征服することに従事したい。それゆえその準備として大軍を渡海させるために（目下）二千隻の船舶を建造することに従事したい。なお予としては、伴天連らに対して、十分に艤装した二隻の大型ナウ❸を斡旋してもらいたい（と願う）。この外、援助を求めるつもりはない。

『フロイス日本史』

3　近世

安土・桃山

④防戦する朝鮮軍と民衆

解説

秀吉は、朝鮮・中国への侵略を遅くとも一五八五（天正一三）年には考え始めたという。この史料は一五八六（天正一四）年にイエズス会のガスパル＝コエリョらの一行が大坂城を訪ねた時の秀吉の言葉である。それによれば、秀吉は自己の名声を後世に伝えるために日本を弟の秀長に任せ、自らは朝鮮・中国の征服に専心するという。また、そのために二〇〇〇隻の船舶の建造を準備しているとし、イエズス会の宣教師に二艘の「ナウ」船（三本マストの帆船）の周旋を依頼しているのである。

しかし、朝鮮・中国への侵略が、秀吉個人の名誉欲、征服欲のみから発しているとは考えにくい。四国・九州の征圧、小田原征伐と、この前後には戦争が打ち続いており、また、各地の土豪・百姓にとってきびしいものであったに違いない太閤検地のような軍事的統一政権にとって、朝鮮・中国への新たな戦争が必要だったのである。

参考として示した史料は、一五八七（天正一五）年、肥後国の領主であった佐々成政の領内一揆について、増田長盛らが佐々成政の罪を安国寺恵瓊らに示したものの一部であるが、この中にも九州平定後の領主階級の目標とした「唐・南蛮国までも仰せ付けらるべし」と、侵略戦争によって領主階級が結束する有様が示されている。

参考

安国寺恵瓊ら宛増田長盛らの報告書（一五八七年）　★☆☆☆

一　唐・南蛮国迄も仰せ付けらるべしと思召し候の条、九州の儀は、五畿内同前二仰せ付けられ候はて叶はざる儀二候間、早速御人数遣わさるべく候へ共。……

十月十四日（天正十五年＝一五八七年）

安国寺
小早川藤四郎殿

❸ 秀吉の国割構想　★☆☆☆☆

1 大唐都へ叡慮❶うつし申すべく候。其御用意有るべく候。明後年❸行幸❹たるべく候。然者都廻の国十ケ国これを進上すべく候、其内にて諸公家衆、何も知行仰せ付けらるべく候。下ノ衆、十増倍たるべく候。……

1 大唐都　北京。
2 叡慮　日本の天皇。
3 明後年　二年後の一五九四（文禄三）年のこと。
4 行幸　天皇が外出すること。

増田右衛門尉　長盛（花押）
石田治部少輔三成（花押）
浅野弾正少弼長吉（花押）
『小早川家文書』

『前田家文書』

史料注　前田家文書　加賀藩主前田家に伝来した文書。中世から江戸時代に至る文書。

史料注　毛利家文書　長州藩主毛利家に伝来した文書。一二世紀から江戸時代に至る文書。豊臣政権の国内統一や文禄・慶長の役の史料も豊富。

探究9　なぜ、秀吉は朝鮮侵略を行ったか。

解説

一五九二（天正二〇）年三月、秀吉は肥前名護屋に兵を命じた（**文禄の役**）。朝鮮側の権力が集中していなかったことや、鉄砲の使用などによって緒戦では日本軍が勝利し、朝鮮の都漢城は一か月もたたないうちに陥落した。この史料は、秀吉がその報告を受け、関白の秀次にあてた征服後の国割方針である。天皇を北京へ遷し、秀次を明の関白とし北京周辺の一〇か国を与え、さらに公家や武士の知行地を一〇倍にするなどとしている。

日本軍はこの後、義兵として立ち上がった朝鮮民衆や明の援軍によって苦戦を強いられることになる。さらに戦線が北部に拡大しすぎたために半島南部の守備が手薄になったことで、李舜臣率いる朝鮮水軍に敗北し、対馬海峡の制海権を握られることにもなった。そのため明との講和を結び、一五九三（文禄二）年五月までに名護屋に帰った。しかし、この講和は正式なものとはならず、一五九七（**慶長二**）年二月秀吉は再び朝鮮出兵を命じた（**慶長の役**）。日本軍は苦戦し、戦争が泥沼状態に陥った翌年の八月に秀吉は死去した。この年のうちに日本軍は帰陣した。朝鮮侵略という無謀な企ては、朝鮮民衆に多大な損害を与えたのみならず、軍事動員された大名・武士・百姓らの不満を引き起こし、豊臣政権の没落を早めることになる。参考に示した秀吉の遺言は、六歳とまだ幼い嗣子秀頼を心配する気持ちがよく表れている。秀吉死後は、徳川家康らの五大老と石田三成らの五奉行によって政権は運営されてゆく。しかし、多大な犠牲を伴った朝鮮侵略の政策を進めた石田三成らへの諸大名の不満は強く、五大老・五奉行体制は不安定なものとなり、やがて一六〇〇（慶長五）年の関ケ原の戦いが起こる。

安土・桃山

参考　五大老への秀吉の遺言状　★☆☆☆☆

返々秀より事たのミ申候。五人のしゆたのミ申候。いさい五人の物ニ申わたし候。なごりおしく候。
以上。
秀より事、此かきつけしゆとして、たのミ申候。なに事も此ほかにわおもひのこす事なく候。かしこ。
八月五日　（一五九八年）
いへやす　（徳川家康）
ちくせん　（前田利家）
てるもと　（毛利輝元）
かけかつ　（上杉景勝）
秀いへ　（宇喜多秀家）
秀吉御判
『毛利家文書』

Spot

鼻の請取状——秀吉の朝鮮侵略

昨今の首代鼻九拾、慥に請取り申候。恐々謹言。
八月廿一日　（一五九七年）

この史料は、鍋島家文書中の慶長の役の際の鼻の請取状の一部である。秀吉は、首の代わりに鼻を切って送ることを命じ、判明する限り吉川氏一万八三五〇、鍋島氏一万九〇一に及んでいる。また、日本に連行された捕虜も二万から三万に及び、特に陶工の連行により有田焼や薩摩焼が始まった。朝鮮の建造物や文化財の破壊・略奪も著しく、朝鮮民族にとってこの侵略は「壬辰の悪夢」として深く心の傷となり残っていくのである。

3 近世

🔳5 桃山文化

❶ 北野の大茶会 ★☆☆☆☆

1 一、北野の森ニ於て、十月朔日より十日の間、天気次第、大茶湯成さるる御沙汰ニ付て、御名物共、御所持の名物の残らず相揃えられ、数寄執心の者に見せなさるべきため、御催なさる事。

一、茶湯執心においては、また若党・町人・百姓によらず、釜一、つるべ一（釣瓶）、呑物一、茶なきものは、こがしにても苦しからず候間、提げ来り仕るべき事。

5 一、座鋪の儀は、松原にて候間、畳二畳、但し、侘者は、とち付にても、いなはきにても（稲掃）苦しかるまじく事。……

一、斯くのごとく仰せ出さるるは、侘者不便に思召す義に候所に、今度罷出でざれば、向後において（今後は代用品である）、こがしをもたて候事無用との御意見の事に候。……

10 一、侘者においては、誰々遠国の者ニよらず、御手前にて御茶下さるべき旨、仰せ出され候事。

右

以上

『北野大茶湯記』

※色文字は重要語

1 北野　京都北野天満宮。

2 十月朔日より十日　一五八七（天正一五）年一〇月一日から一〇月一〇日。

3 若党　武士の従者。

4 つるべ　井戸の水をくみ上げる桶。

5 こがし　米や麦を煎って湯に入れて飲む茶の代用品。

6 松原　北野天満宮の森。

7 侘者　茶の湯の愛好者。

8 とち付　つぎのあたったボロ畳の意。

9 いなはき　稲掃筵。農事に使う粗末な筵。

10 御手前　秀吉自身がお茶をたてること。

史料注

北野大茶湯記　豊臣秀吉が一五八七（天正一五）年に催した北野大茶湯の記録。全一冊。

解説　桃山文化は、大名と豪商の文化であり、城郭建築・障壁画・南蛮文化等に特色を持つが、なかでも堺の町衆は、鉄砲製造・海外貿易等によって大きな権力を持っていた。それゆえに、織田信長も堺の今井宗久らを茶頭とし密接なつながりを保った。また、豊臣秀吉も千利休を重用し、利休はやがて政治上の権力をも持つようになる。ここに示したのは九州平定後に京都の北野天満宮周辺で秀吉が権力を誇示して催した北野大茶湯の際の高札である。北野天満宮の周辺には八〇〇を超える茶席が設けられたという。

安土・桃山

探究10　桃山文化の特色を述べよ。

史料注

❷露地草菴　茶庭、茶室のこと。

❶仏世界　仏教、特に臨済禅の教え。

南方録　利休の高弟南坊宗啓の著書をもとに福岡藩士立花実山が著した。利休の言を克明に伝え、茶道の本旨を伝える。

❷ 利休と侘茶　★☆☆☆☆

1

サテ又、侘ノ本意ハ、清浄無垢ノ仏世界❶ヲ表シテ、コノ露地草菴❷ニ至テハ、塵芥ヲ払却シ、主客トモニ直心ノ交 ナレバ、規矩寸尺式法等、アナガチニ云ベカラズ。火ヲヲコシ、湯ヲワカシ、茶ヲ喫スルマデノコト也。他事アルベカラズ。コレ則 仏心ノ露出スル所也。

『南方録』

解説

侘茶は、一五世紀後半に村田珠光によって始められ、堺の武野紹鷗を経て、千利休（宗易）によって大成された。利休は、一五二二（大永元）年に堺に生まれ、茶を紹鷗に学び、のちに織田信長の茶頭となった。信長没後は、秀吉に仕え、秀吉の側近政治にも関与し、政治・軍事上の機密にも通じていたという。

利休の侘茶は、この史料のように、禅を背景として小座敷・草庵での客との「直心の交り」を求めるもので、秀吉の黄金の茶室に代表される権力と富を誇示する方向とは、相対立するものであった。一五九一（天正一九）年、利休がかつて寄進をした大徳寺山門の利休木像が秀吉の怒りに触れ、切腹させられた。

❸ 阿国歌舞伎　★☆☆☆☆

1

このごろかぶき躍❶と云事有り。是は、出雲国神子女❷名ハ国、但シ、つかまつり仕り出シ、京都へ上る。縦ば異風なる男のまねをして、刀脇指衣装以下殊に異相に、彼の男茶屋の女と戯るる体有難く、京中の上下賞翫する事、斜ならず。伏見城へも参上し度々躍る。

『当代記』

史料注

❶このごろ　一六〇三（慶長八）年頃のこと。

❷出雲国神子女　出雲出身の巫女という意か。

当代記　一六世紀中頃〜一七世紀の政治・社会を記録したもの。

解説

阿国の生没年は不詳だが、一五八二（天正一〇）年春日大社の拝殿で「ややこ踊り」をした一一歳の「国」と推定される。出雲大社の巫女を名乗る阿国は、「出雲大社の巫女」の意で、一七世紀初頭には異様な行動や風俗を生み出した。一六〇七（慶長一二）年には江戸を訪れ、江戸城内で歌舞伎の勧請を行った。その後一六一三（慶長一八）年には阿国一座の消息が途絶え、以降の動向は不明である。「かぶき」とは「傾く」の意で、一七世紀初頭には異様な行動や風俗をした「かぶき者」が徳川家臣からも登場し、反社会的な行動を行う。阿国歌舞伎は幕藩体制による支配の成立への抵抗の先駆ともいえる。

3 近世

6 幕藩体制

① 武家諸法度（ぶけしょはっと）

★★★★★

🔖要点ナビ

元和令…幕府（徳川家康の指示。将軍秀忠の名で）から諸大名へ。
寛永令…幕府（将軍徳川家光）から諸大名へ。

（1）元和令

一 文武弓馬の道❶、専ら相嗜むべき事。……（第一条）

一 群飲佚遊❷を制すべき事。……（第二条）

一 法度に背くの輩、国々に隠し置くべからざる事。……（第三条）

一 国々の大名小名幷に諸給人❸、各々相抱ゆるの士卒❹、叛逆殺害人たるを告ぐる有らば、速やかに追い出すべき事。……（第四条）

一 諸国の居城、修補をなすといへども必ず言上すべし。況んや新儀の構営❺堅く停止せしむる事。……（第六条）

一 隣国において新儀を企て❻、徒党を結ぶ者これあらば、早く言上致すべき事。……（第七条）

一 私に婚姻を締ぶ❼べからざる事。……（第八条）

一 諸大名参勤作法の事❽。……（第九条）

※色文字は重要語

❶**文武弓馬の道** 学問武術の意味。

❷**佚遊** 好色、ばくち等のきままな遊び。

❸**給人** 本来は知行地（領地）を持つ大名家臣のことであるが、江戸時代には蔵米取のものも多い。

❹**士卒** 士はいわゆる武士、卒は足軽などの下級武士。

❺**新儀の構営** 新たに城を構えること。のち、広島城無断修築のかどで福島正則が改易された。

❻**新儀を企て** 先例のない新しい企ての意味で、ここでは幕府への反抗等のことをさす。

❼**私に婚姻を締ぶ** 諸大名が婚姻政策により同盟、連合を結ぶことを警戒したために規定された。

❽**参勤作法の事** 出仕の方法

通釈

一 学問・武術の修業にひたすら心がけて励むこと。
……

一 群れをなして飲食したり、好色やばくち等のきままな遊びをしてはならない。……

一 （幕府の）法令に違反した者どもを、領内に隠し置いてはならない。……

一 大小の大名、またその家臣たちのうちに、足軽などに、（前の主人に対する）反逆者や殺害を犯した者がいたならば、ただちに追放しなさい。……

一 諸国の居城を修繕する場合であっても、必ず届け出なければならない。まして、新規の築城は厳禁する。……

一 隣国（近隣の大名のなか）において徒党を結び、新たな企てをなす者があれば、速やかに届け出ること。……

一 （幕府に届け出ないで）ひそかに婚姻の縁組をしてはならない。……

一 諸大名が出仕する方法についてのこと。……

一 各領の武士たちは、倹約をしなければならない。……

一 （領地を支配する大名である）国主は、政治的才

江戸

3　近世

一　諸国諸侍さむらい、倹約けんやくを用ひらるべき事。……（第一二条）

一　国主は政務の器用を撰えらぶべき事。……（第一三条）

慶長けいちょう廿にじゅう年⑨卯う七月　　日

(2) 寛永令

一　大名だいみょう小名しょうみょう、在江戸交替こうたい⑪相あい定むる所なり。毎歳としの夏四月⑫中参勤さんきん致すべし。従者じゅうしゃの員数いんずう近来きんらい甚だ多し。且かつは国郡こくぐんの費ついえ、且は人民の労つかれなり。向後きょうこう⑬其そのの相応⑭を以もって之これを減少すべし。……（第二条）

一　知行所ちぎょうしょ清廉せいれんにこれを沙汰さたし、非法致さず国郡衰弊すいへいせしむるべからざる事。……（第一四条）

一　私わたくしの関所、新法しんぽうの津留つとめ⑮制禁せいきんの事。……（第一六条）

一　五百石以上の船停止ちょうじ⑯の事。……（第一七条）

一　万事ばんじ江戸の法度はっと⑰の如ごとく、国々所々に於おいて、これを遵行じゅんこうすべき事。（第一九条）

右の条々、当家先制⑱の旨むねに准じゅんじ、今度じ潤色このたびじゅんしょくしてこれを定め訖おわんぬ。堅かたく相守るべきなり。

寛永十二年⑲六月廿にじゅう一日（二十）　御朱印⑳

能のある者を（幕府が）選ぶべきである。……

慶長二〇（一六一五）年卯七月　　日

一　大小の大名は、国元と江戸に交代で居住するように定める。毎年夏の四月中に出仕し、（将軍に）拝はい謁えつしなければならない。その際のお供の者の人数が最近非常に多い。これは国元の出費、また領民の疲ひ弊へいとなる。今後は（各大名の家格）相応に減少しなさい。……

一　（各大名の）領地の支配は私欲なく公平に行い、領地の領民が疲弊しないようにしなさい。……

一　（幕府に無断で）ひそかに関所を設けたり、新たに法を作って港などで米などの移出を禁止することをしてはならない。……

一　五〇〇石積以上の船の建造を禁止する。……

一　すべて江戸（幕府）の制定した法令を領内各所において守り行うようにしなさい。

右の条々を徳川家が先に示した元和の（武家諸法度の）例に準じて今度作り直して定めた。厳守しなさい。

寛永一二（一六三五）年六月二二日

江　戸

の意味。参勤交代の規定は「寛永令」以降。

⑨慶長廿年　この年の七月一三日に元和と改元。発布の日は七月七日。

⑩在　在藩、在国など各大名の国元の意味。

⑪交替　参勤交代。

⑫夏四月　陰暦の夏は四・五・六月。

⑬向後　今後。

⑭相応　大名の格式、家格に応じての意味。

⑮津留　港などで他領への米などの移出を禁止すること。

⑯五百石以上の船　幕府は、一六〇九（慶長一四）年西国の大名に対し、五〇〇石積以上の大船の所有を禁止している。一六三八（寛永一五）年幕府は、荷船（商船）に限り五〇〇石積以上の大船建造を許可した。

⑰江戸の法度　幕府の制定した法令。

⑱当家先制の旨　元和の武家諸法度をさす。

⑲寛永一二年　一六三五年。

⑳御朱印　将軍の印。

史料注
御触書寛保集成　八代将軍徳川吉宗の命令で、一六一

3 近世

要点ナビ

幕府（将軍徳川秀忠）から朝廷・公家へ。

❶摂家　摂政・関白に任命される家柄。五摂家としての一条・二条・九条・近衛・鷹司の五家をさす。

❷器用　能力、学識。

❸三公　太政大臣・左大臣・右大臣のこと。

❹摂関　摂政と関白。

❺公家当官の外　官位令に規定される公家の官位とは別扱い。

❻改元　年（元）号を改めること。天皇一代に一年号（一世一元制）となるのは一八六八（明治元）年以降。

探究11

武家諸法度の元和令と寛永令の相違点は何を背景に生じたものか。

五年から一二二九年間の幕府の法令を評定所で編纂した重要史料。一七四四（延享元）年完成。

② 禁中並公家諸法度（きんちゅうならびにくげしょはっと）★★★★★

一　天子諸芸能の事、第一御学問也。……（第一条）

一　摂家❶たりといへども、其の器用❷無き者、三公❸摂関❹に任ぜらるべからず、況んや其の外をや。（第四条）

一　武家の官位は公家当官の外❺たるべき事。（第七条）

一　改元❻、漢朝の年号の内、吉例を以て相定むべし。但し、重て習礼相熟すにおいては、本朝先規の作法たるべき事。（第八条）

一　紫衣❼の寺、住持職、先規希有の事なり。近年猥り

通釈

一　天子が身につけるべきことは、学問をもって第一とすべきである。……

一　摂関家の者であっても、能力や才能のない者が太政大臣・左大臣・右大臣、摂政・関白に任命されることがあってはならない。ましてその他の家柄の者については言うまでもない。

一　武家に与える官位は、公家の官位とは別枠（定員外）のものとする。

一　年（元）号を改めることは、中国の（歴代の）年号のうちめでたい例を参考に定めるべきである。ただし、よくよく慣れてきたならば、我が国（日本）のこれまでのしきたりに従うこと。

一　紫衣を許された寺の住持職は、かつては極めてま

解説

一六一一（慶長一六）年四月、徳川家康は西国の大名から、翌年一月には東国の大名から三か条の誓紙をとり、源頼朝以来の武家の法式を守ること、謀叛人・殺害人を抱え隠しかぬことを誓わせに服すること。さらに、一六一五（慶長二〇・元和元）年七月、諸大名を伏見城に集め起草者金地院崇伝に読ませる形で、二代将軍徳川秀忠の名による武家諸法度（元和令）一三か条を発布した。一六三五（寛永一二）年の三代将軍徳川家光による「寛永令」は、第二条に参勤交代の具体的方法を規定し、諸大名の江戸在府と交替の時期を明記した。以後、ほとんどの大名は隔年での参勤交代を義務づけられ、それが大名の財政窮乏の一因ともなってゆく。また、第一七条に五〇〇石積以上の大船の建造禁止など新しい簡条を追加して全文一九か条となり、ここに大名統制の根本法典としての武家諸法度は一応完成した。大船建造禁止は大名の水軍力削減という側面を持っており、幕府による外交・貿易統制政策としての「鎖国」体制を反映するものとなってゆく。武家諸法度は、これ以後、七代将軍家継と一五代将軍慶喜を除くすべての将軍の代替りごとに、諸大名を江戸城内に集めて申し渡すことになり、若干の改定がされつつ繰り返し公布されていく。

『御触書寛保集成』（おふれがきかんぽうしゅうせい）

江戸

3 近世

⑦紫衣　勅許によって着用を許される紫色の法衣・袈裟のこと。

⑧臈次　僧侶が受戒後、修行を積んだ年数により決められる序列。

⑨戒臈　受戒後の修行。

⑩入院　僧侶が住職となること。

史料注

御当家令条　私撰の江戸幕府法令集。一五九七（慶長二）～一六九六（元禄九）年までの法令を収める。

に勅許の事、且は臈次⑧を乱し且は官寺を汚す。甚だ然るべからず。向後においては、その器用を撰び、戒臈⑨相積み、智者の聞こえあらば入院⑩の儀申沙汰あるべき事。（第一六条）

慶長廿年乙卯七月日

『御当家令条』

解説

朝廷は政権を武家に奪われ、政治上ほとんど無力であったが、なお伝統的な権威を持ち、ともすれば反幕勢力に利用される恐れがあった。このような朝廷に対し幕府による統制政策がはっきりと成文化されたのが、一六一五（元和元）〔七月一三日に慶長二〇年から元和元年に改元された〕年七月一七日二条城で制定された《武家諸法度に遅れることわずか一〇日》禁中並公家諸法度である。禁中並公家御条目ともいう。これも金地院崇伝の起草になり、全一七条。その一条は、当時の伝統にのっとり天皇を政治から遠ざけてその職務をわきまえるために学問に専念させようとしている。ほかに宮中席次、年（元）号の制定、公家の服装などについて定めゆく。

め、さらに三公摂関の任命はまず幕府の同意を要することとし、かつ朝廷がみだりに僧侶に官位を与えることを抑制している。また、武家の官位については、すでに一六〇六（慶長一一）年に幕府の推挙によって叙任されるべきものとなり、一六一一（慶長一六）年には定員外となっていたが、この禁中並公家諸法度で改めて確認され、まったく朝廷の権限外のものとなってしまった。このような幕府による朝廷への干渉は「本朝代々の将軍家において前代未聞のこと」と世人を驚かしたほど厳しいものであり、朝廷方の強い不満となってのちの**紫衣事件**にもつながってゆく。

れにしかなかった。近頃、頻繁に紫衣が授けられている。これは、一方では僧の序列の秩序を乱し、他方では官寺の名を傷つけるものであり、極めてよろしくないことである。今後は、その能力や人徳を吟味し、十分な修業を積み、学識の高い僧があったら寺の住職を許可するようにしなさい。

慶長二〇（一六一五）乙卯年七月日

要点ナビ

幕府（将軍徳川家綱）からすべての寺院へ。

❶諸宗寺院法度　宗派を越えたすべての寺院を対象に、一六六五（寛文五）年に四代将軍家綱によって発布された全九条の法度。

❷法式　僧侶の守るべき事項等を定めた規約。

❸ 諸宗寺院法度❶　★☆☆☆☆

定

一　諸宗法式❷相乱すべからず。若し不行儀の輩これあらば、急度沙汰に及ぶべき事。（第一条）

一　一宗の法式を存ぜざる僧侶は、寺院住持となすべからざる事。附、新儀を立て奇怪の法を説くべから

通釈

定

一　諸宗派が定めた規則を乱してはならない。もしこの規則に従わない者があれば、必ず処罰すること。

一　一宗派の規則を知らない僧侶を、寺の住職にしてはならない。並びに、新たな教義をもって、怪しげな

3 近世

江戸

❸ 本末　本山・末寺のこと。宗派ごとの本山にすべての末寺を従属させる。本山は本寺ともされる。家康によって一六一五（元和元）年までには各宗派の本末関係に関する法度が公布された。

史料注

徳川禁令考　一八九四（明治二七）年、明治政府の司法省編纂になる江戸幕府の法令集。政治、経済などの重要史料。

探究12

幕府の宗教統制政策の特徴は何だと考えられるか。

ざること。（第二条）

一　本末の規式❸はこれを乱すべからず。縦（たと）へ本寺たりといへども、末寺に対し理不尽（りふじん）の沙汰あるべからざる事。

（第三条）

『徳川禁令考（とくがわきんれいこう）』

一　宗派の本山（本寺）・末寺に関する規則を乱してはならない。たとえ本寺（本山）であっても、末寺に対し道理に反する命令を下してはならない。

教えを説いてはならない。

解説

仏教教団の統制については、一六一五（慶長二〇・元和元）年までに各宗派の本山・本寺や奈良、京都の大寺に寺院法度が出されていた。これによって各宗派が中世に保持していた強大な権限を奪い取り、また、すべての寺が本山・本寺に従属するという本末制度が成立したのである。すべての宗派に共通する法令が出されたのは、ここに示した

四代将軍家綱が一六六五（寛文五）年七月一一日に発布した諸宗寺院法度（しゅうじいんはっと）が初めてである。本末制度の確立によって、幕府の寺院統制の基本となってゆく。また、この法令は以後の幕府の寺院統制を通じた寺院統制の基本となってゆく。また、同年同月には、神社統制についても各神社共通の法度として「諸社禰宜神主法度（しょしゃねぎかんぬし）」が発布されている。

Spot

紫衣事件（しえ）

後水尾天皇はかねがね幕府の干渉に強い不満を持っていた。幕府が朝廷と婚姻関係を結ぼうとして、一六二〇（元和六）年秀忠の末子和子を天皇の女御として強引に入内させた時、天皇は怒って譲位を決意したほどであった。

事件は一六二七（寛永四）年に起こった。朝廷はかねてから収入源の一つとして紫衣勅許を行っていたが、天皇の時公家諸法度・寺院諸法度の規定を破って幕府の許可なく僧侶十数人に紫衣着用の勅許を与えた。たまたま一六二六（寛永三）年前将軍秀忠上洛の時それが明らかになり、遂に翌年これらの紫衣や上人号を無効とし所司代に再選考を命じた。怒った天皇の抗議や、大徳寺の沢庵らの訴状も一切無視し、一六二九（寛永六）年沢庵は紫衣をはがれて出羽へ流され、七〇余人の上人号と紫衣が剥奪された。続いて家光の乳母春日局が無位無官の身ながら朝廷に参内したことは幕府の横暴を一層明らかにし、遂に天皇は譲位して興子内親王がわずか七歳で皇位についた（明正天皇）。「葦原よしげらばしげれおのがまま、とても道ある世にあらばこそ」天皇は幕府に対する憤りをこの歌に託したのである。

3 近世

❼ 幕府の農民統制と女性の地位

❶ 為政者の農民観　★☆☆☆☆

百姓は天下の根本也。是を治めるに法あり、先ず一人一人の田地の境目をよく立て、さて一年の入用作食をつもらせ、其余を年貢に収むべし。百姓は財の余らぬやうに、不足なきやうに、治むること道なり。又九月十月の間に、国の中の道橋を造営して、古の聖人の法なり。斯の如く収める時は過不及なし。此外に少しも民をつかふべからず。又田地になき米をとり、横役に懸て、百姓つかる、時は、田にこえをする力なく、田畠をかへす事も半作成に依て、物成あしく、此故に国つかれ民亡び、天下国家の費一倍二倍にあらず。百姓は飢寒に困窮せぬ程に養ふべし。豊なるに過れば、農事を厭ひ、業を易る者多し、困窮すれば離散す。

『本佐録』

東照宮上意に、郷村の百姓共は死なぬ様に、生きぬ様にと合点致し、収納申付様にとの上意は、毎年御代官衆、支配所へ御暇賜ふ節、仰せ出されしと云へり。

『昇平夜話』

家中士共、百姓計ヲ大切ニ仕、士共ヲハ有なしに仕候と申由ニ候。扨々愚知千万なる義二候。夫年当年士共迷惑仕候ハ百姓のならざる故とハ不ㇾ知候哉。米ノ出来て君臣町人ともニやしなハる丶ハ、民か蔵なる事を不ㇾ存候哉。此の如く民ニ力ヲ尽スハ、当暮より士共ニ物成能とらせ、町人もうり物をしてすき、飢ふちをやめ申すべくためニて候。

『池田光政日記』

江戸

※色文字は重要語

❶法　治めるこつ。

❷田地の境目　検地で決定された各人の所持田畑の境界。

❸立毛　生育中の稲のことであるが、ここでは収穫量を調べる検見をさす。

❹横役　無理な課役。

❺物成　作物の収穫。年貢。

❻東照宮　徳川家康を祀った神社のことであるが、ここでは家康のこと。

❼代官　直轄地（幕府領）に派遣され、年貢収納等の支配を行う役人。

❽当暮　その年の暮れ。

史料注

本佐録　家康に仕え、秀忠に近仕した本多佐渡守正信の者と伝えられ、書名もその者の名に基づくが、正信の著かどうか不明。将軍に政事のあり方を、現実の武士社会に即しつつ示した教訓書。

昇平夜話　越後長岡藩の儒者高野常道が一七九六（寛政八）年頃に書いたもので、江戸時代の制度、儀礼、慣習及び政治社会の諸問題に

3 近世

池田光政日記　岡山藩主池田光政の日記。一六三七（寛永一四）年～六九（寛文九）年までの約三一年間の日記。

解説

為政者の農民観として有名な言葉には、ここにあげた『本佐録』の「百姓は財の余らぬように、不足なきやうに、治むること道なり」と、家康のものとして伝えられる「百姓共は死なぬ様に、生きぬ様に」して年貢を納めさせよの二つがある。農民の生産物を最大限に収奪するためにそのような発言が出たことは十分考えられる。

しかし、武士たちが農民を単なる年貢収奪の対象としてのみとらえていたと考えるのは間違いであろう。本佐録で言及されている百姓経営についてのこと細かな気配りや農民を不法に使役することへの警告は注目に値する。また、岡山藩主池田光政の日記は、大水害に際しての民政優先策について一六五五（承応四）年に全家臣に説明したものであるが、百姓経営が成り立たなければ、武士や町人（工商）の生活も成り立たないことを諭している。このように、武士階級のなかから、農民の生活が成り立つようにすることが武士身分の任務であるという考え方もでてきている。武士の恣意的な収奪をおさえる意識があったことが、近世幕藩体制とそれ以前の社会との大きな違いといえよう。

語注
1 身上　財産のこと。
2 身体　身代に同じか。身上と同意語。
3 沽却　売却すること。
4 向後　今後。
5 御仕置　処罰すること。
6 牢舎　牢獄に入れること。

❷ 田畑永代売買の禁止令　★★★☆☆

要点ナビ
幕府（将軍徳川家光）から農民に発令。一八七二年に法令を撤回。

(1)田畑永代売買の禁止令

一　身上① 能き百姓は田地を買い取り、弥宜く成り、身体②成らざる者は田畑沽却③せしめ、猶々身上成るべからざるの間、向後④田畑売買停止たるべき事。

『御触書寛保集成』

(2)田畑永代売買御仕置⑤

一　売主牢舎⑥の上追放⑦。本人死候時は子同罪。

通釈

一　財産を持っている百姓は田地を買い取り、ますます財産持ちになっていく。財産のない百姓は、（困窮により）田畑を売却してしまい、ますます貧窮になってしまう。それゆえ、今後は田畑の売買は禁止する。

一　売り主は牢獄に入れた上追放。本人死亡の際は子

江戸

3 近世

⑪大積り　おおよその見積も

⑦追放　居住地から追放される刑罰。田畑、屋敷、家財なども没収された。

⑧過怠牢　牢に数日間入牢させられる禁固刑。

⑨地頭　江戸時代には、知行所(領地)を持つ旗本をさす。

⑩頼納買　頼納(らいのう)ともいう。質入人が質入地の田畑にかかる年貢を負担する質入れの形式。質取人は無年貢地を持つことになる。頼納買では、質入人は通常より多くの金を借りることができた。

一　買主過怠牢⑧。本人死候時は子同罪。但し、買候田畑は売主の御代官又は地頭え之を取上ぐ。

一　証人過怠牢⑨。本人死候時は子に構なし。

一　質に取候者、作り取りにして、質に置候ものより年貢相勤め候得ば、永代売同前の御仕置。但し、頼納買⑩といふ。

右の通り、田畑永代売停止の旨仰せ出され候。

『徳川禁令考』

解説

この二つの法令は、一六四三(寛永二〇)年三月に発令された田畑永代売買の禁止令とその罰則規定である。当時、田畑の売買方法には年季売、本物返(本銭返)・永代売の三種があった。前二種は売り主が土地の所有権を留保している売買方法であり、一定の条件で土地を再び取り戻すことができるものである。この法令によって永代売買は禁止されたが、これは土地の売買により農民層の貧富が広がり、零細農が多くなって百姓経営が成り立たなくなり、ひいては年貢収入の減少につながることを防ごうとしたものである。田畑売買に関するこの厳しい罰則にもかかわらず、現実には質入れや質流れによる実質的な土地の永代売買は行われていた。幕府もこの傾向を認めざるを得なくなり、一七四四(延享元)年には罰則規定を大幅に緩和し、売り主・買い主にはともに過料(罰金刑)、証人は叱(叱責)のみとなって、事実上は田畑永代売買の禁止令の禁止は撤回されたとみてよい。ただし、正式に撤回されるのは一八七二(明治五)年になってからである。

通釈

一　買い主は入牢とし、本人死亡の際は子供を同罪とする。ただし、買った田畑は売り主の代官あるいは領主が没収する。

一　(売買の際の)証人となったものは入牢とし、本人死亡の際、子供は処罰しない。

一　田畑を質に取った者が、その田畑を耕作したすべてを収入とし、質入れした者がその田畑に課される年貢を負担する場合は、永代売りと同様の処罰とする。(このような質入れを)頼納買という。

右のように、田畑永代売りの禁止をお命じにならなれた。

❸ 分地制限令 ★★★☆☆☆

(1)寛文一三(一六七三)年令
一　名主百姓、田畑持候大積り⑪、名主弐拾石以上、百姓

通釈
一　名主や百姓が所有する田畑は、おおよそ名主は二

江戸

り。　概算。

は拾石以上、それより内に持候者は石高猥りに分け申間敷旨御公儀様より仰渡され候間、自今以後❸其旨堅相守申すべき旨仰付けられかしこみ奉り候。若相背申候はば、何様の曲事❹も仰付けらるべく候事。

『憲教類典』

(2)正徳三（一七一三）年令
田畑配分の儀御書付
高拾石❺　　地面壱町❻
右の定より少く分候儀停止たり。尤分方に限らず、残高も此定より少し残すべからず。然る上は弐拾石地面弐町より少き田地持て、子供を初、諸親類の内え田地配分相成らず候間、厄介人❼これある者は在所にて耕作の働にて渡世いたさせ、或は相応の奉公人❿差出すべき事。

正徳三巳七月

(3)享保七（一七二二）年令
一　百姓田畑配分定の事、高は拾石、反別は壱町歩より内所持のものは割分べからず。前々より拾石の内田地持ものは、配分御制禁たりといへども、近来密々

『新選憲法秘録』

❷御公儀　幕府。
❸自今以後　今後。
❹曲事　処罰。
❺高拾石　石高一〇石。
❻地面壱町　面積一町。
❼厄介人　相続者以外の次男、三男らをさすか。
❽在所　在方、農村のこと。
❾渡世　稼業、生計を営むこと。
❿奉公人　武家や商家、または裕福な農家などに住み込みで勤める人。

史料注
憲教類典　慶長から寛政期にかけての幕府の法令を幕臣の近藤重蔵（守重）がまとめた私撰の法令集。一七八九（寛政元）年着手し、一七九八（寛政一〇）年完成。一七九八年若年寄堀田正敦の命令により、幕府に献上された。近藤はこの後、

○石以上、（名主以外の）百姓は一〇石以上であり、それより少ない田畑を持っている者は、みだりに土地を分けてはいけないと幕府から命令が出されました。今後はその旨を堅く守るようにとのことつつしんで承知しました。もし、この命令に背くことがあればどのような処罰もお受けします。

田畑配分についての規定
石高一〇石　土地の面積一町歩
右の規定を下回る土地（面積）の分割は禁止である。ただし、どのような分割の方法をとったにしても、（分割後の）残った高もこの定めを下回ってはならない。それゆえ、所持高二〇石、所持面積二町歩より少ない田地の所持者は、子供や親類の者に田地を分配してはならないので、面倒を見ている者がいたら、居住する村で耕作に従事させて生計を立てさせたり、あるいはしかるべき奉公に出しなさい。

正徳三（一七一三）年巳七月

一　百姓が持つ田畑の配分について、石高は一〇石、面積は一町歩より少なく持っている者は分配してはならない。前々から一〇石より少ない田地を持つ者は幕府が分配を禁じているが、近年秘密裏にみだり

3
近世

江戸

25

最上徳内らと択捉島の探検を行う。

新選憲法秘録　幕府の法令を集めた編さん物。子の巻から亥の巻までの一二巻で構成される。
徳川禁令考　二二三頁参照。

探究15
分地を制限した理由を述べよ。

史料注
徳川禁令考　二二三頁参照。

※近年「田畑勝手作りの禁」がそもそも存在しなかったことが提起されている。

1田畑勝手作りの禁　ここでは幕府の一六四三（寛永二〇）年の郷村への触れからの一部を示す。

解説

猥に相分け候。由相聞候。自今拾石壱町歩の外に余分を配分すべし。此定より少し残すべからず。是より内所持のものは配分御停止に候間、厄介人有のものは、同所にて耕作の働仕り、渡世いたさせ、又は相応の奉公に差し出すべき事。

享保七年寅十一月

『徳川禁令考』

に土地を分配していると聞く。今後は石高一〇石、土地の面積が一町歩を超えた分を分配しなさい。（元の百姓の土地は）この定めより少なくなってはならない。これより少ない所有者は分配を禁じているので、面倒を見ている者がいたら、居住する村で耕作に従事させて生計を立てさせたり、あるいはしかるべき奉公に出しなさい。

享保七（一七二二）年寅十一月

解説

史料前半で幕府は、名主と一般の百姓に分けて、所持すべき田畑の標準石高を示し、それより少ない田畑を持つ者はみだりに土地を分配することを禁じている。内閣文庫本（国立公文書館蔵）を底本としたが、年月は「延宝元丑年六月」と記載されている。一六七三年は九月に寛文一三年から延宝元年に改元されたので、本来は「寛文十三五年六月」と記載されるべきものである。

持高一〇石以下の百姓の分地が制限されているのは、百姓が年貢を負担することが可能であり、かつての経営を維持できる一応の基準とされたのであろう。しかし、この規定だけでは分

地後の持高が一〇石以下になることもあり得る。そこで一七一三（正徳三）年に、所持高二〇石、面積で二町歩より少ない田地の所持者は分地ができないとし、分配した残りも石高一〇石以上で、面積は一町歩以上の余りが必要である点を加えた。一七二一（享保七）年には一〇石一町歩以上の土地所有者はその超えた分の土地を分配してよいとし、規制を緩和している。

この分地制限令は、相続等の際の分地によって耕地が分割され、百姓の経営が成り立たなくなること、さらには零細農民の増加によって年貢負担ができなくなることを防止するためのものであった。

参考

田畑勝手作りの禁 1　★☆☆☆☆

一　来年より御料私領共二、本田畑にたばこ作申間敷旨、仰せ出され候、若し作候ものハ、自今以後新田畑を開き作るべき事。

一　田方二木綿作申間敷事。

一　田畑共二油の用として菜種作申間敷事。

『徳川禁令考』

解説

右に示した条文は、一六四三（寛永二〇）年八月二六日に出された「郷村御触」二二条のうちの三条である。たばこの本田畑への作付けは禁止するが、新たに開墾した土地への作付けは可能であること、水田への木綿の作付けは

3 近世

江戸

註

※「慶安の触書」は近年、存在が疑問視されている。

❶公儀御法度 公儀は江戸幕府、御法度は法令のこと。

❷地頭 江戸時代には知行地を持つ旗本をさす。

❸代官 直轄地(幕府領)に派遣された役人。

❹組頭 名主の補佐役人。

❺おはた 苧機か。青苧からとった糸で機を織り衣料を作ること。

❻物まいり 寺社等に参拝すること。「物詣で」のこと。

❼遊山すき 遊山好き。遊山とは桜狩り、紅葉狩り、きのこ狩りなどの行楽。

❽身持をかせき 働いて家計を助け、財産を作ること。

❾慶安二年 一六四九年。

禁止、田畑へ油を絞る目的で菜種を作付けすることを禁じている。これは寛永の大飢饉という緊急事態に際して、食料増産と年貢確保のために出されたものである。

この三条は長らく「田畑勝手作りの禁」の法令として取り上げられてきたが、近年「田畑勝手作りの禁」はそもそも存在しなかったことが提起されている。

最近の研究から、江戸幕府は商品作物一般に対する継続的かつ体系的な作付制限令を出したことはないこと、「勝手作」という言葉も作付制限をするために使用していないこと、商品作物を田畑に勝手に作ることに対して制限を加えるという領主側の意図も確認されていないことが明らかにされた。

📖参考 ※慶安の触書 ★☆☆☆☆

一 公儀御法度❶を怠り、地頭❷代官❸の事をおろそかに存ぜず、さて又名主組頭❹をば真の親とおもふべき事。

一 朝起をいたし朝草を苅り、昼は田畑耕作にかゝり、晩には縄をなひたはらをあみ、何にてもそれぐゝの仕事、油断なく仕るべき事。

一 酒茶を買ひ、のみ申間敷候、妻子同前の事。

一 百姓ハこへはい、調置候儀専一二候間、せっちんをひろく作り、雨降り候時分水入れざる様二仕るべし。

……

一 百姓は分別もなく末の考もなきものに候故、秋になり候へば、米雑穀をむさと妻子にもくはせ候。いつも正月、二月、三月時分の心をもち、食物を大切に仕るべく候には、雑穀専一に候間、麦・粟・稗・菜・大根、其の外何にても雑穀を作り、米を多く喰つふし候はぬ様に仕るべく候。……

一 男は作をかせき、女房ハおはた❺をかせき夕なべを仕り、夫婦ともにかせき申すべし。然は、みめかたちよき女房なりとも、夫のことをおろかに存じ、大茶をのみ、物まいり❻、遊山すき❼する女房を離別すべし。

……

一 百姓は衣類の儀、布・木綿より外は、帯・衣裏にも仕る間敷事。

一 多葉粉のみ申間敷候。是は食にもならず、結句、以来煩に成るものに候。其の上、隙もかけ代物も入り、火の用心もあしく候。万事に損成ものに候事。

右の如くに物毎念を入れ、身持をかせき❽申すべく候。……年貢さへすまし候へば、百姓ほど心易きものはこれなく、能々此趣❾を心がけ、子々孫々まで申伝へ、よくよく身持をかせき申すべきもの也。

慶安二年丑二月廿六日

『徳川禁令考』

史料注　徳川禁令考　二一三頁参照。

解説　一六四二（寛永一九）年と翌年の全国的な大飢饉を経て、幕府は、年貢収奪から農業経営維持へと農民政策の重心を移していったが、その集大成がこの「慶安の触書」とされている。農民生活全般にわたって、こと細かに干渉する内容となっているが、一六四九（慶安二）年に、幕府法としてこの形の触書が出されたことは、ほぼ否定されている。近年の研究によれば、甲斐（山梨県）から信濃（長野県）にかけて流布していた地域的な教諭書をもとに、甲府藩で一七世紀に触書が発令された。それが一九世紀になってから「慶安の触書」として美濃国岩村藩で木版印刷され、全国に広まったとされる。さらに、明治時代になって活字印刷の『徳川禁令考』に収録されたことが、「慶安の触書」の知名度を高め、全国的な幕府法という認識の定着を促したと考えられている。

---

❹　五人組帳前書　★☆☆☆☆

一　兼て仰せ出され候通り、大小の百姓五人組を究置き、何事によらず、五人組内にて、御法度相背き候儀は申すに及ばず、悪事仕り候者これ有り候はば、其の組より早速申上ぐべく候。もし隠しおき、脇より（五人組以外の者から訴え出ること）申出候はば、其者には品により❶御褒美下され、其の組の者、名主共に曲事❷に仰せ付けるべき旨、畏み奉り候。

一　……壱人身の百姓、煩（病気であることが確かで）に紛れなく、耕作罷りなり候はざる時は、五人組は申すに及ばず、一村の者共寄合い田畑仕付け❸、収納仕り候様に相互に助合い申すべき事。

『徳川禁令考』

解説　江戸時代の五人組の祖型は、すでに大化改新後に置かれた五保の制に認められ、江戸時代における庶民、なかでも年貢負担者である農民を対象とした統制のために設けられた末端機構である。制度として整備をみたのは寛永年間（一六二四〜四四）のことであった。五人組としての責務は、相互検察・連帯責任制にあった。この史料は五人組帳と呼ばれる帳面に記された前書で、通常五〇カ条前後からなり、領主が庶民の日常生活万般にわたり微細に規定したものである。毎月または年数回、町・村役人が五人組寄合で読み聞かせて周知徹底を期し、また寺子屋の教材として儒教精神の浸透に利用された。江戸幕府の農民支配の本質を理解する上で重要な史料である。

探究16　五人組は何を目的にしてつくられたものか。

史料注　徳川禁令考　二一三頁参照。

❸仕付け　田植、植え付け。

❷曲事　正しくないこととして刑罰を加えるの意。

❶品により　軽重の程度に応じての意。密告したことの

3 近世

江戸

国文学研究資料館蔵

⑤ 離縁状　★☆☆☆☆

離縁状之事

1
一此きん善兵衛殿平八殿両人 媒を以
我等妻貫受候 処此度不埒
付離縁致候 然上向は
後何方江縁付候とも
5
差構無之 仍如件

清兵衛印

解説

離縁状は、「三行半」とも言われるが、江戸時代の
離婚は、原則的には夫の専権事項とされてきた。し
かし妻の再婚を認める内容も見られ、その実態には諸説ある。
妻の側からは、例えば縁切寺（駆込寺）である鎌倉東慶寺等へ
の駆け込み、二四か月勤めることで離婚が成立することもあった。
しかし、離縁状は建前であり、実際は、妻の側が家を出てしまっ
たり、協議によって離婚が成立したりしていた。

通釈

離縁状の事
一つ　現在、善兵衛殿と平八殿の両名の媒酌によっ
て妻をもらい受けておりますが、今度不届きな事態が
ありましたので、妻とは離縁いたします。つきまして
は、今後妻がどなたと縁組みしても一向に構わないこ
とを明確にいたします。

清兵衛印

Spot

年貢は重かったか?!

重い年貢に苦しみ、ついに百姓一揆に立ちあがる農民た
ち。こんなイメージでみられる江戸時代の農民たち。でも、
本当に年貢は重かったのであろうか。次に示すのは一八世
紀後半の長野県松本市近郊のある村の一筆の土地の石高で
ある。

(1)　外川原田下々田七畝二一（歩）　高一石一合
(2)　一二石　外川原田

(1)は領主の把握した（検地以来の）石高である。(2)は農民の
私的な経営簿に記された石高である。(2)の方が実際の生産
量に近い数値であることは言うまでもない。このように、
江戸時代の中期以降になると、収穫量は増大し、かつ領主
側には増加した分を把握できないことが多くなる。年貢も
中期以降はほぼ固定された額となり、享保改革等の政策
も年貢を微増させたにとどまる。こういった生産の上昇を
庶民が自分たちの側につかむなかで庶民文化が発展し、ま
た新たな社会構造を必要とさせたのである。

8 宗門改めと寺請制度

❶ 宗門改帳 ★☆☆☆☆

一　差上申一札之事❶

一　耶蘇宗門今以て密々にこれ在る間、処々より捕来り候に付、不審成ものこれ在らざる様、面々領内えも申し付けられるべき事。

右御書付の通り、御改めの郷中御穿鑿仰せ付けられ候に付、名主・百姓・妻子・下人は申すに及ばず、寺社方同宿・沙弥・弁道心者❹・虚無僧❺・山伏❻・浪人等まで地借❼・店借残らず相改め候処、疑敷もの御座なく、若し吟味致さず耶蘇宗門の訴人脇より罷り出候はゞ、名主・五人組如何様の曲事にても仰せ付けらるべく候。……（以下、村方三役の署名あり）

一　浄土宗桂林寺旦那

		名主	半左衛門	三十八歳
		女房	たよ	三十六歳
		忰	藤五郎	十六歳
		母	たみ	五十八歳
		弟	虎吉	弐十九歳

〆て五人内男三人　女弐人

一　浄土宗桂林寺旦那

		組頭	要八	六十九歳
		女房	たつ	五十四歳

※色文字は重要語

❶差上申一札之事　これは一八二二（文政五）年の相模国大住郡堀斎藤村宗門改帳である。最初に村方三役の誓詞があり、次に旦那寺の宗派・寺院別に各家族の人別に名前、年齢等が記され、最後にキリシタンでないことを確認して、村方三役が署名し、代官所に提出した。

❷耶蘇宗門　キリスト教。

❸沙弥　仏門に入ったばかりで比丘の資格を得ていない少年僧。

❹道心者　在家で仏道を行う者。

❺虚無僧　普化宗の有髪の僧で尺八を吹き、諸国を行脚した。

❻山伏　修験道の修験者で、山中に起居して修行したので、山伏と呼ばれた。江戸時代には天台宗系の本山派と真言宗系の当山派に分かれ、村人の日常的な宗教生

活に大きく寄与した。

7 地借　地所を借りている人。

8 店借　借家人のこと。

9 曲事　正しくない事柄のことであるが、ここでは処罰するの意。

1 旦那　施主、仏家が財物を施与する信者を呼ぶ称。檀家に同じ。

2 文化十二　一八一五年。

3 松城御領分　長野県更級・水内郡を中心とした松代藩領のこと。

探究17　宗門改帳の記載事項から、幕府は何を把握しようとしたのか。

② 寺請一札 ★ ☆☆☆

一　越後宮川宿弥之七・儀中次・太七右三人の者、代々浄土真宗当寺旦那ニ紛れなく候。右三人は大工職家業として其の御地へ罷越申候。若し病死等これ有り候ハバ御作法の通御取斗ひ下さるべく候。後日の為、一札件の如し。

（証文は前文に書いた通りです。）

文化十二亥正月

松城御領分羽尾村御役人御衆中

越後柏崎浄土真宗浄願寺印

『長野県千曲市戸倉塚田清志氏所蔵文書』

〆四人内男二人　　忰　松五郎　三十弐歳

女二人　　嫁　もと　弐十七歳

（以下一三軒省略）

『東大史料編纂所所蔵史料』

解説　キリスト教禁教政策の一環としてとらえられたものの一つに、宗門改めがある。宗門改めは、すべての武士、農民、町人らがキリシタンでないことを確認させるため、幕府・諸藩ともに宗門改役を置いて取り締まりにあたった。その際に宗門改帳（宗旨人別帳）を作成する。宗門改帳では、すべての者が必ず所定の檀那寺に所属してその檀家となり、一人別に登録される。これは村別に作られ、また一村内においては宗旨別に作られた。その記載内容を見ると、詳細な戸籍といえる。制度的には寛永期頃から整えられ、一六六五（寛文五）年に幕府が諸藩に命じ、全国的に作成されるようになった。こからは村の人口や出生・死亡・移転・奉公人の情報がわかるので、村社会の様子を知るために重要な史料である。

ここに示した寺請一札は、出稼人に関する「寺請証文」で、柏崎（新潟県）の浄願寺が松代領（長野県）に働きに出た三人の大工が檀家であることを証明した一種の身分証明書である。この寺請制度は、一八七一（明治四）年に廃止されるまで続き、同年に宗門人別帳は戸籍へと引き継がれた。

9 江戸初期の外交

① 糸割符制度の成立 ★☆☆☆

> **要点ナビ**
> 幕府が中国産生糸の取引を統制。

江戸

一　慶長八癸卯年[1]、南蛮船[2]に諸色の荷物数多積渡り、就中白糸[4]大分に持渡る。早速、商売せむべきの処、其の此までは世上しつぼくにして、糸の類わづか宛用い候。沢山に持渡るに付、曽て白糸買う人これ無く二年滞留す。其の節奉行小笠原一庵方え[6]、異国人共より此度持渡り候白糸、買う人共に相応の直段に是非はらひ度きの由願申す。一庵方より右の旨江戸え窺ひ、時に御意として仰せ付けられ候は、異国人積渡す所の白糸、商売仕[7]らず其のまゝ積返し候はゞ、以来今後は絶対に持ってこないであろう。諸国の商人共え相触れ、夫々の分限に応じ買い取るべき由仰せ出され、これに依じょ京・堺・或は近国の商人長崎にありあふ者共に、分限に応じ割り付け買い取らせられ、異国人商売致し帰帆せしむ。……

一　権現様[9]御代、慶長九甲辰年[10]五月、京、堺、長崎三ヶ所へ、始て唐船白糸割符仰せ付けられ候割賦[ふ]。

　顕糸百丸[12]　京、同百二十丸　堺、同百丸長崎

右の節、本多上野介、板倉伊賀守[14]判在り、左の通り、

　黒船着岸の時、定め置年寄共、糸ノ直いたさゝる以前に、諸商人長崎へ入るべからず候。いとの直相定め候上は、万望み次第商売致すへき者也。

慶長九年五月三日

『通航一覧』

※色文字は重要語

[1]慶長八癸卯年　一六〇三年。

[2]南蛮船　南蛮とはポルトガル、イスパニア、イタリアをさすが、おもに来航したのはポルトガル船。

[3]諸色　様々な。

[4]白糸　生糸。

[5]しつぼく　質朴か。一六〇〇（慶長五）年関ヶ原の戦い以来の政情不安と不作をさすのであろう。

[6]奉行小笠原一庵　一六〇三（慶長八）年長崎奉行就任。

[7]御意　家康の指示のこと。

[8]分限　ここでは資産。財産。

[9]権現様　家康。

[10]慶長九甲辰年　一六〇四年。

[11]唐船　中国船。

[12]顕糸百丸　絹糸百丸。一丸は五〇斤（三〇キログラム）。

[13]本多上野介　本多正純。

[14]板倉伊賀守　板倉勝重。

[15]黒船　黒色塗装した欧米船。

史料注

通航一覧　幕末に、幕府が

3　近世

江戸

要点ナビ
徳川家康が海外への渡航を承認。

探究18
幕府が糸割符制度を設けたのはなぜか。

解説

糸割符とは、江戸時代における輸入生糸の専売特権の証札のこと。特定の特権商人が持っていたので、その団体を糸割符仲間と呼んだ。当時最大の輸入品であった生糸（白糸と呼んだ）はマカオのポルトガル商人によって長崎へ運ばれ、彼らの言い値で買い取る必要があったことから、莫大な利潤が吸い取られていた。一六〇四（慶長九）年、江戸幕府は糸割符仲間が輸入生糸の価格を決定し、その価格で全輸入生糸を一括購入し、それから仲間の成員に分割配布するような制度を定めた。仲間の成員は初め堺、長崎、京都の大商人に限られていたが、一六三一（寛永八）年江戸と大坂が参加し、また呉服所商人及び各地の商人も加わるようになった。幕府はこれにより輸入生糸の価格を掌握し、ポルトガル商人の利益独占を排除した。また、国内においても、ポルトガル貿易に関する商人の保護と統制も強めていくことになる。

❷　朱印船貿易　★☆☆☆☆

(1)朱印状

自日本到
東京商船也❶

右

慶長第十乙巳年九月十日❷

　　源　家康　（朱印）
　　弘　忠恕❸

『前田家文書』

(2)奉書船の制

長崎の末次平蔵❹　某、こたび❺東京へ商船を渡海せしむ。よて其地の奉行竹中采女正重次❻に奉書を差し添えらるべき旨、兼ねて治定せらるる所なり。これより先御朱印たまはり、異国へ通商せし者、今より後渡海せば采女正重次へ奉書を差

『徳川実紀』

注

❶東京　中国と国境を接するベトナム北部地方の名称。

❷慶長第十乙巳年　一六〇五年。

❸忠恕　真心と思いやりがあること。

❹末次平蔵　江戸初期の朱印状を受け、朱印船貿易で巨富を築いた末次平蔵の同名の子息。

❺こたび　一六二一（寛永八）年六月二〇日付の『徳川実紀』を編集した対外交渉関係の史料集成。一五六六（永禄九）年～一八二五（文政八）年までの異国船打払令までの異国との交渉史料を登載。

紀』の記事の一部である。

6 竹中采女正重次　長崎奉行竹中重義のこと。過酷なキリシタン弾圧を実施した奉行として有名。

要点ナビ
幕府（将軍徳川家光）から発令。

1 寛永十年　一六三三年。
2 奉書船　将軍の朱印状に加え、渡航を許可する老中奉書を与えられた貿易船。
3 言上　上申すること。ここ

3　「鎖国令」★★★★★

（1）寛永十年令❶

一　異国え奉書船❷の外、舟遣し候儀、堅く停止の事。

（第一条）

一　奉書の外に、日本人異国え遣し申すまじく候。若し忍び候て乗りまいり候者これあるにおいては、其者は死罪、其船弁 船主共に留め置き言上❸仕るべ

解説

朱印船貿易は、中国との交通貿易が断絶する中で、東南アジア各地での中国との中継貿易との出会貿易のために豊臣秀吉が創始し、徳川家康が受け継いだ貿易である。渡航先で密航貿易船と峻別し保護を受けるために、渡航証明書である朱印状を発給したので朱印船貿易と呼ぶ。家康の貿易積極策と国内の政治的統一に伴う経済の発展、金銀銅などの鉱山開発などの進展が江戸時代初期の海外貿易を発展させた。朱印状は、その航海証明書で渡航先と発行者家康の朱印が捺されている。これは一六〇四（慶長九）年から一六三五（寛永一二）年の三十余年間に三五〇〇通余発行された。朱印船の渡航先は、インドシナ半島各地が多く、続いてシャム、ルソン、台湾などほぼ東南アジア全域にわたっている。朱印状を受け、朱印船を派遣した者は、島津、鍋島、有馬などの九州大名や角倉了以、茶屋四郎次郎、末次平蔵らの豪商、在留外国人など。朱印船は日本から銀・銅・硫黄などの鉱産物や米穀・

陶器等を輸出し、生糸・絹織物・綿布・鉛などを輸入した。利益は莫大で、一〇割以上の純益をあげたという。

このように日本人の海外発展が著しくなると、東南アジア各地に日本人が移民し日本町が成立した。マニラ郊外のディラオ、サン＝ミゲル、シャム国（現、タイ国）のチャオプラヤ川中流のアユタヤ、交趾国（現、ベトナム中部）のツーラン等にあった。ディラオには最盛期三〇〇〇名、またアユタヤには一五〇〇〜一六〇〇名の日本人がいたという。その中には日本から追放されたキリシタンも少なくなかった。またアユタヤの長には山田長政が任命された。

その後、幕府は貿易統制を強めるため一六三一（寛永八）年より、老中の奉書をその都度長崎奉行あてに出させるようにした。そして、一六三三年以降、海外渡航を行うためには朱印状と老中奉書（老中発給の渡航許可書）が必要となり奉書船制度が始まったのである。

通釈

一　海外へ、奉書船以外の船を派遣することを厳禁する。

一　奉書船以外の船で、日本人を外国へ派遣してはならない。もし密かに渡航する者がいた場合は、その者は死罪とし、その船と船主はともにとどめておいて報告するべきである。

一　外国に渡り居住していた日本人が帰ってきたら、

3 近世

では、上申（報告）の上、その処置についての指示を得ること。

4 住宅これある　居住していること。

5 仕合　事の成り行き、理由。

6 穿鑿　調査、取り調べ。

7 とまり　とどまる。

8 御免　容赦する、許す。

9 伴天連宗旨　キリシタン門徒の意味。

10 両人　当時（寛永一〇年二月）の長崎奉行である曾我古祐と今村正長の両名のこと。曾我と今村はこの年二月一四日付で目付から長崎奉行に任命された。

11 上の訴人　地位の高い宣教師を訴えた者の意味。

12 銀百枚　銀一枚は銀四三匁。

13 それより下　地位の低い下級の宣教師を訴えた者の意味。

14 白糸　輸入された（中国産の）生糸。

15 五ヶ所　長崎・京都・堺・大坂・江戸の糸割符商人。

16 糸割符制度は、一六〇四年ポルトガル商人による中国産生糸の独占的利益を排除するために設けられた制度

き事。（第二条）

一　異国え渡り住宅これある**4**日本人来り候はば、死罪申し付くべく候。但し、是非に及ばざる仕合**5**これありて、異国に逗留いたし五年より内に罷り帰り候者は、日本にとまり申すべきにつきては御免**8**、穿鑿**6**をとげ、日本にとまり申すべきにおゐては死罪申し付くべく候。（第三条）

一　伴天連宗旨**9**これある所えは、両人**10**より申し遣すべき事。（第四条）

一　伴天連訴人ほうびの事。

附、上の訴人**11**には銀百枚**12**、それより下**13**は、其忠にしたがひ相計ふべきの事。（第五条）

一　異国船につみ来り候白糸**14**、直段を立て候て、残らず五ヶ所**15**へ割符仕るべきの事。（第一二条）

(2)寛永十二年令

一　異国え日本の船これを遣すの儀、堅く停止の事。（第一条）

一　日本人異国え遣し申すまじく候。若し忍び候て乗渡る者これあるにおいては、其者は死罪、其船其船主共

その者に死罪を命ずる。しかし、やむを得ない事情があって外国にとどまってきたものは、取り調べをした上で、以後日本にとどまることを願う場合は、無罪とする。しかし、外国へ戻る場合は死罪を命じる。

一　キリシタンのいる所へは、両人が役人を派遣して調べなければならない。

一　バテレン（宣教師）を訴え出た者へのほうびのこと。付則、高い地位の宣教師を訴え出た者には銀一〇〇枚、それより低い地位の下級の宣教師を訴え出た者には、その功績によりほうびを与える。

一　外国船に積んできた（中国産の）生糸は、値段を決めて残らず五か所（の糸割符商人）へ分配しなさい。

一　外国へ、日本の船を派遣することを厳禁する。

一　日本人を外国へ派遣してはならない。もし密かに渡航する者がいた場合は、本人は死罪、その船と船主はともにとどめておいて報告すべきである。

一　外国に渡り居住していた日本人が帰ってきたら、

江戸

3 近世

で、長崎・京都・堺の三か所の商人に糸割符仲間を結成させ、生糸の一括購入、値段の決定、分配割合を定めた。その後、一六三一年大坂・江戸の商人もこれに加わった。これを五ヶ所商人という。

16 寛永十一年　一六三五年。

17 寛永十三年令　一六三六年。寛永十二年令にここに示した三か条を追加・改正して発布された。『徳川実紀』には「改正」、「増加」としてこの三か条が掲載されている。

18 其品　訴え出た伴天連（宣教師）の階級等に応じての意味。

19 或は三百枚、或は弐百枚　ほうびとして銀を三〇〇枚から二〇〇枚支給するとの意味。

20 南蛮人　ポルトガル人、イスパニア人、イタリア人のことをさす。

21 一類の者　一族のもの。

22 寛永十六年　一六三九年。

23 彼の宗を弘むる者　キリスト教禁止後も朱印船等に乗船した宣教師の渡航は続いていた。

に留め置き言上仕るべき事。（第二条）

一　異国え渡り住宅仕りこれある日本人来り候はば、死罪申し付くべき事。（第三条）

(3)寛永十三年令[17]

[改正]
一　伴天連[19]の訴人は、其品[18]に寄り、或は三百枚、或は弐百枚[19]たるべし。……

[増加]
一　南蛮人[20] 子孫残し置かず、詳に堅く申し付くべき事。若し違背せしめ、残し置く族これ有におゐては、其者は死罪、一類の者[21]は科の軽重により申し付くべき事。

一　南蛮人、長崎にて持ち候子 幷右の子供の内養子に仕る族の父母ら、悉く罪に為すと雖も、身命を助け南蛮人え遣され候間、自然彼の者共の内、重て日本え来るか、又は文通これ有るにおゐては、本人は勿論死罪、親類以下迄科の軽重に随ひ申し付くべき事。

(4)寛永十六年令

（第一条）
一　日本国御制禁成され候切支丹宗門の儀、其趣を存じ乍ら彼の宗を弘むる者[23]、今に密々差渡るの事。

江戸

死罪を命じる。

一　パテレン（宣教師）を訴え出た者には、その訴え出た内容（宣教師の階級の上下等）により銀三〇〇枚から二〇〇枚のほうびを与える。

一　南蛮人の子孫を（日本に）残し置いてはいけないということを詳細かつ厳しく命じる。もし、違反して残し置くような者がいたら、本人は死罪、（残し置いた）一族の者は罪の軽重によって処罰する。

一　南蛮人が長崎でもうけた子、及びその子供を養子にもらった父母は、（本来ならば）命を助け、すべて死罪に処すべきであるが、（今回は）命を助け南蛮人に送り返すことにする。もし、彼らの内、再び日本に来るか文通する者があれば、本人はもちろん死罪、親類以下は罪の軽重によって処罰を命じる。

一　日本国にて禁止されているキリスト教に関して、禁教の趣旨を知りながら、布教のため密航してくる者がいる。

3 近世

江戸

㉔宗門の族、徒党を結び……
御誅罰の事 一六三七（寛永一四）年～三八（寛永一五）年の島原の乱をさす。

㉕かれうた ガレウタ。一六世紀後半～一七世紀のヨーロッパの大型帆船の代表であるガレオン船の小型版（三〇〇トン前後）の船。ここではポルトガルのガレウタ船をさす。

㉖執達 （将軍など）上位者の命令を下に通達すること。

史料注
徳川禁令考 二一三頁参照。

探究19
①いわゆる「鎖国令」発令の目的は何だと考えられるか。
②オランダが貿易を公許された理由を述べよ。

45

一 宗門の族、徒党を結び邪儀を企つれば、則ち御誅罰の事㉔。（第二条）

一 伴天連同宗旨の者、かくれ居る所え彼の国よりつけ届物送りあたふる事。（第三条）

右茲に因り自今以後、かれうた渡海の儀、これを停止せられ畢んぬ。此上若し差渡るにおいては其船を破却し、幷びに乗来る者速に斬罪に処せられるべきの旨、仰せ出さるる所也。仍執達㉖件の如し。

50

『徳川禁令考』

解説

キリスト教の禁止、日本人の海外渡航の制限及び禁止、貿易統制を目的としてなされた一連の対外政策をいわゆる「鎖国」という。これは幕府権力の確立、幕藩体制維持といった点からも重要な役割を担うことになる。諸外国との貿易や外交については、一六二二（慶長一七）年の幕府領に対する禁教令をはじめとして数多くの政策が実施されてきており、こうした背景を前提にして三代将軍徳川家光の時にいわゆる「鎖国令」が出された。すでに一六三二（寛永九）年、大御所秀忠が死去しており、これ以降は家光自身によるリーダーシップのもとに幕府の職制が整備されていく時代に入るが、外交面での統制を象徴する一連の政策となっていく。寛永十年令では奉書船以外の海外渡航と五年以上の海外滞在者の帰国を禁止し、

また伴天連の訴人については懸賞金を付けてこれを奨励した。寛永十二年令では日本人の海外渡航を全面禁止し、翌年にかけて伴天連の訴人の懸賞金の額を引き上げ、南蛮人の子孫の日本滞在を禁止した。このようななか、寛永一四（一六三七）年から翌年にかけて肥前島原・肥後天草地方のキリシタン信徒を中心とする島原の乱が起きたことは、領主の苛政への抵抗といった側面があったとはいえ、幕府には衝撃となり、寛永十六年令でポルトガル船の来航が全面禁止となった。さらに、一六四一年に長崎の出島にオランダ商館が移され、「鎖国」体制がひと通り完成するに至った。なお、参考史料として島原の乱の際の史料を掲載した。

一 キリシタン宗門の者が徒党を組み、悪事を企てれば、（島原の乱のように）ただちに処罰する。

一 バテレン（宣教師）や信徒の者が隠れ住む所へ、本国（ポルトガル）から送り物が届けられることがある。

右のような理由により、今後ポルトガル船の来航は禁止された。この上、来航してくる者があればその船を破壊し、また来航してきた者はただちに斬罪に処すべきことを命じられた。よって以上のように通達する。

参考 島原の乱 ★☆☆☆☆

租税を支払うことの出来ない人々には、領主（松倉重政・勝家）の命によって、葉が長くて広い藁で作っ

史料注
徳川禁令考
二二三頁参照。

……た粗末な外衣（蓑のこと）を着せ……両手は綱で背後に堅く縛られる。ついで、この藁の外套に火を放つ……この悲劇は蓑踊りと呼ばれた。……さらに命じて婦女を裸にして両腕をくくり、これを倒さまに吊したり、いろいろな手段で辱しめた。

……その息子である現在の領主（松倉勝家）が、……農夫たちに到底堪えられない程の多額の租税を強いることを計るに及んで、……一同揃って死に就こうではないか、こう決心がついた。……この衝突がおこってから数日の後、有馬のキリスト教徒が農民の仲間に加わった。……彼等は、勝利を得るのも、敗北に終るのも、偏に神の栄光のためであり、また神への奉仕であるといった。彼等は国中に呼びかけ、多くのキリスト教徒や宣教師たちが流した無辜の血潮に酬いる時が到来した、彼等には信仰のために死に就く覚悟が出来ていると説いたのである。彼等に加担する人数は日を追うて殖えていった。……

〔寛永十四年十一月二十五日付和蘭甲比丹（オランダ商館長）のインド総督宛書簡〕

参考　全国への禁教令　★☆☆☆☆

夫れ日本は、元是れ神国なり。……ここに吉利支丹の徒党、たまたま日本に来たり、ただ商船を渡し資材を通じるにあらず、みだりに邪法を弘めて正宗をまどわし、*キリスト教を広めることによって正しい教えをまどわし日本の政治に大変をもたらそうとしており、以て域中の政を改め、己が有と作んと号して欲す。これ大禍の萌なり。制せずんば、あるべからず。*正義を破り善を損じ、刑人あり。神道を嫌疑し、正法を誹謗し、義を残し、善を損い、是れを以て宗の本懐となす。邪法にあらずして何ぞや、実に神敵・仏敵なり。急いで禁止せざれば、後世かならず国家の患あり。

『徳川禁令考』

解説　家康の側近として重用された本多正純の家臣岡本大八と、有馬晴信との贈賄事件は、大八と晴信がともにキリスト教信者であることを発覚させた。また、家康の側近の中にも信者がいることが露見していった。この事件を契機に、一六一三年に至り、家康は幕府の直轄領に禁教令を発布した。家康は金地院崇伝に全文六百数十字の漢文の『伴天連追放文』を起草させ、秀忠の朱印を押して全国に発布した。このなかで、日本は神国であるとし、「キリシタンの徒党」・「伴天連の徒党」が、貿易による利益を得ているばかりでなく、日本国に政変をもたらそうとして、秀吉の禁令をさらに進め、キリスト教禁止を命じたのである。なおこの背景には、宣教師が布教の過程で盆貿易の利益の問題を指摘し、実質的に全国にキリスト教禁止を進め、日本人にキリスト教禁止を命じたのである。なおこの背景には、宣教師が布教の過程で、行事をやめさせるようにするなど、日本人の習俗を否定するような行動をとったことが、幕府のキリスト教に対する警戒感を増幅したとも考えられている。

江戸

要点ナビ
幕府(将軍徳川綱吉)発令。極端な生類愛護令。

※色文字は重要語

❶末期　臨終。
❷筋目　家柄、家格のこと。
❸殉死　主君の死に殉じて自尽。(自殺)すること。
❹弥よ制禁　一六六三(寛文三)年殉死の禁が口頭で布達されたが、成文化されるのは天和令から。
❺天和三年　一六八三年。

史料注
御触書寛保集成　二一〇頁参照。

⑩ 文治政治への転換

要点ナビ
幕府(将軍徳川綱吉)から諸大名へ。牢人の増加を防ぐ目的も。

① 武家諸法度・天和令──末期養子の緩和・殉死の禁　★★★★

一　文武忠孝を励まし、礼儀を正すべき事。

一　養子は同姓相応の者を撰び、若しこれ無きにおゐては、末期❶に及び養子を致すといへども、吟味の上これを立つべし。縦へ実子
　といへども、筋目❷違ひたる儀これを立つべからざる事。
　附、殉死❸の儀、弥よ制禁❹せしむる事。(第二二条)

天和三年❺七月廿五日

解説
三代将軍家光が死去し、四代将軍家綱が将軍に就任した矢先の一六五一(慶安四)年、慶安の変が起こった。これは兵学者由井(比)正雪ら牢人による幕府転覆未遂事件である。江戸時代の初期より、大名や旗本の当主が、生前に跡継ぎを幕府に届け出ていなければ、当主の死の直前(末期)に申請しても認められなかった。このため改易になる大名や旗本が増大し、それによって主家を離れ俸禄を失わざるを得ない牢人を多数発生させることが社会問題化していた。幕府は、この事件をきっかけに五〇歳未満ならば末期養子が許されるよう決まりを改正し、牢人増大の原因に対処しようとしたのである。

三代将軍家綱は、寛文の武家諸法度を公布の際に、口頭で殉死を禁止した。また家綱は、従来の「弓馬の道」から「忠孝を励まし」と、武芸の鍛錬から儀礼と秩序の維持へと方針の大転換が図られた。また、末期養子は五〇歳以上の者でも認められることになり、殉死の禁もここに明文化されたのである。このように、戦国の遺風が残る威圧的な「武断政治」から、平和な世の中に合う儒教的な徳や儀礼を重んじる「文治政治」へと政策方針が転換していった。

史料は五代将軍綱吉が出した武家諸法度・天和令である。第一条は従来の「弓馬の道」から「忠孝を励まし」と、武士が重んじる儀礼と秩序の維持へと方針の大転換が図られた。

『御触書寛保集成』

② 生類憐みの令　★★☆☆☆

一　捨子これ有り候はば、早速届くるに及ばず、其の所の者いたはり置き、直に養ひ候か、又は

史料注

御当家令条　二一二頁参照。

9 卯四月　一六八七年四月。
8 生類　生き物。
7 向後　今後。
6 不届　不埒、心得違い。
5 畢竟　結局。
4 頃日　このごろ、日頃。
3 主無き犬　飼い主のいない犬。
2 付け届　訴え、届け出ること。
1 急度　すぐに、速やかに。

望の者これ有り候はば、遣はすべく候。急度[1]付け届[2]に及ばず候事。

一　主無き犬[3]、頃日[4]は食物給させ申さず候様に相聞へ候。畢竟[5]食物給させ候えば、其の人の犬のようになり候に付、以後迄六ヶ敷事と存じ、いたはり申さずと相聞へ、不届[6]に候。向後[7]左様これ無き様相心得べき事。

一　犬計に限らず、惣て生類[8]人々慈悲の心を本といたし、あはれみ候儀肝要の事。

　卯四月日[9]

　　　　　　　　　『御当家令条』

解説

五代将軍徳川綱吉の時代における生類憐みの令は、幕府政治が武断政治から文治主義へ転換してゆく時代の典型的な施策とみることができる。本来この法令は、人心教化策として生類に対する慈悲・憐れみの心を養い、将励するとにあった。しかし一六八七（貞享四）年以降次第に極端な愛護令としての側面を強め、この法を犯す者に対して死罪・遠島を含む厳罰をもって対処するようになったことで、本来の意図とは異なるイメージが定着することになった。民衆からは天下の悪法との怨嗟の声も聞かれるようになったという。一七〇九年綱吉は死に臨みこの法の存続を遺言したが、六代将軍徳川家宣の治世になるとただちにこの法は廃止された。

要点ナビ

幕府の窮乏を改善させるため、荻原重秀が貨幣改鋳を提案。

1 重秀　荻原重秀（一六五八〜一七一三）。一六八七（貞享四）年勘定吟味役に任命され、元禄の貨幣改鋳を実行、のち、勘定奉行となる。
2 御料　幕府直轄地、天領。
3 長崎の運上　長崎の対清・オランダ貿易における規定された扱い量を超える積荷

③ 貨幣改鋳　★★☆☆☆

今、重秀が議り申す所は、御料[2]すべて四百万石、歳々に納められる、所の金は凡そ七十六、七万両余、此内長崎[3]の運上といふもの六万両、酒運上といふもの六千両、これら近江守申し行ひし所なり。此内夏冬御給金の料三十万両余を除く外、余る所は四十六、七万両なり。……しかるに只今、御蔵にある所の金、わづかに三十七万両にすぎず。……元禄八年の九月

通釈

このたび、荻原重秀が提案したことは次のようなことである。幕府直轄地（天領）は全部合わせて四〇〇万石で、毎年納められる金は約七六、七万両余りである、（このうち長崎の運上金が六万両、酒運上が六〇〇〇万石で、これらは荻原重秀が申告し処理してきたものである。）このうち夏冬の二期に分けて支給される金額の三〇万両余りを差し引くと、余りは四六、七万両ほどである。……しかしながら現在、御金蔵にある金は、わずか三七万両に過ぎない。……一六九五（元禄

3近世

より金銀の製を改め造らる。これより此かた、歳々に収められし所の公利、総計金凡五百万両、これを以てねにその足らざる所を補ひしに、おなじき十六年の冬、

10大地震によりて傾き壊れし所々を修治せらる、に至て、彼歳々に収められし所の公利も忽につきぬ。

『折たく柴の記』

の取り引きに関する運上金。一六九五(元禄八)年から実施された。

4酒運上　造り酒屋に対し課された運上金。一六九七(元禄一〇)年から実施。

5近江守　荻原重秀のこと。一六九六(元禄九)年従五位下近江守に叙任された。

6公利　この場合は、貨幣改鋳による差益金。

史料注

折たく柴の記　新井白石の自叙伝。一七一六(享保元)年以後に成立。

解説　幕府財政は、初期においては四〇〇万石の幕府直轄地(天領)に加え、佐渡を初めとする金・銀山の存在もあり安定していた。四代将軍徳川家綱の代までは、江戸城や大坂城に貯蔵してあった金銀もあったが、明暦の大火(一六五七年)による江戸城本丸の再建等で次々に支出が増大し、五代徳川綱吉の代になると幕府財政は完全に窮乏化してしまった。こうしたなか、勘定吟味役荻原重秀によって、金の含有率を減らした貨幣改鋳が実行された。この結果、幕府はおよそ五〇〇万両の差益金をあげたという。重秀はその後、ここに登載した史料の著者新井白石によって弾劾され、六代徳川家宣時代に罷免された。重秀の貨幣改鋳政策は、単なる幕府財政立て直し策ではなく、貨幣経済や全国の市場の発展に伴う貨幣量確保のための政策であったとも考えられる。

(八)年九月より金銀貨の改鋳が実施された。これにより以後、毎年幕府に納められた差益金は、総計金五〇〇万両ほどとなり、これにより幕府財政の不足をいつも補っていたが、同(元禄)一六(一七〇三)年の冬、大地震により傾いたり壊れたりした所などを修理する差益金をたちまち使い尽くしてしまった。

江戸

④ オランダ風説書　★☆☆☆☆

1風説書

一、フランス国臣下之者共徒党仕、国王並応王子を弑し、国中乱妨におよひ候に付、阿蘭陀国其外近国よりも同所え押寄及合戦候段、去る寅年申上候末、臣下逆徒之者共追討仕、王孫之内大主に相立、旧臣之者守護仕、国中漸々平和に相成候に付、近国和睦仕候、然る処エゲレス国より大軍を発し、阿蘭陀国え押寄合戦におよひ候末、阿蘭陀之所領商館之向々え乱入仕、剰弁柄国並コスト之両商館横領仕候に付、弥戦争相募り罷在候

カピタン

『和蘭風説書集成』

1寅年　一七九四(寛政九)年。

2弁柄国　ベンガル。

3コスト　コロマンデル海岸(現在のインドの東海岸)。

4カピタン　オランダ商館長のこと。

探究20
オランダ風説書は幕府にどのような情報をもたらしたか。

解説

幕府による外交統制下において、海外からの情報源となったのがオランダ風説書（風説とは「噂」の意）である。一六四一（寛永一八）年から一八五七（安政四）年まで作成され、通常は年に一〜二通、多い年で六通がもたらされた。例年夏になると、オランダのアジア貿易拠点であるバタヴィア（現在のインドネシアの首都・ジャカルタ）から長崎に、新任のオランダ商館長を乗せた船が来航する。そのタイミングに合わせて、幕府の通詞（通訳）たちが商館長らから聞き取った内容を和訳し、日本語で清書して江戸に送ったものが今日風説書と呼ばれているものである。現存する唯一の風説書正本は一七九七（寛政九）年のものであり、重要文化財に指定されている。引用した史料はこの正本に記載されている内容で、一七八九年に起きたフランス革命の有様を伝える内容である。一般的には、アジア近海のみならず、ヨーロッパの出来事もこうして伝えられるのが習わしであった。ただし、史料中にはオランダがイギリスから攻撃を受けたというような内容が見られるが、実際にはそのようなことはなく、内容に事実との相違がみられることもあった。

史料注

❶ 廻銅　当時の唯一の外国貿易港長崎へ送る輸出銅。

❷ 四百万斤　一斤＝六〇〇グラム。

❸ 口船　南京、寧波、厦門など日本に近い港を発航地とする船。

❹ 奥船　広東以南を発航地とする船。

❺ 其内銅三百万斤　取り引き総額銀六〇〇〇貫目に対する支払いとして、銅三〇〇万斤や海産物をもってあてることを定めた。

史料注
徳川禁令考　二二三頁参照。

⑤ 海舶互市新例（正徳新令・長崎新令）★★☆☆☆

1
一　長崎表廻銅❶、凡一年の定数四百万斤❷より四百五拾万斤迄の間を以て、其限とすべき事。……

(十)
一　唐人方商売の法、凡一年の船数、口船❸、奥船❹合せて三拾艘、すべて銀高六千貫目に限り、其内銅三百万斤❺を相渡すべき事。……

一　阿蘭陀人商売の法、凡一年の船数弐艘、すべて銀高三千貫目限り、其内銅百五拾万斤を渡すべき事。……

正徳五年正月十一日
『徳川禁令考』

通釈

一　長崎に廻送する銅は、およそ一年の定められた額として、四〇〇万斤から四五〇万斤までの間を限度とする。……

一　中国人との間の取り引きについては、およそ一年間の船数を口船、奥船合わせて三〇艘とし、総額を銀高にして六〇〇〇貫目を限度として、そのうち銅は三〇〇万斤を支払いなさい。……

一　オランダ人との間の取り引きについては、およそ一年間の船数は二艘とし、（貿易額は）総額を銀高にして三〇〇〇貫目を限度として、そのうち銅は一五〇万斤を支払いなさい。……

正徳五（一七一五）年正月十一日

解説（金銀流出）

経済の発展と都市の繁栄による輸入品の増加により、オランダ、清国を中心とする長崎貿易は輸入超過（金銀流出）の連続であった。さらに金銀の生産額は一七世紀初めの最盛期を過ぎると減産の一途をたどり、これらが幕府財政の悪化を招く一因となった。このため幕府は、一七世紀末に長崎貿易を制限する方向に転じたが、抜荷（密貿易）はあと

探究21 海舶互市新例のねらいを述べよ。

を断たなかった。

そこで新井白石は貿易の沿革を調べ、慶長以来、銀の流出は国内保有量の四分の三、金の流出は四分の一に達したとし、「我国に産する万代の宝貨となるべきものを傾けて、遠方より来れる一時の奇玩となすべきものに易られ」るのは不可と断じた海舶互市新例を発した。この史料は銀と銅との流出防止、清国人及びオランダ人への支払い方法を述べたものであり、もし清国人・オランダ人がこの法令に従わなければ通商を禁ずると申し渡した。白石の貿易政策は消極的に金銀の流出を防止するに留まり、国内産業の開発により輸出貿易を振興する政策は講じられなかった。その後、享保の改革でもこの法令が適用され、田沼時代には、俵物を輸出して、金、銀を輸入する積極策をとった。寛政の改革では、清国船一〇、銀二七四〇貫（うち銅一〇〇万斤）、オランダ船一、銀七〇〇貫（うち銅六〇万斤）と再び貿易全体が大幅に縮減されている。

Spot

朝鮮人参と大工の日当

鎖国下においても、長崎の中国船や対馬の宗氏を通じての朝鮮貿易では大量の朝鮮人参が輸入された。朝鮮人参は古来、強壮剤の秘薬、霊薬とされ、万病に効くと宣伝されてその値も非常に高価であった。江戸時代には朝鮮人参を専売する商店が江戸駿河町にあり、人参座といわれていた。朝鮮人参の値段がどのくらいであったかを知るのに最も簡便な資料は、豪商三井家の大坂店で記録した『諸相庭（相場）之控』七冊を資料として作られた『享和二年より明治四年に至る大阪主要商品相場表』所掲の朝鮮人参の欄である。それによると、最高値は、一八三六（天保七）年七、八、九の三か月で、一斤（六〇〇グラム）につき銀三八貫、最低値は、一八六一（文久元）年一二月で銀三貫八〇〇匁であった。

次にこの六五年間毎月の値段の変化のうち、どの値段が一番多かったか、各値段と月数を調べ出してみると、一斤につき銀一六貫台が三八七回と最も多い。出現回数の多い金額（値段）が人々の記憶には強いはずであるから、朝鮮人参の値段はといえば、回数の多い金額（一斤銀一六貫）が思い出されるはずであった。また、一般庶民の感覚からすれば、一斤の値段の重みがどのくらいであったかは、身近な物の値段と比較、想像して感じるのであろう。そこで京都の大工の日当（銀三匁）で一斤の代価（銀一六貫）を割ると、五三三三日分にあたる。この日数は、一四年以上にあたる。一四、五年間飲まず食わずでのべつに働いて、やっと一斤の人参が買えるというわけである。

3 近世

⑪ 経済・商業の発達

❶ 町人の豪富──三井の商法　★☆☆☆☆

❶駿河町　現在の東京都中央区日本橋室町二丁目。

❷寛永の頃　一六二四〜四四年。

❸一駄　馬一頭に負わす重量。標準は三六貫目、約一三五キログラム。

❹手代　江戸時代の商家の使用人の一種。番頭の指図を受けて仕入れや販売にあたる。

❺地面より取上る所　地代。

❻所務　ここでは収入の意。

史料注

世事見聞録　武陽隠士某が一八一六（文化一三）年に著わした書。

探究22

蔵元・掛屋・札差について説明せよ。また、蔵物と納屋物の違いを述べよ。

（江戸）駿河町❶、三井八郎右衛門といふは日本一の商人といふ。是が先祖は寛永の頃❷、勢州松坂より江戸へ奉公に出、少しの元手金をこしらへて在所へ帰り、木綿を一駄❸づつ隔番に江戸に持出して商をせしと云。夫が段々増長して日本一の大豪福となり、大店三ケ所ありて千余人の手代❹を遣ひ、一日に金弐千両の商ひあれば祝ひをすると云。弐千両の金は米五千俵の価なり。五千俵の米は五千人の百姓が一ケ年苦みて納むる所なり。又地面より取上る所❺が二万両に及ぶといふ。是れ五万石の大名の所務❻なり。……江戸の外、京・大坂・堺・伊賀・伊勢に出店あり。其外、諸国に仕入店といふものありて、何方にても其土地の一番に唱らるると云。

『世事見聞録』

解説

幕政の安定と貨幣経済の発展は、商人に新たな転機をもたらした。元禄時代には従来の後藤縫殿助や茶屋四郎次郎のような特権商人とは違う、三井・鴻池・住友などの新興商人が登場した。それ以前には、地域間もしくは季節間の商品価格差を利用して大きな利益を生む遠隔地商人が多く存在したが、元禄期以降、全国での商品流通が拡大してくると、そのような価格差は次第に縮小していく。同時に、従来の大商人が得意先を対象に掛け買いによる付け払いで商いを行っていたのに対し、「現金掛け値なし」という『三井の商法』は不特定多数の大衆相手に薄利多売を行う画期的な新商法だった。三井の成功の背景には、一般町民や農民が着実に購買力を持ち始めていたことがあり、同時期から深刻化する武士の窮乏と対比して押さえてほしい点である。

江戸

3 近世

江戸

② 金肥の普及 ★☆☆☆☆

1

又上糞[1]といふハ、胡麻や蕪菁の油糟、木綿ざねの油糟[2]、又ハ干鰯、鯨の煎糟、同じく骨の油糟、人糞[3]等の色々、力の及び貯へ、できるだけいろいろ手に入れてたくわえ、或は粉にし、或は水糞[4]と入合せて、くさらかしをき、それぐ〜の土地と、作り物によりて用ゆべし。黒土、赤土の類にハ、油糟を専にすべし。砂地ハ鰯よし。湿気湿ってね埴り心なるにハ、木綿ざねの油糟よし。上糞の分ハ田畠にかぎらず、何れの物に用ひてもよくきく物なり。されども土の性によりて、少づゝの用捨ハ有べし。多少の取捨選択はしてよい。了簡指引して用ゆべし。よくよく考えて配合を工夫し用いなさい。

『農業全書』のうぎょうぜんしょ

解説

金肥とは、刈敷、草木灰、厩肥等の自給肥料に対して、金銭をもって購入する肥料のことをいう。主に干鰯などの魚肥や油粕類が中心であった。干鰯は九州や四国、さらには九十九里浜、三陸海岸で生産された。また、油粕としては鯨や鰊、鰯、胡麻、菜種、胡麻、綿実などがあった。従来の自給肥料では生産が十分にできなかった土地も、金肥の使用によって地味（土地の生産力）を変えることにより作物の栽培を促すことができるようになった。しかし、これらの肥料は金銭で購入するものなので商品化できる作物でなければ割に合わないものであった。

元禄期以降に金肥が普及していく背景には、新田開発による耕地の拡大がおよそ一七世紀のうちに一段落したことが挙げられる。すなわち、量的に耕地を広げることに限界がある土地からいかに多量の農作物を生み出すかがより重要になったのである。それを助ける役割を果たしたのが、農具の発展や金肥の普及であったといえる。

❸農業全書
国立公文書館蔵

史料注

農業全書 一六九七（元禄一〇）年刊行の農書。著者は元福岡藩の藩士の宮崎安貞。内容は、各種作物の栽培の特徴、栽培方式、土壌、施肥の問題から農具、農民の心得にまで及んでいる。

1 上糞 上等の肥料。

2 木綿ざね 綿の実。

3 人糞 人間の糞尿。都市近郊の農家は、武家屋敷や町屋などに代金を支払って定期的に肥料としての人糞尿を入手しました。江戸等の長屋便所の糞尿代金は家主のものとなった。

4 水糞 風呂の水等、一度使用した水を肥桶にためておいて腐熟させたもの。

1 国 この場合は、大名の支配する領国のこと。

③ 商品作物の栽培 ★☆☆☆☆

1

夫れ国[1]を富ましむるの経済は、まづ下民（しもじもの町人・農民を豊かにして、）を賑はし、而て後に領主の益となるべき事をはかる成

3 近世

探究23
江戸時代の農業生産の発展を、金肥の普及と関連させて述べよ。

史料注

❹櫨樹 ウルシ科の木。実が蠟の原料となる。

❸路傍塘堤 道端や堤。

❷楮 クワ科の木。樹皮の繊維が紙の原料となる。

史料注

広益国産考　一八四四（弘化元）年に刊行された大蔵永常によって著された農学書。

解説

商品作物栽培の意味は、これまでの自給自足経済に対し、商品として販売することを目的とした作物栽培を生み出した点にある。近世中・後期の商品経済の発展に対応した商業的農業生産であり、都市近郊の蔬菜（野菜）栽培や、衣料原料の木綿・養蚕、灯火のための菜種栽培等が広く行われた。

こうした商品作物の栽培の普及は、農村を貨幣経済に引き入れ、江戸初期の農村を取り巻く経済状況の前提に大きな変更を迫るものであったため、その後幕藩体制を動揺させていく大きな原因となった。

5

べし。第一成すは下にあり、教ふるは上にありて、定まれる作物の外に余分に得ることを教えさとしめば、一国潤ふべし。此教ふるといふは、桑を植え養蚕の道を教え、あるひは楮❷を植えて紙を漉かしめ、或は路傍塘堤❸丘陵原野に櫨樹を植えて蠟を搾り、不毛の地に杉檜を植えしむる事ども也。

『広益国産考』

---

❹ 大坂の繁栄　★☆☆☆☆

> **要点ナビ**
> 井原西鶴が大坂の商売の繁栄について記す。

1

惣じて北浜の米市は❶、日本第一の津なればこそ❷、一刻の間に❸、五万貫目のたてり商も有事なり❹。その米は、蔵々にやまをかさね、夕の嵐・朝の雨、日和を見合、雲の立所をかんがへ、夜のうちの思ひ入にて、売人有、買人有。……諸国をめぐりけるに、今もまだ、かせいで見るべき所は大坂北浜、流れありく銀もありといへり。

『日本永代蔵』

史料注

日本永代蔵　一六八八（元禄元）年に刊行された浮世草子。著者は井原西鶴。一七世紀後半の町人精神を伝える。

❶北浜の米市 現大阪市中央区船場の北部。米市場は一六九七（元禄一〇）年に堂島に移った。

❷津 港。

❸一刻 およそ二時間。

❹五万貫目 銀高。金にすると約八三万両余。

解説

大坂は、豊臣秀吉の城下町として栄えたが、一七世紀後半の河村瑞賢による淀川の改修工事、西廻り航路の開拓によって、奥羽・松前（北海道）の物資が市中まで達することが可能となり多くの物資の流通・取り引きの場として「天下の台所」と呼ばれた。米市場周辺には大名の蔵屋敷が建ち、蔵物を扱う蔵元や代金を扱う掛屋は、大名の財政をも運用するなど、大坂の商人は金融の面でも重要な位置にあった。大名たちが領内で生産された年貢米を換金することは、藩政の財源に充てる資金を獲得するという重要な意味合いを持ち、大坂の経済的重要性はそれ以降も大きなものがあった。

江戸

3 近世

江戸

⑫ 元禄文化

❶ 読史余論 ★★☆☆☆

> 要点ナビ
> 新井白石が将軍徳川家宣に行った日本史の講義案。

本朝天下の大勢、九変して武家の代となり、武家の代また五変して、当代に及ぶ総論の事。……

五十六代清和幼主にて外祖良房摂政す❶。是外戚専権の始〈一変〉。基経外舅の親によりて、陽成を廃し光孝を建しかば天下の権おのづから日々盛也〈二変〉。六十三代冷泉より円融・花山・一条・三条・後一条・後朱雀・後冷泉凡八代百三年の間は外戚権を専にす〈三変〉❹。後三条、白河両朝は政天子に出ず〈四変〉❺。堀河・鳥羽・崇徳・近衛・後白河・二条・六条・高倉・安徳凡九代九十七年の間は、政上皇に出ず〈五変〉❻。後鳥羽・土御門・順徳三世凡三十八年の間は、鎌倉殿天下兵馬の権を分掌せる〈六変〉❼。後堀河・四条・後嵯峨・後深草・亀山・後宇多・伏見・後伏見・後二条・花園・後醍醐・光厳十二代凡百十二年の間は、北条陪臣にて国命を執る〈七変〉❽。後醍醐重祚す。天下朝家に帰する事纔に三年〈八変〉❿。そののち天子蒙塵、源尊氏光明を立て共主となしてより、天下ながく武家の代となる〈九変〉⓫。

武家は、源頼朝、幕府を開て、父子三代天下兵馬の権を司どれり。凡三十三年〈一変〉⓬。平義時、承久の乱後、天下の権を執る。そののち七代凡百十二年、高時が代に至て滅ぶ〈二変〉⓭⓯。〈此時に、摂家将軍二代、親王将軍四代ありき。〉(頼経・頼嗣・宗尊・惟康・久明・守邦)

後醍醐中興ののち、源尊氏反して、足利尊氏が反して、天子蒙塵、尊氏、光明院を北朝の主となして、みづから幕府を開く。子孫相継て十二代におよぶ。凡二百卅八年〈三変〉⓰。(こののち南北戦争五十四年、応仁乱後

※色文字は重要語

❶良房摂政す 藤原良房が清和天皇の摂政となった。

❷外戚 母方の親戚をいうが、特に天皇の外祖父(母方の祖父)をさす。

❸関白 天皇を補佐し、あらゆることに関与する令外官。

❹三変 藤原実頼〜頼通まで摂関が常置され、藤原氏による摂関政治の全盛期を迎えたことをさす。

❺四変 後三条天皇による親政をさす。

❻五変 白河上皇による院政の開始をさす。

❼六変 鎌倉幕府の成立をさす。

❽陪臣 臣下の臣。源氏の家臣である北条氏のこと。

❾七変 北条氏の台頭のこと。

❿八変 後醍醐天皇の建武の新政をさす。

⓫九変 足利尊氏による室町幕府の創設をさす。

⓬一変 鎌倉幕府の成立をさす。

す。

百七年の間、天下大に乱る。実に七十七年が間、武威あるがごとくなれども、東国は皆鎌倉に属せ〈足利将軍の武力の威勢はあったとはいえ〉し也。〉

足利殿の末、織田家勃興して将軍を廃し⑱して、凡十年がほど、其臣光秀に弑せらる。〈家臣である明智光秀に暗殺された。〉

天子を挟みて天下に令せんと謀りしかど、事未だ成らず〈天皇を擁立して天下に号令しよう〉豊臣家、其故智を用ひ〈古人の智略を用いて、〉みづから関白となりて天下の権を恣にせしこと、凡十五年〈四変〉。

20 そののち終に当代の世となる〈五変〉。〈現在の徳川家の時代になった〉

『読史余論』

解説

新井白石は江戸中期の朱子学者・政治家であるとともに歴史学者としても著名である。彼の歴史研究の特色は、第一に史実に対する精密な批判であり、第二に合理主義的な実証法の活用であり、第三に歴史の流れに対する鋭い洞察力に富んでいることである。これら第一の特色は、公家の世が九変して武家の世となり、さらに武家の世が五変して徳川政権に至る歴史の流れを客観的に発展段階として把握していることである。第二の特色は、重要人物・事件について儒教倫理を尺度として批判を加え、王朝の衰退の責任はその主権者にありと断じていること、さらに源頼朝を初め足利尊氏、織田信長、豊臣秀吉などに至るまでを覇者とみなしその批判を加える一方、その覇権獲得を是認していることである。しかしながらこの批判精神も、ひとたび覇者の一人である徳川家康に及ぶとき「家康は中世以来の世の乱れを治めた王者であり神君である」という矛盾した評価を下している。彼が幕臣であり、この書が将軍への進講であるという事情を考慮しても、この家康を神格化し江戸幕府の正当性を主張したという部分は、彼の合理主義の限界を示したものといわれている。要するに白石の史書の史観を貫くものは、批判精神と合理主義とであった。

史料注

読史余論　白石が将軍家宣に進講した際の日本史の講義案で三巻よりなる。将軍に対する政治指導書たるべき性質上、武家政治の興亡を中心に論じ、歴史を発展段階的に述べたものである。『愚管抄』『神皇正統記』とともに特色のある史論書である。

⑬平義時　北条義時のこと。

⑭高時　北条高時のこと。

⑮二変　北条氏の台頭、執権政治をさす。

⑯三変　後醍醐天皇による建武の中興を経て、室町幕府が成立したことをさす。

⑰南北戦争　いわゆる南北朝の動乱のこと。

⑱織田家勃興して将軍を廃し　一五七三（天正元）年の織田信長による足利義昭の京都追放（室町幕府の滅亡）をさす。また、このことを「四変」とした。

探究24

①朱子学はなぜ官学とされたか。

②新井白石の時代区分の特色を述べよ。

●儒学者の系統

	1600	1650	1700	1750	1800	1850
朱子学派	林羅山（道春）	林鵞峰（春斎）		柴野栗山	頼山陽	林述斎
藤原惺窩【京学】	石川丈山　松永尺五	木下順庵（木門）	新井白石　雨森芳洲　室鳩巣	三浦梅園　尾藤二洲		
南村梅軒【南学】	谷時中	野中兼山　山崎闇斎【崎門学派】	佐藤直方　浅見絅斎　三宅尚斎	岡田寒泉　古賀精里		
陽明学派	中江藤樹—熊沢蕃山	三宅石庵		佐藤一斎　山片蟠桃	佐久間象山　大塩平八郎	
古学派	山鹿素行【聖学】 伊藤仁斎—伊東東涯 荻生徂徠—太宰春台	青木昆陽【堀川学派】　服部南郭【古文辞学派】				

『読史余論』

3 近世

⑬ 幕藩体制の動揺

要点ナビ
儒学者太宰春台が大名の財政難について記す。

❶ 大名の財政難　★☆☆☆☆

今ノ世ノ諸侯ハ大モ小モ皆首ヲタレテ町人ニ無心❶ヲイヒ、江戸・京都・大坂其外、処々ノ富商ヲ憑デ、其続ケ計ニテ世ヲ渡ル。邑人❷ヲバ悉ク其方❸ニ振向ケ置テ、収納ノ時節ニハ、子銭家ヨリ倉ヲ封ズル類也。子銭家トハ金銭ヲ借ス者ヲ云フ。邑人ニテ償ヒテモ猶足ラズ、常ニ債❹ヲ責ラレテ、其罪ヲ謝スルニ安キ心モナク、子銭家ヲ見テハ鬼神ヲ畏ルル如ク、士ヲ忘レテ町人ニ俯伏❺シ、或ハ重代ノ宝器ヲ典当❻シテ時ノ急ヲ免ガレ、家人ヲバ飢シテ子銭家ヲバ珍膳ニテ饗シ、或ハ子銭家ト其故モナキ商賈ノ輩ニ俸禄ヲ与ヘテ家臣ノ列ニ入レ、或ハ貰リタル❼物ノ直ヲ償ハズ、工人役夫❽等ノ賃銭ヲ償ハズシテ、其人ヲ困窮セシムル類、凡ソ廉恥ヲ忘レテ不仁不義ヲ行フ人、比々❾トシテ皆是ナリ。諸侯スラ然ルナリ。況ヤ、薄禄ノ士大夫❿ヲヤ。風俗ノ敗レ、悲シムニ余レリ。　　　『経済録』

❷ 武士の困窮　★☆☆☆☆

1　なべて武家は大家も小家も困窮し、別て小禄なるは身体甚見苦しく、或は父祖より持伝へたる武具、及或は先祖の懸命の地に入りし時の武器、其外家に取りて大切の品をも心なく売払ひ、又拝領の品をも厭はず質物に入れ、……御番❶の往返、他行の節馬に乗りし

※色文字は重要語

❶無心 ものをねだり、金を借りること。
❷邑人 自分の領地からの年貢収入。
❸其方 富商をさす。
❹債 借金・負債。
❺俯伏 武士の身分を忘れて町人に頭を下げ。
❻典当 質入れ。
❼貰リタル 代金のあと払いで品物を買うこと。
❽工人役夫 大工や職人。
❾比々 どれもこれも。
❿士大夫 ここでは家老や一般武士をいう。

❶御番 当番で出仕する。

『世事見聞録』のほかの部分には、小禄の武士や足軽などには、主君への奉公の合間に内職として傘張り、提燈張り、下駄や足駄の鼻緒細工などをして、生計

通釈

概して武家は、大家・小家を問わず困窮しており、特に禄高の低い者はその暮らし向きも誠に苦しく、ある時は父祖伝来の武具、ある時は先祖が大切な領地を獲得した折の武器、その他各家にとって大切な品々でも無情に売払い、また、主君から拝領の品であっても構わず質屋に入れている。……また、出仕の往復も他所へ出かける際なども、馬に乗っていたのをやめ、

江戸

3 近世

史料注

経済録　太宰春台の著。江戸時代の政治経済社会論。その経済論は農本主義の立場に立ったが、貨幣経済の発展は無視できないとして諸藩の財政窮乏救済のため積極的な藩営専売の断行を説く。

世事見聞録　二三六頁参照。

探究25

① 武士階級の窮乏の原因を述べよ。

② 武士階級の窮乏は、身分制度をどのように変質させていったか。

を立てている有様が描かれている。妻や子もともに働き、仕事をまわす町人のおかげで生活ができるといった状況もあったのである。

……又其、甚敷に至りては、御番に出る時は質屋より偽りて取寄せ着用いたし、帰りたる時は、直に元の質屋へ帰すなり。下人どもこれを嘲りて、上げ下げの上下を着て御番の上り下りを致すとて主人を侮る。

『世事見聞録』

鑓持ちを伴っていたのも省略し、侍・若党を連れるのも省くような状態である。……また、その甚だしい場合には、出仕の時は偽って質屋から衣類を取り寄せて着用し（任務を果たし）、帰り次第すぐさまもとの質屋へ返すこともある。召使いの者たちもこれをあざ笑って、（質屋から）上げ下げの袴を着て、任務の上り下りをしている」と言っては、主人を侮るほどである。

解説

強固な幕藩体制も、一八世紀に入ると矛盾が目立つようになった。その一つは武士階級の窮乏である。その窮乏の原因の第一は、貨幣経済の浸透によって農村の階層分化が進行し始め、幕藩体制の基盤である本百姓を中心とする村落組織の分解が進み、新たに富農・問屋、商業資本家・高利貸などが成長してきたことである。したがって領主が農民の余剰生産物のすべてを収奪することは不可能となり、しかも領主・武士階級自身が商品経済に巻き込まれて、年貢物資の販売面でも生活必需品の購入面でも御用商人に利を取られる状態で、彼らの収入は減少こそすれ増加はしなかった。第二は、農民に対する収奪を強めたことや、天災・凶作による農村人口の停滞・減少によって、農業生産力の低下を引き起こしたことである。この農村の現実は、中期以降の百姓一揆の激発の背景となり、これはそのまま支配者たる武士の窮乏につながっていった。第三に、都市生活による急激な支出の増大によって財政収支の均衡を失ったことなどがあげられる。

その他、特に幕府の場合は、将軍家の奢侈、不用の土木事業に加えて金銀産出額の減少、長崎貿易における金銀の流出及び災害の際の天領・諸藩への救済費支出などが、これらへ拍車をかけた。諸藩においては、参勤交代、手伝普請、御用金などの出費もこれに輪をかけた。したがって、諸藩は、このような財政危機を乗り切るために、倹約令の施行、年貢の増徴、家臣からの俸禄の借上げ、さらには『経済録』に見られるように豪商に「首ヲタレテ」借金を頼みこむ有様であった。蒲生君平の言という「大坂の豪商一度怒って天下の諸侯懼る」という言葉もここから生まれたのである。旗本・御家人、藩士らは俸禄が代々据え置かれた上に、藩財政窮乏のしわ寄せとしての半知・借上げなどによって、さらに家計が困難となった。『世事見聞録』の記事は幕藩体制が崩壊期に入る一九世紀初頭の武士の生活である。こうした武士の生活の有様は、支配階級としての武士の威信を失墜させることとなり、幕藩体制崩壊の一因となったのである。

江戸

3 近世

江戸

❸ 商品経済の浸透　★★★☆☆

1　その上昔は在々に銭殊の外に払底にて、一切の物を銭にては買わず。皆、米麦にて買いたること、一円
某、田舎にて覚えたることなり。近年の様子を聞合するに、元禄の頃より田舎へも銭行渡りて、銭
にて物を買うことになりたり。……

5　この五、六十年前は、伽羅の油付くる事もなし。元結は手前にてより、あるいは主人の下を用ゆ。
きざみ烟草世間になく、葉たばこを調える故に、あたい半より内也。判銭もわずかの事也。口入銭
という事はなし。……これらを考え見れば、下々の一人の身の上にても物入り多き世界になりたり。
それより段々よき人ほど、一人の身の上に物入りの多くなりたり。……
当時旅宿の境界なる故、金なくてはならぬ故に、米を売りて金にして、商人より物を買うて日
10　月を送る事なれば商人主となりて武家は客也。……故に諸色の直段、武家の心儘にはならぬ也。武家
みな知行所に住する時は、米を売らずに事済む故に、商人米をほしがる事なれば、武家主となりて
商人は客也。されば諸色の直段も武家の気ままになる事也。
　　　　　　　　　　　　　　　　　　　　　　　　　　　　　　　　『政談』

近年より他領商人罷越し候処、其内近年甚だ盛んに商売仕り、頗る民間の痛み候者は、江
州辺より、罷越し候商人どもに御座候。合薬、小間物と取合せ、木綿、絹帛の類持参仕り、……
御領内在々大かた残らず、貸売仕候。……近年、右の貸売大いに盛んに相成り、……夥しく金高相
15　かさみ、頗る相痛み申すことに御座候。
　　　　　　　　　　　　　　　　　　　　　　　　　　　　　　　　『蘆東山上書』

史料注

1 某　著者である荻生徂徠。
2 田舎　徂徠は青年時代を上総の本納村で過ごした。
3 元結　髻を結び束ねるもの。
4 判銭　保証人に支払う礼金。
5 口入銭　奉公人周旋業者に支払う礼金。
6 当時　現代の意。したがって『政談』が著された享保年間ごろ。
7 旅宿の境界　領地から切り離され、旅の宿にいるような不安定な状態。
8 江州辺より　いわゆる近江商人で、彼らは全国的に行商して商圏を広めた。
9 合薬　調合した薬。
10 罷帛　絹布。
11 貸売　現金取引ではない、掛売のこと。

史料注
政談　古学派の代表的学者荻生徂徠が将軍吉宗の求めに応じ、政治・社会・経済・文化などに関して提出した意見書。
蘆東山上書　仙台藩に仕えた儒者蘆東山が、一七五四

解説
幕藩体制は、本百姓に農業生産を担わせ、農民が生活、生産に必要なもの以外のすべてを年貢として徴収することを原則としていた。ところが、可耕地の頭打ちに伴って生産効率を向上させる必要が生じ、そのことが結果として農民側に剰余を生じさせるようになる。そしてその剰余分は商品化され、社会全体に貨幣経済が浸透するようになった。また諸藩でも、藩財政の助けとするために特産物の商品化を積極的に行ったので、こうした傾向は一層進んでいく。一八世紀以降は

（宝暦四）年に藩政改革の資料にと藩主に呈したものである。

急速に商品生産・流通が発展し、ここに示した史料のように庶……民にも商品経済が着実に浸透しているのである。

史料注

❶**徒党** ある事を企んで集まった集団、仲間のこと。

❷**強訴** 百姓が徒党して領主に要求を示し、訴え出る直接行動のこと。一七世紀の代表越訴に代わり、一八世紀には一般農民を含めての強訴がたびたび起こった。幕府の規定では、強訴の主謀者は死罪であった。

史料注

秘本玉くしげ 紀州藩主徳川治貞の下問に応じて、一七八七（天明七）年に本居宣長が提出した意見書。理論的内容の『玉くしげ』と現実の政治問題に触れる『秘本玉くしげ』の二部からなる。『秘本玉くしげ』は政治問題に触れた内容ゆえに公表されなかった。

史料注

徳川禁令考 二二三頁参照。

④ 百姓一揆——本居宣長の一揆観　★☆☆☆☆

百姓町人大勢徒党して、強訴❷濫妨する事は、昔は治平の世には、をさをさ承り及ばぬ事也。近世に成りても、先年はいと稀なる事なりしに、近年は所々にこれ有て、めづらしからぬ事になれり。……抑此事の起るを考るに、後にいづれも下の非はなくして、皆上の非なるより起れり。今の世、百姓町人の心もあしく成りたりとはいへども、能々堪へがたきに至らざれば此事はおこる物にあらず。

『秘本玉くしげ』

参考

百姓一揆への対策——百姓一揆訴人への褒賞高札　★☆☆☆☆

定

何事によらず、よろしかざる事に百姓大勢申合候を、徒党ととなへ、或は申合せ村方立退候をてうさんと申し、従前の御法度に候条、右の類の儀これあら

ば、居村他村にかぎらず、早々其の筋の役所へ申出るべし、御褒美として

こうその訴人　　　銀百枚

ととうの訴人　　　同断

てうさんの訴人　　同断

右の通り下され、其の品により＊その程度、状況によって、帯刀苗字も御免あるべく…

明和七（一七七〇）年四月

『徳川禁令考』

解説

江戸時代の百姓一揆の形式を見ると、一七世紀には村役人クラスの百姓の二、三人が代表となり、領主へ要求を訴え出る**代表越訴型一揆**が一般的であった。一七世紀後半か……ら一八世紀にかけては、多くの農民が参加し強訴を行う**惣百姓一揆**（藩域のほとんどの地域で起きる場合は全藩一揆とい）となった。また、領主が専売制や流通過程への関与を行う

3 近世

探究26
百姓一揆の歴史的意義は
何だと考えられるか。

ようになる一八世紀後半には、領城を越えた広域型一揆も起こるようになる。さらには領主と結託した豪農、豪商への打ちこわしも多くなる。幕末にかけては、世直しを求める**世直し一揆**も、打ちこわしを伴いつつ頻発する。

ここに示した『秘本玉くしげ』で**本居宣長**は、百姓一揆の原因を「下の非」ではなく「上の非」として為政者の側の責任を指摘し、「民をいたはる」政治を行う責任が「上」たる領主にあるとしている。

⑤ 藩専売制　★☆☆☆☆

要点ナビ
儒学者太宰春台が藩による専売制を提案。

1
金銀を手に入るる術は、売買より近きことなし、当代にも、昔より売買にて国用を足し禄食に代ふる国①あり。……松前君は松前②を領して、七千石の禄なるが、国の土産③と、蝦夷の貨物を占めて、貴く売る故に五万石の諸侯も及ばざる程の富なり。石州⑤の津和野侯④は四万石余の禄なるが、板紙を製出して、是を占めて売る故に十五万石の禄に比す。……薩摩⑤は本より大国なれども、琉球の貨物を占めて売り出す故に、其の富有海内に勝れたり。……大小諸侯の国に、何といふことなく土産なきは非ず。……土産少き所は、其民を教導し、督責して、土地の宜しきに従ひて、百穀の外、木にても草にても、用に立つべきものを植えて、土物⑥の多く出るやうにすべし。

『経済録拾遺』

史料注
経済録拾遺　太宰春台が著した『経済録』のうちの藩専売制などの記事を問答風に記したもの。一八世紀中頃成立。

① 国　この場合は、大名の領国（藩）のこと。
② 松前　松前氏が藩主の松前藩。蝦夷地（北海道）松前に藩庁。福山藩ともいう。
③ 土産　その土地の産物のこと。
④ 津和野侯　石見国（島根県）津和野に藩庁を置いた津和野藩のこと。
⑤ 薩摩　島津氏が藩主で、薩摩国鹿児島に藩庁を置いた藩。鹿児島藩、島津藩ともいう。
⑥ 土物　土産と同じく産物のこと。

解説
藩専売制は、近世初期の金沢藩・仙台藩による塩専売などのように早くから行われていた。本格的に展開するのは商品作物の生産・流通が発展した近世中期からで、各藩の殖産興業策とあいまって広がった。この史料にある津和野藩による石州紙の専売制と同様に、萩藩・岩国藩・松江藩などでも紙の専売制が行われた。また松前藩では、一六六九（寛文九）年のシャクシャインの蜂起を鎮圧してから、アイヌとの独占的交易である商場知行制、さらには場所請負制による運上金上納によって一八世紀前半には藩財政が安定した。そのほか薩摩藩では、琉球を通じての中国との密貿易（抜荷）によって利益をあげると同時に、奄美諸島で黒糖を生産させ、それを独占的に納入させ大坂市場に高く売ることによって利益をあげていた。

江戸

3 近世

14 享保の改革

❶ 相対済し令 ★★☆☆☆

🖊 要点ナビ
幕府（将軍徳川吉宗）から発令。金銭トラブルは受け付けない。

一　近年金銭出入❶　段々多く成り、評定所❷　寄合の節も此儀を専ら取扱ひ、公事訴訟は末に罷り成り、評定の本旨を失ひ候。借金銀・買懸り等❸　の儀は、人々相対❹　の上の事に候得ば、自今は三奉行所❺　にて済口❻　の取扱ひ致す間敷候。併し欲心を以て事を巧み候出入は不届を糾明いたし、御仕置申し付くべく候事。但し、不届とこれあり候は、身体かぎり❼　申付候類の儀候事。

一　只今迄奉行にて取上げ、日切❽　に申し付け、段々済寄り候金銀の出入も、向後罷り出で間敷き由申し付くべく候事。以上。

十一月❾

『御触書寛保集成』

通釈

一　近年、金銭貸借の訴訟が次第に多くなり、評定所での評議もこの訴訟ばかりを扱い、一般の訴訟や出願の審理もおろそかになり、評定所が本来の役割を失っている。借金銀や買掛けなどのことは当事者相互の合意によるものであるから、今後は三奉行所では和解の取り扱いをしないことにする。しかし、欲深い悪巧みによる争いは、その不正を糾明して処罰する。ただし、不正が判明した場合は、財産を没収して返済にあてるなどの処分などを行う。

一　現在まで奉行所で取り上げ、指定期間内の債務決済を申し渡し、次第に両者が和解しつつある金銭貸借の訴訟も、今後は訴え出てはならない旨を申し渡す。以上。
十一月

※色文字は重要語
❶出入　もめごとの意味。原告・被告双方の対審により判決を下す裁判、もしくはその訴えをもって審理を開始。
❷評定所　三奉行及び老中らにより構成される幕府の訴訟裁決の最高機関。
❸買懸り　売掛け、買掛けなど取引上の問題。
❹人々相対　原告と被告の当事者相互。
❺三奉行所　寺社・勘定・江戸町奉行の三奉行所。
❻済口　内済（和解）の意味。
❼身体かぎり　身体限り。債務者の財産を没収して返済を行う強制執行。
❽日切　日限を限って。
❾十一月　一七一九（享保四）年十一月。

史料注
御触書寛保集成　二二〇頁参照。

解説

相対済し令は、金銭貸借・代金後払いの売掛け等に関する訴訟の不受理を命じたものである。享保の改革以前においてもこの法令は発布されたことがあるが、その最初のものは一六六一（寛文元）年で、これ以後享保の改革に至るまで、しばしば発令されている。この法令が出されるようになった背景には、江戸中期以降に商業と貨幣経済がめざましく発達したことがあげられる。それに伴って、金銭貸借の争い（金公事）による訴訟が激増した。そこで、奉行所における一般行政事務・政策の実施等に支障が出てきたのを改善するために発令されたようである。

江戸

3 近世

探究27　相対済し令の目的は何か。

要点ナビ　幕府（将軍徳川吉宗）から諸大名へ。

一七一九（享保四）年の相対済し令では、金銭貸借や売掛け等による訴訟はすべて受理しないとして、当事者間の話し合い、すなわち「相対」での解決を命じている。しかしこれにより新たな貸借トラブルも生じ、この法令は一七二九（享保一四）年に廃止となった。

② 上げ米の令　★★★☆☆

御旗本に召し置かれ候御家人、御代々段々相増し候。御蔵入高❶も先規よりは多く候得共、御切米御扶持方❷、其外表立ち候御用筋渡方に引合候ては、畢竟年々不足の事に候。……今年❸に至て御切米等も相渡し難く、御仕置筋の御用も御手支の事に候。それに付御代々御沙汰❹もこれなき事に候得共、万石以上の面々より八木❺差し上げ候様に仰せ付けらるべしと思し召し、左候はねば、外はこれ無く候故、御恥辱をも顧みられず仰せ出され候。高一万石につき八木百石積り差し上げらるべく候。……これに依り在江戸半年充御免成され候❻間、緩々休息いたし候様にと仰せ出され候。

『御触書寛保集成』

要点ナビ

❶御蔵入高　幕府領（天領）からの年貢収納高。

❷御切米御扶持方　知行地を持たない家臣に給付する米で、石・俵単位で与えたものを切米、何人扶持という形で与えたのを扶持米という。一人扶持は蔵米一日五合の割合。

❸今年　一七二二（享保七）年。

❹御沙汰　この場合は将軍の命令、指示、決定等の意味。

❺八木　米の異称。「米」の字形が八と木に分けられることによるという。

❻在江戸半年充御免成され候　参勤交代は、江戸と国元一年交代を原則としていた。

探究28　上げ米の令の目的は何か。

史料注　御触書寛保集成　二二〇頁参照。

通釈

御旗本として登用される御家人の数は、代々次第に増加する傾向にある。幕府領からの年貢収入も、以前と比べれば多くなってはいるものの、（御家人・旗本の）切米・扶持米といった俸禄、その他表立った御用向に対する支払いと引き比べてみると、結局は年々追って不足となっている。……今年に至って、御切米等の支給さえもおぼつかなく、行政関係の諸経費も差しつかえる有様である。それについて、代々の先例にもないことであるが、一万石以上の（大名の）面々から米を幕府へ差し出させるように命じるべきであるとのお考えである。そうしなければ、御家人の内の数百人の俸禄を取り上げる以外に方法がないので、（幕府にとって）恥辱ながら、それをも顧みず、お命じになられた。高一万石につき、米一〇〇石ずつを差し出すようにしなさい。……これによって（参勤交代制の）江戸在府期間を半年ずつ免除するので、ゆっくり（国元で）休息するようにとの命令である。

解説

享保の改革において、財政再建の緊急措置として、一七二二（享保七）年に発布されたのが上げ米の令である。大名に石高一万石につき米一〇〇石を年々献上させ、代わりに参勤交代の在府（江戸）期間を半減した。つまり、一年交代で江戸・国元を参勤交代する大名は、江戸在府六か月、在国元一年六か月となったのである。その結果、上げ米の令による年間収入高は一八万七〇〇〇石余に及び、幕臣への切米・扶持米支給総額の約半分、また幕府領からの年貢収入の一割に

江戸

相当したといわれる。参勤交代の在府期間の半減は、大名統制策の大幅な後退であり幕府の権威に動揺をもたらすため、年貢増徴政策や**新田開発**の効果により財政の一応の好転をみた一七三〇（享保一五）年

には、「上げ米の令は翌年から廃止する。その代わり参勤の制も旧に復する。」という命令が出され、翌（一七三一）年に廃止された。

❸ 足高の制 ■ ★☆☆☆☆

1 諸役人、役柄に応ぜざる小身の面々、前々より御役料定め置かれ下され候処、知行の高下これ有る故、今迄定め置かれ候御役料にては、小身の者御奉公続兼申すべく候。これに依って、今度御吟味これ有り、役柄により其場不相応に小身にて御役勤め候者は、御役勤め候内御足高仰せ付けられ、御役料増減これ有り、別紙の通り相極め候。

『御触書寛保集成』

■ 足高の制
2 小身の面々 家禄、禄高の低い者。
3 前々より……下され候処 元禄年間に定められた役料規定では、支給役料が一定であったので、小禄の者ほど負担の軽減に結びつかなかった。
4 知行 家禄、禄高の意味。
5 御足高 具体的には役職ごとに基準家禄を設け、これに満たない小禄の者に、基準家禄との差額を在職期間中支給した。

史料注
御触書寛保集成 二一〇頁参照。

■ 足高の制 一七二三（享保八）年に施行。

解説
幕府は、一六六六（寛文六）年に役付の者に役料を支給することにした。留守居二〇〇〇俵以下、役職によって役料の基準高が定められた。知行の少ない小身の者であっても、役に見合った手当を得られるようにするという趣旨である。ところが、一度役料を加えられて知行が増すと、退任後もそのままであったので、幕府は次第に支給しなければならない俸禄の増加に苦しむようになった。一七二三（享保八）年にそれまでの制を改め、小身の者が基準高よりも上の役職についていた場合は、その役職に応じた知行まで増額し、役をやめればもとに復す足高の制を定めた。たとえば、将軍側近の秘書官である御側衆に任ぜられたものは、もし知行が五〇〇石であれば四五〇〇石を足されて、五〇〇〇石支給される。そして、役をやめればもとの知行の五〇〇石に復するという仕組みである。
これにより知行を基準とした役職任用にかわり、官僚的能力に優れた小身の者でも幕政の要職に任用することが可能となり、幕府役人の官僚化を促す制度としても機能してゆくこととなった。

通釈
幕府の諸役人のうち、役職に応じた家禄に達していない者たちには、以前から一定の役料が下されていたが、禄高の高い者や低い者がいるので、今までにお定めになった役料では、禄高の低い者は勤務を続けていくことができなくなっている。このため、今回調査が行われ、役職によりその役職に不相応な小禄者でありながら勤務している者には、在職期間中足高をお命じになられ、別紙にあるように役料の増減を定められた。

❹ 公事方御定書 ★☆☆☆☆

> **要点ナビ**
> 幕府（将軍徳川吉宗）が大岡忠相ら三奉行に作らせた刑法に関する基本法典。

二十六

公事諸願[2]其外請負事等に付て

賄賂差出し候[そうろう]者御仕置[1]の事

一 賄賂差出し候者並[ならび]に、取持[とりもち]致し候者[その仲介をした者] 軽追放[3]

但[ただ]し賄賂請け候ば役儀[やくぎ]取上[とりあ]げ、平[ひら]百姓に候はば過料[かりょう]申し付くべき事。

その品相返し、申し出づるにおいては、賄賂差出し候者並に取持致し候者ともに、

五十六

盗人[ぬすびと]御仕置の事

一 人を殺し盗[ぬす]いたし候者　引廻[ひきまわし]の上獄門[5]

一 追剝[おいは]ぎいたし候者　獄門

一 手元にこれある品をふと盗み取り候類[たぐい]

金子[きんす]は拾両より以上、雑物[ぞうもつ]は代金につもり拾両位より以上は　死罪[6]

金子は拾両より以下、雑物[品物は金額に見積って]は代金につもり拾両位より以下は　入墨[いれずみ][7]　敲[たたき][8]

七十一

人殺並に疵付[きずつけ]等御仕置の事

一 主殺[しゅごろし][9] 二日さらし[10] 一日引廻、鋸挽[のこぎりびき][11]の上、磔[はりつけ][12]

一 主人に手負[てお]わせ候者　さらしの上、磔

一 獄門 浅草、品川[13]におゐて、獄門にかける。……

一 火罪[かざい] 引廻の上、浅草、品川におゐて、火罪申し付[つけ]る。……

『徳川禁令考[とくがわきんれいこう]』

---

1 御仕置 罰すること。

2 公事 ここでは訴訟の意。

3 軽追放 江戸十里四方・京・大坂等への立入禁止と、田畑の没収処分をされた。

4 過料 罰金刑。

5 獄門 いわゆるさらし首。首を刎ねる斬首の刑。

6 死罪 首を刎ねる斬首の刑。

7 入墨 左腕の肘の下に幅三分（約一センチメートル）程度の輪状の入墨を二筋つける。

8 敲 牢屋敷の門前において鞭で五〇もしくは一〇〇回打たれる刑。

9 主殺 主人殺し。

10 さらし 民衆に見せる。

11 鋸挽 罪人の両肩を刀で傷つけ、竹鋸に血をつけてそのそばに置き、鋸で罪人の身体を引きたい者に引かせる。

12 磔 十字形に組んだ木材に罪人を縛り、左右両側より脇腹から肩口へ鑓で刺し貫く処刑。

13 浅草、品川 小塚原[こづかっぱら]、鈴ヶ森の刑場。

史料注
徳川禁令考　二一三頁参照。

探究29
公事方御定書の内容から、当時の社会において重要視されたと考えられることを述べよ。

史料注
徳川実紀　二二六頁参照。

解説

公事方御定書は一七四〇（元文五）年、寺社奉行大岡忠相以下三奉行らをして、それまで体系的な法典を持たなかった幕府の過去の判例を調査させ、裁判の基準となるように整備したものである。一七四二（寛保二）年に完成した。

上巻には司法警察関係の、下巻には刑法・訴訟法などに関する規定を収めている。特に下巻は御定書百箇条と呼ばれている。

この法令の特色は重罪を除き、連座をやめ、追放を減じて罰金に変え、さらに翌年には重罪でも証拠不十分な場合に拷問を廃止するなど刑の軽減をはかったことである。ただし主人に対する罪は極めて重刑に処せられたところに、主従関係を重視する封建社会の考えがよくあらわれている。吉宗はこれ以降も、幕府創建時から享保時代に至るまでの幕府法令の整理・編纂を命じており、一七四四（延享元）年に『御触書集成』として完成した。現在『御触書寛保集成』と呼ばれるものである。

Spot

象を呼んだ将軍

廿七日（一七二九—享保一四）年五月）大広間に（吉宗が）出でたまひ、象を御覧あり。……これは去年六月鄭大成といへる唐商が、広南（現在のベトナム・ホーチミン市）より象の牝牡牡船にのせて長崎の港に来りしを、江戸にひきまいらすべき旨、伝へられしが、其の九月牝は斃れぬ。よくことし三月かしこ（長崎）を出て、一日五里または三里をあゆみて、やうやく京（京都）に入る。此月廿五日付（江戸）に入り、浜園（現、浜離宮庭園）の内につながれしを、けふ召して御覧じ給ふなり。

『徳川実紀』

一七二八（享保一三）年六月、八代将軍吉宗の象への興味にこたえ、中国船が長崎に牝牡二頭の象を運んできた。牝象は長崎で死んだが、牡象はなんと自分の足で山陽道、東海道を経て、途中京都で天皇に拝謁し、江戸まで歩いてきたのである。象は、浜御殿（現、浜離宮庭園）で飼われ、この史料にあるように、一七二九（享保一四）年五月二七日に江戸城で吉宗に拝謁したのである。

吉宗は、殖産興業政策のために、象への関心にもみられるように実学を重視した。そのために、キリスト教関係以外の漢訳洋書の輸入禁止をゆるめ、青木昆陽らに蘭学の研究を始めさせた。昆陽の甘藷栽培の研究は、『蕃薯考』として結実し、その後の飢饉の際の救荒食物として多くの人々の生命を救うことになる。また、こうした吉宗の政策はのちの平賀源内（エレキテルの製作など）や杉田玄白（翻訳書『解体新書』の発刊など）らにつながるものであり、蘭学勃興のきっかけとなったのである。

吉宗が呼んだ象は、その後飼育費の膨大なことから浜御殿出入の百姓に払い下げられ見世物ともなったが、十分な食料を与えられず一七四二（寛保二）年に死んでしまったという。

3　近世

江戸

⑮ 田沼時代

① 田沼政治への批判 —— 松平定信　★☆☆☆

> 要点ナビ
> 松平定信が田沼政治を批判。

また老中へ賄賂銅臭おびたゝしさ、これまたいふ計なかりけり。その賄賂といふは、まことに公行したる事にて、金子など袖にしておくるなどはむかしの事なり。近来は小たんす、又は火鉢、又は三所物などといひて、みな黄金をおくるなり。その外田沼の別業つくるときけば、争ひて木石をおくり、月見などいへば、台の物などさまざまに工夫しておくる也。いづれも万石已上已下とも、台の物などさまざまに工夫しておくる也。いづれも金銀をちりばめぬ。

『宇下人言』

※色文字は重要語
1 老中　田沼意次。
2 金子など袖にしておくる　この頃の川柳に「袖の下たびかさなるにほころびる」とある。
3 三所物　刀剣の付属具たる目貫・笄・小柄の三種。
4 台の物　台の上にのせた進物。

② 田沼の積極政策 —— 工藤平助による蝦夷地開発策建言　★☆☆☆

父様をば田沼時代の人は大智者と思えてありしとぞ。ある時公用人と差向いにて用談終って咄しのうち用人言う、「我が主人は富にも禄にも官位にも不足なし。この上の願いには田沼老中の時仕おきたることとて、長き世に人のためになることをしおきたき願いなり、何わざをしたらよからんか」と問合せしに、父様御答えに「それはいかにもよき御心付きなり、さあらば国を広くする工夫よろしかるべし」。問い「それはいかがしたることぞ」。答え「それ蝦夷国は松前より地つづきにて日本へ世々随いいる国なり、これをひらきて貢物をとる工面をなされかし。日本を広くせしは田沼様のわざとて、永々人の仰ぐべきことよ」と仰せられし……「恐れ入りし了簡なり、いざさらばそのあらまし主人へ申し上げたし、一書にして出だされよ」といいし故、父様書いて出されしを、随分受けもよく感心ありて、その奉行に父様をなさんと言いしとぞ。

『むかしばなし』

1 父様　『赤蝦夷風説考』の著者、仙台藩医工藤平助。
2 田沼時代　田沼意次の全盛期は、老中に任ぜられた一七七二（安永元）年から失脚する一七八六（天明六）年。
3 主人　田沼意次のこと。
4 書いて出されし　『赤蝦夷風説考』のこと。上巻には一七八三（天明三）年、下巻には一七八一（天明元）年とあるので、この間の成立とも考えられている。

3 近世

⑤奉行　一八〇二（享和二）年になって蝦夷地奉行が設けられて、蝦夷地奉行と改称（その後、松前奉行と改称）。

✎史料注

宇下人言　松平定信の自叙伝。自らの生い立ちや学問、寛政の改革等についての叙述がある。表題は「定信」を分解してつけられている。

むかしばなし　著者の只野真葛は、『赤蝦夷風説考』の著者工藤平助の娘。「むかしばなし」には父平助の生涯や当時の社会状況、世間のはなし等が描かれている。

赤蝦夷風説考　工藤平助著。蝦夷地の沿革・見聞雑記や蝦夷地開発の必要と方途を説いたもの。一七八三（天明三）年、老中田沼意次に献ぜられた。

探究30　田沼政治の積極的な新しい面とマイナス面とを述べよ。

❶出羽　東山道の一国で、現在の山形県全域と秋田県の

📖参考

田沼意次への蝦夷地開発のすすめ　☆☆☆

擬日本の力を増には蝦夷地の金山をひらき、並其出産物を多くするにしくはなし。蝦夷の金山を開く事、昔より山師共の云ふらす所なるが、入用と出高と相当せず、これに先に云所の「ヲロシヤ」と交易の事おこらば、この力を以て開発有度事なり。此開発と交易の力をかりて、蝦夷の一国を伏従せしめば、金、銀、銅に限らず一切の産物皆我国の用を助くべし。右に申す通り日本の力を増事蝦夷にしく事なし。まじ。長崎をはじめ惣て要害よき湊に引請て宜事なり。右交易の場所あながち蝦夷にも限る

『赤蝦夷風説考』

解説

享保の改革における財政再建の根本策は、倹約令を出して支出をおさえ、定免法の施行や、租率への注意をはかったことである。同時に町人資本の利用による新田開発、殖産興業政策を実施して収入の増大につとめた。このように徳川吉宗の改革には年貢を重視する面と、商品経済の発展という社会情勢の上に立脚した政策との二面性がみられるが、後者の政策をより積極的におし進めたのが田沼意次であった。すなわち座の設置や株仲間の公認により運上・冥加を納入させ、俵物を輸出して金銀を輸入する政策を行った。さらに大坂や江戸の豪商の出資による印旛沼・手賀沼の干拓、蝦夷地の開発、ロシアとの貿易を拓く計画をすすめたほか、商品経済の発達に即応して現実的な政策を積極的に実施したのである。特に、蝦夷地開発については、❷の史料にあるように仙台藩医工藤平助が献言した『赤蝦夷風説考』が大きな影響を及ぼした。平助は、帝政ロシアの南下政策への注意を必要とし、蝦夷地の開発とロシアとの通商を主張し、幕府は平助の建策を契機として八〇〇石積の船二隻を新造し、最上徳内らに千島・樺太の調査をさせたが田沼の失脚に伴い、これらの調査事業は中止となった。

田沼の政治は商業資本を利用する実利主義的政策において新しさがあった。そのため利益を奪われた農民の反抗が起こり、また賄賂を求める一般的風潮から賄賂が流行し政治の規律が乱れた。しかも天明の飢饉のような災害が続いたため、物価の騰貴・百姓一揆の頻発など社会の動揺が一層激しくなった。かくて田沼は世論の非難を受けて失脚した。しかし近年では、それまで農業一辺倒になりがちであった幕府政策にあって、商業の側面に重点を置いた田沼の政策を評価する研究も見られる。

❸ **天明の飢饉**　★☆☆☆☆

> **要点ナビ**
> 杉田玄白が出羽・陸奥両国の惨状を記す。

出羽❶、陸奥❷の両国は、常は豊饒の国なりしが、此年はそれに引かへて取わけの不熟にて、南部❸、津軽❹に至りては、余所よりは甚しく……食ふべきものの限りは食ひたれど、後には尽果て、先に死

江戸

3 近世

一部を除いた地域。

2陸奥 東山道の北端の国で時代とともに北に拡張したが、最終的には現在の福島・宮城・岩手・青森県と秋田県の一部の地域。

3南部 現在の青森・岩手・秋田県にまたがる地域。特に、盛岡をさす場合が多い。

4津軽 現在の青森県の西部。

5去年今年 一七八三年と一七八四年。

後見草 杉田玄白の書で上・中・下の三巻がある。上巻は亀岡宗山が明暦の大火について書いた記述を再録したもの。中・下巻は、宝暦から天明期にかけての一八世紀中後半の天変地異（浅間山の噴火等）と、当時の政治・社会・風俗の有様を記録したもの。

たる屍を切取ては食ひし由、或は小児の首を切、頭面の皮を剥去りて焙火の中にて焙り焼、頭蓋のわれめに篦さし入、脳味噌を引出し、草木の根葉をまぜたきて食ひし人も有しと也。又或人の語り

5 しは、其ころ陸奥にて何がしとかいへる橋打通り侍りしに、其下に餓たる人の死骸あり、是を切割り、股の肉、籃に盛行人有し故、何になすぞと問侍れば、是を草木の葉に交て犬の肉と欺て商ふなりと答へし由、かく浅ましき年なれば、国々の大小名皆心をいためし饑を救はせ給へども、天災の致す所、人力にて及かたく、凡、去年今年⑤の間、五畿七道にて餓死せし者何万人といふ数しれず、おそろしかりし年なりし。

『後見草』

解説 天明年間（一七八一〜八九年）は、日本全国で凶作が続いた。特に悲惨だったのは奥羽地方で、一七八二（天明二）年には収穫が半分以下になり、翌一七八三（天明三）年には浅間山の大噴火による大降灰の影響もあって冷害が加わり、さらに農作物は大凶作となった。弘前藩では一三万人の死者が出る大飢饉となった。この天明の飢饉は享保・天保の飢饉と並ぶ江戸時代の三大飢饉と呼ばれている。悲惨な飢饉の原因は、自然災害という面もあるが、例えば上杉鷹山の米沢藩や松平定信の白河藩では、一連の藩政改革や飢饉時の緊急食料を領外からすばやく輸送する等の手段をとり、一人の死者も出さなかったと伝えられる。これに対し、大量の餓死者の出た弘前藩では、米四〇万俵を飢饉前に江戸、大坂に廻米してしまっていたのである。飢饉は気候不順などの天災にのみよるのではなく、年貢の過重な収奪、前納強制、冷水害や虫害に対する予防策の欠如等、為政者の政策に由来するところも大きかった。

④ 天明の打ちこわし　★☆☆☆☆

1 今は餓死なんよりはとて、遂に同月二十日❶の夜、赤坂といふ所にて、雑人原徒党をなし、同じ所に住居する雑穀商ふ家々を打破り、打こぼてり。是を騒ぎの始として、南は品川、北は千住、凡御府内四里四方の内、誰頭取といふことなく、此所に三百、彼所に五百、思ひ〳〵に集りて、鉦、太鼓を打ならし、更に昼夜の分ちなく、穀物商ふ家々を片端より打潰し、いちむじんに乱れ入り、有合

❶同月二十日 一七八七（天明七）年五月二〇日。この年は前年の大凶作に引き続き、正月の焼失町屋六万軒という江戸大火により、江戸の人々も困窮していた。

江戸

また、いつもなら銭一〇〇文で一升は購入できた米が、この五月にはわずか三合しか購入できず江戸は不穏な空気に満ちていた。

史料注

❷府内　江戸市中のこと。

❸町奉行　江戸町奉行のこと。

❹盗賊奉行　火付盗賊改のこと。江戸の治安を維持する役。

後見草　二五三頁参照。

探究31　農村疲弊の原因を述べよ。

5 限りの穀物を大道へ引出し、切破り、奪ひ取り、八方へ持退〔のき〕たり。初〔はじめ〕の程は穀物斗〔ばかり〕奪ひしが、後〔のち〕には盗賊加りて、金銀、衣服の類ひまで同じ様に奪ひ取りぬ。斯〔かく〕ありし事、既〔すで〕に三日に及びしかば、公にも聞し召〔めし〕、安からずや思しけん。御町奉行❸盗賊奉行❹の方々に仰せつゝ、是〔これ〕しづめよとありければ、各組子を召連〔めしつれ〕て、馬に跨り、鐙〔あぶみ〕を合せ、縦横〔じゅうおう〕に乗廻り、厳敷召捕へ給へども、元来烏合の雑人〔ぞうにん〕なれば、こゝかしこに逃散〔にげち〕りて、捕〔とら〕へらるゝは数少し。

『後見草』

解説　一七八七（天明七）年五月二〇日、江戸深川や赤坂の多くの米屋が打ち壊された。その後、江戸全域にわたって米屋への襲撃は続き、同月二四日まで大騒動は続いた。

打ちこわしの原因は、前年来の凶作と米価急騰にあった。打ちこわしに参加した者の多くは江戸の長屋住まいの下層民であった。むしろそれに対し取り締まりにあたった江戸町奉行や火付盗賊改の鎮圧行動の方が思うような効果を上げられない状況であった。ようやく二四日に幕府の警備体制も整い、また困窮窮民への米穀支給も行われ、騒ぎもおさまったが、この間襲撃を受けた米屋は千軒に及ぶとされる。

この天明の打ちこわしは、江戸だけでなく大坂、石巻、甲府、堺、広島等々、全国各地の主要都市でも起こった。田沼意次失脚以降も政権の中心を担っていたいわゆる田沼派の人々が解任されるが、その背景には、これら打ちこわしのすさまじさがあったといえる。そして、これ以後松平定信による寛政の改革が始まるのである。

Spot

菅江真澄の見た天明の飢饉

過つる卯〔う〕のとし（天明三年）の冬より辰〔たつ〕の春までは、雪の中にたふれ死たるも、いまだ息かよふも数しらず、いやかさなりふして路〔みち〕をふたぎ〔塞〕、行かふものは、ふみこへふみこえて通ひしかで、あやまちては、夜みちすぐれに死むくろの骨をふみ折、くちたゞれたる腹などに足ふみ入たり。……いき馬をとらへ、くびたゞれ、小刀〔さすが〕に綱をつけて、うつばり〔梁〕に曳あげ、わきざし、或〔あるい〕は小刀をはらにさし、さきごろし、血のしたゝるをとりて、なにくれ（あれこれ）の草の根をにてくらひたり。……死行待らんとするともがらまたあるを〔死にそうになった人々がたくさんいるが〕、いまだいきのをたえさなるを、わきざしをたて、又はむねのあたりくひやぶりて、うへ〔飢〕をしのぎぬ。

『外が浜風』

菅江真澄は、一八世紀後半に郷里三河（愛知県）を出発し、およそ三〇年間近くも東北、北海道までも旅をした文人である。真澄は、旅の道中で観察した様々なことを、絵図を交えた詳細な日記によって記録した。史料は、一七八三（天明三）年の大飢饉を体験した人から直接聞いたもので、訪れた真澄が飢饉を体験した人から直接聞いたもので、死骸が散らばり、馬、さらには人をも殺さねばならなかった悲惨な状況がわかる。

3 近世

江戸

⑯ 寛政の改革

❶ 倹約令　★☆☆☆☆

御代官え申渡

百姓の儀は亀服を着し、髪等も藁を以てつかね候事、古来の風儀に候処、近来いつとなく奢に長じ、身分の程を忘れ、不相応の品着用等いたし候ものもこれ有り。髪は油・元結❶を用ひ、其外雨具は蓑笠のみを用ひ候事に候処、当時は傘合羽を用ひ、右に随ひ候ては次第に費の入用多くなり候間、村柄❷も衰へ、離散いたし候様に成行き、壱人離散いたし候へば、右のもの御年貢・返納物など弁納❸に相成り、村方難儀も相重る事に候。右の示し手本のため、御代官・手代❺ども衣服の儀も、厳しく申渡し候事にて、手代すら右の通り候上は、百姓ども猶更少々たりとも奢り候事これ無く、古代の儀忘却致すまじく候。以来奢がましき儀相改め、随分質素にいたし、農業相励み申すべく候。百姓にて余業❻の商ひ等いたし候類、又は村々に髪結床等これ有る儀も不埒の儀に候。右の趣、村々小前のもの❼迄も行届き、自然と教諭に感じ、百姓の風俗相改め候様、厚く申含めらるべく候。

（天明八年）❽　申十二月

『御触書天保集成』

※色文字は重要語

❶元結　髪を結ぶのに用いた細い紙ひも。

❷村柄　村の様子、村の富や人の気持ちなど。

❸返納物　凶作などの時、代官から借り受けた食料や種もみなどをさす。

❹弁納　弁償しておさめる。肩代わりしておさめる。貢租や課役等は村単位に課されていた。

❺手代　ここでは、代官所の下役人をさす。

❻御代官……事にて　別に代官・手代その他についての倹約令が出されている。

❼小前のもの　小前百姓。百姓のことで平百姓ともいう。ここでは村役人以外の一般百姓をさしている。

❽天明八年　一七八八年。

史料注

御触書天保集成　一七八八（天明八）年から一八三七（天保八）年までの五〇年

解説

倹約令は、江戸幕府・諸大名のもとで、享保・寛政・天保の三大改革を初め、江戸中期以降にはたびたび発布された。これらの倹約令は、武士、百姓、町人とその対象の違いによってそれぞれ目的を異にしている。

武士の場合については幕府・藩の財政緊縮をはかるためであり、為政者自ら範を示し、家臣にも厳しく倹約令を施行した。

百姓の場合には自給自足経済を強制して出費を制限し、全余剰生産物を年貢として確保するためであった。

町人の場合にはその営利活動と奢侈行為は自給自足経済を崩し、封建的身分制度を崩壊に導くものと考え、その防止のため食事、衣服などにつき、ぜいたくな品の売買、使用を厳禁し、商業資本の抑制など一層厳しくしたのである。

3 近世

江戸

探究32　倹約令の目的を述べよ。

❷
棄捐令 ★☆☆☆☆

1 寛政元酉年九月❶ 大目付え❷
蔵宿借金仕法御改正仰せ出され候事。

此度御蔵米取❸御旗本御家人勝手向❹、御救のため、蔵宿❺借金方仕法御改正仰せ出され候事。

一 御旗本御家人蔵宿共より借入金利足❻の儀は、向後金壱両に付銀六分宛❻の積り、利下げ❼申し渡し候間、借り方の儀は是迄の通蔵宿と相対❽に致すべき事。……

一 旧来の借金は勿論、六ヶ年以前辰年❾までに借請候金子は、古借新借の差別無く、棄捐の積り相心得べき事。……

10 右ケ條の趣、向後堅く相守り、御旗本、御家人とも成丈借金高相増さざるべき様心掛け申すべく候。前條の通、借金棄捐利下げ等仰せ出され候上は、一統猶更厚がけるようにすべきである。……

要点ナビ
幕府（将軍徳川家斉、老中松平定信）から旗本・御家人へ。六年以前の借金を破棄。

通釈
寛政元（一七八九）年九月　大目付へ
このたび御蔵米を支給されている旗本・御家人の生計を救うため、札差からの借金方法についての改正をご命じになられた。

一 旗本・御家人が札差たちから借り入れた金の利息は、今後は金一両につき銀六分とし、利息の引き下げを申し渡したが、借金の方法については今までの通り、札差と相談の上決定するがよい。……

一 古くからの借金は勿論のこと、六年以前の辰年（一七八四年）までに借りた金は、古い借金、新しい借金の区別なく債務を破棄するのでそのように心得なさい。……

右の条文の趣旨を、今後かたく守り、旗本・御家人ともにできるだけ借金が増えないように心がけるべきである。前の条文のように借金の破棄、利息の引き下げ等をお命じになられたからには、一同の者（旗本・御家人）はさらに慎んで、倹約などについてとりわけ心がけるようにすべきである。……

間に発布された幕府の法令約六六〇〇通余を、九〇項目に分類して編纂、一八四一（天保一二）年に完成した幕府の法令集。

❶寛政元酉年 一七八九年。
❷大目付 老中のもとで諸大名を監察する役。文書の伝達役ともなった。
❸御蔵米取 蔵米給与のこと。当初は、直接旗本・御家人に給与されていたが、その後札差が旗本・御家人の委託を受けて、受け取りや売却を代行するようになった。
❹勝手向 暮らし向き、生計、家計のこと。
❺蔵宿 札差の別称。
❻金壱両に付銀六分宛 一か月についての利息。一年では一二％となる。
❼利下げ 利息の引き下げ。
❽相対 貸し主と借り主との話し合い。
❾六ケ年以前辰年 一七八四（天明四）年のこと。

史料注
御触書天保集成　二五五頁
参照。

探究33
棄捐令と相対済し令の違いを述べよ。

⑩棄捐　債権者（札差）に債権を放棄させること。
⑪一統　一同、皆。

要点ナビ
幕府（将軍徳川家斉、老中松平定信）から林大学頭へ。朱子学以外の学派の禁止。

①寛政二庚戌年　一七九〇年。
②林大学頭　林信敬。
③其方家代々　徳川家康以来、代々の将軍に仕えた林羅山（道春）以降の林家をさす。
④正学　朱子学をさす。
⑤世上種々新規の説　朱子学以外に古義学派、蘐園学派などの儒学の諸派が並存している状況を示す。

15

く相慎み、倹約等別て心掛け申すべく候。……
右之趣万石以下之面々相触れらるべく候。
『御触書天保集成』

右の趣旨を一万石以下の（旗本・御家人）人々へ触れるようにしなさい。

解説

この棄捐令は、一七八九（寛政元）年に発せられたもので、旗本・御家人の窮乏を救うためのものである。その内容は、旗本・御家人に対する札差の債権について、一七八五（天明五）年以前（一七八四年より前）のものは放棄させ、一七八六年以前は利子を年利六％に引き下げて返済すること、また一七八九（寛政元）年以降は年利一二％とすることを定めている。これは、当時の札差による借金の利子が年利一八％と高かったためである。これによって札差が被った損害は、一一八万両余にのぼった。しかし、この後金融界は混乱し、旗本・御家人の困窮はかえって増大した。幕府は札差への救済策として数万両を低利で貸し付ける一方、貸金会所を設置し、この会所から資金の不足をきたした札差に融資するなどの対応策を講じた。

ところで、老中松平定信は、田沼時代の専売制を廃止し、公認した株仲間を整理するかたわら、江戸在住の豪商一〇名を勘定所御用達に登用し、低利金融・米価調節・幕府財政援助など、彼らの資本力や商業知識を利用しての多様な役割を担わせている。寛政の棄捐令も貸金会所の出資と運営を委ねられた勘定所御用達の存在なくしては実行不可能だったのであり、田沼時代と同様に商業資本との結び付きがあったのであり、田沼時代の経済政策を継承している面があったといえる。

❸ 寛政異学の禁　★★☆☆☆

1　寛政二庚戌年五月廿四日①
学派維持の儀に付申達す
林大学頭え②
朱学の儀は、慶長以来御代々御信用の御事にて、已に其方家代々③右学風維持の事仰せ付け置かれ候得ば、油断無く正学④相励み、門人共取立申すべき筈に候。然⑤る処、近来世上種々新規の説⑥をなし、異学流行し、風

通釈

寛政二（一七九〇）年五月二十四日
学派維持のことについて申し渡す　林大学頭へ
朱子学については、慶長年間以降代々の将軍が信頼を寄せており、以前からお前の家（林家）に代々朱子学の学風維持のことをお言いつけになられているのだから、気をゆるめず正学（朱子学）に励み、門人たちを育成すべきはずである。ところが、近年世間ではさまざまな新しい学説を説くなど朱子学と異なるようなことがみ

3 近世

6異学 朱子学以外の儒学の諸派をさす。

7聖堂 この場合は聖堂学問所のこと。本来聖堂とは孔子廟をさす。一六九〇(元禄三)年上野忍ヶ岡の林羅山の家塾にあったものが、湯島昌平坂に移転された。

8柴野彦助・岡田清助 それぞれ柴野栗山・岡田寒泉のことで、尾藤二洲とともに「寛政の三博士」と呼ばれた。

9他門 林家の朱子学以外の朱子学を修めた者。

史料注
徳川禁令考 二二三頁参照。

要点ナビ
幕府(将軍徳川家斉、老中松平定信)から江戸に出ていた農民へ。強制力なし。

1寛政二戌年 一七九〇年。
2大目付 老中のもとで大名を監察する役。文書の伝達も行った。

俗を破り候類これ有り、全く正学衰微の故に候哉、甚だ相済まざる事にて候。其方門人共の内にも右体学術純正ならざるもの、折節はこれ有る様にも相聞え、10如何に候。此度聖堂7御取締厳重に仰せ付けられ、柴野彦助・岡田清助8儀も右御用仰せ付けられ候事に候得ば、能々此旨申し談じ、急度門人共異学相禁じ、猶又自門に限らず他門9に申し合せ、正学講窮致し人材取立て候様相心掛け申すべく候事。

『徳川禁令考』

解説

寛政異学の禁は、寛政の改革の一環として一七九〇(寛政二)年に行われたものである。幕府は創建以来、朱子学を封建制度維持の教学として奨励してきたが、江戸中期以降の幕藩体制の動揺のなかで、朱子学派は振るわず、古学派や折衷学派などが盛んであった。定信は柴野栗山の建議を取り上げ、「異学の禁」に踏み切ったのである。すなわち林家の私塾であった聖堂学問所を官立の昌平坂学問とし、そこでの朱子学以外の儒学の講義を禁ずるとともに、朱子学による官吏登用試験を実施することにした。これは、幕府が初めて学問の目的とその内容とを規定し、特定の学派を支持し、他の学派を間接的に排斥する結果となった。これに対し在野の他の学派から反論が起こったのは当然であったが、幕府は最後まで黙殺したのである。

この異学の禁は、幕府の再建に、学問・思想の統制が極めて重要であるとの考えに基づくが、この場合の朱子学の復興は、その思想的権威によるのではなく、主として政治的権力による強制的復活であり、その効果にはおのずから限界があった。

られるが、(その原因は)すべて朱子学が衰えたためであろうか。とても容認できることではない。お前の門人たちのうちにも右のような(異学を学び)学問が純正でないものが時折あるとのことで、あり得るはずのない(けしからん)ことである。このたび聖堂学問所の取り締まりを厳重にするようにお命じになられ、柴野彦助・岡田清助にも右の用務をお言いつけになられたからには、よくよくこの趣旨を伝え相談し、必ず門人たちには朱子学以外の学説を禁じ、さらにまた自分の門下だけでなく他の門下の者とも相談し、朱子学の講義や研究に励み、学才のある人物を育成するよう心がけるべきである。

4 旧里帰農令 ★★☆☆☆

1寛政二戌年十一月
大目付2え

在方3より当地4え出で居り候者、故郷え立ち帰り度存じ候得共、路用金5調い難く候か、立ち帰

1寛政二戌年十一月
2大目付
3在方 村々から当地(江戸)へ出てきて暮らしている者(の内で)。
5路用金 調達できそうもなく。 故郷へ帰って

江戸

3 近世

要点ナビ

幕府（将軍徳川家斉、老中松平定信）から諸大名へ。飢饉対策。

❺ 囲米　★☆☆☆☆

１　近年、御物入り❶相重り候上、凶作等❷打ち続き、御手当御救い筋莫大に及び候に付き、追々御倹約❸の儀、仰せ出され候得共、天下の御備え御手薄にこれ有り候ては相済まざる儀に思し召し候、……然りながら、もこれ無く候間、広大の御備えの儀に候得ば、当時の御倹約のみを以て、其の手当に仰せ付けらるべき様❹もこれ無く候間、広大の御備えの儀に候得ば、高一万石に付き五十石の割合を以て、来る戌年❺より寅年❻まで五か年の間、面々領邑に囲穀いたし候様に仰せ出され候。

『御触書天保集成』

史料注　御触書天保集成　二五五頁

❶御物入り　幕府財政の支出。
❷凶作　天明の飢饉。特に、一七八三（天明三）年と翌年は大飢饉となった。
❸御倹約　一七八八（天明八）年の寛政の倹約令。
❹当時　現在、今。
❺戌年　一七九〇（寛政二）年。
❻寅年　一七九四（寛政六）年。

り候ても夫食❻農具代など差し支え候ものは、町役人差し添え願い出るべく候。吟味の上夫々御手当下さるべく候。若し村方に故障の儀これ有か、身寄の者これ無く、田畑も所持致さず、故郷の外にても百姓に成り申し度存じ候者は、前文の御手当下され、手余地❼等これ有る国々え差し遣はし、相応の田畑下さるべく候。妻子召し連れ度旨相願い候はゞ、其の意に任すべく候。……

『御触書天保集成』

史料注　御触書天保集成　二五五頁　参照。

❸在方　村々のこと。
❹当地　江戸のこと。
❺路用金　旅費のこと。
❻夫食　食料とする米穀のこと。
❼手余地　その地で余っている耕地。

解説

寛政の改革による農村政策の基本は、農村人口の回復・増加と荒廃している田畑の復旧であり、耕地面積を増加させることによって、崩壊しつつある本百姓経営を回復させることにあった。その本百姓経営回復のための中心政策が、一七九〇（寛政二）年を初めとして改革中に三度発令された旧里帰農令であった。その内容は、江戸へ流入した農民のうち、故郷へ帰りたい者に旅費や食料、農具代までも与えるというものである。その目的は、帰農させることによる本百姓経営の立て直しであるが、それとともに天明の打ちこわしで主役となった江戸下層民を、帰農させることによって江戸の治安維持をはかるということもあった。さらに農村に対しては、必要以上の商品作物生産を抑え、主穀生産を増強することを命じた。

江戸

参照。

探究34 囲米による米の備蓄の意図は何だと考えられるか。

史料注
御触書天保集成　二五五頁
参照。

史料注
宇下人言　二五二頁参照。

解説

松平定信が、白河藩主となった一七八三（天明三）年はまさに天明の飢饉のさなかであった。白河藩においても、その被害は甚大であったが、定信は海草や干魚などの食料を江戸から購入するなど、領内の飢饉対策・農業政策に力を注いでいた。寛政の改革が始まった直後の一七八八（天明八）年四月には、凶作に備え穀物を貯えよという囲穀令が既に幕府領に対し、出されていたが、この史料は、一七八九（寛政元）年九月諸大名に対し、石高一万石当たり五〇石の割合で囲米（史料では囲穀。長期保存のために、米を籾のまま貯蔵することが多かった）を命じたものである。囲米令は、これまでの軍事的性格を持つ城米備蓄的なものとは性格が異なり、天明の飢饉を体験した幕府が、飢饉対策として備荒貯蓄をさせるための郷倉を建設することであった。また幕府は、米（籾）を貯蔵するための郷倉を建設することも別に命じている。これらは、本百姓体制を維持し、農業労働力を確保するための政策であった。

参考　七分積金の制　★☆☆

当地の儀は、万物諸国より入り来り候て、*自由をたし候。*思い通りの（豊かな）生活ができる 直段甚だ引き上げ候節、弐拾万両の御金御下され、買米相渡し候ても、末々は困窮に及び候程の事に候。都て国々には諸大名囲穀を始めとして、京、大坂其の外とも夫々に凶年これ有りといへとも、江戸表には其の備もこれ無きに付き、此度町法改正の上、町入用の費用を省き、右を以て非常の備囲穀ならびに積金致し置くべく候。

一、*町入用減金の七分*分の七割 通を以て、町々永続の囲籾且積金致し……

『御触書天保集成』

参考　宇下人言　★☆☆☆☆

さて又その比*この頃*天明七年の勘定奉行にあひて御国用のことを尋ねしに、*午未の凶年*天明六年・七年御凶事等にて御入用多く、来年に至りては百万両も不足すべし。このうへは天下の豪富のものより御用金をとり立てその御不足をつぐのふほかはなしといふ。

『宇下人言』

17 支配体制の変容

① 農民の階層分化　★☆☆☆☆

都て村内にても、上田といへるよき地所は皆福有等**1**が所持となり、……（貧農は）下田にして実入**2**悪き地所のみ所持いたし、……又其悪田をも取失ひし族は小作のみを致し、高持百姓**3**の下に付て稼ぎ尽し、作りたる米は皆地主へ納むれば、其身は粃粆**4**、糟糠**5**、藁のみを得て、年中頭の上る瀬なく、息を継ぐ間さへ得ざるなり。

……百姓の一揆徒党などおこる場所は、極めて右体の福有人と困窮人と偏りたるなり。百姓の騒動するは、領主地頭の責詛ることのみにあるべからず。必ず其土地に有余りのものあつて、大勢の小前**6**を貪るゆゑ、苦痛に迫りて一揆など企つるなり。

『世事見聞録』

色文字は重要語

※色文字は重要語
1 福有　金持ちな豪農。
2 実入　収穫。
3 高持百姓　耕地、家屋敷を所有する本百姓のことであるが、ここでは石高所持の多い者をさす。
4 粃粆　実のないもみ。
5 糟糠　こぬか。
6 小前　小農民の意だが、ここでは高持百姓に対するものとして弱小の農民をさす。

史料注
世事見聞録　二三六頁参照。

通釈

総じて村内において上田といえるような土地柄の良いところは、皆、裕福な人々の所持するところとなり、貧農は、下田と称する収穫量の低いところばかりを所持している。……また、その土地柄の悪い田さえも失った者たちは小作をするよりほかに手だてなく、石高所持の多い地主の下にあって稼ぎ尽くしたあげく、作った米はすべて地主へ納めてしまうので、自分自身は粃粆、糟糠、藁以外は得るものもなくて、年中頭の上がる機会もなく、息をつぐひまさえもないほどである。

……百姓の一揆や徒党の企てなどが起こる地域は、きまって右のような富裕な者と困窮人との両極端にかたよった所である。百姓が騒動を起こすのは、その土地を支配する領主や地頭が、農民を責めたてて搾取することばかりに原因があるのではない。必ずその土地に裕福な者がいて、大勢の弱小農民を収奪しているために、彼らが苦痛に耐えきれず、一揆などを企てるのである。

解説

一八世紀に入ると、商品経済の浸透によって農民の農業経営、日常生活にも貨幣経済は着実に広まっていった。こうした傾向は、本百姓のなかにも土地を失って水呑百姓や小作人となる貧農を増加させる一方、土地を集積して子供たちに土地を分け与え、分家を起こすことができるほどの地主を生み出した。史料にあるように、こうした農民の階層分化は、「領主階級の責詛ること」（年貢の重課など）とも相まって村内の秩序を大きく変化させた。その最も大きな表れが、村内の村役人などの上層農民と一般農民が対立する村方騒動である。代表的なものは、村政を担当する村役人の選出方法をめぐって

のものであった。年貢や村政費用の割り付け、徴収の際の不正をめぐる問題がその背景にあったが、旧来は特定の家柄しか担当できなかった村役人選出への一般農民の参加という点からは、「村政民主化」の動きともいえる。

一九世紀に入ると、こうした村方騒動とともに地主に対する小作騒動も増加する。そして、村内外で特権を持つ人々に対する打ちこわしが激化する幕末・維新期へとつながってゆくのである。

江戸

❷ マニュファクチュアの形成 ★☆☆☆☆

1 近年次第に繁昌仕り候に随ひ、蚕飼等は相止め、近辺は申すに及ばず、他国よりも糸買入、糸問屋多分出来[1] 致し、機屋共は銘々機織女弄糸繰紋引等[2]大勢召抱、渡世仕り、尚又追々他国の者共数多入込、新町辺は申すに及ばず、在々村々迄借家致し、夫々渡世仕り候者、多分にて、段々土地賑候に随ひ、風俗自然と花麗に相成、辛労を厭ひ、安逸を歓び候人情故、自ら農等閑に成行、[4]
5 ……次第に作徳[4] 薄く成行、猶々農業を疎に、唯々商ひ糸機等の渡世のみ専一に心懸候。

『桐生織物史』

解説 商品経済の発達とともに、工業も成長し、農民が副業的に行う農村家内工業から、工業も成長し、商人が農家に原料や資金を前貸しして製品を安く買い集める問屋制家内工業が広まっていった。そのなかで一部の地主や問屋商人たちは、資本家として工場を設け、賃労働者を雇い入れて、分業による協同作業を行うようになった。これを工場制手工業(マニュファクチュア)といった。江戸時代前期においても、摂津の伊丹・池田・灘の酒造業では同様の経営が行われていたが、上野国桐生地方では、一八世紀の初めには製糸と機織に分化し、一九世紀の半ばには、本史料のように、養蚕・製糸・機織に分化した。さらに機

織工程では、機織・糸繰・紋引が機屋に雇われて働いていたように、マニュファクチュアの形態がより進展した。このほか江戸後期には、大坂周辺や尾張の綿織物、足利の絹織物、川口の鋳物業にもマニュファクチュア的経営がみられた。これはペリー来航以降に一層顕著となっていく。こうした傾向は、土地を離れた農民すなわち賃労働者が出現し、農村を荒廃させて年貢収入の減少をきたしたこと、また市場生産のため、商品経済がさらに進展し、武士階級に収支のアンバランスをさらに増大させたことなどもあって、幕藩体制の動揺につながっていくことになる。

❸ 斉昭の戊戌封事 ★☆☆☆☆

1 当時太平の御世には御座候へ共、人の身にたとへ候ば甚不養生にて、種々さまざまの病症きざし居間……右の病症委細は筆紙に尽し兼候得共、大筋は内憂と外患との二つに御座候、内憂は海内の患にて、外患は海外の患に御座候……内憂起り候て外患を来し候事もこれ有り、外患来り候て内憂を引出し候事もこれ有り……近年参州・甲州の百姓一揆 徒党を結び又は大坂の奸賊、佐渡の一揆より起り申候、島原騒動の後二百年程弓・鉄砲等相用 候儀御座無く候処、近頃はややもすれば弓砲を用ひ候様罷成候儀御役人共一と通りに心得候ては相済まざる事に御座候……外患とは海外の夷賊日本をねらひ候患に御座候。……

天保九年戊戌八月朔日

源 斉昭 謹上

『水戸藩史料』

解説

水戸藩の徳川斉昭は、一八二九（文政一二）年に三〇歳にして水戸藩九代藩主となると、藩政改革（水戸藩天保改革）を行い、検約令・特産品奨励・文武の奨励等を行った。また、のちの藩校である弘道館の設置を準備した。その弘道館に代表される後期水戸学は、神道と儒教を中心とするもに、キリスト教を問題とした。また、この史料の続きには、唯一西欧へ開かれていたオランダへの窓すらも閉ざすべきであるとし、世界のなかで「日本と清国・朝鮮・琉球」以外はすべて邪宗（キリスト教）の国であるとするなど、徹底した鎖国反西欧主義の尊王攘夷思想であり、斉昭も特に強烈な攘夷思想を唱えていた。

斉昭は、一八三九（天保一〇）年、前年八月に著した意見書「戊戌封事」を一二代将軍家慶へ提出した。彼はそのなかで家論を主張した。

臣を直接派遣して現地情報を入手したという大塩の乱や、打ちこわしを伴う三河加茂一揆・甲斐郡内騒動・佐渡一国騒動などを「内憂」として恐れた。また、「外患」として一九世紀に入ってから日本近海に出現し始めたイギリスの動きを警戒すると

史料注 水戸藩史料 天保期から幕末期までの水戸藩関係史料。

❶当時 いま、現在。この意見書が出されたのは一八三九（天保一〇）年。
❷内憂 国内の心配事、憂い。
❸外患 国際上あるいは対外的な危機。
❹参州・甲州の百姓一揆 一八三六（天保七）年八月の甲斐の郡内騒動と、同年九月の三河の加茂一揆。
❺大坂の奸賊 大塩平八郎。
❻佐渡の一揆 佐渡での打ちこわしを伴う百姓一揆。
❼島原騒動 一六三七（寛永一四）年島原の乱のこと。

18 天保の改革

❶ 大塩の乱——大塩平八郎の檄文 ★★☆☆☆

要点ナビ　陽明学者大塩平八郎からの檄。大坂とその周辺の農民へ。

通釈

※色文字は重要語

1 万物一体の仁　仁は儒教の考え方の基本。この仁の実践が可能ならば万物がすべて調和し、発展するという考え方に基づく。

2 得手勝手　でたらめ。

3 廻米　米の廻送。

4 遊民　大塩が遊民と目したのは、飢饉を利用してもうけている商人、高利貸等である。

5 蟄居　家にこもっていること。ここでは、政治上の役職を退いたことをさす。

6 湯武の勢ひ　中国古代の王朝夏を倒した殷の湯王や殷を滅ぼした周の武王のような勢力。

7 蔵屋敷　諸大名が米や国産物を売りさばくため設けられた倉庫施設。

8 摂・河・泉・播　摂津・河内・和泉・播磨。いずれも現在の大阪市及びその周辺。

1　此節は米価弥々高値に相成り、大坂の奉行幷諸役人共、万物一体の仁を忘れ得手勝手の政道を致し、江戸へは廻米の世話致し、天子御在所の京都へは、廻米の世話いたさざるのみならず、五升一斗位の米を買に下り候者共を召捕抔致し、……

5　差出し、大坂市中遊民計を大切に心得候は、前にも申通し、仁義道徳も存ぜざる拙き身故にて、甚だ以て厚か間敷、不届の至り、其上勝手我儘の触書等を度々

10　ころ無く、天下の為と存じ、血族の禍ひを侮し、此度有志の者と申合せ、下民を悩し苦しめ候役人共を先づ誅伐いたし、引続き驕に長じ居候大坂市中金持の町人共を誅戮に及び申すべく候間、右の者共の穴蔵に貯へ置き候金銀銭等、諸蔵屋敷に隠し置き候俵米、夫々分

15　散配当致し遣し候間、摂・河・泉・播の内、田畑所持致さざる者、縦令、所持候共、父母妻子家内の養方出来も現在の大阪市及びその周辺。

このごろは、米価は増々高騰しているが、大坂の町奉行や諸役人たちは、万物一体の仁を忘れて、ほうだいの政治を行っており、江戸へは米を輸送する手はずを整えながらも、天子のおられる京都に対しては、廻米の方策を立てないばかりか、五升、一斗程度のわずかな米を買いにやってきた者たちを召し捕えるようなことをする有様である。……その上（役人らは）勝手気儘に扱っているが、このことは、大坂市中の大商人、高利貸し等ばかりを大切に扱っているおろかな先にも述べた通り、仁義道徳もわきまえないおろかな身であるがゆえであり、何とも厚かましく、不届き千万である。……ここに至り、隠居中の身ながら我々は、もはや忍耐しきれず、湯王・武王の勢いもなく、孔子・孟子の徳もない身ではあるが、ほかに頼りもないので、天下のためと思い、血族の者に累が及ぶことも覚悟の上で、この度有志の者と申し合わせて、下民を悩しめる役人どもをまず誅伐し、それに続いておごりにひたりきっている大坂市中の金持ちの町人どもを誅戮することを敢行する。そこで、右の者たちが穴蔵に蓄えている金銀銭など、また各所の蔵屋敷に隠しおいている俵米をそれぞれ分配し、分け与えるつもりであるので、摂津・河内・和泉・播磨諸国の内にて田畑を所持していない者、あるいはたとえ土地を持っている

3 近世

9 天保八　一八三七年。

10 檄文　自分の信義を衆人にふれる文書。ふれぶみ。

難き程の難渋者へは、右金米等取らせ遣し候間、何日にても、大坂市中に騒動起り候と聞伝へ候はば、里数を厭ず一刻も早く大坂へ向け馳せ参ずべく候。面々へ右

米金分遣 申すべく候。
天保八丁酉年月日
摂河泉播村々 庄屋年寄百姓幷小百姓共え

『大塩平八郎檄文』

解説　一八三二（天保三）年頃から各地に飢饉と凶作が起こり、それが深刻化して一八三六（天保七）年に空前の全国的大飢饉となり米価は高騰した。経済の中心である大坂も例外ではなく、なかでも下層民は非常な困窮に陥った。

この状況にあって、本来対策に動くべき大坂町奉行所の政策は消極的で、なんらの対策もとらないのみならず、米不足のなかで江戸への廻米を行うという、まったく民衆の状況を考えない行動をとっていた。また、奉行所の役人は特権商人と結び付き、私欲に走っていた。こうした状況のなかで陽明学者の大

にせよ、父母養子等家の者を養えないほどの苦しい生活を送っている者たちには、右の金・米等を与えるので、何日であろうと、大坂市中に騒動が起こったといううわさを伝え聞いたならば、どんなに遠くても、一刻も早く大坂へ向けてかけつけてくるようにせよ。各々に右の米・金を分け与える所存である。

天保八丁酉（一八三七）年月日
摂津・河内・和泉・播磨村々の庄屋、年寄、百姓並びに小百姓どもへ

塩平八郎は蔵書を売った金六二〇両を貧民救済にあて、かつ檄文を作って大坂やその周辺の農民の決起を促し、一八三七（天保八）年の二月に反乱を起こした。乱は一日で鎮圧されたが、平八郎はかつて大坂町奉行所の与力であり、もと幕臣の身でありながら幕府の無策を批判、攻撃したところにこの乱の特色がある。

なお、一八三七（天保八）年六月には越後（新潟県）柏崎で生田万の乱が起こっている。

1 仲間株札　株仲間の鑑札。

2 十組問屋　一六九四（元禄七）年成立。大坂からの下り荷物を扱う問屋仲間として発足した。

2 株仲間解散令 ★★★☆☆

1
仲間株札は勿論此外都て問屋仲間 幷 組合抔と唱候儀相成らざる旨、十組問屋共え申渡書
菱垣廻船 積問屋 十組問屋共

通釈　株仲間の鑑札は無論のこと、このほかすべて問屋仲間や問屋組合などと称してはならない旨、十組問屋たちへ申し渡す書付
菱垣廻船積問屋 十組問屋たちへ

江戸

3 近世

3 菱垣廻船　江戸・大坂間の定期的な廻船だが、樽廻船におされていた。

4 積問屋　発送先と発送する商品が固定化している事業問屋。

5 冥加上納　一八一三（文化一〇）年以降、菱垣廻船積問屋六五組は、合計一万二〇〇両の冥加金を毎年幕府に納め、その代わりに問屋仲間による流通独占が認められていた。

6 直売買　一般商人の直接取り引き。

7 諸家国産　諸藩の特産品。

8 天保十二丑年　一八四一年。

史料注
徳川禁令考　二二三頁参照。

探究37　株仲間を解散させた理由を述べよ。

10

其方共儀、是迄年々金壱万弐百両冥加上納致来り候処、問屋共不正の趣に相聞候に付、以来上納に及ばず候。尤も、向後仲間株札は勿論、此外共都て問屋仲間幷組合抔と唱候儀は、相成らず候。

一右に付ては、是迄右船に積来候諸品は勿論、都て何国より出候何品にても素人直売買勝手次第たるべく候。且又諸家国産類其外惣て江戸表え相廻し候品々も、問屋に限らず銘々出入の者共引受売捌候儀も是又勝手次第に候間、其旨存ずべし。……

天保十二丑年八十二月十三日

解説
『徳川禁令考』

一八四一（天保十二）年、半世紀近くにわたって権力の座にあった大御所徳川家斉が死去し、政治の実権は一二代将軍家慶と、老中水野忠邦に移った。天保の改革の始まりである。まず忠邦が行った政策の一つが、史料にある株仲間の解散であった。年貢米を換金して必要な資金を得る武士にしてみれば、米価が高く、かつその他の購入商品は安く手に入れられる状況が望ましい。しかしこの頃には米価をはじめ物価全体の上昇が起こっており、忠邦としてはその原因を「問屋共の不正」に見出したのである。よって株仲間の解散によって

中央市場への入荷数が急激に増加し、それにつれて物価も下落するというのが予測された動きであった。ところが当時の社会情勢は、株仲間外の商人や農村の在郷商人によって自由な流通機構が樹立されており、さらに諸藩では財政建直しのため専売制の実施を始めていた。その結果株仲間外の商人や農村の在郷商人による自由な流通機構が樹立されており、さらに諸藩では財政建直しのため専売制の実施を始めていた。その結果株仲間の情勢判断を誤り、株仲間の解散を実施した結果、流通市場は混乱をきたし、ひいては、品薄・値上がりという幕府の期待に反したものになってしまった。

江戸

お前たちは、これまで毎年一万二〇〇両の冥加金を上納してきたが、問屋たちが不正をはたらいていると聞きがあるので、以後は上納する必要はない。ただし、今後は株仲間の鑑札は勿論のこと、このほかすべて問屋仲間や問屋組合などと称してはならない。

一右のことについて、これまで右（問屋）の船に積み輸送していた品物は勿論のこと、（そのほかの）どこの国のどのような品物であっても、素人が直接に取り引きを自由に行ってよい。また諸藩の特産品その他すべて江戸へまわした品々は、問屋に限らず、めいめいの出入の者らが引き受けて売りさばくのも自由であるので、この旨を承知しなさい。

天保一二丑（一八四一）年一二月十三日

3 近世

❸ **人返しの法（人別改改正令）** ★★☆☆☆

要点ナビ
幕府（将軍徳川家慶、老中水野忠邦）が発令。帰農を強制。

史料注
徳川禁令考 二二三頁参照。

❶人別改 人口調査。
❷在方 農村。
❸身上相仕舞 身代をなくす、身上＝身代、家屋敷や家財を売り払って家を引き払うこと。財産。財産をなくす。ここでは、後者の意味。
❹御府内 江戸。
❺裏店 裏通りや路地にある小家。

1
諸国人別改 改正❶
諸国人別改方の儀、此度仰せ出され 候 に付ては、今後、在方❷のもの身上相仕舞江戸人別❸に入候儀決して相成らず候間、……

5
近年御府内❹へ入込、妻子等もこれ無く、裏店❺ 借受候ものの内には、一期住同様のものもこれ有るべく、左様の 類者、呼戻し、在方人別相減らざる様取計ひ申すべき事。
『徳川禁令考』

農村の人口が減らないよう取り計らいという意味。
一期住み 一年契約の奉公人と同様の者

解説
寛政の改革の旧里帰農令は、江戸の下層民のうちで帰農を希望する者には、その費用まで幕府が負担することを打ち出したものであるが、強制力もなくほとんど効果はあがらなかった。天保期に入ると、飢饉による江戸への人口流入とそれに伴う農村の荒廃はますます進行していった。こうした状況のもとで、天保の改革では江戸への移住をチェックし帰農を促進させようという目的で一八四三（天保一四）年に人別改めの改正（人返しの法）を行った。これは、毎年人別改を実施して人別帳を作成し、江戸への人口流入を阻止しつつ農村人口を維持し、農村復興につなげようとするものであった。特に対象となったのは、「その日稼ぎの者」と呼ばれた人々で、打ちこわしの際にはその多くが参加する可能性をはらんでいた。しかし結果としては強制的な人返しはできず、十分な効果はなかったとされる。

❹ **上知令** ★☆☆☆☆

要点ナビ
幕府（将軍徳川家慶、老中水野忠邦）が発令。忠邦の失脚へ。

❶御料所 幕府領（天領）のこと。
❷薄地 地味が悪く収穫の少ない土地。
❸免合 租率をいう。
❹其の余飛地 大名領地のうち、一円的な城付きの領地に対し、遠隔地に分散して蒙り居り、御勝手向の儀は毫髪顧みず、収納多分之有り候を、一己の余潤とのみ心得候筋はあるまじき事に

1
御料所❶の内、薄地❷多く、御収納免合❸ 相劣り、……
当時御料所より私領の方高免の土地多く之有り候は、不都合の儀と存じ奉り候。……殊に銘々数代御鴻恩を蒙り居り、御勝手向の儀は毫髪顧みず、収納多分之有り候を、一己の余潤とのみ心得候筋はあるまじき事に

通釈
幕府の直轄領のうちには、土地柄が悪くて収穫の少ない土地が多くあり、……このような折に、幕府領よりも、大名の私領の方に年貢率の高い良い土地が多くあるということは、大変不都合に思われる。……特にそれぞれの者が数代にわたって幕府の御恩を蒙っていながら、幕府の財政に関してはいっこうに顧みず、収納が多いということを自分ひとりの余潤とばかり考え

江戸

いる知行地。特に譜代大名に多くみられる。

5 代知　代替の知行地。

6 三つ五分　租率の知行地。免一つは石高一石に対する地租米一斗を意味する。三つ五分というと、土地の石高一〇〇石であれば三五石の租米を納める。幕領では五つを普通とし（五公五民という）、私領では高低いろいろあり、これと比較して高率を高免、低率を下免といった。

7 天保十四年　一八四三年。

候。……幸い此度江戸大坂最寄御取締りのため上知仰せ付けられ候、右領分其の余飛地の領分にも、高免の場所も之有り、御沙汰次第差上げ、代知の儀いか様にも苦しからず候得共、三つ五分より宜敷き場所にては折角過ぎざる土地下され候得ば有難く安心仕るべく候。……

天保十四年八月十八日

[解説]

一八四三年に発せられた上知令は、第一段階として江戸・大坂周辺地域にある大名の飛地領及び旗本領などを幕府の直轄地とするものである。その代わりに大名たちにはその居城付近に代替地を与え、旗本には江戸・大坂周辺以外の知行地を給し、第二段階として江戸、大坂の周辺のみならず全国的に飛地を整理し、一まとめにしようとする意図を持っていた。

そのねらいの第一は、このような領地の移動を断行することによって幕府が中央集権的権力の行使者たることを諸大名に再確認させることにあった。第二は領地の錯綜からくる支配体制のゆるみを阻止することであり、事実、幕領と大名領が入り乱れる関東地方では警察能力はほぼ皆無に等しく、無宿人の横行

『徳川禁令考』

るのは、もってのほかのことである。……幸いにも、今度江戸・大坂近辺の所領を、御取り締まりのために幕府へ知行を返すようにとの仰せが出された。右の領分は勿論、その他飛地の領分についても、御命令次第に幕府へ返上し、これに代わる代地があるので、御命令次第にあって土地があるので、御命令次第に幕府へ返上し、これに代わる代地の件はどのようであってあれば、もし免率が三割五分よりも高い場所であれば、折角上知を願ってもその甲斐がないので、お定めの通り三割五分に達しない土地を下されればありがたいことと思い安心しなさい。……

天保一四（一八四三）年八月一八日

など治安の不安定化を招いていた。第三は租率の低い幕領を年貢収納率の高い土地と取り替えて、幕府の財政収入を増大させることである。しかし当然ながら、上知令の対象となった大名、旗本にとって生産力の低い土地への替地は極めて不利であったので反対が激しかった。また大名、旗本らに年貢を先納したり、金を貸し付けたりしていた農民や町人らの強い反対運動も起こった。そのためこの法令は発令から一か月も経ないうちに撤回され、この失敗が忠邦の命取りとなったといわれる。

江戸初期には簡単に行えた大名の移封が、天保期には譜代大名に対してさえ容易にできなくなったのである。このことは幕府の全国支配者としての実力が減退し、将軍と大名との主従関係が崩れ始めたことを物語っている。

⑲ 江戸時代中・後期の文化

❶ 国学の発達 ★☆☆☆☆

※色文字は重要語
❶此国 日本。
❷仁義礼智 儒教の五常の徳目。なおこの部分では五常の徳目のうち、「信」が欠落している。
❸とふこと ということ。
❹和語 日本語。
❺此五のこと 五常の徳目。
❻天が下に 世の中に。
❼四時 春夏秋冬の四季。
❽道 古道（いにしえのみち）。
❾漢意 主として儒教的な価値観や規範をさす。
❿のぞこらぬほどは 取り除かないうちは。

賀茂真淵は、万葉集のなかに、古代の人々の「高く直き心」を見出し、これが古道にも通じるとした。『万葉考』は、彼の著した万葉集の注釈書で、一七六〇（宝暦一〇）年頃の成立と考えられている。

(1) 賀茂真淵

或人、此国❶の古へに、いといやしきこと、まだしかりけり。先唐国に、此五のこと❺を立て、せるは、それに違ふをわろしとしあへりけむ。凡天が下に、此五つのものは、おのづから有こと、四時❼をなすがごとし。天が下のいづこにかさる心なからむや。……凡天が下のものには、かの四時のわかち有ごとく、いつくしみも、いかりも、理りも、さとりも、おのづから有こと、四時の有限りは絶じ。それを人として、別に仁義礼智など、名付るゆゑに、とること、せばきやうには、成ぞかし。たゞさる名もなくて、天地の心のまゝなるこそよけれ。さる故に、此国は、久しく治るをしらずや。

『国意考』

(2) 本居宣長

がくもんして道❽をしらむとならば、まづ漢意❾をきよくのぞきさるべし。から意の清くのぞこらぬほどは、

通釈

ある人の、昔この国（日本）には、仁・義・礼・智という徳目がなかったので、このような日本語もないといって、（中国に比べ日本の方が）非常に劣っているとした見方は、今でもそのままである。最初に中国でこの五つ（信を加え、仁・義・礼・智・信の五常）の徳目を立て、これに反することは悪いことであるとしているからであろう。そもそも世の中に、五つのもの（五常の徳目）がもともと存在しているのは、一年に春夏秋冬の四季があるのと同様である。世の中でどこに五常の徳目のないところがあろうか。……もっとも、道理（礼儀）も、悟りも元来あることは、この世のある限り絶えることがない。そうであるのに人為的に、仁・義・礼・智などと区別して名称をつけているため、考えが狭くなるのだ。このような名称を用いず素直に自然のままであることがよいのだ。そのためこの国（日本）が長い間平穏無事に治まっていないに、この国（日本）が長い間平穏無事に治まっていなかったであろうか（そんなことはない）。

学問で道を知ろうとすれば、最初に漢意をすべて取り除かねばならない。漢意をすべて取り除かないうち

3 近世

探究39
国学の研究態度および研究

史料注
賀茂真淵著。一七六五（明和六）年頃の成立と考えられている。契沖により深められた古典（特に『万葉集』）研究の文献学的方法による成果と、古道（いにしへのみち）を神道のうちに見出そうとした荷田春満の神道論を継承・融合し、儒学による規範を退け、古道を明らかにしようとした。

⑪もと　本来、元来の意味。
⑫真心　素直でおおらかな、人間の自然な感情。

いかに古書をよみても考へても、古の意はしりがたく、古のこゝろをしらではなむ、道はしりがたきわざになむ有ける。そも〳〵道は、⑪もと学問をして知ることにはあらず、生まれながらの真心⑫なるぞ。道には有ける、真心とは、よくもあしくも、うまれつきたるまゝの心をいふ。然るに後の世の人は、おしなべてかの漢意にのみうつりて、真心をばうしなひはてたれば、今は学問せざれば、道をえしらざるにこそあれ。

『玉勝間』

『玉勝間』は『たまかつま』ともいう、本居宣長の随筆集、全一五巻。『玉勝間』という書名には、さまざまな内容の文章を収録したものという意味が込められているという。宣長の国学の集大成ともいうべき著書で、一七九三（寛政五）年頃から執筆し、刊行が完結したのは一八一二（文化九）年であり、宣長の没（一八〇一年）後であった。

解説

国学は、日本の古代の人々の精神を理想とし、古典研究による文献学的方法により古道（いにしへのみち）を明らかにしようとした学問である。まず実証的な古典研究による国学研究の祖として登場したのが契沖である。彼は万葉集研究の中でその方法論を確立した。万葉集の注釈書である『万葉代匠記』は、契沖の代表的な著書である。歌学の革新運動を起点とする国学の発達は、契沖の代表的な著書である。荷田春満（一六六九〜一七三六）・賀茂真淵（一六九七〜一七六九）を経て、本居宣長（一七三〇〜一八〇一）に至って大成される。

は、どんなに古書を読んだり考えても、古代の精神は理解しがたく、古代の精神を知らなくては、道は理解しがたいものである。そもそも道というものは、本来学問によって理解し得るものではない。生まれたままの真心（人為を排し自然の感情のままに生きようとする心）こそが大切である。古道（いにしへのみち）の核心である真心とは、好むと好まざるとにかかわらず生まれついたままの自然の心のことである。しかしながら後世の人は、一様にこの漢意にのみ心を奪われ、真心をすっかり失ってしまっているが、現在では学問を修めなければ、道を理解することができない（と考えてしまっている）。

国学の大成者といわれる本居宣長は、伊勢松阪の木綿問屋の家に生まれたが、宣長の母は彼に家を継がせようとはせず、宣長二三歳の時京都に遊学させ医学を学ばせた。京都での宣長は、朱子学者の堀景山の門に学んだが、景山は荻生徂徠とも親交があり、景山を通じて徂徠の古文辞学の考え方を学んでいったといわれる。

賀茂真淵は、遠江・浜松の神職の家に生まれ、三七歳の時上京して荷田春満の門に学んだが、春満が没してからは江戸に下り、一七四六年から和学をもって御三卿の一つである（田安宗武）に出仕するようになった。真淵の学風は、荷田春満の神道論と契沖の文献学的方法とを継承し、特に万葉集研究を通じて日本の古代精神をとらえようとした。『国意考』は真淵の古道研究に関する代表的な著作であり、古代の精神とは、「天地の心のままなる」素直な心、作為のない自然のままの心であると説いた。

また、師である景山は、契沖の孫弟子にあたることから、宣長は契沖の著作を読み、その文献学的研究方法と和歌について学んだという。帰郷して、医業のかたわら国学研究を続けていた宣長は、三四歳の時（一七六三年）、松阪に滞留していた真淵を訪問し、真淵から直接教示を受けて、古事記の研究にも取り組んでゆくこととなる。宣長の考えた古道は、神の道（かん

江戸

3 近世

江戸

究の対象は何か。

ながらのみち）である。すなわち記紀に登場する神々の素直でおおらかな生き方そのものが、古代の人々が理想とした道であったと考えた。また〝もののあはれ〟論を展開している『源氏物語玉の小櫛』などすぐれた文学研究書のほか、『玉くしげ』のような経世論に関する著作も残している。また『古事記伝』は、四〇余年の歳月を要して完成した古事記の注釈書である。

❷ 蘭学事始 ── 蘭学の研究　★☆☆☆☆

> 要点ナビ
> 杉田玄白の回想記。『解体新書』の翻訳の苦労などを記す。

1　其翌日❶　良沢が宅❷に集まり、前日のことを語り合ひ、先づ彼のターヘル＝アナトミアの書❸にうち向ひしに、誠に艫舵なき船の大海に乗り出だせしが如く、茫洋として寄るべきかたなく、只あきれにあきれて居たる迄なり。……其ころはデのヘット❹の又アルス、ウェルケ等の助語❺の類も、何れが何やら心に落付きて、弁へぬ事ゆゑ、少しづつは記憶せし語ありても、前後一向にわからぬ事ばかりなり。……或る日、鼻の所にてフルヘッヘンド❼せしものなりとあるに至りしに、此語わからず。これは如何なる事にてあるべきと考へ合ひしに如何ともせんやうなし。ようやく長崎より良沢求め帰りし簡略なる一小冊ありしを見合せたるに、フルヘッヘンドの釈註に、木の枝を断ち去れば、其跡フルヘッヘンドをなし、又庭を掃除すれば其塵土聚まりフルヘッヘンドすといふやうによみ出だせり。これは如何なる意味なるべしと、又例の如くにこじつけ考へ合ふに、弁へかねたり。時に翁思ふに、木の枝を断りたる跡癒ゆれば堆くなり、又掃除して塵土聚まれば、これも堆くなるなり。鼻は面中にありて堆起せるものなればフルヘッヘンドは堆しといふことなるべし。然れば此語は堆と訳しては如何といひければ、各々之を聞きて、甚だ尤もなり、堆と

❶其翌日　一七七一（明和八）年三月四日に小塚原の刑場で、良沢、玄白らがターヘル＝アナトミアと対照して死体解剖をした翌五日。

❷良沢が宅　中津藩医前野良沢の家は築地鉄砲洲の藩邸にあった。集まったのは良沢、玄白ら。

❸ターヘル＝アナトミア　ドイツ人クルムスの『解剖図譜』のオランダ語訳本。解剖医書。

❹デ de（英語の the）

❺ヘット het（the、it）

❻アルス、ウェルケ als, welk（as which）

❼フルヘッヘンド verheffiende（lifted up raised）

史料注

8 ウォールデンブック　Woordenboek (dictionary) 辞書。

9 翁　杉田玄白の自称、当時八三歳。

史料注　蘭学事始　杉田玄白が一八一五（文化一二）年八三歳の高齢で蘭学草創の当時を回想して記したものである。

探究40　蘭学はどのように展開したかを調べよ。

史料注

1 四民　士農工商。

2 君　君主。

3 禄　俸給、俸禄、扶持のこと。

4 作間　耕作による利益。

5 買利　利益。

史料問答　都鄙問答　一七三九（元文四）年成立。石田梅岩が、弟子たちの要望に応じ著した。心学の教えを問答形式で平易に説いている。

訳さば正当すべしと決定せり。

解説　訳洋書輸入の禁をゆるめ

八代将軍吉宗は、享保期に実学奨励の立場から漢訳洋書輸入の禁をゆるめ、宗教・思想以外に関する知識の普及を進めた。これによって、医学・天文・暦学・地理学等の学問が飛躍的に発展していく。

『解体新書』の刊行は、蘭書の翻訳、オランダ医学の普及といった点からも、蘭学興隆の出発点ということができる。『解体新書』は、杉田玄白・前野良沢、桂川甫周、中川淳庵らによって完成し、一七七四（安永三）年に刊行された。以後彼らの下に多くの門弟が輩出し、玄白の弟子のひとり大槻玄沢は江戸に蘭学塾「芝蘭堂」を開いて門人を養成した。玄沢はまた蘭学の入門書として『蘭学階梯』を著し、玄沢の門人稲村三伯も日本で最初の蘭和辞書『ハルマ和解』を一七九六（寛政八）年に刊行した。『解体新書』翻訳の苦労は、『蘭学事始』に生々しく記されている（ただし、本史料中の「フルヘッヘンド」の語はターヘル＝アナトミアにはなく、玄白の思い違いかと思われる）。

こうした蘭学（洋学）の実証的・合理的な考え方は、自然科学の分野に生かされただけではなく、封建社会への批判にもつながってゆく。渡辺崋山の『慎機論』はその典型であった。

『蘭学事始』（らんがくことはじめ）

---

❸ 心　学　★☆☆☆☆

要点ナビ
京都の思想家石田梅岩が商人の社会的役割を強調。

1 士農工商ハ天下ノ治ニ相トナル。四民カケテハ助ケ無カルベシ。四民ヲ治メ玉フハ君ノ職ナリ。君ヲ相ルハ四民ノ職分ナリ。……商人ノ売買スルハ天下ノ相ナリ。細工人ニ作料ヲ給ルハ工ノ禄ナリ。農人ニ作間ヲ下サルルコトハ、是モ士ノ禄ニ同ジ。天下万民産業ナクシテ、何ヲ以テ立ツベキヤ。商人ノ買利モ天下御免シノ禄ナリ。夫ヲ汝独、売買ノ利バカリヲ欲心ニテ道ナシト云ヒ、商人ヲ悪ンデ断絶セントス。何以テ商人計リヲ賤メ嫌フコトゾヤ。

『都鄙問答』

江戸

解説

心学は、一八世紀前半に**石田梅岩**が京都で始めた正直・倹約・勤勉を説く社会教化運動である。梅岩は、二〇歳代前半から二〇年間、京都の商家に奉公しつつその合間に儒教・老荘・仏教・神道と独学に励み、人生の道を説く心学を生み出した。その教えは、決して観念的ではなく、具体的に平易に道を説いている。この史料のように、士・農・工・商の立場の平等性を説き、特に、封建的身分制度のなかで下位に置かれた商（町）人・商の道の重要性を説き、商（町）人の社会的意義の重要性を唱えた。

心学の教えは、梅岩の弟子の手島堵庵や中沢道二らによって近世中期から幕末にかけて全国的に普及・流行するに至った。一七九〇（寛政二）年、老中松平定信が設けた石川島の人足寄場に中沢道二が講師として出席し、教化に当たったこともあり、教えの範囲も、一般の町人・農民のみならず、松平定信をはじめとする大名・武士にも広がっていった。しかし心学の全盛期はおおむね文化・文政期までとされ、一九世紀半ば以降には、もはや個人の心がけのみでは解決できない複雑な社会情勢が展開していくことになる。

Spot

旅人と地方文化

漂泊の俳人、井月の日記

（明治）**十七**（一八八四）**年申元日**　初日春色　（略）

向山氏の初孫を寿ぐ、

元日やきのふ目見えの年男

屠蘇の香や自慢はせねど鉢の梅

昼後喜撰楼出、喜楽亭投じ、茶。夫れより中上手、桂花亭へ年始、馳走、泊り。

二日　晴。午刻雪荒。昼朝ともとろろ、午後、昼とろろ汁佳。午後ふく島板屋へ越し湯殿開佳、馳走泊。

『井月全集』

井月は、そのような幕末に長野県伊那地方へやってきた放浪の俳人である。井月とは俳号で、本名も出自も不詳。俳諧趣味の家々を回り歩き、酒食や宿の供与にあずかり、明治二十年に六十六歳の生涯を閉じるまで漂泊人生を貫いた。晩年はその風体から『乞食井月』『虱井月』などと蔑まれたらしいが、俳句はもちろん書道にも優れ、戯作、古典、漢籍にも明るく、句会を開いたり招かれて撰者になったり、寺社の奉納額に書を揮毫したり、寺子屋で教えたりと、伊那地方の文化と文芸の発展に大きく寄与した。後年彼の書を見た芥川龍之介は、『入神と称するをも妨げない』と句集の跋文で述べている。

この資料は、井月の晩年に近い日記の一部で、明治十七年の元旦より、逗留している知人の家から他の知人宅へ泊まり歩いている。そこで出される食べ物や酒、風呂などが気に入ると「佳」、気に入らないと「風情なし」などと批評している。井月の天真爛漫ぶりと、この地方の習俗や温かな人情までもが伝わってきて興味が尽きない。

江戸時代末期は、経済や交通の発達とともに商人の往来や庶民の旅行も容易になり、江戸の化政文化が地方へ伝播するきっかけになった。また、寺子屋教育の普及により識字率が上昇し、俳諧・川柳などの文芸も庶民に大流行した。

3 近世

20 政治思想の発達

❶ 階級社会の否定——安藤昌益の思想　★☆☆☆☆

1
上ニ立テ不耕貪食シ、天道ヲ盗ム❶。此ノ根従リ枝葉ノ賊下ニ生ユ。盗ハ万悪❷ノ根ナリ。故ニ天下ノ万悪・妄惑❸ハ、上ノ不耕・貪食ニ出ヅ。……上ノ欲侈❹ハ、下民ノ直耕❺責取ルニ有リ。故ニ民窮ス。窮

5
スル則チ必ズ賊心❻起ル。故ニ上ノ法度、信伏スルコト無シ。上之ヲ憎ム。信伏セザルハ乃チ上侈欲ノ罪ナリ。……上、下ヲ慈ザル則チ、下、上ノ恩ニ穴ル❼コト無シ。下、上ヲ貴バザル則チ、上、下ノ敬ニ侈ルコト無

シ。上侈リ無ク、下穴ルコト無キ則チ、上、下有テ、上下

10
ノ分境❽無シ。此ニ於テ無欲・無盗・無乱・無賊・無悪・無病・無患ニシテ活真ノ世❾ナリ。
『自然真営道』

通釈

人の上に立ち耕作することなく貪り、天の道理に反するのは、盗みの根本である。この根から枝葉の賊が下の者たちの間に生ずる。盗みはすべての悪事の源である。それゆえ、世の中のすべての悪事や乱れは、人の上に立つ者が耕作せず貪ることをしているためである。……上の者の奢侈の欲は、民衆が直接耕作して得た生産物を責め取ることに存している。このために民衆は困窮する。困窮すれば必ず悪事をなそうとする心が起こる。だから為政者の法規に人々が信服することはない。為政者はこのことを憎むけれど、民衆が心服しないのは為政者が奢侈の罪を犯しているからである。……為政者が民衆を慈しむことがなければ、民衆は為政者の恩を貴ぶことがない。民衆が為政者を貴ばなければ、為政者が民衆の敬意に驕ることがない。為政者に驕りがなく、民衆に誇ることがなければ、為政者と民衆の区別はあっても、上下の身分の差別はない。このようにして貪る心がなく、盗みがなく、世の中の乱れがなく、害もなく、悪もなく、病気もなく、患いもない天の摂理にかなった世の中になる。

解説

昌益の伝記はあまり明らかでない。秋田で生まれ、八戸で医者を職業とした。その思想を体系的に述べたものが、『自然真営道』『統道真伝』であり、一七四〇（元文五）年頃から一〇年余もかかって完成した。これらの著書によれば、昌益の最も尊敬したのは自ら耕し食う「直耕直食の真人」である百姓であり、すべての支配階級はこれに寄生する「不耕

※色文字は重要語
❶天道ヲ盗ム　天の道理、自然の法則に反すること。
❷万悪　すべての悪事。
❸妄惑　世の乱れ。
❹欲侈　奢侈（過度のぜいたく）の欲。
❺直耕　直接に農業生産に従事すること。昌益の思想の中心となる語。
❻賊心　悪事をなそうとする心。
❼穴ル　たかぶる、自慢するの意味。
❽上下ノ分境　上下の身分に基づく差別。
❾活真ノ世　天の摂理、自然の法則にかなった世の中。

史料注

自然真営道　安藤昌益の著。一〇〇巻九二冊あったといわれるが、一九二三（大正一二）年の関東大震災により大部分は焼失してしまい、現存するのは一五巻一五冊のみである。この著書が明

江戸

3 近世

治時代に狩野亨吉により発見、紹介されたことにより、江戸時代にはあまり著名でなかった昌益（忘れられた思想家）の存在が広く世に伝えられた。

貪食の徒）であるとしている。現実社会の問題はすべて生産者（直耕直食の真人）と搾取者（不耕貪食の徒）との関係において理解される。彼が理想とした自然世は階級のない絶対平等の平和社会であった。この理想社会はかつて存在したが、聖人が出て王となったため、兵乱災難の絶えない現在、すなわち法世（法＝こしらえる）となり、階級支配と搾取が始まったと主張している。昌益はこの立場に立って封建社会の四民制度、儒仏神の封建教学、文化すべてが支配階級のための存在であるとし、近代的思想の表れをなすものと高く評価されている。勿論その理論は儒教的教養の上に立った復古論・農業二元論・商業否定

論という限界はあるが、当時としては驚くべき先駆者であったのである。なお彼とは少し遅れて、司馬江漢は「上天子将軍より下士農工商非人乞食に至るまで皆以て人間なり」（春波楼筆記）と主張して、人間の平等観に立脚し、山片蟠桃は「神代ノ巻ニ見ユレバ、君アリテ後ニ臣民ヲ造リタルヤウナレドモ、左ニアラズ、庶民アリテ後ニ君ヲ立タナリ」（夢ノ代、二七八頁参照）として、君主の先天的神秘的権威を否定するなど、各人の立場は異なりながらも、近世後期には、こういった近代的思想の芽ばえが表れ始めるのである。

② 海国兵談──林子平の海防論 ★★☆☆☆

1 当世の俗習①にて、異国船の入津②は長崎に限りたる事にて、別の浦え船を寄る事は決して成らざる事と思へり。……海国なるゆへ何国の浦えも心に任せて船を寄せらる、ことなれば、東国なりとて曽て④油断は致されざる事也。是に因て思へば、当世、長崎の港口に石火矢台⑤を設けて備を張るが如く、日本国中東西南北を論ぜず、悉く長崎の港の如くに備置きたき事、海国武備の大主意なるべし。……当時長崎⑥に厳重に石火矢の備有て、却て、安房⑦・相模⑧の海港に其備⑩なし。此事甚だ不審。細かに思へば、江戸の日本

通釈

現在の習慣として、外国船の入港は長崎に限定しており、ほかの港に入港することは決してないことだと思っている。（このように考えている人は）実に太平の世に慣れてしまっている人というべきである。……（我が国は）海に囲まれている国であるから、どこの港にも思いのままに船を入港させることができるのだから、東国であるからといって決して油断することはできない。このことから考えれば、現在長崎港入口に砲台を設けて備えを固めているように、日本国中東西南北を論ずることなく、すべて長崎港のように防備を固めておきたいということは、海に囲まれた国にとって、防備の大目標となるべきことである。……現在、長崎には大砲による堅固な備えがあり、一方では（江戸の入口にあたる）安房・相模の港に同様な備えがな

1 俗習 風習、習慣。

2 入津 入港。

3 太平に鼓腹する 腹つづみを打って楽しむこと。つまり、太平の世に慣れてしまっている様子。

4 曽て 決して。

5 石火矢台 砲台。

6 当時 現在。

7 安房 東海道の一国で、現在の千葉県。房総半島の南端地域。

8 相模 東海道の一国で、現在の神奈川県のほぼ全域。安房国とともに江戸湾の出入口にあたる浦賀水道の沿岸地。

10 其備 その備え。

江戸

3 近世

江戸

橋❾より唐（から）、阿蘭陀（おらんだ）まで境（さかい）なしの水路（すいろ）也。然（しか）るを此（ここ）に備へずして、長崎にのみ備（そな）ふるは何（なに）ぞや。

『海国兵談（かいこくへいだん）』

解説　林子平（はやししへい）は、仙台藩に仕えた武士であったが、『赤蝦夷風説考（あかえぞふうせつこう）』の著者として知られる工藤平助や、蘭学者の桂川甫周（かつらがわほしゅう）・大槻玄沢（おおつきげんたく）らと交わり新知識を学んだ。一七九一（寛政三）年に出版された『海国兵談』では、周囲を海に囲まれた日本の防備のあり方を説き、特に江戸湾の防備の強化を主張した。しかし、このような幕政に対する批判的な主張が幕府に忌避（きひ）され、同年に子平は著書の版木没収・蟄居（ちっきょ）処分を受けることとなる。だがその後半年もたたないうちにロシア使節ラクスマンが根室に来航し通商を求めてきたことは、幕府の外交政策を動揺させる結果となった。なお、子平は不遇のうちに一七九三（寛政五）年病死した。

いのは、はなはだ不思議なことである。綿密に考えみれば、江戸の日本橋から中国（清）・オランダまで境界がない水路でつながっている。しかしながらここ（安房・相模）に備えを設けずして、長崎にだけ備えを設けているのはどうしたことであろうか。

❾日本橋　諸街道の一里塚の起点ともなった江戸下町の中心にかかる橋。現在の東京都中央区にある。

史料注
海国兵談　林子平の著、一七九一（寛政三）年刊行。しかし、同年一二月子平は幕府に召喚され、翌年五月には蟄居処分となり、出版本、版木ともに没収された。一八四一（天保一二）年に至り発禁解除となり、一八五一（嘉永四）年再刻された。

探究42
幕府が林子平を処罰した理由を述べよ。

❺海国具足ノ仕方ナリ　海国であれば当然の（行うべき）
❹国君　将軍。
❸外国ノ力ヲ合テスル　具体的には外国との貿易による利益を合わせること。
❷威儀　儀式典礼。
❶大造ナル国務　政治の施策（国務）を拡大すること、あるいは拡大した施策のこと。

❸ 経世秘策（けいせいひさく）——本多利明の開国論　★★★☆☆

通釈

1
都（すべ）テ大造（おおづくり）ナル国務❶モ威儀❷、城郭（じょうかく）モ、我国ノ力ノミヲ以テスレバ、国民疲レテ大業（たいぎょう）ナシガタシ。外国ノ力ヲ合テスルヲ以テ、其事（そのこと）如何（いか）ナル大業ニテモ成就セズ云フコトナシ。……日本ハ海国ナレバ、渡海運送交易ハ固（もと）ヨリ国君❹ノ天職（てんしょく）最第一ノ国務ナレバ、万国❺へ船舶ヲ遣リテ、国用ノ要用タル産物及ビ金銀銅ヲ抜キ取テ日本へ入レ、国力ヲ厚クスベキハ海国具足ノ仕方ナリ❺。自国

政治上の施策を拡大し、儀式典礼を定め、城郭を築くことも、そのすべてを我が国の国力のみをもってなそうとすれば、民衆は疲弊し大事業を成し遂げることはできない。外国との交易により得られる成果を加えてこれを実施すれば、いかなる大事業も成就しないことはない。……日本は海に囲まれた国なのだから、海外へ渡り、貿易を行うことは、本来将軍の仕事のなかで最も重要な政務であり、万国に船を派遣し、我が国に必要な産物及び金銀銅などを選んで日本に輸入し、国力を盛んにすることは海国にとって当

3 近世

方法である。

⑥其弱リ　経済的な疲弊。

⑦農民ニ当リ　年貢の増徴など農民の負担となること。

⑧耗減　衰え減少すること。

史料注

経世秘策　本多利明の代表的著作の一つで、一七八九年から一八〇〇年頃の作。上・下二巻で富国策を論じている。四大急務として、国内開発、金銀採掘、商業貿易の掌握、属島の開発などを説いている。

探究43　利明の思想の特色を述べよ。

10

ノカヲ以テ治ル計リニテハ国力次第ニ弱リ、其弱リ皆⑥
農民ニ当リ⑦農民連年耗減スルハ自然ノ勢ヒナリ。
　　　　　　　　　　　　　　　　　　　『経世秘策』

然の方法である。自国の力だけで国を治めていても国力は次第に弱まり、その衰えは皆農民の負担となり、その結果農民が年々衰え減少してしまうのは、当然の成り行きである。

解説　『経世秘策』は本多利明の著作で、富国策として外国との活発な交易、鉱山開発や蝦夷地開発が必要であると説いた。また当時においては、一般に諸藩の領地や天領など「国訴」を「国」と表現しているのに対し、本史料では、日本全国を「国」と表現している点が注目される。このような富国策を彼が展開した背景には、飢饉や農民層の分解に伴い、農村の疲弊した現状を立て直す必要があることを強く意識していたためと考えられている。なお、本多利明とほぼ同時代の人で丹後宮津藩家老の家に生まれ、のちに各地を歴訪した海保青陵は、『稽古談』（一八一〇年代の著）において当時の商品経済の発展を肯定した上で、商業活動の営利の正当性を主張した。本多利明、海保青陵の経世論には、古文辞学派の経世論が大きな影響を与えているといわれる。

---

❹ 無神（無鬼）論　★☆☆☆☆

要点ナビ　大坂の町人学者山片蟠桃が霊魂不滅の思想を否定。

1
神代ノ巻ニテミレバ❶、君アリテ後ニ臣民ヲ造リタルヤウナレドモ、左ニアラズ。庶民アリテ後ニ君ヲ立タル也。一旦君ト立テラレタラバ、万民ハソノ君ノツカヒモノトナル也。ユヘニ万物ノ中ニ人ノミ才徳スグレタルユヘ、自

5
然ト万物ノカシラトナリタル也。……モシ万物ノ中ニ人

通釈　日本書紀の神代の巻によれば、君主が存在しその後に臣民を誕生させたようであるが、事実はそうでない。庶民が存在しそのあとで主君を擁立したのである。ひとたび主君を擁立すれば、すべての民はその主君に仕えるのである。ゆえに、万物の中に人間だけが知恵や徳行にすぐれているので、自然の成り行きとして万物の長となっているのである。……もしこの世の中に人

❶神代ノ巻　『日本書紀』の神代の巻。すなわち、『日本書紀』の第一、第二巻のこと。

❷君　君主、天皇のこと。

❸鬼神　神霊、神と霊魂。

❹仙　神仙思想。

❺仏　仏教。

江戸

ナカリヤバ、虎狼猿狐ノ類 充満シ、互ニ相食ヒテ治ムル者ナカルベシ。其時タレカ鬼神ヲ云ハン。誰カ又仙・仏ヲ修セン。本ヨリナキ物タルコトトコ、ニ知ルベシ。

…… コレヲ以テミレバ、其鬼神ト云モノナキヲシルベ

10シ。

『夢ノ代』

史料注

夢ノ代　一八二〇(文政三)年山片蟠桃の死の前年に完成したもので、彼の経済や社会についての思想を縦横に述べた本であるとともに、天文・地理について論じ、さらに彼の得た科学的知識に基づいて、仏教・儒教・神道の非科学的な宇宙観、特に国学者たちによる神代の合理化の試みを鋭く批判し、霊魂観についても徹底した合理主義的態度を貫いている。書名は幕府の弾圧をはばかって夢に託したものである。

山片蟠桃は『夢ノ代』で、懐徳堂で学んだ広範な西洋学問を紹介している。その内容は、地球が球形であること、太陽中心説、さらにはニュートン力学にまで及んでいる。

解説

山片蟠桃は江戸後期の大坂の町人学者として徹底した合理主義思想を抱いていた。彼の思想は、懐徳堂で受けた儒教教育、さらに天文学を中心とする蘭学の上に、大坂町人としての経験を基盤として築かれたものと考えられる。彼の思想の大きな特色の一つは、彼のライフワークである『夢ノ代』巻の十一の「無鬼(無神)論」に展開されている。この「無鬼論」において、人間の死とともに信じていた霊魂不滅ということは存在しないとし、精神作用を唯物論的に説明している。

間がいなかったならば、虎・狼・猿・狐など獣の類だけが満ちあふれ、互いにこれを止める者がいないであろう。その時誰が神仙や仏教の修行を行うのであろうか。また誰が神仙や仏教の修行を行うのであろうか。もともとこのようなものは存在しないことをこのことから知ることができる。……このようなことから、いわゆる神や霊魂などとは存在しないことを認識すべきである。

江戸

Spot

庶民の学校「懐徳堂」と「心学舎」

庶民の教育を目的に大坂の町人の出資で設立された懐徳堂は、一七二四(享保九)年(一七二六(享保一一)年に官許)現在の大阪市東区今橋の地に設けられた。学校の名は、『論語』の「君子懐徳」の一節から「懐徳堂」と名付けられたという。学則も「急の用事が生じた時は、講義の途中でも途中の退出を認める」「武士・町人といえども席の上下は問わない」など、当時においては、極めて自由かつ身分の違いを超越したものであった。講義内容は、朱子学を中心に、陽明学、古学も講じられ、また教授者は三宅石庵、中井甃庵、中井竹山(甃庵の長男)、中井履軒(甃庵の次男)など江戸中期～後期を代表する儒学者たちであった。ここに学んだ富永仲基、山片蟠桃は当時の代表的な町人学者であり、彼らの合理主義的な思想は、この自由闊達な気風に満ちた学校から生み出されていった。

一方、石田梅岩によって創唱された心学は、儒学を中心に仏教・神道を取り入れ、日常生活に即した道徳の実践を説いた。講舎は本州中心に、都市から農村まで幅広く開かれ、女子にも聴聞を許した。

3 近世

江戸

⑤ 尊王論——柳子新論 ★☆☆☆☆

1
我が東方の国為るや、神皇[1]、基を肇め、絹熙、穆穆、力めて利用厚生の道を作し、明明たる其の徳、四表に光被する者、一千有余年なり。……保平の後に至り、朝政[2]漸く衰へ、寿治の乱、遂に東夷[3]に移り、万機の事、一切武断し、陪臣[4]権を専らにし、廃立其の私に出づ。……室町氏継いで興り、武威益々盛んにして、名は将相と称するも、実は南面の位[5]を借す。

『柳子新論』

脚注
[1]神皇　神武天皇。
[2]朝政　朝廷による政権。
[3]東夷　鎌倉幕府のこと。
[4]陪臣　北条得宗家のこと。
[5]南面の位　天皇の地位。

史料注
柳子新論　山県大弐の代表的著作。竹内式部らが幕府批判のかどで処罰された宝暦事件を契機に、幕府の存在そのものへの批判を込めて一七五九（宝暦九）年に成立。

解説
尊王論は本来天皇を王者として尊ぶ思想で、即座に幕府を否定するものではなかった。しかし幕末期には反幕府的な尊王論のためしばしば弾圧事件が起こっている。『柳子新論』では皇室をないがしろにしているものとして歴代武家政権を批判し、著者の山県大弐は一七六七年に処刑された（**明和事件**）。このような急進的な論調は実際それほど影響力を持ち得なかったが、尊王論自体はその後の政治に大きな影響力をおよぼすことになる。

通釈
わが東方の日本の国の基礎を、神武天皇が国の基礎を始め、徳が輝きうるわしく、努めて利用厚生の政治をおこし、明らかなその徳が天下に広く行きわたることが、一千有余年である。……保元・平治ののちになって、朝廷の政治がしだいに衰え、寿永・文治の乱の結果、政権が東のえびす鎌倉幕府に移り、よろずの政務は一切武力でとり行われたが、その臣下の北条氏が権力を独占し、将軍の廃立はその思うままであった。……足利氏の室町幕府が続いて興ると、武威がますます盛んになり、名称は将軍・執権ではあるが、実は天皇の地位を犯しているも同然であった。

●政治・社会思想

		思想家（出身地または活躍地）		主著
経世論	儒学	熊沢蕃山	（岡山）	『大学或問』
		荻生徂徠	（江戸）	『政談』
		太宰春台	（信濃・飯田）	『経済録』
	重商主義	海保青陵	（丹後・宮津）	『稽古談』
		本多利明	（越後）	『西域物語』・『経世秘策』
		佐藤信淵	（出羽・米沢）	『経済要録』
社会批判	封建制批判	司馬江漢	（江戸）	『春波楼筆記』
		安藤昌益	（陸奥・八戸）	『自然真営道』・『統道真伝』
	合理主義	富永仲基	（大坂）	『出定後語』
		山片蟠桃	（大坂）	『夢の代』
		三浦梅園	（豊後）	『玄語』
	海防・開国論	林子平	（仙台）	『三国通覧図説』・『海国兵談』
		渡辺崋山	（江戸）	『慎機論』
		高野長英	（陸奥・水沢）	『戊戌夢物語』
		佐久間象山	（信濃・松代）	（公武合体論主張）
尊王論	国学・水戸学	竹内式部	（京都）	（宝暦事件）
		山県大弐	（江戸）	『柳子新論』
		平田篤胤	（秋田）	『古道大意』
		藤田東湖	（水戸）	『弘道館記述義』
		会沢正志斎	（水戸）	『新論』

第4編　近・現代

史料年表

時代	西暦（元号）	政治・経済・社会・文化	関連史料	朝鮮	中国
江戸時代	1825（文政8）年	異国船打払令	p.282	朝　　　鮮	清
	1853（嘉永6）年	ペリーが浦賀に来航	p.286		
	1854（安政元）年	日米和親条約締結	p.287		
	1858（ 〃 5）年	日米修好通商条約締結	p.289		
	1860（万延元）年	桜田門外の変			
	1864（元治元）年	禁門の変			
	1866（慶応2）年	薩長同盟成立			
	1867（ 〃 3）年	徳川慶喜、大政奉還を奏上	p.297		
		王政復古の大号令	p.298		
明治時代	1871（明治4）年	廃藩置県	p.306	大韓帝国	
	1874（ 〃 7）年	民撰議院設立の建白書を提出	p.320		
	1877（ 〃 10）年	西南戦争			
	1884（ 〃 17）年	秩父事件	p.332		
	1889（ 〃 22）年	大日本帝国憲法発布	p.339		
	1894（ 〃 27）年	日清戦争	p.355		
	1904（ 〃 37）年	日露戦争	p.365		
	1910（ 〃 43）年	韓国併合	p.370		
大正時代	1913（大正2）年	第1次護憲運動		日本領	中華民国
	1914（ 〃 3）年	第一次世界大戦			
	1925（ 〃 14）年	治安維持法・普通選挙法成立	p.412		
昭和時代	1928（昭和3）年	張作霖爆殺事件			
	1930（ 〃 5）年	金輸出解禁、昭和恐慌			
	1931（ 〃 6）年	柳条湖事件、満洲事変はじまる	p.420		
	1936（ 〃 11）年	二・二六事件	p.429		
	1937（ 〃 12）年	盧溝橋事件、日中戦争はじまる	p.431		
	1941（ 〃 16）年	太平洋戦争はじまる	p.440	米軍占領 ソ連軍占領	
	1942（ 〃 17）年	ミッドウェー海戦で日本軍大敗			
	1945（ 〃 20）年	日本無条件降伏	p.447		
	1946（ 〃 21）年	日本国憲法公布（翌年施行）	p.462		
	1951（ 〃 26）年	サンフランシスコ平和条約調印	p.471	大韓民国 朝鮮民主主義人民共和国	中華人民共和国 （台湾）
		日米安全保障条約調印	p.472		
	1960（ 〃 35）年	日米新安全保障条約調印	p.473		
	1965（ 〃 40）年	日韓基本条約締結	p.477		
	1972（ 〃 47）年	沖縄祖国復帰実現	p.477		
		日中共同声明	p.479		
	1978（ 〃 53）年	日中平和友好条約締結	p.480		
平成	2003（平成15）年	周辺事態法、国旗・国歌法成立	p.488		

関連地図

明治初期

㊽日米和親条約（1854年）で開港
㊗日米修好通商条約（1858年）で開港

ラクスマン根室に来航（1792年）

㊽箱館開港（p.287）

㊗新潟開港（p.290)

福島事件（1882年）

㊗兵庫（神戸）開港（p.290）

下関条約（1895年）
日清戦争の講和
（p.355）

秩父事件（1884年）（p.332）

㊗神奈川（横浜）開港（p.290）
生麦事件（1862年）

㊽下田開港（p.287）

㊗長崎開港（p.290）

八幡製鉄所（1872年開業）（p.398）

韓国併合時の日本の領土（1910年）

ポーツマス条約で獲得（1905年）

千島列島

樺太

沿海州

樺太・千島交換条約で獲得（1875年）

関東都督府
1906年、関東州（遼東半島の日本租借地）と南満洲鉄道の統治機関として設置。

南満洲鉄道株式会社
1906年に設立された半官半民の国策会社。日露戦争で獲得した鉄道経営を行い、他にも鉱工業など幅広い事業を手がける。

満洲　ハルビン　長春
清　北京　ウラジヴォストーク
旅順　大連　朝鮮　京城（漢城）　東京

朝鮮総督府
1910年設置。総督は陸海軍大将が任命され、初期には強圧的な武断政治を行う。

日本

上海

韓国併合（1910年）

台湾総督府
1895年に設置。初期は軍政を施したが、のちに産業育成や同化政策に力を入れる。

台北　台湾

下関条約で獲得（1895年）

その後の領土の変遷	
1914年	第一次世界大戦でドイツ領南洋諸島を占領。1920年以降は赤道以北を信託統治
1945年	太平洋戦争敗戦により、朝鮮・台湾・南樺太・千島列島（北方領土含む）、南洋諸島、沖縄などを失う
1951年	サンフランシスコ平和条約で朝鮮、台湾、南樺太、千島列島、南洋諸島の領有権を放棄
1972年	沖縄祖国復帰

第7章　近代国家と文化の成立

① 列強の接近

❶ 異国船（無二念）打払令——一八二五年二月　★★★★☆

要点ナビ
幕府（将軍徳川家斉）から諸藩へ。

※色文字は重要語

❶文化の度改めて相触れ候次第　一八〇六（文化三）年、薪水給与令（文化の撫恤令）のこと。

❷長崎において狼藉に及び　一八〇八（文化五）年、英国軍艦フェートン号がオランダ国旗を掲げて長崎港に侵入し、オランダ商館員を捕え薪水、食料を奪った事件。長崎奉行松平康英は責任をとって自殺した。

❸上陸致し　具体的には、一八二四（文政七）年七月のイギリス捕鯨船員の常陸大津浜や薩摩宝島への上陸をさしている。

❹邪宗門　キリスト教のこと。

❺南蛮　ポルトガルとイスパニアのこと。

❻唐　中国（清）のこと。

1
異国船渡来の節取計り方、前々より数度仰せ出されこれ有り、おろしや船の儀については、文化の度改めて相触れ候次第[1]も候処、いきりすの船、先年長崎において狼藉に及び[2]、近来は所々へ小船にて乗寄せ、薪水食料
5
を乞ひ、去年に至り候ては猥りに上陸致し[3]、或は廻船の米穀島方の野牛等奪取候段、追々横行の振舞、其の上邪宗門[4]に勧入れ致す方も相聞え候間、一体いきりすに限らず、南蛮[5]・西洋の儀は御制禁邪教の国に候間、以来何れの浦方におゐても異国船乗寄候を見受候はば、其所に有合候人夫を以て、有無に及ばず一図に打払い、逃延候はば追船等差出すに
10
及ばず、其分に差置き、若し押して上陸いたし候はば、搦捕又は打留め候ても苦しからず候。……尤[6]唐[6]朝鮮琉球[7]などとは船形人物も相分かるべく候得共、阿蘭陀船は見分

通釈

異国船が渡来してきた際の取扱い方法については、以前から数回ご命じになられている。ロシア船については文化の時代に改めて（取扱い方法を）触れられた事情もあったが、イギリス船は、先年、長崎で乱暴をはたらき、また近来はほうぼうに小船で乗寄せ、薪・水・食料を乞い、また近来に至っては勝手に上陸したり、廻船の米や島の野牛等を奪い取ったりして、次第に勝手気ままなふるまいとなってしまっている。その上、キリスト教への勧誘を行ったということでもあり、いずれにしても捨ててはおけないことである。イギリスだけに限らず、南蛮・西洋の国々は（日本では）禁止されているキリスト教の国であるから、今後はすべての海辺の村々では、異国船が乗寄せたのを発見したなら、そこに居合わせた人々で必ずただちに打払い、もし無理に上陸したならば、捕え、あるいは討ち取ってもさしつかえない。……もっとも、中国、朝鮮、琉球などの船は、その船の形や乗船人物から見分けがつくが、オランダ船は（他の西洋諸国の船との）見分けが

↑伊藤博文による修正憲法原稿
國學院大学図書館蔵

4 近・現代

江戸

⑦琉球　一五世紀に沖縄に成立した琉球王国のこと。一六〇九年島津氏が服属させるが、日明（のち清）両属の形をとっていた。

④大患　大きなわざわい。

③打払　一八二五（文政八）年の無二念打払令を適用し、モリソン号に砲撃を加え追い返したことを想起。

②漂浪人　漂流民。モリソン号の船。

①イギリス　モリソン号を長英らはイギリス船と思いこむ。実際は米商人の船。

❷ モリソン号事件── 一八三七年六月　★★★☆☆

1　イギリスは日本に対し敵国にはこれ無く、いはば付合もこれ無き他人に候処❶、今般漂浪人❷を憐み仁義を名として態々送り来り候者を、何事も取合申さず、直に打払に相成り候はば、日本は民を憐まざる不仁の国と存ずべく候。若し又万一、その不仁不義を憤り候はば、日本近海にイギリス属島も夥しくこれ有り、始終通行致し候えば、後来海上の寇❸と相成り候哉も計り難く、左候はば自然国家の大患❹にも相成り申すべし。たとひ右等の事これ無く候とも、右打払に相成り候はば、理非も分り申さざる暴国と存じ不義の国と申し触らし義国の名を失ひ、是よりいかなる患害崩生候やも計り難く、或は頻りにイギリスを恐るる様にも考え付けられ候はば、国内衰弱仕り候ようにも推察仕り、恐れながら国家の御武威も損じ候様にも相成り候はんかと恐れ多くも考えられ候。

『戊戌夢物語』

15　も相成りかね申すべく、右等の船、万一見損ひ、打誤り候共、御察度はこれある間敷候間、二念無く、打払を心掛け、図を失はざる取計候処、専要の事に候条、油断無く申し付けらるべく候。

『御触書天保集成』

解説

これは、一八二五（文政八）年に幕府が日本沿岸に接近した外国船を、無差別に排除することを定めた打払令である。文政の打払令、また文中の語から無二念打払令ともいう。

一八世紀後半から欧米の船で日本近海に出没するものが増加したため、幕府は一七九一（寛政三）年に、外国船に関する取扱令を発し、臨検、抑留及び幕府の指令を受けた上での措置をすることを定めた。その後、レザノフの長崎来航を契機に、一八〇六（文化三）年に外国船の穏便な帰帆と薪水給与を定めた文化の撫恤令を発した。この原則は一八〇八（文化五）年のフェートン号事件によっても変更されなかった。しかし、一九世紀になって急増した英米の捕鯨船の日本沿岸への薪水・食料を求めての接近、さらには一八二四（文政七）年のイギリス捕鯨船乗組員の常陸大津浜や薩摩宝島への上陸事件を機に、幕府はこの打払令を発した。

つかない。これらの船と万一見間違って打払っても、その責任は問わない。従って、二念なく（ためらうことなく）打払わせるように心掛け、時機を失することがないよう取扱うことが大切である。油断なく（諸大名に）申しつけられたい。

史料注

戊戌夢物語　高野長英一八
三八年の著。モリソン号打
ち払いの無謀さを、夢のな
かで知識人との問答形式を
とって批判する。

解説

一八三七（天保八）年日本人漂流民送還を目的にマ
カオを出発した米船モリソン号は、異国船打払令に
基づいた浦賀での砲撃などにより、何ら交渉を持た
ぬままマカオへ退去した。翌年のオランダ商館長の報告により、事の真相
は判明（ただし、イギリスの船と誤って報告するが）した。事の真相
を、尚・歯会の渡辺崋山、高野長英はモリソン号をイギリスの
東洋学者モリソンの船と誤解し、かつその再来航への風聞に対

する幕府評定所の打払令適用を知った。イギリスの実力と東ア
ジア情勢の知識を持っていた長英は、『戊戌夢物語』を著し、
夢のなかでの知識人の会話に託しつつ、漂流民の返還を名目に
渡来した船を打ち払った場合、日本は不仁・不義の国となると
して幕府の方針を批判した。幕府は、長英らを蛮社の獄により
処罰する。長英はその後、脱獄し諸国で蘭学の普及につとめる
が、一八五〇（嘉永三）年捕吏に襲われ自決した。

要点ナビ
幕府（将軍徳川家慶、老中水野忠邦）から諸藩へ。

3 天保の薪水給与令──一八四二年七月　★★☆☆☆

1 異国船渡来の節、二念無く打払ひ申すべき旨、文政八年仰せ出され候。然る処、当時万事御改正にて、享保・寛政の御政事に復され、何事によらず御仁政を施され度との有難き思召に候。右に付ては、外国のものにても、難風に逢ゐ漂流にて食物薪水を乞ひ候迄に渡来り候を、其事情相分からず候迄に渡来り候を、其事情相分からず、一図に打払ひ候ては、万国に対せられ候御所置とも思召されず候。これにより、文化三年異国船渡来の節取計方の儀に付き仰せ出され候趣に相復し候様仰せ出され候間、異国船と見受候はば、得と様子相糺し、食料薪水等乏しく、帰帆成り難き趣候はば、望の品相応に与へ、帰帆致すべき旨申諭し、尤も上陸は致させ間敷候。

『徳川禁令考』

通釈

外国船が渡来した時は、迷うことなく打ち払うべきことを一八二五（文政八）年にご命じになられた。しかしながら、現在はすべてのことについて改革が実施され、享保・寛政の（改革）政治に戻されて、何事にも慈悲深い政治を実施されたいとのありがたいお考えである。このこと（外国船渡来時の取り扱い）について、外国のものであっても暴風雨に遭遇して漂流し、食料や薪・水を求めるために渡来して来たのに、その事情もわからないのにただちに打ち払うことは、すべての国に対しての（適切な）御処置とはお考えにならない。このような訳で、一八〇六（文化三）年の外国船渡来の時の対処の仕方についてご命じになられた趣旨に戻すようご命じになられたので、外国船を見かけたならばよく事情を調査し、食料や薪水が乏しいため帰国できないのであれば、希望の品物を適宜与えて帰国するよう言い聞かせるがよい。もっとも上陸はさせないようにせよ。

[左段注]
1 二念無く打払ひ申すべき旨　一八二五（文政八）年の異国船打払令のこと。
2 享保寛政の御政事に復され　この法令が出された一八四二（天保一三）年は、享保・寛政の改革を理想とする天保の改革の過程にあった。
3 御仁政　仁政とは慈悲深い政治の意。
4 文化三年異国船され候趣　一八〇六（文化三）年の文化の撫恤令のこと。

史料注
徳川禁令考　二二三頁参照。

要点ナビ
オランダ国王ウィレム二世から幕府（将軍徳川家慶）への勧告。

史料注
通航一覧続輯　幕府が諸外国との外交交渉記事を文政期まで編纂した『通航一覧』に続き、安政期までを収録した続輯。

探究1
一八世紀末から一九世紀前半に開国を求めてきた諸外国に幕府はどのように対処したか。

参考　オランダ国王ウィレム二世の開国勧告書　★★☆☆☆

近来英吉利国王より支那国帝に対し、兵を出して、烈しく戦争せし本末は、我国の船、毎年長崎に到って呈する風説書を見られて、既に知り給ふべし。…

一 謹んで古今の時勢を通考するに、天下の民は、速に相親むむ者にして、其勢は人力のよく防ぐ所にあらず。蒸気船を創製せしよりこのかた、各国相距ること遠きも、猶近きに異なず。交を結ぶ事を厳禁し給ひしは、欧羅巴洲にて遍く知る処なり。貴国歴代の法に異国人と交を厳禁する所に当り、独り国を鎖して万国と相親まざるは、人の好みする所にあらず。斯の如く互に好みを通ずるの時に当り、独り国を鎖して万国と相親まざるは、人の好みする所にあらず。老子曰、賢者位に在れば、特によく治る。反て乱を醸さんとせば、其禁を弛むるは賢者の常経のみ。これ殷下に丁寧に忠告する所なり。今貴国の幸福なる地にして、兵乱の為に荒廃せざらしめんと欲せば、異国人を厳禁するの法を弛め給ふべし。これ素より誠意に出る所にして、我国の利を謀るにはあらず。夫れ平和は懇に好みを通ずるに在り。懇に好みを通ずるは、交易に在り。翼くは叡智を以て、熟計し給はん事を。

『通航一覧続輯』

解説　イギリスと清の**アヘン戦争**に関する情報は、オランダ商館長の『別段風説書』によって幕府に伝えられたのである。また、アヘン戦争の結果を受けて一八四四（弘化元）年にオランダ政府は、国王ウィレム二世の開国勧告書を、特使を派遣して幕府に送った。しかし、幕府は、「祖国歴世の撫恤令に復したのである。

水給与令を発し、一八〇六（文化三）年の文化の撫恤令に復祖国歴世の法」を変ずることなしとし鎖国政策の維持を告げた。天保の薪水給与令によっても鎖国政策に変化はなかったのである。

イギリス船等の日本近海への来航が日常化した状況のなかで、英・米の捕鯨船等の戦闘の危険もあったので異国船の無差別打ち払いを命じた**異国船打払令**をそのままにしておいては、英・米の捕鯨船等の日本近海への来航が日常化した状況のなかで、幕府は、こうしたことを踏まえ、一八四二（天保一三）年に薪水・食料等の乏しい外国船には給与するという天保の薪水給与令を発し、

Spot

薪水と捕鯨業

北米大陸東岸では一七世紀中頃、マッコウクジラから良質の鯨油が採れることがわかり、セミクジラと並び商業捕鯨が開始される。日本では一頭の鯨で「七つの浜が潤う」といわれるほどに全てが利用されたが、アメリカの捕鯨は主に油を採取し、肉などはほとんど捨てた。船上で皮など

を煮て採油し、油は樽に保存された。薪水を補給し長ければ四年以上の航海を続けた。一九世紀中頃には英船などもあわせ太平洋での捕鯨船は五〇〇～七〇〇隻に及んだ。ペンシルベニア州で油田が発見されると灯火用鯨油の需要は減少し、カリフォルニアでのゴールドラッシュに多くの捕鯨労働者が向かうとアメリカの捕鯨業は衰退した。

②開国

①フィルモアの国書　★★☆☆☆

> **要点ナビ**　米大統領フィルモアから幕府（将軍徳川家慶）への国書。

アメリカ合衆国は、太洋より太洋に跨り、又吾がオレゴン地方及びカリフォルニア及びカリフォルニア州は、陛下将軍の国土と正に相対して横たわる。吾が汽船[2]は十八日にしてカリフォルニアより日本に達することを得。……余[3]は、ペルリ提督[4]に命じて陛下に他の事を告げしむ。吾が船舶にして毎年カリフォルニアより支那[5]に赴くもの多く、又吾が人民にして日本沿岸に於て難破することも屡々なり。かかる場合には悉く、吾等が他の船舶を送りてその財産及び人民を運び去るまでは、吾が不幸なる人民を親切に遇し、その財産を保護せられんことを願ひ又期待するものなり。……吾が諸汽船が太洋を横ぎるに当りては多量の石炭を焚く。又それを遥にアメリカより持ち来るは便利ならず。願はくは、吾が汽船及びその他の船舶が日本に停船して、石炭、食料及び水の供給を受くることを許されよ。これ等の物に対しては金銭又は陸下の臣民が好む物をもって支払をなすべし。又吾が船舶がこの目的のため停船するを得るが如きは陸下の南部地方に指定せられんことを要求す。……余が強力なる艦隊をもってペルリ提督を派遣し、陛下の有名なる江戸市を訪問せしめたる唯一の目的は次の如し。即ち友好・通商・石炭と食料との供給及び吾が難破民の保護これなり。……

『ペルリ提督日本遠征記』

※色文字は重要語

❶陛下将軍　一二代将軍家慶のこと。

❷汽船　一九世紀に入って、欧米で実用化された蒸気船のこと。

❸余　アメリカ合衆国第一三代大統領F・フィルモア。

❹ペルリ提督　一七九四年生まれのアメリカ海軍軍人。この時、東インド艦隊司令長官に任命されていた。

❺支那　中国（清）のこと。

❻捕鯨　アメリカでは綿工業の発展に伴い、工場も二四時間操業の時代が始まっていた。工場の夜間照明用の灯油として鯨油への需要が高まっていたのである。

史料注

ペルリ提督日本遠征記　日本遠征隊の通信、ペリー及び乗組員の日誌・報告等を編集したもの。

探究2　アメリカが日本の開国を要求した理由を述べよ。

解説　一八五三（嘉永六）年六月三日、アメリカ東インド艦隊司令長官マシュウ＝カルブレイス＝ペリーの旗を背景としたペリーは、幕府の長崎回航指示を拒否し、六月九日に久里浜にて大統領フィルモアの将軍あての国書を受け取らせることに成功した。アメリカ大統領は、親書（国書）の中で日本政府（幕府）高官との交渉を要求した。「黒船」の軍事力を背景としたペリーは、幕府の長崎回航指示を拒否し、六月九日に久里浜にて大統領フィルモアの将軍あての国書を受け取らせることに成功した。アメリカ大統領は、親書（国書）の中で艦サスクェハナ号以下四隻の外国船が江戸湾をめざしてきた。浦賀奉行との折衝の中で、ペリーは大統領国書の持参を理由に、

4　近・現代

要点ナビ
幕府（将軍徳川家定、林韑）と米（ペリー）との間で調印。

① 通信、② アメリカ捕鯨船その他難破漂流民の保護、③ アメリカ力船への石炭・食料・薪水補給のために日本の南部に一港を開く……こと、を要求した。ペリーは国書の回答を求め、翌年一月に再来航するのである。

1 松前地　蝦夷地の南西端。現在の北海道渡島半島南部。

2 模様により、……下田に差置候儀　この部分は、英文に「provided that either of the two governments deem such arrangement necessary」とあり、和文との間に相違がある。のちに、この一条の規定により、ハリスが総領事として下田に着任する時に問題となった。

❷ 日米和親条約――一八五四年三月三日調印　★★☆☆☆

第一条　日本と合衆国とは、其の人民永世不朽の和親を取結ひ、場所・人柄の差別これなき事。

第二条　伊豆下田・松前地 **1**　箱館の両港は、日本政府に於て、亜墨利加船薪水・食料・石炭欠乏の品を、日本にて調ひ候丈は給し候為め、渡来の儀差免し候。尤も、下田港は、約条書面調印の上即時相開き、箱館は来年三月より相始め候事。……

第三条　合衆国の船日本海浜漂着の時扶助いたし、其の漂民を下田又は箱館に護送し、本国の者受取申すべし。所持の品物も同様に致すべく候。……

第七条　合衆国の船、右両港に渡来の時、金銀銭幷品物を以て、入用の品相調ひ候を差免し候。……

第八条　薪水・食料・石炭幷欠乏の品を求る時には、其の地の役人にて取扱すべし。私に取引すべかざる事。

第九条　日本政府、外国人え当節亜墨利加人え差免さず

通釈

第一条　日本と合衆国は、両国人民の永久不変の親睦を結び、場所や人によって差別しないこと。

第二条　伊豆の下田、松前の箱館の両港については、日本政府は、アメリカ船が薪・水・食料・石炭等の欠乏の品物を日本で調達できる限りは補給できるよう（その目的に限定して）アメリカ船の渡来を許可する。ただし、下田港は条約調印後ただちに開港し、箱館は来年（一八五五年）の三月から開港するものとする。……

第三条　合衆国の船が日本の海岸に漂着した場合はこれを助け、その漂流民を下田か箱館に護送して、本国（アメリカ）の者が受け取れるようにする。彼らの所持品も同様に扱うこと。……

第七条　合衆国の船が右の二港（下田・箱館）に渡来した時、金・銀・銭や品物で、必要な品々を調達することを許可する。……

第八条　薪水・食料・石炭やその他欠乏の品々を求める際には、その土地の役人を通して取り扱わねばならない。私的に取り引きしてはならない。

第九条　日本政府が外国人に対して、今回アメリカ人

江戸

史料注

幕末外国関係文書　東京大学史料編纂所の編集により刊行されている『大日本古文書』のうちの『幕末外国関係文書』をいう。一八五三（嘉永六）年以降の外交関係文書を収録している。

候廉相免し候節は、亜墨利加人えも同様差免し申すべし。右に付談判猶予致さず候事。

第十一条　両国政府に於て、拠なき儀これ有り候時は、模様により、合衆国官吏のもの下田に差置候儀もこれ有るべし。尤も約定調印より十八ヶ月後にこれなく候ては其の儀に及ばず候事。

右の条日本亜墨利加両国の全権調印せしむる者也。

嘉永七年三月三日

『幕末外国関係文書』

解説

一八五四（嘉永七）年七艦を率いたアメリカ東インド艦隊司令長官ペリーの再来航により、幕府は一六三九（寛永一六）年以来続いた鎖国政策を放棄し開国した。ペリーは、軍事力を背景とした威圧的な行動により横浜を応接所とさせ、条約を調印させた。この一八五四年三月に調印された日米和親条約では、①下田・箱館の開港（第二条）、②アメリカ船が必要とする薪水・食料等の供給（第二条）、③アメリカ漂流民の救助及び保護（第三条）、④アメリカの片務的最恵国待遇（第九条）、⑤アメリカ官吏の下田駐在（第十一条）、などを認めた。さらに、実質的にはほぼ同様の条約が英・露の二国と、続いて蘭との間にも締結された。

に許可しなかった事柄を許可した際には、アメリカ人へも同様の事柄を許可する。このことは、会議をせずにただちに行うこと。

第十一条　両国政府において、やむを得ない事情が生じた場合は、その様子によって合衆国の官吏を下田に駐在させることもある。もっともこのことは条約調印から一八か月を経過したあとでなければ実施しない。

右の条は日本・アメリカ両国の全権が調印したものである。

嘉永七（一八五四）年三月三日

探究3

日米和親条約の第九条は、なぜ日本にとって不利なのか。

❸ 日露和親条約——一八五四年一二月二一日調印　★★☆☆☆

第一条　今より後、両国末永く真実懇にして、おのおの其の所領に於て互に保護し、人命は勿論、什物[1]に於ても損害なかるべし。

第二条　今より後、日本国と魯西亜国との境、「エトロプ」島[2]と「ウルップ」島[3]との間に在るべし。「エトロプ」全島は日本に属し、「ウルップ」全島、夫より北の方「クリル」諸島[4]は魯西亜に属す。「カラフト」島[5]に至りては、日本国と魯西亜国との間に於て界を分たず、是まで仕来の通たるへ

要点ナビ

幕府（将軍徳川家定、川路聖謨）と露（プチャーチン）との間で調印。

［脚注］

1　什物　日常用いる器具。

2　「エトロプ」島　択捉島。

3　「ウルップ」島　得撫島。

4　「クリル」諸島　千島列島。

5　「カラフト」島　樺太。一八〇八年に間宮林蔵が探検

した、島であることを確認した。

2 開国

要点ナビ

幕府（将軍徳川家定、大老井伊直弼）と米（下田総領事ハリス）との間で調印。

史料注

6向後 これ以後。

幕末外国関係文書 二八八頁参照。

第三条 日本政府、魯西亜船の為に箱館、下田、長崎の三港を開く。……

第八条 魯西亜人の日本国に在る、日本人の魯西亜国に在る、是を待つ事緩優にして禁錮する事なし。然れ共、若し法を犯す者あらは、是を取押へ処置するに、おのおの其の本国の法度を以てすへし。

第九条 両国近隣の故を以て、日本国にて向後他国へ許す処の諸件は、同時に魯西亜人にも差免すへし。

解説 これは、一八五四（安政元）年一二月に下田において、幕府とロシア使節プチャーチンとの間で結ばれた日露和親（日露通好）条約である。第一条で永世の和親、第二条で日露の国境に関し、択捉島と得撫島の間をもって両国国

境と定めて択捉島以南を日本領とし、樺太は従来通り境界を定めないとした。また、第三条では箱館・下田・長崎の開港を定め、第八条では双務的領事裁判権を規定し、第九条ではロシアへの片務的最恵国待遇を認めた。

『幕末外国関係文書』

Spot ………………

黒船来航

泰平のねむりをさます正（上）喜撰（きせん）　たった四はいで夜もねられず

と、狂歌に詠まれた蒸気船は、外板を腐食防止のために黒色塗料で塗られていたために黒船とよばれた。一八五三年来航したペリー艦隊の旗艦サスクェハナ号は、一八五〇年に建造された世界最大級の二、四五〇トンを有する木造外輪（三本のマストも持つ）の新鋭軍艦であった。幕府の政策

黒船来航のうわさは、幕府の秘密主義にかかわらず急速に全国に広まる。『夜明け前』（島崎藤村）には、信州の中山道の木曽馬籠宿（江戸から三三〇キロメートル）にもほぼ一週間で黒船来航の情報が伝わり、人々の生活も落ち着きがなくなりあわただしくなってゆく有様が描かれている。

黒船来航のなかった人々にとっては、たいへんな驚きであったろう。しかほとんど見る機会のなかった人々にとっては、

4

日米修好通商条約──一八五八年六月一九日調印　★★★☆

通釈

第一条 今後、将軍とアメリカ合衆国は末永く親睦を

第一条 向後、日本大君と亜墨利加合衆国と、世々親睦なるべし。……

4 近・現代

江戸

4　近・現代

❶下田・箱館港　一八五四（安政元）年の日米和親条約によって開港された。

❷神奈川　現在の神奈川県横浜市神奈川区の一部にあたる。東海道の宿場として栄え、開港場に指定されたが、実際には神奈川宿の南にあたる横浜村が開港場として開かれた。

❸新潟　実際に開港されるのは一八六八（明治元）年一月一九日。

❹兵庫　実際には兵庫の東に接する神戸・二ツ茶屋・走水の三か村にまたがる沿岸部に、一八六七（慶応三）年一二月七日開港された（神戸港）。

❺江戸　実際の開市は、一八六七（慶応三）年一一月一九日から。

❻大坂　実際の開市は、一八六七（慶応三）年一二月七日から。

❼立合はず　自由貿易による。

❽別冊　この条約に付属する「貿易章程」のこと。

第三条　下田・箱館港❶の外、次にいふ所の場所を、左の期限より開くへし。

神奈川❷　午三月より凡十五ヶ月の後より　西洋紀元千八百五十九年七月四日

長崎　同断　同断

新潟❸　午三月より凡二十ヶ月の後より　千八百六十年一月一日

兵庫❹　午三月より凡五十六ヶ月の後より　千八百六十三年一月一日

江戸❺　午三月より凡四十四ヶ月の後より　千八百六十二年一月一日

大坂❻　午三月より凡五十六ヶ月の後より　千八百六十三年一月一日

神奈川港を開く後六箇月にして下田港は鎖すへし。此箇条の内に載たる各地は、亜墨利加人に居留を許すへし。……

右二箇所は、亜墨利加人、唯商売を為す間にのみ、逗留する事を得へし。……双方の国人品物を売買する事、総て障りなく、其の払方等に付ては日本役人これに立合はず。❼……

第四条　総て国地に輸入・輸出の品々、別冊の通り、日本役所へ、運上を納むへし。……

第五条　外国の諸貨幣は、日本貨幣同種類の同量を以て、通用すへし。……

第六条　日本人に対し、法を犯せる亜墨利加人は、亜墨

江戸

第三条　下田・箱館港のほか、次にいう所の場所を左の期限より開港する。

神奈川（この三月から一五か月後から　西暦一八五九年七月四日）

長崎（神奈川と同じ）

新潟（二〇か月後から　一八六〇年一月一日）

兵庫（五六か月後から　一八六三年一月一日）

江戸（四四か月後から　一八六二年一月一日）

大坂（五六か月後から　一八六三年一月一日）

神奈川港の開港後六か月を経過して下田港は閉鎖する。この箇条（第三条）に記してある各地においては、アメリカ人の居住を認める。

右の二か所は、アメリカ人が商売をする間だけ、滞在することができる。……また両国（日本と米国）の人々の商品売買に関して、何ら支障はなく、その支払いなどには日本の役人は立会わない。

第四条　すべて国内に輸入、国内から輸出する品物については、別冊の規定通りに、日本の役所へ関税を納める。

第五条　外国の諸貨幣は、日本の貨幣と同種類のものは同量をもって、通用する。

第六条　日本人に対して犯罪を犯したアメリカ人は、アメ

貿易章程による関税率

	品　目	税率
輸入	日本居留のため来日した者の所持品	0％
	日本の港にはいる船舶の建造修理航海に必要な品物、捕鯨漁具や船員・居留民の食住に必要なもの	5％
	一切の酒類	35％
	上記以外の品物	20％
輸出	すべての日本産輸出物	5％

探究4
① 日米修好通商条約が不平等といわれる点を指摘せよ。
② 改税約書により関税率を引き下げざるをえなかった理由を述べよ。

史料注
幕末外国関係文書 二八八頁参照。

利加コンシュル裁断所にて吟味の上、亜墨利加の法度を以て罰すへし。亜墨利加人へ対し、法を犯したる日本人は、日本役人糺の上、日本の法度を以て罰すへ し。……

『幕末外国関係文書』

アメリカの領事裁判所において取り調べの上、アメリカの法律をもってこれを罰する。アメリカ人に対して犯罪を犯した日本人は、日本の役人が取り調べの上、日本の法律をもってこれを罰する。

25

参考

日米修好通商条約付属貿易章程 ★☆☆☆☆

第七則 総て日本開港の場所へ陸揚する物品に八、左之運上目録に従ひ、其地の運上役所に、租税を納むへ し。

第一類 貨幣に造りたる金銀、幷に造らさる金銀、当用の衣服、家財、幷に商売の為にせさる書籍、何れも、日本居留の為来る者の所持の品に限るへし、右之品々は運上なし。

第三類 都て蒸、溜、或は醸し種々の製法にて造りたる一切之酒類、右は三割五分の運上を納むへし。

『幕末外国関係文書』

解説

一八五六年下田に着任したアメリカ総領事ハリスと幕府との間で、通商条約締結に向けての交渉が開始され、一八五八（安政五）年に**日米修好通商条約**が結ばれた。第三条で神奈川以下四港の開港と江戸・大坂の開市が定められ、自由貿易が規定された。第四条では、条約付属の貿易章程による関税が規定されたが、これは日本の**関税自主権を否認**した（協定関税制）もので、第六条の**治外法権**の規定（**片務的領事裁判権の承認**）とともに不平等条約の支柱をなし、その改正問題が明治期外交の最も重要な課題となる。同年ほぼ同内容の条約が、蘭・英・露・仏との間にも締結され、**安政の五ヵ国条約**と総称される。なお、一八六〇（万延元）年同条約批准書交換のため新見正興一行が米艦ポーハタン号で渡米した。この時、幕府の軍艦咸臨丸がこれに随行して日本人による最初の太平洋横断に成功した。また、条約勅許に際して朝廷は兵庫開港を認めなかったために、列国はその代償として関税率の引き下げを要求したので、幕府は、一八六六（慶応二）年改税約書を結び、多くの輸入品に対し五％を基準とする低い関税率を定めた。

※色文字は重要語

1 神奈川御開港　実際には一八五九（安政六）年に横浜が開港。
2 御府内　江戸。
3 入津　船が港に入ること。ここでは、入荷の意。
4 糸　生糸。

史料注
続徳川実紀　徳川実紀（一八四九年刊行）の続編で、一一代将軍家斉以降の各将軍の治績を記述。

探究5
開国による物価騰貴の原因を述べよ。

2 二つの条約　和親条約と修

1 西洋の五大列強　アメリカ・イギリス・フランス・ロシア・オランダのこと。

③ 開国の影響

❶ 五品江戸廻送令——一八六〇年閏三月十九日発布　★★☆☆☆

神奈川御開港、外国貿易仰せ出され候に付、諸商人共一己の利徳に泥み、競て相場糶上げ、荷
元を買受け、直に御開港場え相廻し候に付、御府内に入津の荷物相減り、諸色払底に相成り、難
儀致し候趣　相聞へ候には、当分の内左の通仰せ出され候。

一、雑穀　一、水油　一、蠟　一、呉服　一、糸

5 右の品々に限り、貿易荷物の分は、都て御府内より相廻し候筈に候間、在々より決て神奈川表え
積出し中間敷候。……

『続徳川実紀』

（小注）
一己の利徳に泥み＝自分だけの利益にこだわり
競て相場糶上げ＝商品を競って買いつける相場を上げ
諸色払底に相成り＝さまざまな物資が品不足となり

解説
五品江戸廻送令は、幕府が物価抑制を理由に貿易の統制をはかろうとしたものである。貿易開始に伴う物価騰貴の一因として、在郷商人が問屋を通さずに商品を開港地に直送したため、これまでの流通機構がくずれ、需給に不均衡が生じたことがあげられた。そこで幕府は、一八六〇（万延元）年この法令を発して、雑穀・水油・蠟・呉服・生糸の重要五品目を江戸の問屋を経由させて横浜へ廻送させることにしたが、在郷商人や列国に反対され、ほとんど効果があがらなかった。

❷ イギリスの対日政策——大君の都　★☆☆☆☆

1 ……その当時、わたしの目は、たえず増大しつづける西洋の五大列強は、商業・政治・宗教などの面であるらしくみえる日本にそそがれていた。まさに西洋の五大列強の工業製品のために新しい市場を提供すりとあらゆる種類の努力と宣伝を行なうことのできる、この再開された活動の舞台に、登場せんとしていた。アメリカ合衆国は、一八五四年と一八五八年の二つの条約で、その先鞭をつけていた。イギ

好通商条約のこと。

史料注
大君の都 オールコック在
日中の記録。当時の日本社
会の政治、経済、社会、文
化の多面にわたった記述に
特徴がある。

5 リス、フランス、ロシアという旧世界最大の海軍国や陸軍国がこれにつづいた。……
われらは、われらのたえず増加する欲望と生産力とに応ずるため、新らしいたえず拡大する市場を
求める。そしてこれらの市場は、主として極東に横たわっているように見える。われらはおのずと
そこへ赴く。われらの第一歩は、条約によって彼らの提供する市場に接することである。土着政権
は商議を開始する意向がないので、われらは、唯一の効果的手段—圧迫を向けて、要求されている
10 貿易へのあらゆる権利と便宜とを与えることを意味する文書を獲得する。
『大君の都』

解説
この『大君の都』の著者オールコックは、一八〇九
年生まれのイギリスの外交官である。一八五九年駐
日総領事として江戸に着任し、翌年には初代駐日公使となって
いる。彼は、幕府に強く自由貿易の実行を迫り、一八六四（元
治元）年のイギリス・オランダ・アメリカ・フランス四国艦隊

下関砲撃事件を主導した。この後、幕府は五品江戸廻送令（一
八六〇年）以来の生糸貿易の制限を解除するのである。この
『大君の都』からも、オールコックがイギリスの産業資本のた
めの市場獲得に強い決意を持っていることがわかる。また、彼
の見解はイギリスの対日政策の基調でもあった。

❸ 尊攘運動の展開 ★☆☆☆

1
……貿易の事件に手慣ぬ奸商 共狡黠の夷等と洋金の
価高く売買し物価 益 騰貴するに依て、貧寠のもの仰
養俯育の術尽き、産を失ひ家を毀ち溝壑に転填するに至
る事、己が肢膚の肉を割て虎狼を養ふに均し。……片時
も速かに回天の宸断もて攘夷の詔書を降し玉はゞ、天
下の志士毛髪竦起感泣して襟を沾さゞるものあらむ

通釈
……貿易に慣れていなかったよこしまな商人たちは、
こうかつな外人たちとぐるになり洋金の値段を実際よ
りも高値に換算して売買を行ったため物価はますます
騰貴した。このことにより一般の貧しい人々は妻子を
養い育てる方策がたたず、財産を失い、家をたたみ、
ついには生活の道をなくし、命をおとすまでに至って
しまうのであり、これは自己の身体の肉をさいて、虎
や狼を飼っているようなものである。……一時も早く、

❶ 洋金の価高く 欧米と日本
の金銀比価の違いにより日
本の金が海外流出したこと
をさす。
❷ 回天 天子の心をもとの正
しさにひきもどす。
❸ 宸断 天子の裁断。

史料注

解腕痴言　久坂玄瑞が一八六二（文久二）年八月二八日に起草したもので、当時の代表的な尊攘論である。彼の同様の見解は、同年八月二日の『廻瀾条議』にも見られる。

や。さて攘夷の詔下りたらば、幕府勅に違はむか、大小名優柔不断ならむか。万に一もかかる詔事に違ひたらむものは猪猿にやあらん石木にやあらむ。きため玉ひ罪なひ玉へ。……

『解腕痴言』

解説

天皇がもとの正しさにひきもどり御裁断されて、攘夷の詔書を出されれば、天下の志士たちで、髪の毛をさかだて、感激に涙を流さないものはないであろう。そうして攘夷の詔が下りたなら、幕府は天皇の勅に違反するであろうし、大名小名たちも優柔不断な態度をとるであろう。万一にも、このような天皇の詔・勅に背くようなものは、猪や猿あるいは石や木のようなものであろう。罰しなさいませ。罪に処しなさいませ。……

尊攘運動は、もともと尊王思想と攘夷運動という別個のものが結びついたものであった。尊王論それ自体は、儒学者や国学者の中において発達し、本来幕藩体制を否定するという性質のものではなく、攘夷論もまた鎖国を維持しようとする古い意識から生まれたもので、開国の是非をめぐってではなかった。しかし、ペリー来航以後、開国の是非をめぐっては議論がふっとうすると、それまでの観念的な尊王論と攘夷論とは、一つに結び付いて現実的政治運動の理論となり、尊王攘夷をスローガンとする反幕運動が展開された。開港に伴う経済的混乱が、何よりも民衆の生活を圧迫してい

る事実をとらえて、それを自分たちの反幕運動を有利に展開するための論理の基に据え、開国は亡国の途であると強く主張した。この史料に見られる久坂玄瑞の主張でも開港に伴う経済的混乱が意識的に強調され、尊攘運動を進めるためのよりどころとなっている。もっとも攘夷論者のなかには、心からの排外主義者もあったが、一方では攘夷の不可能を知りながら、実行が幕府を窮地に陥れ、その崩壊を早めるものとして、倒幕の旗印にこれを掲げている者もあった。やがて、尊王攘夷運動は**薩英戦争、四国艦隊下関砲撃事件**を契機として、尊王攘夷運動は尊王倒幕運動へと転換するのである。

探究6

① 尊王斥覇論の推移を調べよ。
② 尊王論の系譜について調べよ。
③ 尊王論と攘夷論が結びついて、現実的政治運動の理論となったのはなぜか。

❹ 日本をめぐる英仏の対立　★☆☆☆☆

1 此事件は個人的闘争に非ずして両立し難き二個の主義の争である。勝敗の決は、封建制度を一層鞏固ならしむるか、将た過去六年の努力空しく屈服せしめらる、かの境であった。此二者何れの勝利が外人に有利なるやは論ずる要はあるまい。……在留外人は現時将軍が脅威せられつ、あると同程度の危険を感ずる。何となれば、若し幕府倒壊せば、吾等は多年条約を誤解し来たりし者に、直面

1 **此事件**　蛤御門の変。
2 **此二者**　幕府側と長州藩。
3 **現時将軍**　徳川家茂。

4 多年条約……来たりし者
攘夷論者。

5 吾人 われわれ。われら。

史料注
レオン・ロッシュの本国政府宛報告書 史学雑誌四六の七及び八、大塚武松『レオン・ロッシュの政策行動について』による。ロッシュ (Roches, Leon) は、一八六四年駐日公使として来日、幕末の混乱期にあって終始幕府を援助し、薩長に接近した英公使パークスと対抗して、幕府を中心とした統一政権を構想したが成功せず、一八六八年帰国した。

✎ **探究7**
① イギリスとフランスの対日政策の違いを述べよ。
② イギリスが対日貿易の主導権を握った理由を述べよ。

5 せざるを得ざるに至る。而かも三百諸侯の解放は無秩序と内乱の基と為り、外人はどうして此の間に在留するを得よう。……吾人は条約調印を以て正当なる執権者と認め、其の勢力を削損し、これを顛覆せしむるような謀計には断じて与すべきでない。これは当然の条理で、此態度の堅持こそ吾人の利益を擁護する所以であると確信す。

解説 幕末の政治情勢は、米・英・仏などの列強の対日政策の動向によって強く左右された。先鞭をつけたアメリカが、南北戦争の勃発などで一時後退すると、イギリスが主導権を握り、フランスがこれに迫った。フランスは、この史料のロッシュの見解に示されるような立場から、幕府による全国統一に期待を寄せ、軍事的援助を与え、幕府の弱体を見抜いたイギリスは、従来からの対日外交の方針を改めて、むしろ天皇を中心とした薩長などの雄藩連合政権の実現を支持するようになった。イギリスの対日政策をおし進めるにあたって、初代駐日公使オールコックと、特にその後任パークスの活躍はめざましかった。このようなイギリスとフランスの動きがあったにもかかわらず、維新の動乱が干渉戦争とならなかったことは、日本にとって幸いなことであった。

『レオン・ロッシュの本国政府宛報告書』

Spot

幕末インフレーション

一八五九（安政六）年の神奈川・長崎・箱館の開港は、日本と欧米の金銀比価の差から生じた大量の金銀流失と並んで、激しい物価騰貴を招いた。金流失に伴う幕府の貨幣改鋳と、生糸・茶といった輸出品の急増がインフレーションを引き起こしたのである。例えば、明かりとして使用した灯油は、それ以前の一升二八文から八四文へ、塩は一升二〇文から九二文へ、また米価は一八五七（安政四）年から一八六七（慶応三）年の一〇年の間に九倍にもなっている。こういった生活の困窮に何らの対策もなし得ない幕府に対し、尊攘・討幕運動が起こってゆくのである。

◆物価の騰貴

米1石につき銀（匁）（京都小売値）
生糸100斤につき金（両）
蚕卵紙100枚につき銭（貫）

（小野武雄『江戸物価事典』などによる）

④ 幕府の滅亡

① ええじゃないか運動　★☆☆☆

1　恰モ此時[1]ニ当リ京師[2]ニ一怪事アル。空中ヨリ神符翻々ト飛ヒ降リ処々ノ人家ニ落ツ。其神符ノ降リタル人家ハ壇ヲ設ケテ之レヲ祭リ、酒殽ヲ壇前ニ陳ラヌ。知ルト知ラサルトヲ問ハス其人家ニ至ル者ノ酔飽ニ任カス。之レヲ祝シテ吉祥ト為ス。都下ノ士女ハ老少ノ別ナク綺羅[3]ヲ衣テ男ハ女装シ、女ハ男装ス。群ツ成シ隊ヲ作ス。悉ク俚歌[4]ヲ唱ヒ太鼓ヲ撾チ以テ節奏ヲナス。其歌辞ハ「ヨイジャナイカ、エイジャナイカ、クサイモノニ紙ヲハレ、ヤブレタラマタハレ、エイジャナイカ、エイジャ

5　ナイカ」ト云フ。……八月下旬[5]ニ始マリ十二月九日王政復古発令ノ日ニ至テ止ム。　『岩倉公実記』

探究8　「ええじゃないか運動」が起こった当時の政治情勢を述べよ。

解説　ええじゃないかは、一八六七（慶応三）年七、八月から翌年春までに起こったお札降りと民衆の乱舞を伴う大衆運動である。近世の伊勢神宮へのおかげ参りとの関連も考えられる。ええじゃないかの記録上の初見は三河国に見え、関東・東海・畿内・中国・四国の各地で熱狂的に流行した。この史料中にもある男女の倒錯、酒食接待の強要等、封建的秩序からの民衆の解放（世直し）へのエネルギーがええじゃないかにはみられる。しかし、結果的には倒幕派に利用され、民動時に起こったこの運動は、衆の自己解放には直結しなかった。

② 山内豊信の大政奉還建白書　★☆☆☆

1　宇内[1]ノ形勢古今ノ得失ヲ鑑シ、誠惶誠恐[2]敬首再拝、伏惟、皇国興復之基業ヲ建ント欲セハ、国体[3]ヲ一定シ、制度ヲ一新シ、王制復古万国万世ニ恥ザル者ヲ以、本旨トスヘシ、妄ヲ除キ、良ヲ挙ケ、寛恕ノ政ヲ施行シ、朝幕諸侯斉ク此大基本ニ注意スルヲ以、方今急務ニ存ジ奉リ候。……

史料注
岩倉公実記　一九〇六（明治三九）年刊行。岩倉具視の日記・覚書・書簡等を整理したもの。

※色文字は重要語
1　此時　一八六七（慶応三）年。
2　京師　京都。
3　綺羅　綺は綾絹（あやぎぬ）、羅は薄絹（うすぎぬ）をさす。美しい衣服の意味。
4　俚歌　流行歌謡。
5　八月下旬　一八六七（慶応三）年八月下旬。

1　宇内　天下、あめのした、世界の意味。
2　誠惶誠恐　「誠惶」を丁重にいう語。

4　近・現代

江戸

③国体　国家体制。
④京師　京都。
⑤議政所　廷臣・諸侯から成る上院と藩士・庶民から成る下院との上下二院制の構想があった。

①時運　時のめぐり合わせ。歴史の変遷の意味。
②王綱紐ヲ解キ　天皇による政治がくずれたこと。
③相家　大臣の家、藤原摂関家。
④保平ノ乱　保元・平治の乱。
⑤祖宗　祖先、ここでは徳川家康をさしている。
⑥寵眷　寵愛すること。
⑦其職　将軍職。
⑧政刑　政治と刑罰。
⑨慙懼ニ堪ヘス　恥ずかしい限りである。

③　大政奉還——一八六七年一〇月一四日上表　★★☆☆☆

臣慶喜謹テ皇国時運①ノ沿革ヲ考候ニ、昔シ王綱②紐ヲ解キ相家③権ヲ執リ、保平ノ乱④政権武門ニ移リテヨリ、祖宗⑤ニ至リ更ニ寵眷⑥ヲ蒙リ、二百余年子孫相受、臣其職⑦奉スト雖モ、政刑⑧当ニ失フコト不少。今日ノ形勢ニ至リ候モ、畢竟薄徳ノ所致、慙懼ニ堪ヘス⑨候。況ヤ当今外国ノ交際日ニ盛ナルニヨリ、愈々朝権一途ニ出不申候テハ、綱紀⑩難立候間、従来ノ旧習ヲ改メ、政権ヲ朝廷ニ奉帰、広ク天下ノ公議⑪ヲ盡シ、聖断⑫ヲ仰キ、同心協力、共ニ皇国ヲ保護仕候得ハ、

一、天下ノ大政ヲ議定スルノ全権ハ、朝廷ニアリ。乃チ我皇国ノ制度法則一切万機、必ズ京師④ノ議政所⑤ヨリ出ヅベシ。……

『維新史』

通釈

天皇の臣である私慶喜が、謹んで皇国の歴史的変遷を考えてみるに、昔天皇による政治がくずれ、藤原摂関家が政権を握り、保元の乱・平治の乱を経て政治の実権は武家に移り、徳川将軍家の祖家康に至り格別な待遇を朝廷から与えられ、二百余年子孫の者が(将軍を)継承し、臣(慶喜)もこの職(将軍職)にありますけれど、政治や司法の面で適切さを失うことも少なくありません。今日の状況になりましたのも、結局私の不徳の致すところで、恥ずかしい限りであります。まして諸外国との交際が日ごとに盛んになり、いよいよ政権が統一されていなければ、国家を治める根本の

解説

一八六七(慶応三)年一〇月三日、前土佐藩主山内豊信は後藤象二郎らをして将軍慶喜に対し大政奉還の建白書を提出させた。ここには同時に提出された後藤らの改革八カ条の一部も示した。
薩摩・長州の倒幕挙兵の盟約が結ばれ、倒幕運動がいよいよ激化したのに対し、土佐の後藤象二郎は公武合体のための大政奉還をめざし薩長の挙兵延期を説いていたが、朝廷(薩長)と幕府の激突は時間の問題であった。このような状況のなか、山内豊信の建白書(上書)が提出されたのである。この土佐藩の大政奉還論の骨子となったのは、一八六七年六月、長崎から京都への船中、龍馬が八カ条からなる公議政体論を立案し、後藤象二郎に示したものである。坂本龍馬のいわゆる「船中八策」で、これは一八六七年六月、長崎から京都への船中、龍馬が八カ条からなる公議政体論を立案し、後藤象二郎に示したものである。

4　近・現代

江戸

10 綱紀　国家の大綱、秩序。
11 公議　議論、評議。
12 聖断　天皇の決断、決定。
13 奏聞　天子に奏上すること。
14 十月十四日　一八六七（慶応三）年一〇月一四日。

史料注
維新史　二九七頁参照。

要点ナビ
倒幕派岩倉具視ら天皇親政を宣言。

探究10
慶喜が大政奉還を決意させられた内外の情勢を述べよ。

1 内府　内大臣。慶喜のこと。
2 癸丑　一八五三（嘉永六）年、ペリー来航の年。
3 先帝　前天皇、孝明天皇。
4 宸襟　天皇の心。
5 叡慮　天皇の考え。
6 総裁　すべての事項を決定する最高の官職。
7 議定　政務を分掌し、議事に参加する。
8 参与　議定の下で実務を担

10必ス海外万国ト並ビ立ツヘク候。是（これ）臣慶喜国家ニ所尽（つくすところ）、是二過キスト奉存候。去リテ今猶見込ノ儀モ之有リ候得ハ、中聞クヘキ旨、諸侯え相達シ置候。之ニ依テ此段謹テ奏聞仕候。以上

十月十四日14

慶喜

『維新史』

解説

一八六七（慶応三）年一〇月三日に土佐藩前藩主山内豊信が将軍慶喜に対し大政奉還の建白を行い、続いて一〇月六日に広島藩が建白を行うに至り、慶喜は大政奉還の決意をした。ちょうど薩長に討幕の密勅が下った一〇月一四日、大政奉還の上表を朝廷に提出した。慶喜が自ら大政を奉還したのは、薩長などの倒幕運動の高まりを抑え、新政権成立後も引き続き指導権を確保するには、後藤象二郎、山内豊信らの説く公議政体論が利用できると考えたからである。したがって、征夷大将軍はここに終わりを告げたけれども統一政権成立までには、まだ曲折を経なければならなかった。

原則が立ちにくいので、今までの古い習慣を改め、政権を朝廷に返還し、広く天下の議論を尽くし、天皇の決断を仰ぎ、心を合わせ協力し、共に皇国を守っていけば、必ず海外諸国と肩を並べることができるでしょう。臣慶喜が国家に尽くすことは、これ以外にないと考えます。しかしながら、なおどのようにすべきか意見があれば、申し述べるよう諸大名に知らせてあります。このようなわけで、以上のことを謹んで申し上げます。

一〇月一四日

慶喜

❹ 王政復古の大号令——一八六七年一二月九日布告　★★★★☆

1
徳川内府、従前御委任ノ大政返上、将軍職辞退ノ両条、今般断然聞シ食サレ候。抑（そもそも）癸丑以来未曾有ノ国難、先帝頻年宸襟ヲ悩マサレ候御次第、衆庶ノ知ル所ニ候。之（これ）ニ依テ叡慮ヲ決セラレ、王政復古、国威挽回ノ御基ヒ立テサセラレ候間、自今、摂関・幕府等廃絶、即今先仮ニ総裁・議定・参与ノ三職ヲ置レ、万機行ハセラルヘシ。諸事神武創業ノ始ニ原ツキ、搢紳・武弁・

通釈

内大臣徳川慶喜がこれまで（天皇から）委任されてきた大権を返上し、また将軍職を辞退するという二点について、このたびきっぱりとお許しになられた。そもそも癸丑の年（一八五三年）以来、いまだかつてない国難について先の（孝明）天皇が毎年お心を悩まされてきたことは、多くの人々の知るところである。そこで天皇は御決断を下され、王政復古国威回復の基本を樹立されたので、今後は摂政・関白や幕府などの基

4 近・現代

史料注
維新史 二九七頁参照。

⑨摺紳 公卿。
⑩武弁 武士。
⑪堂上 殿上人。昇殿を許された人。
⑫地下 昇殿を許されない人。
⑬休戚 喜びと悲しみ。

探究11
①王政復古を進めようとした勢力は何か。
②王政復古の大号令が発せられたのち、慶喜の処遇はどうなったか。

当する。

10 堂上・地下ノ別ナク、至当ノ公議ヲ竭シ、天下ト休戚ヲ同シク遊サルヘキ叡念ニ付、各々勉励、旧来騎惰ノ汚習ヲ洗ヒ、盡忠報国ノ誠ヲ以テ奉公致スヘク候事。

『維新史』

止し、ただちにまず仮に総裁・議定・参与の三職を設置して、国の政治を行わせることにした。すべては神武天皇の建国事業の始めに基づき、公卿・武士・殿上人・庶民の区別なく、正当な議論を尽くし、人々と喜びや悲しみをともにされるお考えであるから、各々努力して今までのおごり怠ける悪い習慣を洗い流し、忠義を尽くして国に報いる忠誠心を持って奉公せよ。

解説

一八六七（慶応三）年一〇月一四日の大政奉還は、薩長への「討幕の密勅」に肩すかしをくわせ、討幕派は出鼻をくじかれた。その後、諸大名は幕府側か朝廷側かのはっきりした態度を示さなかったが、公議政体派は新しい統一政権への動きをみせていた。こういった状況のなか、岩倉具視を中心とした薩長などの武力倒幕派は、王政復古の大号令を発した。これによって新たに総裁・議定・参与の三職が設けられ、天皇親政のもとに「百事御一新」がうたわれた。次いでその夜、三職による御前会議（小御所会議）が開かれ、徳川慶喜に対して辞官・納地を命ずることが決定された。しかし、その後も公議政体派は力を持ち、武力倒幕派を劣勢に追い込んでいった。かくて、武力倒幕派は、一八六八年正月三日、鳥羽・伏見の戦いを開き、武力による解決に踏み切ったのである。

Spot

倒幕の口実

小御所会議における慶喜の辞官・納地の決定により、二条城の幕府軍は激高したが、慶喜は彼らを率いて大坂城に移った。この後、公議政体派の巻き返しにより慶喜の立場は安定したものになりつつあった。そこで、武力倒幕派は幕府軍を挑発し軍事力によって決着をつけようとした。西郷隆盛の命により江戸薩摩藩邸に集められた浪士は、江戸府中において強盗、放火などを行って幕府を挑発し、江戸市中の警備にあたっていた庄内藩兵に薩摩藩邸の焼き打ちを実施させた。この報が大坂に伝えられると、大坂城の幕府軍は上洛し、薩摩を討とうと軍を京へ進めたが、これに対し薩摩の大久保利通らは「慶喜は反逆し朝敵なり」とし、上洛する幕府軍との間に鳥羽・伏見の戦端が開かれた。ここに倒幕側は慶喜追討の命を受け、倒幕の大義名分を得ることになったのである。

江戸

⑤ 維新政府の基本方針

要点ナビ
明治天皇が天地神明に誓う形式。

❶ 五箇条の誓文──一八六八年三月一四日公布　★★★☆☆

一　広ク会議ヲ興シ、万機公論ニ決スヘシ
　　天下の政治を公平な議論によって決定すべきである

慶応四年戊辰三月十四日

一　上下心ヲ一ニシテ、盛ニ経綸ヲ行フヘシ **❷**

一　官武一途庶民ニ至ル迄、各其志ヲ遂ケ、人心ヲシテ倦マサラシメンコトヲ要ス **❸**
　　飽きないようにすることを願う

一　旧来ノ陋習ヲ破リ、天地ノ公道ニ基クヘシ **❹**

一　智識ヲ世界ニ求メ、大ニ皇基ヲ振起スヘシ
　　国家の基礎を盛んにすべきである

我国未曽有ノ変革ヲ為サントシ、朕躬ヲ以テ衆ニ先ンシ、天地神明ニ誓ヒ、大ニ斯国是ヲ定メ万民 **❺**
保全ノ道ヲ立テントス。衆亦此旨趣ニ基キ、協心努力セヨ。

慶応四年戊辰三月十四日

御名

親王群臣ノ奉対書ニ曰ク

勅意宏遠、誠ニ以テ感銘ニ不堪、今日ノ急務永世ノ基礎此他ニ出ヘカラス、臣等謹テ叡旨ヲ奉
戴シ、死ヲ誓ヒ黽勉従事、冀クハ以テ宸襟ヲ安シ奉ラン **❻❼**

慶応四年戊辰三月十四日

有栖川太宰帥
三条大納言　実美
岩倉右兵衛督　具視
（以下親王公卿諸侯を略す） **❽**
『法令全書』

※色文字は重要語

❶上下 上の者と下の者。治める者と人民。

❷経綸 政治、治国済民の方策。

❸官武 公家と武家。

❹旧来ノ陋習 攘夷的風潮のことを意味する。

❺国是 国家の政治上の基本方針。

❻電勉 精を出すこと。

❼宸襟 天皇の心。

❽以下親王……を略す 公卿、諸大名、帰順旗本の署名は当日に引き続き、一八七一（明治四）年五月まで及び、その数も八〇〇余名にのぼっている。

史料注

❸宇内ノ通義　国際法。

子爵由利公正伝　由利正通
著。一九四〇（昭和一五）
年刊。

❷徴士　徴士は王政復古の際
の三職分課の官制によって、
貢士など諸藩士の有才のも
のから選んで、参与、議事
所の議事官、分課の掛な
どに四～八年の任期で任命
されたもの。

❶貢士　一八六八（慶応四
年一月一七日～五月二七日
の間置かれた明治政府初期
の議事員。大藩から三、中
藩から二、小藩から一名ず
つ藩主の推挙により藩論の
代表者となり、任期はなく
下の議事所で議事にあたっ
た。

📖 参考　五箇条の誓文の起草　★☆☆☆

(1) 由利公正草案
議事之体大意
一　庶民志ヲ遂ゲ、人心ヲシテ倦マサラシムルヲ欲ス
一　士民心ヲ一ニシテ、盛ニ経綸ヲ行フヲ要ス
一　智識ヲ世界ニ求メ、広ク皇基ヲ振起スヘシ
一　貢士期限ヲ以テ賢才ニ譲ルヘシ
一　万機公論ニ決シ、私ニ論スルナカレ

『子爵由利公正伝』

(2) 福岡孝弟草案
一　列侯会議ヲ興シ万機公論ニ決スヘシ
一　官武一途庶民ニ至ル迄、各其志ヲ遂ゲ、人心ヲシテ倦マザラシムルヲ欲ス
一　上下心ヲ一ニシテ、盛ニ経綸ヲ行フヘシ
一　智識ヲ世界ニ求メ、大ニ皇基ヲ振起スヘシ
会盟
一　徴士期限ヲ以テ賢才ニ譲ルヘシ
一　右等之御趣意可被仰出哉、且右会盟相立候処ニテ大赦之令可被仰出哉。

『子爵由利公正伝』

(3) 木戸孝允草案
一　列侯会議ヲ興シ、万機公論ニ決スヘシ
一　官武一途庶民ニ至ル迄、各其志ヲ遂ケ、人心ヲシテ倦マサラシムルヲ欲ス
一　上下心ヲ一ツニシテ、盛ニ経綸ヲ行フヘシ
一　智識ヲ世界ニ求メ、大ニ皇基ヲ振起スヘシ
一　旧来ノ陋習ヲ破リ、宇内ノ通義ニ従フヘシ
誓
第一
第三
第二
第五
第四
右ノ条々、公平簡易ニ基キ、朕、列侯庶民協心同力、唯我日本ヲ保全スルヲ要トシ、盟ヲ立ル事如シ斯、背ク所アル勿レ

『松菊木戸公伝』

松菊木戸公伝　木戸公伝記編纂所編、上・下二巻。維新の元勲として名高い木戸孝允の伝記。一九二七（昭和二）年刊。

法令全書　内閣官報局の編纂になり、一八八八（明治二一）年から刊行が始まる。一八六七（慶応三）年から現在までの法令を公布順に集成。一八八四（明治一七）年までは各年一巻ずつ。

探究12

① 五箇条の誓文の要点をあげよ。
② 五箇条の誓文が天地神明に誓うという形式をとった理由を述べよ。

要点ナビ

政府から民衆に向けて心得を示す。

❶掲榜　立札のこと。
❷五倫ノ道　君臣・父子・夫婦・長幼・朋友の間で守るべき道。

解説

王政復古の大号令によって発足した明治政府は、一八六八（慶応四）年三月一四日、五か条からなる『誓文』を発して、公議世論の尊重・開国和親など新政の基本方針を明らかにした。これは由利公正（旧越前藩士）が起草し、福岡孝弟（旧土佐藩士）の修正を経て、さらに木戸孝允（旧長州藩士）が修正・加筆し、最終的に岩倉具視、三条実美も加わって成文化されたものである。由利・福岡案では、公議政体派の列藩会議の主張が盛り込まれ、天皇と諸侯がともに盟約する形式がとられていたため、王政復古の形式を重んずる公卿などの反対を受けた。そこで木戸は、天皇が公卿・諸侯以下文武百官を率い、京都御所紫宸殿において天地神明に誓うという形式で公布し、この国是を権威づけることによって国内の諸勢力を新政府に結集させようとした。このことは、福岡から木戸の修正・加筆した草案にも見られる「列侯会議」が、「広ク会議」と修正されていったこととも関連があろう。

この誓文は、維新当初における極めて現実的な政治的意図を乗り越えて、明治・大正の自由主義者により、我が国立憲思想の出発点として評価された。

Spot

矢田堀景蔵と日本海軍

日本海軍の礎に幕府海軍の存在があった。一八五四年に日米和親条約が結ばれるとその翌五五年には長崎に海軍伝習所が開かれた。矢田堀景蔵や勝海舟はその一期生となった。二年後には築地に海軍教授所が設立され、日本人の手による蒸気機関を備えた軍艦の建造にも成功している。幕末の諸外国との交渉の中で、ときに緊張することはしばしばであったが、その中で幕府海軍は海防上重要な役割を果たした。清がアヘン戦争の後にも伝統にこだわり、洋式に踏み切れずにいたのと対照的であった。

昌平坂学問所では幕末、清を介して国際情勢に関する情報収集が行われ、のちにここから海軍に進む者も多く出ている。幕末、海軍といえば勝海舟や榎本武揚を思い浮かべるが、昌平坂学問所のぬきんでた秀才として幕府海軍の創設とその人材育成に携わったのが矢田堀景蔵であった。政治的駆け引きにうとい矢田堀は維新後の人生は不遇であったが、幕臣にあって広く西洋に知識を求めようとした彼のもとから多くの人材が育っていった。明治という時代の礎は敗者となった幕府の中にも確かに存在したのである。

2 五榜の掲示——一八六八年三月一五日掲示　★★★☆☆

1

第一榜

同日、旧幕府の掲榜❶を撤し、更めて五条を掲示す。

一　人タルモノ五倫ノ道❷ヲ正シクスヘキ事
一　鰥寡孤独癈疾ノ者ヲ憫ムヘキ事

（鰥寡孤独癈疾ノ者＝家族をなくした人、身体障害者、病人。）

4 近・現代

明治

③党ヲ樹テ……田里ヲ去ル
一揆・強訴・逃散。
④邪宗門　キリスト教のこと。
⑤逋逃　逃亡。

要点ナビ
明治新政府の政治組織を定めた布告。

史料注
明治政史　大政奉還から第一回帝国議会までの編年体の史書。指原安三編。一八九二(明治二五)年～九三(明治二六)年刊。

探究13
①五榜の掲示は新政府のどのような性格を示しているか。
②維新当初の切支丹対策は、いかなるものであったか。

一　人ヲ殺シ家ヲ焼キ財ヲ盗ム等ノ悪業アル間敷事

第二榜

曰ク、党ヲ樹テ強訴シ或ハ相率テ田里ヲ去ルコト勿レ

第三榜

曰ク、切支丹邪宗門ハ旧ニ仍リテ之ヲ厳禁ス

以上三榜永世の定法とす

第四榜　外国人ニ対シテ暴行ヲ為スヲ禁ス

第五榜　逋逃5ヲ禁ス

以上二榜一時の定とす。

解説
五箇条の誓文の発せられた翌日、政府(太政官)は一般庶民の守るべき心得として五つの禁令を高札という形で掲示した。

これは、形式・内容とも江戸時代に封建領主が庶民に与えた布告の継承であり、新政府が庶民に対して封建的新支配者として臨もうとした一端を示している。キリスト教の禁止などは、すぐさま西欧諸国の抗議・忠告を受けたが、明治六年禁制撤去まで有効であった。

『明治政史』

❸ 政体書——一八六八年閏四月二一日発表　★★☆☆☆

一　大ニ斯国是ヲ定メ制度規律ヲ建ルハ、御誓文ヲ以テ目的トス。……

一　天下ノ権力総テ之ヲ太政官ニ帰ス、則政令二途ニ出ルノ患ナカラシム、太政官ノ権力ヲ分ツテ、立法行法司法ノ三権トス。則偏重ノ患無カラシムルナリ

一　立法官ハ行法官ヲ兼ヌルヲ得ス、行法官ハ立法官ヲ兼ヌルヲ得ス。……

一　各府各藩各県皆貢士ヲ出シ議員トス、議事ノ制ヲ立ツルハ興論公議ヲ執ル所以ナリ

一　諸官四年ヲ以テ交代ス。公撰入札ノ法ヲ用フヘシ、但今後初度交代ノ時其一半ヲ残シ、

1　国是　国政上の基本方針。
2　御誓文　五箇条の誓文。
3　行法　行政。
4　偏重ノ患　一か所に権力が集中すること。
5　各府各藩各県皆貢士　府・藩・県の推挙により、それぞれの意見を代表する者。
6　公撰入札　選挙。ただし、

4　近・現代

探究14

① 政体書と五箇条の誓文は、どのような関連があるか。
② 政体書による官制の特色を述べよ。

史料注

明治政史　三〇三頁参照。

一八六九（明治二）年五月一四日の一回行われたのみ、しかも被選挙資格者は公卿と諸侯のみ、選挙資格者は一部高級官僚のみであった。

二年ヲ延シテ交代ス、断続宜キヲ得セシムルナリ、若シ其人、衆望ノ所属アッテ難レ去ル者ハ猶数年ヲ延ササルヲ得ス

『明治政史』

解説　一八六八（慶応四）年閏四月二一日、政府は、五箇条の誓文の理想を制度上具体化した政体書を頒布した。福岡孝弟・副島種臣がアメリカ合衆国政府の組織、福沢諭吉の『西洋事情』、平安時代の『令義解』を参考にして起草した。太政官のもとでの三権分立主義・議会制度・官吏公選制を骨子としている。政体書にみられる三権分立と公議制の規定は必ずしも実効は上がらず、官吏公選制も一度行われたにすぎなかったが、維新直後の政治理念を示した意義は大きい。六九年七月八日の官制改革で中央官制は二官六省制に変更され、神祇官、太政官を中心とする官制となった。

Spot

年貢半減令のゆくえ ── 相楽総三と赤報隊

　これまで幕領之分、総て当年租税半減仰せ付られ候、昨年未納之分も同様たるべし

　これは、一八六八年正月、戊辰戦争の際に官軍側の先発隊として進軍していた相楽総三率いる赤報隊が幕府領に布告した年貢半減令である。相楽は、民心を幕府から官軍に引き付けるため、幕府領の年貢半減の布告が必要な旨を建白し許可されていたのである。ところが、年貢半減令のもと、意気揚揚と進軍していた赤報隊は、一月下旬に突然の帰洛命令を受ける。相楽はそれに従わず東征を続けるが、二月中旬に至り相楽隊は「偽官軍」とされ、信州諸藩に鎮圧命令が出された。捕えられた相楽ら幹部八名は、三月三日に下諏訪で死刑になってしまったのである。短期間（約一〇日）で年貢半減令が取り消され、かつ布告をしていた相楽らを処刑した背景には、新政府と軍資金提供者となった特権商人との年貢をめぐる約束があった。つまり、新政府は、年貢を担保として軍資金を調達したのである。そのため「年貢半減」を布告した赤報隊が邪魔な存在となったのであった。

　新政府（官軍）は、相楽ら赤報隊を裏切るばかりでなく、民衆の「年貢半減」という強い期待をも裏切ったのである。それは、地租改正や徴兵令の実施によっても如実に示される。

明治

4 近・現代

※色文字は重要語
❶版籍　版は版図（領土）、籍は戸籍（人民）の意味。
❷表　臣下から君主に奉る文書。
❸牧スル　治める、司る。
❹封土　大名の領地。
❺典型　手本、模範。転じて法令の意味。
❻軍旅　軍隊、軍勢。
❼戎服　軍服のこと。戎衣ともいう。

史料注
法令全書　三〇二頁参照。

⑥ 中央集権体制の確立

要点ナビ　薩摩、長州、土佐、肥前の四藩主が明治天皇に土地、人民を返還。

❶ 版籍奉還 —— 一八六九年一月二三日発表 ——

薩長土肥四藩主が明治天皇の上表文　★★☆☆☆

1
薩長土肥四藩主連署シ版籍❶奉還ノ表ヲ上ル。
……抑等居ル所ハ即チ天子ノ土、臣等ノ牧スル所❸
ハ即チ天子ノ民ナリ。安ンゾ私ニ有スヘケンヤ。今
謹テ其版籍ヲ収メテ之ヲ上ル。願クハ朝廷其宜ニ処
5　シ、其与フ可キハ之ヲ与ヘ、其奪フ可キハコレヲ奪ヒ、
凡列藩ノ封土❹、更ニ宜シク詔命ヲ下シ、コレヲ改メ定
ムヘシ。而シテ制度、典型❺、軍旅❻、ノ政ヨリ戎服❼器
械ノ制ニ至ルマテ、悉ク朝廷ヨリ出テ、天下ノ事大
小トナク、皆一ニ帰セシムヘシ。然后ニ名実相得、始
10　テ海外各国ト弁立ヘシ。是朝廷今日ノ急務ニシテ、又
臣子ノ責ナリ。
『法令全書』

通釈
薩摩・長州・土佐・肥前の四藩主が連名で、版籍奉還の文書を差し出します。……そもそも私たち天皇の臣下の居る所は天皇の土地であり、私たちの治める民は天皇の民であります。どうしてこれらを私たちが所有することができましょうか。今、謹んでその土地と人民とを朝廷に返上致します。どうか朝廷のよいように処分し、与えるべき者には与え、没収すべき者から没収し、諸藩の土地については今一度御命令により、これを改めて定めてください。そして制度や法律、軍政から軍服・兵器の制度に至るまで、ことごとく朝廷から命令が出され、天下のことは大小を問わずすべて朝廷によって決定されるべきであります。そうして初めて日本が海外の列強と並び立つことができます。このことは今日の朝廷の急務であり、同時に私たち臣下の責任でもあります。

解説
維新政府の目標は、国内を統一して中央集権体制を確立することであった。討幕後も諸大名は、藩領を統治しており、政府が直接統治できたのは、旧幕府や佐幕藩から没収して編成した府・県に過ぎなかった。そのため政府は、戊辰戦争の勝利が決定的となった一八六八（明治元）年一〇月、藩治職制を定め、藩の職制を統一するとともに、政府の命令が藩政に及ぶ措置を講じた。木戸孝允・大久保利通らの間で、版籍奉還、すなわち諸大名自身の自発的意志によって土地人民の支配権を天皇に返還させるという方式が具体的に協議されたのはこのころからであった。姫路藩のように藩財政の困難から版籍奉還を願い出るものもあったが、翌一八六九（明治二）年正月二〇日、薩長土肥四藩主の連署でこの史料のような建白書

明治

4 近・現代

明治

が提出された。四藩主の上表をきっかけに、多くの藩がこれにならった。ここに政府は、同年六月、これら諸大名の版籍奉還の願いを許すとともに、まだ上表しない藩にも奉還を命じた。版籍奉還の結果、藩は中央政府の政令を執行する地方行政区となり、二七四藩主はそのまま行政区長官としての知藩事となり、名実ともに中央集権による統一国家の形成を実現することができきたのは、一八七一（明治四）年七月に断行された廃藩置県以後である。知藩事は、封地実収石高の一〇分の一を家禄として支給された。

れ、身分上の名称は公卿とともに華族と規定された。藩行政の実務に従う官吏も藩士をもって当てられた。封建的割拠体制は形式的には消滅したが、藩の実体がなくなったわけではなく、

要点ナビ

新政府（明治天皇）が新たな統治組織を示す。

② 廃藩置県の詔──一八七一年七月一四日公布　★★☆☆☆

1

朕惟フニ、更始ノ時ニ際シ、内以テ億兆ヲ保安シ、外以テ万国ト対峙セント欲セハ、宜ク名実相副ヒ、政令一ニ帰セシムヘシ。朕曩ニ諸藩版籍奉還ノ議ヲ聴納シ、新ニ知藩事ヲ命シ、各 其職ヲ奉セシム、然ルニ数百年因襲ノ久キ、或ハ其名アリテ其実挙ラサル者アリ。……仍テ今更ニ藩ヲ廃シ県ト為ス。是務テ冗ヲ去リ簡ニ就キ、有名無実ノ弊ヲ除キ、政令多岐ノ憂無カラシメントス、汝群臣其レ朕カ意ヲ体セヨ。

『法令全書』

通釈

朕が思うに、この維新にあたって、内においては国民の安全を守り、外にあっては列国と対等に渡り合おうとするならば、制度と実際とを合致させ、政府の命令を一つに統一しなければならない。朕は以前に諸藩の版籍奉還の申し出を聞き入れ、新たに知藩事を任命してそれぞれの職を勤めさせた。ところが、数百年にわたる古いしきたりのため、中にはその名目だけで実質が伴わない藩があった。……よって今、さらに藩を廃止して県とする。これはできる限り無駄をはぶいて簡素にし、有名無実の弊害を取り除き、法令が多方面から出されることを無くそうとするものである。なんじら群臣は、この朕の意図することを理解しなさい。

❶更始ノ時　維新の改革。
❷億兆　人民。
❸対峙　対等に付き合う。
❹聴納　聞き入れること。
❺知藩事　旧藩主を旧領地に任命。藩の石高の一〇分の一を家禄として支給された。
❻冗ヲ去リ簡ニ就キ　無駄を省いて簡素化する。
❼政令……無カラシメントス　中央集権の強化をはかること。

史料注
法令全書　三〇二頁参照。

探究15
中央集権的統一国家の形成の上で、版籍奉還の果たした役割が十分でなかったのはなぜか。

解説

新政府は、名実ともに中央集権体制を確立するため、一八七一年七月、薩長土三藩兵からなる約一万の御親兵を東京に集め、その軍事力を背景に廃藩置県を断行した。ここに国内の政治的統一が完成された。

その結果、知藩事はその職を解かれて東京に居住することになり、二六一の諸藩が廃され、全国が三府三〇二県に分けられて（同年一一月三府七二県に整理される）、新たに中央政府が府知事、県令を任命した。

⑦ 富国強兵

① 封建的身分制度の廃止 ★☆☆☆☆

官武一途上下協同❶之思食ヲ以テ自今公卿諸侯之称廃サレ、改テ華族ト称スベキ旨仰出サレ候事。

（行政官達　明治二年六月一七日）

更ニ知藩事ニ任ラレ、随テ家禄之制定メサセラレ、藩々ニ於テモ維新之御政体ニ基キ追々改正致スベシ。就テハ中下大夫士❸以下之称廃サレ、都テ士族及卒❹ト称シ禄制相定メラレ候。

（太政官布告　明治二年一二月二日）

自今平民苗氏差シ許サレ候事。

（太政官布告　明治三年九月一九日）

穢多非人等❺ノ称廃サレ候条自今身分職業共平民同様タルヘキ事。

（太政官布告　明治四年八月二八日）『法令全書』

※色文字は重要語

❶官武一途上下協同　五箇条の誓文の第二・三条に見える。

❷家禄　武家社会において主君が家臣に与える禄のこと。

❸大夫士　大夫は大名の家老、士は藩士。

❹士族及卒　士族と卒族。士族は旧武士身分の者。卒族は足軽など下級の武士。一八七二（明治五）年、世襲の卒族は士族に、一代限りの卒族は平民に改められ卒族の名称はなくなった。

❺穢多非人　ともに近世における被差別民の呼称。

史料注
法令全書　三〇二頁参照。

探究16
士族の反乱の主な原因をあげよ。

解説

藩を解体して官僚機構を構築して中央政府による一元的支配をすすめるようになると、従来の身分制度を再編する必要が生まれた。士農工商、えた・非人の身分制度は改められ、公卿・諸侯は**華族**、武士は**士族**・卒族に、ほかの農工商は**平民**となった。一連の身分制の改革は「**四民平等**」の美名により推進され、職業・移転の自由、通婚の自由が認められたが、現実には族籍（皇族・華族・士族・平民）による新たな再編が行われた。特に華族はその後の明治憲法体制を作る上で皇室の藩屏としての役割を担うこととなる。また厳しい差別のもとに置かれてきたえた・非人は「平民同様タルヘキ事」とされ、法的には平民と同様となったものの、一八七二（明治五）年に作られた壬申戸籍では新平民と記載され、現実的な差別はその後も残されることとなった。なお明治五年には族称が皇族、華族、士族、平民に統合されることが決定され、明治一〇年頃までには卒族、地士、旧神官、僧、尼などの身分が全廃された。

なお、壬申戸籍による一八七二（明治五）年三月の族籍別人口は皇族二九人、華族二六六六人、士族約一二八万人、卒族約六六万人、平民約三〇八四万人で、総人口は約三三二一万人であった。

要点ナビ
太政官が徴兵制度の意義を示す。

❶上古ノ制　律令国家の時代。

❷列藩版図ヲ奉還ス　版籍奉還。

❸遠ク郡県ノ古ニ復ス　廃藩置県を行い、古く天皇が治めていた時代にかえる。

❹刀剣ヲ脱スルヲ許シ　一八七一(明治四)年八月九日、散髪と廃刀を許可した。

史料注
法令全書　三〇二頁参照。

❺血税　身血を国家にささげて租税とする意味で、兵役義務のこと。これが国民の血をしぼり取ることとの誤解された面もあり、徴兵反対の大規模な一揆が各地に起こり、十数万の農民が参加した。

❷ 徴兵告諭──一八七二年一一月二八日公布　★★★☆☆

1　我朝、上古ノ制❶、海内挙テ兵ナラサルハナシ、……固ヨリ後世ノ雙刀ヲ帯ヒ、武士ト称シ、抗顔坐食し、甚シキニ至テハ、人ヲ殺シ、官其罪ヲ問ハサル者ノ如キニ非ス。……太政維新、列藩版図ヲ奉還シ❷、辛未

5　ノ歳ニ及ヒ、遠ク郡県ノ古ニ復ス❸。世襲坐食ノ士ハ、其禄ヲ減シ、刀剣ヲ脱スルヲ許シ❹、四民漸ク自由ノ権ヲ得セシメントス。是レ上下ヲ平均シ、人権ヲ斉一ニスル道ニシテ、即チ兵農ヲ合一ニスル基ナリ。……凡ソ

10　天地ノ間、一事一物トシテ税アラサルハナシ、以テ国用ニ充ツ。然ラハ則チ人タルモノ、固ヨリ心力ヲ尽シ国ニ報セサルヘカラス。西人之ヲ称シテ血税❺ト云フ。其生血ヲ以テ国ニ報スルノ謂ナリ。……西洋諸国、数百年来、研究実践以テ兵制ヲ定ム。……故ニ今其長スル所ヲ取リ、

15　古昔ノ軍制ヲ補ヒ、海陸二軍ヲ備ヘ、全国四民男児ノ、十歳ニ至ル者ハ、尽ク兵籍ニ編入シ、以テ緩急ノ用ニ備フヘシ。

明治五年壬申十一月二十八日

『法令全書』

通釈

我が国の上古の制度は、全国民皆兵士であった。……本来は、後世にみられるような、二本の刀を帯び、武士と称して、いばりかえってなんの仕事もせずに暮らし、ひどい場合には人を殺してもお上はその罪を問わなかった。そのようなものではない。……明治維新で列藩は領地を天皇に返還し、辛未の年(明治四年)には古来の郡県制を復活した。代々世襲で、仕事もせずに暮らしていた武士は、その俸給を減らし、刀剣を帯びていなくてもよいことになり、士・農・工・商の四民にようやく自由な権利を得させようということになった。このことは上下の身分を平等化し、人権を平等に一にする基礎である。……そもそも、この世において、すべてのものに関して、税金がかからないものはなく、この税金は国の必要にあてる。だから、人は本来的に心も力をも国のために尽くさなければならない。自らの血によって国に報いるという意味である。……西洋人はこのことを血税といっている。西洋の諸国は数百年にわたって研究し実践して、兵制を定めている。……従って、今その長所を取り入れ、わが国古来の軍制にそれを補って、海軍と陸軍の二軍を備え、全国の士・農・工・商のすべての人民男子で二〇歳になった者をすべて兵籍に入れておき、この兵士によって危急の場合の必要に備えなければならない。

明治五(一八七二)年壬申一一月二八日

4 近・現代

史料注

法令全書 三〇二頁参照。

解説

近代的な軍隊は、豊富な生産力に基づく軍事技術に裏付けられた鉄砲隊を主力とした歩・砲・騎三軍による市民軍であるといわれる。明治政府が西欧諸国と対抗しようとするなら、軍事力をここに求めるのは当然であろう。まず、兵部大輔（次官）、大村益次郎が企図し、山県有朋が制定したものが国民皆兵の徴兵令（明治六年一月一〇日公布）である。この告諭は太政官が徴兵令の意義を説明したものである。数百年にわたって続いた封建的武士団は解体し、中央政府の強力な指揮下で天皇に忠誠を捧げる帝国軍隊が成立したのである。しかし、国民皆兵とはいうものの身分・財産による免役条項があり、兵役の義務を果たすものは、主として農村の青年たちであった。ので、五年から六年にかけて徴兵に反対する農民一揆が各地に頻発した。

参考

徴兵免除の規定（一八七三年一月一〇日徴兵令「徴兵編成並概則」）★☆☆☆

第四条 海陸軍ノ生徒トナリ兵学寮ニ在ル者

第五条 文部工部開拓其他ノ公塾ニ学ヒタル専門生徒及ヒ洋行修行ノ者並ニ医術馬医術ヲ学フ者　但教官ノ証書並ニ何等科目ノ免許書アル者

第六条 一家ノ主人タル者

第七条 嗣子並ニ承祖ノ孫

第八条 独子独孫

第十五条 本年徴兵ニ当リ自己ノ便宜ニ由リ代人料二百七十円上納願出ル者ハ常備後備両軍共之ヲ免ス免役

上納金ハ区長ヘ差出シ府県庁ニ纏メ五月中ニ陸軍省ヘ相納ムヘシ

『法令全書』

1 地券

明治政府が発行した土地所有の権利証。一八七二（明治五）年に、全国の土地についてその所有者に交付された。これを壬申地券と呼ぶ。一八七三年の地租改正により壬申地券と引き換えに新地券を発行した。

3 地租改正布告及条例 —— 一八七三年七月 ★★★☆☆

1
今般地租改正ニ付、旧来田畑貢納ノ法ハ悉ク皆相廃シ、更ニ地券調査相済次第其土地ノ代価ニ随ヒ百分ノ三ヲ以テ地租ト相定ムヘキ旨仰セ出サレ候条、改正ノ旨趣別紙条例ノ通相心得ヘシ。

5
地租改正条例

通釈

このたび地租改正について、今までの田畑の納税方法はすべて撤廃し、地券調査が済み次第、その土地の代価の一〇〇分の三をもって地租と定めることが命じられた。改正の趣旨は別紙条例にあるので、その旨心得るように。

明治

史料・地価の算定方法（明治6年「地方官心得」）

田 1 段歩			
収穫高金		1石6斗	
代金		4円80銭、但し1石ニ付代金3円	
内	金	「金72銭、種籾・肥代1割5分引」	
残		4円8銭	
内	金	「金40銭8厘」「地租3分ノ1村入用引」	
内	金	「金1円22銭4厘」「地租」	
		「小計　金1円63銭2厘」	
残	金	2円44銭8厘但仮ニ6分ノ利十見做ス	
此地価		40円80銭　此100分の3　1円22銭4厘	

〈参考：明治7年、巡査の初任給4円〉

史料注　法令全書　三〇二頁参照。

探究18
① 地租改正の準備として、どのようなことが行われたか。
② 地租改正の要点と特

---

2 凶作　凶作。幕府領の場合、享保期から定免制が採用されるが、その場合でも三割以上の不（凶）作ならば検見を行い、年貢減免が実施されていた。

所有者名、地目、反別、地価が記載された。

第二章　地租改正施行相成候上ハ、土地ノ原価ニ随ヒ賦税致シ候ニ付、以後仮令豊熟ノ年ト雖モ増税申付ケサルハ勿論、違作ノ年柄之有リ候トモ、減租ノ儀ハ一切相成ラス候事。

第六章　従前地租ノ儀ハ自ラ物品ノ税家屋ノ税等混淆致シ居候ニ付、改正ニ当テハ判然区分シ地租ハ則地価ノ百分ノ一ニモ相定ムヘキノ処、未タ物品等ノ諸税目興ラサルニヨリ、先ツ以テ地価百分ノ三ヲ税額ニ相定メ候得共、向後茶煙草材木其他ノ物品税追々発行相成、歳入相増其収入ノ額二百万円以上ニ至リ候節ハ、地租改正相成候土地ニ限リ、其地租ニ右新税ノ増額ヲ割合、地租ハ終ニ百分ノ一ニ相成候迄漸次減少致スヘキ事。

右之通相定候条猶詳細ノ儀ハ大蔵省ヨリ相達スヘキ事。

明治六年七月
『法令全書』

解説　一八七〇（明治三）年、大久保利通、井上馨、松方正義らによる地租改正意見が提出され、一八七一─一八七三（明治六）年に発布された地租改正条例は七章からなり、①従来は収穫に応じて物納を課していたが、以後は土地

（別紙）地租改正条例

第二章　地租改正実施ののちは、土地の価格に従って課税するので、今後はたとえ豊作の年でも増税は行わないのはもちろんだが、凶作の年であっても減税は一切認めない。

第六章　以前においては地租が物品税や家屋税と入りまじっていたので、改正に当たっては、これらをはっきりと区分した。地租は地価の一〇〇分の一にでも定めるべきなのだが、まだ物品税等の課税がなされていないため、まず地価の一〇〇分の三を税額と定める。しかし今後、茶・たばこ・材木等の物品税の課税を開始し、それによる歳入が増加して二〇〇万円以上に達した際には、地租改正済みの土地に限り、そこの地価にこの新税の増額分を割り当てて、地租が最終的には地価の一〇〇分の一になるまでだんだんに減額する。

右の通りに定め、なお詳細は大蔵省から布達する。

一八七三（明治六）年七月

明治

③色を述べよ。
一八七七年、地租が地価の二・五％に引き下げられた理由を述べよ。

史料注

伊勢暴動顛末記　三重県内務部が伊勢暴動についての史料をまとめたもの。一九三四（昭和九）年刊行。

■**参考** 地租改正反対一揆——伊勢暴動についての三重県令岩村定高の上申書（一八七六年二月二三日）　★☆☆☆

一　暴動ノ主意ハ新定ノ貢租平均石代当今売買相場ヨリ多分ノ相違コレ有ニ付歎願其他数ヶ条アリ、昨今ニ及ビ南方人民稍静マルニ付其願書ヲ差出スモノアリ、因テ其ノ概況ヲ知ルヲ得タリ　『伊勢暴動顛末記』

追々電報ヲ以テ急報ニ及候　当県管下人民暴動ノ景況　本月十九日ヨリ二十二日迄景況左ノ如シ

とし、さらに地租の額の三分の一を村入費として付加する、③豊凶にかかわらず税率は一定とする、④従来は実際の経営者から取り立てていたが、以後は土地の所有者から取り立てる、ということを骨子としていた。しかもこの一〇〇分の三の規定は旧来の年貢収入を減らさないことを前提としていたため、農民の負担は少しも変わらなかった。土地からの収益に頼らざるを得なかった明治の初年にあってはやむを得ないことではあったかもしれないが、庶民の「御一新」への期待を裏切るものであった。当時の政府歳入八五五〇万円の七一パーセント弱が農民の負担する地租によることとなった。政府は第六章に見るように今後物品税が増えれば地租は一パーセントまで下げると記していたが、これは空約束にすぎず、一八七六（明治九）年の米価

低落に際して起こった三重や茨城の大一揆後に一〇〇分の二・五に減ぜられるにとどまった。一八七四（明治七）年には地租の五か年据え置きを規定する第八章が追加され、改正期にあたった一八八〇（明治一三）年にはさらにこれを五か年延期した。第六章、第八章は自由民権運動においても激しく議論されたが、一八八四（明治一七）年三月、政府は地租条例を公布し、減税や地価再改正の公約を一切破棄したのである。
地租改正は近代的な租税制度を生み出す一方、土地に値がつき市場によって移動し、居住や職業選択の自由がなされる商品化の道を制度的に開くこととなった。居住や職業選択の自由が与えられるなかで、人々が労働力として移動し、土地もまた商品となる中で以降の資本主義社会の本格的な展開への基礎が築かれることとなった。

Spot

幕末維新懐古談　徴兵適齢のはなし——高村光雲

上野公園の西郷隆盛像や皇居外苑の楠公像の作者として知られる高村光雲も明治初年の徴兵逃れの一人である。江戸下谷の町人の子として生まれた中島幸吉は仏師高村東雲の徒弟となって修行に励む毎日であった。一八七四（明治七）年、子歳生まれのものが徴兵に取られるというお触れがあり、当時二三歳であった幸吉のもとにもお達しがやってきた。夜も寝られぬ大騒ぎとなった。徴兵免除の規定は①官吏②戸主とその相続者③犯罪人④代人料二七〇円を

納めた者があり、幸吉はそのどれにも当てはまらない。その当時何でもない爺様婆様が思い掛けなく金持ちの息子の養子親となって仕合わせをしたなどという話もあってこれを「徴兵養子」などといった。思案のあげく師匠の姉に独身で名前を悦という人がおり、師匠はこの姉に一軒家を持たせて、幸吉を養子にとり同時に戸主とすることにした。中島幸吉は高村幸吉となり、これがのち光雲となる。「そうでなければ二七〇円を肩代わりして幸吉を兵隊に取られぬ決意をしていた」という師匠の思いを耳にした幸吉はその師匠の恩に感じ入り、一層修行に励んだという。

8 殖産興業

1 殖産興業に関する建白——一八七四年建白　★☆☆☆☆

要点ナビ　大久保利通は、一八七八年に暗殺されるまで明治政府の最も中心的な人物。

太凡国ノ強弱ハ人民ノ貧富ニ由リ、人民ノ貧富ハ物産ノ多寡[1]ニ係ル。而シテ物産ノ多寡ハ人民ノ工業ヲ勉励スルト否サルトニ胚胎[2]スト雖モ、其源頭[3]ヲ尋ルニ未ダ嘗テ政府政官ノ誘導奨励ノカニ依ラサルナシ。……仰キ願クハ……一定ノ法制ヲ設ケテ以テ勧業殖産ノ事ヲ興起[4]シ、一夫モ其業ヲ怠ル事無ク一民モ其所ヲ得サル憂ナカラシメ、且之ヲシテ殷富[5]充足ノ域ニ進マシメン事ヲ。人如ク此ナレハ、諸強国ト轡ヲ並ヘテ馳ル亦難キニアラス。民殷富充足スレハ国随ッテ富強ナルハ必然ノ勢ニシテ、智者ヲ俟ツテ後知ラサルナリ。果シテ

『大久保利通文書』

史料注　大久保利通文書　一八五一（嘉永四）年から一八七八（明治一一）年までの大久保利通の書簡、意見書を集録したもの。

※色文字は重要語
1 多寡　多い少ない。
2 胚胎　事の起こる原因となること。
3 源頭　根源。
4 興起　盛んになること。
5 殷富　富裕。

探究19
明治政府が殖産興業政策に力をいれた理由を述べよ。
①殖産興業を推進した中央官庁を二つあげよ。
②殖産興業のための財源は、どのようにして確保されたか。

解説
富国強兵のスローガンを掲げて殖産興業に力を入れた明治政府は、近代的諸産業を発達させるために、先進資本主義国から近代的生産の技術、経済制度を取り入れ、国家権力によってそれを急速に発達させようとした。その理由は、当時我が国の民間工業が未発達であり、資本の蓄積も不十分であったためである。
一八七〇（明治三）年、政府は工部省を設け、鉄道建設や鉱山経営、軍事工業部門に重点を置いた広範な官営事業の経営と技術の改良、導入にあたった。次いで、一八七三（明治六）年、内務省が設けられ、内務卿に就任した大久保利通によって、製糸・紡績・牧畜・貿易を中心とする殖産興業に力が注がれた。
殖産興業を推進するにあたっての大久保の意図は、翌一八七四年に出された彼の建白書（本史料）にうかがうことができる。そのなかで彼は、政府主導による積極的な上からの工業化、近代産業の育成等を主張している。これ以降、内務省を中心に官営工場の育成と民間産業に対する保護奨励策が展開されることになる。

2 富岡日記　★☆☆☆☆

1 私の父は信州松代の旧藩士の一人でありまして、横田数馬と申しました。明治六年頃は松代の区長[1]を致して居りました。それで信州新聞にも出て居りました通り、信州は養蚕が最も盛んな国である

1 区長　一八七一（明治四年）の戸籍法により町村の権限を新設の区に移行。数町村長

4　近・現代

史料注
東京日日新聞　一八七二（明治五）年三月創刊の日刊紙。一九四二（昭和一八）年に紙名を毎日新聞と改めた。

探究20　官営事業払い下げの意義を述べよ。

史料注
富岡日記　長野市松代出身の和田英が、明治六年、一五歳で群馬県富岡町の官営富岡製糸場に伝習工女として入場、近代日本萌芽期を活写した回想記。

を合わせた小区と数小区を統括する大区を府県のもとに設置。大区に戸籍・徴兵などを統括する区長、小区に戸長を置いた。一八七八年、郡区町村編制法で廃止。

から、一区に付き何人（たしか一区に付き十六人）十三歳より二十五歳までの女子を富岡製糸場へ出すべしと申す県庁からの達しがありましたが、人身御供にでも上るように思いまして一人も応じる

5　人はありません。……やはり血をとられるのあぶらをしぼられるのと大評判になりまして、中には「区長の所に丁度年頃の娘が有るに出さぬのが何よりの証拠だ」と申すようになりました。それで父

も決心致しまして、私を出すことに致しました。

『富岡日記』

解説
富岡日記は和田英（旧姓・横田）（一八五七～一九二九）による回想記録。わが国近代工業の草創期に、富岡製糸場工女として働いた、長野県旧松代藩士族の娘、英が、当時（一八七三～八〇）の体験や、母から得た人生訓を五〇代になってから執筆したもの。当時の製糸場の実態や人間関係、さらには彼女自身の人生観やその母の封建的な倫理道徳観が生き生きと叙述されている。

③ 工場払下げ概則──一八八〇年二月制定　★☆☆☆☆

1
各通　内務省　工部省　大蔵省　開拓使

工業勧誘ノ為メ政府ニ於テ常置シタル諸工場ハ、其組織整備シテ最初目算ノ事業漸ク挙ガルニ従ヒ、官庁ノ所有ヲ解テ之ヲ人民ノ営業ニ帰スベキモノニ付、別紙概則ニ準拠シ、其省使所管諸工場漸次払下ゲノ処分ニ及ブベシ。

〔一八八〇年一一月六日『東京日日新聞』〕

解説
官営事業を中心とする「殖産興業」政策の展開は、政府に巨額な公債や紙幣の発行を促し、財政を膨張させてインフレを進行させた。そこで政府は、一八八〇（明治一三）年に紙幣整理に着手し、財政緊縮の方針をとるとともに、その具体的政策として「工場払下げ概則」を公布し、官営事業の払い下げを実施した。この概則は採算のとれない官営工場を売って国庫収入の増加をはかるものであったが、その払い下げ条件が厳しかったため、工場払い下げが現実に進行するのは、大蔵卿松方正義の緊縮財政の一八八四（明治一七）年からである。すなわち、政府は「工場払下げ概則」を廃止し、その条件をゆるめて民間産業の育成をめざした。これによって、赤字件の大きい工場ばかりでなく優良鉱山まで対象とし、ほとんど無償に近い条件で特権的政商に払い下げられた。これらの政商は、後年財閥として成長する素地を形成したわけである。

明治

9 文明開化

❶ 学問のすゝめ ★☆☆☆☆

1

　天は人の上に人を造らず、人の下に人を造らずと云へり。されば天より人を生ずるには、万人は万人、皆同じ位にして、生れながら貴賤上下の差別なく、万物の霊たる身と心との働を以て、天地の間にあるよろづの物❷を資り、以て衣食住の用を達し、自由自在、互に人の妨げをなさずして、各安楽に此世を渡らしめ給ふの趣意なり。されども今、広く此人間世界を見渡すに、かしこき人あり、おろかなる人あり、貧しきもあり、富めるもあり、貴人もあり、下人もありて、其有様、雲と泥との相違❸あるに似たるは何ぞや。其次第、甚だ明かなり。実語教❹に、人学ばざれば智なし、智なき者は愚人なりとあり。されば賢人と愚人との別は、学ぶと学ばざるとに由りて出来るものなり。

『学問のすゝめ』

　福沢諭吉は一八三四（天保五）年豊前中津藩に生まれた。長崎で蘭学を学び、次いで大坂に出て緒方洪庵の適々斎塾（適塾）に学んだ。江戸鉄砲洲の藩邸に蘭学塾を開き、一八六〇年には咸臨丸でアメリカへ渡る。幕府翻訳方として欧米で見聞を広めるなかで、人間の自由、権利や個人の自立を説き、西洋の思想・学術・制度等についての啓蒙活動を進めた。『学問のすゝめ』は福沢が郷里に洋学校を新設するに

あたり、故郷の青年に学問の重要性を説こうと書かれた。人間の平等、独立の他、封建的な因習や道徳を打破すること、一国の独立は個人の独立に基づき、個人の独立には学問が急務であると説く。新しい時代にふさわしい功利的実学的学問観を示すものであり、青年たちに大きな影響を与え、明治初期の教科書としても使用された。

史料注
学問のすゝめ　福沢諭吉の代表的著作。一八七二（明治五）～七六（明治九）年に一七冊の小冊子として刊行され、のち一冊にまとめられた。各編とも約二〇万部刊行され、偽版も多く出るなどベストセラーとなった。

※色文字は重要語
❶天は人の上に人を造らず　ルソー等の天賦人権思想の影響がみられる。
❷よろづの物　すべての事、万事。
❸雲と泥との相違　雲と泥ほどの大きな差があること。
❹実語教　儒学の経典である経書のなかから、格言を抄録した児童の教訓書。学問と道徳的な実践の大切さを説いている。江戸時代には刊本として流布し、寺子屋の教科書として使われた。

② 学制の公布 ——学事奨励ニ関スル被仰出書——一八七二年八月二日公布　★★☆☆☆

1　人々自ラ其身ヲ立テ、其産ヲ治メ、其業ヲ昌ニシ
テ、**❶**以テ其生ヲ遂ル所以ノモノハ他ナシ。身ヲ修メ智ヲ
開キ才芸ヲ長スルニヨルナリ。而テ其身ヲ修メ智ヲ開
キ才芸ヲ長スルハ、学ニアラサレハ能ハス。是学校ノ
5　設アル所以ニシテ、日用常行言語書算ヨリ初メ、士官農
商百工技芸及法律政治天文医療等ニ至ル迄、凡人ノ
営ムトコロノ事学アラサルハナシ。人能ク其才ノアル所
ニ応シ勉励シテ之ニ従事シ、而シテ後初テ生ヲ治メ産ヲ
興シ業ヲ昌ニスルヲ得ヘシ。サレハ学問ハ身ヲ立ルノ
10　財本共云ヘキ者ニシテ、人タルモノ誰力学ハスシテ可ナ
ランヤ。**❹**……之ニ依テ今般文部省**❷**ニ於テ学制**❸**ヲ定メ、追
々教則**❹**ヲモ改正シ布告ニ及フヘキニツキ、自今以後一
般ノ人民華士族農工商及婦女子、必ス邑**❺**ニ不学ノ戸ナク、家ニ
不学ノ人ナカラシメン事ヲ期ス。人ノ父兄タルモノ宜
15　ク此意ヲ体認シ、其愛育ノ情ヲ厚クシ、其子弟ヲシテ必
ス学ニ従事セシメサルヘカラサルモノナリ。

『法令全書』

通釈

人々が自らその身を立て、生計を支え、家業を盛んにしてその人生を送ることのできる理由はほかでもない。自分の行いを正し、知識を広め、才能や技芸を伸ばすことによるものである。そして、行いを正し、知識を広め、才能・技芸を伸ばすことは、学ばなければ不可能である。これが学校を設ける理由であり、普段の行動・言葉遣い・読み書き・計算を初め、士族・官吏・農民・商人・工人・技芸及び法律・政治・天文・医療等に至るまで、およそ人の行うことで学問によらないものはない。人はよくその才能に応じて学問に勉め励んで財産を増やし業を盛んにすることができる、そして初めて生を治め産を興すことができる。だから学問は、身を立てる資本ともいうべきものであって人たるものは誰でも学ばなければいけないのである。……これによってこのたび文部省において学制を定め、段々に教則も改正して布告する予定であるので、今後一般の人民は（華族・士族・農民・工人・商人及び婦女子を問わず、）必ず村に不学の家や、家に不学の人などいないことを目標にしなければならない。人の父兄たるものは、よくこの趣旨を認識し、いつくしみ育てる気持ちを強く持って、その子弟を必ず学校に通わせるようにしなければならない。

❶其産ヲ治メ……昌ニシテ　生計を支え、事業を盛んにする。実学思想。

❷文部省　一八七一年設立。文部卿大木喬任により学制が起草される。

❸学制　近代的学校制度を定めた法令。フランスの学制を手本に、全国を八大学区、各大学区を三二中学区、各中学区を二一〇小学区に分け、全国で八大学校、二五六中学校、五三七六〇小学校を開設する計画を作った。ピラミッド型の学制を示しピ実質的な就学率は三割程度であった。一八七九（明治一二）年の教育令により廃止。

❹教則　教育課程、教授法の基準。同年に小学校教則が、翌年には師範学校教則が出された。

❺邑　村と同義。

探究21 学制をささえた教育観はどのようなものか。

解説

これは、明治政府が日本の近代国家としての発展の基礎として国民教育の振興充実が急務であると考え、一八七二（明治五）年「学制」施行を告げ、学問の目的を説いた太政官布告で、同年八月二日付で公布された。ここに見られる立身出世主義、実学主義、四民平等主義等の開明的な色彩は、福沢諭吉の「学問のすゝめ」の強い影響を受けて、同一の学問論に立っている。文部省は翌八月三日フランスの制度をもとにアメリカの教育を参考にして、「学制」（文部省布達第一三号別冊）を公布した。この「学制」は学区、学校、教員、生徒及び試業（試験）、海外留学生、学費などの事項にわたる総括的な規程であり、また国民皆学を目的とする小学校の義務教育制などの方針を具体的に示したものであった。この両者により、我が国最初の近代学校制度の基本方針・構造が明らかにされたのである。

しかしその一方、学校経費は国民の負担で授業料は月に五〇銭ないし二五銭とられた。学校はせっかくの理想も中以下の農民にはかえって負担になり、小学校廃止の一揆なども起こった。

史料注　法令全書　三〇二頁参照。

要点ナビ
神仏分離令以降、各地で廃仏毀釈の嵐が吹き荒れる。

❸ 神仏分離令――一八六八年閏四月四日、太政官達　★☆☆☆☆

1　今般諸国大小之神社ニオイテ神仏混淆❶之儀ハ御廃止ニ相成リ候ニ付、別当社僧之輩ハ還俗之上、神主社人等之称号ニ相転シ、神道ヲ以テ勤仕致ス可ク候、若シ亦拠無ク差支之有リ、且ハ仏教信仰ニテ還俗不得心之輩ハ神勤相止メ、立退申ス可ク申候事、但還俗之者ハ僧位僧官返上ハ勿論ニ候、官位之儀ハ追テ御沙汰有ル可ク候間、当今之処、衣服ハ風折烏帽子浄衣白差貫着用勤仕

5　仕ル可ク候事。

『法令全書』

史料注
法令全書　三〇二頁参照。

❶神仏混淆　日本固有の神と仏教信仰とを折衷して融合すること。

❹ 文明開化の世相　★★★☆☆

1　近日里俗ノ歌ニ、半髪頭ヲタヽイテミレバ、因循姑息ノ音ガスル、総髪頭ヲタヽイテミレバ、王政復古ノ音ガスル、ジャンギリ頭ヲタヽイテミレバ、文明開化ノ音ガスルト。

『新聞雑誌』

史料注
新聞雑誌　一八七一（明治四）年創刊、冊子体の新聞。

⑩ 明治初期の外交

① 岩倉使節団——ビスマルクの談話　★☆☆☆

1　夜外務宰相ビスマルク侯ヨリ招宴……方今世界ノ各国、ミナ親睦礼儀ヲ以テ相交ルトハイヘト
モ、是ハ全ク表面ノ名儀ニテ、其陰ニ於テハ強弱相凌キ、大小相侮ルノ情形ナリ……カノ所謂
公法ハ、列国ノ権利ヲ保全スル典常トハイヘトモ、大国ノ利ヲ争フヤ、己ニ利アレハ、公法ヲ執ヘ
テ動カサス、若シ不利ナレハ、翻スニ兵威ヲ以テス、固リ常守アルナシ。

『米欧回覧実記』

▶要点ナビ
日本（伊達宗城）と清（李鴻章）との間で締結。初めての対等条約。

② 日清修好条規——一八七一年七月二九日調印　★☆☆☆

1　第一条　此後大日本国ト大清国ハ弥和誼ヲ敦クシ、天地ト共ニ窮マリ無ルヘシ。又両国ニ属シタル
邦土モ各礼ヲ以テ相待チ、聊モ侵越スル事ナク、永久安全ヲ得セシムヘシ。

第二条　両国好ヲ通セシ上ハ必ス相関切ス。若シ他国ヨリ不公及ヒ軽藐スル事有ル時、其知ラセヲ
為サハ、何レモ互ニ相助ケ或ハ中ニ入リ、程克ク取扱ヒ友誼ヲ敦クスヘシ。

第八条　両国ノ開港場ニハ彼此何レモ理事官ヲ差置キ、自国商民ノ取締ヲナスヘシ。凡家財産業
公事訟訴ニ干係セシ事件ハ都テ其裁判ニ帰シ、何レモ自国ノ律例ヲ按シテ紕弁スヘシ。

『大日本外交文書』

※色文字は重要語
1 ビスマルク　ドイツ帝国宰相。鉄血政策と呼ばれる富国強兵・対外強硬策を推進。
2 公法　国際法。

史料注
米欧回覧実記　岩倉使節団が回覧した米欧諸国の報告書。一八七八（明治一一）年刊行。

1 和誼　友好。
2 邦土　国土。
3 不公　不公平。
4 軽藐　軽んずる。さげすむ。
5 彼此　日清両国をさす。
6 理事官　領事のこと。
7 按シテ紕弁スヘシ　相互に領事裁判権を持つことを意味する。

史料注
大日本外交文書　外務省が一八六七（慶応三）年から日露戦争頃までの外交文書を編纂したもの。第二次大戦後『日本外交文書』と改印された。内容は相互に領事裁判権を認め合い、税則も各々欧

解説
一八七一（明治四）年七月二九日、日本側全権伊達宗城と清国全権李鴻章との間で日清修好条規は調印された。米諸国に強制されたものを相互に承認し合うもので、平等な立場に立つ条約であり、日清戦争までの日清間の外交の基本となった。しかし日本側は一一月には岩倉使節団を送り出すと、早速

4 近・現代

明治

題された。

改正に乗り出した。それは清国に領事裁判権を放棄させ、日本に対し新たに最恵国待遇を認めさせ、併せて欧米から日清間の攻守同盟と批判された第二条を削除しようとするものであった。

清国と日本の接近を警戒する欧米に対しては、単なる善隣にすぎないと弁明しながら、清国に対してはあくまで高圧的に臨もうとする姿にのちの「脱亜入欧」の原形をみることができる。

要点ナビ

日本（黒田清隆、井上馨）と朝鮮（閔氏政権）との間で調印。日本有利の不平等条約。

史料注

大日本外交文書　三一七頁参照。

1 自主ノ邦　現実には清国は朝鮮を属国とみなしており、このことがその後の日清両国の紛争の種となった。

2 日本国人民……審断ニ帰スヘシ　治外法権＝領事裁判権をさす。これがのちに日本人の不法行為を大目にみ、その不法を助長する結果になった。たとえば、一八八一（明治一四）年下半期において、二〇〇〇人に足りない居留民のうち二四八人が刑事犯罪を犯しているが、このうち処分されたのは三六名であった。

探究22
① 日朝修好条規締結の

---

❸ 日朝修好条規 ―― 一八七六年二月二六日調印　★★☆☆☆

第一款　朝鮮国ハ自主ノ邦ニシテ日本国ト平等ノ権ヲ保有セリ。嗣後両国和親ノ実ヲ表セント欲スルニハ彼此互ニ同等ノ礼義ヲ以テ相接待シ、毫モ侵越猜嫌スル事アルヘカラス。……

第八款　嗣後日本国政府ヨリ朝鮮国指定各口ヘ時宜ニ随ヒ日本商民ヲ管理スルノ官ヲ設ケ置クヘシ。若シ両国ニ交渉スル事件アル時ハ該官ヨリ其所ノ地方長官ニ会商シテ弁理セン。

第十款　日本国人民、朝鮮国指定ノ各口ニ在留中、若シ罪科ヲ犯シ朝鮮国人民ニ交渉スル事件ハ総テ日本国官員ノ審断ニ帰スヘシ。若シ朝鮮国人民罪科ヲ犯シ日本国人民ニ交渉スル事件ハ均シク朝鮮国官員ノ査弁ニ帰スヘシ。

『大日本外交文書』

解説　一八七五（明治八）年九月、日本の軍艦雲揚が朝鮮の領海に侵入し、漢城の表玄関である江華島砲台を挑発し、交戦するといういわゆる江華島事件が起こった。日本政府はこれをきっかけに朝鮮に開国を迫り、一挙に長年の宿願を達しようとした。翌年一月、六隻の軍艦とともに、全権黒田清隆を朝鮮に派遣し、朝鮮政府に修好条約の締結を迫った。朝鮮の閔氏政権はこの軍事的威圧に一定の交渉方針を持たず一八七六（明治九）年二月二六日、日朝修好条規は調印された。

通釈

第一款　朝鮮国は自主の国であり、日本国と平等の権利を保有する。今後両国の和親の成果を勝ち取るめには、両国が互いに同等の礼儀で応待し合い、相手を犯し踏み入ったり、憎みきらったりしてはならない。……

第八款　今後日本政府は、朝鮮国が指定した各港へは、好きな時に、日本人商人を管理するための領事を設け置くことができる。もし両国間に交渉の必要な事件があるときは、この領事がそこの地方長官と会し相談し処理する。

第十款　日本国の人民が、朝鮮国の指定した各港に在留中において、もし罪科を犯し朝鮮国の人民と関係する事件が生じた際には、日本国の官員の審断に任せる。もし朝鮮の人民が罪科を犯し日本人民に関係する事件であれば、同様に朝鮮国官員の処理に任せる。

4 近・現代

明治

② 日朝修好条規の性格を述べよ。

契機となった事件は何か。

朝鮮が清朝の冊封から独立し、国家主権を持つ独立の国であることを明記し、さらに日本側の一方的な領事裁判権の設定や朝鮮側にとっての関税自主権の喪失など幕末日本が欧米列強との間に結んだものと同様の内容であった。また釜山・仁川・元山が開港された。その後朝鮮は似たような内容の条約を他の西洋諸国（アメリカ、イギリス、ドイツ、帝政ロシア、フランス）とも締結することとなった。

要点ナビ

日本（榎本武揚）と露（ゴルチャコフ外相）との間で調印。国境画定の条約。

１後胤 子孫。

２而今而後 今後。

３「ラペルーズ」海峡 宗谷海峡のことをさす。北海道と樺太間の海峡。フランス人ラペルーズが一七八七（天明七）年に発見したことにちなむ。

４「クリル」群島 千島列島。

史料注

大日本外交文書 三一七頁参照。

探究23 樺太・千島交換条約締結以前の日露国境はどうなっていたか。

❹ 樺太・千島交換条約——一八七五年五月七日調印 ★☆☆☆☆

第一款 大日本国皇帝陛下ハ其後胤ニ至ル迄、現今樺太島即薩哈嗹島ノ一部ヲ所領スルノ権理及君主ニ属スル一切ノ権理ヲ全魯西亜国皇帝陛下ニ譲リ、而今而後 樺太全島ハ悉ク魯西亜帝国ニ属シ「ラペルーズ」海峡ヲ以テ両国ノ境界トス。

第二款 全魯西亜国皇帝陛下ハ、第一款ニ記セル樺太島即薩哈嗹島ノ権理ヲ受シ代トシテ、其後胤ニ至ル迄、現今所領「クリル」群島即チ第一「シュムシュ」島……第十八「ウルップ」島共計十八島ノ権理及ヒ君主ニ属スル一切ノ権理ヲ大日本国皇帝陛下ニ譲リ、而今而後「クリル」全島ハ日本帝国ニ属シ、柬察加地方「ラパッカ」岬ト「シュムシュ」島ノ間ナル海峡ヲ以テ両国ノ境界トス。

『大日本外交文書』

解説

日露国境画定問題は、旧幕時代からの懸案であった。安政の日露和親条約によって、千島列島では択捉島以南が日本領、得撫島以北がロシア領と国境を決めたが、樺太は従来通り境界を定めず、両国人の雑居地であった。明治初年、ロシアは国境の未画定なことに乗じ、兵力をもって積極的に樺太の南部にまで進出。一方我が国も一八六九（明治二）年、開拓使を設置して北海道及び樺太の経営にあたった。当時樺太経営については、政府部内にも積極・消極の両論があったが、政府は英・米公使の進言もあり、また、朝鮮問題を有利に解決するためロシアの協力を得たいとの政府の思惑もあって、開拓使次官（のち長官）黒田清隆の樺太放棄論を採用して、北海道の開拓に全力を傾注することにした。こうして、政府は一八七四（明治七）年、榎本武揚を駐露公使としてロシアに派遣、国境交渉の基本方針として樺太を放棄する代わりに得撫島以北の千島を要求するよう指示した。翌年五月、樺太・千島交換条約が露都ペテルスブルグで調印され、千島全島が日本領、樺太がロシア領となった。

⑪ 自由民権運動

❶ 民撰議院設立の建白書——一八七四年一月一七日左院提出　★★★★☆

要点ナビ
板垣退助らによって左院に提出された国会開設を求める建白。

※色文字は重要語

❶臣等 建白書提出者の自称。提出者は、征韓論分裂で下野した前参議板垣退助（土佐）、副島種臣（肥前）、後藤象二郎（土佐）、江藤新平（肥前）とイギリス帰りの小室信夫（阿波）、古沢滋（土佐）、前東京府知事由利公正（越前）、前大蔵大丞岡本健三郎（土佐）の八人。起草者は古沢である。

❷有司 政府の官僚。「有司専制」と非難された。具体的には岩倉具視や大久保利通をさしている。

❸今民撰議院ヲ立ルノ議ヲ拒ムム者 「時期尚早」という反対論の第一声をあげたのは加藤弘之であった。

❹之ヲシテ……立ルニ在リ

史料注
日新真事誌 一八七二（明治五）年三月一七日、イギ

1
臣等❶ 伏シテ方今政権ノ帰スル所ヲ察スルニ、上帝室ニ在ラス、下人民ニ在ラス、而シテ独リ有司❷ニ帰ス。夫レ有司上帝室ヲ尊フト日ハサルニハ非ス、而シテ政令百端、朝出暮
5
保ツト云ハサルニハ非ス、……下人民ヲ改、政刑情実ニ成リ、賞罰愛憎ニ出ツ、言路壅蔽、困苦告ルナシ。……臣等愛国ノ情自ラ已ム能ハス、乃チ之ヲ振救スルノ道ヲ講求スルニ、唯天下ノ公議ヲ張ルニ在ルノミ。天下ノ公議ヲ張ルハ、民撰議院ヲ立ルニ在ルノミ。則チ有司ノ権限ル所アッテ、而シテ上下
10
全其幸福ヲ受ル者アラン。……夫人民政府ニ対シテ租税ヲ払フノ義務アル者ハ、乃チ其政府ノ事ヲ与知可否スルノ権理ヲ有ス。……今民撰議院ヲ立ルノ議ヲ拒ム者❸曰ク、我民不学無智、未タ開明ノ域ニ進マス、故ニ今日民撰議
15
院ヲ立ル、尚応サニ早カル可シト。臣等以為ラク、若果シテ真ニ其謂フ所ノ如キ乎、則之ヲシテ学且智ニ❹、而シテ急ニ開明ノ域ニ進マシムルノ道、即民撰議院ヲ立ル

通釈

我々が考えてみると、近頃の政権を独占しているのは、上の天皇でも、下の人民でもなく、ひとえに政府の役人なのである。彼ら役人が天皇を尊ばないとはいわないし、……人民を維持していないともいいはしない。しかし、実際には、政令は多様であり、そのうえ朝出て夕暮には改めるほどしきりに改訂され、方針が不明確であり、政治や刑罰は私情がからんで公正さを欠き、賞与や罰則も好き嫌いによる恣意的なやり方である。それなのに言論が押さえられ、その困難、苦しさを表明することもできない。……我々の国を愛するこの心情は消すことができず、そこでこのひどい状態を救う道を追求すれば、それは広範な人民が議論を行うことにしかあり得ない。そして、この広範な議論を行うには、民撰による議院をつくる以外にない。そうすれば役人の権力を制限する場所ができ、民撰議院のできたことによる幸福を、ともに享受できるだろう。……そもそも政府に対して租税を払う義務が人民にあるということは、人民はその政府の治政に対して、それを知り、可否を判断する権利を持っているということである。……今、民撰の議院創設を拒否するものは言う。「我が国の人民は無学で無知であり、まだ文明を受け入れられる状態には達していない。だから、今すぐ民撰議院創設は時期尚早である」と。しかし、もしも実際にそうであったとし

リス人ブラックが東京で創刊した邦字新聞。

ニ在リ。……

解説
一八七三（明治六）年、征韓論に敗れて下野した前参議板垣退助らは、翌年一月小室信夫らの呼びかけに応じ、愛国公党を組織し、人民の世論を政治に反映させるため民撰議院を設立せよとの建白書を左院に提出した。この建白運動は士族的性格が強く、参政権も士族及び豪農・豪商層に限定しようとしたため、「上流の民権説」と呼ばれた。士族層の国政参加を保障することによって、士族の新政府に対する不満を抑えようというのが真の目的であった。政府は、議院開設は時期尚早であるとしてこの建白を却下した。しかし、この建白の影響はやがて各地における政治結社の設立を促し、民撰議院設立の要求は次第に国民各層へ広がる動きをみせ、藩閥専制を非難する声が高まっていった。

『日新真事誌』

ても、このような人民は、学があり智に富んだものにし、急速に文明が開けた状態のもとに進歩させる方法は、まさに民撰議院をつくることにあると我々は考えるのである。……

---

⑤五事ヲ以テ神明ニ誓ヒ　五箇条の誓文のこと。
②元老院　それまでの左院・右院に代わり設置された立法機関。
③大審院　最高・最終の司法機関。

史料注
法令全書　三〇二頁参照。

探究25
漸次立憲政体樹立の詔によって設置された諸機関をあげよ。

②　漸次立憲政体樹立の 詔 ——一八七五年四月四日公布　★★☆☆☆

1
朕即位ノ初首トシテ群臣ヲ会シ五事ヲ以テ神明ニ誓ヒ、国是ヲ定メ万民保全ノ道ヲ求ム。……朕今誓文ノ意ヲ拡充シ茲ニ元老院ヲ設ケ以テ立法ノ源ヲ広メ、大審院ヲ置キ以テ審判ノ権ヲ鞏クシ、又地方官ヲ召集シ以テ民情ヲ通シ公益ヲ図リ、漸次ニ国家立憲ノ政体ヲ立テ、汝衆庶ト倶ニ其慶ニ頼ラント欲ス。汝衆庶或ハ旧ニ泥ミ故ニ慣ル、コト莫ク、又或ハ進ムニ軽ク為スニ急ナルコト莫ク、
5
其レ能ク朕カ旨ヲ体シテ翼賛スル所アレ。

『法令全書』

解説
征韓論をめぐり明治六年の政変で西郷隆盛、副島種臣、後藤象二郎、板垣退助、江藤新平、さらに翌年には台湾出兵に反対して木戸孝允も参議を辞し、そのためわずかに大久保利通を中心とした「有司専制」の政府は孤立無援の状態にあった。板垣らは一八七四（明治七）年土佐に立志社を作り、その翌年には民権運動の全国組織として大阪に愛国社が結成されようとしていた。七五年一月井上馨の周旋により、大久保、木戸、板垣、伊藤博文らが大阪に会し、民権運動家への妥協と懐柔がはかられた。この会議によって漸進的立憲主義が国是となり、元老院、地方官会議によって他日国会開設・立憲制への準備をすることとなり、また大審院を置くことで一応の三権分立を打ち出すこととなった。板垣・木戸はこれによって参議に復した。

4 近・現代

明治

❶雑報　さまざまな報道。
❷教唆　そそのかすこと。
❸変壊　破壊して変えること。
❹煽起　あおって引き起こすこと。
❺行事　行ったことがら。事実。
❻讒毀　人のことを悪く言い、名誉を傷つけること。
❼誹謗　他を悪く言うこと。そしること。

史料注
法令全書　三〇二頁参照。

❸ 新聞紙条例・讒謗律 ── 一八七五年六月二八日公布　★★☆☆☆

(1)新聞紙条例

第十二条　新聞紙若クハ雑誌雑報❶ニ於テ人ヲ教唆❷シテ罪ヲ犯サシメタル者ハ犯ス者ト同罪。……

第十三条　政府ヲ変壊❸シ国家ヲ顚覆スルノ論ヲ載セ騒乱ヲ煽起❹セントスル者ハ、禁獄一年以上三年ニ至ル迄ヲ科ス。……

(2)讒謗律

第一条　凡ソ事実ノ有無ヲ論セス人ノ栄誉ヲ害スヘキノ行事❺ヲ摘発公布スル者之ヲ讒毀❻トス。人ノ行事ヲ挙ルニ非スシテ悪名ヲ以テ人ニ加ヘ公布スル者之ヲ誹謗❼トス。……

第四条　官吏ノ職務ニ関シ讒毀スル者ハ禁獄十日以上二年以下罰金十円以上五百円以下、誹謗スル者ハ禁獄五日以上一年以下罰金五円以上三百円以下。

『法令全書』

解説

新聞紙条例は、新聞を取り締まる法として明治年間を通じて存続した。最初の条例は一八六九(明治二)年発布の新聞紙印行条例で、許可制をとってはいたが原稿検閲は行わなかった。自由民権運動が活発化し、政府は七五年、本史料に見る新聞紙条例を発布して弾圧した。民衆への教唆扇動・国家顚覆論を禁じ、初めて違反者に体刑及び罰金刑を科した。さらに翌年になると国安妨害、風俗壊乱に対し内務卿の発行禁止、停止権を認めた。この条例は一九〇九(明治四二)年新聞紙法と交代した。

讒謗律は、七五年新聞紙条例と同じ日に発布された。全八条から成る。第一条で、事実の有無を論ぜず、人の栄誉を損う行為をあばき公表すること(讒毀)、人の行為を論ずるのではなく、人の悪評判を宣伝すること(誹謗)を厳しく禁止し、刑罰を科した。その後この法によって弾圧される者が相次ぎ、言論界は大いに混乱した。この二つの法令は大阪会議で生み出された漸次立憲政体樹立の詔と表裏をなしている。政府は板垣らが民権運動指導者を漸進的立憲主義で懐柔する一方、立憲制なるものもそれはあくまで有司＝官僚たちによる発行禁止、仁慈によって行われるものであって、在野からの批判や改革の運動は容赦なく抑圧したのであった。

※色文字は重要語

1 健吉 片岡健吉。板垣退助に従って、愛国公党、立志社で活躍。一八八〇年には国会期成同盟を結成、総代となる等、民権運動の中心的人物として活躍。

2 箝制 自由にさせないこと。束縛。

3 陛下臨御 天子（天皇）が位につくこと。

4 更張 ゆるんでいたものを改め、盛んにすること。

5 凌侮 あなどりはずかしめること。

6 内閣大臣 藩閥政府を構成する官僚。

7 叡旨 天子のお考え。

史料注
自由党史 一九一〇（明治四三）年刊行。板垣退助の監修により基本史料、当時者談話などで構成されており、民撰議院設立の建白書から憲法発布までの民権運動を、自由党の立場から叙述している。

⑫ 民権運動の高揚

❶ 立志社建白──一八七七年六月九日提出 ★☆☆☆

要点ナビ
片岡健吉を代表として国会開設を要求、却下される。

1

健吉等聞く、国の政府ある所以のものは、其の国をして治且安ならしむる所以の者は、斯民の権利を暢達し、以て幸福安全の域に処らしむるにありて、……夫れ然り政府たるもの漫りに其力を恃み、其威を逞し、以て抑圧を擅にするの理あらんや、人民たる者も亦能く之が束縛を受け、之が箝制に服するものならんや、……陛下臨御以来数歳ならず、施設の方、更張の跡、赫々見る可きが如しと雖ども、却て、内は則士民の騒乱、外は則外国の凌侮憂懼す

べきもの一にして足らず、其著名昭々乎として掩ふ可からざるものを挙て之を論ぜん。其一に曰、内閣大臣誓約の叡旨を拡充せず、公議を取らずして専制を行ふ也、……其三に曰く、税法煩苛に属し、人民之れに耐へざるなり。……其六に曰く、……今や深く専制抑圧の弊を鑑み、偏く公議の在る所を観て、国家独立の基

渉の処分を錯る也……

本を培養し、人民の安寧を計らんとせば、民撰議院を設立し、立憲政体の基礎を確立するより善きはなし。

『自由党史』

解説
立志社建白は、一八七七（明治一〇）年立志社総代片岡健吉の手により、京都の行在所に提出された。起草者は植木枝盛、吉田正春とされているが定かではない。藩閥政府を批判するという点においては、先の民撰議院設立の建白書と軌を一にするが、政府批判がより具体的になってきている、中央集権への批判、財政批判、税法が煩雑であることへの

批判、外交政策への批判等、八か条にわたっており、これはのちの自由民権運動のなかで三大綱領とされた国会開設・地租軽減・不平等条約廃止を先取りしているということができる。また、この建白書を契機として愛国社再興運動も推進され、それまでの士族中心の運動から国民的運動への転機を作ったものということもできよう。

1 ルーソー　フランスの思想家ルソーのこと（一七一二～七八）。ロックの社会契約説を発展させ、人民主権の立場を明らかにし、フランス革命の精神的原動力となった。植木枝盛、中江兆民ら自由民権運動家に多大な影響を与えた。

2 畢竟　つまるところ。結局。

3 会所　事務所。

史料注

4 詮　ききめ。かい。しるし。

民権自由論　植木枝盛の著作。一八七九（明治一二）年に出版された。庶民にもわかりやすく説明した民権自由論。

❷ 民権自由論 ── 植木枝盛　★☆☆☆☆

🚩 要点ナビ
平易な口語体。「自由の権」は命より重い。

1　第二、人民自由の権を得ざるべからざる事ルーソーと云ふ人の説に、人の生るや自由なりとあり**1**て、人は自由の動物と申すべきものであります。されば人民の自由は縦令社会の法律を以て之を全うし得るとは申せ、本と天の賜にて人たるものの必ずなくてならぬものでござろう。……畢竟自由と申すものは箇様に尊いが故、十分万全に之を保ち之を守り行かんと思ひ、仍て国を建て政府など云ふ会所**3**を置き又法律を設け役人を雇って愈々この人民の自由権利を護らしめ、仲間中にて不公平の事あらば之を正して公平に直し、その悪き所業あるものは之を罰しその損失を蒙るものは之を救ひ以て幸福安楽を得る様にする訳じゃ。……皆さん卑屈することはない、自由は天から与へたのじゃ。若し又自由が得られずとならば、寧そ死んでおしまひなさい。自由がなければ生きても詮**4**はありません。

『**民権自由論**』

解説　民権自由論は自由民権の何たるかをもっぱら民衆に対してわかりやすく説明し、そして彼らにこの政治運動への関心を持たせ、立ち上がらせようとねらった、**植木枝盛**の著作である。人民が政治に関心を持たねばならぬこと、富国の要は人民の自主賦人権論、国の本は人民であること、天動の理論的軌道を敷いたものとして重要な意味を持っている。自由と憲法政治であることを説き、歴史的事例を踏まえながらわかりやすく述べている。最後に「民権田舎歌」を添え、民衆の日常生活にまで民権思想を植え付けようとしている。民権運

4 近・現代

明治

法令全書 三〇二頁参照。

❶会同 寄り集まること。会合。集会。

❷開示 明らかにし示すこと。

❸罪戻 罪、とが。罪過。

❹教唆 そそのかすこと。

❺常備 現役軍人。兵役は三年間。

❻予備 予備役の軍人。現役終了後三年間在籍。

❼後備 後備役の軍人。予備役終了後四年間在籍。

❸ 集会条例——一八八〇年四月五日公布 ★★☆☆☆

第一条 政治ニ関スル事項ヲ講談論議スル為メ公衆ヲ集ムル者ハ、開会三日前ニ講談論議ノ事項、講談論議スル人ノ姓名住所、会同ノ場所❶、年月日ヲ詳記シ、其会主又ハ会長幹事等ヨリ管轄警察署ニ届出テ、其認可ヲ受ク可シ。

第六条 派出ノ警察官ハ認可ノ証ヲ開示❷セサルトキ、講談論議ノ届書ニ揚ケサル事項ニ亘ルトキ、又ハ人ヲ罪戻❸ニ教唆❹シ誘導スルノ意ヲ含ミ、又ハ公衆ノ安寧ニ妨害アリト認ムルトキ、及ヒ集会ニ臨ムヲ得サル者ニ退去ヲ命シテ之ニ従ハサルトキハ、全会ヲ解散セシムヘシ。

第七条 政治ニ関スル事項ヲ講談論議スル集会ニ、陸海軍人常備❺、予備❻、後備❼ノ名籍ニ在ル者、警察官、官立公立私立学校ノ教員生徒、農業工芸ノ見習生ハ之ニ臨会シ又ハ其社ニ加入スルコトヲ得ス。

第九条 政治ニ関スル事項ヲ講談論議スル為メ、屋外ニ於テ公衆ノ集会ヲ催スコトヲ得ス。

『法令全書』

解説 集会条例は、**新聞紙条例**、**讒謗律**とともに、政府批判の言論・運動を封ずることを目的とする明治三大悪条例の一つ。一八七七（明治一〇）年西南戦争が終わると、板垣退助らはいち早く愛国社を再興して国会開設要求を本格的に開始した。政府は既に、七八年太政官布告をもって政治結社の取り締まりを指令していたが、民権運動が全国的規模の運動として展開し始め、愛国社が国会期成同盟へと発展していくなかで、本条例を発布することとなった。政治結社、集会を届け出制とし、政治結社間の連絡や屋外での集会の禁止、また制服警察官を会場に派遣して退去・解散を命じることを認めた。さらに、軍人、警官、教員、生徒の集会への参加を禁止して自由民権運動への弾圧をはかっていった。一八八二（明治一五）年には改正追加を行い取り締まりを強化するとともに、中央政党が地方に支社、支部を置くことを禁じて民権派政党の活動に打撃を与えた。

探究26　明治十四年の政変を説明せよ。

❶官有物払下 北海道官有物払い下げ事件のこと。

❷山田顕義 参議山田顕義。法典の編纂に力を尽くす。日本法律学校（日本大学の前身）を創立。

❸免黜 官職をやめさせて、地位を下すこと。

史料注
自由党史　三三三頁参照。

❹ 明治十四年の政変 ★☆☆☆☆

即ち時期を定めて国会を開設するを約し、之と同時に官有物払下❶を撤廃して、降旗を牙頭に樹てん乎、将た頑然死守、閣中の異議を排拏し、暴圧蛮断して飽くまで民論を屈服せしめん乎、最後の一決を下すべき機は、刻一刻に迫れり。……（山田顕義❷）曰く、官有物の処分に関する物議は枝葉なり。今日は憲法編成に従事し国会開設の時期を予定するを以て根幹と為す。因て車駕還幸の日を俟て速かに其議を決せん。而して其時に於て若し大隈の意見を採用するに至らば、内閣各員はただ辞表を捧呈し、袖を連ねて去らんのみ。之に反して内閣各員の意見採用せらるゝに至らば、大隈を免黜❸し其党与の官吏は一切排斥せざる可からず。……是日岩倉は井上毅を召見し、伊藤の詔・勅案を示して意見を問ふ。井上書を以て答へて曰く、……第三　此の人心動揺の際此勅諭あるにあらざれば鎮定せしむること能はずとも、優に中立党を順服せしむべし。第四　此勅諭は仮令急進党を挽回無覚束、更に明言すれば人心の多数を政府に牢絡すること無覚束。全国の士族猶中立党多し。今此挙あらざれば彼らも変じて急進党となること疑なし。

『自由党史』

解説
北海道開拓使官有物払い下げ事件以降、藩閥政府への批判は一層激しいものとなった。一方政府部内では山県有朋、山田顕義、井上馨、伊藤博文、大隈重信らが憲法に関する意見書を提出し将来の方向を模索していた。大隈の案はこのなかで欽定憲法公布の上で明治一六年の初めには国会を開設するという際立って急進的なもので、伊藤・井上らと対立した。また、官有物払い下げ事件への批判が高まると、大隈が民権派と通じているとの説も生まれた。史料は一四年九月、京都に滞在していた岩倉具視を山田顕義が訪ね大隈の罷免を迫り、併せて政府部内が伊藤の提唱する路線に収斂する様子を伝えている。かくて大隈罷免の翌日に国会開設の詔・勅が公布され、また土佐、肥前の有力者の抜けた薩長藩閥政府のなかで、伊藤を中心とする体制ができあがっていくのである。

4 近・現代

明治

要点ナビ
明治天皇が明治二三年の国会開設を明示。

探究27 政府が国会開設の時期を公約した理由を述べよ。

史料注
法令全書 三〇二頁参照。

❶元老院 一八七五（明治八）年大阪会議の結果、立法権確立のため左院の後身として設置。実際には政府の諮問機関。一八九〇（明治二三）年廃止。

❷府県会 一八七八（明治一一）年府県会規則によって定められた地方議会。民権運動のなかの地方民会設立の要求を形式的容認。議員は民選であったが権限は弱く財政審議権だけに限られた。一八九〇（明治二三）年府県制の施行で廃止。

❸爾有衆 人民。

❹立国ノ体 国政のあり方。

❺遺烈 後世に残る功績。

❻洪謨 大きなはかりごと。

⑤ 国会開設の勅諭 ── 一八八一年一〇月一二日公布 ★☆☆☆☆

1

朕、祖宗二千五百有余年ノ鴻緒ヲ嗣キ、中古紐ヲ解クノ乾綱ヲ振張シ、大政ノ統一ヲ総攬シ又夙ニ。嚮ニ明治八年ニ元老院❶ヲ設ケ、十二年ニ府県会❷ヲ開カシム。此レ皆漸次基ヲ創メ、序ニ循テ歩ヲ進ムルノ道ニ由ルニ非サルハ莫シ。爾有衆❸亦朕カ心ヲ諒トセン。顧ミルニ立国ノ体❹、国各宜キヲ殊ニス。非常ノ事業実ニ軽挙ニ便ナラス。

我祖宗照臨シテ上ニ在リ。遺烈❺ヲ揚ケ、洪謨❻ヲ弘メ、古今ヲ変通シ、断シテ之ヲ行フ責朕カ躬ニ在リ。……将ニ明治二十三年ヲ期シ、議員ヲ召シ国会ヲ開キ、以テ朕カ初志ヲ成サントス。

朕惟フニ人心進ムニ偏シテ時会速ナルヲ競フ。浮言相動カシ竟ニ大計ヲ遺ル、是レ宜シク今ニ及テ謨訓ヲ明徴ニシ、以テ朝野臣民ニ公示スヘシ。若シ仍ホ故サラニ躁急ヲ争ヒ事変ヲ煽シ、国安ヲ害スル者アラハ、処スルニ国典ヲ以テスヘシ。特ニ茲ニ言明シ、爾有衆ニ論ス。

『法令全書』

解説

一八八〇（明治一三）年三月に設立された**国会期成同盟**を中心として、全国的に国会開設運動が展開された。この明治十四年の政変によって、伊藤を中心とする薩長閥が政権を握った。

大隈は政府攻撃の世論と関係あるとみなされ、政府から追放されると、政府は同年四月集会条例を定めて、集会・結社の活動を厳しく拘束した。一方、政府内部でも大隈重信のように、国会の早期開設と政党内閣制の実施を説くものが現れ、漸進論を唱える伊藤博文、山県有朋らと対立した。このような時、一八八一年七月、たまたま開拓使官有物払い下げ事件が起こると、世論は硬化し、民権運動は一段と激しさを加えた。そこで政府は同年一〇月、一八九〇（明治二三）年を期して**国会開設の勅諭**を発布し、民権運動の高まりを抑えようとした。同時に、大隈は政府攻撃の世論と関係あるとみなされ、政府から追放された。

国会開設の時期が定まると、民権運動は政党の組織へと進み、同年国会期成同盟を中心に新たに自由党が結成され、次いで翌年には立憲改進党が結成された。これに対して、政府側は福地源一郎らを中心として立憲帝政党を組織した。

4 近・現代

明治

❻ 私擬憲法

要点ナビ
五日市憲法草案は一九六八年発見。草莽の学習結社によるもの。

(1)東洋大日本国憲按[1]（植木枝盛）★★★☆

第四十一条　日本人民ハ法律上ニ於テ平等トナス

第四十九条　日本人民ハ思想ノ自由ヲ有ス

第七十条　政府国憲[2]ニ違背[3]スルトキハ日本人民ハ之ニ従ハサルコトヲ得

第七十二条　政府恣ニ国憲ニ背キ擅ニ人民ノ自由権利ヲ侵害シ建国ノ旨趣[4]ヲ妨クルトキハ日本国民ハ之ヲ覆滅[5]シテ新政府ヲ建設スルコトヲ得

第百十四条　日本聯邦[6]ニ関スル立法ノ権ハ日本聯邦人民全体ニ属ス

『秘書類纂』

(2)五日市憲法草案[7]（千葉卓三郎ら）★☆☆☆

第四十七条　（国民ノ権利）凡ソ日本国民ハ、族籍[8]位階ノ別ヲ問ハズ、法律上ノ前ニ対シテハ平等ノ権利タル可シ。

第六十六条　（国民ノ権利）凡ソ日本国民ハ、法律ニ掲グル場合ヲ除クノ外、之ヲ拿捕[9]スルコトヲ得ズ。又拿捕スル場合ニ於テハ、裁判官自ラ署名シタル文書ヲ以テ其理由ト勾告者[10]ト証人ノ名ヲ被勾告者ニ告知ス可シ。

第百九十七条　（司法権）法律ニ定メタル場合ヲ除クノ外ハ、何人ヲ論ゼズ、拿捕（ノ）理由ヲ掲示スル判司ノ命令ニ由ルニ非レバ囚捕ス可ラズ。

『東京経済大学図書館蔵　深沢家文書』

解説
明治前期に民間で作成された憲法の私案を、政府関係者が個人的に作成したものまで含めて**私擬憲法**という。自由民権運動が盛んになるに従って、一八七九（明治一二）年頃から憲法論議が交わされるようになり、現在までに断片的なものまで含めて五〇篇近くが発見されている。大部分は一八七九〜八三年のもので、特に一八八一（明治一四）年のも

---

1 東洋大日本国憲按　一八八一（明治一四）年。

2 国憲　憲法。

3 違背　違反。

4 旨趣　本来の目的。

5 覆滅　倒す。

6 日本聯邦　植木は別に聯邦ノ大則という一章を設け、日本を七〇の州に分けた上、地方分権を説いている。

7 五日市憲法草案　一八八一（明治一四）年。

8 族籍　華族・士族・平民などの身分。

9 拿捕　逮捕する。捕らえる。

10 勾告者　訴えを起こした人。

史料注
秘書類纂　伊藤博文が数多くの書類を自ら査閲し、秘書に命じて類纂させたものである。内容はすべて国家の機密事項に関しており、他人の閲覧を許さなかったものである。一九三三〜三六年刊。

二四冊。

深沢家文書 一九六八年、東京都西多摩郡五日市町の深沢家土蔵から発見された文書。草の根の民権運動を知る重要な史料である。

探究28
私擬憲法作成の意義を述べよ。

史料注
1自由党 一八八一（明治一四）年一〇月二九日結党。
自由党史 三三三頁参照。

のが最も多い。ここに示した「東洋大日本国国憲按」は自由党系のもので、一八八一年に作られ、**植木枝盛**が原案起草者と推定されている。一〇篇二二〇条から成り、一院制・抵抗権・革命権などの急進的な思想を含み、人民主権を貫いている点で、ほかに見られないものを持っている。植木は極めて民主主義的な主張をしてはいるが、共和制の主張までには進んでいない。しかし政府の目には、共和制論と映じたのであろう。

「**五日市憲法草案**」は、東京都西多摩郡五日市町で、一八八一（明治一四）年四月から九月の間に、未完のまま浄書された憲法草案である。放浪の青年思想家千葉卓三郎を中心に、五日市町の学習結社に集う人々によって集団的に創造されたことが判明している。一九六八（昭和四三）年、色川大吉氏らのグループにより、五日市町の深沢家土蔵から発見された。五篇二〇四条から成り、二三六か条の豊かな人権保障を持つ案としたところ

に最大の特色がある。国民の基本的権利を「国民ノ権利」「司法権」の二重規定で守っている。しかしその一方、天皇大権と国民の権利保障との矛盾や地方自治が規定されないままに終わっている点など、未完の部分も残されている。注目すべきことはこの草案にかかわった人々が、二〇代から四〇代までのこの地方の士族ではない平民の民権家であるという点である。この点土佐の立志社憲法の起草者等と比べて大きな違いである。この二つの憲法草案はともに二〇〇条以上の条文を持ち、人権規定の周到な点でも双璧をなす。その精神は現日本国憲法にも受け継がれている。

なおこのほか、改進党系のものとして代表的なものに交詢社の「私擬憲法案」（立憲君主主義の立場に立ち、二院制をとり、基本的人権の保障も条件付きという漸進主義である）、帝政党系としては福地源一郎の「国憲意見」などもあった。

❼ 自由党盟約 ★☆☆☆☆

第一章　吾党は自由を拡充し権利を保全し幸福を増進し社会の改良を図るべし。

第二章　吾党は善良なる立憲政体を確立することに尽力すべし。

第三章　吾党は日本国に於て吾党と主義を同くする者と一致協合して吾党の目的を達すべし。

『自由党史』

解説　一八八一（明治一四）年、いわゆる**明治一四年の政変**が起こると、自由民権運動は急速に高揚した。**自由党**は同年一〇月二九日、**板垣退助**を総理に、副総理中島信行、党議員後藤象二郎、馬場辰猪、末広重恭、竹内綱ほか幹部五名を置いて結成された。国会開設、地租軽減、条約改正の三つを主な要求とし、初めは農民全般の支持を得て、農村全般を地盤とした。党員は結党の時一〇一名であったが、解党の時には二五〇〇名と増え、ほかに多数の同調者があった。自由党は結成

とともに国民思想の啓蒙に、また民主主義的な憲法草案の作成に活動し、機関紙として『自由新聞』（八二年六月二五日発刊）を持った。史料の盟約三章は、簡単だがフランス流の急進的な民主的立憲政治を主張している。ほかに党規一五章がある。

❶立憲改進党　一八八二（明治一五）年三月一四日結党。
❷紊乱　秩序、道徳を乱すこと。
❸妨碍　妨げること。
❹方便　目的を達するための手段、手だて。
史料注
自由党史　三三三頁参照。

❽ 立憲改進党趣意書 ★☆☆☆☆

王室の尊栄と人民の幸福は我党の深く冀望する所なり。……然れども急激の変革は我党の望む所にあらず。……政治の改良前進は我党の冀望して止まざる所なり。……然れども急激の変革は我党の望む所にあらず。蓋其順序を逐はすして、遽に変革を為さんことを謀るは、即ち社会の秩序を紊乱❷し、却て政治を妨碍❸するものなればなり。……我党は実に順正の手段に依て我政治を改良し、著実の方便❹を以て之を前進するあらんことを冀望す。……

第一章　我党は名けて立憲改進党と称す

第二章　我党は帝国の臣民にして左の翼望を有するものを以て之を団結す

一　王室の尊栄を保ち人民の幸福を全ふする事

二　内治の改良を主とし国権の拡張に及ぼす事

三　中央干渉の政略を省き地方自治の基礎を建つる事

四　社会進歩の度に随ひ選挙権を伸潤する事

五　外国に対し勉めて政略上の交渉を薄くし通商の関係を厚くする事……

『自由党史』

解説　一八八一（明治一四）年一〇月に政府を追われた大隈重信を総理とし、八二年三月一四日に立憲改進党は結党された。結党に参加したのは、矢野文雄、尾崎行雄らの三田派、鷗渡会の高田早苗、櫻鳴社の沼間守一、大隈直系の小野梓らであった。前年できた自由党、一八八二年三月、福地源一郎らによって結成された立憲帝政党（政府の御用政党）の……両党に対し、その中間をゆく漸進的な改革を基本方針とし、議会二院制や、立憲君主制を主張した。イギリス流の立憲政治を模範としたのである。支持者は、三菱などの大ブルジョアジー、地方都市の商人資本家や産業資本家、知識層などであった。改進党は当初より、政党は政策を掲げて政権の獲得をめざすべきである、という「施政党」の理念を持っており、前出の「自由……

4 近・現代

探究 *29*
自由党・立憲改進党の性
格および主張を述べよ。

党の盟約」に比べて、第二章以下極めて具体的になっている点
が注目される。自由党解党期には有名無実となったが、議会開
設とともに勢いを盛り返し、再組織された自由党より鋭く政府

を批判した。その後一八九六年進歩党と改め、一八九八年自由
党と合流して**憲政党**となった。

Spot

「自由を、しからずんば死を」

代表的な民権論者である植木枝盛は、その著書『民権自
由論』のなかで「自由権利は仲々命よりも重きものにて、
自由がなければ、生きても詮ないと申す程の者」と、自由
の尊さを説いている。また『自由党史』には、板垣退助が
岐阜の演説会で暴漢に襲われ、胸を刺されながらも「板垣
死すとも自由は死せず」と叫んだと記されている。真偽の
ほどはさておき、かのように「自由」の二文字はこの時代を
特徴づける言葉であり、一つの流行語でさえあった。とこ
ろが自由という語は一八七一（明治四）年に中村正直がミ
ルの『自由論』を『自由之理』として翻訳して以来、「リ
バティー」「フリーダム」の訳語として定着したもので、
日本人にとってまったく新しい概念であった。

13 民権運動の激化

① 秩父事件——田代栄助訊問調書② ★☆☆☆☆

※色文字は重要語
1 秩父事件　一八八四（明治一七）年一〇月三一日～一一月二日。
2 田代栄助訊問調書　同年一一月一八日。

史料注
3 焼燬　焼く。焼き捨てる。
4 法衙　役所。

秩父事件関係史料集　一九七一年埼玉新聞出版局の刊。

✎探究30
松方デフレ政策が当時の農村社会に及ぼした影響について、自由民権運動とも関連させて述べよ。

1
問　今般ノ暴挙ヲ企テシ目的及ヒ最初ノ計画方法ヲ 詳 ニ申立ヨ

答　一、高利貸ノ為メ身代ヲ傾ケ目下生計ニ苦シムモノ多シ、因テ債主ニ迫リ十ケ年据置キ四十ケ年賦ト延期ヲ乞フ事、一、学校費ヲ省ク為メ三ケ年休校ヲ県庁へ迫ル事、一、雑収税ノ減少ヲ内務省ニ請願スル事、一、村費ノ減少ヲ村吏へ迫ル事……大宮郷警察署へ債主ヘ御説諭相成度、再度願出タレトモ是又採用無之ニ付、此上ハ無是非次第ニ付我々一命ヲ拋テ腕力ニ訴ヘ高利貸ノ家屋ヲ破壊又ハ焼燬シ3、証書類ハ悉皆焼棄シ法衙4ニ訴フルノ証拠物ヲ尽滅スヘキ事ニ決定シタリ。

『秩父事件関係史料集』

解説
政 一八八一（明治一四）年の松方デフレ政策（松方財政）以降、農産物価格の下落で農村は困窮を極めた。一八八四年、生糸・繭の暴落を期に六〇件余の農民騒擾が関東養蚕地帯に集中して起こった。秩父事件はその最大のものであり、無告の窮民（誰にも救いを求めることのできない者）が立ちあがったものである。一一月一日吉田神社に白だすきの農民が集結し、高利貸、戸長役場、警察署などを次々と襲撃した。その数一万、郡役所に「革命本部」が設置され、「自由自治元年」が宣言される。私怨や金品の略奪を厳しく禁じる軍律五か条のもとで農民たちは激しく戦った。しかし四日、軍隊、警察が鎮圧体制を整えると組織は解体し始め、戦闘を繰り返しつつ一部は群馬、長野両県に入ったが、一一日には壊滅した。この事件の中心人物には自由党に加盟している人も多かった。大井憲太郎らの演説会を機に困民党も結成されていたが、当時この地方の名望家であり、博徒の親分でもあった田代栄助をリーダーとしながら、独自の運動として進められた。これ以後飯田・名古屋・静岡事件と各蜂起計画への政府の弾圧が続くが、この時既に、一〇月自由党は方向を見失い解党していたのである。

② 三大事件建白書——一八八七年一〇月元老院提出 ★☆☆☆☆

4 近・現代

1 某等　片岡健吉を代表とする高知県有志。

2 海関税権を収めん　関税自主権の獲得。

3 内地雑居　外国人に国内居住、営業、動産・不動産取得を認めること。

4 泰西の元則に基くや否や　立法権まで失うことになると批判している。

史料注
自由党史　三三三頁参照。

1 第一　某等が政府に要むべき者は、租税徴収を軽減するに在るなり。……

第二　某等が政府に要むべき者は、言論集会を自由にするに在るなり。……

第三　某等が政府に要むべき者は、外交失策を挽回するに在るなり。……抑も条約改正を為すは治外法権を破り、海関税権を収めんが為なり。既に然せんと欲すれば、内地雑居を許さざるを得ず。而

5 して其利害相償はざる而已ならず、単に害ありて利なきを見るなり。国家栄辱の繋る所は果して如何なるべき乎、或は外国裁判官の多数を以て成る。……其実之を日本の裁判所なりと謂ふを得べき耶。夫れ裁判権は国家三大権の一なり。……外国政府をして此法典の制定は果して泰西の元則に基くや否やを鑑査する権を行はしめんが為めにして、今後法律を変更することあるも亦た同く然せざるを得ざるなり。若し一たび之を許さば立法権も亦た外人の手に帰し、日本帝国独立の主権は果して何く

10 に在る乎。

『自由党史』

解説
井上馨の改正案が伝わると、折しも前年（一八八六年）一〇月のノルマントン号事件（紀州沖で英貨物船ノルマントン号が沈没。船長以下二六名のイギリス人はボートで脱出したが、日本人二三名は水死。英領事裁判所は当初船長に無罪判決。日本側の告訴で禁固刑となったが、賠償金はなしという事件）を受けて、世情は騒然となった。この動きをみて民権運動家たちも全国で反対運動に立ち、代表者が東京に集まった。八七年一〇月高知県代表片岡健吉らは地租軽減・言論集会の自由・外交失策の挽回を掲げて「三大事件建白書」を元老院に提出した。これに先立ち井上は九月に辞任する。しかし政府は一二月、保安条例を施行し、数百名の活動家は東京から退去させられ、運動も終息した。

③ 保安条例　—— 一八八七年一二月二五日公布　★☆☆☆☆

1 第一条　凡ソ秘密ノ結社又ハ集会ハ、之ヲ禁ス。犯ス者ハ一月以上二年以下ノ軽禁錮ニ処シ、十円以上百円以下ノ罰金ヲ附加ス。……

明治

■1 行在所　天皇が地方巡幸した際の仮の住まい。

■2 内務大臣　内務省は民衆行政一般を担当。特にこの時期には警察行政を中心に社会運動への取り締まりに力を発揮した。時の内務大臣は山県有朋。

史料注
法令全書　三〇二頁参照。

第四条　皇居又ハ行在所ヲ距タル三里以内ノ地ニ住居又ハ寄宿スル者ニシテ、内乱ヲ陰謀シ又ハ教唆シ又ハ治安ヲ妨害スルノ虞アリト認ムルトキハ、警視総監又ハ地方長官ハ内務大臣ノ認可ヲ経、期日又ハ時間ヲ限リ退去ヲ命シ、三年以内同一ノ距離内ニ出入寄宿又ハ住居ヲ禁スルコトヲ得。

『法令全書』

解説

一八八七（明治二〇）年、井上馨外相の条約改正交渉案が民間に漏れるや、自由民権派は国権を傷つけるものとして激しい反対運動を起こした。片岡健吉を代表として高知県有志の三大事件の建白（地租軽減・言論集会の自由・外交失策の挽回）を初め、各県有志の総代が続々と上京し建白を行った。民権運動はこれを機に、前年星亨、中江兆民によって唱えられた大同団結を、後藤象二郎を中心に一層推進することとなった。条約改正案反対には谷干城ら国家主義者や鳥尾小弥太ら元老院議官の賛同も得て優勢であった。井上は辞職し、政府も交渉を中止したが、国会開設を控え運動は高揚していった。政府は、内務大臣山県有朋が中心となって自由民権運動の弾圧を策し、同年一二月二六日保安条例を発布した。内乱を陰謀し、または治安を妨害する恐れありと認める者に対して、皇居または行在所を隔てる三里外に追放し、三年以内この中に入ることを禁ずることが中心であった。二八日までに星亨、中島信行、尾崎行雄、片岡健吉らによって、五七〇名が退去させられた。一方、政府は指導者の懐柔も行い、後藤を突如黒田清隆内閣に入閣させるに至って運動は崩壊した。

Spot

保安条例

三大事件建白運動が高揚する中で保安条例は出された。第四条に皇居をまたは行在所を隔てること三里の内にと書かれている。三里は約一二キロメートル、皇居は動きようはないが、行在所は天皇が行幸した際の仮の住まいだから、「三里以内の地」は転々とすることとなる。なんともやっかいな話だ。また三年というのも明治二三年の国会開設は約束されているから、この保安条例が出された一八八七（明治二〇）年一二月から数えれば、少なくとも憲法発布までは東京に戻れないということになり、まさに憲法発布に向けての口封じということになる。なんとも都合よく編まれた条例であった。そして、尾崎行雄・片岡健吉・中江兆民・星亨ら五七〇名が、皇居から三里以遠への退去を命じられた。しかし、片岡ら二一名が拒否して投獄される。なんとも

この条例が廃止されるのは、一八九八年になってである。

⓮ 憲法の制定と皇室の藩屏（はんぺい）

❶ 岩倉具視憲法意見書――一八八一年七月五日提出　★☆☆☆☆

綱領

1
一　欽定憲法❶ノ体裁（ていさい）ヲ用ヒラルル事
一　漸進（ぜんしん）❷ノ主義ヲ失ハサル事
　附（つけたり）、欧州各国ノ成法ヲ取捨スルニ付テハ孛国（プロシア）ノ憲法尤（もっとも）漸進ノ主義ニ適スル事……
一　聖上（せいじょう）❸ 親（みずか）ラ陸海軍ヲ統率シ、外国ニ対シ、宣戦講和シ、外国ト条約ヲ結ヒ、貨幣ヲ鋳造（ちゅうぞう）シ、

5
　勲位ヲ授与シ、恩赦（おんしゃ）ノ典ヲ行ハセラルル等ノ事……
一　立法ノ権ヲ分タルル為（ため）ニ元老院❹・民撰議院❺ヲ設ケラルル事
一　元老院ハ特撰議員ト華士族中ノ公撰議員トヲ以テ組織スル事
一　民撰議員ノ撰挙法ハ財産制限ヲ用フヘシ……

『岩倉公実記（いわくらこうじっき）』

解説

岩倉具視（いわくらともみ）憲法意見書は一八八一（明治一四）年七月、太政大臣三条実美（さねとみ）、左大臣有栖川宮熾仁親王（ありすがわのみやたるひとしんのう）に提出された。八三年の国会開設を主張する大隈意見書に対抗して、欽定憲法の体裁を採用し、プロシア憲法を最適とすること、陸海軍の統帥（とうすい）・宣戦・講和・条約締結・文武官の任免等を天皇大権とし、議院内閣制の不採用、元老院、民撰議院の二院制議会の設置、政府の議案提出権・前年度予算執行権等々が盛られている。この意見書は、明治一四年の政変以後の政府の方針と翌年の伊藤博文の憲法調査に重要な役割を果たした。

※色文字は重要語

❶欽定憲法　君主の単独の意志によって制定される憲法。民約（民定）憲法の対語。

❷漸進　順を追って少しずつ進むこと。

❸聖上　天皇の尊称。

❹元老院　のちの貴族院。

❺民撰議院　のちの衆議院。

史料注
岩倉公実記　二九六頁参照。

📝探究31
君主権の強い欽定憲法制定を方向づけたのはだれか。

要点ナビ
ウィーンの伊藤博文から東京の岩倉具視へ。

❷ 伊藤博文書簡「大権を墜さざる大眼目」❶　★☆☆☆☆

博文来欧以来……独逸にて有名なるグナイスト❷、スタイン❸の両師に就き、国家組織の大体を了解する事を得て、皇室の基礎を固定し、大権を不墜❹の大眼目は充分相立候間、追て御報道可申上候。実に英、米、仏の過激論者の著述而已を金科玉条の如く誤信し、殆んど国家を傾けんとするの勢は、今日我国の現情に御座候へ共、之を挽回するの道理と手段とを得候。……両師の主説とする所は、邦国組織の大体に於て、必竟君主立憲体と協和体の二種を以て大別と為し、君位君権は立法の上に居らざる可からずと云❺。故に、憲法を立て立法行政の両権を並立せしめ、恰も人体にして意想❻と行為あるが如くならしめざる可からずと云。

立法議政府、行政宰相府

此中に種々分派有之候

『伊藤博文伝』

解説

自由民権運動の高揚と政府内部の対立を、明治一四年の政変によって切り抜けた政府は、これを契機に、憲法体制の早急な確立をめざすこととなった。一八八二（明治一五）年伊藤博文は、伊東巳代治、平田東助らを伴い、欧州へ憲法調査に向かった。伊藤は五月から翌八三年八月まで主としてベルリンとウィーンに滞在し、公法学者のグナイスト、スタインらについて、プロシア憲法を学んだ。この書簡はウィーンから岩倉具視に送られたもので、民権派の憲法案を「殆んど国家を傾けんとする」ものと決め付け、我が国の憲法はプロシア流の君権主義を手本とし、立法府としての議会の権限をできるだけ制限し、「皇室の基礎を固定」して強大な君主権を中心とするものにすべきだ、と主張している。伊藤を送り出した岩倉は八三年の七月に病没し、ここに伊藤を中心とした極秘の憲法制定作業が始まるのである。

❸ 軍人勅諭❶——一八八二年一月四日公布　★★☆☆☆

夫れ兵馬の大権❶は朕が統ふる所なれば其司々❷をこそ臣下に任すなれ、其大綱は朕親之を攬り肯て

史料注

伊藤博文伝　伊藤博文の伝記をまとめたもの。春畝公追頌会編。一九四〇（昭和一五）年刊行。

1 伊藤博文書簡　一八八二（明治一五）年八月一日付。
2 グナイスト　ドイツ公法学者、ベルリン大学教授。大日本帝国憲法起草上の秘密主義や欽定主義は彼の影響によるところが大きい。
3 スタイン　ドイツの公法学者、社会学者。ウィーン大学教授。
4 大権　天皇の統治権。
5 必竟　つまるところ。結局。畢竟の誤り。
6 意想　思い。考え。

1 兵馬の大権　統帥権。

4 近・現代

2股肱　ももとひじ。手足となって働く、君主が最も頼りとすべき家臣。

3祖宗　代々の君主（天皇）。

史料注
法令全書　三〇三頁参照。

5殊典　特別の礼式。
4中興ノ偉業　王政復古のこと。
3寵光　君主（天皇）の恵み。
2瞻望　仰ぎ望むこと。
1勲冑　勲功のあった家柄。

5

臣下に委ぬへきものにあらす、……朕は汝帝国軍人の大元帥なるそ、されは朕は汝等を股肱と頼み汝等は朕を頭首と仰きてそ其 親 は特に深かるへき、朕か国家を保護して上天の恵に応し祖宗の恩に報いまゐらする事を得るも得さるも汝等軍人か其職を尽さ〻るとに由るそかし、……

一、軍人は忠節を尽すを本分とすへし……
一、軍人は礼儀を正くすへし……
一、軍人は武勇を尚ふへし……
一、軍人は信義を重んすへし……
一、軍人は質素を旨とすへし……

『法令全書』

解説　近代的な常備軍を創設していくなかで明治政府は、軍人精神の涵養に意を注ぎ、一八七一（明治四）年一月には「読法」を出しているが、一八七八（明治一一）年八月の竹橋事件（近衛砲兵二六〇余人が西南戦争の恩賞を不公平や俸給削減を不満として、皇居竹橋で起こした反乱）は折からの自由民権運動の高揚と相まって政府を驚愕させた。政府は一〇月山県有朋による「軍人訓誡」を頒布して、軍人の政治批判を全面的に禁止するとともに、反乱軍を厳罰に処した。次いで一八八二（明治一五）年一月、この軍人勅諭を出して軍人精神の規範を示した。これは太政大臣奉勅にせずに、天皇自ら署名して直接軍人に下賜する特別の形式をとったものであり、忠節・礼儀・武勇・信義・質素の五か条を説き、天皇の軍隊としての絶対服従の精神を植え付けようとするものであった。この勅諭は、兵権は政府とは区別された天皇に直結する特別なものであることを人々に印象付け、憲法制定後においても絶大な力を持った。

📖参考　華族授爵の詔勅——一八八四年七月七日公布　★☆☆☆
朕惟フ二、華族勲冑八国ノ瞻望ナリ。宜シク授クルニ栄爵ヲ以テシ、用テ寵光ヲ示スベシ。文武諸臣、中興ノ偉業ヲ翼賛シ、国ニ大労アル者、宜シク均シク優列ニ陞シ、用テ殊典ヲ昭ニスベシ。……
『法令全書』

📖参考　華族令——一八八四年宮内省達　★☆☆☆
第一条　凡ソ爵ヲ授クルハ、勅旨ヲ以テシ、宮内卿之ヲ奉行ス。

明治

史料注
法令全書　三〇二頁参照。

第二条　爵ヲ分テ、公侯伯子男ノ五等トス。

解説　明治政府は一八六九（明治二）年の版籍奉還の際、士族、平民の上位の身分として華族を設定し、旧公卿、諸侯これにあてた（旧華族）。伊藤博文は欧に渡って憲法調査を進め、立憲君主制を支える貴族層の役割を再認識する。帰国後この華族制度を改革、強化し、議会の上院（貴族院）設置に着手した。一八八四（明治一七）年華族令を定め、従来の華族及び維新前後の功労者またはその嗣子に、公・侯・伯・子・男の五爵を授けた（新華族・勲功華族）。天皇大権の一つとして授爵を定め、貴族院令によって満三〇歳以上の公・侯爵の全員、同伯・子・男爵は同爵の互選によって貴族院議員となり、皇族とともに皇室の藩屏として衆議院を制圧する役割を果たした。授爵者の多くは軍人、官吏、政治家であったが、のち実業家にも授けられた。爵位は世襲であり、世襲財産も設定された。華族制度は一九四七（昭和二二）年まで存続した。

『法令全書』

要点ナビ
初代文部大臣森有礼。国家主義的教育理念を示す。

4　学校令　★☆☆☆☆

(1)帝国大学令——一八八六年三月一日公布
第一条　帝国大学ハ国家ノ須要ニ応スル学術技芸ヲ教授シ及其蘊奥ヲ攷究スルヲ以テ目的トス

(2)師範学校令——一八八六年四月九日公布
第一条　師範学校ハ教員トナルヘキモノヲ養成スル所トス。但シ生徒ヲシテ順良信愛威重ノ気質ヲ備ヘシムルコトニ注目スヘキモノトス

『法令全書』

1須要　なくてはならぬこと。
2蘊奥　学術、技芸等の奥深いところ。奥義。極意。
3順良信愛威重　森有礼は教員の備えるべき三資質を明記し、国家への自発的な忠誠心を持ち気力ある臣民であることを強調した。

史料注
法令全書　三〇二頁参照。

探究32　学校令では、どのような教育方針がとられたか。

解説　学校令は、一八八六（明治一九）年以降制定された帝国大学令・師範学校令・中学校令・小学校令等一連の学校教育制度を定めた法令の総称である。初代文部大臣森有礼によって定められた。森は帝国大学令のなかで、大学は国家のための教育をなす場という考えを明確に打ち出し、直轄学校の目的について行われた演説でも、「帝国大学ニ於テ教務ヲ学クル学術ハ、国家ノ為メト、国家ノ為メニ関スルコトアラハ、国家ノ為メニ為メト、国家ノ須要ニ応ズル学術ヲ教授スル……最モ先ニ重セサル可ラサル」ものであると述べている。この国家主義的教育理念は、森の教育政策全体を貫くものであり、帝国大学以下の諸学校もこの目的に沿うものとして位置付けられた。また一連の学校令の制定は、その前年に発足した内閣制度に伴う官僚制度改革に対応したものでもあった。つまり、文官の採用が「文官試験試補及見習規則」に基づく試験によって、帝国大学卒業生が薩長下級藩士に代わり、政府の枢要を形成してゆくのである。森はこの帝国大学を頂点としたピラミッドをなす教育制度によって、「国家ノ須要ニ応ズル」忠良なる臣民の育成に意を注いでいった。これらの理念や制度は自由な思想や創造性を青年から奪い、教育勅語と合わせ戦前の教育政策の基本となるのである。

4　近・現代

明治

⑮ 明治憲法

① 大日本帝国憲法——一八八九年二月一一日発布　★★★★★

> **要点ナビ**
> 明治天皇が定めて国民に与える憲法。黒田清隆内閣。

第一条　大日本帝国ハ万世一系ノ天皇之ヲ統治ス❶

第三条　天皇ハ神聖ニシテ侵スヘカラス❷

第四条　天皇ハ国ノ元首ニシテ統治権ヲ総攬シ此ノ憲法ノ条規ニ依リ之ヲ行フ❸

第五条　天皇ハ帝国議会ノ協賛ヲ以テ立法権ヲ行フ

第八条　天皇ハ公共ノ安全ヲ保持シ又ハ其ノ災厄ヲ避クル為緊急ノ必要ニ由リ帝国議会閉会ノ場合ニ於テ法律ニ代ルヘキ勅令ヲ発ス……❺

第十条　天皇ハ行政各部ノ官制及文武官ノ俸給ヲ定メ及文武官ヲ任免ス……

第十一条　天皇ハ陸海軍ヲ統帥ス❻

第十二条　天皇ハ陸海軍ノ編制及常備兵額ヲ定ム

第十三条　天皇ハ戦ヲ宣シ和ヲ講シ及諸般ノ条約ヲ締結ス

第十四条　天皇ハ戒厳ヲ宣告ス❼

第二十条　日本臣民ハ法律ノ定ムル所ニ従ヒ兵役ノ義務ヲ有ス❽

第二十八条　日本臣民ハ安寧秩序ヲ妨ケス及臣民タルノ義務ニ背カサル限ニ於テ信教ノ自由ヲ有ス❾

第二十九条　日本臣民ハ法律ノ範囲内ニ於テ言論著作印行集会及結社ノ自由ヲ有ス❿

第三十三条　帝国議会ハ貴族院衆議院ノ両院ヲ以テ成立ス

第五十五条　国務各大臣ハ天皇ヲ輔弼シ其ノ責ニ任ス⓫

※色文字は重要語

❶ 万世一系　天照大神以来、連綿として変わることのない皇室の系統。

❷ 神聖ニシテ侵スヘカラス　（神聖）不可侵とは君主無答責を意味する。つまり君主は法律・政治上の責任を負わず、刑事の訴追を受けることはない。

❸ 総攬　一手に掌握すること。

❹ 協賛　力を合わせて協力すること。

❺ 法律ニ代ルヘキ勅令　緊急勅令。天皇大権の一つ。

❻ 統帥　軍隊をまとめ率いること。軍隊の最高指揮権、天皇大権の一つ。統帥権は内閣から独立した権限とされたため、解釈をめぐり軍部と内閣の対立も多く、軍部による政治支配を生んだ。

❼ 戒厳　戦争、内乱に際し法律を停止し、軍の権力下に置くこと。関東大震災、二・二六事件において施行。

8兵役ノ義務　ほかに納税の義務も規定(第二一条)。
9印行　図書の印刷、発行。
10貴族院　皇族・華族、勅選多額納税者、帝国学士院会員から成る。衆議院と対抗。
11輔弼　天皇を補佐すること。

史料注
法令全書　三〇三頁参照。

探究33
大日本帝国憲法の特質を述べよ。

第五十七条　司法権ハ天皇ノ名ニ於テ法律ニ依リ裁判所之ヲ行フ
第七十二条　将来此ノ憲法ノ条項ヲ改正スルノ必要アルトキハ勅令ヲ以テ議案ヲ帝国議会ノ議ニ付スベシ。此ノ場合ニ於テ両議院ハ各々其ノ総員三分ノ二以上出席スルニ非サレバ議事ヲ開クコトヲ得ス

出席議員三分ノ二以上ノ多数ヲ得ルニ非サレバ改正ノ議決ヲ為スコトヲ得ス

『法令全書』

解説

一八八二(明治一五)年、岩倉具視の訓令によって、伊藤博文は憲法調査のため渡欧した。伊藤は岩倉の構想どおり、ドイツ・オーストリアで強大な君主権を中心とする憲法を学んで帰朝し、ドイツ人法学者ロエスレルやモッセの助言を得て、井上毅、伊東巳代治、金子堅太郎を助手として極秘裡に憲法草案の起草に着手したのである。一八八四年の華族令、八五年の内閣制度など憲法発布、国会開設の準備が進められた。憲法草案は、一八八八年四月、天皇の諮詢機関として新設された枢密院で天皇臨席のもとに審議されたのち、翌年二月一一日、紀元節の日を選んで欽定憲法として発布された。
帝国憲法には非常に多くの天皇大権が存在する。法律の裁可、公布、執行の命令、議会の召集、衆議院の解散、緊急勅令の発布、文武官の任免、陸海軍の統帥・編成、常備兵額の決定、宣戦・講和条約の締結、戒厳の宣言等々。それに対し議会には協賛する機能しか与えられず、国民は臣民として位置付けられ、

その権利は法律の範囲内とされ大きな制約がなされていた。
※帝国憲法における自己拘束論、天皇が超憲法的な存在かか、いろいろな考え方が対立した。起草者である伊藤博文自身は立法に代表される自己拘束論、憲法政治の重要な意義は君権の制限にあるとして、天皇を国民統合の根軸にすえながらも後者の立場をとっていた。その論拠は憲法発布の式典のなかで、天皇が「此ノ憲法ノ条章ニ循ヒ之ヲ行フコトヲ愆ラサルヘシ」と憲法を守る約束をその上諭で行フコトヲ愆ラサルヘシ」と明記していること、第四条後段で「此ノ憲法ノ条規ニ依リ之ヲ行フ」と明記していること等である。こうした理解は明治末から昭和初期には学界、政界、官界などでの常識となっていたが、満洲事変以降軍部の台頭のなかで、天皇の絶対性を説く議論が支配的となり、自己拘束論は影を潜めてしまうのである。天皇機関説問題と絡み合わせながら考えていきたい問題である。

❷ 憲法の発布 ――『ベルツの日記』　★☆☆☆☆

1 二月九日(東京)　東京全市は、十一日の憲法発布をひかえてその準備のため、言語に絶した騒ぎ

4 近・現代

明治

要点ナビ

市制・町村制公布、第一次伊藤博文内閣。

史料注

1 市制・町村制 一八八八（明治二一）年四月二五日公布。

2 郡区町村 一八七八年の郡区町村編成法のもとでの地方行政制度。府県の下に行

史料注

1 悲憤慷慨 社会の不義・不正を憤って、悲しみ嘆くこと。

史料注

ベルツの日記 ドイツ人医学者で、外国人教師であったベルツの日記。日本社会や政治に関し、鋭い批判を加えている。

兆民先生 幸徳秋水の著作。民権指導者の兆民の素顔や考え方をよく伝えている。

---

❸ 市制・町村制の実施 ── 市制町村制理由 ★☆☆☆☆

1
現今ノ制ハ府県ノ下郡区町村アリ、区町村ハ稍自治ノ体ヲ存ス雖モ未タ完全ナル自治ノ制ア
ルヲ見ス、郡ノ如キハ全ク行政ノ区画タルニ過キス、府県ハ素ト行政ノ区画ニシテ、幾分カ自治ノ
制ヲ兼ネ有セルカ如シト雖モ、是亦全ク自治ノ制アリト謂フ可カラス、……即府県郡市町村ヲ以テ
三階級ノ自治体ト為サントス、……蓋自治区ニハ其自治体共同ノ事務ヲ任ス可キノミナラス、一般

📖参考

「愚にして狂なる」国民 ── 中江兆民の憲法観 ★☆☆☆☆

明治二十二年春、憲法発布せらる、、全国の民歓呼沸くが如し。先生嘆じて曰く、吾人賜与せらる、、の憲法果して如何の物乎、玉耶瓦耶、未だ其実を見るに及ばずして、先づ其名に酔ふ、我国民の愚にして狂なる、何ぞ此くなるやと。憲法の全文到達するに及んで、先生通読一遍唯だ苦笑する耳。

『兆民先生』

解説

法の発布と祝典が行われた。これに対し、国民は一般的に憲法礼讃に沸き、日本全土が、興奮のるつぼと化した。しかしその憲法の内容を理解しているものはほんのわずかの人々であった。『憲法の発布』を「天皇から絹布の法被が下される」

と誤ったエピソードも残されている。ベルツは一八七六年から一九〇五年まで二九年間にわたって滞日し、東京大学医科大学教授、宮内省御用掛を務め、日本人を妻とした親日家。この鋭い批判の目は、明治憲法の本質を鋭くとらえている。

---

1 悲憤慷慨

を演じている。到るところ、奉祝門、照明、行列の計画。だが、滑稽なことには、誰も憲法の内容をご存じないのだ。

二月十六日（東京）　日本憲法が発布された。もともと国民に委ねられた自由なるものは、ほんの僅かである。しかしながら、不思議なことにも、以前は「奴隷化された」ドイツの国民以上の自由を与えようとしないといって悲憤慷慨したあの新聞が、すべて満足を表しているのだ。

『ベルツの日記』

一八八九（明治二二）年二月一一日、**大日本帝国憲**

4 近・現代

明治

5 ノ行政ニ属スル事ト雖モ全国ノ統治ニ必要ニシテ官府自ラ処理スヘキモノヲ除クノ外、之ヲ地方ニ分任スルヲ得策ナリトス、故ニ其町村ノカニ堪フル者ハ之ヲ其負担トシ……郡ノカニ及ハサル者ハ之ヲ府県ノ負担トス可シ。

『法令全書』

③ 官府自ラ……地方ニ分任
地方自治体に委任された国の事務、衛生施設の設置等。

政区画であるいくつかの郡を設定、さらにその下に自治体である区（都市部に置かれた）、町村を置いた。

④ 府県制・郡制——一八九〇年五月一七日公布　★☆☆☆☆

(1)府県制

第二条　府県会ハ府県内郡市ニ於テ選挙シタル議員ヲ以テ之ヲ組織ス

第三条　府県会議員ノ選挙ハ市ニ在テハ市会及ビ市参事会会同シ市長ヲ会長トシ郡ニ在テハ郡会及ビ参事会会同シ郡長ヲ会長トシ左ノ規定ニ依リ之ヲ行フヘシ

第四条　府県内市町村ノ公民中選挙権ヲ有シ其府県ニ於テ一年以来直接国税十円以上ヲ納ムル者ハ府県会ノ被選挙権ヲ有ス

第八十一条　府県ノ行政ハ内務大臣之ヲ監督ス

(2)郡制

第四条　郡会ハ町村内ニ於テ選挙シタル議員及大地主ニ於テ選挙シタル議員ヲ以テ之ヲ組織ス

第八条　大地主ハ町村ニ於テ選挙スヘキ議員定数ノ外定数ノ三分ノ一ヲ互選スルモノトス

第九条　大地主トハ郡内ニ於テ町村税ノ賦課ヲ受クル所有地ニシテ地価総計一万円以上ヲ有スル地主ヲ云フ

第七十二条　郡ノ行政ハ第一次ニ於テ府県知事之ヲ監督シ第二次ニ於テ内務大臣之ヲ監督ス

『法令全書』

① 市町村ノ公民中選挙権ヲ有シ　当時市・町村会の選挙人の資格は二五歳以上、直接国税二円以上の納入者であった。

史料注
法令全書　三〇二頁参照。

4 近・現代

①教育勅語 明治憲法下で天皇が国務大臣の副署を要せず臣民に示した意志表示。

②皇祖皇宗 天照大神に始まる歴代の天皇。

③精華 すぐれてうるわしいこと。

④恭倹己レヲ持シ 人に対してうやうやしく慎み深いこと。

⑤徳器 徳行と才能。

⑥緩急 危急の場合。

⑦天壌無窮 天地とともにきわまりのないこと。

⑧皇運ヲ扶翼スヘシ 皇室の発展を助けるようにしなけ…

⑤ 教育勅語① —— 一八九〇年一〇月三〇日発布 ★☆☆☆

朕惟フニ我カ皇祖皇宗②、国ヲ肇ムルコト宏遠ニ徳ヲ樹ツルコト深厚ナリ。我カ臣民克ク忠ニ克ク孝ニ億兆心ヲ一ニシテ、世々厥ノ美ヲ済セルハ、此レ我カ国体ノ精華ニシテ、教育ノ淵源亦実ニ此ニ存ス。爾臣民、父母ニ孝ニ、兄弟ニ友ニ、夫婦相和シ、朋友相信シ、恭倹己レヲ持シ④博愛衆ニ及ホシ、学ヲ修メ業ヲ習ヒ以テ智能ヲ啓発シ徳器⑤ヲ成就シ、進テ公益ヲ広メ世務ヲ開キ、常ニ国憲ヲ重シ国法ニ遵ヒ、一旦緩急⑥アレハ義勇公ニ奉シ、以テ天壌無窮⑦ノ皇運ヲ扶翼スヘシ⑧。是ノ如キハ、独リ朕カ忠良ノ臣民タルノミナラス又以テ爾祖先ノ

解説

明治政府は立憲政治の基礎固めとして地方制度の整備に意を注ぎ、山県有朋を中心としてプロシアの制度を参考に、一八八八(明治二一)年に市制・町村制、翌々年に府県制・郡制を定めた。この制度を作り出した狙いは次の二つであった。一つは市制・町村制の公布に先立って町村合併を進め(町村は一八八八年末七万四三五から一万三三四七に減少、財政規模の小さい町村を合わせて、経費のかかる国政委任事務に耐え得るような町村を作り、行政の基礎とすること。一つは、市・町村会議員を制限選挙(選挙権は満二五歳以上の男子、直接国税二円以上の納入者)や等級選挙(選挙人をその納税額の多少によって等級に分け、名等級がそれぞれ独自に議員を選挙する制度。市は三級、町村は二級選挙制が行われた。各等級が同数の議員を選挙するから、経済力の大きい少数の者の投票に大きな価値を与えることになる)によって選ぶことであった。市長や町村長は、望家層を体制のなかに取り込むことであった。市・町村会が選出し、官選の府県知事や郡長は大きな権限を持っていた。市制・町村制は中央集権化の大きな一歩であった。

通釈

朕(明治天皇)が考えるに、我が祖先の天照大神と、その子孫である歴代天皇が国づくりを始めたのははるか昔のことで、その恩徳は深く厚いものであった。我が臣民もよく忠孝に励み、心を一つにして代々その美徳をなしてきたのは我が国のすぐれた点であり、教育の根本精神もまたここにある。お前たち臣民も、父母に孝行を尽くし、兄弟は仲良く、夫婦はむつまじく、朋友は信じ合い、自分を慎み深くし、広く人々を愛し、学業を修得し知能を高めて道徳心を養い、進んで公共の利益を広めて世の務めに励み、常に憲法を重んじて法律に従い、ひとたび国の非常時ともなれば義勇を持って国のために働き、天地のようにきわまりない皇室の運命を守り助けなければならない。このことは、朕の忠実で善良な臣民であるということにとどまらず、朕の、祖

明治

ればならない。

遺風ヲ顕彰スルニ足ラン。斯ノ道ハ、実ニ我カ皇祖宗ノ遺訓ニシテ子孫臣民ノ倶ニ遵守スヘキ所、之ヲ古今ニ通シテ謬ラス之ヲ⑨中外ニ施シテ悖ラス。朕爾臣民ト倶ニ拳々服膺⑩シテ、咸其徳ヲ一ニセンコトヲ庶幾フ。

明治二十三年十月三十日

御名御璽⑪

『官報』

⑨悖ラス　道理に反しない。
⑩拳々服膺　慎んで常に忘れず、心を尽くして守り行うこと。
⑪御名御璽　天皇の名前と印。

史料注
官報　国の公示事項を掲載し、周知させるための政府機関紙。一八八三（明治一六）年発刊。

探究34
教育勅語に示された教育の理念を述べよ。

❶妻カ……要ス　明治民法においては妻は法律上無能力者と規定され、借財、財産

これは、先の残した美風を今に伝えることでもある。これらのことは我祖先の天照大神とその子孫である歴代の天皇の遺訓であり、子孫である朕とお前たち臣民とがともに守っていくべきものである。これは昔より今に至るまで間違いのないものであり、国の内外に行っても道理に反するものではない。朕はお前たち臣民とともに、慎んで常に忘れず、その恩徳を第一のものとすることを願っている。

明治二三（一八九〇）年一〇月三〇日

御名御璽

解説
教育勅語　憲法発布の翌年、一八九〇（明治二三）年一〇月に教育勅語が発布された。その直接の動機は、同年二月に開かれた地方官会議において、知事たちが文部省に対し、青年の思想対策のために徳育の方針を一定にすべきことを要望したことにある。勅語の起草に関係したのは、先に幼学綱要（一八八二年）の編纂に力をふるった天皇側近の儒学者元田永孚、井上毅（法制局長官）及び文部大臣芳川顕正であったといわれる。
当時は国会開設が迫り、自由民権運動が再び頭をもたげ出したという情勢だったので、政府内部に異論や心配がなかったわけではないが（《常ニ国憲ヲ重シ国法ニ遵ヒ》という一句についてなど）、思想統制手段として強行された。

これは、ちょうど明治二〇年代から高まってきた国家主義思潮に乗り、翌年から学校のさまざまな儀式には必ず奉読されることになった。またそれと同時に、天皇、皇后の写真が、大学から小学校に至るまで下賜され、礼拝が行われるようになった。勅語の内容は、その冒頭に水戸学的国体観を掲げ、中間には極めて普遍的な徳目を列挙してあるが、語句そのものは、むしろ難解で一般国民に理解できないものであったが、そのことがかえって呪文的効果を帯び、重々しい儀式を通じて、従順な民心を形成するのに役立った。なおこの勅語は、敗戦に伴い、一九四八（昭和二三）年六月衆・参両院でその排除、失効確認が可決された。

⑥明治民法——一八九八年七月一六日施行　★☆☆☆☆

一　第十四条　妻カ左ニ掲ケタル行為ヲ為スニハ夫ノ許可ヲ受クルコトヲ要ス❶

一　第七百四十九条　家族ハ戸主❷ノ意ニ反シテ其居所ヲ定ムルコトヲ得ス

4 近・現代

明治

の売買、訴訟、贈与等夫の許可を必要とした。

2戸主 一家の首長。

3姦通 有夫の婦人と夫以外の男子とが私通し、関係を持つこと。

4姦淫罪 強制猥褻罪・強姦罪・淫行勧誘罪の総称。

史料注
法令全書 三〇二頁参照。

1北海道旧土人保護法 一九九七（平成九）年五月一四日、アイヌ文化振興法の成立により廃止。（四八七頁）

第七百五十条　家族カ婚姻又ハ養子縁組ヲ為スニハ戸主ノ同意ヲ得ルコトヲ要ス

第七百七十二条　子カ婚姻ヲ為スニハ其家ニ在ル父母ノ同意ヲ得ルコトヲ要ス

5
第八百十三条　夫婦ノ一方ハ左ノ場合ニ限リ離婚ノ訴ヲ提起スルコトヲ得

一　配偶者カ重婚ヲ為シタルトキ**3**

二　妻カ姦通ヲ為シタルトキ

三　夫カ姦淫罪**4**ニ因リテ刑ニ処セラレタルトキ

第九百八十六条　家督相続人ハ相続開始ノ時ヨリ前戸主ノ有セシ権利義務ヲ承継ス　　　　『法令全書』

解説

明治政府にとって国家的独立を達成し、欧米列強と対等な地位を占めようという目標を達成するためには、西欧にならう諸法典の整備は立憲国家として不可欠であった。また条約改正交渉を進める上でも急務の課題であった。民法については、初めフランス人法学者ボアソナードの指導のもとにフランス民法を模範として編纂が進められ、一八九〇（明治二三）年に公布された。しかし公布と同時に、この民法は天賦人権説に基づいており、社会の倫常（人としての道、人倫）を破壊するもの、日本固有の家族制度を無視するものとの批判が法曹会、政界の保守派から一斉に起こった。なかでも穂積八束は一八九一年「民法出デテ忠孝亡ブ」との論文を発表して、キリスト教的思想に基づくヨーロッパの家族関係をそのまま取り入れようとするこの民法は、日本の美風を損なうものとして激しい攻撃を加えた。これに対し断行派の梅謙次郎は、家長権を封建の遺物と論じて激しい論争を展開した（民法典論争）。そこで民法の施行は延期され、改めてドイツ民法を模範とする、家族制度の維持に重点が置かれた民法が起草され、一八九六～九八年に公布・施行された。絶対的な戸主権を規定し、強い夫権や親権のなかで家族の居住や婚姻には戸主の同意が必要とされ、妻は法律上無能力者とされた。戸主権は世代を越えて相続されるものであった。それはまさに国民を天皇の赤子と位置付ける家族国家観を体現するものであり、戦前の日本社会のあり方を大きく規定するものでもあった。

❼ 北海道旧土人保護法**1** ── 一八九九年三月一日公布　★☆☆☆☆

1　第一条　北海道旧土人ニシテ農業ニ従事スル者又ハ従事セムト欲スル者ニハ一戸ニ付土地一万五千坪以内ヲ限リ無償下付スルコトヲ得

（参照）

2 旧土人　アイヌ民族のこと。土人はその差別的な呼び方。

史料注

法令全書　三〇二頁参照。

第四条　北海道旧土人ニシテ貧困ナル者ニハ農具及び種子ヲ給スルコトヲ得

第五条　北海道旧土人ニシテ疾病ニ罹リ自費治療スルコト能ハサル者ニハ薬価ヲ給スルコトヲ得

第七条　北海道旧土人ノ貧困ナル者ノ子弟ニシテ就学スル者ニハ授業料ヲ給スルコトヲ得

5 第九条　北海道旧土人ノ部落ヲ為シタル場所ニハ国庫ノ費用ヲ以テ小学校ヲ設クルコトヲ得

第十条　北海道庁長官ハ北海道旧土人共有財産ヲ管理スルコトヲ得……

『法令全書』

解説

北海道旧土人保護法は、一八九九（明治三二）年三月一日に公布された。日清戦争後の資本主義的発展のなかで国力の充実がより一層めざされた時代であった。旧土人という呼称は一八七八（明治一一）年、開拓使がそれまで土人、アイヌ、蝦夷等様々に呼ばれていた名称を官庁用語に関しては「旧土人」とする布達を出したことによるものである。維新後の急激な和人化、近代化のなかでアイヌの人々は次々と生活の基盤を奪われていった。一八七二（明治五）年の戸籍法はアイヌにも和人的な姓名を必要とさせた。アイヌの生業である鹿猟について開拓使はある程度の保護政策をとったが和人の密猟者はあとを絶たず、十勝では七八年の大雪で鹿はほとんど三県時代に入って鮭保護のため十勝川中・上流域が禁漁になると鹿の減少と合わせ、アイヌの困窮は極度になった。アイヌの

鮭鱒漁場・昆布干場も多く和人の手に渡っていった。八四年には餓死が相次ぎ、アイヌの困窮は全道的な問題となった。政府よりの下付金を受けての授産指導となったが、それは狩猟から開墾農業への転換であった。北海道旧土人保護法はアイヌの農民化と教育をその内容の中心としながら、一戸一万五〇〇〇坪（＝五ヘクタール）以内の土地を供与し、その生活を保障しようとするものであるが、それはまたアイヌ固有の文化の否定でもあった。アイヌの人々の多くの生活は和人と掛け離れて貧しく、差別感がいつも付きまとっていた。北海道の開拓の歴史は一方においてはアイヌの人々の生活の破壊の歴史でもあった。

一九九七（平成九）年五月一四日、アイヌ文化振興法が公布され、北海道旧土人保護法は廃止された。

Spot

アイヌとは人間ということ

二〇〇八年六月六日、国会で「アイヌ民族を先住民族とすることを求める決議」が採択された。前年の九月、国連総会で「国連先住民族権利宣言」が決議され、条約ではないため国際法的な力はないものの、先住民族の固有の権利の保障がうたわれた。一九九六年に人種差別撤廃条約を批

准したことをうけて、明治以来百年続いた「北海道旧土人保護法」は廃され、「アイヌ文化振興法」においては、「土人」の名称はなくなったが、「アイヌを先住民族と認めるものとはなっていなかった。「北海道ウタリ協会」によれば、生活保護世帯の比率や大学進学率などをみても、アイヌ民族の人たちの苦しみは続いている。アイヌは「人間」を意味し、ウタリは「同胞」という意味である。

⑯ 初期議会

① 黒田首相の超然主義演説 —— 一八八九年二月十二日　★★☆☆☆

要点ナビ　黒田清隆首相が示す帝国議会開始にあたっての政府の姿勢。

1
今般憲法発布式ヲ挙行アリテ、大日本帝国憲法及之ニ附随スル諸法令ヲ公布セラレタリ。……憲法ハ敢テ臣民ノ一辞ヲ容ル丶、所ニ非ルハ勿論ナリ。唯夕施政上ノ意見ハ人々其所説ヲ異ニシ、其合同スル者相投シテ団結
5　ヲナシ、所謂政党ナル者ノ社会ニ存立スルハ亦情勢ノ免レサル所ナリ。然レトモ政府ハ常ニ一定ノ方向ヲ取リ、超然トシテ政党ノ外ニ立チ、至公至正ノ道ニ居ラサル可カラス。各員宜ク意ヲ此ニ留メ、不偏不党ノ心ヲ以テ人民ニ臨ミ、撫馭宜キヲ得、以テ国家隆盛ノ治ヲ
10　助ケンコトヲ勉ムヘキナリ。

『明治政史』

通釈
このたび憲法発布式がとり行われ、大日本帝国憲法とこれに付随するいろいろな法令が公布された。……憲法について、臣民がとやかく口をはさむものでないことは勿論である。ただ政治の内容について人々の意見は分かれるところであり、同じ意見の者同士が団結し、いわゆる政党というものが社会にできるのは社会情勢からいってやむを得ないことである。しかしながら、政府はいつも一定の主義を守り、政党の動きにとらわれることなく政党の外に立ち、この上なく公正な立場にいなければならない。各人はよろしくこの点に留意し、一党一派にかたよらない公平な心で人民に対し情けある統治を行い、国家を盛んにする政治を助けるように努力するべきである。

解説
史料は、憲法発布の翌日（一八八九年二月十二日）、当時の首相であった黒田清隆が、鹿鳴館での地方官会議の席上演説したものである。数日後伊藤博文（当時枢密院議長）が府県会議長を召集して行った演説においても同様の趣旨の演説がなされた。来たるべき帝国議会の開設にあたり、政府は議会、政党の動向に左右されることなく、超然として独自の政策実現をはかることを宣言したものである。超然主義は、それ以後の藩閥政府の政策に対する基本的な姿勢として堅持された。特に、藩閥勢力の中心人物となる山県有朋は大正時代までこの姿勢を貫き、政党勢力の伸長を抑制しようとした。

※色文字は重要語

史料注
明治政史　三〇三頁参照。

探究35
① 超然主義とは何か。
② 初期議会における民党の主張は何か。

❶一辞ヲ容ル丶　口をさしはさむ。
❷超然　ある物事に関係せず、その外にいて行う主義。
❸至公至正　この上なく公正な。
❹各員　各人。ここでは地方長官たち。
❺不偏不党　一党一派に偏しない。
❻撫馭　情けをかけ、いたわりつつ統治すること。

4　近・現代

明治

4　近・現代

❷ 樺山資紀海相の蛮勇演説——一八九一年一二月二二日　★☆☆☆☆

1　此何回の役❶を経過して来た海軍であって、今日迄此国権の名誉を施こした事は幾度かあるだらう。四千万の人民も此位の事は御記憶であるだらう。先年井上角五郎君が四千万の人民は八千万の眼があると云ふた。四千万の人民で今日幾分か不具の人があっても千万人の眼はあるだらう。其眼を以て見たなれば今日海軍を今の如き事に見て居る人があるであらうか。此の如く今日此海軍のみならず

5　即ち現政府である。現政府は此の如く内外国家の艱難❸を切抜けて今日迄来た政府である。薩長政府とか何政府とか云っても今日、国の此安寧を保ち四千万の生霊❹に関係せず安全を保ったと云ふことは誰の功である。（笑声大に起る）御笑に成る様な事ではございますまい。

『大日本憲政史』

史料注

❶此何回の役　台湾出兵、西南戦争、壬午事変、甲申事変などをさす。

❷今日海軍を……あるであらうか　衆議院の予算委員会で軍艦建造費と製鋼所設立費を削除されたことに憤激しているのである。

❸艱難　困難にあい苦しむこと。難儀。

❹生霊　民。人民。

❺島田三郎　自由民権家。大隈重信に近く、立憲改進党の結成に参加。

❻蓋し　思うに。あるいは。

史料注

大日本憲政史　大津淳一郎の著。一九二七（昭和二）〜二八年刊行、全一〇巻。幕末から一八九〇（明治二三）年の教育勅語までを扱う。諸家の記録、日記、公私文書等を根本資料とし、憲政会の歴史を中心に憲政史上のほとんどの問題を網羅的に記述している。

参考　島田三郎❺の反対演説　★☆☆☆☆

海軍大臣は明治以来あれ丈の仕事を遣ったのは、薩長内閣の功であると言はれれば、我々は斯の如きことを遣ったのは蓋し❻薩長内閣の過であると明言するを憚らぬのである。海軍大臣が議会に向って争いを挑めば、此議会は決して聞逃すことは出来ないと思ふ。

『大日本憲政史』

解説　いわゆる蛮勇演説は第二回帝国議会（一八九一年一二月二一日）における予算審議のなかで飛び出した。海軍省は大規模な軍艦建造費と製鋼所設立費を要求、第一次松方内閣は政治的配慮もあってその規模を縮小して予算委員会に提出したが、「民力休養・経費節減」を主張する民党はこれを削除してしまうのである。それに際し、海相であった樺山資紀が史料に見るような演説で飛び出した。これに激怒した民党は予算案大削減案を可決、松方内閣は二五日衆議院を解散して民党と対決することとなった。

参考　無血虫の陳列場——兆民の目にうつる初期議会　★☆☆☆

認め得たり、蠢々たる三百の無血虫、無腸男児の中、一の有血虫、有腸男児を、此の人是れ誰ぞ、姓氏如何、速に開かまほし、我れ言ふを俟たず、君既に知らん、曰く、如何、速に教へよかし、

明治

史料

兆民居士中江翁篤介先生

真個、此の居士、此の翁、此の先生、万緑叢中一点の紅なるものよ、請ふ君、此を仰げ、我れ豈に夙に此を崇めざらんや、彼の若円案*の一たび議場を通過するや、此の居士、此の翁、此の先生は、忽ち、アルコール中毒の為め表決の数に加はり兼ね候に付辞職仕り候との届書を中島議長に呈し、袂を払ふて、衆(醜か臭か)議院の議場を去れり、嗚呼、居士の居士たる所以、翁の翁たる所以、先生の先生たる所以、此に於て乎平有り、頃日、居士は、或人に語げらく、衆議院に居ること一日永ふする丈けそれ丈け、汚垢に染むの感あり、為に居堪らずと、仙骨、塵垢に染む、宜べなる哉、居士の此言を為せる、ア、仙か仙か、居士豈に仙人的の仙ならんや、先生豈に凡俗的の俗ならんや、仙か尋常の仙に非ず、俗か尋常の俗に非ず、此の仙、此の俗、居士以外還た求むべからず、蓋し居士這般このびの挙止は、彼の無血虫の殺虫剤たるべし、知らず尚ほ此の無血虫は怙然として、蠢動せんとする乎、人有り曰く、既に無血虫たり豈に恥を知らんやと、於是吾生は筆毛の先を喰ひ占めて、満面朱を灑ぐこと多事。

〔一八九一年二月二七日「あづま新聞」〕

史料注　**あづま新聞**　一八九〇(明治二三)年一二月創刊。大井憲太郎らの立憲自由党内左派の機関紙。労働者、細民にも呼びかけ、発行部数三万部といわれた。この急進的立場を恐れた政府は長期発行停止を続けたので、一八九一年末に廃刊となったらしい。

解説

一八九〇(明治二三)年一一月に始まった第一回帝国議会において圧倒的多数を占めた民党は、民力休養(地租軽減)、経費節減(軍事予算反対)を叫び政府と対決した。予算委員会は、政府提出の予算案を査定し、歳出八三三二万円の一割の削減を要求した。政府は自由党の土佐派を買収し、その脱落で予算案を修正し、六五一万円の削減で予算案を可決した。このなかには竹内綱(吉田茂の父)や植木枝盛らがいた。中江兆民は「衆議院は無血虫の陳列場」とこれを怒り、議員を辞めてしまったのである。

Spot

初めての総選挙

当時の選挙人資格は選挙権も被選挙権も直接国税一五円以上を納める者で、それは大変な額であった。有権者は大半が大地主であり、全人口の約一・一%に過ぎなかった。その一方、有権者になるということは大変名誉なことであったから選挙戦は真剣そのものであった。横浜では運動員が日本刀を背中にくくりつけて長いこん棒を持って張り合った。戸別訪問や食事の接待も大目にみられていたから、私財を投げ売っての戦いは言論戦よりも顔と情実によるものであった。日本のルソーと呼ばれた中江兆民は、立候補の意志も金もなかったが「東雲新聞」を発行し、未解放部落の解放に努力していたので、兆民を慕う大阪の活動家たちが自分たちの土地を兆民の名義に書きかえて登録をしてしまった。兆民は大阪四区から二〇四一票のうち一三五二票を獲得して当選した。

4 近・現代

⑰ 条約改正

❶ 井上馨外相条約改正案──一八八七年四月二二日議了　★☆☆☆

要点ナビ
鹿鳴館時代。第一次伊藤博文内閣。

1　第一条　日本帝国政府ハ、本条約締結後二ケ年ノ中ニ於テ、全ク国内ヲ開放シ、永久外人ヲシテ雑居セシムヘシ。❶

第四条　日本帝国政府ハ泰西主義❷二則リ、本条約ノ定款二遵ヒ、司法上ノ組織及成法ヲ確定ス可シ。之ヲ類別スレハ、(第一)刑法、(第二)刑事訴訟法、……(第五)民事訴訟法、……

5　第七条　其原告タル被告タルヲ問ハス、凡テ一人若クハ数人ノ諸外国人カ与リタル民事訴訟ヲ、日本裁判所二於テ裁判スルニ当リテハ、左二列記シタル条々二遵ハサルヘカラス。

(一)始審裁判所❸、控訴院❹及大審院❺ノ判事ハ、外国裁判官其多数二居ルヘキ事。……

(十)刑事ノ予審ハ、外国裁判官之二当ルヘシ。

『明治文化全集』

解説

不平等条約の撤廃は、新政府にとって最大の課題であった。副島外務卿期の岩倉使節による予備的会談、英人アヘン密輸事件、ドイツ商船検疫拒否事件を機に、**関税自主権の回復**を優先させた寺島宗則の交渉が失敗に終わると、**治外法権の撤廃**が一層強く叫ばれた。一八七九(明治一二)年外務卿となった井上馨(八五年内閣制度発足以降、第一次伊藤内閣の外務大臣)は、いわゆる「鹿鳴館時代」と呼ばれる欧化政策を進め、文明開化を欧米に印象付ける一方、一八八二(明治一五)年、東京で列国公使合同の予議会を行ったのち、八六年から条約改正会議を行い、英独案を基礎に八七年四月、治外法権の撤廃、一部関税自主権の回復をめざした改正案を得た。この案は「泰西主義」、すなわち西洋に範をとった法典を編纂し、英訳を示し承認を受けること・外国人判事を任用すること・外国人に内地を開放し(内地雑居)、動産、不動産所有を認めること等を盛り込み、対等条約とはほど遠いものであった。ボアソナードは現行条約より劣るとし、農商務大臣谷干城は亡国条約と反対して辞職する等、政府内部からも批判され、九月井上は辞任した。

❷ 榎本外相の外交意見書──一八九一年一〇月閣議提出　★☆☆☆☆

※色文字は重要語

❶雑居セシムヘシ　内地雑居。外国人の内地居住、旅行、営業、不動産取得を認めること。

❷泰西主義　ヨーロッパにならって法律を制定すること。

❸始審裁判所　第一審の裁判所。

❹控訴院　第二審裁判所。

❺大審院　旧司法制度における最高最終の裁判所。

史料注

明治文化全集　明治前期の基本史料集。一八九〇年頃までの文献を収録。一九二七年から皇室編、自由民権編等全二四冊を刊行した。

探究36

井上案は、自由民権運動にどのような影響を与えたか。

明治

4　近・現代

1　現行条約ノ我ニ有害ナルコト①概ネ如シ是ヲ以テ、之カ改正ヲ加ヘントノ冀望ハ既ニ岩倉大使②欧米行ノ時ニ起リ、彼地ニ於テ談判ノ端ヲ試タルモ実際何等ノ結果ヲ見ルヲ得サリキ。爾後十一箇年間時③ノ政府専ラ海関税増加ノ談判ニ従事シタリシモ亦其効ヲ見ル能ハス。明治十五年ニ至テ外務卿井上伯ハ、各国公使ト条約改正予議会ナル者ヲ開キ④、我国権回復ノ緒ヲ開キ以テ大ニ改正談判ノ歩ヲ

5　進メ、同十九年二十年間同伯ハ改正談判ノ端ヲ試ミ⑤実際ニ向テ全ク一個ノ生面⑥ヲ開ケリ。即チ領事裁判権ノ廃棄ヲ以テ内地全開⑦ノ交換物ト為セルコト是ナリ。……然レトモ税額ノ増加即チ我国益上ノ歩ヲ著シク歩ヲ進メタリシカ、国権上ニ対シ不完全ノ条項アリト云フヲ以テ談判中止トナリ、同二十二年大隈伯ノ談判ニ至テハ裁判権並ニ其他ノ条件ニ於テモ前案ニ比スレハ更ニ一層ノ歩ヲ進メ、

10　既ニ欧州一二ノ大国政府ハ其成案ニ記名シ⑪、若クハ批准スルニ至リシモ、猶我国権上ニ対シ不完全ノ条項アルヲ免レスト云フヲ以テ是レ亦其成績ヲ見ルニ及ハスシテ我ヨリ端ヲ開キ、我ヨリ之ヲ閉ルノ姿トナリテ止メリ。青木子⑫、大隈伯ノ後ヲ承テ談判ヲ続クニ至テ、遂ニ能ク殆ント対等条約ニ近キ立案ヲ提出シ、而シテ英政府ヲシテ一二条項ヲ除クノ外ハ其重要ノ部分ヲ承諾セシムルニ至リタルハ、殆ント意想外ノ結果ト謂ハサル可ラス。……抑モ亦一ハ井上大隈二伯ノ苦心焦慮ヨリ生セシ結果、

15　一ハ亜洲全局ノ近況英政府ヲシテ深省ヲ発セシメシニアラスヤ。亜洲全局ノ近況トハ西伯里鉄道ノ起工是ナリ、蓋シ西伯里鉄道ハ英国ノ東洋ニ於ケル特権ヲ剥奪スルノ利器タル八本官ノ贅言⑬ヲ待タス。故ニ青木子ハ自家有為ノ器ヲ以テ目下乗ス可キノ機ニ会ヒタリト謂フモ不可ナキカ如シ。

『大日本外交文書』

解説
本史料は青木周蔵が**大津事件**で引責辞職したあと外相となった榎本武揚が、一八九一（明治二四）年閣議に提出した意見書である。榎本はこのなかで、不平等条約の改正交渉の経緯をまとめ、今後の方針として青木の内容の骨子と改正交渉の案を断固として進めることを説いている。ロシアのシベリア鉄道起工・東進南下策がイギリスにとって脅威となり、そのことが青木の条約改正案を有利に導いていることに注意したい。

明治

要点ナビ

日本（青木周蔵駐英公使）と英（キンバレー外相）との間で調印。
第二次伊藤博文内閣。

1大不列顛国　イギリス。大英帝国。

史料注

日本外交年表竝主要文書
一九五五（昭和三〇）年、外務省が『日本外交文書』の別冊として編纂、刊行。

2特権、特権及免除　領事裁判権のこと。

史料注

一八五四（安政元）〜一九四五（昭和二〇）年の主要文書を収録。

探究37

一八九四年、改正条約が最初にイギリスとの間に調印された理由を述べよ。

史料注

蹇々録「カミソリ陸奥」とあだ名された陸奥宗光が自ら執筆した外交記録。東学党の乱から三国干渉等陸奥外交の全貌を伝える。蹇々とは悩み、苦しむという意味。

❸ 日英通商航海条約──一八九四年七月一六日調印　★★★☆☆

1第二十条　本条約ハ……大不列顛国臣民力享有セシ所ノ特典、特権及免除ハ本条約実施ノ日ヨリ別ニ通知ヲナサ部トシテ大不列顛国力日本帝国ニ於テ執行シタル裁判権及該権ニ属シ、又ハ其ノ一ス全然消滅ニ帰シタルモノトス。而シテ此等ノ裁判管轄権ハ本条約実施後ニ於テハ日本帝国裁判所ニ於テ之ヲ施行スヘシ。

『日本外交年表竝　主要文書』

解説

日英通商航海条約は、一八九四（明治二七）年七月一六日ロンドンで、青木周蔵駐英公使（駐独公使兼任）とキンバレー英外相との間で調印された。時の外務大臣は陸奥宗光である。条約の骨子は、日本内地の開放と領事裁判権の撤廃、関税自主権の部分的な回復であった。一八九四年六月二日、朝鮮半島では東学党を中心とする農民反乱が起こり、朝鮮政府の要請を受けて出兵し、日本も朝鮮半島へ出兵した。一方、東アジアをめぐっては、ロシアのシベリア鉄道起工以来、英露かった。

の利害対立が顕在化しつつあった。ロシアの対露を有利にするとのイギリスの思惑との係から切り離したいとする日本の思惑と、日本に接近すること対露をめぐる極東政府を有利にするとのイギリスの思惑となかで本条約は成立した。調印後、日本は清国との戦争に突入するのである。本条約は最恵国待遇も相互的に改めたが、重要輸入品については片務的協定関税を認め、関税自主権回復は不完全であった。完全回復は一九一一（明治四四）年小村寿太郎外相のもとでの日米新通商航海条約の調印まで待たねばならなかった。

朝鮮半島を清国との宗属関

📖参考

陸奥宗光の回想　★☆☆

明治二十七年七月十三日付を以て、青木公使は余に電稟して*電報で報い曰く、本使は明日を以て新条約*日英通商航海条約に調印することを得べしと。而して余が此電信に接したるは、*抑も如何なる日ぞ。*切迫して（一八九四年七月二五日に日清戦争が始まる）余が大鳥公使*大鳥圭介。駐朝鮮公使兼駐清公使に向ひ、何等の口実を使用するも差支なし、実際の運動を始むべしと、訣別類似の電訓を発した*鶏林八道の危機方に旦夕に迫るの必要あり。今は断然たる処置を施すの必要あり。余が此間の苦心惨憺、*鶏林八道朝鮮のこと経営の太忙なりしは、実に名状すべからず。然れども、僅かに二日を隔つるのみ。余が此間の苦心惨憺、頓に余をして積日の苦労を忘れしめたり。る後、僅かに二日を隔つるのみ。余が此間の苦心惨憺、経営の太忙なりしは、実に名状すべからず。然れども、今此喜ぶべき佳報に接するや、頓に余をして積日の苦労を忘れしめたり。

『蹇々録』

⑱ 日清戦争

① 脱亜論（だつあろん）——一八八五年三月一六日掲載　★★☆☆☆

1
　我日本の国土は亜細亜（アジア）の東辺に在（あ）りと雖（いえ）ども、其国民の精神は既（すで）に亜細亜の固陋（ころう）❶を脱して西洋の文明に移りたり。然（しか）るに愛（ここ）に不幸なるは近隣に国あり、一を支那（しな）と云（い）ひ、一を朝鮮と云ふ。……これを喩（たと）へば比隣（ひりん）❷軒（のき）を並べたる一村一町内の者共が、愚（ぐ）にして無法にして然（しか）も残忍無情なるときは、稀（まれ）に其町村内の一家人が正当の人事に注意するも、他の醜（しゅう）に掩（おお）はれて埋没（いんぼつ）❸するものに異ならず、……左（さ）れば今日の謀（はかりごと）を為（な）すに、我国は隣国の開明を待て共に亜細亜を興（おこ）すの猶予（ゆうよ）ある可（べか）らず、寧（むし）ろ其伍（ご）❹を脱して西洋の文明国と進退を共にし、其支那朝鮮に接するの法も隣国なるが故にとて特別の会釈（しゃく）に及ばず、正に西洋人が之（これ）に接するの風に従（したが）ひて処分す可（べ）きのみ。悪友を親しむ者は共に悪名を免（まぬ）かる可（べ）らず。我れは心に於（おい）て亜細亜東方の悪友を謝絶（しゃぜつ）❺するものなり。

『時事新報（じじしんぽう）』

史料注

時事新報　一八八二（明治一五）年三月一日福沢諭吉により創刊。「不偏不党」「独立不羈（ふき）」を標榜し、福沢自身論説を執筆。世論や政府の政策にも大きな影響を与えた。

※色文字は重要語
❶固陋　見聞が狭くてかたくななこと。古いことに頑固に執着して、新しいものを嫌うこと。
❷比隣　軒を並べる隣。近隣。
❸埋没　跡形もなく消滅すること。
❹伍　仲間。
❺謝絶　断わること。拒絶すること。

解説　脱亜論（だつあろん）は、対アジア政策の基本姿勢について書かれた福沢諭吉（ふくざわゆきち）の評論である。一八八五（明治一八）年三月一六日の時事新報の社説として発表された。欧米諸国のアジアへの勢力拡大のうねりのなかで、西欧化、文明開化を一つの歴史的事実として受け止め、西洋文明を取り入れての国内の政治改革を進めない限り、国家の独立は維持できないと主張した。さらに西洋文明と隔絶し、古風旧慣のなかに生きようとする朝鮮や清国を見捨てても日本は独自に近代化を進め、西洋諸国の仲間入りをし、西洋流の方法で朝鮮・清国に接するほかはないと述べ、典型的な脱亜論とされる。福沢が脱亜論を掲げてゆく背景には、朝鮮の改革に期待をかけ改革派を支援していた福沢が、一八八四（明治一七）年一二月の甲申事変（こうしんじへん）で独立党（改革派）が一掃され、閔妃（びんひ）を中心にした事大党政権（保守派）がより強固なものとなったことに失望したことが考えられている。自由民権運動を文明のスタイルとしてとらえ、激化事件を機に国権論が台頭、大阪事件を引き起こしてゆく民権各派とつながるとらえ方をみることができる。脱亜論はその後の日本の外交政策の一つの底流となった。

要点ナビ
日本（伊藤博文）と清国（李鴻章）との間で調印。

❶変乱　事変や騒乱。
❷撤回　撤兵。
❸留防　軍隊を留め置くこと。

史料注
日本外交年表竝主要文書
三五二頁参照。

❷ 天津条約——一八八五年四月一八日調印　★☆☆☆☆

一、将来朝鮮国若シ変乱重大ノ事件アリテ日中両国 或ハ一国兵ヲ派スルヲ要スルトキハ応ニ先ツ互ニ行文知照スヘシ。其ノ事定マルニ及テハ仍チ撤回シ再タヒ留防セス。

『日本外交年表竝主要文書』

解説

日朝修好条規締結以降日本商人が朝鮮半島に進出し、また朝鮮修信使等の留学生も来日するなど、軍制改革を初め政治、経済、文化の面で朝鮮と日本との交渉が進展すると、宗主国清と日本とは対立した。当時朝鮮では国王（高宗）の父である大院君と妃である閔妃とが対立し、閔妃は一族とともに日本にならう政治路線を進めていたが、一八八二（明治一五）年兵制改革に反対する軍人の反乱に端を発する反日的な壬午軍乱が起こった。閔妃は自分と対立し、この反乱を支持した大院君が清国に抑留されることでこの軍乱が収まると、清国に依存する姿勢に転じ、守旧派（事大党）となって政権を掌握した。一方、親日的な路線を歩もうとする金玉均、朴泳孝らの独立党は、清仏戦争（一八八三〜八五）を機に朝鮮公使竹添進一郎らを後盾として袁世凱打倒のクーデターを起こした一八八四（明治一七）年事大党政権での清国の力は一層強いものとなった。そこで、日本政府は伊藤博文を全権大使として天津に送り李鴻章との間に今後朝鮮での兵乱に際し、両国または一国が出兵する際には互いに通告し、平定後は即時撤兵することが定められた。この後日本国内では対清主戦論が唱えられ、軍備増強が企図されるとともに、民権派は朝鮮の内政改革を求めた大阪事件を起こし、国権論が台頭した。この天津条約はのちに日清開戦時の出兵の根拠とされ、朝鮮半島をめぐり日清間の対立は次第に激しさを増していった。

❸ 主権線と利益線　★★☆☆☆

(1)山県有朋の外交政略論——一八九〇（明治二三）年三月

我邦利益線ノ焦点ハ実ニ朝鮮ニ在リ、西伯利鉄道ハ已ニ中央亜細亜ニ進ミ其数年ヲ出スシテ竣功スルニ及テハ、露都ヲ発シ十数日ニシテ馬ニ黒龍江ニ飲フヘシ……他ノ一方ニ於テハ加奈陀鉄道新線成ルヲ告ケ、英国ヨリ東洋ニ達スル距離ヲ短縮シ……東洋ノ遺利財源ハ方ニ肉ノ群虎ノ間ニ在ル

❶西伯利鉄道　フランス資本を背景とし、一八九一年着工、一九〇五年までに東清鉄道を結ぶ線が完成。全線完成は一九一六年。

5 カ如シ。……利益線ヲ保護スルノ外政ニ対シ、必要欠ク可ラサルモノハ第一兵備、第二教育是ナリ。

『山県有朋意見書』

(2)第一議会山県首相施政方針演説——一八九〇年一二月六日

予算帳ニ就キマシテ　最モ歳出ノ大部分ヲ占メルモノハ即チ陸海軍ノ経費デ御座キマス。……蓋シ国家独立自営ノ道ニ二途アリ、第一ニ主権線ヲ守護スルコト、第二ニハ利益線ヲ保護スルコトデアル。其ノ主権線トハ国ノ疆域⑤ヲ謂ヒ、利益線トハ其ノ主権線ノ安危ニ、密着ノ関係アル区域ヲ申シタノデアル。凡国トシテ主権線及利益線ヲ保タヌ国ハ御座リマセヌ。……一国ノ独立ヲ維持スルニハ、独リ主権線ヲ守禦スルノミニテハ決シテ十分トハ申サレマセヌ。

『第一回帝国議会衆議院速記録』

解説　日本の陸軍の生みの親ともいえる山県有朋は、甲申事変後の朝鮮半島において清国の影響力が強まっていくなかで、軍制改革、軍備拡大に腐心した。一八八九(明治二二)年には徴兵令を大改正し、戸主の徴兵猶予等の免役規定や代人制度を廃止し、また中等学校・師範学校卒業者に対しても志願制度や短期現役制度を採用し、国民皆兵をより徹底させていった。九〇年には海軍の倍増計画も出され、対外戦争を意識した軍備拡張が進められた。対外攻略論は一八八〇(明治一三)年、山県首相が閣僚に回覧した意見書に「国家独立自営の道に二つあり」として「主権線の守禦」と「利益線の防禦」を挙げ、完全な防禦のためには利益線の確保は不可欠で、日本にとってそれは朝鮮であることをはっきりと述べている。さらにシベリア鉄道完成の際にはそれが英露の対立の焦点になろうと予測している。シベリア鉄道はロシア国内を東西に横断する世界一長い鉄道で、全線開通は日露戦争中の一九〇四年九月であるが、朝鮮半島から中国東北部へとつらなる北東アジアにおいてロシアの南下は脅威であった。かくて今日の重要なる課題は軍備の増強と教育であり、愛国心に基づいた国民教化の上に、将来にわたって朝鮮半島を利益線として確保することが必要であることを強調した。

要点ナビ

日本(伊藤博文首相、陸奥宗光外相)と清国(李鴻章、李経方)との間で調印。

2 竣功　工事ができあがること。

3 加奈陀　一七六三年のパリ平和条約でカナダは英の支配下に入る。一八六七年カナダ連邦成立、一九〇六年自主権付与。

4 遺利　取り残された利益。

5 疆域　境界。国境。

史料注

山県有朋意見書　山県有朋の提出した意見書等八二点を収録、内容は主に政治、外交、軍事にわたる。附録として陸軍省沿革史を収録、大山梓編。

第一回帝国議会衆議院速記録　官報号外として一般に頒布され、衆議院での議事を知る基本史料。

4 下関条約——一八九五年四月一七日調印　★★★★☆

1第一条　清国ハ朝鮮国ノ完全無欠ナル独立自主ノ国タルコトヲ確認ス。因テ右独立自主ヲ損害スヘキ朝鮮国ヨリ清国ニ対スル貢献典礼等ハ将来全ク之ヲ廃止スヘシ。

1 貢献典礼　属国(朝鮮)と

して（中国に）行う貢物や儀礼。

史料注　大日本外交文書　三一七頁参照。

要点ナビ

露、独、仏から日本（第二次伊藤博文内閣）への勧告。

1 露国皇帝陛下　ニコライ二世。

2 媾和条件　媾和は講和に同じ。ここでは下関条約をさす。

探究38　下関条約が日本の資本主義の発達に果たした役割を述べよ。

4 庫平銀二億両　庫平は清朝の標準の「はかり」。当時の邦貨にして約三億円。

3 賠償金　日清戦争の日本の戦費は二億四七万円であり清国から得た賠償金は三億六〇〇〇万円以上であったから損失を補ってはるかに上まわるものであった。

2 南部ノ地　いわゆる遼東半島。

第二条　清国ハ左記ノ土地ノ主権並ニ該地方ニ在ル城塁、兵器製造所及ヒ官有物ヲ永遠日本国ニ割与ス。

一　左ノ経界内ニ在ル奉天省南部ノ地……

二　台湾全島及其ノ附属諸島嶼

三　澎湖列島……

第四条　清国ハ軍費賠償金トシテ庫平銀二億両ヲ日本国ニ支払フヘキコトヲ約ス、……

『大日本外交文書』

解説　下関条約は、戦勝国の日本が下関で清と結んだ講和条約で、日本全権は伊藤博文と陸奥宗光、清国全権は李鴻章と李経方であった。一八九五（明治二八）年四月一七日に調印、同年五月八日批准書が交換された。内容は清国が朝鮮国の独立を認め、遼東半島、台湾全島、澎湖諸島の割譲、軍事賠償金として庫平銀二億両（三億円）の支払い、新たに沙市、重慶、蘇州、杭州を開いての日本国汽船の内陸航路延長、清国内地での商品購買の自由や開市・開港場での居住、製造業従事の自由等を認めるというものであった。この条約によって、日本は清国に対して欧米列強と肩を並べ得る治外法権などの不平等条約を獲得し、（日清通商航海条約―一八九六（明治二九）年七月調印。日本の治外法権、最恵国待遇を記し、関税等は当面清と西欧諸国との間に取り決められたものを準用するとした。）得たる償金は金本位制の確立、陸海軍の軍備強化に役立ち、本格的な産業革命の起動力となった。なお、日本の勝利は「眠れる獅子」といわれた清国の弱体ぶりを露顕させることとなり、欧米列強は競って中国分割に乗り出すこととなった。

⑤ 三国干渉──一八九五年四月二三日　★☆☆☆☆

1

露国皇帝陛下ノ政府ハ日本ヨリ清国ニ向テ求メタル媾和条件ヲ査閲スルニ、其ノ要求ニ係ル遼東半島ヲ日本ニテ所有スルコトハ、常ニ清国ノ都ヲ危フスルノミナラス、之ト同時ニ朝鮮国ノ独立ヲ有名無実トナスモノニシテ、右ハ将来永ク極東永久ノ平和ニ対シ障害ヲ与フルモノト認ム。随テ露国政府ハ日本国皇帝陛下ノ政府ニ向テ重テ其誠実ナル友誼ヲ表センカ為メ、茲ニ日本国政府ニ勧告

4　近・現代

明治

3　査閲　調査すること、吟味すること。

4　清国ノ都　北京。

5　友誼　友情。友好。

史料注
日本外交年表竝主要文書
三五二頁参照。

1　三国干渉とその背景　一八九五（明治二八）年四月から五月にかけての記述。

2　露京　ロシアの首都ペテルスブルグのこと（現在サンクトペテルブルグ）。

3　同公使　西公使のこと。

4　鬼胎　おそれ。

5　炳然　あきらかに。

6　批准　条約を国家の主権者が承認すること。条約の最終的確認。

史料注
蹇々録　三五二頁参照。

5　スルニ、遼東半島ヲ確然領有スルコトヲ放棄スヘキコトヲ以テス。

『日本外交年表　竝　主要文書』

解説　一八九五（明治二八）年の下関条約調印から六日後の四月二三日、露仏独の駐日公使は日本に対して、遼東半島の清国への返還を求める勧告を行った。その理由は本史料にも見るように、日本が遼東半島を所有するということは常に清国の都を危うくするのみならず、同時に朝鮮国の独立を有名無実とし、極東の永久の平和の障害となるというものであった。ロシアはシベリアを含む東方の安全確保や南下政策推進のためには日本の優位を認められず、ドイツは露仏同盟の成立によって欧州で孤立してしまう危険を避け、合わせて将来の中国分割への手掛かりを求めるため、またフランスもロシアに同調する方針をとったのである。ロシアはイギリスに対しても同調を求めたが、ロシアの中国進出を警戒するイギリスは、対ロシア勢力である日本と敵対することを望まず、米とともに局外中立の立場をとった。日本は英米諸国等を動かして対抗しようとしたが、開戦を招きかねない状況のなかで、五月五日ついに勧告に従うこととなった。一一月に還付条約に調印し、代わりに報償金として庫平銀三〇〇〇万両を得たが、政府はこれを契機に「臥薪嘗胆」をスローガンに国民の反ロシア感情をあおり、ロシアとの戦争が準備されてゆくこととなる。

❻ 三国干渉とその背景 ❶　★☆☆☆☆

1
露国外務大臣は、露国政府においては我が覚書に対し満足する能はずと言明し……露国は徹頭徹尾日本国が旅順口を領有するを障害なりと認むる……かつ四月二十九日、露京発同公使の別電にも露国の底意は一旦日本が遼東半島において軍港を領有すれば、その勢力同半島内に局限せずして、将来遂に朝鮮全国幷びに満洲北部豊饒の地方をも併呑し、海に陸に露国の領土を危くすべしとの鬼胎を懐き居る模様ありといい来りたることあれば、露国政府は猜眼以て我が国を視、その憶測すこぶる過大に失するが如くなれども、ともかくもその内心の日本をして清国大陸において寸土尺壌たりとも侵略せしめざるにあるは炳然火を観るが如し。これ以上は我において砲火以てその曲直を決するの覚悟なくして、徒に尊俎の間に折衝するはすこぶる無益の事に属し、かつこの頃清国は既に三国干渉の事を口実とし、批准交換の期限を延引せんことを提議し来れり。

『蹇々録』

4 近・現代

探究39　三国干渉の理由を述べよ。

明治

解説

蹇々録は日清戦争の時の日本外交の全容を述べた当時の外務大臣陸奥宗光の回想録である。遼東半島の清国への還付を勧告する三国干渉は極東への南下政策を強めるロシアと朝鮮半島から更なる内陸へと膨張策を抱く日本とのせめぎあいであり、それは一〇年後の日露戦争において現実のものとなるのである。

---

1 かねて伊藤内閣とは外交問題で戦ったが　徳富蘇峰は一八九四(明治二七)年、対外硬六派に接近し第二次伊藤内閣と対立していたことをさす。

2 御用船　政府の使用に供する船舶。

史料注

蘇峰自伝　徳富蘇峰自身の手による自伝。蘇峰の思想上の変遷を窺い知ることができる。一九三五(昭和一〇)年中央公論社刊。

官報　三四四頁参照。

参考　三国干渉と徳富蘇峰 ★☆☆☆

帰って見れば、出発当時の形勢とは打って変り、恰も火の消えたる状態で、これは何事である乎と聞けば、愈々遼東還付であると云ふ事にて、予は実に涙さへも出ない程口惜しく覚えた。此の遼東還付が、一生に於ける運命を支配したと云ふても差支へあるまい。此事を聞いて以来、予は精神的に殆ど別人となった。而してこれと云ふも畢竟すれば、力が足らぬ故である。力が足らなければ、如何なる正義公道も、半文の価値も無いと確信するに至った。一口に云えば、伊藤公及び伊藤内閣が憎かった。

かねて伊藤内閣とは外交問題で戦ったが今更ながら眼前に遼東還付を見せつけられたには、開いた口が塞らないと云ふばかりでは無かった。彼等の干渉に腰を折った、吾が外交当局者が憎かった。

そこで予は一刻も他国に返還したる土地に返還したる土地には旅順口の波打際から、小石や砂利を一握り手巾に包んで持ち帰った。せめてこれが一度は日本の領土となった記念として。

　　　　　　　　　　　　　『蘇峰自伝』

参考　日清戦争開戦詔書 ★☆☆☆

天佑ヲ保全シ万世一系ノ皇祚ヲ践メル大日本帝国皇帝ハ忠実ナル勇武ナル汝有衆ニ示ス。朕茲ニ清国ニ対シテ戦ヲ宣ス。朕カ百僚有司ハ宜ク朕カ意ヲ体シ陸上ニ海面ニ清国ニ対シテ交戦ノ事ニ従ヒ、以テ国家ノ目的ヲ達スルニ努力スヘシ。……朝鮮ハ帝国カ其ノ始ニ啓誘シテ列国ノ伍伴ニ就カシメタル独立ノ一国タリ。而シテ清国ハ毎ニ自ラ朝鮮ヲ以テ属邦ト称シ、陰ニ陽ニ其ノ内政ニ干渉シ、其ノ内乱ニ*アルニ於テロ実ヲ以テ朝鮮ニ出シタリ。朕ハ明治十五年ノ条約*ニ依リ兵ヲ出シテ変ニ備ヘシメ、更ニ朝鮮ヲシテ禍乱ヲ永遠ニ免レ治安ヲ将来ニ保タシメ以テ東洋全局ノ平和ヲ維持セムト欲シ、先ッ清国ニ告クルニ協同事ニ従ハムコトヲ以テシタルニ、清国ハ*種々ノ辞柄ヲ設ケ之ヲ拒ミタリ。……更ニ大兵ヲ韓土ニ派シ我艦ヲ韓海ニ要撃シ殆ト亡状ニ極メタリ。則チ清国ノ計図タル、明ニ朝鮮国治安ノ責ヲシテ帰スル所アラサラシメ、帝国力率先シテ之ヲ独立国ノ列ニ伍セシメタル朝鮮ノ地位ハ之ヲ表示スルノ条約ト共ニ之ヲ蒙晦ニ付シ、以テ帝国ノ権利利益ヲ損傷シ、以テ東洋ノ平和ヲシテ永ク担保ナカラシムルニ存スルヤ疑フヘカラス。

*朝鮮に関する日清共同内政改革案を清国が拒否したこと

*済物浦条約。東学党の乱のこと

*翻（ひるがへつて）改革案を提案してきたのを翻して

　　　　　　　　　　　　　『官報』

4 近・現代

明治

要点ナビ
第二次山県有朋内閣。

⑲ 日清戦後経営

① 立憲政友会宣言 ── 一九〇〇年八月二五日発表 ★ ☆☆☆

1
帝国憲法の施設既に十年を経て其効果見るべきものありと雖も輿論を指導して善く国政の進行に貢献せしむる所以に至りては、其道未だ全く備らざるものあり、即ち各政党の言動或は憲法の既に定めたる原則と相扞格するの病に陥り、或は国務を以て党派の私に殉ずるの弊を致し、或は宇内の大勢に対する維新の宏謨と相容れざるの陋を形し、外帝国の光輝を掲げ内国民の倚信を繋ぐに於

5
て多く遺憾あるを免れざるは、博文の久しく以て憂としたる所なり。……

抑閣臣の任免は憲法上の大権に属し、其簡抜択用或は政党員よりし或は党外の士を以てす。皆元首の自由意志に存す。而して其巳に挙げられて輔弼の職に就き献替のことを行ふや党員政友と雖も決して外より之に容喙するを許さず。苟もこの本義を明らかにせざらむ乎、或は政機の運用を誤り、或

10
は権力の争奪に流れ、其害言ふべからざるものあらんとす、予は同志を集むるに於て全く此の弊竇の外に超立せしむることを期す。

『立憲政友会史』

② 自由党を祭る文（幸徳秋水）── 一九〇〇年八月三〇日掲載 ★ ☆☆☆

1
歳は庚子に在り八月某夜、金風淅瀝として露白く天高きの時、一星忽焉として墜ちて声あり。嗚呼自由党死す矣。而して其光栄ある歴史は全く抹殺されぬ。……汝自由党が自由平等の為に戦ひ、文明進歩の為め闘ふや、義を見て進み正を踏で懼れず、千挫屈せず百折撓まず、凜乎たる意気精神、

何度挫折しても屈することなく

史料注
立憲政友会史 一九二五（大正一四）年刊。原敬の提案により同党の歴史をまとめたもの。

※色文字は重要語

❶扞格 衝突して互いに相容れないこと。
❷私に殉ずる 私利私欲に走る。
❸宇内 天下。世界。
❹宏謨 広大な計画。
❺陋 劣り醜いこと。
❻倚信 信用して頼ること。
❼簡抜択用 選び抜くこと。
❽献替 主君を補佐し、可否を言上すること。
❾容喙 余計な口出し。
❿弊竇 弊害のある点。

❶庚子 一九〇〇（明治三三）年。
❷忽焉 突然。たちまち。
❸凜乎 勇気の盛んな様子。

❶爾来　その時以降。

❹秋霜烈日　秋の冷たい霜と、夏のはげ（烈）しい日光から、おごそかで厳しい様子。

❺退去令　一八八七（明治二〇）年の保安条例のこと。この条例で自由民権運動に参加していた幸徳秋水は退去を命じられた。

史料注
万朝報　黒岩涙香の経営、編集した日刊新聞。一八九二（明治二五）年創刊。社会主義的な主張を支持した最も進歩的な新聞となり、一九〇三年一〇月まで反戦論を戦わせた。一九四〇年「東京毎夕新聞」に併合。

探究40　立憲政友会成立の歴史的意義を述べよ。

真に秋霜烈日❹の慨ありき。而して今安くに在る哉。……見よ、今や諸君は退去令発布❺の総理伊藤侯、吾人は独り朝報

退去令発布の内相　山県侯の忠実なる政友として、汝自由党の死を視る路人の如く、

5　の孤星に拠って尚ほ自由平等文明進歩の為めに奮闘しつつあることを。

『万朝報』

解説
立憲政友会は、一九〇〇（明治三三）年八月二五日、伊藤博文らによって創立された。戦前における日本の代表的政党である。西園寺公望、金子堅太郎、林有造、尾崎行雄、星亨らを創立委員とし、憲政党（旧自由党）代議士をほぼ全面的に吸収、当初一五二名の会員を擁して衆議院の過半数を制した。またこれは日清戦争後の資本主義の発展のなかで、三井、安田、渋沢、大倉等の大財閥を初め、全国の実業家、地方名望家層を糾合したものでもあった。

日清戦後経営は、陸軍師団増設、製鉄所創設等を清国からの賠償金で賄いつつも、産業育成のため大幅な財政の膨張を招いていた。政府一般歳出は一八九三年には八四五五万円であったが、戦後の九七年には二億二三六七万円に達していった。このため酒税等の間接税の増税、次いで地租増徴が不可避となり、衆議院で多数の賛成を得ることが是非とも必要となっていた。伊藤は帝国議会開会後、政党の改良と国民政党の組織に着切ることの困難さを理解し、衆議院に与党を持たずに議会を乗り手していた。九八年五月第三次山県内閣との連携を断った憲政党は自ら政権をめざすなかでこの伊藤擁立に乗り出し、これ

伊藤の国民政党論は、のちに立憲政友会成立につながってゆく。"春雨の霑う如き" 醜い政争を排し一党一派に偏することなく政治を行おうとするものであった。それゆえ伊藤は党という文字を嫌い政友会という名称を用いるのであるが、それはまた本史料に見るように天皇の意を受けての総裁独裁制による勅許政党にほかならなかった。伊藤にとって国家とは常に弱肉強食のなかで万国対峙してゆかねばならぬ国家であり、そのためには構成員である国民は進んで犠牲を忍ぶべきものとして、それが国民の義務と考えられた。しかし実際において政友会の成立は、政党が藩閥の領袖と提携し、その基本政策を受け入れることによって政権の座につくこと、そして政党が藩閥である事を生かして地方的利益実現を公約し、党勢の拡張をはかる「政党政治」の始まりとなった。議会における対立のみでは政権獲得維持が不可能であることが明確になった日清戦後経営のなかでの政党も藩閥も、互いに当初予想しなかった形で明治憲法体制は動き始めていた。幸徳秋水は政友会の成立を自由党の死ととらえ、「自由党を祭る文」を発表して反政府勢力としての政党の消滅を嘆いたのである。

❸ 貨幣法提案理由書——一八九七年二月二五日　★☆☆☆☆

1　金本位実施ノ必要モハヤ疑ヲ容レス。依テ爾来❶ 専ラ金吸収ノ方策ヲ求メタリ。恰モ好シ、下関条約二依リ清国ハ償金弐億両 ヲ支払フコトヲ約セリ。然ルニ清国ハ償金支払ノ為メ公債ヲ欧洲二於

4　近・現代

明治

2英京 ロンドンのこと。

史料注
日本金融史資料　日本金融
史に関する資料の集大成で、
日本銀行調査局編集刊行。
明治大正編全二五冊。一九
六一（昭和三六）年完結。

1撹乱 義和団戦争のこと。

史料注

日本外交年表竝主要文書
三五二頁参照。

テ募集スルノ必要アルヲ以テ、彼我（ひが）ノ便益ヲ計（はか）リ償金ハ英京②ニ於テ金貨ヲ以テ受取ルコトニ追約セリ。

茲（ここ）ニ於テ金ノ吸収ニハ非常ノ便益（べんえき）ヲ得タリ。……金本位ノ実施ハ欧米諸国貨幣市場ノ中心ト我国市場

5　トヲ連絡セシメ、相互ノ間気脈ヲ通スルノ便ヲ開キ貿易ノ発達期シテ俟（ま）ツヘキナリ。而（しか）シテ支那朝鮮

（相互に密接なつながりを作ることができ）

等ノ銀国ニ対シ金貨国ト競争ヲ為ス上ニ於テ、我ハ地形ノ接近其（その）他生産上必要ナル事項ニ富メルヲ以

テ深ク憂（うれ）フルニ足ラサルヘシ。之（これ）ニ反シテ他日若シ銀価ノ下落一層甚（はなはだ）シキニ至ルトキハ、支那朝鮮

等ノ銀国ハ金貨国ニ対スル輸出貿易上多少競争ノ利ヲ占ムル所アルハ免（まぬか）レサルヘキモ、之レ亦一時

ニ止（とま）リ、幣制改革ニ依テ生スル利益ト比較スルニ足ラサルナリ。之ヲ要スルニ貨幣ノ基礎今日ノ如（ごと）ク

10　動揺常ナクシテハ、決シテ経済ノ確実ト貿易ノ発達トハ望（のぞ）ヘキニアラス。　『日本金融史資料』

解説

日本は清国から清国通貨で下関条約による支払い、三国干渉による遼（りょう）東（とう）半島返還の代償合わせて二億三〇〇〇万両（テール）（日本円で三億六〇〇〇万円）を英国ポンドで受け取った。イギリスは**金本位制**を採っており、このことで日本の金本位制への移行が可能となった。本史料は松方正義首相が閣議で金本位制採用に向けての貨幣法制定の提案理由を述べたものである。金本位制が国際的の大勢となるなかで、為替相場の安定と外資導入を利点に、日本は日清戦後経営に向け金本位制の国となった。

参考

北清事変出兵に関する閣議決定 ★☆☆☆☆

英仏独ハ皆遠＊師ヲ出スヲ以テ到底多数ノ兵ヲ遣（や）ル能（あた）ハス。露ハ其（そ）ノ境ヲ接スト雖（いえど）モ西伯利亜（しべりあ）ヲ隔（へだ）テ急ニ大兵ヲ送ル能ハス。北清地方ニ大軍ヲ行ルノ便アル者ハ独リ我邦（わがくに）アルノミ……今ヤ列国ノ援兵未（いま）タ到ラス。天津大沽ノ軍敵ニ苦シムノ時ニ方（あた）リ、急ニ大兵ヲ以テ之ニ赴カハ、以テ彼ノ地ノ重囲ヲ解キ進テ北京ノ乱ヲ平クルコトヲ得ヘク。撹乱①ノ功概（おおむ）ネ我ニ帰シ而（しこう）シテ各国ハ永ク我ヲ徳トセン。且（かつ）北清ノ禍乱ニシテ久ク治ラス南清亦其（また）ノ禍（わざわい）ヲ被（こう）ルニ至ラハ我国民経済ハ過半敗亡（はいぼう）ニ帰シ財政亦遂ニ其ノ累（つい）ヲ免ルルコトヲ得ス。

『日本外交年表竝（ならびに）主要文書』

＊軍隊を出すので

⑳日露戦争

❶日英同盟協約 —— 一九〇二年一月三〇日調印　★★★★☆

要点ナビ
義和団戦争後のロシアの満洲占領継続に対抗。日英の利害一致。第一次桂太郎内閣。

第一条　両締約国ハ相互ニ清国及韓国ノ独立ヲ承認シタルヲ以テ、該二国孰レニ於テモ全然侵略的ノ趣向ニ制セラルルコトナキヲ声明ス。然レトモ両締約国ノ特別ナル利益ニ鑑ミ、即チ其利益タル大不列顚国ニ取リテハ主トシテ清国ニ関シ、又日本国ニ取リテハ、其清国ニ於テ有スル利益ニ加フル

二、韓国ニ於テ政治上並ニ商業上及工業上格段ニ利益ヲ有スルヲ以テ、両締約国ハ若シ右等利益ニシテ、列国ノ侵略的行動ニ因リ、若クハ清国又ハ韓国ニ於テ両締約国孰レカ其臣民ノ生命及財産ヲ保護スル為メ干渉ヲ要スヘキ騒動ノ発生ニ因リテ侵迫セラレタル場合ニハ、両締約国孰レモ該利益ヲ擁護スル為メ必要欠クヘカラサル措置ヲ執リ得ヘキコトヲ承認ス。

第二条　若シ日本国又ハ大不列顚国ノ一方カ、上記各自ノ利益ヲ防護スル上ニ於テ、別国ト戦端ヲ開クニ至リタル時ハ、他ノ一方ノ締約国ハ厳正中立ヲ守リ、併セテ其同盟国ニ対シテ、他国カ交戦ニ加ハルヲ妨クルコトニ努ムヘシ。

第三条　上記ノ場合ニ於テ、若シ他ノ一国又ハ数国カ該同盟国ニ対シテ交戦ニ加ハル時ハ、他ノ締約国ハ来リテ援助ヲ与ヘ、協同戦闘ニ当ルヘシ。講和モ亦該同盟国ト相互合意ノ上ニ於テ、之ヲ為スヘシ。

『日本外交文書』

解説　朝鮮をめぐる日露の対立が深刻になると、その南進に対する策として政府部内に二つの意見があらわれ露とする策であった。一つは伊藤博文、井上馨等の主張で親露政策をとり露との妥協に基づく朝鮮権益の防衛であり、ほかは桂太郎、山県有朋、小村寿太郎等の親英政策により露を満洲・朝鮮より駆逐する策であった。政府部内では後者をとり一九〇二(明治三

※色文字は重要語

❶日英同盟協約　一九〇五年に改訂され、同盟の範囲をインドまで拡大した第二次協約が結ばれた。さらに一九一一年に再改訂され、ドイツを仮想敵国とする第三次協約を締結した。一九二一年のワシントン会議での四カ国条約締結に伴い終了が同意された。

❷韓国　朝鮮は一八九七年より韓国と称した。

❸大不列顚国　イギリスのこと。

❹第一条……承認ス。　日英両国が清国に持っている利益を相互に確認し、合わせて日本が韓国において持つ特殊権益を確認する。

❺第二条……努ムヘシ。　両国の一方が他国と開戦した場合は、厳正中立を守ること。

❻第三条……為スヘシ。　同盟国に対して、第三国が交

4 近・現代

戦に参加した場合は、他の一方が共同戦闘にあたることを確約。

史料注　日本外交文書　三一七頁参照。

（五）年日英同盟協約が締結されたので両国の利害は一致したわけである。

探究41
① 日英同盟協約締結に際しての、政府部内における対立する意見を述べよ。
② 日英同盟協約の推移をまとめよ。

史料注　日本外交年表竝主要文書　三五二頁参照。

📖参考　小村寿太郎の日英同盟締結意見書（一九○一年十二月七日）★☆☆☆☆

清韓両国ハ我邦ト頗ル緊切ナル関係ヲ有シ、就中韓国ノ運命ハ我邦ノ死活問題ニシテ、頃刻ト雖モ等閑ニ附ス可カラス。……露ハ韓国ト境ヲ接シ、且満洲経営ノ関係アルカ故ニ、常ニ我希望ニ反対シ、為メニ今日ニ至ル迄未ダ韓国問題ノ満足ナル解決ヲ見サルヲ遺憾トス。蓋シ……露ヲシテ我希望ノ如ク韓国問題ノ満足ナル解決ニ応セシムルハ……方法唯ニアルノミ。即チ一ハ我希望ヲ貫徹スルカ為ニハ交戦ヲモ辞セサルノ決心ヲ示スコトト、二ハ第三国ト結ヒ、其ノ結果ニ依リテ露ヲシテ已ムヲ得ス我希望ヲ容レシムルコトナリ。

仮リニ純然タル外交談判ヲ以テ露ト協約ヲ結ヒ、彼我ノ交誼ヲ敦フセシメ得ルトスルモ、其ノ得失如何ヲ稽フレハ実ニ左ノ如クナルヘシ。一、東洋ノ平和ヲ維持スルモ単ニ一時ニ止マルヘキコト。……露ノ侵略ハ到底之ニ満足セス。之ニ反シテ若シ英ト協約ヲ結フニ於テハ左ノ如キ利益アルヘシ。一、東洋ノ平和ヲ比較的恒久ニ維持シ得ルコト。四、英ト海軍力ノ平衡ヲ保ツ必要ヲ生スヘキコト。四、韓国問題ノ解決ヲ資スルコト。……結局第三国ト結ヒ、露ヲシテ已ムヲ得ス我希望ニ応セシムルノ外ナキコト。七、露国ト海軍力ノ権衡ヲ保テハ可ナルコト。……以上述フルカ如クナルヲ以テ、日英協約ハ日露協約ニ比シ大ニ我邦ノ利益タルコト疑ヲ容ス。

英ハ東洋ニ於テ領土上ノ責任ヲ増スコトヲ好マス、彼ノ希望ハ寧ロ現状ヲ維持シ、而シテ専ラ通商ノ利益ヲ図ルニアルモノノ如シ。

『日本外交年表竝主要文書』

❷ 東大七博士満洲問題意見書──一九○三年六月二四日公表　★☆☆☆☆

1
東京帝国大学教授富井、戸水、寺尾、高橋、中村、金井、小野塚の七博士が、桂首相に提出したる満洲問題の意見書は左の如し。……
蓋し露国は問題を朝鮮によりて起さんと欲すが如し。何となれば争議の中心を朝鮮におくときは、満洲を当然露国の勢力内に帰したるものと解釈し得るの便宜あればなり。故に極東現時の問題は、必

史料注　東京朝日新聞　朝日新聞は、

史料注
1 姑息の策　一時のがれの手段。
2 曠日弥久　日をむなしくして長引くこと。

明治

一八七九（明治一二）年大阪で創刊された日刊新聞。その後東京に進出し、一八八八年からは東京朝日、大阪朝日に分かれて発行された。

5ず満洲の保全に就て之を決せざるべからず。……噫、我邦人は千歳の好機を失はゞ、遂に我邦の存立を危うすることを自覚せざるべからず。姑息の策に甘んじて曠日弥久するの弊は、結局自屈の運命を待つものに外ならず。故に曰く、今日の時機に於て最後の決心を以て此大問題を解決せよと。

『東京朝日新聞』

解説 東大教授戸水寛人ら七博士は、一九〇三（明治三六）年六月桂首相を訪問、対露強硬外交を要求した。八月対露同志会を結成、近衛篤麿を会長にして、新聞雑誌・遊説などを通じて開戦世論をあおった。三国干渉以来の屈辱感と口シア帝国の南下に対する不安は日本人の心を強く刺激し、さらに、強行的な産業革命は国民の生活を圧迫し、「小農は益々貧しくして食に飢ゑ寒に凍へんとして、最も中堅たるべき中等地主は自作上に於て収穫の減少に遇ひ、納税上に於て益益誅求せられんとす……」（実業之日本）有様であった。政府首脳は最初から積極的な開戦論者ではなかったが、国民は新聞雑誌などの好戦論に乗じて社会的矛盾の解決を国内に求めるよりは、国外に求め戦争が景気一新の最良策だと信じるものが多かった。国民の開戦熱は対露同志会を沈黙させるほど上昇し、「ロシアでもドシアでも槍でも鉄砲でも持って来い」という熱狂ぶりであった。

❸ 反戦・非戦の思想 ★★★☆☆

(1) 内村鑑三の非戦論——一九〇三年六月三〇日掲載

余は日露非開戦論者である許りでない。戦争絶対的反対論者である。戦争は人を殺すことである。爾うして人を殺すことは大罪悪である。爾うして大罪悪を犯して個人も国家も永久に利益を収め得よう筈はない。……勿論サーベル■が政権を握る今日の日本に於て、余の戦争廃止論が直に行はれようとは、余と雖も望まない。

『万朝報』

(2) 幸徳秋水（平民社）の反戦論■——一九〇四年二月一四日掲載

戦争は遂に来れり。平和の攪乱は来れり。罪悪の横行は来れり。日本の政府は曰く、其責、露国政府に在りと。露国の政府は曰く、其責日本政府に在りと。

■2 攪乱　かき乱すこと。

■1 サーベル　陸軍大将桂太郎をさす。

4 近・現代

3 吾人　我ら。私たち。

4 毫　極めてわずかなこと。

5 恢復　回復。

二月一四日号掲載の「平民新聞」の反戦論は「戦争来」「兵士を送る」「戦争の結果」の三部分から成り、抄録部分は「戦争来」である。「兵士を送る」では、戦争の残虐さと戦争を起こす悪制度廃止に尽力することを訴えている。「戦争の結果」では、この戦争が増税など国民負担の増大をもたらし、軍国主義の台頭や風俗退廃などの悪結果をもたらすことを指摘し、戦争に酔う国民に警鐘を鳴らしている。

史料注

万朝報　三六〇頁参照。

平民新聞　平民社の機関紙。開戦論に転じた万朝報を退社した幸徳秋水、堺利彦らが一九〇三(明治三六)年に創刊し、日露戦争に反対する論陣を張った。一九〇五年廃刊。

是に由て之を観る。両国政府も亦戦争の忌むべく平和の重んずべきを知る者の如し。少くとも平和攪乱の責任を免れんことを欲する者の如し。其心や多とすべし。而も平和攪乱の責は、両国の政府、

10　若くは其一国の政府遂に之に任ぜざるべからず。然り其責政府に在り、吾人平民は之に与らざる也。然れども平和攪乱より生ずる災禍に至りては、吾人平民は其全部を負担せしめらるべし。彼等平和を攪乱せるの人は毫も其罰を受くることなくして、其責は常に吾人平民の肩上に嫁せらるる也。是に於て乎吾人平民は飽まで戦争を非認せざるべからず。速に平和の恢復を祈らざるべからず。之が為

15　には、言論に文章に、あらゆる平和適法の手段運動に出でざるべからず。故に吾人は戦争既に来るの今日以後と雖も、吾人の口あり、吾人の筆あり紙ある限りは、戦争反対を絶叫すべし。而して露国に於ける吾人同胞平民も必ずや亦同一の態度方法に出るを信ず。否英米独仏の平民、殊に吾人の同志は益々競ふて吾人の事業を援助すべきを信ずる也。

『平民新聞』

解説

日露戦争において、主戦論的潮流が国民の世論を支配しているなかで、万朝報は内村鑑三、幸徳秋水、堺利彦らを擁して非戦論・反戦論を展開した。これは社主黒岩涙香が『理想団』を組織し、あらゆる社会悪に筆誅を加えようとしたからであるが、一九〇三(明治三六)年一〇月、黒岩が主戦論に転向するに至り、内村、幸徳、堺は万朝報を退社し、非戦・反戦の立場を守った。まず、幸徳、堺は片山潜、安部磯雄、木下尚江らとともに、週刊『平民新聞』によって、非戦論・反戦論を主張し続けた。平民新聞は、結党とともに禁止された社会民主党の立場を継承するとともに、フランス的自由民権思想による自由・平等・博愛を人生至上のモットーとし、平民主義・社会主義・平和主義の線を一貫して通し、政府の相次ぐ弾圧、生活の困窮にも屈せず、最後まで果敢な闘争を続けた。また幸徳らは第二インターナショナル(国際社会主義者大会)に堺利彦を送り、社説に「与露国社会党書」を載せ、日露シアの労働者が協力してこの戦争に反対してゆくことを訴え、内村鑑三は『聖書之研究』(一九〇〇年創刊)誌上で、キリスト教徒の立場から廃戦論とでもいうべき非戦論を展開した。

参考

日露戦争開戦の詔書 ★☆☆☆☆

天佑ヲ保有シ、万世一系ノ皇祚ヲ践メル大日本国皇帝ハ、忠実勇武ナル汝有衆ニ示ス。朕茲ニ露国ニ対シテ戦ヲ宣ス。朕カ陸海軍ハ、宜ク全力ヲ極メテ露国ト交戦ノ事ニ従フベク、朕カ百僚

明治

❹ **君死にたまふことなかれ**──与謝野晶子　★★☆☆☆

1 あゝ、をとうとよ君を泣く
　君死にたまふことなかれ
　末に生れし君なれば
　親のなさけはまさりしも
5 親は刃をにぎらせて
　人を殺せとをしへしや
　人を殺して死ねよとて
　二十四までをそだてしや

10 堺の街のあきびとの
　旧家をほこるあるじにて
　親の名を継ぐ君なれば
　君死にたまふことなかれ
　旅順の城はほろぶとも
　ほろびずとても何事ぞ
　君知るべきやあきびとの
　家のおきてに無かりけり

　君死にたまふことなかれ
　すめらみことは戦ひに
　おほみづからは出でまさね
　かたみに人の血を流し
　獣の道に死ねよとは
　死ぬるを人のほまれとは

　あゝをとうとよ戦ひに
　君死にたまふことなかれ
　すぎにし秋を父ぎみに
　おくれたまへる母ぎみは
　なげきの中にいたましく
　わが子を召され家を守り
　安しと聞ける大御代も
　母のしら髪はまさりぬる

　大みこゝろの深ければ
　もとよりいかで思されむ

有司ハ官ク各々其ノ職務ニ率ヒ、其ノ権能ニ応ジテ国家ノ目的ヲ達スルニ努力スヘシ。凡ソ国際条規ノ範囲ニ於テ、一切ノ手段ヲ尽シ、遺算ナカラムコトヲ期セヨ。……
＊帝国ノ重ヲ韓国ノ保全ニ置クヤ、一日ノ故ニ非ス、韓国ノ存亡ハ帝国安危ノ繋ル所タレハナリ。然ルニ露国ハ、其ノ清国トノ盟約及列国ニ対スル累次ノ宣言ニ拘ハラス依然満洲ニ占拠シ、益々其ノ地歩ヲ鞏固ニシテ、終ニ之ヲ併呑セムトス。若シ満洲ニシテ露国ノ領有ニ帰セン乎、韓国ノ保全ハ支持スルニ由ナク、極東ノ平和亦素ヨリ望ムヘカラス。……

『官報』

＊韓国ノ保全が帝国の重要な要になっていることは一日や二日のことではない。

---

1 君死にたまふことなかれ　一九〇四（明治三七）年『明星』九月号に掲載。

2 をとうと　晶子の弟、籌三郎。日露戦争に出兵。この詩は旅順港包囲網の激戦のなかにいる弟の無事を祈りうたったもの。籌三郎は無事帰還している。

3 堺の街のあきびと　晶子の家は駿河屋という羊羹の老舗であった。

4 旅順　ロシア東洋艦隊の基地。乃木希典の第三軍により一九〇四年六月から攻撃され、一九〇五年一月陥落。大激戦が行われた。

5 すめらみこと　天皇。

6 大みこゝろ　天皇の心。

4 近・現代

明星 一九〇〇（明治三三）年四月創刊され、一九〇八年一一月第一〇〇号まで続いた。与謝野鉄幹を中心とする新詩社の機関紙。晶子、鉄幹のほか、高村光太郎、北原白秋、石川啄木らが主なメンバーで、短歌革新、新体詩運動に役割を果たした。

探究43 反戦を唱えたのは、どのような立場の人びとか。

要点ナビ

1卓絶 他に例がないほど抜きん出てすぐれていること。
2阻礙 隔ってさえぎる。
3干渉セサルコトヲ約ス 韓国に対する日本の特殊権益はロシアによっても承認され、やがて日韓併合によって、韓国は日本に吸収合併

日本（小村寿太郎外相）と露（ウィッテ）との間で調印。米ローズヴェルト大統領が仲介。桂太郎内閣。

暖簾（のれん）のかげに伏して泣く
あえかにわかき新妻を
15 君わするるや思へるや

十月（とつき）も添（そ）はでわかれたる
少女（おとめ）ごころを思ひみよ
この世ひとりの君ならで

あゝ、また誰をたのむべき
君死にたまふことなかれ

『明星』（みょうじょう）

参考 お百度詣 ★☆☆☆
「ひとあしふみて夫思い ふたあし国を思へども 三足ふたたび夫思ふ 女心に咎ありや」
〔大塚楠緒子（おおつかくすお なおこ）「お百度詣」〕

解説

与謝野晶子は旧姓を鳳（ほう）といい、大阪・堺（さかい）の人。一九〇〇（明治三三）年に与謝野鉄幹と知り合い、一九〇一年上京して『みだれ髪』を刊行、また鉄幹と結婚。大胆奔放な内容で、人間の解放をうたった。『明星』誌上で活躍した。一九〇四（明治三七）年九月、日露戦争下で『明星』に発表された「君死にたまふことなかれ」は、主宰の新詩社に加わり『明星』で、「堺の街のあきびと」の娘の立場から、すでに夫を失いひとり家を守る母や、「暖簾のかげに伏して泣く あえかにわかき新妻」に代わって、切実な庶民的女性の私情と戦争への疑問を詩に託したものである。自然な女の気持ちからうたったこの詩では、大塚楠緒子の「お百度詣」と同じである。当時大町桂月はこの詩に対し、「乱臣なり賊子なり国家の刑罰を加ふべき罪人なり」と激しく論難を加えたが、晶子はこれに対し、「少女と申す者誰も戦争ぎらいに候」と答えている。

⑤ ポーツマス条約──一九〇五年九月五日調印 ★★★☆☆

1 第二条 露西亜帝国政府ハ、日本国カ韓国ニ於テ政事上、軍事上及経済上ノ卓絶ナル利益ヲ有スルコトヲ承認シ、日本帝国政府カ韓国ニ於テ必要ト認ムル指導、保護及監理ノ措置ヲ執ルニ方リ之ヲ阻礙シ又ハ之ニ干渉セサルコトヲ約ス……

第三条 日本国及露西亜国ハ互ニ左ノ事ヲ約ス。
一、本条約ニ附属スル追加約款第一ノ規定ニ従ヒ遼東半島租借権力其ノ効力ヲ及ホス地域以外ノ

5

明治

日露戦争の損害と戦費		
損害	人	12万人 うち捕虜2,000人
	馬	38,350頭
	艦船	軍艦　12隻 水雷艦・砲艦等　25隻 運送船等　54隻
戦費	計内	15億2,321万4,100円 陸12億8,328万1,900円 海2億3,993万2,200円

史料注

日本外交年表竝主要文書　三五二頁参照。

された。

4領水　領海のこと。

5譲渡ス　関東州の租借権（ある国が他の国の領土の一部を借りて一定期間統治すること）が日本側に譲渡された。

6第六条　この六条の規定によって、南満州鉄道及びそれに付帯する地方の特殊権益が日本側に譲渡された。

7第九条　南樺太の日本への割譲が規定された。

8薩哈嗹島　樺太のこと。

9瀬スル　のぞむ。沿っていた。

満洲ヨリ全然且同時ニ撤兵スルコト。

第五条　露西亜帝国政府ハ清国政府ノ承諾ヲ以テ、旅順口、大連並其ノ附近ノ領土及領水ノ租借権及該租借権ニ関連シ又ハ其ノ一部ヲ組成スル一切ノ権利、特権及譲与ヲ日本帝国政府ニ移転譲渡ス……

第六条　露西亜帝国政府ハ長春（寛城子）旅順口間ノ鉄道及其ノ一切ノ支線並同地方ニ於テ之ニ附属スル一切ノ権利、特権及財産及同地方ニ於テ該鉄道ニ属シ又ハ其ノ利益ノ為ニ経営セラルル一切ノ炭坑ヲ、補償ヲ受クルコトナク且清国政府ノ承諾ヲ以テ日本帝国政府ニ移転譲渡スヘキコトヲ約ス……

第九条　露西亜帝国政府ハ薩哈嗹島南部及其ノ附近ニ於ケル一切ノ島嶼並該地方ニ於ケル一切ノ公共営造物及財産ヲ完全ナル主権ト共ニ永遠日本帝国政府ニ譲与ス、其ノ譲与地域ノ北方境界ハ北緯五十度ト定ム……

第十一条　露西亜国ハ日本海「オホーツク」海及「ベーリング」海ニ瀕スル露西亜国領地ノ沿岸ニ於ケル漁業権ヲ日本国臣民ニ許与セムカ為日本国ト協定ヲナスヘキコトヲ約ス……

『日本外交年表竝主要文書』

解説

日露戦争は日本海海戦、奉天会戦の大勝利にもかかわらずロシア軍に決定的な打撃を与えることができず、日本軍の最も望まない長期戦の様相を帯びてきた。日本の生産力は長期戦に耐えるだけの深さがなく、諸外国の支援にも限界があった。しかし、一方ロシアでは敗戦とインフレによる人民の不満から、第一次革命が勃発したので、アメリカ大統領セオドア＝ローズヴェルトが戦争終結の潮時とみて調停に入り、ポーツマスで、ロシア全権ウィッテ、日本全権小村寿太郎との間に一九〇五（明治三八）年九月五日講和条約が成立した（**ポーツマス条約**）。賠償金問題などで交渉は難航したが、これによりロシアは日本に、韓国に対する支配権、旅順・大連の租借権と長春・旅順間の鉄道権益の譲渡、北緯五〇度以南の樺太の割譲、沿海州の漁業権などを認めた。レーニンは日露戦争を帝国主義的な戦争ではあるが、「進歩的な、すすんだアジア」

探究44

① ポーツマス条約で領土に関してどのような取り決めがなされたか。
② ポーツマス条約締結を調停したアメリカとの関係が、急速に悪化した理由を述べよ。
③ 日露戦争の性格を調べよ。

史料注
東京日日新聞 三二三頁参照。

と「おくれた、反動的なヨーロッパ」の戦いであると規定した。日露戦争での日本の勝利は、当時ロシアやイギリスの圧力に直面していたトルコやインドの国民にも影響を与え、この結果日本は世界一流の帝国主義国家＝世界の一等国として自他ともに許す存在となった。

しかしこの戦争は日清戦争と比較しても、はるかに大きな犠牲を国民に強いる戦争であった。日本がこの戦争に動員した兵力は約一一〇万、そのうち約一二万が戦死している。東京府下の現、青梅市でみると、日清戦争戦死者一二名であるのに対し日露戦争一〇〇名であり、このような状況は各町村で見出すこ

とができる。また戦中、戦後を通じての増税は国民の重い負担となった。条約締結後、講和内容を不満（賠償金がないことなど）とした反政府派や新聞は講和反対、戦争継続を主張し、一九〇五（明治三八）年九月五日、日比谷公園で開かれた国民大会では群衆が街頭に出て、政府高官邸、警察署、交番、講和支持の政府系新聞社、キリスト教会等を襲撃、放火した。政府は戒厳令を発布し、軍隊を出動させようやく鎮圧する有様であった（死者一七名。**日比谷焼き打ち事件**）。日露戦争の勝利は世界の一等国という光をもたらすとともに、その背後には膨大な犠牲と負担という影を民衆に投げかけていった。

参考 日比谷焼き打ち事件 ★☆☆☆☆

（日比谷正門の突撃）

斯くて警官と会衆との衝突は忽ち公園正面（内務大臣官邸外）に於て開始せられたり。同正門は平素最も多く出入する処のこととして、閉塞の丸太構ひも他の各門よりは一層の厳重を加えられ、配備の警官も他に比して最も多かるが、会衆の一団約二千名計りが、同門に押し寄せ、警戒の警部、巡査を入れる入れぬの押問答を始めたるは午後零時廿分頃なりしか。警察がかかる無法の弾圧を試みんとする有様を見て、多々益々激動せる人民は、刻々に雲霞の如くに参集し来り。押問答の語調愈々激烈に渡ると同時に、団体中の何れよりと無く、或は石を拠げ、或は砂礫に下駄、木片の類を打ち付くるもの続出し警察の之に打たれて負傷する毎に拍手喝采の声は鯨波の声と聞くべし。石礫の飛ぶものは弾圧にも比すべく、砂塵の揚がるものは硝煙とも見るべく、拍手喝采の声は鯨波の声湧くが如。斯くして刻一刻と激烈の歩を進めゆきて、終には会衆口々に突貫く、と絶叫するに方り、石礫の掩護の下に丸太構ひの破壊を始め、先其の一本を引き奪ひ尚ほ進んで、竹梯子を抜き、茲に全く其閉塞の要材を打破するや、有繋に警官も防圧の力竭き、殊に多くは負傷者となりて如何ともも為すが儘に任じたれば、此時既に三・四万を以て数ふるに足れる会衆は一度にドッと鯨波の声を揚げつつ、洪水の決する如き勢を以て園内運動場に押し入りたり。

〔一九〇五年九月六日『東京日日新聞』〕

㉑ 韓国併合　★★★☆

※色文字は重要語

1 第三国 ロシアのこと。

2 韓国 朝鮮は、一八九七年に大韓と改称し、この国号は一九一〇年の韓国併合まで続いた。

3 財務ニ関スル……施行スヘシ この条により韓国政府の財政権が事実上日本政府の監督下に入った。

4 外部 韓国の外務省。

5 予メ日本国政府ト協議スヘシ この条により韓国の外交権が制限された。

6 日本国政府ノ……コトヲ約

---

(1)日韓議定書──一九〇四年二月二三日調印

第四条　第三国1ノ侵害ニ依リ若クハ内乱ノ為メ、大韓帝国ノ皇室ノ安寧或ハ領土ノ保全ニ危険アル場合ハ、大日本帝国政府ハ速ニ臨機必要ノ措置ヲ取ルヘシ。而シテ大韓帝国政府ハ右大日本帝国政府ノ行動ヲ容易ナラシムル為メ、十分便宜ヲ與フル事。

大日本帝国政府ハ前項ノ目的ヲ達スル為メ、軍略上必要ノ地点ヲ臨機収用スルコトヲ得ル事。

『日本外交年表　竝　主要文書』

(2)第一次日韓協約──一九〇四年八月二二日調印

一　韓国政府2ハ日本政府ノ推薦スル日本人一名ヲ財務顧問トシテ韓国政府ニ傭聘シ、財務ニ関スル事項ハ総テ其意見ヲ詢ヒ施行スヘシ。3

一　韓国政府ハ日本政府ノ推薦スル外国人一名ヲ外交顧問トシテ外部4ニ傭聘シ、外交ニ関スル要務ハ総テ其意見ヲ詢ヒ施行スヘシ。

一　韓国政府ハ外国トノ条約締結其他重要ナル外交案件、即外国人ニ対スル特権譲与若クハ契約等ノ処理ニ関シテハ、予メ日本政府ト協議スヘシ。5

『日本外交年表竝主要文書』

(3)第二次日韓協約（韓国保護条約）──一九〇五年一一月一七日調印

第一条　日本国政府ハ在東京外務省ニ由リ今後韓国ノ外国ニ対スル関係及事務ヲ監理指揮スヘク、日本国ノ外交代表者及領事ハ外国ニ於ケル韓国ノ臣民及利益ヲ保護スヘシ。

第二条　韓国政府ハ今後日本国政府ノ仲介ニ由ラスシテ、国際的性質ヲ有スル何等ノ条約若クハ約束ヲナササルコトヲ約ス。6

4　近・現代

明治

ス　これにより第一条と合わせて韓国の外交権は完全に奪われた。

7 闕下　天子の前。

8 統監　韓国の外交権を接収した日本が京城（ソウル）に設置した機関。初代統監には伊藤博文が任命。

9 内謁　内々に皇帝などの貴人に面会すること。

10 施政　政治を行うこと。

11 韓国併合ニ関スル条約　この条約に基づき日本政府は朝鮮総督府を設置。初代総督には寺内正毅が任命された。

12 韓国皇帝　第二七代皇帝李拓。第三条・四条において、皇帝及びその一族はその地位、名誉を保障され経済的にも十分な歳費を支給された。

13 遵守　法律や規則などに従い、それをよく守ること。

史料注
日本外交年表竝主要文書
三五二頁参照。

第三条　日本国政府ハ其代表者トシテ韓国皇帝陛下ノ闕下[7]ニ一名ノ統監（レヂデントゼネラル）[8]ヲ置ク。統監ハ専ラ外交ニ関スル事項ヲ管理スル為メ京城ニ駐在シ、親シク韓国皇帝陛下ニ内謁[9]スルノ権利ヲ有ス。……

『日本外交年表竝主要文書』

(4)第三次日韓協約——一九〇七年七月二四日調印

第一条　韓国政府ハ施政[10]改善ニ関シ統監ノ指導ヲ受クルコト。

第二条　韓国政府ノ法令ノ制定及ビ重要ナル行政上ノ処分ハ予メ統監ノ承認ヲ経ルコト。

第四条　韓国高等官吏ノ任免ハ統監ノ同意ヲ以テ之ヲ行フコト。

第五条　韓国政府ハ統監ノ推薦スル日本人ヲ韓国官吏ニ任命スルコト。

『日本外交年表竝主要文書』

(5)韓国併合ニ関スル条約[11]——一九一〇年八月二二日調印

第一条　韓国皇帝陛下[12]ハ韓国全部ニ関スル一切ノ統治権ヲ完全且永久ニ日本国皇帝陛下ニ譲与ス。

第二条　日本国皇帝陛下ハ前条ニ掲ケタル譲与ヲ受諾シ、且全然韓国ヲ日本帝国ニ併合スルコトヲ承諾ス。

第六条　日本国政府ハ前記併合ノ結果トシテ全然韓国ノ施政ヲ担任シ、同地ニ施行スル法規ヲ遵守[13]スル韓人ノ身体及財産ニ対シ十分ナル保護ヲ与ヘ、且其福利ノ増進ヲ図ルヘシ。

『日本外交年表竝主要文書』

📖参考　桂・タフト協定[1]——一九〇五年七月二九日　★☆☆☆

……七月二七日午前、桂首相とタフト長官との極秘の長時間にわたる会談を行った……

第一に、タフト長官は、アメリカの親露派の一部の間で、日本の今度の勝利が間違いなくフィリピン侵略の前兆となると憂慮していることにふれた上で、彼の見解は、日本のフィリピンに対する最大の関心は、フィリピンがアメリカのような強力かつ友好的な国に統治されていることだと述べた。……桂首相は彼の意図するそのきびしい条件を認め、日本はフィリピンに対して何ら侵略の意図を持たないことを明確に表明した。……

1 桂・タフト協定

探究45
日露戦争後、韓国併合に関する条約が締結されるまでの経過をまとめよ。

第二に、桂首相は、極東の全般的平和の維持が、日本の外交政策の基本原則を形成するのであり……最良の唯一の方法、つまりその目的を達成することは、日・米・英三国間の友好的理解が必要であると述べた。……

第三に、桂首相は、対露戦の直接の原因である朝鮮問題について、朝鮮半島問題の全面的な解決は、今戦争の論理的帰結とされることは、日本にとって重大な問題であると述べた。もし、戦後日本が朝鮮から引き揚げたら、朝鮮は再び、無思慮に他の勢力と協定や条約を結び、戦前の複雑な関係に引き戻されるだろう。

このような状況から日本は、朝鮮が戦前の状態に戻る可能性と、他国との参戦のために再び日本軍を配置する必要性とを回避するために、ある種の絶対的な手段を取るべき事態を感じた。タフト長官は桂首相の報告する大統領の全面的な追認を与えられた。

日本国外務大臣桂伯爵と、セオドア・ローズヴェルト大統領の日本での非公式の代理人ウィリアム・ハワード・タフトとの会談についての「合意に関する覚え書き」。タフトは、後に、合意に関する大統領の全面的な追認を与えられた。

隊の駐留は、日本の同意なしに認め、次のような彼の個人的な所見を取るべき事態を感じた。朝鮮に対する宗主権者としての日本の軍の公正性とを回避するために、朝鮮が戦前の状態に戻る可能性と、他国との参戦のために再び日本軍を配置する必要性とを回避するために、ある種の絶対的な手段を取るべき事態を感じた。タフト長官は桂首相の報告する大統領の全面的な追認をであり、このことは必ず極東の恒久平和のために貢献するだろうという要求にまで及ぶことは、今戦争の論理的帰結ベルト大統領の同意を得ることができるだろうが、このような言明をする権限は与えられていないとルーズ

解説

第一議会で山県有朋首相が「利益線」と位置づけた朝鮮半島の植民地化は日露戦争で日本が勝利する中で本格化した。日露開戦直後の一九〇四年二月、日韓議定書で韓国内での日本の軍事行動の自由を承認させ、同年八月には第一次日韓協約を締結して日本人の財政・外交顧問を置き、その後警察・軍事顧問も認めさせて支配を強めた。（朝鮮は一八九七年に国号を大韓帝国と改称）欧米諸国との関係において日本は桂・タフト協定（一九〇五年）でアメリカから、第二次日英同盟（同年）でイギリスから、さらにポーツマス条約によってロシアからも日本の韓国支配の承認を取り付けることとなった。

一九〇五年十一月の第二次日韓協約（韓国保護条約）では外交権も接収した。同時に韓国統監府が設置され、伊藤博文が初代

の統監に就任した。一九〇七年にオランダのハーグで開催された万国平和会議に韓国は密使を派遣して韓国の独立を訴えようとしたが（ハーグ密使事件）、列国はこれを無視し、逆に日本は皇帝の退位を迫り、第三次日韓協約を締結した。韓国は内政権を掌握し、韓国の軍隊を解散させた。日本は韓国の民衆の間には反日義兵闘争とよばれる激しい抵抗運動が起こった。一九〇九年、伊藤博文が韓国青年、安重根によって暗殺されると統監となった寺内正毅が一九一〇年韓国併合に関する条約を締結させ、韓国は日本の植民地となった。韓国は再び朝鮮と改称させ、統治機関として朝鮮総督府が置かれた。以降一九四五年の太平洋戦争の終結まで朝鮮半島は三十五年間日本の支配下に置かれることとなる。

『米国国務省収録公式文書』

参考　朝鮮総督府の土地調査の目的　★☆☆☆☆

土地調査ハ地税ノ負担ヲ公平ニシ其ノ所有権ヲ保護シ、其ノ売買譲渡ヲ簡捷確実ニシ、以テ土地ノ改良及利用ヲ自由ニシ、且其ノ生産力ヲ増進セシメムトスルモノニシテ、其ノ朝鮮ニ於ケル緊要ノ

4 近・現代

史料注

朝鮮総督府施政年報　朝鮮総督府、一九一二（明治四五）年刊。日本の朝鮮支配政策を知る上での重要な史料。

施設タルハ言ヲ俟タス。朝鮮ノ地税制度ハ今尚数百年前ノ結制度ヲ襲用シ音ニ現今ノ経済状態ニ適応セサルノミナラス、其ノ制度ノ不完全ナル結果、所謂隠結ナルモノヲ生シ、往往脱税ヲ企ツル者アリ。又耕地面積ノ称呼ハ今尚従来ノ一斗落（一斗ノ種籾ヲ播下スル面積）、或ハ一日耕（人一人牛一頭ニテ一日間ニ耕ス面積）ノ単位ヲ用キ、其ノ実際ノ面積ハ到底之ヲ知ルニ由ナク、又土地ニ関スル権利ノ如キモ、当事者間ニ於テ作成シタル不完全ナル文記ニ依ルカ否ラサレハ、頗ル不整備ナル書類帳簿ニ基ケル郡守ノ証明ニ依ルノ外ナク、為ニ詐欺或ハ不法利得ノ売買抵当等ニ行ハルルコトアリ、……自然、農事ノ改善ヲ緩慢ニシ、土地ノ生産力ヲ阻礙セシ事態アリ、故ニ商工業未タ発達セス土地ヲ以テ殆唯一ノ生産ノ根源トスル朝鮮ニ於テハ、土地ノ権利ヲ確実ニシテ、地税ノ負担ヲ公平ニシ以テ、土地ノ生産力ヲ増進スルノ必要特ニ緊切ナルモノアリ、而シテ此ノ目的ヲ達セムニハ須ク之ヲ完全ナル大規模ノ土地調査ニ俟タサルヘカラス。

『朝鮮総督府施政年報』

解説

土地調査事業は朝鮮総督府によって統治体制確立のために実施された事業である。要点は①土地の所有権の確定、②土地価格の調査・確定、③地形・地貌の調査・測量の三点である。韓国併合前から着手され、一九一〇〜一八年に経費二〇四〇万円、朝鮮人五六〇〇余人を含む職員約七〇〇〇人を投入して行われた。土地所有権調査では一定期間内の申告制が採用され、その結果四八〇余万町の土地、一八七万余人の所有権者が確認された。しかしこの過程で、多くの韓国政府・王室所有（駅屯土・宮庄土）を含む公田一〇〇万余町が日本の国有地に編入され、また複雑な申告制によって農民の土地占有権、耕作権が否定され、土地を失う農民が多く現れた。地税収入の増加は総督府財政の基礎を固め、全国的な測地は統治の基盤となった。

Spot

朝鮮農民の窮乏

朝鮮を市場として確保し開拓すること、それが欧米にはるかに遅れて資本主義国として出発した日本の課題であった。近代的土地所有権を確立し、まずは農業投資を行うこと。その第一歩として土地調査事業は進められた。しかし、国王、貴族の下で土地を占有し耕作にあたってきた農民たちに土地の所有権は認められなかった。国王の所有地は国有地となり、やがて貴族、官僚、日本人企業家に払い下げられ、農民は小作人となって生きねばならなかった。しかも小作料も収穫の五〇パーセントにはね上がった。このような状況を背景とし、初代韓国統監伊藤博文はハルビン駅頭に倒れた。伊藤を殺した安重根は救国の英雄としてその後ひそかに尊敬され、今日その銅像がソウルに建てられている。詩人石川啄木はこの時、「地図の上朝鮮国にくろぐろと墨をぬりつつ秋風を聞く」と詠んでその時代を見詰めた。

22 社会問題の発生

① 高島炭坑[1]の惨状　★☆☆☆

坑夫中過度の労力に堪へずして休憩を請ひ、或は納屋頭、人繰[2]の意に逆ふ者ある時は、見懲と称し其坑夫を後手に縛し梁上に釣り揚げ、足と地と咫尺[3]するに於て打撃を加へ、他の衆坑夫をして之を観視せしむ。……宜なる哉、高島に三回の暴動起りしこと。其一回の如きは竹槍・蓆・旗以て炭礦舎を焼尽し、機関を破壊し、将さに由々敷大事に至らんとせしが、早くも其警報長崎に達し、警部巡査及び分営軍人の出張ありて纔に鎮撫せしと雖も、舎員の死傷は尠なからざりしと。斯の暴動にや恐れけん、爾来[4]炭礦舎は撃剣に熟達せる者を傭ひ入れ、坑内坑外の取締を甚だ厳にせり。『日本人』

解説

高島炭坑は長崎県西彼杵郡高島町にある。佐賀藩より採掘され、一八七三（明治六）年官営となり、のち後藤象二郎に五五万円で払い下げられ、さらに一八八一（明治一四）年に岩崎弥太郎が譲り受け、以降三菱の経営となった。鉱山、炭鉱、製鉄業などの産業には男子の労働力が動員されていたが、そこでは納屋制、飯場制、囚人労働、監獄部屋等の制度の下で、苛酷な労働が強いられた。高島炭坑にも納屋制があった。納屋頭は坑夫を直接管理し、彼らは鉱山会社から坑夫の調達と管理を請け負い、各地からほとんど誘拐同様に坑夫を集め、納屋に入れて働かせた。賃金は採掘高によって定められたが、大部分を納屋頭がピンハネした。坑内には摂氏三五度を超える灼熱の場所もあったが、満足な食事も与えられないままに、日に二二時間の労働を強いられた。本史料は一八八八（明治二一）年、松岡好一が雑誌『日本人』にルポルタージュとして発表したものである。彼はまた、一八八四（明治一七）年この島にコレラが侵入した際、坑夫三〇〇〇人のうち半数が死亡するというなかで、まだ息をしている者までも焼いてしまう事実を明らかにし、人々にその惨状を訴えた。高島炭坑では一八七〇（明治三）年から一〇年間に六回もの暴動が起きている。納屋制は北海道の炭坑でも多くみられ、飯場制、監獄部屋も同じような仕組みであった。

② 女工たちの生活

※色文字は重要語

1 高島炭坑 日本最初の洋式技術による炭坑。江戸後期の文化年間佐賀藩営となり、明治政府の官有から後藤象二郎に払い下げられ、一八八一（明治一四）年三菱所有となる。

2 人繰 人夫頭。

3 咫尺 近い距離。

4 爾来 それより以後。

史料注

日本人 一八八八（明治二一）年、政教社より発行された半月刊雑誌。三宅雪嶺、井上円了、島地黙雷らが同人。政府の上からの欧化主義・殖産興業政策に反対して国粋主義を唱えた。

4 近・現代

明治

史料注

史料注

❶機業地 機織りの盛んな所。ここでは絹織物。

❷夜業十二時に及ぶこと稀ならず 当時製糸女工の労働時間は一八時間にも及んだ。

❸ワリ麦 粗くひいた大麦。

❹醜陋 みにくく、いやしい。

❺一ヶ年支払ふ……出でざるなり これは日に計算すると六銭弱。横山は該当地方において、「一日一人七銭有らざれば生活する能はず」と述べている。

❻茶屋女 料理屋等に奉公し、客の酌または給仕などをする女。

日本之下層社会 横山源之助の著、一八九九（明治三二）年刊。「東京の貧民・職人社会・手工業・機械工場・小作人の生活」の五部から構成される。著者は毎日新聞の記者で、社会問題に関心を持ち、三年間の実態調査を経てこの著書をまとめた。

職工事情 農商務省が一九〇〇（明治三三）年より綿

(1) 製糸女工の実態 ★★★☆

余嘗て桐生、足利の機業地❶に遊び、聞いて極楽観て地獄、職工自身が然かく口にせると同じく、余も亦たその境遇の甚しきを見て之を案外なりとせり。〔これは予想外だと感じた。〕〔職工自身が口にしているように、〕而かも足利、桐生を辞して前橋に至り、製糸職工に接し、更に織物職工より甚しきに驚ける也。労働時間の如き忙しき時は、朝床を出で、直に業に服し、夜業十二時に及ぶこと稀ならず。❷食物はワリ麦六分に米四分、❸寝室は豚小屋に類して醜陋❹見るべからず。特に驚くべきは其地方の如き業務の閑なる期を定めて奉公に出だし、収得は雇主之を取る。而して一ヶ年支払ふ賃金は多きも二十円を出でざるなり。❺而して渠等工女の製糸地方に来たる機業地若くは紡績工場に見ると等しく募集人の手より来たるは多く来りて二、三なるも隣町の名さへ知らざるもあり。その地方の者は身を工女の群に入るゝを以て茶屋女❻と一般堕落

10 の境に陥る者と為す。若し各種労働に就き、その職工の境遇にして憐むべき者を挙ぐれば製糸職工第一たるべし。

『日本之下層社会』

(2) 紡績女工の状態 ★☆☆☆

今回会社ヲ解雇サレタル者ハ自分ヨリ泣イテ頼ンダコトニシテ仕事殊ニ夜業ガ苦シク、……十日目ヨ

15 リ十四銭トナレリ子供ハ十二銭ナリ、……食費ハ姉ハ一日七銭妹ハ一日六銭五厘ナリ、食物ハ朝汁香物一切、昼香物二切或ハ梅干二ツ……タハ青菜ニ醤油ヲカケタルモノヲ普通トス、……自分等ノ居ツタ室ハ十畳敷ニシテ二十六人居リ蒲団一枚ニシテ二人宛一所ニ寝ム、夜具蒲団ハ昼夜交替者代々使用スレバ不潔ナリ。……

『職工事情』

解説

日本の資本主義は欧米に遙かに遅れて出発した。それゆえ欧米で高度に発達した機械・技術を一挙に導入することができた。それは少ない労働力で効率よく製品を生み出せるということであり、工場での働き手が少なくてすむと

糸紡績職工、生糸職工、織物職工、鉄工その他各種の職工の労働条件、生活、衛生、疾病、風紀などについて調査し、一九〇三（明治三六）年完成したもの。

探究
46
① 日本の近代産業発展の特質を述べよ。
② 労働者が資本主義発展期に劣悪な労働条件下に置かれた理由を述べよ。

要点ナビ
1 **政事**　政治に同じ。
集会結社、社会運動、労働運動を取り締まる法律。第二次山県有朋内閣。
2 **公権**　公法上認められた権利。この場合は参政権、国務要求権（裁判を受ける権

❸
治安警察法 ——一九〇〇年三月一〇日公布　★☆☆☆☆

1 第五条　左ニ掲クル者ハ政事上ノ結社ニ加入スルコトヲ得ス
一、現役及ビ招集中ノ予備後備ノ陸海軍軍人。二、警察官。三、神官神職僧侶其ノ他諸宗教師。四、官立公立私立学校ノ教員学生生徒。五、女子。六、未成年者。七、公権剝奪及ビ停止中ノ者。
女子及ビ未成年者ハ公衆ヲ会同スル政談集会ニ会同シ、若ハ其ノ発起人タルコトヲ得ス

Spot

野麦峠

岡谷（長野県岡谷市）には、天竜川の水と桑畑という好条件が揃い、全国の七割の製糸工場が集中した。生糸は八王子に運ばれ、横浜で取り引きされた。これが日本のシルクロードである。「横浜日報」の糸価は商人たちを一喜一憂させていた。

岐阜県飛騨地方から岡谷に来た工女たちは野麦峠を越え乗鞍岳の南、標高一六七二メートルの峠である。野麦とは熊笹のことで、凶作の時には人々はこの笹の根元から伸びる稲穂のような実から粉をとってダンゴにした。

「笹に小金がなりさがる」（福島県民謡会津磐梯山）である。工女たちは全行程七〜八日で行き来した。工女たちが帰る年の暮れには一面の雪で、吹雪の日にはどんな強い男でも通れるものではなかったが、工女たちは家に帰りたい一心で必死に歩いた。野麦峠は近代日本を支えた糸ひきの群れが通った道であった。

いうことは労働力の供給源である農村に過剰人口を生み出すことになった。このことは労働力をより安価なものにした。また一八八一年の松方デフレ政策以降、寄生地主制が展開し、高率の現物小作料にあえぐ貧しい小作人が多数生み出されていった。軽工業、特に繊維産業にかり出される女子労働は貧困な農家の家計補充のため、また口減らしのため、一定期間前借制度などに縛られ、過酷な状況におかれた。女工は拘禁的な寄宿制度のもとに、無権利状態で酷使されたのである。本史料は横山源之

助の『日本之下層社会』のうちの製糸女工に関するものである。当時の女工がいかに非人間的な扱いを受けながら、劣悪な条件のもとで労働に従事させられたかを伺い知ることができる。このような後発的な資本主義発展の特性から生み出される低賃金、長時間労働、劣悪な労働環境は近代の日本の産業発展の特質のひとつであり、また疲弊した農村は市場として工業発展の受け皿とはならず、国内市場を狭める暴力的な対外侵略を生み出す原因となった。

利等）及び自由権利等、個人の国家に対する権利。

3 女子 女子の政治集会への参加を禁止した条項。この撤廃が女性解放運動の一つの目標となり、新婦人協会（一九二〇年結成）は運動を展開、一九二二年に撤廃された。女性の結社への加入を禁止した一項は残されたため、第五条全廃を求める運動がその後も続いた。

6 誹毀 そしること。名誉を傷つけること。

5 戒器 武器。兵器。

4 喧擾 騒ぎ乱れること。

7 労務ノ条件……為スヘキ団結 労働組合。

8 同盟解雇 集団解雇。
9 同盟罷業 ストライキ。

史料注

法令全書

10 耕作ノ目的……承諾ヲ強ユル 小作争議。

史料注 法令全書 三〇二頁参照。

公権剥奪及停止中ノ者ハ公衆ヲ会同スル政談集会ノ発起人タルコトヲ得ス

第八条 安寧秩序ヲ保持スル為必要ナル場合ニ於テハ、警察官ハ屋外ノ集会又ハ多衆ノ運動若ハ群衆ヲ制限、禁止若ハ解散若ハ屋内ノ集会ヲ解散スルコトヲ得

第一〇条 集会ニ於ケル講談論議ニシテ前条ノ規定ニ違背シ其ノ他安寧秩序ヲ紊シ若ハ風俗ヲ害スルノ虞アリト認ムル場合ニ於テハ警察官ハ其ノ人ノ講談論議ヲ中止スルコトヲ得

第一二条 集会又ハ多衆運動ノ場合ニ於テ故ラニ喧擾シ又ハ狂暴ニ渉ル者アルトキハ警察官ハ之ヲ制止シ其ノ命ニ従ハサルトキハ現場ヨリ退去セシムルコトヲ得

第一三条 集会及多衆ノ運動ニ於テハ戒器又ハ兇器ヲ携帯スルコトヲ得ス……

第一四条 秘密ノ結社ハ之ヲ禁ス

第一七条 左ノ各号ノ目的ヲ以テ他人ニ対シテ暴行、脅迫シ若ハ公然誹毀シ又ハ第二号ノ目的ヲ以テ他人ヲ誘惑若ハ煽動スルコトヲ得ス

一 労務ノ条件若ハ報酬ニ関シ協同ノ行動ヲ為スヘキ団結ニ加入セシメ又ハ其ノ加入ヲ妨クルコト

二 同盟解雇若ハ同盟罷業ヲ遂行スルカ為使用者ヲシテ労務者ヲ解雇セシメ若ハ労務ニ従事スルノ申込ヲ拒絶セシメ又ハ労務者ヲシテ労務ヲ停廃セシメ若ハ労務者トシテ雇傭スルノ申込ヲ拒絶セシムルコト

三 労務ノ条件又ハ報酬ニ関シ相手方ノ承諾ヲ強ユルコト

耕作ノ目的ニ出ツル土地賃貸借ノ条件ニ関シ承諾ヲ強ユルカ為相手方ニ対シ暴行、脅迫シ若ハ公然誹毀スルコトヲ得ス

『法令全書』

4　近・現代

探究47

① 労働運動が組織的に行われるようになったのはいつ頃か。また、その事情を述べよ。
② 治安警察法を公布した第二次山県内閣の主な政策を調べよ。

要点ナビ

田中正造から明治天皇への直訴。

解説

この法は一九〇〇（明治三三）年第二次山県内閣が公布したものである。隈板内閣のあとを受け継いだ山県内閣は、政党の力が政府に浸透するのを防止し、政府の力を強化するため、前年に文官任用令を改め、分限令を出して官僚強化をはかる一方、資本主義を保護奨励し、世界市場に雄飛せんとした。したがって、その進展のブレーキと考えられる労働運動の盛り上がりは抑圧しなければならなかった。台頭してきた労働運動を取り締まるために、第一四議会で成立させたこの法律には、①政治的集会結社の届出制、②軍人、警察官、女子、未成年者の政治結社加入禁止、③警察官の集会解散権、内相の結社禁止権、④ストライキの煽動禁止、労働組合運動の制限、⑤警察官の集会への臨席の承認、などが規定されていた。これによって明治の社会運動を抑え、さらにこの法律は第一次大戦後再び活発になってきた労働運動、小作争議等を取り締まるため一九二一（大正一〇）年と一九二六（大正一五）年に改正し、治安維持法とともに昭和時代の社会運動取り締まりの柱となっていたが、一九四五年一〇月廃止された。

④ 足尾鉱毒事件❶　★★☆☆☆

伏テ惟（おもんみ）ルニ、政府当局ヲシテ能ク其責ヲ竭（つく）サシメ、以テ陛下（へいか）ノ赤子（せきし）❷ヲシテ日月ノ恩ニ光被セシムルノ途他ナシ。渡良瀬川ノ水源ヲ清ムル其一ナリ。其ノ毒土ヲ除去スル其三ナリ。沿岸無量ノ天産ヲ復活スル其四ナリ。河身ヲ修築シテ其天然ノ旧ニ復スル其二ナリ。多数町村ノ頽廃（たいはい）セルモノヲ恢復（かいふく）スル其五ナリ。加毒ノ鉱業ヲ止メ毒水毒屑（せつ）❸ノ流出ヲ根絶スル其六ナリ。……

臣年六十一、而（しか）シテ老病日ニ迫ル、念フニ余命幾（いくば）クモナシ。唯万一報効（ほうこう）❹ヲ期シテ、敢（あえ）テ一身ヲ以テ利害ヲ計ラズ、故ニ斧鉞（ふえつ）ノ誅（ちゅう）❺ヲ冒（おか）シテ以聞ス、情切ニ事急ニシテ涕泣（ていきゅう）❻言フ所ヲ知ラズ。伏テ望ムラクハ聖明（せいめい）❼、矜察（きょうさつ）❽ヲ垂（た）レ給ハン事ヲ。

草莽（そうもう）ノ微臣（びしん）田中正造誠恐（せいきょう）誠惶（せいこう）頓首（とんしゅ）頓首❾

明治三十四年十二月

『田中正造全集』

（渡良瀬川の天然の恵みを復活させる／自然の恵みを享受させる／私は心からの叫びをもってもはや涙に絶えません。）

❶ 足尾鉱毒事件　一九〇一（明治三四）年一二月一〇日田中正造、天皇に直訴。
❷ 赤子　人民。天皇を親とみたて、人民を子とした言葉。
❸ 毒屑　有毒な屑。
❹ 報効　恩に報いて力を尽くすこと。
❺ 斧鉞ノ誅　重い刑罰。
❻ 涕泣　涙を流して泣くこと。
❼ 聖明　天子のすぐれた徳行。
❽ 矜察　思いやり。哀れみ。
❾ 誠恐誠惶頓首頓首　誠恐誠惶は恐れ慎むこと。頓首は頭を地につけて敬意を表すこと。ともに文の終尾に書いて敬意を表す言葉。

明治

4 近・現代

明治

史料注

田中正造全集 田中正造全集編纂会編。一九七七（昭和五二）～八〇（昭和五五）年刊、岩波書店。足尾鉱毒反対運動の指導者、田中正造（一八四一～一九一三）の文章、記録類を網羅。自伝、論稿、栃木県会記録、衆議院演説集、日記、書簡に分けて収録。全一九冊、別巻一冊。

1 社会民主党 一九〇一（明治三四）年五月一八日結成、二〇日結社禁止。宣言は『労働世界』五月二〇日号に掲載。

2 懸隔 隔たり。

3 軍備を全廃 日清戦争後、政府はさらに軍備増強を行い、一九〇〇年一般会計歳出に占める陸海軍軍事費は全体の四五％に達していた。

4 鉄道、船舶……公有とする こと 当時鉄道の七〇％は民営。一九〇六年鉄道国有

解説

日本資本主義は政府の保護育成政策によって急速な発展をみせ始めたが、一方で多くの「公害」を生み出していった。その代表的なものが足尾鉱毒事件である。

江戸時代に幕府直轄であった足尾銅山は一八七七（明治一〇）年古河市兵衛が買収して以後、近代産業発達による需要増と近代的な採掘法、精練法の採用によって生産量の急増をみ、明治後半期に全国産銅の三分の一を占めるに至った。しかし、鉱毒かすの沈澱池不整備や、その毒物の流入により渡良瀬川流域一帯の農耕地は、一八八七（明治二〇）年頃から洪水のたびごとに多大の被害を受け始め、その範囲は栃木県以下の一府五県にまで及んだ。たまりかねた農民は一八九七（明治三〇）年を第一回として操業停止を求める数千人の上京請願運動を繰り返し

たが、この大衆行動は警察や憲兵の妨害を受け、一九〇〇（明治三三）年には主だった者が逮捕、起訴されるに至った。栃木県選出の代議士田中正造は、一八九一年以降この問題の解決、鉱毒被害民の救済に全生涯をかけ国会で政府に対し激しく追及を繰り返したが、鉱山業の発展を農民の生活に優先させる政府は適切な対策をとろうとせず、田中正造は一九〇一年議員を辞職し、明治天皇直訴という非常手段に及んだ。右の史料はその直訴文の一部であるが、彼の依頼によって幸徳秋水が起草したものといわれている。この事件で世論は高まり、政府も実質的な対策をとり始め、事件は鎮静に向かったが、鉱毒自体の解決はなおあとに残された。

⑤ 社会民主党宣言[1]　★☆☆☆☆

如何にして貧富の懸隔[2]を打破すべきかは実に二十世紀に於ける大問題なりとす。彼の十八世紀の末に当り仏国を中心として欧米諸国に伝播したる自由民権の思想は、政治上の平等主義を実現するに於て大なる効力ありしと雖も、爾来物質的の進歩著しく、昔時の貴族平民に代ゆるに富者貧者てふ更に忌むべき者のを以てするに至れり。抑も経済上の平等は本にして政治上の平等は末なり。故に立憲の政治を行ひて政権を公平に分配したりとするも、経済上の不公平にして除去せられざる限りは人民多数の不幸は依然として存すべし。是れ我党が政治問題を解するに当り全力を経済問題に傾注せんとする所以なり。……我党は世界の大勢に鑑み、経済の趨勢を察し、純然たる社会問題に社会主義と民主主義に依り、貧富の懸隔を打破して全世界に平和主義の勝利を得せしめんこ

4
近・現代

史料注
労働世界　一八九七（明治三〇）年一二月、労働組合期成会・鉄工組合共同の我が国最初の労働組合機関紙として創刊された。一九〇一（明治三四）年一二月まで発行。編集長、片山潜。

法で経済上、軍事上の目的から鉄道は国有となる。

❺人民をして……得せしむること　普通選挙の実施をめざす。

❻人民をして……負担すべきこと　尋常小学校四年までの義務教育を、高等小学校（二〜四年）までにすることを主張。一九〇七年義務教育は六年まで延長された。以下二八項目に渡る実際の運動の綱領を掲げる。八時間労働制、労働組合の公認、小作人保護法の制定、普通選挙法実施、死刑全廃、貴族院廃止、治安警察法廃止等。

とを欲するなり。故に我党は左に掲ぐる理想に向つて着々進まんことを期す。

一、人種の差別、政治の異同に拘らず、人類は皆同胞なりとの主義を拡張すること

二、万国の平和を来す為には先づ軍備を全廃すること❸

三、階級制度を全廃すること

四、生産機関として必要なる土地及資本を悉く公有とすること

五、鉄道、船舶、運河、橋梁の如き交通機関は悉く之を公有とすること❹

六、財富の分配を公平にすること

七、人民をして平等に政権を得せしむること❺

八、人民をして平等に教育を受けしむる為に国家は全く教育の費用を負担すべきこと……❻

『労働世界』

解説
　一九〇一（明治三四）年五月、社会主義協会に集まっていた安部磯雄、片山潜、木下尚江、西川光二郎、幸徳秋水、河上清ら六名によって、我が国最初の社会主義政党である社会民主党が結成された。結党の背景には労働運動や普通選挙運動の展開があったが、その直接の意図は、前年の治安警察法の制定により、一八九七（明治三〇）年から一八九九（明治三二）年にかけて次々に組織された労働組合の活動に困難をきたし、労働運動が行き詰まったので、政治活動によってそれを打開しようとするものであった。
　社会民主党は、宣言文に見られるように、人類の平和・軍備全廃・階級制度全廃・資本及び土地の国有など八か条を理想として掲げ、実際運動の綱領として、八時間労働の実施・貴族院の廃止・労働組合法の制定と団結権の保障・普通選挙の実施・軍備の縮小・治安警察法の廃止など二八か条を定め、社会主義と民主主義の実現をめざした。しかし、「貴族院の廃止」と「軍備縮小」を運動綱領のなかにうたったことが主な理由となって、この政党は即日解散を命ぜられた。さらに結党宣言を発表した『労働世界』を初め、「万朝報」「大阪毎日新聞」なども発禁処分を受けた。

明治

4 近・現代

明治

㉓ 桂園時代

① 戊申詔書——一九〇八年一〇月一三日発布　★ ☆☆☆☆

※色文字は重要語

1 朕　明治天皇。
2 人文　人類の文化、文明。
3 東西　東洋と西洋。
4 戦後　日露戦争後のこと。
5 庶政　各方面の政治、政務。
6 更張　今までゆるんでいたことを改め盛んにすること。
7 醇厚　人情の厚いこと。
8 華ヲ去リ実ニ就キ　ぜいたくを戒め、質素な生活をすること。
9 荒怠　すさみ怠ること。なすべきことを怠ること。
10 自彊　自ら勉めて励むこと。
11 成跡　成就した結果。
12 炳トシテ　明らかな様子。
13 恪守　慎んで守ること。
14 淬礪　刃物を研ぎ磨く。
15 倚藉　頼りにする。
16 皇猷　天子のはかりごと。
17 恢弘　押し広めること。
18 対揚　釣り合うこと。匹敵すること。

戊申詔書

朕惟フニ方今人文日ニ就リ月ニ将ミ、東西相倚リ彼此相済シ以テ其ノ福利ヲ共ニス。朕ハ爰ニ益々国交ヲ修メ友義ヲ惇クシ、列国ト与ニ永ク其ノ慶ニ頼ラムコトヲ期ス。顧ミルニ日進ノ大勢ニ伴ヒ文明ノ恵沢ヲ共ニセントスル。固ヨリ内国運ノ発展ニ須ツ。戦後日尚浅ク庶政益々更張ヲ要ス。宜ク上下心ヲ一ニシ、忠実業ニ服シ、勤倹産ヲ治メ、惟レ信惟レ義、醇厚俗ヲ成シ、華ヲ去リ実ニ就キ荒怠相誡メ、自彊息マサルヘシ。抑々我カ神聖ナル祖宗ノ遺訓ト、我カ光輝アル国史ノ成跡トハ炳トシテ日星ノ如シ。寔ニ克ク恪守シ淬礪ノ誠ヲ輸サハ、国運発展ノ本近ク斯ニ在リ。朕ハ方今ノ世局ニ処シ、我カ忠良ナル臣民ノ協翼ニ倚藉シテ維新ノ皇猷ヲ恢弘シ、祖宗ノ威徳ヲ対揚セムコトヲ庶幾フ。爾臣民其レ克ク朕カ旨ヲ体セヨ。

『官報』

通釈

朕が思うには、現在人類の文明は日進月歩で進み、東洋と西洋とは互いに協同して、互いの幸福と利益を享受している。朕はここにますます外国との交わりを深め、列国とともに末永くその友好の喜びを持ち続けてゆきたいと思う。振り返ってみると、日々進歩する世界のなかで文明の恵みを享受してきているが、そのことはもとより、国運の発展によるものである。日露戦争後なお日はまだ浅く、各方面の政治情勢は厳しく、一層手綱を引き締めていかねばならない。すべての国民が心を一つにして、誠心誠意仕事に励み、勤勉に倹約をして生活を立て、ひたすら信義を守り、人情厚く、質素なかなに怠情を戒め、自ら励み勉め続けねばならない。そもそも我が神聖なる代々の天皇の教えと、我が国の輝かしい歴史の成果とは、太陽や星のように燦然として今に伝えられている。慎んでこれを守り、さらに誠を尽くして盛んにしていく努力を続けるならば、国運発展の基をここに見いだすことができよう。朕は今世界の情勢のなかで、忠義の心厚い我が臣民の協力に頼って明治維新以来の自らの政治を押し広め、代々の天皇の威徳を匹敵することを心から願う。お前たち臣民は朕の思いを心に刻むように。

解説

日露戦争と戦後の経営強行は地方の農村を荒廃させ、地主、小作の対立関係を激増させた。日露戦争中か………らの増税は国民の負担を一層高め、土木工事の増加や一九〇七(明治四〇)年からの義務教育二年延長等、戦後経営のための

史料注
官報　三四四頁参照。

探究49
日露戦争後の社会で戊申詔書が出されてくる背景についてまとめよ。

地方改良運動・在郷軍人会

地方の負担も高じていった。こうした動きを背景に一九〇八（明治四一）年一〇月戊申詔書は発布された。「上下心ヲ一ニシ、華ヲ去リ実ニ就キ荒怠相誡メ、自彊息マザルヘシ」「醇厚俗ヲ成シ、華ヲ去リ実ニ就キ荒怠相誡メ、自彊息マザルヘシ」として、全国民が一致共同して勤労に励むことにより、国富の増強をめざすものであった。戊申詔書の発布を契機に、全国的に地方改良運動が進められた。地方改良運動においては、具体的には「国家の細胞」としての町村の基盤強化がめざされ、従来の部落共有林野の統合による村落共有財産の形成、市制・町村制以来の町村合併による農民の村の生活に、共同体としての一体感をもたらすための一村一神社政策、一村一小学校政策、町村を単位とした青年会設立運動、町村吏の育成等が内務省などの指導により行われることとなった。そして今後の指針を示すための「町村是」も作られ、村の府の危機意識を示すものであった。

生産力の向上をはかる目的では、農会等による農事改良、産業組合等が設立された。こうした諸政策を思想的に裏付けるものとして、江戸後期小田原藩を初め、各地の農村復興に努力し、功績をあげた二宮尊徳にならう報徳仕法が推進され、倹約、勤勉、創意工夫が重視された。これらの実現のため、内務省は一九〇九（明治四二）年以降、府、県、都市、町村の吏員を集めて地方改良事業講習会を開いた。町村内での近世以来の部落対立・結合を無くし、中小地主や自作農を町村内部における活動の主体に位置付け、富村構想を実践し、大地主、小作間の対立の解消もめざされた。町村内部のあり方にまで国家が介入して改良をはかる点で、工場内部の労使関係に介入する工場法と合わせて、この時期国家が民衆生活に深くかかわり、役割を増長させていったことは、影の部分が顕在化するなか、日露戦争後の政

❷ それから──一等国の光と影　★☆☆☆☆

1
　何故働かないって、そりゃ僕が悪いんじゃない。つまり世の中が悪いのだ。もっと大袈裟に云うと、日本対西洋の関係が駄目だから働かないのだ。第一、日本程借金を拵えて、貧乏震いをしている国はありゃしない。この借金が、何時になったら返せると思うか。そりゃ外債位は返せるだろう。けれども、そればかりが借金じゃありゃしない。日本は西洋から借金でもしなければ、到底立ち行かない国だ。それでいて、一等国を以て任じている。そうして、無理にも一等国の仲間入りをしようとする。だから、あらゆる方面に向って、奥行を削って、一等国だけの間口を張っちまった。なまじい張れるから、なお悲惨なものだ。牛と競争する蛙と同じ事で、もう君、腹が裂けるよ。その影響はみな我々個人の上に反射しているから見給え。こう西洋の圧迫を受けている国民は、頭に余裕がないか

5

❶借金
　日清戦争後の外債は、イギリスで発行された二億円だけであったが、日露戦争時の外債は八億円、一九〇四〜一四年に発行された外債は二一億円に上り、日本の財政、経済は外債への依存を深めた。

❷一等国だけの間口を張っちまった
　日露戦争に勝利したことをさす。

4　近・現代

ら、碌な仕事は出来ない。悉く切り詰めた教育で、そうして目の廻る程こき使われるから、揃って
10　神経衰弱になっちまう。話をして見給え大抵は馬鹿だから。自分の事と、自分の今日の、只今の事
より外に、何も考えてやしない。考えられない程疲労しているんだから仕方がない。精神の困憊と、
身体の衰弱とは不幸にして伴っている。のみならず道徳の敗退も一所に来ている。日本国中何所を見
渡したって、輝いてる断面は一寸四方も無いじゃないか。悉く暗黒だ。その間に立って僕一人が、何
と云ったって、何を為たって、仕様がないさ。僕は元来怠けものだ。

『それから』

史料注
3困憊　苦しみ疲れること。

史料注
それから　夏目漱石の著。一九〇九（明治四二）年刊。『三四郎』『それから』『門』の三部作の一つ。

1帝国主義　他の国を侵略する大国主義的傾向の意。
2虚無主義　ニヒリズム。実在、価値、権威など既にある一切を否定し個人を解放しようとする考え、立場。
3強権　国家権力。

史料注
時代閉塞の現状　石川啄木の評論。一九一〇（明治四三）年発表。「強権、純粋自然主義の最後及び明日の考察」の副題がある。

③　時代閉塞の現状　★☆☆☆☆

1　「国家は強大でなければならぬ。我々は夫を阻害すべき何等の理由も有っていない。但し我々だけ
はそれにお手伝いするのは御免だ！」これ実に今日比較的教養ある殆ど総ての青年が国家と他人た
る境遇に於て有ち得る愛国心の全体ではないか。そうして此結論は、特に実業界などに志す一部の
青年の間には、更に一層明晰になっている。曰く「国家は帝国主義で以て日増し強大になって行く。
5　誠に結構な事だ。だから我々もよろしくその真似をしなければならぬ。正義だの、人道だのという事
にはお構いなしに一生懸命儲けなければならぬ。国の為なんて考える暇があるものか！」
彼の早くから我々の間に竄入している哲学的虚無主義の如きも、亦此愛国心の一歩だけ進歩したも
のである事は言うまでもない。それは一見彼の強権を敵としているようであるけれども、そうではな
い。寧ろ当然敵とすべき者に服従した結果なのである。彼等は実に一切の人間の活動を白眼を見る如
10　く、強権の存在に対しても亦全く没交渉なのである。——それだけ絶望的なのである。

『時代閉塞の現状』

明治

要点ナビ

第二次桂太郎内閣。

1 幸徳伝次郎 幸徳秋水。

2 夙二 若い時からの意。

3 無政府共産主義 幸徳秋水が主張したのは、労働組合の直接行動によって資本主義を打倒し、労働組合が生産と分配の担い手となる新しい社会の建設であった。

4 聖体 天皇。

---

④ 大逆事件──一九一一年一月一八日判決　★☆☆☆☆

1

判決理由

被告幸徳伝次郎ハ夙二社会主義ヲ研究シテ明治三十八年北米合衆国ニ遊ビ、深ク其地ノ同主義者ト交リ、遂二無政府共産主義3ヲ奉スルニ至ル。其帰朝スルヤ専ラ力ヲ同主義ノ伝播ニ致シ、頗ル同主義者ノ間二重セラレテ隠然其首領タル観アリ。被告管野スガハ数年前ヨリ社会主義ヲ奉シ一転シテ無

5 政府共産主義二帰スルヤ漸ク革命思想ヲ懐キ、……一夜其心事ヲ伝次郎ニ告ケ、伝次郎ハ協力事ヲ挙ケンコトヲ約シ、且夫婦ノ契ヲ結フニ至ル。其他ノ被告人モ亦概ネ無政府共産主義ヲ其信条ト為

解説

日露戦争は、世界の大国ロシアに極東の小さな島国日本が勝ったことで、日本を自他ともに許す世界の「一等国」にのし上げることとなった。それは明治維新以来富国強兵、殖産興業を国是とし、あらゆるものを国家の犠牲にささげて勝ち得た明治国家の光であった。しかし、日露戦争後の社会はその一方で、暗い大きな影を民衆に投げかけることにもなった。それは一つには、戦中戦後を通じての増税による国民の重い負担、日清戦争とは比べものにならないほどの膨大な戦死傷者の群れとそのなきがらを待つ農村の荒廃であった。また一方、日清・日露の戦争をはさんでの日本の資本主義的発展は労働者の低賃金、劣悪な労働環境、谷中村一村を壊滅させての足尾鉱毒事件等を生み出したことであった。資本主義的発展、生産力の向上は多くの貧しい労働者を礎にして成り立つものであり、そのような状況のなかで、知識人、学生、青年層の間には国家主義への疑問を投げかけるものが数多く現れるようになった。「一等国になるとは如何なることか」それは内務省を初めとする政府が「思想の悪化」と呼ぶ混迷の状況を表している。日露戦争後の社会の持つ矛盾や暗部を凝視しての絶望であり、また国家の大目標が達成されるなか、その後の社会で自らの身のよりどころを失い、煩悶する姿であった。青年層の一部には実利に走り、自らの出世や成功にのみ価値を見出す個人主義に傾倒していくものがあり、一方に自らの人生の価値に煩悶し、華厳の滝から身を投じていく、第一高等学校生徒藤村操の姿もあった。明治の軌跡が西洋の模倣の上に成り立つ皮相なものであることを述べ、「悉く暗黒」と日露戦争後の社会を評している。明星派の詩人として出発し、貧しい生活のなかから社会を見つめた石川啄木は、文壇の中心であった自然主義文学への批判として『時代閉塞の現状』を書き、理想を失った青年たちの自滅的傾向を悲しんで現状を乗り越える道を模索し、強権との対立のなかで自我を確立していくことを説いた。明治国家の光と影が交錯するなか、一九一〇（明治四三）年日韓併合が行われ、翌一一年には大逆事件が引き起こされた。

4 近・現代

明治

史料注　近代日本政治裁判史録　我妻栄を代表とする近代政治裁判史研究会の編で、一九六九（昭和四四）年刊行。

探究50　大逆事件にみられる政府の意図は何か。

ス者若クハ之ヲ信条ト為スニ至ラサルモ其ノ臭味ヲ帯フル者ニシテ、其中伝次郎ヲ崇拝シ若クハ之ト親交ヲ結フ者多キニ居ル。……是ニ於テ被告人共ノ中深ク無政府共産主義ニ心酔スル者国家ノ権力ヲ破壊セント欲セハ先ツ元首ヲ除クニ若ク無シト為シ……畏多クモ神聖侵スヘカラサル聖体ニ対シ、前古未曽有ノ兇逆[4]ヲ遂セント欲シ、中道ニシテ兇謀発覚シタル顛末ハ左ノ如シ。……

『近代日本政治裁判史録』

10前古未曽有ノ兇逆　前代未聞の凶悪な天皇に対する反逆を企て

[4]　その途中にて

⑤ 大逆事件と文化人の態度 ★☆☆☆☆

史料注　石川啄木日記　一九〇二（明治三五）年から一九一二（大正元）年までの啄木の日記。『啄木全集』一九五四（昭和二九）年刊、所収。

1　一月十八日（一九一一＝明治四四年）

今日は幸徳らの特別裁判宣告の日であった。……今日程予の頭の昂奮してゐた日はなかった。さうして今日ほど昂奮の後の疲労を感じた日はなかった。二時半過ぎた頃でもあったろうか。「二人だけ生きる生きる」「あとは皆死刑だ」。「ああ二四人！」さういふ声が耳に入った。……予はそのまま何も考えなかった。ただ家へ帰って寝たいと思った。それでも定刻に帰った。帰って話をしたら母の眼に涙があった。「日本はダメだ」そんな事を漠然と考へら丸谷君を訪ねて十時まで話した。夕刊の一新聞には幸徳が法廷で微笑した顔を「悪魔の顔」とかいてあった。

『石川啄木日記』

解説

一九〇八（明治四一）年の赤旗事件を契機に、第二次桂内閣は社会主義者への弾圧を強化し、社会主義者の言動に無政府主義の傾向を強めさせた。一九一〇年五月宮下太吉、新村忠雄、古川力作、管野スガの四名による天皇暗殺の陰謀が発覚して、四名は検挙された。彼らは天皇に対する国民の迷信を破らなければ社会主義は実現できないと信じ、暗殺を計画したのであった。しかし時の桂内閣はこれを機会に社会主義運動を徹底的に抑圧しようとした。二月、大逆罪の容疑で二六名が起訴され、幸徳秋水はその首謀者に仕立てあげら義者は合法的な活動の自由を奪われていった。このような情勢のなかで、社会主義運動は、幸徳秋水を中心として、無政府主義を前提とする直接行動派と、片山潜を中心として、労働者大衆の団結をはかり、普通選挙運動を重視した議会政策派の二つに分かれる傾向を示したが、政府の弾圧の激しさは、社会主義

要点ナビ

第二次桂太郎内閣。

⑥ 工場法——一九一一年三月二九日公布　★★☆☆☆

れ、翌年一月の判決で幸徳ら一二名が死刑、一二名が無期懲役に処せられた。幸徳は労働者の直接行動を唱えてはきたが、個人的テロにはむしろ反対であり、この事件に直接関係を持っていなかった。他の大部分の者も同様で、大逆事件は社会運動絶滅の意図をもって政府の仕組んだ卑劣な捏造事件であった。判決に対し、英、米、仏、蘭などの社会主義者の抗議もあった

が、刑は執行された。さらに政府は、警視庁内に特別高等課を設けるなど、社会主義運動に対する取り締まりと弾圧を一層強化した。その結果、社会主義運動は停滞を余儀なくされた。また、この事件は、史料❺に見られるように、石川啄木のような知識人の考え方や生き方にも深刻な影響を与えることになった。

Spot

白い手紙

二〇一〇年一月、千葉県我孫子市で一〇〇年前の一つの手紙が旧宅の書棚の奥から取り出された。何も書かれていない白い一枚の手紙。光にかざすと針で開けた細かい穴が文字を浮かび上がらせる。

京橋区瀧山町　朝日新聞社　杉村縦横様

爆弾事件ニテ私外三名　近日死刑ノ宣告ヲ受クベシ　御精探フセフ　尚幸徳ノ為メ二弁ゴ士ノ御世話ヲ切二願フ

六月九日

彼八何ニモ知ラヌノデス　※「縦横」は楚人冠の筆名

管野須賀子

手紙の差出人は大逆事件の獄中にあった管野スガ、幸徳秋水の救済を求め、密かに朝日新聞の記者杉村楚人冠（そじんかん）（一八七二～一九四五）に送った手紙である。スガは秋水の同志で、同閲を恐れての必死の訴えである。「自分たちは近く死刑居していたこともある女性である。

宣告を受けるので、よく調べてほしい。秋水に弁護士をつけてほしい」と訴える内容。末尾で「彼は何も知らぬので す」と秋水の無罪を訴えている。日付は六月九日、書簡はきれいに十六折にされ、封筒に入っていた。「六月一一日東京・牛込局」の消印で差出人は書かれていないが、「私外（ほか）三名」といった文面からスガ自身がつづった可能性が高い。楚人冠は秋水の古い友人で、スガとも知り合いだった。

事件後も欧州特派員などとして活動したが、書簡については生涯沈黙した。明治天皇を爆裂弾で暗殺しようとした計画が発覚、これをきっかけに多くの社会主義者、アナキストが検挙され弾圧された。戦後に関係資料が発見されて事件の全容が明らかになった。暗殺計画にいくらかでも関与・同調したとされているのは、宮下太吉、管野スガ、森近運平、新村忠雄、古河力作の五名に過ぎなかった。大審院は一審のみの非公開公判で幸徳ら二四名の死刑判決を下し、うち一二名の死刑が執行された。

4 近・現代

探究51 工場法の主な内容を調べよ。

史料注
法令全書 三〇二頁参照。

■1 十五人以上ノ職工 一九二三(大正一二)年には一〇人以上が対象となる。当時、労働組合期成会は五人以上を対象とするよう要求していた。

■2 行政官庁 内務省のこと。

■3 主務大臣 内務大臣。

第一条 本法ハ左ノ各号ノ一ニ該当スル工場ニ之ヲ適用ス

一、常時十五人以上ノ職工■1ヲ使用スルモノ

二、事業ノ性質危険ナルモノ又ハ衛生上有害ノ虞アルモノ

本法ノ適用ヲ必要トセサル工場ハ勅令ヲ以テ之ヲ除外スルコトヲ得

第二条 工業主ハ十二歳未満ノ者ヲシテ工場ニ於テ就業セシムルコトヲ得ス。但シ本法施行ノ際十歳以上ノ者ヲ引続キ就業セシムル場合ハ此ノ限ニ在ラス

行政官庁■2ハ軽易ナル業務ニ付就業ニ関スル条件ヲ附シテ十歳以上ノ者ノ就業ヲ許可スルコトヲ得

第三条 工業主ハ十五歳未満ノ者及女子ヲシテ一日ニ付十二時間ヲ超エテ就業セシムルコトヲ得ス

主務大臣■3ハ業務ノ種類ニ依リ本法施行後十五年間ヲ限リ前項ノ就業時間ヲ二時間以内延長スルコトヲ得

第四条 工業主ハ十五歳未満ノ者及女子ヲシテ午後十時ヨリ午前四時ニ至ル間ニ於テ就業セシムルコトヲ得ス

『法令全書』

解説

日本社会の資本主義的発展のなかで、社会問題が深刻化し、労働運動が活発化すると、政府は一つには社会・労働運動に対する妥協策、懐柔策として、また他方、労働力の保全という観点から労働者保護のための立法をめざすようになった。それが一九一一(明治四四)年に公布された工場法であり、現在の労働基準法に連なるものである。工場法は農商務省の立案で、一八九八(明治三一)年に農商工高等会議に諮問されて以来制定がはかられ、一九一〇(明治四三)年に議会に提出されたが、女子深夜業の撤廃に反対する紡績業界の抵抗で難航し、翌一九一一年ようやく成立した。内容は一二歳未満の者の雇用禁止、一五歳未満の者と女子については労働時間を一二時間以下とし、また深夜業を禁止している。法案は成立したもののこの内容を不満とする財界により、施行は五年後、完全実施は一五年後とされたほか、適用は職工一五人以上の工場のみで多くの零細工場には規制は及ばず、成年男子労働者の労働時間には制限がなく、また数々の例外条項を含むいわばザル法であった。しかし、従来の労使関係を支えていた「主従ノ情誼・美風」が工業の発展のなかで失われてゆくとの認識のもとで、国が個々の工場の経営の内部に介入する点では、画期的な法律であった。

明治

24 明治の文化

① 小説神髄 ★☆☆☆☆

1
小説の主脳は人情なり、世態風俗これに次ぐ。人情とはいかなる者をいふや。曰く人情とは人間の情欲にて、所謂百八煩悩2是なり。それ人間は情欲の動物なるからいかなる賢者、善者なりとてもいまだ情欲を有ぬは稀なり。……此人情の奥を穿ち3、所謂賢人君子はさらなり。老若男女善悪正邪の心の

5
うちの内幕をば洩す所なく描きいだして、周密精到4人情をば灼然として見えしむるを我小説家の努5とするなり。よしや人情を写せばとて、其皮相のみを写したるものは、いまだ之を真の小説とはいふべからず。其骨髄6を穿つに及びて、はじめて小説の小説たるを見るなり。

『小説神髄』

解説
『小説神髄』は一八八五（明治一八）年九月から翌年四月までに九冊を刊行、同年五月合本上・下二巻として出版された。日本の近代文学の出発点とされる坪内逍遙の著作である。逍遙はこの著作において幕藩体制下、儒教道徳の支配の下にあって展開した滝沢馬琴流のいわゆる勧善懲悪小説を批判しつつ、道徳や政治に従属しない文学独自の意義と目的とを明らかにした。そしてその方法として、人間の人情、心理を中心にして世態風俗を描く客観主義的な写実を唱えた。不十分で不徹底な所も多いが、日本における近代文学の概念と、その方法論を提唱、確立する上で大きな足跡を残した。次いで現れた二葉亭四迷や硯友社の写実小説を初め、その後の日本の近代文学はこの『小説神髄』の影響のもとに発展していった。

② 日本開化小史 ★☆☆☆☆

1
凡そ人心の文野は財貨を得るの難易と相俟て離れざるものならん、財貨に富みて人心野なるの地なく、人心文にして財貨に乏きの国はなし。其割合常に平均を保てる事蓋し1文運の総ての有様に渉りて異例なかるべし。抑も人間の初代に当てや器械を用うるの智未だ発すべからず。製作の技未だ熟すべからず。所謂天造2の果実葉根を集めて其食物と為し、草葉樹皮を綴りて其衣服を造る外

※色文字は重要語
1主脳　主要な点。かなめ。
2百八煩悩　仏教にいう、人間の迷いのもとになる一〇八の欲望。
3穿ち　微妙な点を言い表す。
4周密精到　細かい所まで注意し、心づかいが行き届いていること。
5灼然として　明らかに。
6骨髄　心の底。真相。眼目。

史料注
小説神髄　一八八五（明治一八）年発行。政治小説に偏重していた当時の文学界にあって、文学の独立と写実主義を主張し、明治文壇を革新する先駆けとなった。

探究52
『小説神髄』が日本の近代文学の中で果たした役割について述べよ。

1蓋し　思うに。考えてみるに。
2天造　自然に造られたもの。

❸念 常に心のなかを往来している思い。

❹豈に どうして。なんで。

❺毫も いささかも。

❻禽獣 鳥と獣。またその総称。

❼照臨 国土、人民を統治すること。神が下界に臨むこと。

史料注

日本開化小史 田口卯吉(鼎軒)の著。全六巻。一八七二(明治一五)年〜八二(明治一〇)年までに完成。貨財の発達と社会の進化との相関論に立って古代から江戸幕府の滅亡までを叙述したもの。

---

5 手段なかるべし。夫れ智は物に接して益々広く、念は事に試みて愈々高し、人間初代の時に当て多く接する能はず、多く試る能はず其心豈に能く長ずべけんや。然りと雖も生を保ち死を避くるは、智の広狭を云はず念の高卑を論ぜず総ての動物に通じて違はざるの天性なり。故に人間の初代に於ては唯だ衣食を得んとの念其全脳に働かしめず、祖先の事記するに暇なく、間接の災害恐るの智なし。茫然天地の間に立て禽獣に異ならず、衣食是れ急なり。豈に死後の事憂

10 ふの暇あらんや。故に霊魂不死の説未だ発せざるなり。……斯く貨財の進むに従ひ人心亦た大いに猶予を得て益々其想像を逞ふせり。是時に当て人心既に霊魂の死せざる事を定め、カミの人間にあらざる事を信じ、カミの天地に照臨❼まします事を想像せしかば夫の保生避死の天性よりして神に頼みて災害を除かんとの心起りし事をみるなり。

『日本開化小史』

解説

田口卯吉は一八五五(安政二)年、目白九番組に属する徳川氏の徒士の貧しい家に生まれた。幕府崩壊後、横浜で商業に従事しながら英語を習い、静岡・沼津兵学校を経て大学予備門、共立学舎に学んだ。一八七二(明治五)年に大蔵省翻訳局の生徒となりそれまでの医学志望から転じて経済学、英学を修め、翻訳に従事するかたわら経済問題を研究し、報知・横浜毎日新聞等に寄稿して時事を評論した。七九(明治一二)年に渋沢栄一らの後援で『東京経済雑誌』を創刊し、一貫して自由主義であって、在野の立場から保護貿易主義と政府の独占事業に反対した。『日本開化小史』は彼のこうした経済学者としての余業として、当時の「開化史」の影響を受けながら、日本の歴史を系統的に叙述しようと試みられたものである。「開化史」はhistory of civilizationの訳語で文明史とも訳され、当時著名なバックルの『英国文明史』、ギゾーの『ヨーロッパ文明史』等が盛んに読まれた。『日本開化小史』は、宗教、文学、世相風俗等に関する記事を中心とし、開化の歴史を任じているが、これは単なる文化史ではなく、「文化現象の生起、進歩はどのようにして行われるのか」という社会進化の理論を立て、その理論によって、日本の開化の歴史を究明しようとしたものである。問題意識がまずあって、それから日本の歴史に取り組んでいる。また元号を用いず、日本紀元によって叙述している点も西洋史書の紀年法の影響を受けながら一貫した歴史の流れを追求しようとする現れである。本史料に見る第一巻の冒頭では、人間の天性は保生避死の念であって、そういう天性から人心の発達は貨財の獲得の難易と密接な関係があると述べている。つまり貨財の集積が進むにつれて人心に余裕を生み、知情が発達して想像が豊かとなって人文が進歩するのが人心の相関関係から開化上の進歩を解釈しようとするのが『日本開化小史』の理論であった。幅広く人間開化の発展と貨財の進歩との相関関係を重視したそれは、唯物史観的な生産力一元論ともまた異質なものであった。『日本開化小史』は日本の歴史研究に新しい画期を記したものとして高く評価されている。

参考　平民主義　——徳富蘇峰　★☆☆☆

泰西の社会は平民にして其の文明も亦平民的需用より生し来れるものなることは、固より吾人の解説を要せずと雖も、此の文明を我邦に輸入するや、不幸にして貴族の管中により為したるが故に、端なく貴族的の臭味を帯び、泰西文明の恩沢は僅かに一種の階級に止まり、他の大多数の人に於ては、何の痛痒もなく、何の関係もなく殆んど無頓着の有様なりと云はざる可らず。衣服の改良何かある、食物の改良何かある、金モルの大礼服は馬上の武士を装ふて意義揚々たれとも普通の人民はスコット地の洋服すら穿つこと能はず、貴紳の踏舞には柳絮の春風に舞ふか如く、胡蝶の花間に飛ぶか如く、得意の才子佳人達は冬夜の曉け過きを恨む可しと雖も、普通の人民は日曜日に於てすら妻子と笑ひ語りて其の楽を共にする能はす。

『嗟呼国民之友生れたり』

参考　国粋主義（国粋保存主義）——三宅雪嶺　★☆☆☆

自然が冥々裏に其の不測の勢力を応用するや、亜細亜諸国敗亡相踵ぐの際に在て、絶海の東、蓊鬱たる島国猶ほ屹然として独立の日本帝国と称するを得る、是れ故無くして然るべからず。意ふに将さに大に其の特色に用ゐらる、あらんとする乎。日本人が大に其の特能を伸べて白人の欠陥を補ひ、真極り、善極り、美極る円満幸福の世界に進むべき一大任務を負担せるや疑ふべからざるなり。……東西闘乱の風尚一たび定まらば、寰宇の人類に対して重大の任務あるを自ら認むるの日本人、豈に五洲の大局を其の特色を与ふる能はずといはんや。

『真善美日本人』

参考　国民主義　——陸羯南　★☆☆☆

国民天賦の任務は世界の文明に力を致すにありとすれば、この任務を竭さんがために国民たるものその固有の勢力とその特有の能力とを勉めて保存し及び発達せ（しめ）ざるべからず。以上は国民たるの第一に抱く所の観念にして、国政上の論旨はすべてこの観念より来たる。国民論派はその目的をかかる高尚の点に置くが故に、他の政論派の如く政治一方の局面に向って運行するものにはあらず。国民論派は既に国民的特性即ち歴史上より縁起する所のその能力及び勢力の保存及び発達を大旨とす。さればある点より見れば保守主義たるべく、また他の点より見れば進歩主義たるべく、決して保守もしくは進歩の名を以てこれに冠することを得べからず。かの立憲政体の設立を以て最終の目的となす所の諸政論派とはもとより同一視すべからず。これ即ち国民論派の特色なり。

『近時政論考』

史料注

嗟呼国民之友生れたり　一八八七（明治二〇）年、『国民之友』創刊号に掲載されたもの。

真善美日本人　一八九一（明治二四）年政教社から発行。

近時政論考　一八九一（明治二四）年刊。

明治

第8章　近代日本とアジア

❶ 大正政変

❶ 尾崎行雄の内閣弾劾演説——一九一三年二月五日　★★☆☆☆

要点ナビ

尾崎行雄（立憲政友会）の第三次桂太郎内閣への批判。

※色文字は重要語
❶彼等　桂首相を筆頭とする藩閥、軍閥、官僚など。
❷玉座　天皇の座。
❸政党の組織に着手　桂は議会乗り切りのため、自らの与党を組織しようと、一九一三年立憲同志会を結党。

史料注
大日本憲政史　三四八頁参照。

探究1
大正政変の歴史的意義を述べよ。

彼等❶は常に口を開けば直ちに忠愛を唱へ、恰も忠君愛国は自分の一手専売の如く唱へてあるが、其為すところを見れば、常に玉座❷の蔭に隠れて政敵を狙撃するが如き挙動を執って居るのである。（拍手起る）彼等は玉座を以て胸壁となし、詔勅を以て弾丸に代へて政敵を倒さんとするものではないか。……又、其内閣総理大臣の地位に立って、然る後、政党の組織に着手❸すると云が如きも、彼の一輩が、如何に我憲法を軽く視、其精神のあるところを理解せないかの一斑が分る。

『大日本憲政史』

解説

第二次西園寺内閣（政友会）は、日露戦争後の経済的不況安定のため軍拡中止、公債償還、行政・財政整理による緊縮政策をとった。内閣のこの方針は当時、韓国併合後の朝鮮に二個師団の設置を要求していた陸軍と対立し、陸相の上原勇作は山県有朋の支持もあって、一九一二（大正元）年十二月帷幄上奏権を利用し、単独辞表を提出した。内閣は軍部大臣現役武官制のもと、後任の大臣を得ることができず崩壊（陸軍のスト）、後任の首相には、長州閥の寵児桂太郎があてられることとなった。桂は当時内大臣兼侍従長の職にあり、宮中と府中の別にあり、政友会内閣崩壊後桂を首相にすることは、宮中と府中の別を侵すもの、また軍と藩閥の横暴であるとして民衆は激昂した。ここに第一次護憲運動が始まる。同年十二月一九日東京の歌舞伎座で開かれた憲政擁護第一回大会では三〇〇〇人の聴衆が集まり、「閥族打破、憲政擁護」が決議された。第三〇議会召集とともに、運動はさらに活発となり、二七日反対党代議士、新聞記者、学者らが集まり運動の地方拡大を決め、翌一三年一月憲政擁護を叫ぶ大会が各地で開かれた。そして二一日の議会開会予定をさらに一五日間停会した桂内閣に対し運動は一段と激しいものとなり、この間政友会、国民党は提携、尾崎行雄、犬養毅らはその急先峰となって活躍した。議会は停会され、二月五日の議会開会を待って民衆の憤激は九日の憲政擁護大会に二万人の集会となって高まった。桂は議会の解散を考えたが、大岡育造衆議院議長の「解散は内乱誘発を招く」との忠告に従い、桂内閣は五〇日余で崩壊した（大正政変）。

朕深ク世界ノ大勢ト帝国ノ現状トニ鑑ミ非常ノ措置ヲ以テ時局ヲ収拾セムト欲シ茲ニ忠良ナル爾臣民ニ告ク朕ハ帝国政府ヲシテ米英支蘇四国ニ対シ其ノ共同宣言ヲ受諾スル旨通告セシメタリ

◆終戦の詔書

2 第一次世界大戦

1 大正新時代の天佑

—井上馨書簡——一九一四年八月八日提言　★★★☆☆

一、今回欧洲ノ大禍乱ハ、日本国運ノ発展ニ対スル大正新時代ノ天佑[2]ニシテ、日本国ハ直ニ挙国一致ノ団結ヲ以テ、此天佑ヲ享受セザルベカラズ。

一、此天佑ヲ全ウセンガ為ニ、内ニ於テハ比年稍々タリシ廃減税等ノ党論[3]ヲ中止シ、財政ノ基礎ヲ強固ニシ、一切ノ党争ヲ排シ、国論ヲ世界ノ大勢ニ随伴セシムル様指導シ、以テ外交ノ方針ヲ確立セザルベカラズ。

一、此戦局ト共ニ、英・仏・露ノ団結一致ハ更ニ強固ニナルト共ニ、日本ハ右三国ト一致団結シテ、茲ニ東洋ニ対スル日本ノ利権ヲ確立セザルベカラズ。

『世外井上公伝』

解説　井上馨が「天佑」と述べたのは、第一次世界大戦が欧州を戦場として戦われているこの時期に、英仏露などがアジアから手を引かざるを得ない状況下で、中国への進出をはかり、世界における日本の地位向上をねらう糸口が得られたと受け止めたことによる。そのためには、憲政擁護会を中心にして展開されている廃税運動等を中止させ、英仏露外交を重視せよ、と述べている。時の大隈内閣は民衆の大きな期待を担って成立した。しかしその政策として掲げるものは、政弊刷新、国防充実、国民負担軽減であり、長閥の期待に応えて政友会を打破し、二個師団増設を実現するとともに、合わせて悪税撤廃を要求する民衆の声にも応えようとする、二枚の相反する看板であった。井上馨がこの手紙を山県有朋及び大隈重信に書いた八月八日、元老大臣会議は第一次世界大戦への参戦を決定した。このことは大隈にとっても天佑であり、国内の政治矛盾を外征に振り向ける絶好の機会であった。

2 大戦への参加

—加藤高明外相——一九一四年八月九日提言　★★☆☆☆

一、日本は今日同盟条約[1]の義務に依って参戦せねばならぬ立場には居ない。条文の規定が日本の参戦を

※色文字は重要語

1同盟条約　日英同盟協約の

1欧洲ノ大禍乱　第一次世界大戦のこと。

2天佑　天の助け。

3廃減税等ノ党論　当時憲政擁護会では、営業税・織物消費税・通行税の三税廃止を要求して悪税撤廃運動を起こしていた。

史料注
世外井上公伝　井上馨の伝記。一九三四（昭和九）年刊行。

命令するやうな事態は今日の所では未だ発生しては居ない。たゞ一は英国からの依頼に基く同盟の情誼と、一は帝国が此機会に独逸の根拠地を東洋から一掃して、国際上に一段と地位を高めるの利益と、この二点から参戦を断行するのが機宜の良策と信ずる。

『加藤高明』

史料注
加藤高明　伊藤正徳の著作、外務省の文書を多数引用。一九二九(昭和四)年刊行。

探究2
第一次世界大戦参戦の目的とその結果を調べよ。

解説
一九一四(大正三)年八月第一次世界大戦が始まった。この史料は、八月七日夜一〇時頃大隈首相官邸で閣議が開かれた時、外相加藤高明が参戦を主張したものである。日本の参戦の目的は、山東省のドイツ利権を奪って三国干渉の報復を行い、太平洋上のドイツ領諸島を手に入れることにあった。そして、さらに日本の国際的地位の向上と資本主義経済の発展、確立をはかることであった。前史料の井上馨書簡にも見るように、欧州の大禍乱を日本にとっての天佑と位置付け、東洋に対する日本の利権を確立し、中国にとっての統一指導者の一致した意見であった。大戦勃発の直後、イギリス政府から中国近海で起こり得る限定的なドイツ仮装巡洋艦の破壊活動に関し、その排除を求める限定的な要請があった。日本側はこれに対し、山東省ドイツ根拠地攻撃・奪取などイギリスの予想に反し、大きく踏み込んだ本格的な参戦の姿勢をみせた。イギリスは中国一帯においての混乱をさけるため、この要請を取り消すのであるが、なんとかイギリスの黙認を取り付けた日本は、一九一四年八月一五日に対独最後通牒を発し、強引にも二三日参戦したのである。

要点ナビ
日本(第二次大隈重信内閣)から中華民国政府(袁世凱)への権益拡大要求。

❶山東省　当時山東半島では、ドイツが青島の租借権、鉄道敷設権、鉱山採掘権などの利権を持っていた。

❷支那国政府　中華民国の袁世凱政府。辛亥革命により清朝を倒して成立した中華民国であったが、当時袁世凱が大総統として孫文らの革命派を弾圧し、専制権力を拡大しつつあった。

❸ 二十一カ条の要求——一九一五年一月一八日提出　★★★★☆

第一号　山東省に関する件　第一条　支那国政府ハ独逸国カ山東省ニ関シ条約其他ニ依リ支那国ニ対シテ有スル一切ノ権利、利益、譲与等ノ処分ニ付、日本国政府カ独逸国政府ト協定スヘキ一切ノ事項ヲ承認スヘキコトヲ約ス

第三条　支那国政府ハ芝罘又ハ龍口ト膠州湾ヨリ済南ニ至ル鉄道トヲ連絡スヘキ鉄道ノ敷設ヲ日本国ニ允許ス

第二号　南満洲及び東部内蒙古に関する件　第一条　両締約国ハ旅順、大連租借期限、竝南満洲及安奉両鉄道各期限ヲ何レモ更ニ九十九ケ年ツツ延長スヘキコトヲ約ス

4 近・現代

大正

③芝栗又ハ龍口ト……鉄道ノ敷設　山東半島北部の芝栗または龍口から、半島南部の膠州湾（青島）と内陸の済南とを結んでいた鉄道に接続する鉄道を敷設する権利。

④允許　許すこと、許可。

⑤東部内蒙古　満洲地方に接続するモンゴル高原南部を内蒙古といい、日本は満洲とともに内蒙古への進出をはかった。北部の外蒙古にはロシアが進出していたが、一九一一年には独立を宣言していた。

⑥旅順、大連租借期限　ポーツマス条約を受けて日清間に条約が結ばれ、日本が租借、期限は一九二三年までであった。

⑦南満洲及安奉両鉄道　南満洲鉄道は長春～大連間、安奉鉄道は安東～奉天間の鉄道。

⑧吉長鉄道　吉林～長春間の鉄道。

⑨漢冶萍公司　中国最大の製鉄会社。

史料注　日本外交年表竝主要文書　三五二頁参照。

第二条　日本国臣民ハ南満洲及東部内蒙古ニ於テ各種商工業上ノ建物ノ建設又ハ耕作ノ為ニ必要ナル土地ノ賃借権又ハ其所有権ヲ取得スルコトヲ得

第四条　支那国政府ハ本条約附属書ニ列記セル南満洲及東部内蒙古ニ於ケル諸鉱山ノ採掘権ヲ日本国臣民ニ許与ス

第七条　支那国政府ハ本条約締結ノ日ヨリ九十九ケ年間日本国ニ吉長鉄道ノ管理経営ヲ委任ス

第三号　漢冶萍公司に関する件　第一条　両締約国ハ将来適当ノ時機ニ於テ漢冶萍公司ヲ両国ノ合弁トナスコト竝支那国政府ハ日本国政府ノ同意ナクシテ同公司ニ属スル一切ノ権利財産ヲ自ラ処分シ又ハ同公司ヲシテ処分セシムサルヘキコトヲ約ス

第四号　沿岸不割譲に関する件　支那国政府ハ支那国沿岸ノ港湾及島嶼ヲ他国ニ譲与シ若クハ貸与セサルヘキコトヲ約ス

第五号　希望条項　懸案その他解決に関する件

一、中央政府ニ政治財政及軍事顧問トシテ有力ナル日本人ヲ傭聘セシムルコト

三、……必要ノ地方ニ於ケル警察ヲ日支合同トシ、又ハ此等地方ニ於ケル支那警察官庁ニ多数ノ日本人ヲ傭聘セシメ以テ一面支那警察機関ノ刷新確立ヲ図ルニ資スルコト

四、日本ヨリ一定ノ数量（例ヘハ支那政府所要兵器ノ半数）以上ノ兵器ノ供給ヲ仰キ又ハ支那ニ日支合弁ノ兵器廠ヲ設立シ日本ヨリ技師材料ノ供給ヲ仰クコト

五、武昌ト九江南昌線トヲ連絡スル鉄道及南昌、杭州間南昌、潮州間鉄道敷設権ヲ日本ニ許与スルコト

『日本外交年表竝主要文書』

4　近・現代

大　正

探究3
二十一カ条の要求に対する各国の反響と、その後の国際関係に与えた影響を述べよ。

要点ナビ

❶特殊ノ利益　日本は政治的権益を含むとし、アメリカは経済的権益に限ると対立。

❷毫モ　少しも。

日本（石井菊次郎）と米（ランシング国務長官）との間で調印。中国に関する共同宣言。寺内正毅内閣。

史料注

日本外交年表竝主要文書　三五二頁参照。

解説

一九一四（大正三）年、資本主義の極度に不均等な発展がもたらした結果として、世界再分割に期待する世界戦争が始まった。英国政府が日本の軍事援助に期待する旨、参戦を要請してきたのに応じて、日本政府はただちに参戦を決定した。日英同盟には参戦の義務はなかったが、同盟のよしみと、この機会にドイツ根拠地を東洋から一掃して日本の国際的地位を高めるための参戦であった。日本政府は、八月二三日宣戦を布告すると、ただちに青島を攻撃し、南洋群島を占領した。山東鉄道の領有宣言とともに、日本の参戦目的をいよいよ明白にしたものは一九一五（大正四）年一月一八日、中国政府（袁世凱政府）に提出した二十一カ条の要求である。そ

の内容は第一号、山東ドイツ利権処理をめぐる将来の日独協定の事前承認・第二号、旅順、大連租借、満鉄経営の各期限の九九か年延長・第三号、漢冶萍公司の合弁化・第四号、他国への沿岸不割譲・第五号、希望条項として中央政府への日本人顧問傭聘、必要な地方の警察合同または日本人傭聘等、である。第五号の希望条項を含めて、その内容は中国の主権を著しく侵すものであった。列国の批判もあって第五号は保留したものの、日本は軍事力を背景に五月九日この要求を強引に受諾させ、中国民衆はこの日を「国恥記念日」と呼んで激しい抗議行動を展開した。

❹ 石井・ランシング協定──一九一七年一一月二日締結　★★☆☆☆

1
合衆国政府ハ日本国力支那ニ於テ特殊ノ利益❶ヲ有スルコトヲ承認ス。……尤モ支那ノ領土主権ハ毫モ❷支那ノ独立又ハ領土保全ヲ侵害スルノ目的ヲ有スルモノニ非サルコトヲ声明ス。且右両国政府ハ常ニ支那ニ於テ所謂門戸開放又ハ商工業ニ対スル機会均等ノ主義ヲ支持スルコトヲ声明ス。

『日本外交年表竝主要文書』

解説

石井・ランシング協定は、一九一七（大正六）年石井菊次郎特派大使と米国務長官ランシングとの間で取り交わされた交換文書である。二十一カ条の要求以降、日本の中国政策に警戒感を抱くアメリカとの関係を調整するために結ばれたものである。日本が中国、ことに「日本の所領に隣接せる地方」において「特殊の利益」を有することをアメリカ側は認める、ただし領土保全・門戸開放・機会均等に反するようなものは認められないという、かなりのあいまいさを残した内容であった。結局ワシントン会議で新たに中国に関する九カ国条約が締結されたのを受け、アメリカ側からの提案で一九二三（大正一二）年四月、この協定は廃棄された。

❸ 大正デモクラシーと社会運動

❶ 民本主義——吉野作造　★★★☆☆

1
　民本主義❶といふ文字は、日本語としては極めて新しい用例である。従来は民主主義といふ語を以て普通に唱へられて居つたやうだ。時としては又民衆主義とか平民主義とか呼ばれたこともある。然し民主主義といへば、社会民主党❷などといふ場合に於けるが如く、「国家の主権は人民にあり」といふ危険なる学説と混同され易い。又平民主義といへば、平民と貴族とを対立せしめ、貴族を敵にして平民に味方するの意味に誤解せらる、の恐れがある。独り民衆主義の文字丈けは、以上の如き欠点はないけれども、民衆を「重んずる」といふ意味があらはれない嫌がある。我々が視て以て憲政の根柢と為すところのものは、政治上一般民衆を重んじ、其間に貴賤上下の別を立てず、而も国体❸の君主制たると共和制たるとを問はず、普く通用する所の主義たるが故に、民本主義といふ比較的新しい用語が一番適当であるかと思ふ。

『中央公論』

解説

大正デモクラシー運動の発展に寄与したのが、吉野作造の民本主義の思想である。吉野作造は一九一六（大正五）年一月『中央公論』に「憲政の本義を説いて其終局の美を済すの途を論ず」を発表、従来使用されていた「民主主義」の用語に新たな観点を持ち込んで理論化した。民本主義とはデモクラシーの訳語であるが、主権在民の観念を持つ民主主義と区別して、主権の所在は問わずに「主権運用の方法に関する理念」と規定した。その上で①主権者は政治の目的を民衆の利福に置くべきであること、②政権運用の決定は一般民衆の意向によるべきであることを主張し、当面の具体的目標として政党内閣制、普通選挙法、貴族院の改革などを説いた。リンカーンの「人民の、人民による、人民のための政治」のうち、君主国日本という条件下で「人民の」をとったものであると考えられている。主権論を棚上げしたことで社会主義者などから批判が出たが、国体無視とのとがめを受けることなく議会中心主義を主張することができ、大正デモクラシーの指導的理念として折からの民衆運動の支柱となった。大正末年の護憲三派内閣の成立、普通選挙法の公布はその成果として認められている。吉野は東大教授を経て朝日新聞に入り、退社後『明治文化全集』の編纂に携わり、日本近代史研究の基礎を作った。

※色文字は重要語
❶民本主義　デモクラシーの訳語の一つ。すでに明治期に新聞『万朝報』で使用されていたが、吉野作造により詳細に定義された。
❷社会民主党　日本初の社会主義政党。片山潜、幸徳秋水らが一九〇一（明治三四）年結成したが、政府は治安警察法違反で翌日禁止。
❸国体　主権または統治権の所在で区別した国家体制。

史料注
中央公論　月刊総合雑誌。一八八七（明治二〇）年創刊の『反省会雑誌』が改称を重ね、一八九九年に『中央公論』となった。吉野作造に活躍の場を与え、大正デモクラシーの論壇をリードした。

探究4
① 民本主義の主張を述べよ。
② 民本主義の主張はどんな運動に大きな影響を与えたか。

要点ナビ
寺内正毅内閣。

❶西水橋町　現、富山市。
❷路銀　旅費。
❸義侠的　おとこぎで。
❹廉売　安売り。
❺鏖殺　皆殺しにする。
❻徘徊　うろうろと歩きまわる。

史料注
東京朝日新聞　三六三頁参照。

探究5
①第一次世界大戦の日本経済に与えた影響を述べよ。
②米騒動の原因と影響を述べよ。
③シベリア出兵の目的を考えよ。

❷ 米騒動──一九一八年八月三日　★★☆☆☆

1 富山県中新川郡西水橋町町民❶の大部分は出稼業者なるが、本年度は出稼先なる樺太は不漁にて帰路の路銀❷にも差支ふる有様にて生活頗る窮迫し、加ふるに昨今の米価暴騰にて困窮愈々其極に達し居れるが、三日午後七時漁師町一帯の女房連二百名は海岸に集合して三隊に分れ、一は浜方有志、一は町有志、一は浜地の米屋及び米所有者を襲ひ、所有米は他に出さざること及び此際義侠的❸に米の廉売❹を嘆願し、之を聞かざれば家を焼払ひ一家を鏖殺❺すべしと脅迫し事態頗る穏かならず、斯く

5 と聞き東水橋警察署より巡査数名を出動させ、必死となりて解散を命じたるに漸く午後十一時頃より解散せるも、一部の女達は米屋の附近を徘徊❻し米を他に売るを警戒し居れり。

〔一九一八年八月五日　『東京朝日新聞』〕

解説
第一次世界大戦の好景気により、特に米価の急騰が目立った。日本資本主義の急激な発達で米消費人口（都市人口）が急増したにもかかわらず、寄生地主制の下で米の生産が停滞して供給が需要に追いつかなかったためである。

さらに騰貴を当て込んだ地主の売り惜しみと、米商人の買い占めにより一層値上がりをしたが、米価の調節に成功しなかった上に、一九一八（大正七）年七月シベリア出兵方針が表面化して買い占めに拍車がかかり、米価の大暴騰が起こった。

既に同年七月より富山県魚津町や東水橋町で、米価の高騰を他地域への移出のためだと考えた漁民や主婦らの米移出阻止行動が始まっていたが、全国的な米騒動の発端となるのは史料の西水橋町の漁民の女房たちによる米屋や有力者に対する実行行動（八月三日以降）である。大戦景気のインフレのなかで賃金の上昇が立ち遅れて、生活が困難になっていた労働者などが呼応して、八月一〇日～一六日を中心に二か月間ほぼ全国的な騒動へと発展した。民衆の行動には民本主義の普及や、ロシア革命成功が心理的影響を与えていたのである。参加人員は推計で七〇万人を超える。

寺内内閣は警官隊に加え軍隊を出動させて鎮圧し、米の廉売も命じて沈静化をはかった。が、傍観した既成政党に代わって新聞が内閣打倒キャンペーンを張り、元老の信頼を失った寺内内閣は九月二一日総辞職した。

4 近・現代

大正

❸ 八幡製鉄所のストライキ──一九二〇年二月五日　★☆☆☆☆

1　福岡県八幡市の八幡製鉄所❶にては五日突然大同盟罷業❹起れり、即ち職工全部及び人夫全部約一万余名は一斉に業務を抛ち大熔鉱炉の火を滅却し構内鉄道機関車の火を消し石炭の運搬を止め、五百本に近き煙突の煙を絶ち斯くして全員は五日午前八時製鉄所事務所前に集合を為し示威運動を行ひつつあり。

5　……原因は製鉄所の職工より成れる同市日本労友会❺が先般幹事会議を開き、時間短縮その他につき決議なし四日午前九時吉村・福住・鳥井の三代表者は左の如き嘆願書を製鉄所長官に提出せんとしたり。

一、住宅料を家族を有するものには四円、独身者には二円を支給されたき事

一、勤務時間を短縮せられたき事

10　一、臨時手当及び臨時加給を本俸に直し支給せられたき事

（一九二〇年二月六日『大阪朝日新聞』）

資料注

❶八幡市　現、北九州市八幡東・西区。
❷八幡製鉄所　一九〇一（明治三四）年創業の官営製鉄所。
❸五日　一九二〇（大正九）年二月。
❹同盟罷業　ストライキ。
❺日本労友会　浅原健三の指導で一九一九（大正八）年一〇月、八幡製鉄所の職工ら約一〇〇〇人で結成。

史料注
大阪朝日新聞　「朝日新聞」創刊後、一八八九（明治二二）年一月より大阪発行分を「大阪朝日新聞」と題号変更した。

解説

八幡製鉄所では一九一八年秋、待遇改善を要求した一万数千人の自然発生的サボタージュが起こっていた。翌年末に製鉄所が、職工の重大な収入源であった時間外勤務を規制する職工規則の改定を発表すると、労友会は製鉄所側との対決姿勢を強め、二月五日二万数千名を率いてストに突入した。開所以来初めて「溶鉱炉の火が止められた」（操業中止）。

二波にわたるストライキが行われたが、幹部の検挙、製鉄所の無期限休業発表によって労友会側は動揺し三月二日争議は終了した。争議後、製鉄所は時間短縮（一二時間二交代→九時間三交代）と約一一％の賃上げを発表した。東洋一を誇る官営製鉄所での大規模な労働争議は労働運動全体に大きな影響を与えた。

4 近・現代

大正

❶ 特殊部落民 未解放部落の住民の差別的別称。

❷ 冒瀆 神聖なもの、清らかなものを汚すこと。

❸ 勧る 親切。大事に扱う。労をねぎらう。慰める。

❹ 渇仰 深く信仰すること。深く慕うこと。

❺ 陋劣なる 心が卑しい。軽べつすべき。

❻ 烙印 刑罰として罪人に印を付けた焼き印。

❼ 荊冠 荊（いばら）の冠。

---

❹ 水平社宣言——一九二二年三月三日全国水平社結成・宣言　★★☆☆☆

全国に散在する吾が特殊部落民❶よ団結せよ。

長い間虐められて来た兄弟よ、過去半世紀間に種々なる方法と、多くの人々とによつてなされた吾等の為めの運動が、何等の有難い効果を齎らさなかつた事実は、夫等のすべてが吾々によつて、又他の人々によつて毎に人間を冒瀆❷されてゐた罰であつたのだ。そしてこれ等の人間を勧る❸かの如き運動は、かえつて多くの兄弟を堕落させた事を想へば、此際吾等の中より人間を尊敬する事によつて自ら解放せんとする者の集団運動を起せるは、寧ろ必然である。

兄弟よ、吾々の祖先は自由、平等の渇仰❹者であり、実行者であつた。陋劣なる❺階級政策の犠牲者であり男らしき産業的殉教者であつたのだ。ケモノの皮剥ぐ報酬❻として、生々しき人間の皮を剥ぎ取られ、ケモノの心臓を裂く代価として、暖い人間の心臓を引裂かれ、そこへ下らない嘲笑の唾まで吐きかけられた呪はれの夜の悪夢のうちにも、なほ誇り得る人間の血は、涸れずにあつた。そうだ、そして吾々は、この血を享けて人間が神にかわらうとする時代にあうたのだ。犠牲者がその烙印❻を投げ返す時が来たのだ。殉教者が、その荊冠❼を祝福される時が来たのだ。

吾々がエタ○○である事を誇り得る時が来たのだ。

Spot

魚津町と米騒動

魚津町（現富山県魚津市）は江戸時代以来、日本海運の中心として繁栄し、大正期には一万五千人の人口を擁した。北海道や樺太への米の積み出しで栄えた大町海岸には米倉庫が立ち並んだ。魚津港は角川の河口を利用し、大型船（蒸気船）は沖合に停泊した。蒸気船来港は米価高騰の元凶であつた。七月二三日の早朝伊吹丸が入港すると、主婦らが続々と海岸に集まつた。

米騒動といえば、全国的には一九一八年の出来事として知られるが、富山県では、明治以降だけでも毎年のように、米価暴騰による騒動が記録されている。しかも『富山県警察史』には、「明治八年以来、この地方の女だけで行われたこの種の行動は、これが二三回目に当たつていた」という記述がある。越中では「一揆」といえば「女一揆」のことであつた。魚津が米騒動発祥の地となつた。

8 怯懦 臆病で気の弱いこと。

キリストが十字架にかけられた時にかぶせられた冠で、受難や殉教を意味する。

史料注
よき日のために 水平社パンフレット。

1 元始 もと。初め。

15 吾々は、かならず卑屈なる言葉と怯懦[8]なる行為によって、祖先を辱しめ、人間を冒瀆してはならぬ。そうして人の世の冷たさが、何んなに冷たいか、人間を勧る事が何んであるかをよく知ってゐる。

吾々は、心から人生の熱と光を願求礼讃するものである。

水平社は、かくして生れた。

人の世に熱あれ、人間に光あれ。

　　　　大正十一年三月三日

　　　　全国水平社創立大会

　　　　　　　　　　『よき日のために』

解説　米騒動では、各地で被差別部落の人々が加わり、部落解放のための行動的エネルギーを如実に示した。

これに恐怖し脅威を感じた支配階級は、同情的融和政策をもって、恩恵的な上からの改善、実は懐柔と分裂を画策した。しかし部落内部にも、自らの階級的団結力により、基本的人権と生活の安定・向上をめざした真の解放を闘いとろうとする動きが、次第に高まっていった。奈良県南葛城郡柏原部落の阪本清一郎、駒井喜作、西光万吉らは、社会主義者を訪れ部落解放の理論を求め、社会主義同盟にも加盟した。やがて彼らは、一九二一(大正一〇)年一一月、水平社創立準備会を発行して全国水平社結成準備運動を開始した。水平社という名称は、阪本の考案したもので、一七世紀イギリスの民主主義革命の推進力となった農民とロンドンの労働者階級の組織 "Levellers" にも通ずるものがあった。かくて、政府・支配階級の妨害・懐柔工作と闘いながら、一九二二(大正一一)指導権が強化された。

年三月三日、京都市岡崎公園に全国の部落代表三〇〇〇人を集めて、全国水平社創立大会が開かれたのであった。大会宣言は「全国に散在する吾が特殊部落民よ団結せよ」という言葉に始まり、同情融和を退け、部落民大衆自らの力で解放を闘い取ろうとする悲壮な決意で貫かれていた。さらに、「われわれを侮辱したものは、徹底的に糾弾さる」という運動方針が決議され、全国各地で差別糾弾運動が開始された。水平社の旗は、黒地に赤い荊の冠を染め抜き、旗竿は青竹を竹槍状に切ったものとし、そこにも殉教者の悲壮な思いが込められていたのである。水平社は全国の部落に急速に組織を拡大し、農民組合・消費組合の組織、朝鮮人との提携を作り上げ、翌年の大会では、農民権力に対して最も激しく闘う伝統の行き詰まったあとは、プロレタリアートの指導のもとに階級闘争との結合を主張する左派の

5 青鞜社——『青鞜』発刊に際して——一九一一年六月一日発刊　★★★☆☆

1　元始、女性は実に太陽であった。真正の人であった。

1 元始 もと。初め。

❶普選案 普通選挙法案。加

❷他日 将来。

【史料注】

青鞜 女性のみの手で、一九一一（明治四四）年九月～一九一六（大正五）年二月まで刊行された女性文芸誌。誌名はイギリスを初めヨーロッパで文学や学識ある女性を冷やかしを込めて呼んだ「ブルーストッキング」の直訳から。

✐探究❻ 文芸運動に始まる青鞜社は、女性解放運動にどのような役割を果たしたか調べよ。

今、女性は月である。他に依って生き、他の光によって輝く、病人のような蒼白い顔の月である。倍てこゝに「青鞜」は初声を上げた。……

現代の日本の女性の頭脳と手によって始めて出来た「青鞜」は初声を上げた。

5 私共は隠されて仕舞った我が太陽を今や取戻さねばならぬ。

「隠れたる我が太陽を、潜める天才を発現せよ、」とは私共の内に向つての不断の叫声、押へがたく消しがたき渇望、一切の雑多な部分的本能の統一せられたる最終の全人格的の唯一本能である。……

青鞜社規則の第一条に他日❷女性の天才を生むを目的とすると云ふ意味のことが書いてある。……

女性の自由解放と云ふ声は随分久しい以前から私共の耳辺にざわめいてゐる。併しそれが何だろう。

10 思ふに自由と云ひ、解放と云ふ意味が甚しく誤解されてゐるはしなかっ（た）らうか。……

然らば私の希ふ真の自由解放とは何だらう。云ふ迄もなく潜める天才を、偉大なる潜在能力を十二分に発揮させることに他ならぬ。……私は総ての女性と共に潜める天才を確信したい。……

最早女性は月ではない。

其日は、女性は矢張り元始の太陽である。真正の人である。

『青鞜』

【解説】

平塚らいてう（明）ら五人の日本女子大の同窓生が発起人になって、女性の文芸集団「青鞜社」がつくられたのは、一九一一（明治四四）年六月一日のことである。当初『青鞜』は文芸による啓発で、女性に潜む才能を伸ばし女流天才の誕生をめざした純然たる文芸雑誌であったが、やがて神近市子、伊藤野枝らが加わり、女性の反響や世評の興味を受け「新しい女」として社会的注目を集めた。そのなかで次第に女性の政治的・社会的解放をめざし女性問題全般を論じるようになり、日本の女性解放運動に大きな役割を果たしていった。

❻ 婦選獲得同盟宣言 ★☆☆☆☆

1 新日本の礎石は置かれた。普選案❶は予定の如く第五十議会を通過した。而してこゝに国民半数の婦

4　近・現代

史料注
藤高明内閣が一九二五（大正一四）年の第五十議会に提出。同法は同年三月成立。四一一頁参照。

史料注
婦選獲得同盟会報　婦選獲得同盟の機関誌。

史料注
中央公論　三九六頁参照。

人は二十五歳以下の男子及「貧困に依り生活のため公私の救助を受け又は扶助を受くる」小数の男子と共に政治圏外に取残された。「我等女性は最早我等が一個の人間として、一個の国民として、国家の政治に参与することの如何に当然にして必要なるかの事由に就いては語るまい。……多くの婦人が、其の感情や宗教・思想の別を措いて、唯女性の名に依つて協力すると共に、目的を参政権獲得の唯一に限り、凡ての力をこゝに集中すべきである。

5　その感情や宗教・思想の別を措いて、度外視して。

『婦選獲得同盟会報』

解説　大正デモクラシーの潮流のなか、女性参政権運動を展開した「新婦人協会」が一九二〇（大正九）年、平塚らいてう（明）、市川房枝、奥むめおらによって結成された。同会解散後を受け継いだ諸団体は、男子普選法が通過される見通しとなった一九二四（大正一三）年「婦人参政権獲得期成同盟会」として統一され、翌年「婦選獲得同盟」と改称された。史料はその第一回総会で採択されたものである。なお、女性参政権は第二次世界大戦後ようやく実現し、一九四六（昭和二一）年総選挙には三九名の女性代議士が生まれた。

参考　原内閣に対する要望——吉野作造　★☆☆☆☆

第三に、繰返していうがどこまでも民衆の勢力に根拠を置けという事である。多少の秘密はどんなデモクラシーの国にも免れない。ただ広く計るの態度を根本において失わざらんことは吾人の断じて新内閣に要望するところである。大事ある毎に一々元老に意見を求めるのは元勲尊重の意味において何ら妨げなきところなりといえども余りにこれに掣肘されて時代の要求に遠ざかるは謹むべきことである。就中元老官僚等の目前の圧迫に余りに重さを置くが如きは国民の決して喜ぶところではない。また公平に考えても民衆の勢力などというものは普段に現われない。殊に日本の民衆は平素は極めて温順である。けれども一旦不満に燃え不平に勃発すれば、柔順なる小羊も狼の激しさに転じ、意外の局面を呈するの例は已に近く我々の経験したところではないか。普段は柔順しい。小面倒な圧迫は元老や官僚や軍閥から来るからとて、これと結んで不知不識の間に民衆の不満を醞醸するのは策の得たるものでない。「のみならず政友会が実のところ今日まで広く天下の同情を繋いでいなかったのは専らこれがためではないか、しかるにも拘らず国民は寛大にも過去を許して、政友会に先の罪を償うの好機を与えた。この好機をムザムザ利用しないのは迂愚不明の甚だしきものたるのみならず、また大政党として国家に報ずるの所以でもない。」民衆を友として民衆の幸福を計れ。

『中央公論』

大　正

4 近・現代

⑦ 貧乏物語 ★☆☆☆

1 夫れ貧乏は社会の大病である。之を根治せんと欲すれば、先づ深く其病源を探ることを要す。……されば吾人にして若し此社会より貧乏を根絶せんと要するならば、足等三箇の条件に鑑みて其方策を樹つるの外は無い。第一に、世の富者が若し自ら進んで一切の奢侈贅沢を廃止するに至るならば、貧乏存在の三条件の中その一を欠くに至るべきが故に、其は慥に貧乏退治の一策である。第二に、

5 何等かの方法を以て貧富の懸隔の甚しきを匡正し、社会一般人の所得をして著しき等差なからむることを得るならば、これ亦貧乏存在の一条件を絶つ所以なるが故に、其も貧乏退治の一策と為し得る。第三に、今日の如く各種の生産事業を私人の金儲仕事に一任し置くことなく、例えば軍備又は教育の如く、国家自ら之を担当するに至るならば、現時の経済組織は之が為め著しく改造せらる、訳であるが、これも亦貧乏存在の一条件を無くする所であって、貧乏退治の一策として自ら人の考へ

10 到る所である。

『貧乏物語』

解説

貧乏物語は河上肇の代表的著作で一九一六年九月から一二月まで『大阪朝日新聞』に連載され、翌年一冊にまとめて出版されたものである。ヒューマニズムと文章の素晴らしさでベストセラーとなった。内容は三つの構成からなり、①世界最富のイギリスでも多数の貧者がいること、②分配の不公平に基づく生活必需品の生産不足がその原因であること、③貧乏対策として富者に贅沢の抑制をもとめることを説いている。資本主義の急激な発展に伴って顕在化した貧困問題を真正面から取り上げたものとして大きな反響をよんだ。しかし単なる贅沢の抑制という貧乏根治策には限界があり、

社会のあり方を根本的に捕らえ直す必要に河上は迫られる。一九年河上は『貧乏物語』を絶版に付し、同じころ『社会問題研究』という個人雑誌を発行し、マルクスの理論を紹介、『賃労働と資本』『資本論』第一巻の翻訳も行っている。三〇年にはマルクス主義の立場から『第二貧乏物語』を著すことになる。

『貧乏物語』は当時の日本人に社会をより科学的にとらえ、思考する大きな契機をあたえるものとなった。河上肇は東京帝国大学法科大学在学中に足尾銅山鉱毒事件の演説会で感激し、その場で外套、羽織、襟巻きを寄付して、『東京毎日新聞』に「特志な大学生」であると報ぜられた人物でもある。

大正

4 近・現代

Spot

十五円五十銭

一九二三（大正一二）年九月一日午前一一時五八分、ちょうど昼食の準備中に関東地方を襲ったマグニチュード七・九の大地震は京浜地方に壊滅的な被害を与えた。関東大震災である。震災による被害は死者一〇万名、行方不明四万三〇〇〇名、全壊または焼失家屋は五七万戸を数えている。

しかしそれに加えて震災は様々な社会的災禍を招くことになる。この混乱に乗じて多数の社会主義者や労働運動家が弾圧され、軍隊や警察によって殺された。九月四日には東京府下の亀戸で、日頃から労働争議を通じて警察と対立していた労働組合員一〇名が亀戸署に連行され虐殺されるという事件が起こった（亀戸事件）。また一六日には代表的なアナーキスト大杉栄が妻伊藤野枝や甥の少年（六歳）とともに憲兵隊分隊長甘粕正彦により検束され絞殺された（甘粕事件）。

また一日夕刻から「朝鮮人が放火をして歩き、井戸に毒を投げ込んでいる」との流言が飛び交い、さらに「裏で社会主義者が糸を引いている」との噂が流れた。冷静に考えてみれば、偶然起こった震災の混乱のなかで、朝鮮人だけが連絡を取り合って共同歩調をとれるはずはないのである。しかし民衆の多くは混乱していた。新聞屋、牛乳屋や清掃会社が得意先の目印としてつけた塀のチョークを、放火の目印だと騒いだりした。警察や軍隊以上に、民衆によって組織された自警団が朝鮮人虐殺の中心となった。殺害された朝鮮人は六〇〇〇名、中国人は二〇〇名、誤認されて殺された日本人も六〇名にのぼっている。

朝鮮人の検束は執拗かつ卑劣な方法で行われた。大正・昭和期の詩人壺井繁治（妻は壺井栄）は、東京から群馬、長野を経て名古屋へ行く鉄道の旅の途中、兵士らが駅ごとに乗り込み、列車の底までも調べて朝鮮人を捜し出すのを目撃している。中央西線のある停車場では、銃剣を構えた兵士が窓から首を突っ込んで、壺井の隣にいる労働者に怒鳴った。「おい、貴様、十五円五十銭と言ってみろ。」労働者は何のことか意味も解らずドギマギしていたが、しばらくしてはっきりと、「ジュウゴエンゴジッセン」と答えた。すると「よし」と兵士はあっさり立ち去った。この奇異な尋問の意味が飲み込めなかった壺井も、あとですっかり理解する。朝鮮人が判別するのに、朝鮮人の不得意な濁音の多い「ジュウゴエンゴジッセン」という言葉を発音させたことを。同じように、仮に知っていても朝鮮人に苦手な半濁音の「ハトポッポ」の歌を歌わせたり、教育勅語を暗唱させたりということも行われた。

これらのことは、多くの日本人が朝鮮人に対し持っていた差別意識やゆがんだ優越感をあまりにも象徴的に表している。そうした意識を持っていたがために、朝鮮人の不満や反抗におびえ、流言を信じて自警団の残忍な行動につながっていったのである。また軍隊や警察もパニック状態の民衆の心理を巧みに利用していった。

関東大震災は大正デモクラシーの転機となる。排他的な国家主義傾向や、秩序と治安とを振りかざす権力者及び軍隊の立場の強化、思想統制の方向など、次の暗い時代への予感が漂ってきていた。

④ ワシントン体制

① 三・一独立宣言 —— 一九一九(大正八)年三月一日発表　★☆☆☆☆

1

我等ハ茲ニ[1]、朝鮮国ノ独立タルコト及朝鮮人ノ自由民タルコトヲ宣言ス。此ヲ以テ世界万邦ニ告ケ、人類平等ノ大義ヲ克明シ[2]、此ヲ以テ子孫万代ニ誥ヘ、民族自存ノ正権ヲ[3]永有セシム。半万年歴史ノ権威ニ依リテ此ヲ宣言シ、二千万民衆ノ誠忠ヲ合シテ此ヲ佈明シ[4]民族ノ恒久一ノ如キ自由発展ノ為メニ此ヲ主張シ、人類的良心ノ発露ニ基因シタル世界改造ノ大機運ニ順応[5]併進センカ為此ヲ提起スルモノナリ。是レ天ノ明命、時代ノ大勢、全人類共存同生権ノ正当ナル発動

5　ナリ。天下何物ト雖モ此ヲ阻止抑制シ得ス。

『現代史資料』

解説

第一次世界大戦後、国際協調外交が行われたといっても、それはあくまでも大国間の利害関係に基づくものであった。日本の植民地支配が行われていた朝鮮でも、大戦後の民族運動の波が押し寄せ、独立運動が起こった。一九一九(大正八)年三月一日を期して、朝鮮民族代表三三名の名のもとに独立宣言を発表し、海外亡命者を通じて世界世論に訴え、パリ講和会議やアメリカ大統領ウィルソンに請願した。民族代表者は三月一日当日、日本官憲に自首したが、京城(ソウル)のパゴダ公園に集まった三〇万の民衆は、代読されたこの宣言「朝鮮独立万歳」を叫び市内を行進した。これらの運動は日本によって徹底的に弾圧され、また頼りにしていたアメリカも日本国内の問題と片付け、この運動を支持しなかったので、独立運動は挫折する。しかし、日本の植民地統治には、形式的には武断政治を廃止させるなど一定の成果もみられた。

② ワシントン海軍軍備制限条約 —— 一九二二年二月六日調印　★☆☆☆☆

第一条　締約国[1]ハ本条約ノ規定ニ従ヒ各自ノ海軍軍備ヲ制限スヘキコトヲ約定ス。

第四条　各締約国ノ主力艦[2]合計代換噸数ハ基準排水量ニ於テ合衆国五十二万五千噸、英帝国五十二万五千噸、仏蘭西国十七万五千噸、伊太利国十七万五千噸、日本国三十一万五千噸ヲ超ユルコトヲ得

※色文字は重要語

①我等 朝鮮の民族代表三三名。

②克明 明らかにする。

③正権 正当な権利。

④佈明 広く明らかにする。

⑤世界改造ノ大機運 第一次大戦後の世界各地の民族自決運動やロシア革命をさす。

史料注

現代史資料 一九二一(大正一〇)年〜四五(昭和二〇)年の日本近・現代史の基礎資料を系統的に編集。

要点ナビ

主力艦の保有制限。高橋是清内閣。全権加藤友三郎。

①締約国 米・英・仏・伊・日の五カ国。

②主力艦 戦艦、巡洋戦艦をさす。

4 近・現代

大正

4 近・現代

3代換噸数 将来、老齢艦などを廃棄しそれに代わる建造をした場合の合計トン数。

ス。

5　第五条　基準排水量三万五千噸ヲ超ユル主力艦ハ何レノ締約国モ之ヲ取得シ又ハ之ヲ建造シ、建造セシメ若ハ其ノ法域内ニ於テ之カ建造ヲ許スコトヲ得ス。

第七条　各締約国ノ航空母艦合計噸数ハ基準排水量ニ於テ合衆国十三万五千噸、英帝国十三万五千噸、仏蘭西国六万噸、伊太利国六万噸、日本国八万一千噸ヲ超ユルコトヲ得ス。

第十九条　合衆国、英帝国及日本国ハ左ニ掲クル各自ノ領土及属地ニ於テ要塞及海軍根拠地ニ関シ本条約署名ノ時ニ於ケル現状ヲ維持スヘキコトヲ約定ス。

10

『日本外交年表竝主要文書』

要点ナビ
日英同盟の終了。

1締約国 米・英・仏・日の四カ国。

4属地 ここでは太平洋諸島をさす。日本は主力艦保有で対米七割を確保できなかったが、この規定でアメリカのフィリピン軍備強化を阻止した。

❸ 四カ国条約──一九二一年一二月一三日調印　★☆☆☆

第一条　締約国ハ互ニ太平洋方面ニ於ケル其ノ島嶼タル属地及島嶼タル領地ニ関スル其ノ権利ヲ尊重スヘキコトヲ約ス。

『日本外交年表竝主要文書』

要点ナビ
石井・ランシング協定の廃棄。

1支那国以外ノ締約国 中国を除く、米・英・仏・伊・日・蘭・ポルトガル・ベルギーの八カ国。

2機会均等主義 一八八九年 アメリカのジョン＝ヘイが

❹ 九カ国条約──一九二二年二月六日調印　★★☆☆☆

第一条　支那国以外ノ締約国ハ左ノ通約定ス。

(一)支那ノ主権、独立並ニ其ノ領土的及行政的保全ヲ尊重スルコト

(二)支那カ自ラ有力且安固ナル政府ヲ確立維持スル為、最モ完全ニシテ且最障礙ナキ機会ヲ之ニ共与スルコト

(三)支那ノ領土ヲ通シテ一切ノ国民ノ商業及工業ニ対スル機会均等主義ヲ有効ニ樹立維持スル為　各

5

大正

提唱して以来の対中国政策におけるアメリカの主張。中国に進出したすべての国が均等な待遇を受けるべきだという考え。

史料注
日本外交年表竝主要文書
三五二頁参照。

[3]第三条　この条項によって、日本の中国における特殊権益を認める石井・ランシング協定は廃棄された。

[1]会議　ワシントン会議。

史料注
東洋経済新報　一八九五（明治二八）年創刊。大正デモクラシー期には、三浦鉄太郎や石橋湛山らによって小日本主義が唱えられた。現在、『週刊東洋経済』として刊行。

4　近・現代

大正

第三条[3]　一切ノ国民ノ商業及工業ニ対シ、支那国ニ於ケル門戸開放又ハ機会均等ノ主義ヲ一層有効ニ適用スルノ目的ヲ以テ、支那国以外ノ締約国ハ左ヲ要求セサルヘク、又各自国民ノ左ヲ要求スルコトヲ支持セサルヘキコトヲ約定ス。

『日本外交年表竝主要文書』

解説

一九二一（大正一〇）年一一月、米大統領ハーディングの提唱によってワシントン会議が開催され、ヴェルサイユ体制のもとでの軍備縮小と、未解決だった東アジア・太平洋地域の問題が討議された。まず四カ国条約で太平洋諸島の勢力現状維持が約束され、この結果、アメリカが懸念する極東における日本の侵略的行為を助長しているとされた日英同盟の終了が決まった。それに続くワシントン海軍軍備制限条約では、各国の主力艦建造の中止や保有制限が行われ、米英五に対し、日本は三、仏伊は各一・六七と決定した。この条約は、大戦後の軍縮の風潮や、各国の戦後恐慌による財政難を背景としていたが、日本は対米英七割という目標を確保できず、第

一九条を盛り込むことでようやく妥協した。さらに、中国問題に関する九カ国条約はアメリカの主張する「門戸開放、機会均等」主義が採用され、日本の特殊権益は否定された。しかしこの条約では、中国の領土保全、主権尊重が唱えられてはいるが、中国自身の求めていた不平等条約の撤廃や外国軍隊の撤退は認められず、結局列強による中国侵略の構造は温存されたのである。このようなワシントン体制の成立は、外交上のアメリカの勝利、中国・太平洋地域での日本の後退を意味するが、不況下の国内事情と平和を求める国際世論によって、日本はしばらく協調外交をとることになる。

参考

石橋湛山の小日本主義[1]——一九二一年七月二三日社説　★☆☆☆

仮に会議の主動者には、我が国際的地位低くして成り得なんだとしても、会議そのものは、必ず我に有利に導き得るに相違ない。たとえば満洲を棄てる、山東を棄てる、その他支那が我が国から受けつつありと考える一切の圧迫を棄てる、その結果はどうなるか。また支那に、台湾に自由を許す、その結果はどうなるか。英国にせよ、米国にせよ、非常の苦境に陥るだろう。何となれば彼らは日本にのみかくの如き自由主義を採られては、世界におけるその道徳的位地を保つに得ぬに至るからである。

『東洋経済新報』

史料注
日本外交年表竝主要文書
三五二頁参照。

❶ 千九百十七年十一月七日前
ロシア革命以前をさす。

要点ナビ
中国に対する積極外交の一方、欧米に対しては協調路線を維持。田中義一内閣。

⑤ 日ソ基本条約 —— 一九二五年一月二〇日調印　★☆☆☆☆

1 第一条　両締約国ハ本条約ノ実施ト共ニ両国間ニ外交及領事関係ノ確立セラルヘキコトヲ約ス。
第二条　……千九百十七年十一月七日前ニ於テ日本国ト露西亜国トノ間ニ締結セラレタル条約、協約及協定ニシテ右「ポーツマス」条約以外ノモノハ、…改訂又ハ廃棄セラレ得ヘキコトヲ約ス。**❶**

5 第五条　両締約国ハ……公然又ハ陰密ニ何等カノ行為ニシテ 苟 モ日本国又ハ「ソヴィエト」社会主義共和国連邦ノ何レカノ部分ニ於ケル秩序及安寧ヲ危殆ナラシムルコトアルヘキモノハ之ヲ為サス、且締約国ノ為何等カノ政府ノ任務ニ在ル一切ノ人及締約国ヨリ何等カノ財的援助ヲ受クル一切ノ団体ヲシテ右ノ行為ヲ為サシメサルコトノ希望及意向ヲ厳粛ニ確認ス。

『日本外交年表竝主要文書』

解説　第一次世界大戦末期に、ロシアで社会主義革命が成功し、一九一八（大正七）年三月ソビエト政権はドイツと単独講和を締結した。革命の波及を恐れる日・米・英・仏四カ国は協定を結び、チェコ・スロバキア捕虜救済を名目にロシア革命への干渉戦争を開始した。日本は協定兵力の六倍以上の七万三〇〇〇人の大軍を投入しシベリア出兵を強行したが、住民の激しい抵抗に敗れ、一九二二（大正一一）年シベリアから撤退した。このシベリア出兵のため遅れていた、日本とソビエト政権の国交樹立を決めた条約が日ソ基本条約である。この条約では外交関係を樹立し、通商条約を締結することや、帝政ロシアとの条約、協定を廃棄すること、ただしポーツマス条約の効力は認めることなどを確認し合っている。また、この第五条は、この年に日本で**普通選挙法**とともに制定された**治安維持法**との関連が深い注目すべき条項である。

⑥ パリ不戦条約 —— 一九二八年八月二七日調印　★★☆☆☆

1 第一条　締約国ハ、国際紛争解決ノ為戦争ニ訴フルコトヲ非トシ、且其ノ相互関係ニ於テ国家ノ政策ノ手段トシテノ戦争ヲ抛棄スルコトヲ其ノ各自ノ人民ノ名ニ於テ厳粛ニ宣言ス。

『日本外交年表竝主要文書』

史料注　日本外交年表竝主要文書　三五二頁参照。

参考　政府宣言書——一九二九年六月一七日　★☆☆☆

帝国政府ハ、千九百二十八年八月二十七日巴里ニ於テ署名セラレタル戦争抛棄ニ関スル条約第一条中ノ「其ノ各自ノ人民ノ名ニ於テ」ナル字句ハ、帝国憲法ノ条章ヨリ観テ日本国ニ限リ適用ナキモノト了解スルコトヲ宣言ス。

『日本外交年表竝主要文書』

要点ナビ　全権若槻礼次郎。補助艦保有量の制限、統帥権干犯問題発生。

史料注　外交余録　石井菊次郎（一八六六〜一九四五）が外交官として見聞したものを記録した著作。

探究7　統帥権干犯問題とはどういうことか。

⑦ ロンドン海軍軍備制限条約——一九三〇年四月二二日調印　★☆☆☆☆

一、主力艦の代艦建造は五年間更に休止する。

二、英国は五隻、米国は三隻、日本は一隻の主力艦をそれぞれ繰り上げて廃棄する。

三、日英米三国の補助艦保有制限量を左の如く定める。

日 米 英	大型巡洋艦（八吋）	駆逐艦	潜水艦	総噸数
日　12隻	一〇八、四〇〇噸	一〇五、五〇〇噸	五二、七〇〇噸	三六七、〇五〇〃
米　18隻	一八〇、〇〇〇〃	一五〇、〇〇〇〃	五二、七〇〇〃	五二六、二〇〇〃
英　15隻	一四六、八〇〇〃	一五〇、〇〇〇〃	五二、七〇〇〃	三三九、〇〇〇〃

四、潜水艦は軍艦噸数二千噸、備砲口径五・一吋以内に限る。

『外交余録』

解説

一九二八（昭和三）年八月、米国務長官ケロッグと仏外相ブリアンの提唱で、一五カ国が参加してパリで不戦条約が調印された。世界最初の戦争放棄宣言であり、戦後の日本国憲法にも大きな影響を与えた注目すべき条約だが、これはあくまで理想に過ぎず、違反国への制裁もなく、また自衛権発動による戦争は認めていたため、現実の戦争を抑止する力に成り得なかった。また、この条約に関して日本政府は、「第一条中ノ『其ノ各自ノ人民ノ名ニ於テ』ナル字句ハ、帝国憲法ノ条章ヨリ観テ日本国ニ限リ適用ナキモノト了解スルコトヲ宣言ス」という留保事項を発表している。これは、天皇大権をないがしろにしているという軍部、右翼の批判に応えたものだったが、協調外交路線をとる当時野党の民政党も、その主張にくみしているのである。

一九三〇（昭和五）年一月、イギリスの招請でロンドン会議が開かれた。前年からの世界恐慌で軍縮を余儀なくされていた列強が、補助艦の保有制限に乗り出した。日本の保有総量は、補助艦の保有量に対する制限で、日本の希望する対米七割をほぼ実現したものの、大型巡洋艦に関しては、対米六割にとどまった。この条約が調印されると、軍部や右翼は、政府は軍備を決めるという統帥権を侵したとして非難したが、民政党の浜口雄幸内閣はその反対を押し切ってこの条約に調印したのである。

⑤ 普通選挙法の成立と治安維持法

❶ 原敬首相の普選に対する考え　★ ☆☆☆

1　漸次に選挙権を拡張する事は何等異議なき処にして、❶又他年国情ここに至れば、所謂普通選挙も左まで憂ふべきにも非ざれども、階級制度打破❷と云ふが如き、現在の社会組織❸に向つて打撃を試みんとする趣旨より、納税資格を撤廃すと云ふが如きは、実に危険極る次第にて此の民衆の強要に因り、

5　現代組織を破壊する様の勢を作らば、実に国家の基礎を危うするものなれば、寧ろ此際、議会を解散して政界の一新を計るの外なきかと思ふ。

『原敬日記』

解説

米騒動が直接の契機となって総辞職した寺内正毅内閣に代わり、日本初の本格的な政党内閣として立憲政友会の原敬内閣が、一九一八（大正七）年九月に成立した。原内閣は一九一九年衆議院議員選挙法を改正し、①納税資格を一〇円から三円に引き下げ、②選挙区を従来の大選挙区制から小選挙区制に変更した。また翌一九二〇年には野党の憲政会や立憲国民党が提出した普通選挙法案に対しては、元老院、貴族院、官僚らの意向をにらんで拒否し、史料に見えるように解散総選挙で臨んだ。その結果新選挙法の①、②が政友会に有利に働き勝利を収め、普選法は実施されなかった。

❷ 普通選挙法の成立　★ ☆☆☆

(1)加藤高明の普選法提案理由──一九二五年二月二一日演説

恭しく按じまするに憲法御制定終、極の御趣旨は広く国民をして大政に参与せしめられ、周く国民をして国家の進運を扶持せしめらる、に在りと信じます。

学制頒布❶以来実に五十余年を経ましたる今日に於きましては国民の知見も大に進み、国民教育の

要点ナビ

平民宰相と呼ばれた原敬の政治姿勢を調べよ。

探究8　治安維持法とともに成立。加藤高明内閣。

史料注

原敬日記　原敬の日記で、記述は一八七五（明治八）年～一九二一（大正一〇）年にわたる。

※色文字は重要語

❶漸次に……処にして　原内閣は一九一九年五月、選挙権を直接国税一〇円以上から三円以上に引き下げた。

❷階級制度打破　ここでは急進的な社会主義者の主張。

❸社会組織　資本主義国家内の階級社会。

❶学制頒布　一八七二（明治

五）年。

2 国民皆兵の制　徴兵令は一八七三（明治六）年。

3 地方自治の創始　一八七八（明治一一）年公布の三新法以後、府県や町村に議会が設けられた。

4 鬱然　物事の盛んなさま。

5 この時代精神　民本主義を中心としたデモクラシーの高揚。

6 刻下　目下。現在。

7 君民同治　日本の統治権は万世一系の天皇に存すると いう帝国憲法は、国民が国家の統治権の主体であると する民主主義と天地の隔た

5　普及並びに程度に至りては世界列強に比して別に遜色ありとも考へられないのであります。徴兵令による国民皆兵の制**2**が行なはれて以来亦五十年、その間数回の対外戦争をも経、広く国民は義勇奉公の誠を致し国家防護の責を尽すの実績を挙げたと見るに十分なりと信ずるのであります。将た又地方自治の創始**3**以来国民が政治的試煉を経ること是亦五十年に近いのでありまして、政治的責任の自覚及びその普及に至りましても洵に徹底せるものありと認むるのであります。近時に至り普通選挙制の鬱然**4**として輿論の大勢をなすに至りましたことは洵に偶然でないと云はねばなりません。政府は

10　この時代精神**5**の趨勢に鑑み広く国民をして国家の義務を負担せしめ、以て国運発展の衝に当らしむるが刻下**6**最も急務なりと認めたのであります。斯る趣旨より致しまして普通選挙制を骨子とする衆議院議員選挙法改正案を提出致した次第であります。

（重要な責任を引き受けさせる）

『加藤高明』

(2)普通選挙法──一九二五年五月五日公布

15　第五条　帝国臣民タル男子ニシテ年齢満二十五年以上ノ者ハ選挙権ヲ有ス。帝国臣民タル男子ニシテ年齢満三十年以上ノ者ハ被選挙権ヲ有ス。

『官報』

(3)普選法通過に関しての新聞社説

普選の実施は、何といつても我が憲政史上、画期的な重要事である。国会開設に次での有意義な出

20　来事で、民権発達史上、特筆大書さるべきである。不公平にして不道理な制限選挙のために、折角立憲の聖代に生れながら、参政権利を拒絶されて、君民同治**7**の恩沢に浴することの出来なかつた国民の大部分が、これによつて、いよいよその力を政治生活、社会生活の上に、合理的に合法的にのばし得ることになるのである。無産者として社会の下積みにされてゐた階級のうちから、新しい元気と精気

りがある。「君民同治」と
いうことは、当時の日本で
は、民主主義政治の許され
る限度であった。……普選法の成
立に対して国民の明るい期
待が読み取られる。

8国運を拓いて　普選法の成

史料注
加藤高明　三九三頁参照。
官報　三四四頁参照。
大阪朝日新聞　三九八頁参照。

要点ナビ
普通選挙法とともに成立。
加藤高明内閣。

1国体　主権または統治権の
所在により区別した国家体
制。ここでは天皇を頂点と
する当時の国家体制。

2懲役又ハ禁錮　懲役は刑務
所に拘置して労働に従事さ
せ、禁錮は拘置するが労働
に従事させない。

とが……発散され、新しい活動と創造との力を生み、国の命となり、社会の柱となって、無限に国礎
を固め国運を拓いて行くであらう。……兎に角、新しい時代の夜明けが迫らうとしてゐる。大正維新
の第一歩を踏みだしたわけである。

〔一九二五年三月三日『大阪朝日新聞』〕

解説
普通選挙法は、一九〇三(明治三六)年第一六議会
に法律案として提出されて以来しばしば提出された。
一九一一年第二七議会の衆議院では大多数で可決されたが、貴
族院が全会一致で否決した。普選運動は当初、議会に対する請
願と大衆に対する啓蒙運動として行われたが、一九一八(大正
七)年の米騒動後は大衆運動として闘われた。原敬内閣、高
橋是清内閣、加藤友三郎内閣の下では成立しなかったが、貴族
院を背景とする超然内閣である清浦奎吾内閣が一九二四(大正
一三)年成立すると、普選を旗印に憲政会・政友会・革新倶楽部が盛り上がっ
た。解散後の選挙を勝利した加藤高明内閣は、大衆運動の急進化を防ぐ
憲三派を基盤とした第二次護憲運動が盛り上がっ
目的もあって普選法成立をめざし、治安維持法と抱き合わせに
することで一九二五(大正一四)年成立させた。

❸ 治安維持法　★★★★☆

(1)治安維持法──一九二五年四月二二日公布
第一条　国体ヲ変革シ又ハ私有財産制度ヲ否認スルコトヲ目的トシテ結社ヲ組織シ又ハ情ヲ知リテ
之ニ加入シタル者ハ十年以下ノ懲役又ハ禁錮ニ処ス
前項ノ未遂罪ハ之ヲ罰ス

(2)改正治安維持法──一九二八年六月二九日公布
第一条　国体ヲ変革スルコトヲ目的トシテ結社ヲ組織シタル者、又ハ結社ノ役員其ノ他指導者タル任
務ニ従事シタル者ハ死刑又ハ無期若ハ五年以上ノ懲役若ハ禁錮ニ処シ、情ヲ知リテ結社ニ加入シ
タル者又ハ結社ノ目的遂行ノ為ニスル行為ヲ為シタル者ハ、二年以上ノ有期ノ懲役又ハ禁錮ニ処ス。
私有財産制度ヲ否認スルコトヲ目的トシテ結社ヲ組織シタル者、結社ニ加入シタル者又ハ結社ノ目

『官報』

❸予防拘禁　治安維持法違反で刑に処せられたものを、再犯のおそれがあるという理由で拘束し続ける制度。執行猶予者にも適用された。

史料注

官報　三四四頁参照。

探究❾
① 治安維持法の目的を述べよ。
② 治安維持法が改正ごとに内容をどう変更していったのか述べよ。

的遂行ノ為ニスル行為ヲ為シタル者ハ、十年以下ノ懲役又ハ禁錮ニ処ス。前二項ノ未遂罪ハ之ヲ罰ス。……

『官報』

(3)再改正治安維持法──一九四一年三月一〇日公布

第三十九条　第一章ニ掲グル罪ヲ犯シ刑ニ処セラレタル者、其ノ執行ヲ終リ釈放セラルベキ場合ニ於テ、釈放後ニ於テ更ニ同章ニ掲グル罪ヲ犯スノ虞アルコト顕著ナルトキハ、裁判所ハ検事ノ請求ニ因リ本人ヲ予防拘禁❸ニ付スル旨ヲ命ズルコトヲ得。

『官報』

解説

選挙法の改正によって、納税による制限が撤廃された。労働運動、社会主義運動が活発になることを恐れて、普選法下の新たな治安対策として、この法律を成立せしめたのである。

政府は提案のとき、無政府主義・共産主義を取り締まるもので、穏健な労働運動や社会運動を抑圧するものではないと説明したが、のちには次第に拡大解釈され、一切の反政府思想が抑圧された。一九二八（昭和三）年、共産党検挙の三・一五事件が起こると、緊急勅令で改正を行い、のち議会の承認を得た。その後再改正で、一九四一（昭和一六）年、予防拘禁制を採用し、治安維持法違反で刑罰を受けた思想犯は、その思想を変えない限り、刑期が終わっても拘禁されることになった。敗戦後、占領軍の命令でようやく廃止された。

❸治安維持法反対デモ（1925年2月11日東京）

6 市民文化

① 蟹工船 —— 小林多喜二　★☆☆☆☆

「おい地獄さ行ぐんだで！」

　二人はデッキの手すりに寄りかかって、蝸牛が背のびをしたように延びて、海を抱え込んでいる函館の街を見ていた。——漁夫は指元まで吸いつくした煙草を唾と一緒に捨てた。巻煙草はおどけたように、色々にひっくりかえって、高い船腹をすれずれに落ちて行った。彼は身体一杯酒臭かった。

　赤い太鼓腹を巾広く浮かばしている汽船や、積荷最中らしく海の中から片袖をグイと引張られてでもいるように、思いッ切り片側に傾いているのや、黄色い、太い煙突、大きな鈴のようなヴイ、南京虫のように船と船の間をせわしく縫っているランチ、寒々とざわめいている油煙やパン屑や腐った果物の浮いている何か特別な織物のような波…。風の工合で煙が波とすれずれになびいて、ムッとする石炭の匂いを送った。ウインチ1のガラガラという音が、時々波を伝って直接に響いてきた。

　この蟹工船2博光丸のすぐ手前に、ペンキの剥げた帆船が、へさきの牛の鼻穴のようなところから、錨の鎖を下していた。甲板を、マドロス・パイプをくわえた外人が二人同じところを何度も機械人形のように、行ったり来たりしているのが見えた。ロシアの船らしかった。たしかに日本の「蟹工船」に対する監視船だった。

　「俺らもう一文も無え。——糞。こら」

　そう云って、身体をずらして寄こした。そしてもう一人の漁夫の手を握って、自分の腰のところへ持って行った。袢天の下のコールテン3のズボンのポケットに押しあてた。何か小さい箱らしかった。

1 ウインチ　巻き上げ機。

2 蟹工船　カムチャッカの沖で蟹を獲り、それを缶詰に加工する船。出稼ぎ労働者を低賃金で雇っていた一方、蟹の缶詰は高価で売られたため、蟹工船のオーナーは莫大な利益を得ていた。

3 コールテン　ビロードに似

た木綿のうね織物の一種。丈夫なので、作業服・足袋・椅子張りなどに使われる。

史料注

戦旗　一九二八(昭和三)年から一九三一(昭和六)年にかけて刊行されていた文芸雑誌。しばしば発禁処分を受けたが、徳永直の「太陽のない街」小林多喜二の「蟹工船」など、プロレタリア文学の作品の発表舞台として重要な役割を果たした。

新思潮　一九〇七(明治四〇)年に小山内薫が創刊した文芸雑誌。東京帝国大学系の同人誌として後に続いた。菊池寛、芥川龍之介、久米正雄、松岡譲らら新思潮派と呼ばれる作家を育み、大正文学の一つの拠点になった。

一人は黙って、その漁夫の顔をみた。

「ヒヒヒヒ……」と笑って、「花札よ」と云った。……

［「蟹工船」『戦旗』所収］

解説

『蟹工船』は、一九二九(昭和四)年に全日本無産者芸術連盟の機関誌である雑誌『戦旗』で発表された。プロレタリア文学の代表作とされる。この小説には特定の主人公がおらず、蟹工船にて酷使される貧しい労働者達が群像として描かれている。蟹工船「博光丸」のモデルになった船は元病院船の博愛丸である。カムチャッカの沖で蟹を獲り、それを缶詰に加工するのが蟹工船である。北の海の閉鎖された空間の劣悪な環境の中で働く労働者、やがて労働者たちは人間的な待遇を求めて団結し、ストライキに踏み切る。

📖参考　鼻——芥川龍之介　★☆☆☆

禅智内供の鼻と云えば、池の尾で知らない者はない。長さは五六寸あって上唇の上から顋の下まで下っている。形は元も先も同じように太い。云わば細長い腸詰めのような物が、ぶらりと顔のまん中からぶら下っているのである。……

内供が鼻を持てあました理由は二つある。——一つは実際に、鼻の長いのが不便だったからである。第一飯を食う時にも独りでは食えない。独りで食えば、鼻の先が鋺の中の飯へとどいてしまう。そこで内供は弟子の一人を膳の向うへ坐らせて、飯を食う間中、広さ一寸長さ二尺ばかりの板で、鼻を持上げていて貰う事にした。しかしこうして飯を食うと云う事は、持上げている弟子にとっても、持上げられている内供にとっても、決して容易な事ではない。一度この弟子の代りをした中童子が、嚏をした拍子に手がふるえて、鼻を粥の中へ落した話は、当時京都まで喧伝された。——けれどもこれは内供にとって、決して鼻を苦に病んだ重な理由ではない。内供は実にこの鼻によって傷つけられる自尊心のために苦しんだのである。……

［「鼻」『新思潮』所収］

解説

『鼻』は、芥川龍之介の初期の短編小説。『今昔物語』の「池尾禅珍内供鼻語」および『宇治拾遺物語』の「鼻長き僧の事」を題材としている。一九一六(大正五)年に『新思潮』の創刊号で発表された。人の不幸に同情しないものはいない、ところが人がその不幸をどうにかして切り抜けると何か物足りないような気がして、今度はその人に消極的ながら敵意さえいだくようになる。「傍観者の利己主義」をとらえた作品である。「人の幸福をねたみ、不幸を笑う」と言う人間の心理、これを芥川は傍観者の利己主義と表現している。この小説で夏目漱石から絶賛された。

4 近・現代

7 経済恐慌と外交政策の転換

① 金融恐慌 ★☆☆☆☆

※色文字は重要語

1 現内閣 第一次若槻礼次郎
内閣（憲政会）。

2 一銀行一商店 台湾銀行と
鈴木商店。

3 膏血 あぶらと血。税金の
こと。

4 国帑 国家財政。

5 刻下 目下。現在。ただ今。

史料注

伯爵伊東巳代治 一九三三
（昭和一二）年に刊行され
た伊東巳代治の伝記。伊東
は大日本帝国憲法の起草に
加わったひとり。

探究10
① 金融恐慌の原因と政
府の対策を述べよ。
② 金融恐慌の金融界に
及ぼした影響を述べよ。

1

現内閣ハ一銀行一商店ノ救済ニ熱心ナルモ、支那方面ノ我ガ居留民及ビ対支貿易ニ付テハ何等施ス所ナク、唯々我等ノ耳ニ達スルモノハ、其ノ惨憺タル暴状ト、而シテ政府ガ弾圧手段ヲ用ヒテ、之等ノ報道ヲ新聞ニ掲載スルコトヲ禁止シタルコトナリ。之ヲ要スルニ、今日ノ恐慌ハ現内閣ノ内外ニ対スル失政ノ結果ナリト云フヲ憚ラズ。一銀行一会社ノ救助ノ為ニ、既ニ二億七百万円、今復タ二億ノ補償義務、合計シテ四億七百万円ノ鉅額ヲ、人民ノ膏血ヨリ出デタル国帑ノ負担ニ帰セシメントシ、支那ニ在留スル数万ノ同胞ニ対シテハ殆ド顧ル所ナシ。一般国民ハ之ヲ見テ果シテ如何ナル感慨ヲ生ズベキ乎。刻下到ル処思想ノ悪化シツツアル情勢ニ顧ミ、前途ヲ慮ルトキハ転タ悚然タラザルヲ得ザルナリ。

『伯爵伊東巳代治』

解説

産業革命を経て資本主義化した日本経済は、大きな景気変動の波に呑み込まれた。しかし、第一次世界大戦中の好況のあとは、戦後恐慌（一九二〇）、震災恐慌（一九二三）の打撃から立ち直れず、憲政会の第一次若槻内閣は、不況打開のため、その障害となっている震災手形の処理のための法案を議会に上提していたが、その審議中に片岡蔵相が東京渡辺銀行は破綻したという失言をし、預金者の取り付け騒ぎが始まった。そして、中小銀行はこのあおりを受け経営基盤の弱体ぶりをさらけ出し、次々と休業に追い込まれた。さらに、鈴木商店の倒産によって、特殊銀行である台湾銀行もが破産に瀕したため、政府は緊急勅令によりその救済にあたろうとした。しかし、伊東巳代治を中心とする枢密院は、若槻内閣の幣原外交を「軟弱外交」と決め付け、これを転換させるため、内閣崩壊をねらって否決したのである。若槻内閣は、金融恐慌に何ら手を打てないまま、一九二七（昭和二）年四月一七日総辞職に追い込まれた。その後成立した政友会の田中義一内閣は、四月二二日にモラトリアム（支払猶予令）を発し、ようやく金融恐慌は収束したが、この結果財閥系の大銀行に預金が集中することになり、財閥による独占が強化された。

❶ 対支政策綱領 田中義一首相（外相兼任）が、一九二七（昭和二）年六〜七月に政府、軍部の関係者を集め東方会議を開き、そこで決定した対中国政策の方針を七月七日に発表したもの。

❷ 不逞分子 ここでは反日的な立場の人物をいう。

❸ 跳梁 暴れのさばること。

❹ 東三省 中国東北地方の黒竜江、吉林、奉天の三省。

❺ 接壌 土地が隣接していること。

史料注
日本外交年表竝主要文書
三五二頁参照。

❷ 対支政策綱領❶ ── 東方会議 ★ ☆☆☆☆

一、此間支那ノ政情不安ニ乗シ、往々ニシテ不逞分子❷ノ跳梁❸ニ因リ治安ヲ紊シ、不幸ナル国際事件ヲ惹起スルノ虞アルハ争フヘカラサル所ナリ。帝国政府ハ……支那ニ於ケル帝国ノ権利利益竝ニ在留邦人ノ生命財産ニシテ不法ニ侵害セラル虞アルニ於テハ、必要ニ応シ断乎トシテ自衛ノ措置ニ出テ、之ヲ擁護スルノ外ナシ。

六、満蒙殊ニ東三省❹ニ関シテハ、国防上竝国民的生存ノ関係上重大ナル利害関係ヲ有スルヲ以テ、我邦トシテ特殊ノ考量ヲ要スノミナラス、同地方ノ平和維持経済発展ニ依リ内外人安住ノ地タラシムルコトハ、接壌❺ノ隣邦トシテ特ニ責務ヲ感セサルヲ得ス。……

八、万一動乱満蒙ニ波及シ、治安乱レテ同地方ニ於ケル我特殊ノ地位権益ニ対スル侵害起ルノ虞アルニ於テハ、其ノ何レノ方面ヨリ来ルヲ問ハス之ヲ防護シ、且内外人安住発展ノ地トシテ保持セラル様、機ヲ逸セス適当ノ措置ニ出ツルノ覚悟アルヲ要ス。

『日本外交年表竝主要文書』

解説 は、第一次世界大戦後、軍閥相互の抗争の続いた中国では、一九二六（大正一五）年七月以来、蒋介石を指導者とする国民革命軍（中国国民党、共産党と提携──第一次国共合作）が北伐を開始していた。日本の経済進出が著しい山東地方にこの北伐軍が迫ると、田中義一内閣は居留民の保護を理由に山東出兵を断行した（一九二七年五月）。そして、東方会議を開催し、従来の協調外交路線を大きく転換し、中国に対し強硬な態度で臨む対支政策綱領が決定された。このなかでまず注目されるのは、満蒙を中国本土とは切り離し、日本の勢力下に置こうとしている点である。そして、中国における日本の権益が損われそうな場合や居留民に危険が及びそうな場合は、「断乎トシテ自衛ノ措置」に出るという現地保護主義を打ち出しているのである。この方針に基づいて、北伐を阻止するための三度にわたる山東出兵を行い、さらに一九二八（昭和三）年六月には張作霖爆殺事件を引き起こした。張は満州を拠点とする親日派軍閥だったが、国民党軍の中国統一から満州を切り離して支配したい日本のもくろみのなかで、関東軍によって結局排除されていったのである。野党民政党は「満州某重大事件」として田中内閣を攻撃し、政府はこれに対し真相究明、責任者処罰を怠ったとして内閣は総辞職に追い込まれた。

4 近・現代

昭和・平成

4　近・現代

❸ 張作霖の爆殺──満洲某重大事件　★☆☆☆

満洲某重大事件といつて世間に伝へられてゐるが、張作霖が北京から引上げて奉天に帰る途中、あの爆殺があつた時に、その報道が新聞に出ると、その日に公爵は自分に向つて、「どうも怪しいぞ、人には言えぬが、どうも日本の陸軍あたりが元兇ぢやあるまいか。……当時、この事件に関しては、政友会の幹部のほとんど全部は、もしこれが事実日本の軍人の所為であつたとしたら闇から闇に葬つてしまへといふ意見で、閣僚の有力者達も田中総理に、「……さういふことが外国に知れたならば陛下のお顔に泥を塗るやうなもので……一体西園寺公の言ふやうなことは間違つてゐる。」と言つて、……その後この事件は、陸軍側は寧ろ元兇の志を国家に対する忠誠から出たものとして、その行為や壮なりとし、心ひそかに賞揚してゐる者も多くあつた。

『西園寺公と政局』

❶張作霖　一八七三～一九二八年。中国の軍閥で一九一九年までに満洲全部を支配下に置き、日本の援助を得て中央進出を企てた。二七年大元帥と称し北京政府の実権を掌握。張学良の父。

❷公爵　西園寺公望。

❸田中総理　田中義一首相。

史料注
西園寺公と政局　西園寺側近の原田熊雄が克明にメモした政治日誌。全八巻、別巻一。一九五〇（昭和二五）～五二（昭和二七）年刊。

探究11
満洲某重大事件の内政に及ぼした影響を調べよ。

解説
一九二八（昭和三）年六月四日、張作霖が北京から奉天（現、瀋陽）に帰る途中、関東軍参謀河本大作らの陰謀により奉天郊外で爆殺された事件。当時国民革命軍の北伐が北京に迫るなか、関東軍は武力を行使して張を下野させ、満洲に新政権を樹立し、中国中央政府から独立させることを企図した。しかし、田中義一首相はなおも張を利用する意向であつたことなどから、関東軍の河本は満洲制圧の機を逸することに焦り、張を謀殺して武力発動のきっかけを作ろうと画策した。結局、爆殺に乗じた武力衝突は引き起こせなかったが、河本らはこの爆殺を国民革命軍の便衣隊（民間人の服装をした反日ゲリラ）の仕業に見せかけ、政府・与党も真相発表を拒否した。野党民政党は「満洲某重大事件」として田中内閣を攻撃、爆殺の真相は次第に国民の間にも広まるとともに、この事件のためあとを継いだ張作霖の子学良は、中国国民政府の指揮下に入り、抗日的傾向を強めた。

昭和・平成

④ 井上準之助[1]の金解禁論　★ ☆☆☆☆

❶井上準之助　浜口雄幸内閣（民政党）の蔵相。金解禁を断行。一九三二年血盟団事件で暗殺された。

❷財政を緊縮　浜口内閣では緊縮財政を展開した。一九三〇（昭和五）年度予算では、前年度より一億六四七九万円も圧縮した。

史料注
井上準之助論叢　一九三五（昭和一〇）年刊。井上準之助の著書・演説・日記・書簡などを収録。

1　金の輸出禁止の為に我財界が斯の如く不安定になって居りますから、一日も速に金解禁を実行しなければならぬのであります。然しながら今日の現状の儘では今解禁は出来ないのであります。然らばどうして金の解禁をすることが出来るかと申しますと、用意が要ります。……政府は財政を緊縮する、其態度を国民が理解して国民も消費節約をなし国民も緊張しますれば、茲に物価も下る大

5　勢が出て来る。輸入も減るだけの状態になります。さうなると為替相場もずっと上って参ります。……

今日日本の経済は不安定であります。斯る時期に金解禁の準備として、政府は財政を緊縮し、国民一般は消費を節約したならば、物価は下落し一層不景気を持ち来すこともありませうが、然しながら今日の状態は全く先の見えぬ不景気であります。……今日の不景気を転回するには骨は折れても最も確かな道で最も近い道をとらねばならぬのであります。

『井上準之助論叢』

解説
浜口内閣は、張作霖爆殺事件で倒れた田中内閣に代わり、一九二九（昭和四）年七月に民政党の浜口雄幸内閣が成立した。幣原外相のもとで協調外交路線に復し、ロンドン海軍軍備制限条約（一九三〇）に調印する一方、長期化する不況の打開策として、一九一七（大正六）年以後禁止されていた金輸出解禁に踏み切った。金解禁に踏み切った理由としては、①金本位制をとることによって為替相場の安定をはかり、それにより輸出を振興しようという声が根強くあったこと、②金融恐慌後に預金集中で資金を抱え込んだ巨大銀行がその海外運用を望んだこと、③アメリカの金解禁（一九一九）以後、英・仏・伊・独なども追随して解禁していたこと、などがあげられる。しかし、金解禁を実施するには、この史料で井上蔵相も指摘するように大幅な緊縮財政と産業の合理化が必要となり、当然その結果国民生活にも耐乏を求めるものとなる。一九三〇（昭和五）年、解禁が断行されたが、国際信用を落としたくないという配慮から一〇〇円＝四九・八四六六ドル（実勢相場は四三ドル前後）という為替相場で実施されたため、実質上の円切り上げとなり、輸出は不振となった。さらに、前年アメリカで始まった世界恐慌の波が押し寄せたこともあり、予想に反して輸出不振が続き、金の流出が激しくなった。結局、この政策はかえって日本の不況を深刻化するだけに終わり、一九三一（昭和六）年一二月、犬養内閣（高橋蔵相）のもとで再禁止される。

8 満洲事変

① 満洲事変（林奉天総領事の報告）──一九三一年九月一八日勃発　★☆☆☆

1 第六二五号（至急極秘）……各方面ノ情報ヲ綜合スルニ、軍ニ於テハ満鉄沿線各地ニ亘リ、一斉ニ積極的ノ行動ヲ開始セムトスルノ方針ナルカ如ク推察セラル。本官ハ在大連内田総領事ヲ通シテ軍司令官ノ注意ヲ喚起シ様措置方努力中ナルモ、政府ニ於テモ大至急軍ノ行動差止メ方ニ付適当ナル措置ヲ執ラレンコトヲ希望ス。

5 第六三〇号（至急極秘）参謀本部建川部長ハ十八日午後一時ノ列車ニテ当地ニ入込ミタリトノ報アリ、軍側ニテハ極秘ニ附シ居ルモ、右ハ或ハ真実ナルヤニ思ハレ、又満鉄木村理事ノ内報ニ依レハ、支那側ニ破壊セラレタリト伝ヘラルル鉄道箇所修理ノ為、満鉄ヨリ保線工夫ヲ派遣セルモ、軍ハ現場ニ近寄セシメサル趣ニテ、今次ノ事件ハ全ク軍部ノ計画的行動ニ出テタルモノト想像セラル。

『日本外交年表竝主要文書』

解説　満洲事変の導火線となった、一九三一（昭和六）年九月一八日の柳条湖事件の勃発を報告する、林久治郎奉天総領事の幣原外務大臣宛暗号電信である（いずれも九月一九日発信）。当時公式には、中国兵の満鉄爆破にあったことになっていたが、この史料によって、実際には関東軍と中央政府の意思疎隔、関東軍の行動の計画性を明らかに知ることができる。

中国における日本の利権の最大のものは、関東州（旅順・大連）の租借権と、南満洲鉄道とその附属地などであったが、一九三〇（昭和五）年頃から満洲でも排日運動が盛んとなり、また中国側が満鉄に対抗して、並行した二つの鉄道線を建設したことにより、北満の大豆がこのルートで流れるようになり、満鉄は大きな打撃を受けるに至った。このため国内では、「満洲は日本の生命線」として獲得せよとの叫びがあがった。

このような情勢下にあって、関東軍を中心とする満洲占領計画の「陰謀」がめぐらされていたが、それが閣議でも問題となった。陸軍は参謀本部の建川少将を説得に派遣し、九月一八日夜。彼はもともと同調者であり、関東軍の参謀板垣征四郎大佐や石原莞爾中佐らの陰謀を黙認した。柳条湖の満鉄線路爆破は、その夜の一〇時三〇分、奉天独立守備隊河本末

※色文字は重要語

1 一斉ニ……スルノ方針　一九日には、長春、四平街、奉天など満鉄沿線諸都市を占領。

2 軍司令官　関東軍司令官。

3 適当ナル措置　一九日、若槻内閣は事変の「不拡大方針」を決定したが、関東軍や朝鮮軍の軍事行動を阻止する具体的な措置はとらなかった。

4 支那側ニ……鉄道箇所　奉天郊外柳条湖付近。

史料注
日本外交年表竝主要文書　三五二頁参照。

探究12 満洲事変の主な原因をまとめよ。

要点ナビ
日本（斎藤実内閣）と満洲国（執政溥儀）との間で締結。

広中尉を初めとする数名の者によってなされたのである。関東軍は、これを中国側の行為であるとし、中国軍の兵舎北大営を攻撃し、ここに運命の「一五年戦争」の発端となる満洲事変が起こったのである。

❶満洲国 一九三二（昭和七）年三月一日に建国宣言発布、中国東北三省（奉天、吉林、黒竜江）と熱河省にまたがる日本の傀儡国家。首都は新京、執政は溥儀（清朝最後の宣統帝、廃帝）。のちの皇帝となる溥儀をさす。

❷善隣 隣国との友好。

❸鞏固 強く固いこと。

❹一切ノ権利利益 日本軍の必要とする鉄道、港湾、水路、航空路の管理や路線の敷設など、満洲における一切の日本特殊権益の承認をさす。

史料注
日本外交年表竝主要文書
三五二頁参照。

②

日満議定書——一九三二年九月一五日調印　★☆☆☆☆

日本国ハ満洲国❶カ其ノ住民ノ意思ニ基キテ自由ニ成立シ、独立ノ一国家ヲ成スニ至リタル事実ヲ確認シタルニ因リ……日本国政府及満洲国政府ハ日満両国間ノ善隣❷ノ関係ヲ永遠ニ鞏固❸ニシ、互ニ其ノ領土権ヲ尊重シ東洋ノ平和ヲ確保センカ為左ノ如ク協定セリ

一、満洲国ハ将来日満両国間ニ別段ノ約定ヲ締結セサル限リ、満洲国領域内ニ於テ日本国又ハ日本国臣民カ従来ノ日支間ノ条約、協定其ノ他ノ取極及公私ノ契約ニ依リ有スル一切ノ権利利益❹ヲ確認尊重スヘシ

二、日本国及満洲国ハ締約国ノ一方ノ領土及治安ニ対スル一切ノ脅威ハ、同時ニ締約国ノ他方ノ安寧及存立ニ対スル脅威タルノ事実ヲ確認シ、両国共同シテ国家ノ防衛ニ当ルヘキコトヲ約ス。之カ為所要ノ日本国軍ハ満洲国内ニ駐屯スルモノトス

『日本外交年表竝主要文書』

解説
日満議定書は一九三二（昭和七）年九月、日本と満洲国執政（三四年皇帝となる）溥儀との間に締結された条約である。満洲国における日本の一切の権益の尊重と、日満共同防衛のための日本軍の満洲駐屯の二つの項目を主な内容とした。また本史料に見る二項目のほかに、附属の秘密協定・文書があり、日本軍が満洲国領域内で軍事行動上必要な自由、保障、便益を享有することを約し、また、関東軍が任免権を持つ日本人官吏の任用、鉄道・港湾等の提供、航空会社の設立、鉱業権の設定等に関する協定が引き続き有効であることを確認している。リットン調査団による報告書の提出をひかえ、日本の「満洲国」承認を既成事実化するため調印が急がれたものである。

要点ナビ

斎藤実内閣。

❶九月十八日　一九三一（昭和六）年。

❷鉄道線路上……爆発アリシ　柳条湖事件をさす。奉天郊外の南満洲鉄道の線路で小爆発があり、関東軍はこれを張学良軍の仕業であるとして軍事行動を起こし、次いで張軍に奉天を占領。

❸ リットン報告書──一九三二年一〇月二日提出　★☆☆☆☆

九月十八日午後十時ヨリ十時半ノ間ニ、鉄道線路上若クハ其附近ニ於テ爆発アリシハ❷疑ナキモ、鉄道ニ対スル損傷ハ若シアリトスルモ事実長春ヨリノ南行列車ノ定刻到着ヲ妨ケサリシモノニテ、其レノミニテハ軍事行動ヲ正当トスルモノニ非ス。同夜ニ於ケル叙上日本軍ノ軍事行動ハ正当ナル自衛手段ト認ムルコトヲ得ス。……

右ノ理由ニ依リ、現在ノ政権ハ純粋且ツ自発的ナル独立運動ニ依リテ出現シタルモノト思考スルコトヲ得ス。

📖参考

溥儀の関東軍司令官宛書簡──一九三二年三月一〇日　★☆☆☆☆

書簡ヲ以テ啓上＊候。此次満洲事変以来貴国ニ於カレテハ満蒙全境ノ治安ヲ維持スル為ニ力ヲ竭サレ、為ニ貴国ノ軍隊及人民ニ均シク重大ナル損害ヲ来シタルコトニ対シ、本執政ハ深ク感謝ノ意ヲ懐クト共ニ、今後弊国ノ安全発展ハ必ス貴国ノ援助指導ニ頼ルヘキヲ確認シ、茲ニ左ノ各項ヲ開陳シ＊貴国ノ允司＊ヲ求メ候。

一、弊国ハ今後ノ国防及治安維持ヲ貴国ニ委託シ、其ノ所要経費ハ総テ満洲国ニ於テ之ヲ負担ス。

二、弊国ハ貴国軍隊カ国防上必要トスル限リ、既設ノ鉄道、港湾、水路、航空路等ノ管理、竝ニ新路ノ敷設ハ総テ之ヲ貴国又ハ貴国指定ノ機関ニ委託スヘキコトヲ承認ス。

三、弊国ハ貴国軍隊カ必要ト認ムル各種ノ施設ニ関シ極力之ヲ援助ス。

四、貴国人ニシテ達識名望アル者ヲ弊国参議ニ任シ、其ノ他中央及地方各官署ニ貴国人ヲ任用スヘク、其ノ選任ハ貴国軍司令官ノ推薦ニ依リ其ノ解職ハ同令官ノ同意ヲ要件トス。日本人参議ノ員数及参議ノ総員数ヲ変更スルニ当リ、貴国ノ建議アルニ於テハ両国協議ノ上之レヲ増減スヘキモノトス。

五、右各項ノ趣旨及規定ハ将来両国間ニ正式ニ締結スヘキ条約ノ基礎タルヘキモノトス。

大同元年三月十日

溥儀

〔極東裁判法廷証〕

対して全面攻撃を始め、満洲事変に発展させた。

3 満足ナル解決ノ条件 満洲事変解決の条件として一〇か条を掲げている。

4 聯盟 連盟。共同の目的を達成するために作る同盟。

5 関聯 関連。

史料注
リットン報告書 雑誌『中央公論』の別冊付録。一九三二（昭和七）年一一月、中央公論でリットン報告書を全文翻訳し、別冊付録として発行した。

満足ナル解決ノ条件 3

（一）日支双方ノ利益ト両立スルコト。
両国ハ聯盟国4ナルヲ以テ各々聯盟ヨリ同一ノ考慮ヲ払ハルルコトヲ要求スルノ権利ヲ有ス。両国ガ利益ヲ獲得セサル解決ハ平和ノ為ノ収得トナラサルヘシ。

（四）満洲ニ於ケル日本ノ利益ノ承認。
満洲ニ於ケル日本ノ利益ハ無視スルヲ得サル事実ニシテ、如何ナル解決方法モ右ヲ承認シ且日本ト満洲トノ歴史的関聯5ヲ考慮ニ入レサルモノハ満足ナルモノニ非サルヘシ。

（七）満洲ノ自治。
満洲ニ於ケル政府ハ支那ノ主権及行政的保全ト一致シ、東三省ノ地方的状況及特徴ニ応スル様工夫セラレタル広汎ナル範囲ノ自治ヲ確保スル様改メラルヘシ。新文治制度ハ善良ナル政治ノ本質的要求ヲ満足スル様構成運用セラルルヲ要ス。

『リットン報告書』

解説
国際連盟日華紛争調査団は、英国のリットン卿を委員長として、仏、伊、独、オブザーバーとして米の代表五人から成っていた。一九三二（昭和七）年二月に来日し以来、精力的に現地調査を行った。報告書は九月四日に完成し、一〇月二日外務省から一般に公表された。
この調査委員団が国連に出した報告書は、極めて詳細であって、一〇章から成り、第四章に、「一九三一年九月一八日当日及其後ニ於ケル満洲ニ於テ発生セル事件ノ概要」として、その一部、柳条湖事件に関する部分を載せてある。

この報告書で示された解決の条件は、イギリスの極東政策を反映し、日本の満洲侵略に対して比較的宥和的であった。すなわち、「満洲ノ自治」で、満洲に対する中国の主権を認めながら、「満洲ニ於ケル日本ノ利益ノ承認」では、日本の権益を全面的に保障し、「内部的秩序外部的侵略ニ対スル保障」では、満洲を非武装の特別自治地域として、憲兵隊の手で治安維持をはかることを提案していた。しかし、一一月からの国連理事会、一二月からの国連総会などで、日本代表は終始、この報告書の原則に反対し続け、次第に孤立を深めていった。

4 近・現代

昭和・平成

4 近・現代

④ 国際連盟脱退 [1] ★★★☆☆

1 国際連盟脱退　一九三三
（昭和八）年三月二七日詔
書発布。

2 報告書　リットン報告書。

3 九月十八日事件　柳条湖事
件。

4 自衛権ノ発動二非ス　リットン報告書第四章に「日本
軍ノ軍事行動ハ正当ナル自
衛手段ト認ムルコトヲ得ズ」
とある。

5 緊張状態　万宝山事件、村
大尉事件、中国の満鉄並
行線建設などをさす。

史料注

日本外交年表竝主要文書
三五二頁参照。

探究13

国際連盟脱退の理由は何
か。

1

昭和六年九月日支事件ノ連盟付託ヲ見ルヤ、帝国政府ハ……本年二月二十四日臨時総会ノ採択セル

報告書[2]ハ、帝国カ東洋ノ平和ヲ確保セントスル外何等異図ナキノ精神ヲ顧ミサルト同時二、事実ノ

認定及之二基ク論断二於テ甚シキ誤謬二陥リ、就中九月十八日事件[3]及其ノ後二於ケル日本

軍ノ行動ヲ以テ自衛権ノ発動二非ス[4]ト臆断シ、又同事件前ノ緊張状態及事件後二於ケル事態ノ悪化カ

支那側ノ全責任二属スルヲ看過シ、……一方、満洲国成立ノ真相ヲ無視シ、且同国ヲ承認セル帝国ノ

立場ヲ否認シ、東洋二於ケル事態安定ノ基礎ヲ破壊セントスルモノナリ。……仍テ帝国政府ハ此ノ上

連盟ト協力スルノ余地ナキヲ信シ、連盟規約第一条第三項二基キ帝国カ国際連盟ヨリ脱退スルコトヲ

通告スルモノナリ。

『日本外交年表竝主要文書』

解説

日本の大陸進出は、満洲国の独立承認、熱河省への
侵入など、次第に露骨化してきた。このような日本
の進出は、国際連盟を刺激し、一連の行為を侵略であるとして、
対日勧告案が提出された。それが総会において四二対一で採択
されると日本代表松岡洋右はただちに退場して、脱退の通告文

を国際連盟に提出したのである。日本の大陸進出を正当化し、
これに反対する連盟諸国から離れて協調外交から孤立外交への
道を歩むことになり、以後、日本のファシズムの進行は大きく
戦争への道を歩む結果となった。

4

昭和・平成

Spot

一五年戦争への一発の爆弾

「時刻は一〇時過ぎ、轟然たる爆発音とともに、切断さ
れたレールと枕木が飛散した。といっても張作霖爆殺の
時のような大がかりなものではなかった。満鉄線を走る列
車に被害を与えないようにせねばならぬ。……直線部分な

ら片方のレールが少々の長さにわたって切断されても、一
時傾いてすぐまた走り去ってしまうことができる。その安
全な長さを調べて使用爆薬量を定めた。」柳条湖の満鉄爆
破にあたった花谷少佐の回顧談である。周到に計画された
事件であった。この一発の爆弾が、日本を一五年の長きに
わたる破滅への道に駆り立てた。

⑨ ファシズムへの道

① 超国家主義思想——北一輝「日本改造法案大綱」❶　★☆☆☆

1　今ヤ大日本帝国ハ内憂外患❷竝ヒ到ラントスル有史未曾有ノ国難ニ臨メリ。国民ノ大多数ハ生活ノ

不安ニ襲ハレテ一二欧洲諸国破壊ノ跡❸ヲ学ハントシ、政権軍権財権ヲ私セル者ハ只竜ノ陰ニ隠レテ

惶々其ノ不義ヲ維持セントス。……如何ニ大日本帝国ヲ改造スヘキカノ大本ヲ確立シ、挙国一人ノ反対モ無キ議

ナキ国論ヲ定メ、全日本国民ノ大同団結ヲ以テ終ニ天皇大権ノ発動ヲ奏請シ❹、天皇ヲ奉シテ速カニ

5　国家改造ノ根基ヲ完ウセサルヘカラス。高遠ナル亜細亜文明ノ希臘❺ハ率先其レ自ラノ精神ヲ築カレ

タル国家改造ヲ終ルト共ニ、亜細亜連盟ノ義旗❻ヲ翻シテ真個❼到来スヘキ世界連邦ノ牛耳ヲ把リ、

以テ四海同胞皆是仏子❽ノ天道❾ヲ宣布シテ東西ニ其範ヲ垂ルヘシ。

憲法停止　天皇ハ全日本国民ト共ニ国家改造ノ根基ヲ定メンガ為ニ天皇大権ノ発動ニヨリテ三年間

憲法ヲ停止シ両院ヲ解散シ全国ニ戒厳令❿ヲ布ク。

10　普通選挙　二十五歳以上ノ男子ハ大日本国民タル権利ニ於テ平等普通ニ衆議院議員ノ被選挙権及ビ

選挙権ヲ有ス。

私有財産限度　日本国民一家ノ所有シ得ベキ財産限度ヲ壱百万円トス。

在郷軍人団会議　天皇ハ戒厳令施行中、在郷軍人団ヲ以テ改造内閣ニ直属シタル機関トシ、以テ国

15　家改造中ノ秩序ヲ維持スルト共ニ、各地方ノ私有財産限度超過者ヲ調査シ、其ノ徴集ニ当ラシム。

『日本改造法案大綱』

※色文字は重要語

❶日本改造法案大綱　一九一九（大正八）年上海で執筆。

❷内憂外患　国内の心配ごとと外国からの攻撃のおそれ。

❸欧洲諸国破壊ノ跡　社会主義革命のこと。

❹奏請　天皇に申し上げて許可を得ること。

❺希臘　ここでは日本のことをさす。

❻義旗　正義のために戦う旗印。

❼真個　誠。本当。

❽仏子　仏道を修める者。仏の弟子。

❾天道　自然の運行、宇宙の道理。

❿戒厳令　戦時・事変に際し、立法・行政・司法権の全部または一部を、軍部にゆだねることを宣告する法令。

史料注

日本改造法案大綱　北一輝の著書。一九一九（大正八）年上海で執筆された。謄写

4　近・現代

昭和・平成

探究14

① 日本ファシズムの特色を述べよ。

② 日本改造法案大綱が、当時の青年将校に大きな影響を与えた理由を述べよ。

③ 五・一五事件の歴史的意義を述べよ。

版などで印刷して青年将校らに配布され、大きな影響を与えた。

大阪朝日新聞　三九八頁参照。

参考

五・一五事件報道　★☆☆☆☆

五月十五日午後五時、恰も台風のごとく突如として帝都の数箇所に未だ曾てなき大暴行がまき起された。手榴弾及びピストルをもって首相官邸、内大臣邸その他銀行や警視庁までも襲撃し、犬養首相は遂に重傷を負ひ逝去した。しかしその暴行は、予め計画した団体的行動らしく、而も現役又は予備役の軍人の犯行（海軍省発表）なりといふに至りては、言語道断、その乱暴狂態はわが固有の道徳律に照しても又軍律に照しても、立憲治下における極重悪行為と断じなければならぬ、わけて本年は明治天皇の軍人に賜はつた勅諭五十周年にあたる。勅諭には、……凡そ七百年のあひだ武門の専断であつた大権を悉く奉還せしめ、而して新制のもと陸海軍人となりしものの心得かたを最も懇ろに諭したまへる不磨の聖勅である。……軍服を着せるものが政権の移動などにつきて容喙しても構はぬといふが如き事は断じてない。

〔一九三二年五月一七日『大阪朝日新聞』〕

解説

満洲事変を境として、右翼の運動には、国家社会主義的傾向が強まってくる。これらの右翼団体は対外的には以前のそれと同じく、排外主義をスローガンとしていたが、対内的には激しく資本家の腐敗を攻撃して、"国家改造"計画を主張した点に特色があった。汚職、疑獄、贈収賄など政党政治家の腐敗に終止符を打つには、民主主義のほかにはなかったが、民主主義が抑圧されている状況を利用して、右翼は強引に資本主義経済下、恐慌にあえぐ国民の不満を、議会や政党政治を否定する方向に導くことができ、幅広い影響力を持ったのである。この時期の右翼の指導者は、北一輝、大川周明、井上日召らであったが、特にここに掲げた『日本改造法案大綱』に見られる超国家主義思想は、日本のファシズム思想の典型であった。

『日本改造法案大綱』は、青年時代社会主義者であった北一輝（一八八三〜一九三七）が、辛亥革命のとき中国に渡り、革命のため奔走したが（この時、革命における軍人の役割を学ん

だことは、彼の思想形成に強く影響したといわれる）、次第に国家社会主義者となって、第一次大戦の直後、一九一九（大正八）年、中国の上海で書かれたものである。

内容を簡単に言えば、日本のような小領土しか持たない国は、その発展のために、大領土を占有しているイギリスやロシアと戦う権利があるということから、英・露をアジアから排除して、日本を盟主とする大アジアをつくらなければならないということを説いたものであった。

彼の主張は、ファシズム運動の先駆的役割を果たしたものであるが、特に陸軍の国家主義者の聖典とされ、昭和初年から陸軍青年将校に大きな影響を与え、彼らのクーデターの理論的根拠を提供した。一九三六（昭和一一）年の二・二六事件の黒幕として逮捕され、死刑に処せられた。なお彼の活動資金や生活資金は、久原房之助（日産）、池田成彬（三井）らに頼っていたといわれる。

4 近・現代

② 国防の本義と其強化の提唱——一九三四年一〇月発行　★☆☆☆☆

(1)たたかひの意義

たたかひは創造の父、文化の母である。試練の個人に於ける、競争の国家に於ける、斉しく夫々の生命の生成発展、文化創造の動機であり刺戟である。

(2)農山漁村の更生

現在農村窮迫の原因は世上種々述べられて居るが……以上の如き諸原因は、此等の原因の大半は都市と農村との対立に帰納せられる。現時の如き農村の窮迫を来して居るのであるが、斯るが故に、窮迫せる農村を救済せんが為めには、社会政策の対策は、固より緊要であるが、都市と農村との相互依存と国民共存共栄の全体観とに基き経済機構の改善、人口問題の解決等根本的の対策を講ずることが必要であり、農村自身の自律的なる勤労心と創造力の強化発展と相俟つて、農村が真に底より更生するに至らんことを希望して已まない。

(3)現機構の不備

一、現機構は個人主義を基調として発達したものであるが、其反面に於て動もすれば、経済活動が、個人の利益と恣意とに放任せられんとする傾があり、従つて必ずしも国家国民全般の利益と一致しないことがある。

『国防の本義と其強化の提唱』

■社会政策　資本主義体制を維持していくために国家が行う改良的な諸政策。工場法・社会保険・失業救済など。

史料注
『国防の本義と其強化の提唱』　陸軍省新聞班が一九三四（昭和九）年十月一日付で発行したパンフレット。陸軍の政治関与として政治問題化。

解説
『国防の本義と其強化の提唱』は一九三四年十月に陸軍省新聞班によって発行されたパンフレットであったが、約六〇万部が発行された。「たたかひは創造の父、文化の母である」という書き出しで始まる。「危機感を国民に訴えつつ、統制経済、公益優先主義、社会政策の重視などを「国防国策」構想として主張した。軍部が初めて思想・経済問題に言及し、しかも政治介入を公然と表明した点が注目される。立憲政友会や立憲民政党は、軍部の露骨な政治干渉として反発し問題となったが、社会大衆党の麻生久らは支持を与えた。同冊子には巻末に私製はがきが添付され、意見を書いて陸軍省に送付できるようになっていた。意見を国民に提起して民意を問うという形になっている。この後「非常時」を掛け声とする思想攻勢は、翌年の天皇機関説問題、国体明徴声明でさらに強化された。

昭和・平成

要点ナビ
岡田啓介内閣。

史料注
第六七回帝国議会貴族院速
記録　官報号外として一般
に頒布され、貴族院での議
事を知る基本史料。

❶天皇機関説問題　一九三五
（昭和一〇）年二月一八日、
貴族院議員陸軍中将菊池武
夫が、貴族院で美濃部達吉
の天皇機関説を攻撃（天皇
機関説問題の始まり）。
❷菊池男爵　菊池武夫。
❸私の著書　『憲法撮要』。

要点ナビ
岡田啓介内閣。　政府が天皇
機関説は国体に反すると声

③ 天皇機関説問題❶——一身上の弁明・美濃部達吉　★★☆☆☆

1　去る二月十九日の本会議におきまして、菊池男爵❷その他の方から、私の著書のことにつきまして御発言がありましたにつき、ここに一言一身上の弁明を試むるのやむを得ざるに至りましたことは、私の深く遺憾とするところであります。……私の著書❸において述べておりますます見解は、第一には、天皇の統治の大権は、法律上の観念としては権利と見るべきものではなくて、権能であるとなすもので

5　ありますし、また、第二に、それは万能無制限の権力ではなく、憲法の条規によって行わせられる権能であるとなすものであります。……所謂機関説と申しますのは、国家それ自身を一つの生命あり、それ自身に目的を有する恒久的の団体、即ち法律学上の言葉を以て申せば一つの法人と観念いたしまして、天皇は此の法人たる国家の元首たる地位に存まし、国家を代表して一切の権利を総攬し給ひ、

10　天皇が憲法に従って行はせられまする行為が、即ち国家の行為たる効力を生ずると云ふことを言ひ現はすものであります。……第二に……天皇が無制限なる万能の権力をもって臣民に命令し給うというようなことはかつてなかったことであります。……いわんや憲法第四条には「天皇ハ国ノ元首ニシテ統治権ヲ総覧シ此ノ憲法ノ条規ニ依リ之ヲ行フ」と明言されております。

『第六七回帝国議会貴族院速記録』

④ 国体明徴声明❶——一九三五年八月三日発表　★☆☆☆☆

1　大日本帝国統治の大権は儼として天皇に存すること明かなり。若し夫れ統治権が天皇に存せずして、天皇は之を行使する為の機関なりと為すが如きは、是れ全く万邦無比なる我が国体の本義を愆るも

4 近・現代

昭和・平成

史料注
官報 三四四頁参照。

明したもの(第一次国体明徴声明)。一〇月一五日にも再声明が出されている(第二次国体明徴声明)。

のなり。近時憲法学説を繞り国体の本義に関連して兎角の論議を見るに至れるは寔に遺憾に堪へず。政府は愈々国体の明徴に力を効し其の精華を発揚せんことを期す。
『官報』

解説
天皇機関説は国家を法人ととらえ、主権は国家にあって天皇は国家統治の機関であるとする学説である。明治憲法成立と同時に登場したアカデミズム憲法学の流れの一つで、末岡精一、一木喜徳郎、美濃部達吉らによって形作られてきた。帝国議会の権限を重く解釈し、議会は立法権、予算審議権のみならず国家の政務全体に関与できると解釈した。また憲法五五条に示された天皇の統治権に対する国務大臣の輔弼の任は国務全体にわたるもので、総理大臣の内閣全体への指導権を大きく解釈した。美濃部はこの点を拡大して解釈してゆくことで、憲法の精神は議院内閣制への道を開くものと理解した。これに対し、天皇の統治権は無制限なものとする上杉慎吉らの天皇主権説との間に論争が行われ、一九一九(昭和四)年、上杉の死後の学界においては機関説が主流を占めるようになっていた。美濃部はロンドン海軍軍備制限条約締結の際の統帥権干犯問題に関しても、国務大臣の輔弼は天皇の行う国務全体にわたるもののため、憲法の一二条の編成大権は勿論、一一条の統帥権をもその例外ではないとして、浜口内閣を支持した。満洲事変が起こり、日本の対外侵略が活発化すると、右翼を中心とする主権説論者は機関説を攻撃する運動を展開し、

美濃部の著書の発禁を政府に迫った。本史料は一九三五(昭和一〇)年二月二五日、第六七議会で貴族院議員陸軍中将菊池武夫が、美濃部の学説が日本の国体と相容れないことを主張し、「叛逆思想、謀反人、学匪」と断言したことに対し、美濃部が理路整然と反論したものである。衆議院議員江藤源九郎が、在郷軍人会の名で「大日本帝国憲法の解釈に関する見解」なるパンフレット一五万部を配布し、重大な社会問題に関する見解へと発展した。岡田内閣は軍部、野党政友会の激しい攻撃のなかで美濃部の『逐条憲法精義』『憲法撮要』『日本憲法の基本主義』の三著作の発禁処分を発表した。機関説問題は陸軍内部の派閥対立と相まってさらに発展した。機関説をある程度容認していた統制派が、皇道派の中心人物真崎教育総監の更迭に成功すると、統制派に対する青年将校の不満は高まり、皇道派の相沢三郎中佐が統制派の永田鉄山軍務局長を斬殺する相沢事件が起こった。政府はこれらの強硬意見に押され、八月三日、一〇月一五日の両度にわたり、史料に見る国体明徴声明を出すに至るのである。美濃部は起訴猶予となったが貴族院議員を辞任した。日本の議会政治、政党政治はファシズム勢力の前に急速に崩壊した。

1 八紘一宇 八紘は四方・四

⑤ 二・二六事件蹶起趣意書——一九三六年二月二六日 ★★☆☆☆

1
謹んで惟るに我が神洲たる所以は、万世一神たる天皇陛下御統率の下に、挙国一体生成化育を遂げ、終に八紘一宇を完了するの国体に存す。此の国体の尊厳秀絶は天祖肇国、神武建国より明治

隅、一字は一軒の家。世界を一つの家とすること。

2天祖肇国　天照大神がこの国を創造したという神話。

3外侮外患　外国から受ける侮りと被る心配事。

4元老　ここでは西園寺公望。

5重臣　主に首相経験者で、後継首相の選任にあたった。

史料注
蹶起趣意書　二・二六事件の蜂起部隊が各地に配布したもの。

探究15
陸軍部内の皇道派と統制派の対立について説明せよ。

維新を経て益々体制を整へ、今や方に万邦に向つて開顕進展を遂ぐべきの秋なり。然るに頃来遂に不逞兇悪の徒蔟出して、私心私欲を恣にし、至尊絶対の尊厳を蔑視し、僭上之れ働き、万民の

5 生成化育を阻碍して、塗炭の疾苦に呻吟せしめ、随て外侮外患日を逐うて激化す。所謂元老④・重臣⑤

『蹶起趣意書』

解説
一九三六（昭和一一）年二月二六日、一部陸軍の青年将校が、軍部政権の樹立を目的に千数百名の兵を率いて反乱を起こし、首相官邸その他を襲撃し、内大臣斎藤実、大蔵大臣高橋是清らを暗殺し、侍従長鈴木貫太郎らを傷害した、いわゆる**二・二六事件**が起こった。この『蹶起趣意書』はその時、首謀者野中四郎らが作成して各方面に配ったものである。

一九三一（昭和六）年の三月・十月事件後陸軍部内には二つの派閥が生まれた。一つは統制派で主として参謀本部、陸軍省など中央官衙の幕僚から成り、戦争準備のための国内体制確立、高度国防国家の実現をめざしていた。その名称は荒木、真崎らいわゆる皇道派の派閥人事に対抗して軍の統制を唱えたことから起こっている。彼らは初め軍部内閣樹立のため三月・十月事件などの

クーデターを計画したが、その失敗後は、革新官僚、新興財閥（鮎川義介ら）、宮中内の革新分子（近衛・木戸ら）に近づいていった。これに対し、尉官級の革新派青年将校は荒木、真崎などを首領とし、思想的・観念的な直接行動方式による国家改造を計画した。皇道派の名称はその精神主義的傾向によって付けられたものである。

一九三五（昭和一〇）年天皇機関説問題激化の頃、統制派は皇道派を要職から追おうとしたので両派の争いが激化し、この年八月統制派の永田軍務局長が皇道派青年将校の相沢中佐に斬殺され、さらに続いて翌年二・二六事件が起こった。しかし事件後、粛軍工作が行われ、皇道派の主要メンバーは一掃されて力を失ってしまった。

下士官兵ニ告グ

下士官兵ニ告グ

一、今ナラバ未ダ間ニ合フカラ原隊ヘ帰レ
二、抵抗スル者ハ全部逆賊デアルカラ射殺スル
三、オ前達ノ父兄兄弟ハ國賊トナルノデ皆泣イテオルゾ
二月二十九日
戒厳司令部

二・二六事件の反乱軍にむけて投降を呼びかけたビラである。日付は事件発生から三日付は事件発生から三日後の二月二十九日であ相不在、侍従長不在、内大臣不在の中で起こったもので、天皇は自らその意志を示すこととなった。

（この年は閏年）

皇道派反乱軍が望みをかけた天皇は動かず、逆に『朕ガ股肱ノ老臣ヲ殺戮スル、此ノ如キ凶暴ノ将校等、其精神ニ於テモ何ノ恕スベキモノアリヤ』と述べた。明治憲法下で天皇が国務に関わる詔勅を発するためには、輔弼する国務大臣の副署を必要としたが（第五十五条）、二・二六事件は首相不在、侍従長不在、内大臣不在の中で起こったもので、天皇は自らその意志を示すこととなった。

⑩ 日中戦争と戦時体制

要点ナビ

近衛文麿首相。
傀儡政権の樹立（第一次）。
東亜新秩序の提唱（第二次）。
近衛三原則（第三次）。

※色文字は重要語

1 南京攻撃　一九三七年一二月一三日占領。この南京侵攻の際、日本軍は南京市民を無差別虐殺し、二〇〜三〇万人を殺害したとされる（南京大虐殺）。

2 支那国民政府　蔣介石の国民政府。

3 新興支那政権　近衛声明に呼応して重慶を脱出した汪兆銘は、一九四〇年に南京政府を樹立して日本の傀儡となった。

4 無辜　罪のないこと。

史料注
日本外交年表竝主要文書
三五二頁参照。

① 第一次近衛声明──国民政府ヲ対手トセス──一九三八年一月一六日声明　★★☆☆☆

1　帝国政府ハ南京攻略後尚ホ支那国民政府ノ反省ニ最後ノ機会ヲ与フルタメ今日ニ及ヘリ。然ルニ国民政府ハ帝国ノ真意ヲ解セス漫リニ抗戦ヲ策シ、内民人塗炭ノ苦ミヲ察セス外東亜全局ノ和平ヲ顧ミル所ナシ。仍テ帝国政府ハ爾後国民政府ヲ対手トセス、帝国ト真ニ提携スルニ足ル新興支那政権ノ成立発展ヲ期待シ、是ト両国国交ヲ調整シテ更生新支那ノ建設ニ協力セントス。……今ヤ東亜和平ニ対スル帝国ノ責任愈々重シ。政府ハ国民ガ此重大ナル任務遂行ノタメ一層ノ発奮ヲ冀望シテ止マス。

補足的声明　爾後国民政府ヲ対手トセスト云フノハ……国民政府ヲ否認スルト共ニ之ヲ抹殺セントスルノテアル。又宣戦布告ト云フコトカ流布サレテヰルカ、帝国ハ無辜ノ支那民衆ヲ敵視スルモノテハナイ。又国民政府ヲ対手トセヌ建前カラ宣戦布告モアリ得ヌワケテアル。

『日本外交年表竝主要文書』

解説
一九三七（昭和一二）年七月七日北京郊外での盧溝橋事件をきっかけに、中国国民政府との全面戦争、日中戦争が始まった。日本は宣戦布告をしないままに戦線を中国全土に拡大し、一二月には首都南京まで制圧した。国民政府が中国側の激しい抵抗により長期化するであろうとの予測に反して、日中戦争が中国側の激しい抵抗により長期化すると、関東軍を中心とした軍部のなかには、中国における新政権の構想も検討され始めたが、その一方、一九三七年一〇月一日政府が決定した「支那事変対処要綱」は国民政府の存在を前提としたものであり、政府はドイツからの中国駐在トラウトマン大使による和平交渉に期待をかけていた。しかし、南京攻略など日本にとって有利な戦況となると、政府・軍中央部にも強硬論が高まり、トラウトマン工作が失敗に終わると、翌三八年一月一六日、近衛内閣は「爾後国民政府ヲ対手トセス」との声明を出し、さらに一八日には否認よりも強いものであると補足し、ここに「事変」の手掛りを完全に失ってしまったのである。一方、一九三六（昭和一一）年の西安事件を契機に盧溝橋事件勃発の二か月後に成立した第二次国共合作により、抗日民族統一戦線を結成した国民政府率いる蔣介石は、南京から重慶へと拠点を移し抗戦を続け、戦争は長期化、泥沼化していった。

4 近・現代

昭和・平成

📖 **史料注**

極東国際軍事裁判所　検察
側証拠書類　一九四六（昭和二一）年から始まった東京裁判に提出されたもの。南京事件を知る貴重な証言である。

📖 **参考**　南京事件の証言——許伝音 スーチュアンイン　☆☆☆

私、中華民国南京市カ・オ・ルーメン・オーメイ路七番地に住む哲学博士スー＝チュアン＝イン（許伝音）は次の認証を致します。……私は一九三七年に日本軍の南京攻撃の時南京におり、日本軍の手中に陥って後も市中に残留しました。……民衆は一人一人許可証を発給するという口実で全部並べられました。そして質問に対して、質問した兵隊を満足させる答弁をしないか、またもしもその兵隊がなんらよるべき証拠もなくこの男は兵隊だったという決定をすれば、その人はその場で射殺されるか集団の中に入れて連れてゆかれて後に殺されました。この市内はまったくの無抵抗でありました。男子が彼らが兵隊であったという口実で一掃されあるいは射殺しあるいは連れ去られてから後はいよいよ市民虐殺、婦女凌辱、放火掠奪という恐るべき血の饗宴が始まったのであります。一三歳以上七〇歳以下の女という女は日本兵に凌辱されました。……幾千ともしれない女達は日本兵に凌辱された揚句に殺され、しばしば続けざまに凌辱を受けたのであります。……占領後第二日目、なんらの抵抗もなかった時に組織的な放火が日本兵により屍体までも汚されていました。……軍用トラックは店に横付けにされすべての商品は運び去られ、兵隊は火を掛けて行われたのであります。家は定期的に掠奪にあい、それから焼き払われました。個人の財産の中で持ち運べるものはすべて掠められ、兵隊に持っていかれました。……私の最善の推定によれば南京市内外で陥落後かつすべての抵抗が止まって後に日本兵の手によって殺戮された中国人一般人の総数は二〇万人内外であります。婦女子の凌辱を被った数や怪我をさせられた人間の数、容赦なく破壊されたり焼かれたりした建物、または兵隊達によって掠奪された財宝などは数え切れないでしょう。……陥落以来三ヶ月間続きその後次第に終息した「罪の饗宴」については絶対に、弁解の余地も理由もありませんでした。

『極東国際軍事裁判所　検察側証拠書類』

要点ナビ

第一次近衛文麿内閣。勅令の定める所による委任立法。議会の「自殺行為」。

❶事変　国際間での宣戦布告のない戦争。

❷勅令　国民徴用令、船員徴

❷ 国家総動員法——一九三八年四月一日公布、五月五日施行　★★★☆☆

第一条　本法ニ於テ国家総動員トハ、戦時（戦争ニ準ズベキ事変ノ場合ヲ含ム、以下之ニ同ジ）ニ際シ、国防目的達成ノ為、国ノ全力ヲ最モ有効ニ発揮セシムル様、人的及物的資源ヲ統制運用スルヲ謂フ。

第四条　政府ハ戦時ニ際シ国家総動員上必要アルトキハ勅令ノ定ムル所ニ依リ帝国臣民ヲ徴用シテ

4 近・現代

要点ナビ
第二次近衛文麿内閣。

🖊探究16
国家総動員法の制定と憲法との関連、および同法が戦時体制下の国民に与えた影響を述べよ。

史料注
官報 三四四頁参照。

語注

1 八紘一宇 四二九頁参照。

2 物心一如 物質と精神とが一体となっていること。

3 相誡 互いに戒め合う。

4 大東亜共栄圏 太平洋戦争時の日本のスローガン。アジア人による共存共栄の新秩序を形成しようと唱えられた。

5 翼賛 (天皇の統治を)力を合わせて助けること。

3 勅令 賃金臨時措置令、工場就業時間制限令など七つの勅令が定められた。

用令、医療関係者徴用令などをさす。白紙召集状。

---

③

大政翼賛会

——一九四〇年一〇月一二日発定 ★☆☆☆☆

1 今や世界の歴史的転換期に直面し、八紘一宇の顕現を国是とする皇国は、一億一心全能力を挙げて天皇に帰一し奉り、物心一如の国家体制を確立し、もって光輝ある世界の道義的指導者たらんとす。

ここに本会は、互助相誡、皇国臣民たるの自覚に徹し、率先して国民の推進力となり、常に政府と表裏一体協力の関係に立ち、上意下達、下情上通を図り、もって高度国防国家体制の実現に努む。

左にその実践要綱を提唱す。

一、大東亜共栄圏の建設に協力す。すなはち大東亜の共栄体制を完備し、その興隆を図るとともに、進んで世界新秩序の確立に努む。

三、翼賛政治体制の建設に協力す。すなはち文化、経済、生活を翼賛精神に帰一し、強力なる総合的翼賛政治体制の確立に努む。

『翼賛国民運動史』

---

5 総動員業務ニ従事セシムルコトヲ得。但シ兵役法ノ適用ヲ妨ケス

第六条 政府ハ戦時ニ際シ国家総動員上必要アルトキハ勅令ノ定ムル所ニ依リ従業者ノ使用、雇入若ハ解雇、就職、従業若ハ退職又ハ賃金、給料其ノ他ノ従業条件ニ付必要ナル命令ヲ為スコトヲ得

『官報』

解説

日中戦争の長期戦化に対処するため、国力を最高度に発揮できるよう、人的・物的資源を統制運用する目的で公布されたのが**国家総動員法**である。この法律は政府に広汎な統制権限を委任するもので、社会経済生活のほとんど全分野にわたる政府の独裁を認めたことになる。したがって法治国の原則をまったく踏みにじったもので、日本のすべてのものは戦争遂行のために犠牲にするという考えがうかがえる。衆議院での審議中、佐藤軍務課長が「だまれ」と議員の質問を封ずるいわゆる「だまれ」事件が起こった。しかし、その後この法案はあっさり成立した。

史料注

翼賛国民運動史　一九五四（昭和二九）年刊、翼賛運動史刊行会。

解説

日中戦争以来の国内外の政治的危機の情況下で、軍部、官僚、政党、財界の指導者達には、強力な国家体制を樹立しようとする様々な国家革新論が生まれていた。その流れのなかで、近衛文麿は側近らとともに新党結成の運動を企図し、さらにその動きは国民全体を再組織して政治力を結集させ、強力な内閣を成立させようとする新体制運動へと発展していった。一九四〇（昭和一五）年、欧州でのドイツの優勢が伝えられると、国内にはドイツとの提携を強め、中国情勢を好転させようとする動きが起こり、新体制運動は一層活発となった。この近衛の新党構想のもとに政党は「バスに乗り遅れるな」を合言葉に次々と解党し、七月に第二次近衛内閣が成立すると、

翌八月には新体制準備会が発足した。しかし、この準備会は軍部、旧政党、財政党等の様々な勢力の寄せ集めで、意見の対立が激しく、近衛の当初の国民の政治力の結集とは大きく隔たる形で、同年一〇月**大政翼賛会**が発足した。総裁に近衛文麿、事務総長に有馬頼寧が就任したが、四一年四月の第一回改組で有馬ら近衛側近グループは退陣して主導権は官僚に握られ、上意下達の行政補助機関としての性格を強めた。のち、大日本産業報国会、大日本青少年団などを合わせ、さらに町内会、部落会、隣保班を組み入れ、国民全体を組織統制する機関となっていった。

❹ 大日本産業報国会綱領　★☆☆☆☆

一、我等ハ国体ノ本義ニ徹シ全産業一体報告ノ実ヲ挙ゲ以テ皇運ヲ扶翼シ奉ランコトヲ期ス。

一、我等ハ産業ノ使命ヲ体シ事業一家職分奉公ノ誠ヲ致シ以テ皇国産業ノ興隆ニ総力ヲ竭サンコトヲ期ス。

一、我等ハ勤労ノ真義ニ生キ剛健明朗ナル生活ヲ建設シ以テ国力ノ根底ニ培ハンコトヲ期ス

『産業報国』

史料注

1 **国体ノ本義ニ徹シ**　日本は皇室を宗家とする一大家族国家であり、国民はその一人として天皇の命には絶対従うこと。

産業報国　大日本産業報国会機関誌。

解説

大日本産業報国会は戦時体制に労働者を動員するために設けられた産業報国会の中央組織である。その前身は一九三八年に作られた産業報告連盟で、官僚や警察が中心となって労働者を事業所単位に組織した。会長には社長が就任した。一九四〇年、第二次近衛文麿内閣は、新体制運動の一環として新たに大日本産業報国会を発足させた。厚生大臣を頂点とする上意下達の組織で、勤労秩序確立運動や勤労総動員運動など労働者の動員に腐心した。各事業所では戦況の悪化とともに、戦意高揚の掛け声のもとに職場規律と勤勉を一方的に押し付けるものとなり、労働者は離反していった。

要点ナビ　広田弘毅内閣。

⑪ 太平洋戦争のはじまり

① 日独防共協定■ ──一九三六年一一月二五日調印　★☆☆☆☆

1　大日本帝国政府及独逸国政府ハ共産「インターナショナル」（所謂「コミンテルン」②）ノ目的カ其ノ執リ得ル有ラユル手段ニ依ル現存国家ノ破壊及暴圧ニ在ルコトヲ認メ、共産「インターナショナル」ノ諸国ノ国内関係ニ対スル干渉③ヲ看過スルコトハ其ノ国内ノ安寧④及社会ノ福祉ヲ危殆⑤ナラシムルノミナラス、世界平和全般ヲ脅スモノナルコトヲ確信シ、共産主義的破壊ニ対スル防衛ノ為協力セントコトヲ欲シ左ノ通リ協定セリ。

5　第一条　締約国ハ共産「インターナショナル」ノ活動ニ付相互ニ通報シ、必要ナル防衛措置ニ付協議シ且緊密ナル協力ニ依リ右ノ措置ヲ達成スルコトヲ約ス。

秘密付属協定⑥

第一条　締約国ノ一方カ「ソヴィエト」社会主義共和国聯邦ヨリ挑発ニ因ラサル攻撃ノ脅威ヲ受クル場合ニハ、他ノ締約国ハ「ソヴィエト」社会主義共和国聯邦ノ地位ニ付負担ヲ軽カラシムルカ如キ効果ヲ生スル一切ノ措置ヲ講セサルコトヲ約ス。……

10　第二条　締約国ハ本協定ノ存続中相互ノ同意ナクシテ「ソヴィエト」社会主義共和国聯邦トノ間ニ本協定ノ精神ト両立セサル一切ノ政治的条約ヲ締結スルコトナカルヘシ⑦。

『日本外交年表 竝ニ主要文書』

※色文字は重要語

■1 日独防共協定　一九三七（昭和一二）年一一月にイタリアが参加し、三国の接近が強まった。

■2 コミンテルン　第三インターナショナルともいう。一九一九年レーニンの指導下で結成された共産党の国際組織。

■3 看過　見逃すこと。

■4 安寧　社会が穏やかで平和なこと。

■5 危殆　危ないこと。

■6 秘密付属協定　ソ連を対象とした秘密協定であるが、実はソ連はこの存在を探知していた。

■7 本協定ノ精神……ナカルヘシ　しかし、一九三九年のモンハン事件で日本がソ連に敗れていた時、独ソ不可侵条約が結ばれ、日本の支配層は少なからぬ衝撃を受けた。

要点ナビ
第二次近衛文麿内閣。米の参戦阻止を狙う。米との関係の悪化。

❶欧洲ニ於ケル新秩序　従来の英仏主導のベルサイユ体制を打破するため、独伊がとった行動、すなわち独伊同盟、世界大戦の勃発などをさす。

❷大東亜ニ於ケル新秩序　日本が東アジアにおいて主導権を握ることを意味し、日中戦争の勃発、汪兆銘の南京政府樹立などをさす。

❸参入シ居ラサルル一国　アメリカ合衆国をさす。

史料注
日本外交年表竝主要文書
三五二頁参照。

探究17
日独伊三国同盟の成立が遅れた理由を述べよ。

❷ 日独伊三国同盟──一九四〇年九月二七日調印　★★☆☆☆

第一条　日本国ハ、独逸国及伊太利国ノ欧洲ニ於ケル新秩序建設ニ関シ、指導的地位ヲ認メ且之ヲ尊重ス。

第二条　独逸国及伊太利国ハ、日本国ノ大東亜ニ於ケル新秩序建設ニ関シ、指導的地位ヲ認メ且之ヲ尊重ス。

第三条　日本国、独逸国及伊太利国ハ、前記ノ方針ニ基ク努力ニ付相互ニ協力スヘキコトヲ約ス。更ニ三締約国中何レカノ一国カ、現ニ欧洲戦争又ハ日支紛争ニ参入シ居ラサル一国ニ依テ攻撃セラレタルトキハ、三国ハ有ラユル政治的、経済的及軍事的方法ニ依リ相互ニ援助スヘキコトヲ約ス。

第五条　日本国、独逸国及伊太利国ハ、前記諸条項カ三締約国ノ各ト「ソヴィエト」連邦トノ間ニ現存スル政治的ノ状態ニ何等ノ影響ヲモ及ホササルモノナルコトヲ確認ス。

『日本外交年表竝主要文書』

解説
満洲事変から国際連盟脱退と、国際的孤立感を深めていった日本が接近していったのはドイツとイタリアだった。国内では二・二六事件が起こり、軍部の台頭が顕著となった一九三六（昭和一一）年、ヒトラーのもとでファシズム体制を強化するドイツと日独防共協定を結んだ。これはソ連影響下のコミンテルンの活動に対抗するための両国の連携を約したものだが、同時に結ばれた秘密協定でソ連への対抗措置を取り決めていた。

一九三八（昭和一三）年、戦争体制強化の必要上、ドイツより軍事同盟が提議された。しかし日本は、米英両国とさほど激しい対立をみていなかったし、国内の親独・親英米派の対立が激しかったため、結局成立しなかった。翌三九年九月、ポーランド侵入に始まるドイツの進攻によって、対米英牽制を目的として再びドイツから同盟を提議されたが、ドイツの勝利と、第二次近衛内閣の基本国策要綱による南進論の決定は三国軍事同盟への道を開いたことになり、一九四〇年九月成立した。これにより、日本は米・英・仏との対立を決定的なものとしたのである。

要点ナビ

日本（松岡洋右外相）とソ連（モロトフ外相）との間に締結。ソ連は独の対ソ政策の変化を察知。第二次近衛文麿内閣。

❶不可侵　侵害を許さないこと。侵略しないこと。

史料注
日本外交年表竝主要文書
三五二頁参照。

❸ 日ソ中立条約 ── 一九四一年四月一三日調印　★☆☆☆☆

1　第一条　両締約国ハ両国間ニ平和及友好ノ関係ヲ維持シ且相互ニ他方締約国ノ領土ノ保全及不可侵ヲ尊重スヘキコトヲ約ス。

第二条　締約国ノ一方カ一又ハ二以上ノ第三国ヨリノ軍事行動ノ対象ト為ル場合ニハ他方締約国ハ該紛争ノ全期間中中立ヲ守ルヘシ。

5　第三条　本条約ハ両締約国ニ於テ其ノ批准ヲ了シタル日ヨリ実施セラルヘク且五年ノ期間満了ノ一年前ニ本条約ノ廃棄ヲ通告セサルトキハ、本条約ハ次ノ五年間自動的ニ延長セラレタルモノト認メラルヘシ。

『日本外交年表竝主要文書』

解説

一九四一（昭和一六）年三月、外相松岡洋右は日独伊三国同盟の批准書交換のためドイツを訪れた。松岡は、日本が南進政策を進め米英と対決しようとしているところでソ連に背後を突かれることを恐れ、日ソ間の斡旋を、独ソ不可侵条約を結んでいるドイツに期待したが、ドイツでは対ソ強硬論が強まっており失敗した。しかし、その帰途モスクワに立ち寄ると、ドイツの対ソ政策の変化を察知したスターリン政権は、日本と日ソ中立条約を締結したのである。その後、六月には独ソ戦が始まり、日本の同盟国ドイツはソ連との全面戦争に突入し、一方日米交渉も難航し英米との緊張も高まった。日本は、ドイツとソ連の外交的戦術のなかで、最悪の二正面作戦を取らざるを得なくなったのである。

❹ 帝国国策遂行要領 ── 一九四一年九月六日決定　★☆☆☆☆

1　帝国ハ現下ノ急迫セル情勢、特ニ米・英・蘭等各国ノ執レル対日攻勢❶、「ソ」聯ノ情勢❷及帝国国力ノ弾撥性等ニ鑑ミ、「情勢ノ推移ニ伴フ帝国国策要綱」❹中、南方ニ対スル施策ヲ左記ニ依リ遂行ス。

一、帝国ハ自存自衛ヲ全フスル為、対米（英・蘭）戦争ヲ辞セサル決意ノ下ニ、概ネ十月下旬ヲ目途トシ❺戦争準備ヲ完整ス。

❶対日攻勢　米、英、中、オランダを、A・B・C・D包囲陣と称して、これらを突破することをもって、日本国策遂行の目標としていた。特に米英は、通商条約

の破棄、在外資産の凍結など、経済的な圧迫を加えていた。

②「ソ」聯ノ情勢　独ソの開戦により、ソ連は、独に圧迫されており、また、日ソ中立条約によって、ソ連の南進は考えられなかった。

③弾撥性　戦争に必要な物資（石油、ゴム）を獲得することによって、日本国力に弾力性を持たせるということ。

④国策要綱　一九四一（昭和一六）年七月二日、御前会議で決定されている。

⑤目途　目安。見込み。

史料注　日本外交年表竝主要文書　三五二頁参照。

探究18　① 南進政策の目的を述べよ。② 日本の南部仏印進駐に対する米国の報復措置を述べよ。

①ハル=ノート　米国務長官ハルが日本に示したアメリ

---

5 二、帝国ハ右ニ竝行シテ米・英ニ対シ、外交ノ手段ヲ尽シテ帝国ノ要求貫徹ニ努ム。対米（英）交渉ニ於テ帝国ノ達成スヘキ最少限度ノ要求事項、竝ニ之ニ関聯シ帝国ノ約諾シ得ル限度ハ別紙ノ如シ。

三、前号外交交渉ニ依リ、十月上旬頃ニ至ルモ尚我要求ヲ貫徹シ得ル目途ナキ場合ニ於テハ、直チニ対米（英・蘭）開戦ヲ決意ス。

解説　一九四〇（昭和一五）年第二次近衛内閣の成立直後、基本国策要綱を決定、南進政策を確認した。それと同時に大本営の時局処理要綱には、侵略地域にフィリピン島を除き「戦争相手を極力英国のみに局限」し対米開戦を避けるべきであるとあった。一九四〇年外相松岡が独、伊、ソを訪問している間に、近衛は悪化した対米関係を調整し、アメリカの仲介で日華事変を収拾したいと考え、駐米大使野村吉三郎に対米平和交渉を行わせていた。そのため三国同盟一本槍の松岡を外相の地位から追うために一九四一（昭和一六）年七月一日総辞職し、海軍出身の豊田貞次郎大将を後任外相に据えて第三次近衛内閣を組織した。しかし七月二五日に日本が援将ルートを断つため、フランスのヴィシー政府に圧力をかけ日仏軍事協定を結び、南部仏印に進駐すると、アメリカは報復措置として対日石油・軍需物資の禁輸を行った。いわゆるA・B・C・D包囲陣である。これによって陸軍の対米開戦を決定的にし、海軍も石油禁輸によって戦略物資のストックがジリ貧になることを恐れ、開戦に傾いたため日米交渉も行き詰まり、九月六日の御前会議でこの帝国国策遂行要領が決まった。和戦両様の構えであった近衛は和戦決し難く一〇月一六日総辞職した。後継内閣の首班について重臣会議が開かれ、内大臣木戸幸一は開戦論の陸相東条英機に責任を持たせて、陸軍強硬派を抑えようとして東条を首班に推薦したため、同一八日東条内閣が組閣された。ここに現役軍人を首相に兼任させるという異例の軍部内閣が出現し、開戦は不可避の状勢となった。

『日本外交年表竝主要文書』

---

⑤ ハル=ノート① ——一九四一年十一月二六日　★★☆☆☆

要点ナビ　米国務長官ハルから日本政府へ手交された交渉文書。東条英機内閣にとり受け入れ難い内容であった。

1　合衆国政府及日本政府ハ左ノ如キ措置ヲ採ルコトヲ提案ス

②支那 中華民国。

③如何ナル政府若クハ政権 汪兆銘政権をさす。

④租界 革命前の中国において諸列強が設定した中国側行政権の及ばない外国人居留地。

⑤団匪事件 北清事変をさす。

⑥如何ナル協定 日独伊三国同盟をさす。

史料注 日本外交年表竝主要文書 三五二頁参照。

一、合衆国政府及日本国政府ハ、英帝国・支那②・日本国・和蘭・蘇聯邦・泰国及合衆国間多辺的不可侵条約ノ締結ニ努ムヘシ……

三、日本国政府ハ支那及印度支那ヨリ一切ノ陸、海、空軍兵力及警察力ヲ撤収スヘシ

四、合衆国政府及日本国政府ハ臨時ニ首都ヲ重慶ニ置ケル中華民国国民政府以外ノ支那ニ於ケル如何ナル政府若クハ政権③ヲモ軍事的・経済的ニ支持セサルヘシ

五、両国政府ハ外国租界④及居留地内及之ニ関聯セル諸権益竝ニ一九〇一年ノ団匪事件⑤議定書ニ依ル諸権利ヲモ含ム支那ニ在ル一切ノ治外法権ヲ抛棄スヘシ……

九、両国政府ハ其ノ何レカノ一方カ第三国ト締結シオル如何ナル協定モ、同国ニ依リ本協定ノ根本目的即チ太平洋地域全般ノ平和確立及保持ニ矛盾スルカ如ク解釈セラレサルヘキコトヲ同意スヘシ

『日本外交年表竝主要文書』

解説 一九四一(昭和一六)年一〇月一八日、開戦派の東条英機が首相となり、日本は対米開戦への道をひた走ることとなった。同年一一月の御前会議では、帝国国策遂行要領を決定した九月の会議を受けて、自存自衛及び大東亜新秩序建設のために対米英蘭戦争を行うとし、日米交渉不成立の場合はその武力発動は一二月上旬とされた。その一方で野村駐米大使らによる対米交渉は継続されていた。一一月二六日、米国務長官ハルは、いわゆるハル=ノートを日本側に提起した。ハル=ノートは、交渉のなかであくまでも日米間の協定のベースになるものとして提出されたものであった。この時点でアメリカ側が日本の開戦を予想していたかについては議論の分かれるところである。ただ、そこに示される内容は日本側にとって受け入れ難いものであった。日米交渉は決裂、東条内閣は開戦へと向かっていく。

一九四一(昭和一六)年一二月八日午前三時二〇分(現地時間二月七日午前七時五五分)ハワイ真珠湾への奇襲攻撃が開始された。対米交渉打ち切りと宣戦の通告が、攻撃開始よりも一時間遅れたため、通告なしの奇襲はだまし討ちとして、「リメンバー=パールハーバー」がアメリカ国民の合い言葉となった。

要点ナビ　東条英機内閣。

4 近・現代

⑥ 太平洋戦争開戦の詔書——一九四一年一二月八日公布　★☆☆☆☆

天佑ヲ保有シ万世一系ノ皇祚ヲ践メル大日本帝国天皇ハ、昭ニ忠誠勇武ナル汝有衆ニ示ス。朕茲ニ米国及英国ニ対シテ戦ヲ宣ス。朕カ陸海将兵ハ全力ヲ奮テ交戦ニ従事シ、朕カ百僚有司ハ励精職務ヲ奉行シ、朕カ衆庶ハ各々其ノ本分ヲ尽シ、億兆一心国家ノ総力ヲ挙ケテ征戦ノ目的ヲ達成スルニ遺算[1]ナカラムコトヲ期セヨ。……中華民国政府曩ニ帝国ノ真意ヲ解セス、濫ニ事ヲ構ヘテ東亜ノ平和ヲ攪乱シ、遂ニ帝国ヲシテ干戈ヲ執ルニ至ラシメ[2]、茲ニ四年有余ヲ経タリ。幸ニ国民政府更新スルアリ[3]。帝国ハ之ト善隣ノ誼ヲ結ヒ相提携スルニ至レルモ、重慶ニ残存スル政権[4]ハ米英ノ庇蔭ヲ恃ミテ、兄弟尚未タ牆ニ相鬩クヲ[6]悛メス、米英両国ハ残存政権ヲ支援シテ東亜ノ禍乱ヲ助長シ、平和ノ美名ニ匿レテ東洋制覇ノ非望ヲ逞ウセムトス。……斯ノ如クニシテ推移セムカ東亜安定ニ関スル帝国積年ノ努力ハ悉ク水泡ニ帰シ、帝国ノ存立亦正ニ危殆[7]ニ瀕セリ。事既ニ此ニ至ル。帝国ハ今ヤ自存自衛ノ為、蹶然起ツテ一切ノ障礙ヲ破砕スルノ外ナキナリ。……

『官報』

解説　一九四一（昭和一六）年一二月八日、日本は太平洋戦争に突入した。その日の号外は「大本営陸海軍部発表（一二月八日午前六時）　帝国陸海軍は、今八日未明西太平洋において米英軍と戦闘状態に入れり」（『朝日新聞』昭和一六・一二・八）とその様子を伝えている。開戦の詔書は要点として次の四つを述べている。①日本は明治天皇以来アジアの安定と平和の為に努力をしてきた。②米英は東洋を征服しようとする非道な野望を日本の生存に重大な脅威を与えている。③中国では南京政府が成立しながら、依然として重慶の蔣介石政府が米英の援助のもとに抵抗を続け、東アジアの混乱を助長している。④これゆえに日本は自存と自衛の為に、決然と立ち上がり、国民一体となって心を一つにして戦い抜かなければならない。

陸軍は、東京時間一二月八日午前二時ごろ、英領マレー半島のコタバルに上陸。連合艦隊は、東京時間一二月八日午前三時二〇分（ハワイ時間七日午前七時五五分）ハワイの真珠湾を奇襲攻撃した。同日午前一一時四〇分、宣戦の詔書がラジオから流れた。攻撃を開始してから約八時間が経過していた。以後毎月八日は「大詔奉戴日」として、各学校において教育勅語と同様にこの開戦詔書が奉読された。生徒は最敬礼の姿勢で、校長の奉読を聞いた。

①遺算　見込み違い。

②帝国ヲシテ干戈ヲ執ルニ至ラシメ　日中戦争のこと。

③国民政府更新スルアリ　一九四〇（昭和一五）年に汪兆銘を首班とする傀儡政権と南京に樹立させたこと。

④重慶ニ残存スル政権　蔣介石の国民政府。

⑤庇蔭　助け。

⑥兄弟尚未タ牆ニ相鬩クヲ　兄弟で相争うことを。

⑦危殆　非常に危ないこと。

史料注

官報　三四四頁参照。

昭和・平成

🕛 戦争と民衆

❶ 戦陣訓──一九四一年一月八日示達　★☆☆☆☆

1　第八　名を惜しむ

恥を知る者は強し。常に郷党家門の面目を思ひ、愈々奮励してその期待に答ふべし。生きて虜囚❶の辱❷を受けず、死して罪過❷の汚名を残すこと勿れ。

『戦陣訓』

史料注

戦陣訓　東条英機陸相が軍人としてとるべき行動規範を示した訓令。

❶**虜囚**　捕虜。

❷**罪過**　法律や道徳に背いた行い。

❷ 戦時下の国民生活　★★★★☆

1　昭和十八年十二月一日、朝早く島中震也君を見送りに行ったが、人混みで見えなかった。学徒が日の丸を肩から巻いて元気よく征く。その無邪気さを見よ。この人が学問や知識のためではなく、鉄砲をもって起つのだ。感慨禁じ得ず。出征する人には必ず「お目出とう」といわねばならない。また戦死した人の遺族にも「お目出とう」というのだそうだ。……

5　昭和十九年三月十日、今日は陸軍記念日ということで新聞もラジオも陸軍礼讃をやっている。朝井上幾太郎海軍大将のラジオの講演。近頃の講演に北条時宗の出ざることなし。……帝大の某教授曰く「東条首相というのは中学生ぐらいの頭脳ですね。あれぐらいのものは中学生の中に沢山ありますよ」と。

史料注

暗黒日記 政治・外交評論家の清沢洌（きよし）の日記。戦時中（昭和一七年一二月～二〇年五月）の日記が、戦後『暗黒日記』として出版され、戦時下の状況を批判的な眼でとらえていると高い評価を受けた。

10 ことが能率をあげることだと考える時代精神の現れだ。

日曜を三月五日から全廃した。学校でも日曜を授業し得るよう法令を改正する。余計時間をかける

『暗黒日記』

解説

戦争の長期化はいたるところで国民生活に影響を及ぼした。アメリカの豊かな経済力とそれによる物量的攻勢に対抗するため、日本は精神で立ち向かうべきことを強調され、軍国主義教育が徹底され、反政府的な思想や社会主義思想は勿論、自由主義的な考え方までが厳しい弾圧を受けた。また、太平洋戦争下の国民生活は、言論・文化・娯楽の自由のみならず衣食住でも苦しい生活を送るようになった。軍需生産のため、民需生産は一〇％以下となり、農業生産も肥料や農機具の減産、徴兵・徴用による壮年男子の離村によって、労働力の不足から、一九四一（昭和一六）年六六〇〇万石の米穀生産は一九四五年には三八〇〇万石（五六％）に減少し、船舶不足から外米輸入も思うにまかせなかったので、食料危機は高まり、コウリャン、トウモロコシ、サツマイモ、ジャガイモなどが配給され、ドングリまでもが主食となった。衣料も一九四〇（昭和一五）年切符制となり（一九四二年全面化する）、一九四四（昭和一九）年の供給量は一九三七（昭和一二）年の七・四％となった。政府も戦争による財政膨脹によって、インフレを懸念し、一九三九（昭和一四）年物価統制令を実施したが、いわゆる闇などの経済犯が多く、一九四〇年の犯罪指数は前年の三倍となっている。住宅も一九四四年から無差別爆撃で三〇〇万戸が焼失し、心身ともに国民はまったく生死の境をさまよう状態となった。

❸ きけわだつみのこえ　★☆☆☆☆

1　私は死刑を宣告せられた。誰がこれを予測したであろう。年齢三十に至らず、且、学半ばにして、此の世を去る運命を誰が予知し得たであろう。……私は何等死に値する悪をした事はない。悪を為したのは他の人々である。然し今の場合弁解は成立しない。全世界から見れば彼等も私と同じ日本人
5　である。彼等の責任を私がとって死ぬことは一見大きな不合理であるが、かかる不合理は過去日本人がいやというほど他国人に強いてきたことである。日本の軍隊のために犠牲になったと思えば死に切れないが、日本国民全体の罪と非難とを一身に浴びて死ぬと思えば腹も立たない。笑って死んで行ける。……苦情を云うなら、敗戦と判っていながら此の戦を起した軍部に持って行くより仕方がない。

史料注

きけわだつみのこえ 一九四九(昭和二四)年刊行された七五名の戦没学生の手記。「わだつみ」とは海や海神を意味する言葉で、多くは特攻隊などで海に消えていった学生たちの遺書にあたるものとなっている。

併し又、更に考えを致せば、満洲事変以来の軍部の行動を許して来た全日本国民に其の遠い責任があることを知らねばならない。

『きけわだつみのこえ』

解説

太平洋戦争が激しくなると、東条内閣は大学生及び高等・専門学校生徒の徴兵猶予を停止し(一九四三年一〇月)、多くの学生たちが学業半ばにして戦場へ送られていった。これを学徒出陣と呼ぶ。この史料は、京大経済学部学生木村久夫が、戦後一九四六(昭和二一)年五月に戦犯として処刑される直前に、入手した書物の余白に記した遺書である。『きけわだつみのこえ』には、この他に特攻隊の一員として飛行機ごと軍艦に直撃していった者や人間魚雷回天の乗組員など多くの戦没学生の手記があるが、平和な時代に生きていたならばという彼らの悔しい思いを痛切に吐露したものが多い。また、国家総動員体制のもとで彼らもやむを得ず徴兵に応じているものの、必ずしも当時の軍部や政府のやり方にまったく同調しているわけではなく、かなり多くの者がそれに対して批判的な見解を持っていたようである。

❹ 日本軍「慰安婦」 ★☆☆☆☆

1
軍人軍隊ノ対住民行為ニ関スル注意ノ件通牒 北支那方面参謀長
日本軍人ノ強姦事件カ全般ニ伝播シ、深刻ナル反日感情ヲ醸成セルニ在リト謂フ。……成ルベク速ニ性的慰安ノ設備ヲ整ヘ、設備無キタメ不本意乍ラ禁ヲ侵ス者ナカラシムルヲ緊要トス。
(昭和一三年七月 歩兵第四十一連隊陣中日誌)

5
副官宛…… 発信者台湾軍参謀長
本年三月……認可ニ依リ「ボルネオ」ニ派遣セル特種慰安婦五十名ニ関スル現地著後ノ実況、人員不足シ稼業ニ堪ヘザル者ヲ生ズル為、慰安婦二十名増派諒承相成度。
(昭和一七年六月 陸亜密大日記第二二号三冊ノ二)

慰安所ヲ利用シ得ル毎日ノ時間左ノ如シ

兵　○九○○ヨリタ食一時間前迄

下士官　○九○○ヨリ日夕点呼三十分前迄

准士官以上　点呼後ヨリ利用スル事ヲ得

慰安所ノ料金ヲ当分ノ間左ノ如ク定ム

Ⅰ　兵　三十分　一円　三十分ヲ増ス毎ニ五十銭ヲ増ス

Ⅱ　下士官　三十分一円二十銭　三十分ヲ増ス毎ニ一円ヲ増ス

Ⅲ　将校　一時間三円　一時間ヲ増ス毎ニ二円ヲ増ス　宿泊二十二時以降八円

（昭和十六年四月　独立山砲兵第三連隊陣中日誌）

〔一九九二年七月六日　政府公開文書〕

解説　長期化する中国との戦争と、さらに太平洋地域への戦線の拡大という状況のなかで、日本軍は数多くの非人道的な侵略行為を行ってきた。一九三七（昭和一二）年一二月に占領した南京での殺害・略奪行為や細菌戦部隊（七三一部隊）による毒ガス兵器の実験等、中国の多くの民間人に対する残虐的行為が行われたのである。南京事件やその後も度重なって起こった中国人女性への強姦事件は、強烈な反日感情を呼び起こしたため、日本軍は「慰安婦」と呼ばれる女性を日本軍人の性の慰みものとして大規模に動員することになった。このような慰安所は、戦線の拡大とともにアジア・太平洋地域に広がり、植民地支配下の朝鮮を始め、台湾、中国、東南アジア諸国の女性たちの心身に深い傷を負わせることになったのである。日本政府は、戦後長い間この問題を放置し、しかも多くの研究者の指摘にもかかわらず当時の軍や政府の関与を否定してきた

が、ついに一九九二（平成四）年七月政府がこの問題に関する調査結果を公表し、慰安所の設置・経営・監督や関係者への身分証明書発行などの点で、政府が直接関与していたことを初めて公式に認めた。史料は、この時に公開されたものの一部である。政府は、慰安婦問題を含む日韓間の財産及び請求権の問題は、一九六五年の日韓請求権・経済協力協定で解決済みとしながらも、「アジア女性基金」の創設、韓国の「和解・癒やし財団」への資金拠出を行った。しかし、いまだ日韓間での最終的な解決には至っていない。

いずれにしても、戦争そのものが平和に対する裏切り行為であるのに加えて、日本軍の中国、朝鮮などでの行為は、民間人の殺害、人体実験、毒ガス使用、さらに「慰安婦」と、まさに凶悪な戦争犯罪としての性格を持っていたのである。

要点ナビ
米、英、中。
対日問題の協議。

※色文字は重要語

1 カイロ宣言 一九四三（昭和一八）年一一月二七日署名。ローズヴェルト、チャーチル、蔣介石がカイロで会談し、対日戦の処理について行った宣言。

2 三大同盟国 アメリカ、イギリス、中華民国をさす。

3 太平洋ニ於ケル一切ノ島嶼 第一次世界大戦後、旧ドイツ領南洋諸島は、日本が国際連盟の委任統治領として支配していた。

史料注
日本外交年表竝主要文書
三五二頁参照。

⑬ 敗 戦

① カイロ宣言（日本国に関する英、米、華三国宣言）★★☆☆☆

1 三大同盟国ハ日本国ノ侵略ヲ制止シ且之ヲ罰スル為今次ノ戦争ヲ為シツツアルモノニ非ス。又領土拡張ノ何等ノ念ヲモ有スルモノニ非ス。右同盟国ノ目的ハ日本国ヨリ千九百十四年ノ第一次世界戦争ノ開始以後ニ於テ日本国カ奪取シ又ハ占領シタル太平洋ニ於ケル一切ノ島嶼ヲ剥奪スルコト並ニ満洲、台湾及澎湖島ノ如キ日本国カ清国人ヨリ盗取シタル一切ノ地域ヲ中華民国ニ返還スルコトニ在リ。

日本国ハ又暴力及貪欲ニ依リ日本国ノ略取シタル一切ノ地域ヨリ駆逐セラルヘシ。前記三大国ハ朝鮮ノ人民ノ奴隷状態ニ留意シ軈テ朝鮮ヲ自由且独立ノモノタラシムルノ決意ヲ有ス。

『日本外交年表竝主要文書』

解説 一九四三（昭和一八）年九月にイタリアが降伏した。ドイツもこの年、スターリングラード戦に敗れ、日本もガダルカナルで敗れるなどファシズム側の敗勢は濃厚となった。そんななかで、米英は対独戦で優位に立ち始めたソ連への警戒を強め、既に「冷戦」の駆動的現象すら芽ばえていた。しかし、米英、特にアメリカは、太平洋戦争の早期終結のために、対日戦にソ連の協力を得る必要から米英ソ三国の外交的協調を……試みていた。そして、その協調の核にあったのが日本の処遇であった。一九四三年一一月に米・英・中三国首脳会議がカイロで開かれ、対日問題について協議されたが、このカイロ宣言では①太平洋地域の日本の植民地の剝奪、②満洲、台湾などの中国への返還、③朝鮮の独立などが合意され、戦後の日本の領土問題に関する最初の共同宣言となった。

要点ナビ
米、英、ソ。
ソ連の対日参戦の密約。

1 ヤルタ協定 一九四五（昭

② ヤルタ協定 ―― 一九四五年二月締結 ★★☆☆☆

三大国即チ「ソヴィエト」連邦、「アメリカ」合衆国及英国ノ指揮者ハ「ドイツ」国カ降伏シ且

4 近・現代

要点ナビ
①ポツダム宣言　米、英、中から日本政府へ無条件降伏を要求（実際の会議は米、英、ソ）。日本は八月

和二〇）年二月、クリミア半島のヤルタで、ローズヴェルト、チャーチル、スターリンが会談した時の秘密協定。翌四六年二月一一日発表。

②日本国ノ背信的攻撃　日露戦争をさす。

③千島列島　一八七五（明治八）年、樺太・千島交換条約によって日本の領土となっていた。

④羈絆　束縛。

⑤条約　この条約は、その後一九四五年八月一四日調印されている。

史料注
日本外交年表竝主要文書
三五二頁参照。

「ヨーロッパ」ニ於ケル戦争カ終結シタル後二月又ハ三月ヲ経テ「ソヴィエト」連邦カ左ノ条件ニ依リ連合国ニ與シテ日本ニ対スル戦争ニ参加スヘキコトヲ協定セリ。

一、外蒙古（蒙古人民共和国）ノ現状ハ維持セラルヘシ

二、千九百四年ノ日本国ノ背信的攻撃ニ依リ侵害セラレタル「ロシア」国ノ旧権利ハ左ノ如ク回復セラルヘシ……

三、千島列島ハ「ソヴィエト」連邦ニ引渡サルヘシ……

10
三大国ノ首班ハ「ソヴィエト」連邦ノ右要求カ日本国ノ敗北シタル後ニ於テ確実ニ満足セシメラルヘキコトヲ協定セリ。

「ソヴィエト」連邦ハ中華民国ヲ日本国ノ羈絆ヨリ解放スル目的ヲ以テ、自己ノ軍隊ニ依リ之ニ援助ヲ与フル為「ソヴィエト」社会主義共和国連邦中華民国間友好同盟条約ヲ中華民国国民政府ト締結スル用意アルコトヲ表明ス。

『日本外交年表竝主要文書』

解説　一九四五（昭和二〇）年二月、ソ連領クリミアのヤルタで米・英・ソ三国首脳によるヤルタ会談が開かれた。当時、ドイツ・ファシズムの崩壊はもはや決定的となり、対独戦争の終結や戦後の国際平和維持機構の問題などが協議され、合わせて対日問題とソ連の対日参戦が秘密協定として締結された。史料にあるように、ソ連は対独戦終了後二ないし三か月後対日参戦し、その代償として外蒙古（モンゴル）（ソ連勢力下）の現状維持、帝政ロシア時代の日露戦争での失地（南樺太など）回復、千島列島領有などを認められた。戦争終結を急ぐ米英も、対日戦へのソ連の参加を望み、強引ともいえるソ連の要求を認めたのである。しかし、今日まで続く北方領土問題の根源は、この協定にあることにも注意しよう。
ソ連はこの方針に基づいて、四月に日ソ中立条約不延長を通告し、ドイツ降伏三か月後の八月九日対日参戦するのである。

③ポツダム宣言

❸ ポツダム宣言❶——一九四五年七月二六日発表　★★★★★

一、吾等合衆国大統領❷、中華民国政府主席及❸「グレート・ブリテン」国総理大臣ハ吾等ノ数億ノ国

4 近・現代

一四日受諾。七月にベル
リン郊外のポツダムでトルー
マン、チャーチル、スター
リンの会談で採択され、の
ち、蒋介石の同意を得て、
発表された対日戦争終結条
件及び戦後処理方針に関す
る共同宣言。

2 大統領 トルーマン。

3 主席 蒋介石。

4 総理大臣 チャーチル。

5 占領セラルヘシ これによ
り日本は一九四五年九月～
五二年四月まで連合国（軍
最高司令官総司令部（GH
Q）の占領下に置かれた。

6 各自ノ家庭ニ復帰シ 敗戦
時本土外にあった日本兵力
は朝鮮に約三七万、満洲を
除く中国に約一一一万、台
湾・南西諸島に約二三万、
小笠原を除く南方に約一〇
六万、その他合わせて計三
三〇万余であったとされる。

7 俘虜 捕虜のこと。

8 戦争犯罪人 A級戦犯二八
名に対し、一九四六年五月
より裁判が行われ（東京裁
判）、四八年一一月、東条
以下七名が絞首刑、ほかは
禁固刑となった。これとは
別に通常の戦争犯罪・非戦
闘員に対する残虐行為を

民ヲ代表シ協議ノ上日本国ニ対シ今次ノ戦争ヲ終結スルノ機会ヲ与フルコトニ意見一致セリ。

六、吾等ハ無責任ナル軍国主義カ世界ヨリ駆逐セラルルニ至ハ平和、安全及正義ノ新秩序カ生
シ得サルコトヲ主張スルモノナルヲ以テ、日本国国民ヲ欺瞞シ、之ヲシテ世界征服ノ挙ニ出ツルノ
過誤ヲ犯サシメタル者ノ権力及勢力ハ、永久ニ除去セラレサルヘカラス。

七、右ノ如キ新秩序カ建設セラレ、且日本国ノ戦争遂行能力カ破砕セラレタルコトノ確証アルニ至ル
マテハ、連合国ノ指定スヘキ日本国領域内ノ諸地点ハ、吾等ノ茲ニ指定スル基本的ノ目的ノ達成ヲ確
保スルタメ、占領セラルヘシ。

八、「カイロ」宣言ノ条項ハ履行セラルヘク、又日本国ノ主権ハ本州、北海道、九州及四国並ニ吾等
ノ決定スル諸小島ニ局限セラルヘシ。

九、日本国軍隊ハ、完全ニ武装ヲ解除セラレタル後、各自ノ家庭ニ復帰シ、平和的且生産的ノ生活ヲ
営ムノ機会ヲ得シメラルヘシ。

十、吾等ハ日本人ヲ民族トシテ奴隷化セントシ、又ハ国民トシテ滅亡セシメントスルノ意図ヲ有スル
モノニ非サルモ吾等ノ俘虜ヲ虐待セル者ヲ含ム一切ノ戦争犯罪人ニ対シテハ、厳重ナル処罰ヲ加
ヘラルヘシ。日本国政府ハ日本国国民ノ間ニ於ケル民主主義的傾向ノ復活強化ニ対スル一切ノ障
礙ヲ除去スヘシ。言論、宗教及思想ノ自由並ニ基本的人権ノ尊重ハ確立セラルヘシ。

十三、吾等ハ日本国政府カ直ニ全日本国軍隊ノ無条件降伏ヲ宣言シ、且右行動ニ於ケル同政府ノ誠意
ニ付適当且充分ナル保障ヲ提供センコトヲ同政府ニ対シ要求ス。右以外ノ日本国ノ選択ハ、迅速且
完全ナル壊滅アルノミトス。

『日本外交年表竝主要文書』

昭和・平成

探究19

ポツダム宣言の要点をまとめよ。

史料注

日本外交主要文書竝主要文書 三五二頁参照。

日本外交主要文書・年表 鹿島平和研究所編。一九四一（昭和一六）年〜八〇（昭和五五）年の重要外交文書を収める。

9 東京湾上 調印式は、東京湾上に停泊した米戦艦「ミズーリ号」上で行われた。

10 重光葵 東条・小磯・東久邇宮内閣の外相。東京裁判でA級戦犯とされたが一九五〇（昭和二五）年に出獄し、一九五四年に鳩山一郎内閣の外相に就任。

11 梅津美治郎 終戦時の参謀総長。東京裁判でA級戦犯となり、服役中に病死。

12 マックアーサー マッカーサー。アメリカの陸軍元帥。一九四五（昭和二〇）年八月一四日に連合国（軍）最高司令官に就任。

参考

降伏文書——一九四五年九月二日調印　★☆☆☆

下名ハ茲ニ日本帝国大本営竝ニ何レノ位置ニ在ルヲ問ハズ一切ノ日本国軍隊及日本国ノ支配下ニ在ル一切ノ軍隊ノ連合国ニ対スル無条件降伏ヲ布告ス。……

下名ハ茲ニ「ポツダム」宣言ノ条項ヲ誠実ニ履行スルコト竝ニ右宣言ヲ実施スル為連合国最高司令官又ハ其ノ他特定ノ連合国代表者ガ要求スルコトアルベキ一切ノ命令ヲ発シ且斯ル一切ノ措置ヲ執ルコトヲ天皇、日本国政府及其ノ後継者ノ為ニ約ス。……

天皇及日本国政府ノ国家統治ノ権限ハ本降伏条項ヲ実施スル為適当ト認ムル措置ヲ執ル連合国最高司令官制限ノ下ニ置カルルモノトス。……

千九百四十五年九月二日午前九時四分日本国東京湾上ニ於テ署名ス。
大日本帝国天皇陛下及日本国政府ノ命ニ依リ且其ノ名ニ於テ
重光葵10
日本帝国大本営ノ命ニ依リ且其ノ名ニ於テ
梅津美治郎11
千九百四十五年九月二日午前九時八分東京湾上ニ於テ合衆国、中華民国、連合王国及「ソヴィエト」社会主義共和国連邦ノ為ニ竝ニ日本国ト戦争状態ニ在ル他ノ連合諸国家ノ利益ノ為ニ受諾ス。
ダグラス、マックアーサー12
連合国最高司令官
（以下、連合国代表者署名）

『日本外交主要文書・年表』

解説

一九四五（昭和二〇）年五月のドイツ降伏を受けて、その戦後処理と対日戦争終結に関する協議が、七月一七日からベルリン郊外のポツダム宮殿で開かれた。会談にはトルーマン（米）、チャーチル（英、のちアトリー）、スターリン（ソ連）が参加した。対日無条件降伏勧告の**ポツダム宣言**は蔣介石の同意を得て、米・英・中の三国の共同宣言として発せられた。日本に対して中立の立場をとっていたソ連は宣言に加わっていない（八月九日の対日参戦後に参加）。

ポツダム宣言は、軍国主義の除去、軍隊の武装解除、領土の限定、戦争犯罪人の処罰と民主主義・基本的人権の尊重などが内容となり、戦後の民主化の基本となった。指導者層が危惧した「**国体の護持**」（天皇制の存続）について政府は八月一〇日にこの無条件降伏を受諾する意図はない」と解釈して、連合国に打診し、「日本の国体を先方が毀損する意図はない」と解釈して、八月一四日にこの無条件降伏を受諾するのである。同日午後一一時終戦の詔勅が発布され、翌八月一五日正午の玉音放送でこれを知ることになる。九月二日、東京湾内に停泊する米戦艦ミズーリの甲板で、政府全権の重光葵外相と大本営（日本軍）全権の梅津美治郎参謀総長、連合国代表が降伏文書に調印した。

を仲介とする講和も模索し、当初これを黙殺した。しかし、ソ連参戦を前に日本に決定的な打撃を与えようとするアメリカによる原爆投下とソ連参戦によってついに受諾するに至るのである。

要点ナビ
鈴木貫太郎内閣。

④ 終戦の詔書——一九四五年八月一四日裁可、同一五日玉音放送 ★ ☆☆☆

1 米英支蘇四国 アメリカ・イギリス・中国・ソ連の四カ国。

2 其ノ共同宣言 ポツダム宣言。

3 残虐ナル爆弾 一九四五（昭和二〇）年八月六日広島に、同九日長崎市に投下された原子爆弾のこと。日本政府は同一〇日、スイス政府を通じて「帝国政府はこゝに自らの名において、かつまた全人類および文明の名において米国政府を糾弾すると共に即時かゝる非人道的な兵器の使用を放棄すべきことを厳重に要求す」と結ばれる抗議文をアメリカ政府に提出した。

4 無辜 罪のない人。ここでは非戦闘員を指す。

5 衷情 本心。ここでは戦争に負けたことに納得できない心情のこと。

史料注 官報 三四四頁参照。

1
朕深ク世界ノ大勢ト帝国ノ現状トニ鑑ミ、非常ノ措置ヲ以テ時局ヲ収拾セムト欲シ、茲ニ忠良ナル爾臣民ニ告ク。朕ハ帝国政府ヲシテ米英支蘇四国**1**ニ対シ、其ノ共同宣言**2**ヲ受諾スル旨通告セシメタリ。

抑々帝国臣民ノ康寧ヲ図リ万邦共栄ノ楽ヲ偕ニスルハ皇祖皇宗ノ遺範ニシテ朕ノ拳々措カサル所、曩ニ米英二国ニ宣戦スル所以モ亦実ニ帝国ノ自存ト東亜ノ安定トヲ庶幾スルニ出テ、他国ノ主権ヲ排シ、領土ヲ侵スカ如キハ固ヨリ朕カ志ニアラス。然ルニ交戦已ニ四歳ヲ閲シ、朕カ陸海将兵ノ勇戦、朕カ百僚有司ノ励精、朕カ一億衆庶ノ奉公各々最善ヲ尽セルニ拘ラス、戦局必スシモ好転セス、世界ノ大勢亦我ニ利アラス。加之敵ハ新ニ残虐ナル爆弾**3**ヲ使用シテ頻ニ無辜**4**ヲ殺傷シ、惨害ノ及フ所真ニ測ルヘカラサルニ至ル。而モ尚交戦ヲ継続セムカ、終ニ我カ民族ノ滅亡ヲ招来スルノミナラス、延テ人類ノ文明ヲモ破却スヘシ。斯クノ如クムハ朕何ヲ以テカ億兆ノ赤子ヲ保シ、皇祖皇宗ノ神霊ニ謝セムヤ。是レ朕カ帝国政府ヲシテ共同宣言ニ応セシムルニ至レル所以ナリ。……惟フニ今後帝国ノ受クヘキ苦難ハ固ヨリ尋常ニアラス。爾臣民ノ衷情**5**モ朕善ク之ヲ知ル。然レトモ朕ハ時運ノ趨ク所堪ヘ難キヲ堪ヘ、忍ヒ難キヲ忍ヒ、以テ万世ノ為ニ太平ヲ開カムト欲ス。

『官報』

解説 終戦の詔書は「大東亜戦争終結ノ詔書」とも呼ばれる。八月一三日から一四日にかけての御前会議をへて、天皇大権に基づいてポツダム宣言を受諾する勅旨を国民に宣布するために八月一四日付けで詔書として発布された。ポツダム宣言には「全日本国軍隊の無条件降伏」という内容が盛り込まれていたから、ポツダム宣言の受諾は日本の降伏を意味する。極秘であり、緊迫した状況の中でのやりとりから生み出された詔書は最終段階まで字句の修正が行われ、現在残る詔書の正本（国立公文書館所蔵）にも紙を貼っての上書きが残るなど異例の詔書となった。一四日の深夜に、戦争継続を主張する将校らが録音盤の奪取をはかるクーデターを企てたが、失敗に終わっている（宮城事件）。ポツダム宣言受諾に関しては中立国のスイス及びスウェーデン駐在の日本公使館を通じて連合国側に伝えられた。

第9章　現代の日本と世界

① 占領軍の方針

❶ アメリカの初期対日方針──一九四五年九月二二日発表　★☆☆☆☆

本文書ノ目的

本文書ハ降伏後ノ日本国ニ対スル初期ノ全般的ノ政策ニ関スル声明ナリ。本文書ハ大統領❶ノ承認ヲ経タルモノニシテ連合国最高司令官❷及米国関係機関ニ対シ指針トシテ配布セラレタリ。……

第一部　究極ノ目的

日本ニ関スル米国ノ究極ノ目的ニシテ初期ニ於ケル政策ガ従フベキモノ左ノ如シ。

(イ)日本国ガ再ビ米国ノ脅威トナリ、又ハ世界ノ平和及安全ノ脅威トナラザルコトヲ確実ニスルコト。

(ロ)他国家ノ権利ヲ尊重シ、国際連合憲章❸ノ理想ト原則ニ示サレタル米国ノ目的ヲ支持スベキ平和的且責任アル政府ヲ究極ニ於テ樹立スルコト、……

第二部　連合国ノ権限

一、軍事占領　降伏条項ヲ実施シ、上述ノ究極ノ目的ノ達成ヲ促進スル為日本国本土ハ軍事占領セラルベシ。……対日戦争ニ於テ指導的役割ヲ演ジタル他ノ諸国ノ軍隊ノ占領ヘノ参加ハ歓迎セラレ且期待セラルルモ、占領軍ハ米国ノ任命スル最高司令官ノ指揮下ニ在ルモノトス。……主要連合国ニ意見ノ不一致ヲ生ジタル場合ニ於テハ米国ノ政策ニ従フモノトス。

二、日本国政府トノ関係　天皇及日本国政府ノ権限ハ、降伏条項ヲ実施シ且日本国ノ占領及管理ノ施

要点ナビ

米統合参謀本部がトルーマン大統領の承認を得て、マッカーサーに示した対日方針。

※色文字は重要語
❶大統領　トルーマン。
❷連合国最高司令官　マッカーサー。

史料注

日本外交主要文書・年表
四四八頁参照。

❸国際連合憲章　一九四五(昭和二〇)年六月二六日、サンフランシスコで連合国によって採択(批准後一〇月に発効)されていた。

15

行ノ為樹立セラレタル政策ヲ実行スル為必要ナル一切ノ権力ヲ有スル最高司令官ニ従属スルモノトス。日本ノ社会ノ現在ノ性格並ニ最少ノ兵力及資源ニ依リ目的ヲ達成セントスル米国ノ希望ニ鑑ミ、最高司令官ハ米国ノ目的ノ達成ヲ満足ニ促進スル限リニ於テハ、天皇ヲ含ム日本政府機構及諸機関ヲ通ジテ其権限ヲ行使スベシ。日本国政府ハ最高司令官ノ指示ノ下ニ、国内行政事項ニ関シ通常ノ政治機能ヲ行使スルコトヲ許容セラルベシ。

解説
ポツダム宣言を受諾し、降伏した日本は連合国軍によって占領された。連合国軍の占領・統治とはいえ、それはアメリカ軍による単独占領であり、また従来の日本政府を通じて行う間接統治であった。史料は、連合国（軍）最高司令官マッカーサーに指令されたアメリカの対日方針であるが、「日本国カ再ビ米国ノ脅威」とならないなどの表現からも、アメリカの主導権でアメリカの国益のための占領が行われたことがわかる。また一九四五（昭和二〇）年九月二〇日には、GH

Qの指令は日本の憲法や法律に拘束されず罰則を伴う法令となる**ポツダム勅令**（日本国憲法施行後はポツダム政令）となって、ポツダム宣言の内容……特に軍国主義除去と民主化のための様々な施策が行われた。一〇月四日には、いわゆる民主化指令が出され、政治犯の釈放、治安維持法の廃止、内務省・特高警察の廃止が断行されると、東久邇宮稔彦内閣は対応できず、総辞職した。

『日本外交主要文書・年表』

要点ナビ
最高司令官マッカーサー、幣原首相に口頭で伝達。

❷ 五大改革指令❶——一九四五年一〇月一一日　★☆☆☆☆

ポツダム宣言の達成によって日本国民が数世紀にわたって隷属させられて来た伝統的社会秩序は匡正されるであろう。このことが憲法の自由主義化を包含することは当然である。……余❷は貴下が❸

日本の社会秩序において速やかに次の如き諸改革を開始しこれを達することを期待する。

一、選挙権賦与による日本婦人の解放……

二、労働の組合化促進……

三、より自由主義的な教育を行ふための諸学校の開校……

---

❶五大改革指令　幣原首相に対してマッカーサーが要求した改革指令。
❷余　マッカーサー。
❸貴下　幣原喜重郎（首相）。

史料注
幣原喜重郎　幣原平和財団編。一九五五（昭和三〇）年刊の幣原喜重郎の伝記。

品　目	単　位	公　定　価　格 （単位円）	やみ　価格（単位円）		
			18年12月	19年11月	20年11月
米	1升（1.5kg）	0.5	3.0	22.0	60.0
小 麦 粉	1貫（3.75kg）	1.5	8.0	30.0	90.0
しょうゆ	1升（1.8L）	0.8	3.0	13.0	50.0
食 料 油	1升	2.9	15.0	120.0	170.0
清　酒	1升	3.5	15.0	120.0	160.0
砂　糖	1貫	2.2	50.0	300.0	700.0

探究1　アメリカの初期対日占領政策の特色を述べよ。

四、秘密の検察及びその濫用が国民を絶えざる恐怖に曝らしてきた如き諸制度の廃止……

五、生産及び貿易手段の収益及び所有を広帆に分配するが如き方法の発達により独占的産業支配が改善されるやう日本の経済機構が民主主義化せられること。

『幣原喜重郎』

解説

一九四五（昭和二〇）年一〇月、東久邇宮稔彦内閣の総辞職に伴い首相に就任した幣原喜重郎がマッカーサーを訪問した際に、史料の五大改革指令と憲法の改正が口頭で伝えられた。これに基づき、翌年にかけて次々と民主化のための具体的政策が指令されるのである。例えば、四五年一一月の財閥解体指令は史料の五の具体策であり、一二月の新選挙法は一に基づくものである。また、労働組合法（一二月公布）、軍国主義者の公職追放令（四六年一月）、教育基本法（四七年三月公布）なども同様である。

Spot

終戦直後の食料事情

戦後の日本は、インフレと食料難の波に洗われ、東京を初め、大都市では、その日の生活にも事欠く有様で各地で「米よこせ」の声が高まった。空地という空地はほとんど耕作され、麦、イモ、野菜などが作られ国会議事堂前も畑になり、特に東京では、連日のように、食料デモが行われ、世田谷の区民大会の代表が、皇居内に初のデモ行進をする一幕もあった。また地方への買い出し部隊のラッシュで、列車の混雑ぶりは、まさに「生地獄」そのものであり、どの列車も〝満員〟などという生やさしいものでなく、車内は、身動きひとつできず機関車にも人が群がる有様で、各駅とも改札が始まると、我先に乗客が列車に殺到し、窓ガラスを破って、乗り込む風景も珍しくなかった。買出し列車が群がり、〝生活の支え〟であった。

を一斉に手入れした時、からだ中に米を背負い、オーバーの下に、風呂敷に包んだ米がどっさりありあったということも、よく見られたものである。

一九四六（昭和二一）年五月一九日には食糧メーデーが皇居前広場で開かれ、約二五万人が「米よこせ」と気勢をあげ、大会では、欠配米の即時配給などを決議、代表が宮内庁や首相官邸へ抗議に押しかけた。

一一月一日には、成人一日、二合五勺（三三五g）のお米の配給が始まり、国民待望の主食増配であった。一九四五（昭和二〇）年七月、二合一勺に強制されてから一年四か月目であり、一九四六年の主食は前年の大凶作で「遅配」・「欠配」続きで、国民は栄養失調で細々と生き延びていたが、ようやく、食生活の最低ラインを確保できたのであった。この時の新配給価格は、一升五円二三銭であった。やみ市も、食料・衣料などが雑然と並び、「飢えたる人々」

② 戦後の民主化

① 天皇の人間宣言（新日本建設に関する詔書）——一九四六年一月一日公布 ★☆☆☆☆

要点ナビ 昭和天皇が国民に発した新日本建設を呼びかける詔書。

１
惟フニ長キニ亘レル戦争ノ敗北ニ終リタル結果、我国民ハ動モスレバ焦躁ニ流レ、失意ノ淵ニ沈淪セントスルノ傾キアリ。詭激ノ風漸ク長ジテ道義ノ念頗ル衰へ、為ニ思想混乱ノ兆アルハ洵ニ深憂ニ堪ヘズ。然レドモ朕ハ爾等国民ト共ニ在リ、常ニ利害ヲ同ジウシ休戚ヲ分タント欲ス。朕ト爾等国民トノ間ノ紐帯ハ、終始相互ノ信頼ト敬愛トニ依リテ結バレ、単ナル神話ト伝説トニ依

5 リテ生ゼルモノニ非ズ。天皇ヲ以テ現御神トシ、且日本国民ヲ以テ他ノ民族ニ優越セル民族ニシテ、延テ世界ヲ支配スベキ運命ヲ有ストノ架空ナル観念ニ基クモノニモ非ズ。朕ノ政府ハ国民ノ試煉ト苦難ヲ緩和センガ為、アラユル施策ト経営トニ万全ノ方途ヲ講ズベシ。

『官報』

解説
一九四六（昭和二一）年元旦、昭和天皇は「新日本建設に関する詔書」いわゆる人間宣言を発表して自らの神格性と日本民族の優越性とを否定した。この詔書は軍国主義と超国家主義とを一掃しようとするGHQの意図から生まれたものだった。GHQ主導ですすめられた詔書の作成にあたっては幣原喜重郎首相自らが英文で起草したといわれるが、その過程で昭和天皇の希望で冒頭に五箇条の誓文が入れられることになる。これにより、詔書は戦後民主主義が外国から持ち込まれたものではなく、日本に元々あった五箇条の誓文に基づいて

いることを強調し、新国家建設のために国民の団結を呼びかけるものとなった。神格性の否定は二の次であったのである（史料として引用されているのは神格性を否定した後半部分だけである）。しかし、天皇戦犯論や天皇制廃止論を退けて、天皇を利用した民主化政策を遂行しようとしていたマッカーサーにとって民主化政策の先頭に立つ天皇というイメージを与える内容は満足のいくものだった。これ以後、天皇は全国巡幸を開始、その性格、日常の生活ぶりによって国民に親しまれて非政治的な名声を博し、いわゆる象徴的存在を定着させていった。

② 財閥解体——財閥調査団長コーウィン＝エドワーズの見解 ★☆☆☆☆

１
財閥解体の目的は日本の社会組織を米国経済が望むがごとく改革することでもなく、いわんや日本

※色文字は重要語

１天皇の人間宣言 天皇自らが神話との絶縁を宣言し神格化を否定しているので、一般的にこう呼ばれている。

２紐帯 両者を結び付けているつながり。

３現御神 現人神（人間の姿となって現れる神）。

４架空なる観念 太平洋戦争中に盛んに宣伝された、大和民族最優秀論や八紘一宇（全世界を一つの家のごとく支配する）の考え方をさす。

５方途 進むべき道。方法。

史料注
官報 三四四頁参照。

探究２
天皇が存続し得た理由を述べよ。

１財閥 三井・三菱・住友・

4　近・現代

昭和・平成

安田など大独占資本。国家の手厚い保護下で発展したコンツェルンだが、家を中心とした封建的色彩の濃い集団である。

史料注

日本財閥とその解体　持株会社整理委員会編、一九五一（昭和二六）年刊。引用部分は一九四六（昭和二一）年一〇月に来日したアメリカの財閥調査団長コーウィン＝エドワーズが表明した財閥に対する見解。

探究3
財閥解体の理由を述べよ。

国民自身の利益のためにするものでない。その目的とするところは、日本の軍事力を心理的にも制度的にも破壊するにある。財閥は過去において戦争の手段として利用されたのであって、これを解体し産業支配の分散を計ることは平和目的にも寄与するところが多いと考えられる。……日本の対外侵略

5　にたいする財閥の責任は、人的なものではなく主として制度的なものである。すなわち個々の財閥の組織が軍事的侵略に都合のよい手段となったのである。日本の産業は日本政府によって支持され強化された少数の大財閥の支配下にあった。産業支配権の集中は、労資間の半封建的関係の存続を促し、労資を引下げ、労働組合の発展を妨げてきた。また独立の企業者の創業を妨害し、日本における中産階級の勃興を妨げた。かかる中産階級がないため、日本には今日まで個人が独立する経済的な基盤

10　が存在せず、したがって軍閥に対抗する勢力の発展もなく、ために此国では軍事的意図に対する反対勢力として働く民主主義的、人道主義的な国民感情の発展も見られなかったのである。さらにかかる特権的財閥支配下における低賃金と利潤の集積は、国内市場を狭隘にし、商品輸出の重要性を高め、かくて日本を帝国主義的戦争に駆りたてたのである。

『日本財閥とその解体』

解説

満洲事変以来の日本軍部の大陸進出と、それに引き続いて起こった太平洋戦争を、日本における財閥と軍部との提携による帝国主義の表れであると断じた連合国は、明治以来多年にわたって培われた日本財閥の力をして、その根底からくつがえそうとした。そのためにとられた最初の総司令部の指令が、一九四五（昭和二〇）年一一月六日にみられた四大財閥（三井、三菱、住友、安田）解体指令である。この指令を皮切りにして財政改革の指令が発せられた。そして翌年四月には持株会社整理委員会が発足、**財閥解体**の具体的な方策が実施された。やがてこの財閥の解体を永久ならしめようとして、

一九四七（昭和二二）年四月には、**独占禁止法**が公布されて、それぞれの企業の独占が禁じられることになったが、さらに同年の一二月には、**過度経済力集中排除法**という特定の資本家に経済力が集中するのを防止する法律が成立公布されるに至った。この持株整理委員会の設置と独禁法及び過度経済力集中排除法の三者は、いずれも財閥の解体とその後の成立をこばもうとする法律であった。しかし財閥解体は、財閥の中枢である大銀行が最後まで放置されたように不徹底に終わり、その後、質的変化を遂げながら再軍備問題とも関連し、旧財閥を中心として巨大な企業集団を形成した。

❸　農地改革 ★☆☆☆☆

❶農地改革　一九四五（昭和二〇）年一二月九日に示された農地改革に関する総司令部の指令。

❷全人口の殆んど半分　一九四六（昭和二一）年現在の農家人口は三四二四万人で人口の四五％であった。

❸不在地主　農地のある市町村に居住していない地主。居住するものは在村地主。

史料注
農地改革顛末概要　一九五

政府は一〇月から農地改革に着手しており、一一月にこの指令が出された。法案は議会を通過し、一二月二九日に公布された（第一次農地改革）。しかしこれでは不十分であるとされ、翌年対日理事会におけるイギリス案を柱とした討議を受けて、GHQは六月「勧告」を行った。これに基づいて一九四六年一〇月一日に成立した改正法案が第二次農地改革である。

1　第一項　日本帝国政府は民主主義的傾向の復活強化に対する経済的障碍を除き去り人民の権威尊重を樹立し、日本農民を数世紀におよぶ封建的抑圧のもとにおいてきた経済的束縛を破壊するための日本の土地を耕すものがかれらの労働の成果を享受する平等な機会を持つことを保証するやうな措置をとるやう指令される。

第二項　この指令の目的は全人口の殆んど半分が農耕に従事してゐる日本の農業構造を永きにわたってむしばんできた害毒を除去するにある。これらの弊害中特に甚だしいものは左の通り。……

（A）農地における過度の人口集中。……

（B）小作人にきわめて不利な条件における小作制度の広範囲な存在。……

（C）農産貸金に対する高利と結びついて重い農家負担。……

（D）商工業に厚く農家に薄い政府の差別的財政政策。……

（E）農民の利益を無視した農民および農業団体に対する政府の統制。……

第三項　従って日本政府は本司令部に対し農地改革計画を一九四六年三月十五日或ひはそれ以前に提出することを命ぜられる。この計画は次の諸計画を含むべきである。

（A）不在地主❸からの土地所有権の移転。

（B）公正な価格で農地を非耕作者から購入する規定。

（C）小作人の所得に相応した年賦による小作人の土地購入に関する規定。

（D）小作人たりしものが再度小作人に転落することを合理的に防止する規定。

『農地改革顛末概要』

一（昭和二六）年刊。農地
改革記録委員会編。

探究4
① 農地改革のねらいは
何か。
② 農地改革のもつ歴史
的意義について述べよ。

解説

この史料は、一九四五（昭和二〇）年一二月連合国
（軍）総司令部から日本政府に発せられた**農地改革**
に関する指令書である。日本占領の連合国は、過去の日本帝国
主義と密接な関係を持つ諸制度の改革に乗り出したが、そのな
かで経済機構の改革の一つとして指摘してきたのがこの農地改
革である。日本社会に根強く残っている封建的要素を除くため、
また経済民主化を妨げる最大のガンを除去することにこの改革
のねらいがあった。この改革は第一次（農地調整法の改正）、
第二次（自作農創設特別措置法・改正農地調整法）と進められ、
在村地主の所有し得る小作地は一町歩以下とし、それ以上は国

家が買い上げて、これをもとの小作人に優先的に売り渡すこと
とし、小作料はすべて金納とされ、その率は全収穫の二五％以
内に限った。この農地の買収売り渡しを実施する執行機関が農
地委員会で、その組織にも小作人の利益が代表されるようになっ
た。

農地改革によって農村の階級関係は大きく変化し、以後小作
争議はみられず、むしろ農村は保守勢力の地盤ともなった。こ
の改革は、二か年内の完了をめざしたのであるが、実際には農
民の組織の弱いところにおいては法律すら実行されていないと
いう状態や、山林原野の大部分は地主の手に残されるなど、問
題を今後に残している。

要点ナビ

労働組合法…幣原喜重郎
内閣。
労働関係調整法、労働基
準法…第一次吉田茂内閣。

1団結権 労働者が使用者と
対等の立場に立ち、労働条
件などについて交渉するた
めに労働組合を結成・加入
する権利。

2団体交渉権 労働者側と使
用者が交渉して協約を結ぶ
権利。

3改正労働組合法 一九四九
（昭和二四）年全面改正さ
れた。

④ 労働三法

(1)労働組合法──一九四五年一二月二二日公布　★☆☆☆

第一条　本法ハ団結権ノ保障及団体交渉権ノ保護助成ニ依リ労働者ノ地位ノ向上ヲ図リ経済ノ興隆ニ寄与スルコトヲ以テ目的トス

第十一条　使用者ハ労働者ガ労働組合ノ組合員タルノ故ヲ以テ之ヲ解雇シ其ノ他之ニ対シ不利益ナル取扱ヲ為スコトヲ得ズ　使用者ハ労働者ガ組合ニ加入セザルコトヲ又ハ組合ヨリ脱退スルコトヲ雇用条件ニ為スコトヲ得ズ

『官報』

(2)改正労働組合法──一九四九年六月一日公布　★☆☆☆☆

第一条　この法律は、労働者が使用者との交渉において対等の立場に立つことを促進することにより労働者の地位を向上させること、労働者がその労働条件について交渉するために自ら代表者を選出することその他の団体行動を行うために自主的に労働組合を組織し、団結することを擁護すること並びに使用者と労働者との関係を規制する労働協約を締結するための団体交渉をすること及びその

4 近・現代

史料注

官報 三四四頁参照。

4労働争議 労働者が自らの労働条件の向上を目指して行う活動のことで、ストライキ（同盟罷業）やサボタージュ（怠業）などがある。

要点ナビ
第一次吉田茂内閣（高橋誠一郎文相）。

（3）**労働関係調整法**──一九四六年九月二七日公布、同年一〇月一三日施行 ★☆☆☆

第一条 この法律は労働組合法と相俟って、労働関係の公正な調整を図り、労働争議4を予防し、又は解決して、産業の平和を維持し、もって経済の興隆に寄与することを目的とする。『官報』

手続を助成することを目的とする。

（4）**労働基準法**──一九四七年四月七日公布、同年九月一日施行 ★☆☆☆

第一条 労働条件は、労働者が人たるに値する生活を営むための必要を充たすべきものでなければならない。

この法律で定める労働条件の基準は最低のものであるから、労働関係の当事者は、この基準を理由として労働条件を低下させてはならないことはもとより、その向上を図るように努めなければならない。『官報』

解説 労働組合法・労働関係調整法・労働基準法を労働三法と呼ぶ。労働組合法は、憲法二八条に基づいて、労働者の団結権、団体交渉権を保障し、その地位の向上と労働条件の維持、改善をはかるため定められた法律であり、その交渉に伴う労働関係の公正な調整、労働争議の予防・解決をはかるのが労働関係調整法である。また、労働基準法では、「人たるに値する」生活のために、労使対等の原則や待遇の均等、男女同一賃金、強制労働の禁止、八時間労働制など様々な労働条件の基本原則を定めている。

5 教育基本法──一九四七年三月三一日公布、四月一日施行 ★☆☆☆

われらは、さきに日本国憲法を確定し、民主的で文化的な国家を建設して、世界の平和と人類の福祉に貢献しようとする決意を示した。この理想の実現は根本において教育の力にまつべきものである。

われらは個人の尊厳を重んじ、真理と平和を希求する人間の育成を期するとともに、普遍的にし

昭和・平成

4 近・現代

■門地　家柄。

史料注
官報　三四四頁参照。

探究5
新教育の理念と目的を述べよ。

5　てしかも個性ゆたかな文化の創造をめざす教育を普及徹底しなければならない。

ここに日本国憲法の精神に則（のっと）り、教育の目的を明示して新しい日本の教育の基本を確立するため、この法律を制定する。

第一条（教育の目的）　教育は、人格の完成をめざし、平和的な国家及び社会の形成者として、真理と正義を愛し、個人の価値をたっとび、勤労と責任を重んじ、自主的精神に充（み）ちた心身ともに健康な国民の育成を期して行われなければならない。

10　第三条（教育の機会均等）　①　すべて国民は、ひとしくその能力に応ずる教育を受ける機会を与えられなければならないものであって、人種、信条、性別、社会的身分、経済的地位又は門地（もんち）■によって教育上差別されない。　②　国及び地方公共団体は、能力があるにもかかわらず経済的理由によって修学困難な者に対して、奨学の方法を講じなければならない。

15　第八条（政治教育）　①　良識ある公民たるに必要な政治的教養は、教育上これを尊重しなければならない。　②　法律に定める学校は、特定の政党を支持し、又はこれに反対するための政治教育その他政治的活動をしてはならない。

第一〇条（教育行政）　①　教育は、不当な支配に服することなく国民全体に対し直接に責任を負って行われるべきものである。

『官報』

解説　　**教育基本法**は、一九四七（昭和二二）年三月に制定された教育勅語に代わって戦後日本の民主教育の根本理念を示す法律であり、いわば教育憲法的性格を持つものである。

一九四六（昭和二一）年三月、連合国（軍）総司令部の招請によってイリノイ大学総長ストダート博士を団長とする米国教育使節団が来日し、一か月にわたり日本の教育事情を視察し、日本側の委員会と討議を重ね、報告書を作成し発表した。この報告書の示唆を勘案し、新憲法の精神に基づいて起草されたのが、この教育基本法である。この起草には、先の日本側の委員会が改組されてできた教育刷新委員会（委員長安倍能成）があたった。この法律は、制定の主旨・目的を示す前文と、教育の

4 近・現代

❶情操 感情や情緒。

📖参考

改正教育基本法──二〇〇六年一二月二二日公布・施行 ★☆☆☆

我々日本国民は、たゆまぬ努力によって築いてきた民主的で文化的な国家を更に発展させるとともに、世界の平和と人類の福祉の向上に貢献することを願うものである。

我々は、この理想を実現するため、個人の尊厳を重んじ、真理と正義を希求し、公共の精神を尊び、豊かな人間性と創造性を備えた人間の育成を期するとともに、伝統を継承し、新しい文化の創造を目指す教育を推進する。

ここに、我々は、日本国憲法の精神にのっとり、我が国の未来を切り拓く教育の基本を確立し、その振興を図るため、この法律を制定する。

第二条（教育の目標）① 幅広い知識と教養を身に付け、真理を求める態度を養い、豊かな情操❶と道徳心を培うとともに、健やかな身体を養うこと。

⑤ 伝統と文化を尊重し、それらをはぐくんできた我が国と郷土を愛するとともに、他国を尊重し、国際社会の平和と発展に寄与する態度を養うこと。

第十六条（教育行政） 教育は、不当な支配に服することなく、この法律及び他の法律の定めるところにより行われるべきものであり、教育行政は、国と地方公共団体との適切な役割分担及び相互の協力の下、公正かつ適切に行われなければならない。

『官報』

解説

「美しい国づくり」をスローガンに「戦後レジームからの脱却」を掲げた第一次安倍晋三内閣は、二〇〇六（平成一八）年一二月、歴代自民党政権が成し遂げられなかった教育基本法の改正を実現した。施行以来、五十九年ぶりの改正となった教育基本法は、教育の目的に「伝統と文化の尊重」や「わが国と郷土を愛する態度を養う」ことを盛り込むことをめぐり、国家による教育への管理・統制が強まることへの懸念も高まる中、政府案は衆議院議席の三分の二を制する自民・公明の与党単独採決により可決・成立した。

目的・方針・教育の機会均等・義務教育・男女共学・学校教育・社会教育・政治教育・宗教教育・教育行政、補則の合計一一条から成っている。これを基礎法として、さらに学校教育法や教育委員会法が作られ、戦後日本の教育体系が構築されていった。

昭和・平成

③ 日本国憲法の制定

❶ マッカーサー・ノート──一九四六年二月三日示達　★☆☆☆☆

要点ナビ
マッカーサー、憲法改正の三原則を提示。

一、天皇は、国の最上位にある〔at the head of the state〕。皇位の継承は世襲による。天皇の職務執行および権能行使は、憲法にのっとり、かつ憲法に規定された国民の基本的意志に応えるものとする。

二、国権の発動たる戦争は、廃止する。日本は、紛争解決の手段として、さらには自らの安全維持の手段としても、戦争を放棄する。日本は、今や世界を動かしつつある、より崇高な理想に依拠して自らの防衛および保全を図る。日本は、陸・海・空軍のいずれを保有することも認められず、また、いかなる日本の武力にも交戦権が与えられることはない。

三、日本の封建制度は廃止される。貴族の権利は、皇族の場合を除き、当該現存者一代に限り認められる。華族の特権は、今後はいかなる国民的または公民的な政治権力をともなうものではない。予算の型は、英国の制度にならう。

『資料 日本占領』

❷ 象徴天皇制への道　★☆☆☆☆

1 日本における最終的な政治形態は、日本国民が自由に表明した意志によって決定されるべきものであるが、天皇制を現在の形態で維持することは前述の一般的な目的に合致しないと考えられる。日本人が、天皇制を廃止するか、あるいはより民主主義的な方向にそれを改革することを、奨励支持しなければならない。
日本の民主化のための基本方針に合わない

『日本国憲法制定の過程』

4 近・現代

1 憲法草案要綱　鈴木安蔵ら民間の研究者でつくられた憲法研究会の草案。後に作成されるマッカーサー草案に大きな影響を与えた。

2 日本国……発ス　主権在民（国民主権）の規定。日本国憲法第一条と関連。

3 天皇ハ……内閣トス　天皇制の規定。日本国憲法第三条と関連。

4 法律ノ前ニ平等　日本国憲法第一四条と関連。

5 国民ノ……得ス　日本国憲法第二一条と関連。

6 松本案　憲法改正問題担当の国務大臣松本烝治が作成した憲法改正案。議院内閣制の徹底や軍のシビリアン・コントロールなど天皇機関説を徹底させる内容が盛り込まれていたが、天皇主権の原則は変わらなかった。この案はGHQから一蹴され、代わりにマッカーサー草案が提示されることになる。

7 至尊　この上なく尊いこと。

3 憲法草案の比較　★☆☆☆☆

(1)憲法草案要綱**1**——一九四五年一二月二六日発表

1

一、日本国ノ統治権ハ日本国民ヨリ発ス**2**

一、天皇ハ国政ヲ親ラセス国政ノ一切ノ最高責任者ハ内閣トス**3**

一、天皇ハ国民ノ委任ニヨリ専ラ国家的儀礼ヲ司ル

5

一、国民ハ法律ノ前ニ平等ニシテ出生又ハ身分ニ基ク一切ノ差別ハ之ヲ廃止ス**4**

一、国民ノ言論学術芸術宗教ノ自由ニ妨ケル如何ナル法令ヲモ発布スルヲ得ス**5**

一、国民ハ健康ニシテ文化的水準ノ生活ヲ営ム権利ヲ有ス

一、国民ハ民主主義並ニ平和思想ニ基ク人格完成社会道徳確立諸民族トノ協同ニ努ムルノ主義ヲ有ス

(2)松本案**6**——一九四六年一月四日作成

15

第三条　天皇ハ至尊**7**ニシテ侵スヘカラス

第十一条　天皇ハ軍ヲ統帥ス

第二十条　日本臣民ハ法律ノ定ムル所ニ従ヒ役務ニ服スル義務ヲ有ス

第二十八条　日本臣民ハ安寧秩序ヲ妨ケサル限ニ於テ信教ノ自由ヲ有ス

第三十一条　日本臣民ハ前数条ニ掲ケタル外凡テ法律ニ依ルニ非スシテ其ノ自由及権利ヲ侵サルルコトナシ

②

第五十五条　国務各大臣ハ天皇ヲ輔弼シ一切ノ国務ニ付帝国議会ニ対シテ其ノ責ニ任ス

凡テ法律勅令其ノ他国務ニ関ル詔勅ハ国務大臣ノ副署ヲ要ス　軍ノ統帥ニ付亦同シ

昭和・平成

4　近・現代

「天皇の人間宣言」により、明治憲法の「神聖」の用語が使用できなくなったための変更。

第一次吉田茂内閣。

1日本国憲法　一九四五（昭和二〇）年一〇月四日、最高指令官マッカーサーが憲法改正を指示。翌年幣原内

史料注
日本国憲法成立史　佐藤達夫著。日本国憲法の誕生過程の資料・記録を集成したもの。一九六五（昭和四〇）年より刊行され、一九九四（平成六）年に完結。

8マッカーサー草案　日本政府による改正作業に見切りをつけたGHQが、マッカーサー・ノートの三原則に基づいて独自に作成した草案。日本政府はこの草案に難色を示したものの最終的に受け入れ、帝国議会で若干の修正を加えられたものが日本国憲法として成立した。

---

(3)マッカーサー草案——8　一九四六年二月一三日、日本政府に提示

第一条　皇帝ハ国家ノ象徴ニシテ又人民ノ統一ノ象徴タルヘシ……

20 第三条　国事ニ関スル皇帝ノ一切ノ行為ニハ内閣ノ輔弼及協賛ヲ要ス……

②　皇帝ハ此ノ憲法ノ規定スル国家ノ機能ヲノミ行フヘシ彼ハ政治上ノ権限ヲ有セス……

第八条　国民ノ一主権トシテノ戦争ハ之ヲ廃止ス他ノ国民トノ紛争解決ノ手段トシテノ武力ノ威嚇又

ハ使用ハ永久ニ之ヲ廃棄ス

第十二条　日本国ノ封建制度ハ終止スヘシ……一般ノ福祉ノ限度内ニ於テ生命、自由及幸福探求ニ対

25 スル其ノ権利ハ……至上考慮タルヘシ

第十三条　一切ノ自然人ハ法律上平等ナリ……

第十八条　思想及良心ノ自由ハ不可侵タルヘシ

第十九条　宗教ノ自由ハ何人ニモ保障セラル……

解説
一九四五（昭和二〇）年一〇月四日、GHQは日本政府に憲法改正を指示した。これにより政府は松本烝治を中心に改正案を起草したが（松本案）、GHQはその保守的な内容に失望。マッカーサー・ノートの原則をもとに、GHQは民間団体である憲法研究会の憲法草案要綱などを参考にしてマッカーサー草案を作成し、日本政府に手渡した。これが後の**日本国憲法**のベースとなる。
『**日本国憲法成立史**』

4 日本国憲法❶（前文）

——1　一九四六（昭和二一）年一一月三日公布、翌年五月三日施行　★☆☆☆☆

1　日本国民は、正当に選挙された国会における代表者を通じて行動し、われらとわれらの子孫のために、諸国民との協和による成果と、わが国全土にわたつて自由のもたらす恵沢を確保し、政府の行為によつて再び戦争の惨禍が起ることのないやうにすることを決意し、ここに主権が国民に存すること

閣は松本案を提示したが、GHQはこれを拒否、改めてGHQが原案を提示し草案が作成された。

史料注
官報 三四四頁参照。

探究6
日本国憲法の制定経過について述べよ。

史料注
あたらしい憲法のはなし
日本国憲法が公布されて一〇か月後の一九四七(昭和二二)年八月、文部省によって発行され、全国の中学校に一年生用の教科書として配布。

5 を宣言し、この憲法を確定する。そもそも国政は、国民の厳粛な信託によるものであつて、その権威は国民に由来し、その権力は国民の代表者がこれを行使し、その福利は国民がこれを享受する。これは人類普遍の原理であり、この憲法は、かかる原理に基くものである。われらは、これに反する一切の憲法、法令及び詔勅を排除する。

『官報』

解説

日本国憲法は、一九四六(昭和二一)年一一月三日公布、翌年五月三日から施行された。この憲法は前文及び本文一一章一〇三条から成り、その主な特色は、**主権在民・国民の基本的人権の保障・平和主義**にある。すなわち、天皇は、旧憲法のように国政に関する権能は持たず、神格は否定されて、日本国民統合の象徴となり(**象徴天皇制**)、主権在民の立場が貫かれ、国権の最高機関は衆議院と参議院からなる国会となった。また、総理大臣の任命は国会が議員のなかから指名議決することとなった。そして国民の基本的人権は、法のもとに平等に保障されることとなり、人種・信条・性別・社会的身分または門地によつて、政治的・経済的・社会的関係において差別を受けないと規定されている。また、思想・良心・信教・学問・表現などの自由、教育を受ける権利、勤労の権利、健康で文化的な最低限度の生活を営む権利などが認められた。それと同時に教育・納税・勤労・憲法遵守・公共の福祉を害さないことなどの義務も規定されている。さらに注目すべきことは、第九条に「国権の発動たる戦争と武力による威嚇または武力の行使は国際紛争解決の手段としては永久にこれを放棄する」と規定し、**戦争は永久に放棄し戦力を保持しない**ことを宣言したことである。これらの規定は政治的不自由と悲惨な戦争を身をもって体験した国民の自由と平和に対する切実な要望と一致するものであった。
新憲法の制定に伴い、多くの法律もその精神に従つて民主的に改められ、あるいは新たに制定された。

参考 あたらしい憲法のはなし ★☆☆☆☆

……こんどの憲法では、日本の国が、けっして二度と戦争をしないように、二つのことをきめました。その一つは、**兵隊も軍艦も飛行機も、およそ戦争をするためのものは、いっさいもたない**ということです。これからさき日本には、陸軍も海軍も空軍もないのです。これを戦争の放棄といいます。「放棄」とは「すててしまう」ということです。しかしみなさんは、けっして心ぼそく思うことはありません。日本は正しいことを、ほかの国より先に行つたのです。世の中に、正しいことぐらい強いものはありません。
もう一つは、**よその国と争いごとがおこったとき、けっして戦争によって、相手をまかして、じぶんのいいぶんをとおそうとしない**ということをきめたのです。おだやかにそうだんをして、きまりをつけようというのです。なぜならば、いくさをしかけることは、けっきょく、じぶんの国をほろぼすようなはめになるかうのです。

要点ナビ

吉田首相、自衛権の発動としての戦争も放棄と答弁。

1 吉田首相答弁　一九四六（昭和二一）年六月二八日の衆議院本会議で、野坂参三議員の自衛権放棄の反対質問に答えたもの。

⑤ 戦争放棄問題——吉田茂首相答弁**1**　★☆☆☆☆

1　戦争抛棄に関する憲法草案の条項に於きましては、国家正当防衛権に依る戦争は正当なりとせらるやうであるが、私は斯くの如きことを認むることが有害であると思ふのであります。（拍手）近年の戦争は多くは国家防衛権の名に於て行はれたることは顕著なる事実であります。故に正当防衛権を認むることが偶々戦争を誘発する所以であると思ふのであります。……併しながら正当防衛に依る戦

5　争が若しありとするならば、其の前提に於て侵略を目的とする戦争を目的とした国があることを前提としなければならぬのであります。故に正当防衛、国家の防衛権に依る戦争を目的とした戦争を認むると言ふことは、偶々戦争を誘発する有害な考へであるのみならず、若し平和団体が、国際団体が樹立された場合に於きましては、正当防衛権を認むると言ふことそれ自身が有害であると思ふのであります。御意見の如きは有害無益の議論と私は考へます。（拍手）

『資料戦後二十年史』

史料注

資料戦後二十年史　辻清明編。一九六六（昭和四一）年刊。昭和二〇年以降、二〇年間にわたって資料を収める。全六巻。

解説　**戦争放棄**を設けた新憲法は、世界でも例のない画期的なものであった。これは占領軍が日本の軍国主義が復活することを阻止しようとしたことにもよるが、悲惨な戦争を身をもって体験し、苦しみ抜いた国民が熱烈に歓迎した部分でもあった。史料は、再建された日本共産党の野坂参三議員が、党を代表して自衛権としての防衛権の肯定を説き、自衛権

の放棄に反対質問した際、**吉田茂**首相が反論答弁したものである。しかし、アメリカの占領政策の転換に伴い戦争放棄の第九条解釈も変更され、吉田首相自身も自衛権の存在を認めるようになり、その後軍隊も自衛力に含まれるとの立場に転じていった。

らです。また、戦争とまでゆかずとも、国の力で、相手をおどすようなことは、いっさいしないことにきめたのです。これを戦争の放棄というのです。……

『あたらしい憲法のはなし』

❹ 占領政策の転換と講和

❶ ロイヤル米陸軍長官演説──一九四八年一月六日　★☆☆☆☆

1　……われわれのドイツ及び日本に対する勝利の最も失望的な面の一つは、占領問題についてわれわれに負わされて来た責任と費用であった。

降伏直後わが政策の目的は、第一に「日本が再び世界の平和と安全に対する脅威とならないように保証する」ことであり、第二に「国際的責任を遂行し、他国の権利を尊重し、連合国の目的を支持する民主的かつ平和な政府を可及的に速かに確立する」ことであった。

5　しかし占領の政策的責任を共にする陸軍省及び国務省は、両者共に、今後政治的安定が続き、自由な政府が成功するためには、健全な自立経済がなければならないことを認識しており、占領の統率者たるマッカーサー元帥はこれらの政策を具体化し得るものと期待してよい。われわれはまた、米国が永久に年々数億ドルを占領地救済資金に注入し続け得るものではなく、またこのような寄与は被占領

10　国が自己の生産と輸出をもつて自己の必需品代金を支払い得るに至つたとき、はじめて悲惨な事故を生ずることとなくこれを打切り得るものであることをも認識している。

われわれは、自立すると同時に、今後極東に生ずべき他の全体主義的戦争の脅威に対する制止役として役立つほど充分に強くかつ充分に安定した自足的民主政治を日本に建設するという、同様に確固たる目的を固守するものである。

『昭和財政史』

❶ロイヤル米陸軍長官演説
同長官がサンフランシスコのコモンウェルズクラブで行った対日政策に関しての演説。

❷全体主義　共産主義をさす。

史料注
昭和財政史　旧大蔵省財政史室編纂の史料集。

探究7
アメリカの対日政策転換の動機を、日本の国内情勢面と国際情勢面から考えよ。

解説

第二次世界大戦末期からそのきざしを見せていた米ソの対立は、日独伊という枢軸国の敗退により表面化し、東西の冷戦状態が始まった。アメリカは、ヨーロッパにおいて一九四七(昭和二二)年二月のトルーマン=ドクトリンや、同年六月のマーシャル=プランで、イギリスに代わり資本主義陣営のリーダーとしてソ連の勢力拡大を食い止める意志を表明していた。アジアでも朝鮮半島の米ソによる分断占領や、中国内戦の情勢においては中国共産党の優位が決定的となるなかで、日本の非軍事化・民主化といった占領政策を転換し、日本の経済的自立を促し共産主義の防壁となる資本主義国建設を

要点ナビ

日本経済を自立させるためGHQが第二次吉田内閣に指示。

① 経済安定九原則　マッカーサーからの指令。

② 総予算の均衡　一九四九（昭和二四）年度、ドッジ＝ラインにより超緊縮・均衡予算として具体化。

③ 徴税計画　のちシャウプ勧告に基づき、税制改革として具体化した。

④ 信用　金融機関の貸し出しのこと。

⑤ 単一為替レート　一九四九

推進しようとした。そのため賠償・経済力集中排除、経済パージなどの諸政策を新しい国際情勢に対応して修正することを演説は主張している。同演説やトルーマン＝ドクトリンで「全体主義」という用語を使ったのは、大戦以来アメリカ国民が「全

……

体主義の脅威」という言葉に敏感で、国民の支持が得やすいためである。この対日政策の転換は、アメリカはアジアの同盟国を、当初予定した中国から日本に変更したことをも意味している……る。

② 経済安定九原則① ——一九四八年一二月一八日指令　★☆☆☆☆

一、極力経費の節減をはかり、また必要であり、かつ適当なりと考えられる手段を最大限に講じてただちに総予算の均衡②をはかること。

二、徴税計画③を促進し、脱税者に対する刑事訴追を迅速広範にまた強力に行うこと。

三、信用④の拡張は日本の経済復興に寄与するための計画に対するほかは厳重に制限されていることを保証すること。

四、賃金安定実現のため効果的な計画を立てること。

五、現在の物価統制を強化し、必要な場合はその範囲を拡張すること。

六、外国貿易統制事務を改善し、また現在の外国為替統制を強化し、これらの機能を日本側機関に引継いでも差支えないようにする意を用いる。

七、とくにできるだけ輸出を増加する見地より、現在の資材割当、配給制度を一そう効果的に行うこと。

八、一切の重要国産原料と製品の増産をはかること。

九、食糧収集計画を一そう効果的に行うこと。

以上の計画は単一為替レート⑤の設定を早期に実現させる途を開くためには、ぜひとも実現されねば

史料注

朝日新聞　一八七九（明治一二）年大阪で創刊。のち東京に進出、「東京朝日新聞」・「大阪朝日新聞」並立時代を経て、一九四〇（昭和一五）年「朝日新聞」に統一。

史料注

朝日新聞　四六七頁参照。

❶国内的な方針政策　傾斜生産方式のこと。
❷米国の援助　ガリオア・エロア資金のこと。
❸国内的な補助金　価格調整補給金など政府の補給金のこと。

要点ナビ

経済安定九原則の実施にあたり、ドッジが示した具体策。

解説

戦後の日本経済はアメリカ政府の援助によってようやく支えられてきたが、一九四八（昭和二三）年頃から対日援助を打ち切り、日本経済の自立化の方向が打ち出された。一九四八（昭和二三）年十二月米占領軍総司令部が日本政府に対し日本経済安定のための九項目の原則（**経済安定九原則**）を指示した〔形式はマッカーサー総司令官から吉田茂首相にあてた書簡であった〕。それには日本はいつまでも漫然とアメリカの援助にすがっているべきでなく、自立のために貿易を奨励し特に輸出を増大すべきである。その際特殊な産業に補助金を与えたり、不健全な融資を行うような政策を改め、さらに財政の赤字を出さないため徴税の強化をはかり、また物価と賃金の安定をはかるべきであるというもので、一言でいうなら久しくとられてきたインフレーション政策をただちに収束しなければならないというのである。そして一九四九（昭和二四）年二月、この九原則を推進するためデトロイト銀行の総裁ドッジが公使として来日、政策の立案にあたった。

（一九四八年十二月十九日『朝日新聞』）

（昭和二四）年四月、一ドル＝三六〇円とされた。

15 ならぬものである。

❸ ドッジ声明──一九四九年三月八日掲載　★☆☆☆☆

（一九四八）

1　米国は日本救済と復興のため昭和二三年度までに約二一億五〇〇〇万ドルを支出した。米国が要求し同時に日本が必要とすることは、対日援助を終らせること、日本の自立のための国内建設的な行動である。私の信ずるところでは日本は目下厳しい経済を余儀なくされている。しかし現在とられている国内的な方針政策❶は、合理的でも現実的でもない。

5　竹馬にのっているようなものだ。竹馬の片足は米国の援助❷、他方は国内的な補助金❸の機構である。今ただちにそれをちぢめることが必要だ。竹馬の足をあまり高くしすぎると転んで首を折る危険がある。つづけて外国の援助を仰ぎ、補助金を増大し、物価を引きあげることはインフレの激化を来すのみならず、国家を自滅に導く恐れが十分にある。

（一九四九年三月八日『朝日新聞』）

解説

一九四九（昭和二四）年連合国（軍）総司令部経済顧問Ｊ・ドッジ（当時デトロイト銀行総裁）が来日し、日本のインフレーションを抑制し、急速な経済自立をはかるために示した経済処理方針。この政策は**ドッジ＝ライン**とよばれ、①赤字のない総合的均衡予算を実現し、補助金等は大幅に整理し、税収を確保し公債はできる限り償還。②一ドル三六〇

円の単一為替レートを設定し、貿易の拡大をはかる。③アメリカの対日援助物資の売払代金を積み立て、この基金（見返資金）を従来の補給金に代えて重要産業復興の資金及び外国為替需要の調節のために使う、以上の三点であった。ドッジは、本史料にみるようにいわゆる「竹馬経済論」を説き、日本の経済はアメリカからの援助と政府の補給金という二本の竹馬に乗っているようなものであり、馬の足を短くして経済の自立をはかるべきだと訴えた。それは財政緊縮を通しての一挙安定政策であり、日本政府やGHQの予想を超えた厳しいものであった。

④ マッカーサー・昭和二五年「年頭の辞」──一九五〇年一月一日　★☆☆☆☆

1　新しい年を迎えるにあたって、現在あらゆる日本人がひとしく不安にかられている二つの極めて重要な未解決の問題がある。その一つは中国が共産主義の支配下にはいったため全世界的なイデオロギー❶の闘争が日本に身近なものとなったことであり、もう一つは対日講和会議の開催が手続にかんする各国の意見の対立❷から遅れていることである。……この憲法の規定は日本みずから考え出したもので

5　あり、もっとも高い道義的理想にもとづいているばかりでなく、これほど根本的に健全で実行可能な憲法の規定はいまだかつてどこの国にもなかったのである。この憲法の規定はたとえどのような理屈（りくつ）をならべようとも、相手側から仕掛（しか）けてきた攻撃にたいする自己防衛の冒（おか）しがたい権利を全然否定したものとは絶対に解釈できない。

〔一九五〇年一月一日『朝日新聞』〕

解説　アメリカは、一九四八（昭和二三）年対日政策を変更し、日本の**再軍備方針**を打ち出した。マッカーサーは憲法第九条を根拠に当初それに反対したが、ソ連の原爆保有や中華人民共和国成立という情勢の変化のなかで再軍備の方向に傾いていた。一九五〇（昭和二五）年「年頭の辞」で、日本国憲法の第九条は自衛権をも否定するものではないと説明し、再軍備の道を開くこととなった。また、これと前後して**沖縄に大規模な陸・空軍基地の建設が決定**し、沖縄は米軍の「基地の島」の道を歩み始めた。

要点ナビ
第三次吉田茂内閣。

史料注
朝日新聞　四六七頁参照。

❶中国が……はいったため　一九四九（昭和二四）年の中華人民共和国成立をさす。

❷各国の意見の対立　アメリカはソ連の主張する拒否権（米英中ソが持つ）を認めず、三分の二の多数決方式を主張した。

❸この中略部分では、日本の憲法が戦力と武力による安全保障を放棄したことは、決して「夢想」ではないと説く。

⑤ 警察予備隊令──一九五〇年八月一〇日公布　★☆☆☆☆☆

1　第一条（目的）　この政令は、わが国の平和と秩序を維持し、公共の福祉を保障するのに必要な限度内で、国家地方警察及び自治体警察の警察力を補うため警察予備隊を設け、その組織等に関し規定することを目的とする。……

『官報』

解説　一九五〇（昭和二五）年六月、朝鮮戦争が始まると、在日米軍は国連軍として朝鮮に出動した。そこで日本における米軍の弱体化を補うため、マッカーサーは、日本政府に七万五〇〇〇人の増員を指令し、吉田内閣は警察予備隊の新設と海上保安庁八〇〇〇人の増員を指令し、吉田内閣は警察予備隊令を同年八月に公布・施行した。

❻　自衛隊法──一九五四年六月九日公布　★☆☆☆☆

1　第三条　自衛隊は、わが国の平和と独立を守り、国の安全を保つため、直接侵略及び間接侵略に対しわが国を防衛することを主たる任務とし、必要に応じ、公共の秩序の維持に当るものとする。

第七条　内閣総理大臣は、内閣を代表して自衛隊の最高の指揮監督権を有する。

第七十六条　内閣総理大臣は、外部からの武力攻撃（外部からの武力攻撃のおそれのある場合を含む。）に際して、わが国を防衛するため必要があると認める場合には、国会の承認……を得て、自衛隊の

5　全部又は一部の出動を命ずることができる。ただし、特に緊急の必要がある場合には、国会の承認を得ないで出動を命ずることができる。

『官報』

解説　**日米安全保障条約**の締結により日本の再軍備が着実に進んだ。一九五一（昭和二七）年、警察予備隊と海上警備隊がそれぞれ保安隊・警備隊に改組され、翌々年アメリカの相互安全保障法に基づく援助を受ける見返りに軍事的義務を果たすという**MSA協定**が日米間で結ばれた。吉田内閣は、このため同五四（昭和二九）年防衛庁設置法と本史料の**自衛隊法**の

防衛二法が公布され、保安隊と警備隊は陸上・海上自衛隊に改編され、新たに航空自衛隊が創設された。当初の隊員は一五万一〇〇〇人、防衛費は一三一〇億円であったが、規模を徐々に拡大し、現在では世界有数の軍事力を有するに至っている。また、日本の再軍備化や軍事基地化に反対する住民により、内灘（石川）、砂川（東京）などで一九五七（昭和三二）年頃まで激しい基地反対闘争が繰り広げられた。

史料注　官報　三四四頁参照。

探究8　破壊活動防止法の制定のねらいを述べよ。

⑦ 破壊活動防止法──一九五二年七月二一日公布　★☆☆☆☆

一　第一条（この法律の目的）　この法律は、団体の活動として暴力主義的破壊活動を行った団体に対する必要な規制措置を定めるとともに、暴力主義的破壊活動に関する刑罰規定を補整し、もって、公共の安全の確保に寄与することを目的とする。

『官報』

解説

一九五二（昭和二七）年の講和条約の発効により、それまで治安の取り締まりを行っていたポツダム政令に代わる法律の成立がはかられ、七月吉田内閣により破壊活動防止法が制定された。二か月前に皇居前で警官隊とデモ隊が衝突した血のメーデー事件が成立に拍車をかけたとみられる。また前年より武力闘争方針を採用した共産党を弾圧する目的もあった。破壊的団体の調査のためには公安調査庁が置かれ、その長官の要請により公安審査委員会が同法の適用を決し、該当団体には活動停止から解散まで命じられ、内乱・外患の教唆、煽動には懲役または禁錮刑も適用されるというものである。この法律に対しては思想そのものの統制につながるとして、野党・労働組合そして日本学術会議など文化人・ジャーナリストらの強い反対運動が展開された。

Spot

破壊活動防止法とオウム真理教

地下鉄サリン事件を初めとする凶悪な犯罪によって、それまで制定以来一度も適用されたことのなかった破壊活動防止法の団体規制の問題が急浮上した。公安調査庁は松本智津夫被告逮捕後の一九九五（平成七）年五月から破防法適用に向けての調査を本格化し、一二月一四日、政府はオウムに破防法に基づく団体規制を適用する方針を決定した。時の首相は社会党（現社民党）の村山富市、歴史の皮肉な巡り合わせでもあった。破防法の団体適用については、依然として違憲とする声も多く、首相の決断は法曹界に大きな衝撃を与えた。「公共の安全」か「人権の保護」かをめぐって広範な議論が巻き起こされた。もともと左翼勢力を規制することが狙いであった破防法は、思わぬ現代の社会のひずみのなかで、その姿を人々の前に示すことになった。一年有余の討議の末、「現時点で、教団が破壊活動を繰り返す明らかなおそれがあると認める十分な理由はない」として、適用は破棄されたが、治安維持法の再来とも称された破防法、その存在の意味を改めて人々に問い直すこととなった。

⑤ 講和と安保

① **サンフランシスコ平和条約** —— 一九五一年九月八日調印　★★☆☆☆

要点ナビ
第三次吉田茂内閣。

※色文字は重要語

❶ 第二十三条　批准についての規定。

❷ 効力を生ずる日　一九五二（昭和二七）年四月二八日。

❸ 領水　領海のこと。このころは三海里（一海里は約一八五二メートル）。

❹ 権原　権利を発生させる法的な根拠。

❺ 琉球諸島及び大東諸島　現在の沖縄県。一九七二（昭和四七）年五月返還。

❻ 小笠原群島、西之島及び火山列島　現在の東京都小笠原村。一九六八（昭和四三）年返還。

❼ 信託統治制度　国連憲章による制度。第二次大戦の敗戦国の支配から離れた地域の統治を一定の加盟国に信託する制度。

❽ いかなる提案　アメリカはこのような提案はしなかった。

第一条（a）　日本国と各連合国との間の戦争状態は、第二十三条❶の定めるところによりこの条約が日本国と当該連合国との間に効力を生ずる日に終了する。

（b）　連合国は、日本国及びその領水❷に対する日本国民の完全な主権を承認する。

第二条（a）　日本国は、朝鮮の独立を承認して、済州島、巨文島及び鬱陵島を含む朝鮮に対するすべての権利、権原❹及び請求権を放棄する。

（b）　日本国は、台湾及び澎湖諸島に対するすべての権利、権原及び請求権を放棄する。

（c）　日本国は、千島列島並びに日本国が千九百五年九月五日のポーツマス条約の結果として主権を獲得した樺太の一部及びこれに近接する諸島に対するすべての権利、権原及び請求権を放棄する。

……

第三条　日本国は、北緯二十九度以南の南西諸島（琉球諸島及び大東諸島❺を含む。）並びに沖の鳥島及び南鳥島を合衆国を唯一の施政権者とする信託統治制度❼の下におくこととする国際連合に対する合衆国のいかなる提案❽にも同意する。このような提案が行われ且つ可決されるまで、合衆国は、領水を含むこれらの諸島の領域及び住民に対して、行政、立法及び司法上の権力の全部及び一部を行使する権利を有するものとする。

第六条（a）　連合国のすべての占領軍は、この条約の効力発生の後なるべくすみやかに、且つ、いか

要点ナビ

安保条約…第三次吉田茂内閣。
新安保条約…岸信介内閣。

探究9

① アメリカが講和会議の開催を急いだ理由を述べよ。
② 講和条約は、どのような問題点を残したか。

史料注

日本外交主要文書・年表
四四八頁参照。

⑨駐とん　軍隊がその地に長くとどまっていること。日米安全保障条約を締結するためにこの部分を入れ、その結果占領軍は駐留軍となる。

史料

なる場合にも、その後九十日以内に、日本国から撤退しなければならない。但し、この規定は、一又は二以上の連合国を一方とし、日本国を他方として双方の間に締結された二国間若しくは多数国間の協定に基く、又はその結果としての外国軍隊の日本国の領域における駐とん又は駐留を妨げるものではない。……

『日本外交主要文書・年表』

20

解説

連合国と講和条約を結んで国家の独立を回復することとは、日本国民の強い要望であったが、アメリカとソ連が対日講和方針に関して意見の調整がとれないため、講和会議の開催は思うようにいかなかった。しかし一九五〇（昭和二五）年の朝鮮戦争以後、アメリカは対日講和締結を急ぎ、同年一一月二四日、米国務省が発表した「対日講和七原則」をもとに各連合国との交渉を行って条約案を起草した。翌五一年九月八日、サンフランシスコで、吉田茂首相以下の日本全権が出席し、五一か国の代表とともに条約を審議したが、米英の意見の対立から中国は、北京政府（中華人民共和国）・台北政府（中華民国）ともに招請されず、インド、ビルマ、ユーゴスラビアは出席を拒否した。内容は前文と七章二七か条から成り、日本の海外植民地を剥奪し、日本の帝国主義に終止符を打つとともに、西側陣営の一員としての日本の進路を選択させるものであった。条約は①第六条で、アメリカ軍の駐留の道を開き、②第三条で沖縄・小笠原諸島をアメリカの支配下に置き、③第二条で千島列島に対する領有権を放棄させるなど、多くの問題点があった。ソ連、ポーランド、チェコ・スロバキアは条約の調印を拒否し、アメリカの外交方針に同調する四九か国との間で締結され、一九五二（昭和二七）年四月二八日発効した。こうしたアメリカ主導型による単独講和（片面講和）に反対し、中ソを含む戦争当事国全体との講和を求める全面講和論も国内に起こり、激しい講和論争が闘わされたが、自由党、国民民主党（のうち多数）、右派社会党らの賛成多数で条約は批准された。しかし日本が敵対した全交戦国人民の七割以上が、日本との戦争状態を終結されぬ形態が残り、日本の経済復興を優先し軽減された賠償問題とともに、近隣のアジア諸国の不満が長く尾を引くことになる。

❷ 日米安全保障条約

（1）日米安全保障条約（安保条約）★★★☆☆──一九五一年九月八日調印

平和条約は、日本国が主権国として集団的安全保障取極を締結する権利を有することを承認し、さらに、国際連合憲章は、すべての国が個別的及び集団的自衛の固有の権利を有することを承認してい

■1 極東 政府は極東の範囲の解釈を二転三転させ、新安保条約に際しては「フィリピン以北……中国の一部、沿海州など」として中ソの反発を招き、ベトナム戦争ではベトナムまでを極東に含めた。

■2 第三条 これに基づき、日米行政協定が結ばれ、一九五二（昭和二七）年安保条約とともに発効。

る。

これらの権利の行使として、日本国は、その防衛のための暫定措置として、日本国に対する武力攻撃を阻止するため日本国内及びその附近にアメリカ合衆国がその軍隊を維持することを希望する。

アメリカ合衆国は、平和と安全のために、現在、若干の自国軍隊を日本国内及びその附近に維持する意思がある。……

よって、両国は、次のとおり協定した。

第一条　平和条約及びこの条約の効力発生と同時に、アメリカ合衆国の陸軍・空軍及び海軍を日本国内及びその附近に配備する権利を、日本国は許与し、アメリカ合衆国はこれを受諾する。この軍隊は極東■1における国際の平和と安全の維持に寄与し、並びに、一又は二以上の外部の国による教唆又は干渉によって引き起された、日本国における大規模の内乱及び騒じょうを鎮圧するため、日本国政府の明示の要請に応じて与えられる援助を含めて、外部からの武力攻撃に対する日本国の安全に寄与するために使用することができる。

第三条■2　アメリカ合衆国の軍隊の日本国内及びその附近における配備を規律する条件は、両政府間の行政協定で決定する。

『日本外交主要文書・年表』

(2)日米相互協力及び安全保障条約（新安保条約）──一九六〇年一月一九日調印

第三条　締約国は、個別的に及び相互に協力して、継続的かつ効果的な自助及び相互援助により、武力攻撃に抵抗するそれぞれの能力を憲法上の規定に従うことを条件として、維持し発展させる。

第五条　各締約国は、日本国の施政の下にある領域における、いずれか一方に対する武力攻撃が、自国の平和及び安全を危うくするものであることを認め、自国の憲法上の規定及び手続に従って共通

❸第六条　具体的には、日米行政協定を継承した日米地位協定で、施設・区域と日本国内での米軍の地位が定められ、また交換公文で、米軍装備の重大な変更、日本からの戦闘作戦行動のための施設・区域の使用には事前協議が行われることとされた。

史料注
日本外交主要文書・年表
四四八頁参照。

探究10
新安保と旧安保を比較し、特に改定された点を調べよ。

の危険に対処するように行動することを宣言する。

第六条❸　日本国の安全に寄与し、並びに極東における国際の平和及び安全の維持に寄与するため、アメリカ合衆国は、その陸軍、空軍及び海軍が日本国において施設及び区域を使用することを許される。

第十条　……この条約が十年間効力を存続した後は、いずれの締約国も、他方の締約国に対しこの条約を終了させる意思を通告することができ、その場合には、この条約は、そのような通告が行なわれた後一年で終了する。

『日本外交主要文書・年表』

解説
コ**平和条約**の結ばれた六時間後、サンフランシスコ郊外の米兵のクラブでもう一つの条約が調印された。**日米安全保障条約**である。この安保条約は平和条約の第六条に基づき、アメリカ軍の日本駐留権を認め、極東の平和と安全の維持や、日本国内の騒乱の鎮圧のためにアメリカ軍を使用できることを決めた駐兵協定の色彩の強いものであった。一方で日本防衛の義務は持たず、軍隊の配備は条約ではなく国会の審議のいらない**日米行政協定**によって決められるなどの問題点もあった。アメリカは西側の一員として日本の再軍備を強く望み、それが実現するまでは基地を使用する代わりに恩恵として日本を守るという姿勢をとったのである。

旧安保条約調印には当初から強い反対があったが、それは、米ソ間の冷戦を激化させるものだとの論点のほか、その片務性及び条約期間がないことや事実上の駐兵協定が日本の主権を侵し占領が継続するという印象もあったのである。一九五七（昭和三二）年首相に就任した岸信介はこの安保改定に取り組み、一九六〇（昭和三五）年**新安保条約**が調印された。それはアメリカに日本の防衛義務を持たせ、日本領域内での共同防衛や条約期間の設定、終了方法など双務的な相互援助規定となっている。しかし、このため日本は軍備の一層の増強を求められたり、核兵器の持ち込みやアメリカの極東紛争に巻き込まれる危険性があって、第六条に基づいた交換公文による事前協議制度が設けられたが、それがアメリカの恣意によるなどの問題点も多い。衆議院では野党の反対を押し切って岸首相により強行採決されたが、強引で非民主的な議会運営と、東条英機内閣の閣僚として中国侵略に携わりA級戦犯であった彼の経歴への反発から、空前の国民的反対運動（安保闘争）が起こった。そうした混乱のなか、参議院を通過せぬまま条約は自然承認され、批准後岸内閣は退陣した。

❻ 国際社会のなかの日本

❶ 日ソ共同宣言──一九五六年一〇月一九日調印　★★☆☆☆

要点ナビ
日本（鳩山一郎首相）とソ連（ブルガーニン首相）との間で調印。

一、日本国とソヴィエト社会主義共和国連邦との間の戦争状態は、この宣言が効力を生ずる日に終了し、両国の間に平和及び友好善隣関係が回復される。[1]

二、日本国とソヴィエト社会主義共和国連邦との間に外交及び領事関係が回復される。両国は、大使の資格を有する外交使節を遅滞なく交換するものとする。

四、ソヴィエト社会主義共和国連邦は、国際連合への加入に関する日本国の申請を支持するものとする。[2]

五、ソヴィエト社会主義共和国連邦は、国際連合への加入に関する日本国の申請を支持するものとする。

六、ソヴィエト社会主義共和国連邦は、日本国に対し一切の賠償請求権を放棄する。

九、日本国及びソヴィエト社会主義共和国連邦は、両国間に正常な外交関係が回復された後、平和条約の締結[3]に関する交渉を継続することに同意する。

ソヴィエト社会主義共和国連邦は日本国の要望にこたえ、かつ日本国の利益を考慮して、歯舞群島および色丹島[4]を日本国に引き渡すことに同意する。ただし、これらの諸島は日本国とソヴィエト社会主義共和国連邦との間の平和条約が締結された後に、現実に引き渡されるものとする。

『日本外交主要文書・年表』

解説

ソ連は、一九五一（昭和二六）年のサンフランシスコ講和会議でアメリカ主導の条約に調印せず、日本との間に戦争状態が継続していた。日本のたび重なる国連加盟の申請も、ソ連が安全保障理事会の常任理事国として拒否権を発動することで実現せず、さらに北方領土、漁業の安全操業の諸問題を解決するためにも、日本はどうしてもソ連との国交回復が必要であった。国内では向米一辺倒の吉田茂内閣に代わり、自主外交を掲げる民主党の鳩山一郎内閣が一九五四（昭和二

※色文字は重要語

❶戦争状態　ソ連はヤルタ協定に従い日ソ中立条約を破棄し、一九四五（昭和二〇）年八月八日、満洲及び南樺太に進撃したことより始まる。

❷国際連合への加入　この日ソ国交正常化により、一九五六（昭和三一）年一二月一九日国連総会は日本の加盟を可決。

❸平和条約の締結　領土問題に関して、日ソ（現、ロシア）両国見解の対立のため未締結。

❹歯舞群島および色丹島　北海道の一部、現在ロシアが領有。

史料注
日本外交主要文書・年表
四四八頁参照。

📝探究11
ソ連との国交回復がなぜ必要であったか。

九）年二月に成立して日ソ国交回復をめざした。ソ連もスターリンの後任のフルシチョフが平和共存路線をとり、国際情勢も冷戦の雪どけとともに好転し、翌年六月ロンドンで松本俊一全権とマリク大使との間に日ソ間の交渉が開始された。いったん領土問題で対立して中断したものの、一九五六（昭和三一）年

モスクワにおいて鳩山首相とブルガーニン首相との間で、領土問題は棚上げにして、一〇月一九日に日ソ共同宣言調印にこぎつけたのである。その結果、同年日本待望の国連加盟も実現することになった。

Spot

北方領土問題

北方領土問題には次の諸地域が関わっている。(1)日本固有の領土としてロシア（旧ソ連）にその返還を要求している地域（国後島・択捉島）、(2)日ソ共同宣言第九条において、ソ連が日ソ平和条約締結後に日本に引き渡すことを同意した地域（歯舞群島・色丹島）、(3)日本がサンフランシスコ平和条約第二条（C）にて放棄し、その帰属が未決定の地域（千島列島・南樺太）である。そのうち日本政府が固有の領土と考えているのは(1)及び(2)である。

歯舞・色丹及び国後・択捉島については、政府はこれまで一八五五（安政二）年の日露和親条約などから「かつて一度も外国の領土となったことのない我が国固有の領土であり、ソ連の占拠は不法」として一貫してソ連に返還を要求してきた。しかしソ連側は、一九六〇（昭和三五）年日米安保条約の改定によって北方領土がアメリカの軍事基地化することを恐れて態度を硬化し、以後「一連の国際取り決めによって解決ずみ」と門前払いの形で両国の主張は全く対立したままで経過した。ソ連の主張する根拠は①カイロ宣言、②ヤルタ協定、③ポツダム宣言、④一九四六年一月二九日の総司令部覚書（SCAPIN第六七七号）、⑤サンフランシスコ条約第二条、⑥日ソ共同宣言第九条、で

ある。これに対し日本側は①北方領土はカイロ宣言でいう「日本が略取した地域」ではない、②千島列島をソ連に引き渡すことを決めたヤルタ協定は、国際法的に領土問題を最終決定したものではなく、また日本はヤルタ協定に参加していないから、その取り決めには拘束されない、③サンフランシスコ平和条約で、日本が放棄した南樺太と千島列島の最終的帰属は決まっていないし、歯舞・色丹はもとより、一八七五（明治八）年の樺太・千島交換条約のいう千島列島に含まれない、④松本・グロムイコ書簡（領土問題を含め平和条約を結ぶための交渉は、国交回復後継続することを合意）など、日ソ共同宣言が結ばれたいきさつからみて、国後・択捉両島は未解決の問題である、と反論してきた。日ソ共同宣言の締結後三数年、両国間で以上のような法理論的論争を繰り返してきたが、まったく出口の見つからなかったこの問題も、一九八五年に登場したゴルバチョフ書記長（のち大統領）のペレストロイカ政策のなかでいったんは領土問題の存在が認められるようになった。しかし、一九九一年一二月のソ連邦解体により、北方領土問題はロシアとの外交交渉に受け継がれ、ロシア政府は領土問題の解決の必要性を認識しながらも、国内世論や保守派及び議会との対立から慎重な姿勢をとり続けている。

要点ナビ
日本（佐藤栄作首相）と韓国（朴正煕大統領）との間で調印。

❷ 日韓基本条約——一九六五年六月二二日調印　★★☆

1　日本国及大韓民国は……両国の相互の福祉及び共通の利益の増進のため、並びに国際の平和及び安全の維持のために、両国が国際連合憲章の原則に適合して緊密に協力することが重要であることを認め……次の諸条を協定した。

第一条　両締約国間に外交及び領事関係が開設される。……

5　第二条　千九百十年八月二十二日以前に大日本帝国と大韓帝国との間で締結されたすべての条約及び協定は、もはや無効であることが確認される。[1]

第三条　大韓民国政府は、国際連合総会決議第百九十五号（Ⅲ）に明らかにされているとおりの朝鮮にある唯一の合法的な政府であることが確認される。[2]

『日本外交主要文書・年表』

解説
日本政府は、一九五一（昭和二六）年九月署名したサンフランシスコ平和条約により、朝鮮の自由・独立を承認したが、戦後朝鮮半島に朝鮮民主主義人民共和国と大韓民国という二国家が成立したため、その関係の正常化は極めて困難なものとなった。このうち韓国とは一九五一年以来七次に及ぶ日韓会談を重ね、ようやく一九六五（昭和四〇）年六月に日韓基本条約が佐藤栄作内閣と朴正煕政権との間で締結された。その背景には日本からの経済援助を期待する朴政権と、日本の援助で韓国兵をベトナム戦争に派遣したいアメリカの思惑も働いていた。その一方で、多くの問題を先送りにせざるを得ず、慰安婦問題や竹島問題など、今日に大きな課題を残すこととなる。また日本では、朝鮮半島分断の固定化と、米・日・韓の軍事的結合が懸念された。こうして両国内でそれぞれの立場からの激しい反対運動で国会が揺れたが、一二月までに批准された。なお、条約締結と同時に日本は韓国に有償無償あわせて八億ドル以上の経済援助を約束、以後韓国経済への日本の進出が急速に進むことになる。

要点ナビ
日本（佐藤栄作首相）と米（ニクソン大統領）との間で調印。

史料注
日本外交主要文書・年表 四四八頁参照。

探究12
日韓基本条約の問題点を述べよ。

[1]　千九百十（明治四三）年八月二二日、韓国併合条約調印の日。

[2]　国際連合総会決議　韓国の統治権は北緯三八度以南に限定するというもので、半島における唯一合法政権であることを明記したい韓国の要求が全面的には認められなかった。

要点ナビ
日本（佐藤栄作首相）と米（ニクソン大統領）との間で調印。

[1]　沖縄返還協定　正式には「琉球諸島及び大東諸島に関する日本国とアメリカ合衆国との間の協定」

❸ 沖縄返還協定[1]——一九七一年六月一七日調印　★★☆

1　第一条　1　アメリカ合衆国は、2に定義する琉球諸島及び大東諸島に関し、千九百五十一年九月

4 近・現代

2（……）このカッコ内の省略部分では、新日米安保条約とそれに関連する取り決め、日米友好通商条約が含まれるが、それらに限定されないとしている。

史料注
官報　三四四頁参照。

衆国との間の協定」という。

八日にサンフランシスコ市で署名された日本国との平和条約第三条の規定に基づくすべての権利及び利益を、この協定の効力発生の日から日本国のために放棄する。……

第二条　日本国とアメリカ合衆国との間に締結された条約及びその他の協定（……）2 は、この協定の効力発生の日から琉球諸島及び大東諸島に適用されることが確認される。

第三条　1　日本国は、千九百六十年一月十九日にワシントンで署名された日本国とアメリカ合衆国との間の相互協力及び安全保障条約及びこれに関する取極に従い、この協定の効力発生の日にアメリカ合衆国に対し琉球諸島及び大東諸島における施設及び区域の使用を許す。

『官報』

解説

沖縄は一九四五（昭和二〇）年四月～六月、太平洋戦争末期の沖縄戦でアメリカの手に落ち、以後その統治下に置かれた。アメリカの沖縄に対する方針は当初明確なものではなかったが、東西冷戦のなかで次第に軍事的価値が注目されるようになり、一九五一（昭和二六）年のサンフランシスコ平和条約で占領の長期化が決定的となった。沖縄が極東の軍事拠点として重視されるにつれ、アメリカは住民に起こった復帰運動を弾圧したが、逆に一九六〇（昭和三五）年の沖縄祖国復帰協議会結成など運動の盛り上がりを呼ぶこととなった。さらに一九六五（昭和四〇）年以降アメリカのベトナム戦争の北爆（北ベトナムへの空襲）基地となり、沖縄復帰（本土では返還）運動がベトナム反戦運動と連動して展開された。日本政府も事態に応じ返還運動に取り組み始め、アメリカもベトナム戦争遂行のため同盟国に負担を分担させる意図から交渉に応じ、**佐藤栄作**首相とジョンソン大統領の会談で、一九六七（昭和四二）年、「両三年以内」の沖縄返還が約束された。（小笠原諸島の返還はここで決定した。）さらに一九六九（昭和四四）年一一月の佐藤・ニクソン共同声明で一九七二（昭和四七）年中の沖縄返還が決定し、それに基づいて一九七一（昭和四六）年六月一七日、**沖縄返還協定**が調印され、翌七二年五月一五日に返還された。そして、日本の極東における西側陣営の一員としての一層の防衛努力と、ドル危機のなか、日米貿易摩擦での譲歩なども取り決められた。

佐藤首相は「沖縄返還が実現しない限り戦後は終わらない」と述べ、軍事施設については日米安保条約を適用し「核抜き」「本土なみ」をめざし、形式としてその原則は貫かれた。しかし、核保有についてアメリカは言及していないこと、全国の米軍専用施設の約七〇パーセントが沖縄に集中しており、しかも米軍の削減分に自衛隊が配備されていることなど多くの問題点が残り、沖縄経済についても基地依存からの脱却やどう平和的振興をはかるかなど難問が多い。一七世紀の薩摩藩の侵略から明治政府での強引な日本の領土編入を経て、太平洋戦争ではいわば本土の「捨て石」にされ唯一地上戦を経験した沖縄、そして戦後は本土と切り離されて統治されてきた沖縄県民にとって、「戦後が終わる」には課題があまりにも重く積み残されている。

昭和・平成

要点ナビ

日中共同声明…日本（田中角栄首相）と中国（周恩来首相）との間で調印。
日中平和友好条約…福田赳夫内閣。

■1　復交三原則　①中華人民共和国政府が中国の唯一の合法政府であること、②台湾は中華人民共和国の領土の不可分の一部であること、③日本と台湾の平和条約は不法・無効であること。

④ 日中国交問題　★★☆☆☆

(1)日中共同声明——一九七二年九月二九日調印

1　日本側は、過去において日本が戦争を通じて中国国民に重大な損害を与えたことについての責任を痛感し、深く反省する。また日本側は中華人民共和国政府が提起した「復交三原則」■を十分理解する立場に立って国交正常化の実現をはかるという見解を再確認する。中国側は、これを歓迎するものである。……

一、日本国と中華人民共和国との間のこれまでの不正常な状態は、この共同声明が発出される日に終了する。

二、日本国政府は、中華人民共和国政府が中国の唯一の合法政府であることを承認する。

三、中華人民共和国政府は、台湾が中華人民共和国の領土の不可分の一部であることを重ねて表明する。日本国政府はこの中華人民共和国政府の立場を十分理解し、尊重し、ポツダム宣言第八項に基づく立場を堅持する。

五、中華人民共和国政府は、中日両国国民の友好のために、日本国に対する戦争賠償の請求を放棄することを宣言する。

六、日本国政府及び中華人民共和国政府は、主権及び領土保全の相互尊重、相互不可侵、内政に対する相互不干渉、平等及び互恵並びに平和共存の諸原則の基礎の上に両国間の恒久的な平和友好関係を確立することに合意する。

両政府は、右の諸原則及び国際連合憲章の原則に基づき、日本国及び中国が、相互の関係において、すべての紛争を平和的手段により解決し、武力又は武力による威嚇に訴えないことを確認する。

七、日中両国間の国交正常化は、第三国に対するものではない。両国のいずれも、アジア・太平洋地

史料注

日本外交主要文書・年表
四四八頁参照。

3 日中平和友好条約　正式には「日本国と中華人民共和国との間の平和条約」。

2 覇権　覇者としての権力。当時中国はソ連と対立、ブレジネフ政権を「覇権主義」として反ソキャンペーンを実施し、ソ連の圧力に対抗する目的で、アメリカ、日本との友好を模索しており、明らかにソ連を非難しており、次の日中平和友好条約では「覇権条項」をめぐって交渉が中断、双方歩みよりの結果、第二条の「覇権条項」に加えて第四条を設け、ソ連に配慮する内容とした。

域において覇権を求めるべきではなく、このような覇権を確立しようとする他のいかなる国あるいは国の集団による試みにも反対する。

『日本外交主要文書・年表』

(2)日中平和友好条約 ——一九七八年八月二二日調印

第二条　両締約国は、そのいずれも、アジア・太平洋地域においても又は他のいずれの地域においても覇権を求めるべきではなく、また、このような覇権を確立しようとする他のいかなる国又は国の集団による試みにも反対することを表明する。

第四条　この条約は、第三国との関係に関する各締約国の立場に影響を及ぼすものではない。

『日本外交主要文書・年表』

解説

サンフランシスコ講和会議に招かれなかった中国（中華人民共和国）政府と台湾国民政府のうち、国民政府とは一九五二（昭和二七）年四月、日華平和条約を結んで戦争状態を終えていた。それは、米ソの冷戦構造のなかで日本がアメリカに同調する道を選んだからである。しかし、その後、一九六二（昭和三七）年（池田勇人内閣）には貿易が再開される（**LT貿易**）となる。民間レベルの貿易協定は既に一九五二年に結ばれ交流が盛んとなっていたが、親台湾派の岸信介内閣の施策を不満とした中国は貿易経済関係をも断絶した。ところが、一九七一（昭和四六）年、日本がアメリカに協力して反対し続けた中国の国連加盟が実現し、翌七二年ニクソン大統領が中国を訪問する事態に及んだ。佐藤内閣のあと成立した田中角栄内閣は、米中接近に対応、また国内経済界のあと押しにも乗って首相就任直後の一九七二（昭和四七）年九月に訪中、周恩来首相との**日中共同声明**を発表、**日中国交正常化**を実現した。これに伴い台湾は日本との国交を断絶した。なお共同宣言がめざした日中平和条約の交渉は「**覇権条項**」をめぐって難航、福田赳夫内閣まで持ち越され、「ソ連の覇権」と特定したい中国に対し、全方位外交を掲げる日本は対ソ関係の悪化を懸念して難色を示し、結局一般的な覇権反対を表明することで合意が成立、一九七八（昭和五三）年に**日中平和友好条約**調印が実現した。

⬆日中共同声明の発表（1972年）

7 高度経済成長

① 朝鮮戦争と特需　★☆☆☆☆

1

朝鮮戦争が日本経済にもたらしたブームは、そのもり上り方からすると、おそらく戦後で最大のものであった。ブームのひきがねは、第一に大量の特需の発生、第二に輸出の伸長であった。日本が戦場と至近の距離にあったことから、軍需の緊急調達のためいわゆる朝鮮特需が大量集中して発注された。

朝鮮特需というのは、当初は朝鮮戦線に出動する国連軍（主力は米軍）に補給するための物資、および役務サービスの需要を直接的に意味したもので、……朝鮮戦争三カ年間のこの意味での狭義の特需だけでも、累計一〇億ドルにのぼったが、……そして物資について戦争前半期は、土のう用麻袋、軍用毛布および綿布・軍用トラック・航空機用タンク・砲弾・有刺鉄線などが多かったが、のち休戦交渉に入ってからは韓国復興用資材の特需が増えた。

> 『戦後日本経済史』

解説

一九四九（昭和二四）年の**ドッジ＝ライン**以来の不況にあえいでいた日本経済に、活気を与える結果となったのが**朝鮮戦争**である。米軍の軍需物資の調達や兵器の修理などによる多額のドル収入により日本経済は復興し、一九五一（昭和二六）年にはGNP（国民総生産）と個人消費が総額で戦前の水準を超え、一九五三（昭和二八）年にはそれぞれ一人当たりでも戦前水準を上まわった。また、アメリカからのドル収入で石炭などのエネルギーを輸入し、加工して輸出するという、以後の貿易の形態もこの時確立した。政府はこの機に日本経済の自立を図り、積極的な産業政策を実施した。この努力は一九五〇年代後半にみのり、高度経済成長へとつながっていく。日本経済の復興と発展が、歴史が生み出した民族分断の不幸な戦争を背景としてもたらされた事実を見逃してはならない。

② もはや戦後ではない　★☆☆☆☆

1

戦後日本経済の回復の速さには誠に万人の意表外にでるものがあった。それは日本国民の勤勉

1 朝鮮戦争 一九五〇年六月〜五三年七月、北緯三八度線での朝鮮民主主義人民共和国と大韓民国の武力衝突に、それぞれソ連・中国とアメリカ（国連軍）が介入して長期化した。

2 特需 第二次大戦後のアメリカの軍事政策によって生じた特殊需要。朝鮮戦争における国連軍が行ったドル払いによる軍需品買い付けから始まる。

史料注

戦後日本経済史 経済安定本部（現経済企画庁）に勤務した経済学者内野達郎の著書。

探究13

朝鮮戦争が日本に与えた経済的影響について述べよ。

要点ナビ

「もはや戦後ではない」。この言葉の本当の意味とは？

4・近・現代

史料注

経済白書　経済安定本部のちには経済企画庁が出している経済の現状・政策に関する年次報告書。一九四七年より出されている。

要点ナビ

池田勇人内閣が打ち出した長期経済政策。

❶国民所得　一年間に国民が得る所得の総量で、国民総生産（GNP）から固定資本減耗・間接税を差し引き、補助金額を加えた額。

❷国民総生産　英略語GNP。一年間に国民が生産した価値の総量。経済のグローバル化が進展したことから、

---

❸ 国民所得倍増計画 ──一九六〇年一二月二七日閣議決定　★☆☆☆☆

(1)　計画の目的

1

国民所得倍増計画は、速やかに国民総生産❷を倍増して、雇用の増大による完全雇用の達成をはかり、国民の生活水準を大幅に引き上げることを目的とするものでなければならない。この場合とくに農業と非農業間、大企業と中小企業間、地域相互間ならびに所得階層間に存在する生活上および所得上の格差の是正につとめ、もつて国民経済と国民生活の均衡ある発展を期さなければならない。

(2)　計画の目標

な努力によって培われ、世界情勢の好都合な発展によって育まれた。

しかし敗戦によって落ち込んだ谷が深かったという事実そのものが、その谷からはい上るスピードを速からしめたという事情も忘れることはできない。経済の浮揚力には事欠かなかった。経済政策としては、ただ浮き揚る過程で国際収支の悪化やインフレの壁に突き当たるのを避けることに努めれば良かった。消費者は常にもっと多く物を買おうと心掛け、企業者は常にもっと多く投資しようと待ち構えていた。いまや経済の回復による浮揚力はほぼ使い尽された。なるほど、貧乏な日本のこと故、世界の他の国々にくらべれば、消費や投資の潜在需要はまだ高いかもしれないが、戦後の一時期にくらべれば、その欲望の熾烈さは明かに減少した。もはや「戦後」ではない。われわれはいまや異った事態に当面しようとしている。回復を通じての成長は終った。今後の成長は近代化によって支えられる。そして近代化の進歩も速かにしてかつ安定的な経済の成長によって初めて可能となるのである。

『一九五六年度版　経済白書』

4 近・現代

現在では国内総生産（GDP）が指標として用いられている。

国民所得倍増計画は、今後一〇年以内に国民総生産二六兆円（三三年度価格）に到達することをも標とするが、これを達成するため、計画の前半期において、技術革新の急速な進展、豊富な労働力の存在など成長を支える極めて強い要因の存在にかんがみ、適切な政策の運営と国民各位の協力により

10 計画当初三カ年について昭和三五年度二三兆六、〇〇〇億円（三三年度価格一三兆円）から年平均九％の経済成長を達成し、昭和三八年度に一七兆六、〇〇〇億円（三五年度価格）の実現を期する。

(3) 計画実施上とくに留意すべき諸点とその対策の方向

15 (イ) 農業近代化の推進……
(ロ) 中小企業の近代化……
(ハ) 後進地域の開発促進 後進性の強い地域……の開発促進ならびに所得格差是正のため、速やかに国土総合開発計画[3]を策定し、その資源の開発につとめる。さらに、税制金融、公共投資補助率等について特段の措置を講ずるとともに所要の立法を検討し、それら地域に適合した工業等の分散をはかり、以って地域住民の福祉向上とその地域の後進性克服を達成するものとする。[4]

『国民所得倍増計画』

史料注

国民所得倍増計画 池田内閣の下で策定された長期経済計画で、経済学者の下村治が立案した。

[3] 国土総合開発計画 地域間の均衡ある発展を目指した第一次の全国総合開発計画は、一九六二（昭和三七）年に策定された。

[4] 地域住民……とする 当時はもっぱら特定地域の開発に重点がおかれていたが、朝鮮戦争による特需をきっかけに日本経済が「復興」から「成長」へと向かったことから、特定地域にとどまらない「全国」「日本列島」を対象とする「総合」的な開発計画の必要性の気運が高まっていった。

解説

朝鮮戦争の特需に沸いた日本経済も一九五三（昭和二八）年の休戦協定以後、深刻な危機を迎えた。特需ブームで物価は上昇して輸出が伸び悩み、逆に輸入が急増し五三年段階で物価は上昇して国際収支は四億ドル近い赤字となった。「もはや戦後ではない」という言葉は、戦後奇跡の復興を遂げた日本経済の高らかな勝利宣言と誤解されている向きがあるが、決してそうではない。敗戦によって落ち込んだ谷が回復した以上、もはや戦後の回復を通じての経済成長は終わったのであり、これからが正念場であるということを言っているのである。政府は特需依存体制からの脱却をめざし、経済の自立と成長のため長期計画を実行し始めた。それが一九七〇年代初めの石油危機（オイルショック）まで続く高度経済成長の出発点である。「高度成長」を国民に強く意識させたのは、六〇年安保改定問題で退陣した岸信介内閣のあと登場した池田勇人内閣であった。池田首相は国民所得倍増計画により国民の関心を政治から経済に巧みに移行させていった。高度経済成長を支えた基盤としては、平和憲法を始め戦後改革によるものが大きい。軍事費、資源、労働力を平和経済に振り向けることができ、労働改革、農地改革もそれぞれ生産性の向上や国内市場の拡大などにつながった。その一方で公害、農山村の過疎、都会の過密、外国との貿易摩擦、生活関連資本の立ち遅れなどの問題を生んだ。

昭和・平成

8 現代の諸課題

❶ 同和問題　★☆☆☆☆

※色文字は重要語

1同和対策審議会答申　政府が一九六〇(昭和三五)年総理府の付属機関として設置した同和対策審議会(同対審)に「同和地区に関する社会的及び経済的諸問題を解決するための根本の方策」を諮問したのに対する答申。

2同和対策事業特別措置法　一〇年間の時限立法であるが、七八年さらに三か年延長された。

史料注
官報　三四四頁参照。

(1)同和対策審議会答申━━**1**　一九六五年八月一一日答申

いうまでもなく同和問題は人類普遍の原理である人間の自由と平等に関する問題であり、日本国憲法によって保障された基本的人権にかかわる課題である。したがって、審議会はこれを未解決に放置することは断じて許されないことであり、その早急な解決こそ国の責務であり、同時に国民的課題である。……

……歴史をかえりみても、同和地区住民がその時代における主要産業の生産過程から疎外され、賤業とされる雑業に従事していたことが社会的地位の上昇と解放への道を阻む要因となったのであり、このことは現代社会においても変らないからである。したがって、同和地区住民に就職と教育の機会均等を完全に保障し、同和地区に滞溜する停滞的過剰人口を近代的な主要産業の生産過程に導入することにより生活の安定と地位の向上をはかることが、同和問題解決の中心的課題である。『官報』

(2)同和対策事業特別措置法━━**2**　一九六九年七月一〇日公布・施行

第一条(目的)　この法律は、すべての国民に基本的人権の享有を保障する日本国憲法の理念にのっとり、歴史的社会的理由により生活環境等の安定向上が阻害されている地域(以下「対象地域」という。)について国及び地方公共団体が協力して行なう同和対策事業の目標を明らかにするとともに、この目標を達成するために必要な特別の措置を講ずることにより、対象地域における経済力の培養、住民の生活の安定及び福祉の向上等に寄与することを目的とする。

4 近・現代

昭和・平成

史料注
日本外交主要文書・年表
四四八頁参照。

1 核兵器拡散防止条約 正式には、「核兵器の不拡散に関する条約」といい、一九六八（昭和四三）年国連総会で成立。日本は七六年批准、現在の締約国は一九二か国（二〇一七年一月現在）。

❷ 核兵器拡散防止条約[1]──一九六八年七月一日調印 ★☆☆☆☆

この条約を締結する国は、核戦争が全人類に惨害をもたらすものであり、……核兵器の拡散が核戦争の危険を著しく増大させると信じ、核兵器の一層広範囲にわたる分散の防止に関する協定を締結することを要求する国際連合総会の決議に従い、……次のとおり協定した。

第一条 締約国である各核兵器国は、核兵器その他の核爆発装置又はその管理をいかなる者に対しても直接又は間接に移譲しないこと及び核兵器その他の核爆発装置の製造若しくはその他の方法による取得又は核兵器その他の核爆発装置の管理の取得につきいかなる非核兵器国に対してもなんらの援助、奨励又は勧誘を行なわないことを約束する。

第五条（同和対策事業の目標） 同和対策事業の目標は、対象地域における生活環境の改善、社会福祉の増進、産業の振興、職業の安定、教育の充実、人権擁護活動の強化等によって、対象地域の住民の社会的経済的地位の向上を不当にはばむ諸要因を解消することにあるものとする。

『官報』

解説
日本国憲法の理念と諸規定にもかかわらず、部落差別は依然として根絶されなかった。戦後の解放運動は水平社の流れをくむ部落解放同盟が中心となり、労働組合、民主団体、革新政党などにより展開され、政府もこれを受けて同和対策審議会を設け、一九六五（昭和四〇）年八月に答申を得た。答申は部落問題は基本的人権にかかわる課題であり早急な解決を国の責務・国民的課題とし、特別措置法の制定や財政的措置などを緊急課題とした。さらに同対審完全実施要求運動が展開するなか、政府は一九六九（昭和四四）年七月、同和対策事業特別措置法を制定した。これは差別に苦しむ同和地区の住民はもとより、明治以来の部落解放運動を進めてきた人々の悲願の達成であり、同和地区の生活環境改善など、実態的差別はかなり解消されることとなった。しかし、心理的差別にかかわる啓発活動などの遅れもあり差別事件は現在も根絶できていない。部落差別の撤廃のためには、この問題が国民一人ひとりの課題であることと、その根絶が日本の民主主義社会建設のために必要不可欠であることの強い自覚が必要である。

第二条　締約国である各非核兵器国は、核兵器その他の核爆発装置又はその管理をいかなる者からも直接又は間接に受領しないこと、核兵器その他の核爆発装置を製造せず……いかなる援助をも求めず又は受けないことを約束する。

解説　戦後、一九五〇年代前半までは東西冷戦構造のなかで、米ソの核兵器開発競争が激しく行われたが、一九五四（昭和二九）年、日本漁船第五福竜丸がアメリカの核実験に被爆したことを契機に、第二次世界大戦での唯一の被爆国日本を中心に原水爆禁止運動が高まった。また、朝鮮戦争や一九六二（昭和三七）年の**キューバ危機**で核戦争の寸前までいったことを背景に、六三年の部分的核実験停止条約に続き、**核兵器拡散防止条約**が一九六八（昭和四三）年、六二か国による調印が行われ、一九七〇（昭和四五）年三月に発効した。採択・発効後も加盟国は増加し、二〇一七（平成二九）年一月現在の締約国は一九二か国である。二五年間の期限付きで導入されたため、発効から二五年目にあたる一九九五（平成七）年に再検討・延長会議が開催され、無期限延長が決定された。この条約は、核兵器保有国を米、ソ（口）、英、仏、中の五か国と規定しているが、核兵器保有五か国にのみ核兵器保有の特権を認め、それ以外の国には保有を禁止する不平等条約であるとして未加盟であり、核兵器を保有していると疑われているイスラエルも加盟していない。また、北朝鮮は核兵器開発疑惑の指摘と査察要求に反発して一九九三（平成五）年三月に脱退、二〇〇六（平成一八）年一〇月に核実験を強行するなど、今後の課題も多い。

『日本外交主要文書・年表』

---

1 PKO協力法　正式には、「国際連合平和維持活動等に対する協力に関する法律」という。

2 平和維持活動　（Peace-Keeping Operations）第二次世界大戦後、米ソの対立によって、国連憲章第七章で唱えられた集団安全保障が実現されなかったため、紛争の平和的解決をめざして、独自に考え出された活

❸ PKO協力法 ——一九九二年六月一九日公布、同年八月一〇日施行　★☆☆☆☆

第一条（目的）　この法律は、国際連合平和維持活動及び人道的な国際救援活動に対し適切かつ迅速な協力を行うため、国際平和協力業務実施計画及び国際平和協力業務実施要領の策定手続、国際平和協力隊の設置等について定めることにより、国際平和協力業務の実施体制を整備するとともに、これらの活動に対する物資協力のための措置等を講じ、もって我が国が国際連合を中心とした国際平和のための努力に積極的に寄与することを目的とする。

第二条（国際連合平和維持活動及び人道的な国際救援活動に対する協力の基本原則）　政府は、この法律に基づく国際連合平和維持活動及び人道的な国際救援活動に対する協力の実施、物資協力、これらについての国以外の者の協力等（以下「国際平和協力業務の実施等」という。）を適切に組み合わせるとともに、国際平和協力業務の実施

動である。主たる活動は紛争の拡大の防止、停戦の監視、または選挙の監視のほか、非武装の監視団と軽火器を保有する平和維持軍である。

史料注
官報 三四四頁参照。

2 国際平和協力業務の実施等は、武力による威嚇又は武力の行使に当たるものであってはならない。

等に携わる者の創意と知見を活用することにより、国際連合平和維持活動及び人道的な国際救援活動に効果的に協力するものとする。

『官報』

解説 一九九一(平成三)年に起こった**湾岸戦争**でアメリカに「国際貢献」を迫られた日本は、多国籍軍に一三〇億ドルもの資金援助を行ったが、終結後のアメリカを中心とした参戦国からの非難により自衛隊の実任務として初めてペルシア湾に掃海艇を派遣した。これをきっかけに自衛隊のあり方についての新たな論議がおこった。冷戦終結後、続発する地域紛争に**国連平和維持活動（PKO）**で対応する国際的動きもあいまって、PKOへの参加を目的に初めて自衛隊の海外派遣を可能にしめた法律がPKO協力法である。制定にあたっては、憲法九条との関係や、自衛隊の集団的自衛権の行使につながるものとして国会で激しい議論がかわされたが、**国連平和維持軍（PKF）**参加の凍結、PKF参加の国会事前承認、三年後の見直しなどを内容とする大幅な修正が行われ、一九九二(平成四)年六月に可決、成立した。この法律に基づく最初の自衛隊の派遣は一九九二(平成四)年九月のカンボジア国際平和協力隊として国際連合カンボジア暫定機構（UNTAC）に対するものであった。派遣される隊員は、自衛の為の最小限度の武器の携帯は許されるが、集団的自衛権は適用されないとしていたが、二〇〇一(平成一三)年の改正により、自衛隊のPKF参加が可能になったほか、武器の使用規定についても、自己の管理の下にある者の生命、身体の保護のための武器使用や武器等の保護のための武器使用を認める内容に改正された。

『官報』

要点ナビ
北海道旧土人保護法は廃止も、アイヌの先住性は認められず。

1 **アイヌ文化振興法** 正式には、「アイヌ文化の振興並びにアイヌの伝統等に関する知識の普及及び啓発に関する法律」という。

2 **アイヌ** 北海道、樺太などに住む一種族。

史料注
官報 三四四頁参照。

4 アイヌ文化振興法 —— 一九九七年五月一四日公布 ★☆☆☆☆

第一条（目的） この法律は、アイヌの人々の誇りの源泉であるアイヌの伝統及びアイヌ文化（以下「アイヌの伝統等」という。）が置かれている状況にかんがみ、アイヌ文化の振興並びにアイヌの伝統等に関する国民に対する知識の普及及び啓発（以下「アイヌ文化の振興等」という。）を図るための施策を推進することにより、アイヌの人々の民族としての誇りが尊重される社会の実現を図り、あわせて我が国の多様な文化の発展に寄与することを目的とする。

第二条（定義） この法律において「アイヌ文化」とは、アイヌ語並びにアイヌにおいて継承されてきた音楽、舞踊、工芸その他の文化的所産及びこれらから発展した文化的所産をいう。

『官報』

⑤ 周辺事態法[1] ── 一九九八年五月二八日公布 ★☆☆☆☆

要点ナビ
小渕恵三内閣。

[1] 周辺事態法　正式名称は「周辺事態に際して我が国の平和及び安全を確保するための措置に関する法律」。

第一条（目的）　この法律は、そのまま放置すれば我が国に対する直接の武力攻撃に至るおそれのある事態等我が国周辺の地域における我が国の平和及び安全に重要な影響を与える事態に対応して我が国が実施する措置、その実施の手続その他の必要な事項を定め、日本国とアメリカ合衆国との間の相互協力及び安全保障条約の効果的な運用に寄与し、我が国の平和及び安全の確保に資することを目的とする。

第二条（周辺事態への対応の基本原則）　① 政府は、周辺事態に際して、適切かつ迅速に、後方地域支援、後方地域捜索救助活動、周辺事態に際して実施する船舶検査活動その他の周辺事態に対応するため必要な措置を実施し、我が国の平和及び安全の確保に努めるものとする。

Spot ‥‥‥‥‥

改正特措法とアイヌ文化振興法

一九九七（平成九）年の春、四月、五月と相次いで二つの法案が成立した。一つは沖縄、米軍施設用地の暫定使用を可能にするいわゆる「改正特措法」であり、一つはアイヌ文化振興法である。琉球を沖縄県と呼び、蝦夷地を北海道と呼ぶのは近代の産物である。富国強兵、殖産興業の国是のなかに、人々は日本国への同化を余儀なくされた。今なお広大な米軍基地の集中する沖縄、そして今になって初めて民族の誇りが尊重される社会の実現がうたわれるアイヌの人々。日本列島に住む我々は何かを忘れてはいないだろうか。

解説　アイヌ文化振興法は「民族としての誇りが尊重される社会の実現」と「多様な文化の発展に寄与する」ことが立法の趣旨である。日本が複数民族国家であることを初めて認めた民族法となる。一方、文面に「先住性」という言葉も消え、また現実には人口一〇〇〇人当たりの生活保護受給者が道内の平均の二倍強、大きく下回る高校・大学への進学率、就職・結婚差別など多くの課題も残されている。日本列島に住む人々は決して単一民族ではなく、沖縄の問題も含めて、そこには支配と隷従の歴史があることを改めて認識することが必要である。

4　近・現代

10②

対応措置の実施は、武力による威嚇又は武力の行使に当たるものであってはならない。

第三条（定義等）三　後方地域　我が国領域並びに現に戦闘行為が行われておらず、かつ、そこで実施される活動の期間を通じて戦闘行為が行われることがないと認められる我が国周辺の公海……及びその上空の範囲をいう。

『官報』

解説　周辺事態法とは日米防衛協力のための指針（日米新ガイドライン）の規定に基づき、「周辺事態」における「日米相互協力計画」を実施するための法律である。「周辺事態」とは、「日米新ガイドライン」において、日本政府が「周辺事態」に対処することが可能となった「日本有事」とともに対処すべきとされている「日本周辺地域における事態で、その概念は、「地理的なものではなく、事態の性質に着目したものである」という曖昧なものとなっている。この「周辺事態法」により、日米安保体制は「アジア・太平洋」の安全保障として機能することになり、必然的に自衛隊の軍事分担も拡大されて、単に「本土防衛」のみならず、新たに「周辺事態」に対処することが可能となった。日本本土の外に向かっての軍事機能の発揮が可能となったことで、周辺諸国からは懸念が表明され、アジアの平和と逆行するとの指摘もある。

『官報』

史料注
官報　三四四頁参照。

要点ナビ
小渕恵三内閣。

❶国旗・国歌法　正式名称は「国旗及び国歌に関する法律」。

❷君　君が代の「君」については、小渕首相（当時）が日本国憲法第一条を引用して「日本国及び日本国民統合の象徴であり、その地位が主権の存する国民の総意に基づく天皇のことを指す」との見解を示した。

史料注
官報　三四四頁参照。

---

❻ 国旗・国歌法❶──一九九九年八月一三日公布　★☆☆☆☆

第一条　国旗は、日章旗とする。

第二条　国歌は、君が代とする。

別記第二　（第二条関係）　君が代の歌詞

君が代は　千代に八千代に　さざれ石の　いわおとなりて　こけのむすまで

解説　一九九〇年代後半から、公立学校の教育現場において日章旗（日の丸）の掲揚と、君が代の斉唱が事実上、義務づけられるようになった。しかし、反対派は日本国憲法の思想・良心の自由に反すると主張して社会問題となった。一九九九（平成一一）年には広島県の県立高校で卒業式当日に、君が代斉唱や日章旗掲揚に反対する教職員と文部省の通達との板挟みになっていた校長が自殺。これが一つのきっかけとして法制化が進み、本法が成立した。当時の小渕恵三首相は衆議院本会議において、法制化にあたり、国旗の掲揚および国歌の斉唱に関し義務づけを行うことは考えておらず、学校における国旗および国歌の指導についても、その方針に変更が生ずるものではないと答弁している。

索引

南北朝時代（鎌倉時代後期〜）

元号	年代
文暦（ぶんりゃく）	1234〜1235
嘉禎（かてい）	1235〜1238
暦仁（りゃくにん）	1238〜1239
延応（えんおう）	1239〜1240
仁治（にんじ）	1240〜1243
寛元（かんげん）	1243〜1247
宝治（ほうじ）	1247〜1249
建長（けんちょう）	1249〜1256
康元（こうげん）	1256〜1257
正嘉（しょうか）	1257〜1259
正元（しょうげん）	1259〜1260
文応（ぶんおう）	1260〜1261
弘長（こうちょう）	1261〜1264
文永（ぶんえい）	1264〜1275
建治（けんじ）	1275〜1278
弘安（こうあん）	1278〜1288
正応（しょうおう）	1288〜1293
永仁（えいにん）	1293〜1299
正安（しょうあん）	1299〜1302
乾元（けんげん）	1302〜1303
嘉元（かげん）	1303〜1306
徳治（とくじ）	1306〜1308
延慶（えんきょう）	1308〜1311
応長（おうちょう）	1311〜1312
正和（しょうわ）	1312〜1317
文保（ぶんぽう）	1317〜1319
元応（げんおう）	1319〜1321
元亨（げんこう）	1321〜1324
正中（しょうちゅう）	1324〜1326
嘉暦（かりゃく）	1326〜1329

南北朝時代

──北　朝──

元号	年代
元徳（げんとく）	1329〜1332
正慶（しょうけい）	1332〜1334
建武（けんむ）	1334〜1338
暦応（りゃくおう）	1338〜1342
康永（こうえい）	1342〜1345
貞和（じょうわ）	1345〜1350
観応（かんのう）	1350〜1352
文和（ぶんな）	1352〜1356
延文（えんぶん）	1356〜1361
康安（こうあん）	1361〜1362
貞治（じょうじ）	1362〜1368
応安（おうあん）	1368〜1375
永和（えいわ）	1375〜1379
康暦（こうりゃく）	1379〜1381
永徳（えいとく）	1381〜1384
至徳（しとく）	1384〜1387
嘉慶（かきょう）	1387〜1389
康応（こうおう）	1389〜1390
明徳（めいとく）	1390〜1394

（1392　南北朝合体）

室町時代

元号	年代
応永（おうえい）	1394〜1428
正長（しょうちょう）	1428〜1429
永享（えいきょう）	1429〜1441
嘉吉（かきつ）	1441〜1444
文安（ぶんあん）	1444〜1449
宝徳（ほうとく）	1449〜1452
享徳（きょうとく）	1452〜1455
康正（こうしょう）	1455〜1457
長禄（ちょうろく）	1457〜1460
寛正（かんしょう）	1460〜1466
文正（ぶんしょう）	1466〜1467
応仁（おうにん）	1467〜1469
文明（ぶんめい）	1469〜1487
長享（ちょうきょう）	1487〜1489
延徳（えんとく）	1489〜1492
明応（めいおう）	1492〜1501
文亀（ぶんき）	1501〜1504
永正（えいしょう）	1504〜1521
大永（たいえい）	1521〜1528
享禄（きょうろく）	1528〜1532
天文（てんぶん）	1532〜1555
弘治（こうじ）	1555〜1558
永禄（えいろく）	1558〜1570

──南　朝──

元号	年代
元徳（げんとく）	1329〜1331
元弘（げんこう）	1331〜1334
建武（けんむ）	1334〜1336
延元（えんげん）	1336〜1340
興国（こうこく）	1340〜1346
正平（しょうへい）	1346〜1370
建徳（けんとく）	1370〜1372
文中（ぶんちゅう）	1372〜1375
天授（てんじゅ）	1375〜1381
弘和（こうわ）	1381〜1384
元中（げんちゅう）	1384〜1392

安土・桃山

元号	年代
元亀（げんき）	1570〜1573
天正（てんしょう）	1573〜1592
文禄（ぶんろく）	1592〜1596
慶長（けいちょう）	1596〜1615

江戸時代

元号	年代
元和（げんな）	1615〜1624
寛永（かんえい）	1624〜1644
正保（しょうほう）	1644〜1648
慶安（けいあん）	1648〜1652
承応（じょうおう）	1652〜1655
明暦（めいれき）	1655〜1658
万治（まんじ）	1658〜1661
寛文（かんぶん）	1661〜1673
延宝（えんぽう）	1673〜1681
天和（てんな）	1681〜1684
貞享（じょうきょう）	1684〜1688
元禄（げんろく）	1688〜1704
宝永（ほうえい）	1704〜1711
正徳（しょうとく）	1711〜1716
享保（きょうほう）	1716〜1736
元文（げんぶん）	1736〜1741
寛保（かんぽう）	1741〜1744
延享（えんきょう）	1744〜1748
寛延（かんえん）	1748〜1751
宝暦（ほうれき）	1751〜1764
明和（めいわ）	1764〜1772
安永（あんえい）	1772〜1781
天明（てんめい）	1781〜1789
寛政（かんせい）	1789〜1801
享和（きょうわ）	1801〜1804
文化（ぶんか）	1804〜1818
文政（ぶんせい）	1818〜1830
天保（てんぽう）	1830〜1844
弘化（こうか）	1844〜1848
嘉永（かえい）	1848〜1854
安政（あんせい）	1854〜1860
万延（まんえん）	1860〜1861
文久（ぶんきゅう）	1861〜1864
元治（げんじ）	1864〜1865
慶応（けいおう）	1865〜1868

明治以後

元号	年代
明治（めいじ）	1868〜1912
大正（たいしょう）	1912〜1926
昭和（しょうわ）	1926〜1989
平成（へいせい）	1989〜2019
令和（れいわ）	2019〜

元　号　一　覧 （西暦は改元年を含む）

時代	元号	西暦
飛鳥時代	大化（たいか）	645～650
	白雉（はくち）	650～654
	朱鳥（しゅちょう）	686
	大宝（たいほう）	701～704
	慶雲（けいうん）	704～708
	和銅（わどう）	708～715
奈良時代	霊亀（れいき）	715～717
	養老（ようろう）	717～724
	神亀（じんき）	724～729
	天平（てんぴょう）	729～749
	天平感宝（てんぴょうかんぽう）	749
	天平勝宝（てんぴょうしょうほう）	749～757
	天平宝字（てんぴょうほうじ）	757～765
	天平神護（てんぴょうじんご）	765～767
	神護景雲（じんごけいうん）	767～770
	宝亀（ほうき）	770～780
	天応（てんおう）	781～782
	延暦（えんりゃく）	782～806
平安時代	大同（だいどう）	806～810
	弘仁（こうにん）	810～824
	天長（てんちょう）	824～834
	承和（じょうわ）	834～848
	嘉祥（かしょう）	848～851
	仁寿（にんじゅ）	851～854
	斉衡（さいこう）	854～857
	天安（てんあん）	857～859
	貞観（じょうがん）	859～877
	元慶（がんぎょう）	877～885
	仁和（にんな）	885～889
	寛平（かんぴょう）	889～898
	昌泰（しょうたい）	898～901
	延喜（えんぎ）	901～923
	延長（えんちょう）	923～931
	承平（じょうへい）	931～938
	天慶（てんぎょう）	938～947
	天暦（てんりゃく）	947～957
	天徳（てんとく）	957～961
	応和（おうわ）	961～964
	康保（こうほう）	964～968
	安和（あんな）	968～970
	天禄（てんろく）	970～973
	天延（てんえん）	973～976
	貞元（じょうげん）	976～978
	天元（てんげん）	978～983
	永観（えいかん）	983～985
	寛和（かんな）	985～987
	永延（えいえん）	987～989
	永祚（えいそ）	989～990
	正暦（しょうりゃく）	990～995
	長徳（ちょうとく）	995～999
	長保（ちょうほう）	999～1004
	寛弘（かんこう）	1004～1012
	長和（ちょうわ）	1012～1017
	寛仁（かんにん）	1017～1021
	治安（じあん）	1021～1024
	万寿（まんじゅ）	1024～1028
	長元（ちょうげん）	1028～1037
	長暦（ちょうりゃく）	1037～1040
	長久（ちょうきゅう）	1040～1044
	寛徳（かんとく）	1044～1046
	永承（えいしょう）	1046～1053
	天喜（てんぎ）	1053～1058
	康平（こうへい）	1058～1065
	治暦（じりゃく）	1065～1069
	延久（えんきゅう）	1069～1074
	承保（じょうほう）	1074～1077
	承暦（じょうりゃく）	1077～1081
	永保（えいほう）	1081～1084
	応徳（おうとく）	1084～1087
	寛治（かんじ）	1087～1094
	嘉保（かほう）	1094～1096
	永長（えいちょう）	1096～1097
	承徳（じょうとく）	1097～1099
	康和（こうわ）	1099～1104
	長治（ちょうじ）	1104～1106
	嘉承（かじょう）	1106～1108
	天仁（てんにん）	1108～1110
	天永（てんえい）	1110～1113
	永久（えいきゅう）	1113～1118
	元永（げんえい）	1118～1120
	保安（ほうあん）	1120～1124
	天治（てんじ）	1124～1126
	大治（だいじ）	1126～1131
	天承（てんしょう）	1131～1132
	長承（ちょうしょう）	1132～1135
	保延（ほうえん）	1135～1141
	永治（えいじ）	1141～1142
	康治（こうじ）	1142～1144
	天養（てんよう）	1144～1145
	久安（きゅうあん）	1145～1151
	仁平（にんぺい）	1151～1154
	久寿（きゅうじゅ）	1154～1156
	保元（ほうげん）	1156～1159
	平治（へいじ）	1159～1160
	永暦（えいりゃく）	1160～1161
	応保（おうほう）	1161～1163
	長寛（ちょうかん）	1163～1165
	永万（えいまん）	1165～1166
	仁安（にんあん）	1166～1169
	嘉応（かおう）	1169～1171
	承安（じょうあん）	1171～1175
	安元（あんげん）	1175～1177
	治承（じしょう）	1177～1181
	養和（ようわ）	1181～1182
	寿永（じゅえい）	1182～1185
	元暦（げんりゃく）	1184～1185
鎌倉時代	文治（ぶんじ）	1185～1190
	建久（けんきゅう）	1190～1199
	正治（しょうじ）	1199～1201
	建仁（けんにん）	1201～1204
	元久（げんきゅう）	1204～1206
	建永（けんえい）	1206～1207
	承元（じょうげん）	1207～1211
	建暦（けんりゃく）	1211～1213
	建保（けんぽう）	1213～1219
	承久（じょうきゅう）	1219～1222
	貞応（じょうおう）	1222～1224
	元仁（げんにん）	1224～1225
	嘉禄（かろく）	1225～1227
	安貞（あんてい）	1227～1229
	寛喜（かんぎ）	1229～1232
	貞永（じょうえい）	1232～1233
	天福（てんぷく）	1233～1234

干支順位表　方位・時刻表

十干

五行	木		火		土		金		水	
兄弟	兄（え）	弟（と）	兄（え）	弟（と）	兄（え）	弟（と）	兄（え）	弟（と）	兄（え）	弟（と）
十干	甲 きのえ コウ	乙 きのと オツ	丙 ひのえ ヘイ	丁 ひのと テイ	戊 つちのえ ボ	己 つちのと キ	庚 かのえ コウ	辛 かのと シン	壬 みずのえ ジン	癸 みずのと キ

十二支

子 ね ネ [鼠]	丑 うし チュウ [牛]	寅 とら イン [虎]	卯 う ボウ [兎]	辰 たつ シン [龍]	巳 み シ [蛇]	午 うま ゴ [馬]	未 ひつじ ビ [羊]	申 さる シン [猿]	酉 とり ユウ [鶏]	戌 いぬ ジュツ [犬]	亥 い ガイ [猪]

干支順位表

4 甲子 きのえね カッシ	5 乙丑 きのとうし イッチュウ	6 丙寅 ひのえとら ヘイイン	7 丁卯 ひのとう テイボウ	8 戊辰 つちのえたつ ボシン	9 己巳 つちのとみ キシ	10 庚午 かのえうま コウゴ	11 辛未 かのとひつじ シンビ	12 壬申 みずのえさる ジンシン	13 癸酉 みずのととり キユウ
14 甲戌 きのえいぬ コウジュツ	15 乙亥 きのとい イツガイ	16 丙子 ひのえね ヘイシ	17 丁丑 ひのとうし テイチュウ	18 戊寅 つちのえとら ボイン	19 己卯 つちのとう キボウ	20 庚辰 かのえたつ コウシン	21 辛巳 かのとみ シンシ	22 壬午 みずのえうま ジンゴ	23 癸未 みずのとひつじ キビ
24 甲申 きのえさる コウシン	25 乙酉 きのととり イツユウ	26 丙戌 ひのえいぬ ヘイジュツ	27 丁亥 ひのとい テイガイ	28 戊子 つちのえね ボシ	29 己丑 つちのとうし キッチュウ	30 庚寅 かのえとら コウイン	31 辛卯 かのとう シンボウ	32 壬辰 みずのえたつ ジンシン	33 癸巳 みずのとみ キシ
34 甲午 きのえうま コウゴ	35 乙未 きのとひつじ イツビ	36 丙申 ひのえさる ヘイシン	37 丁酉 ひのととり テイユウ	38 戊戌 つちのえいぬ ボジュツ	39 己亥 つちのとい キガイ	40 庚子 かのえね コウシ	41 辛丑 かのとうし シンチュウ	42 壬寅 みずのえとら ジンイン	43 癸卯 みずのとう キボウ
44 甲辰 きのえたつ コウシン	45 乙巳 きのとみ イツシ	46 丙午 ひのえうま ヘイゴ	47 丁未 ひのとひつじ テイビ	48 戊申 つちのえさる ボシン	49 己酉 つちのととり キユウ	50 庚戌 かのえいぬ コウジュツ	51 辛亥 かのとい シンガイ	52 壬子 みずのえね ジンシ	53 癸丑 みずのとうし キチュウ
54 甲寅 きのえとら コウイン	55 乙卯 きのとう イツボウ	56 丙辰 ひのえたつ ヘイシン	57 丁巳 ひのとみ テイシ	58 戊午 つちのえうま ボゴ	59 己未 つちのとひつじ キビ	0 庚申 かのえさる コウシン	1 辛酉 かのととり シンユウ	2 壬戌 みずのえいぬ ジンジュツ	3 癸亥 みずのとい キガイ

干支は、十干と十二支を組み合わせて60回ごとに一周する周期を表した暦で、年や日付を表すのに利用された。その使用は中国の殷代（紀元前17〜11世紀）にさかのぼり、日本では5世紀頃の金石文から使用が確認できる。

十干は、陰陽五行説における五行（木・火・土・金・水）それぞれの陰陽を表すもので、日本では陽が兄姉（え）に、陰が弟妹（と）と解されたため、「えと」と呼ばれるようになった。

なお、ある紀元後西暦年の干支を調べる場合、その西暦年を60で割ったときの余りが干支順位表の左上の数と一致する干支が、その年の干支である。

方位・時刻表

江戸時代の不定時法

江戸時代、民間で行われた時刻法は不定時法といい、夜明けと日暮を境として昼と夜とをそれぞれ6等分したがその間隔は季節によって変動した。上記の表は夏至・春分（秋分）・冬至の時刻を示したものである。